高效提分，So Easy！

用书指南

1 考点归纳
帮你归纳出高考数学小题专项重点和考点。

2 类型分类
专题考察多方向，总结细化多情况，细致梳理详脉络。

3 方法点睛
用简单、实用、快速的解题思路和技巧，让你解题渐入佳境。

5 变式拓展
初步掌握例题基础解法，强化记忆，让你彻底掌握该题类型。

4 典例精讲
通过初分析、多方法解析将疑点难点——拆分，帮你逐个击破。

6 基础演练 + 强化提升
牛刀小试环节根据题型难度，进行系统复习回顾，让你以不变应万变。

7 实战演练
10 +5 套小题卷，检验每个阶段的学习成果，从基础、速度、能力等方面助你拿下选择、填空题。

备注 本书所有例题解析和变式拓展部分均配有微课视频，以书本、视频相结合的方式，精准解决学习难题。
（参与本书视屏录制专家均为本行业的佼佼者，具有丰富的教学经验和独特的教学方法。）

糖蜜课堂平台介绍

糖蜜课堂创立于2015年12月，是由国内顶尖教育领域专家联合发起的在线教育品牌，致力于打造成为优质教育教学资源平台。糖蜜课堂是以PC端和微信公众号WEB端相结合的网络学习平台。平台课程紧扣教学大纲从而精心设计出丰富的课程体系，以全新的视角解读中学教学，旨在帮助学生轻松掌握科学的学习思维和学习方法，提高学习效率。

我们崇尚学习，拥有一支充满责任感和激情的团队，秉承精诚合作、创新开拓的精神，以最短的时间、最有效的服务、帮助学生在线学习提升分数，为中国教育不断贡献新生力量！

糖蜜课堂线上明星课程

《高考数学—小题满分方法》

课程简介

高考数学选择、填空历来都是兵家必争之地，因其涵盖的知识面较宽，既有基础性，又有综合性，解题方法灵活多变，分值又高，既考查了同学们掌握基础知识的熟练程度，又考查了一定的数学能力和数学思想。这就要求同学们掌握迅速、准确地解答选择题的方法与技巧，为全卷得到高分打下坚实的基础！本课程通过灵活选用数形结合、验证法、排除法、极端值法、估值法等不同方法技巧的汇总，让每一个参加高考的孩子快速判断、简单运算即可求解高考数学选择、填空题型。做到小题不丢分，满分轻松拿！

《高考数学-大题模板套路》

课程简介

如何高效利用最后3个月，实现成绩的突飞提升？让唐老师带你全面解析三角函数或数列，概率，立体几何，解析几何（圆锥曲线），函数与导数等大题套路。

本课程系统的梳理核心知识点，全面破解考点难点易错点。知识精讲，专题精练，贴心答疑，高效做题。通过掌握方法、技巧，摸清大题套路，专项突破，难点一课理顺，查缺补漏，高效提分！

"工欲善其事，必先利其器"

糖蜜课堂线上课程，让你的学习效率呈指数级增长

高考数学线上课程：（基础班）

课程简介

本课程是针对基础较薄弱的学生提升数学成绩的系统复习课程，重点解决学生没有掌握的基本概念、基本公式、基本题型，以及对各种题型该如何解答的问题。本课程的核心即让学生建立完备的知识体系，对基础知识做到熟练应用，学完课程后在期末考试、模拟考试中甚至能拿到130+的高分。

适合人群

数学基础相对薄弱，缺乏自学能力却又想要提高成绩的学生。

高考数学线上课程：（提高班）

课程简介

本课程是针对基础知识掌握全面的学生追求数学满分的提高课程。课程主要目的为帮助学生增强对数学的认知高度，通过系统的训练，从根本上提高数学思维和能力，最终突破瓶颈，高考成绩直追满分。

适合人群

数学基础相对较好，但没有掌握正确学习方法的学生。

愿我们都如此书 封面简单 内容精彩 在这个年龄活成最好的模样

慧做高考数学题

全国卷、文理通用

主　编：唐文昌
副主编：陈文远　张永辉　戴　伸　强少华　杨　卫　陈铭意　赵　玲　陈　浩
编　委：王家恒　骆弟怀　李鹏祖　王绍忠　马社恒　别档茹　孙钰欣　魏小明
　　　　吴　霞　赵　洋　陈　华　谢　峰　韩　丽　王　响　雷晓明　王　凤

哈尔滨工业大学出版社
HARBIN INSTITUTE OF TECHNOLOGY PRESS

内 容 简 介

本书共两部分,第一部分介绍了高考数学常考小题,主要对函数的性质、函数的图像、函数与方程、函数与不等式、三角函数等 16 个专题进行了考点及考查方向的梳理,并配有例题、牛刀小试,帮助考生分考点复习、各个击破;第二部分提供了 10 套小题基础卷和 5 套小题提高卷,为考生提供实战演练,从基础、速度、能力等多方面助力考生拿下高考数学选择题、填空题.

图书在版编目(CIP)数据

小题"智"胜/唐文昌主编. —哈尔滨:哈尔滨工业大学出版社,2020.1

ISBN 978-7-5603-8662-1

Ⅰ.①小… Ⅱ.①唐… Ⅲ.①中学数学课—高中—习题集—升学参考资料 Ⅳ.①G634.605

中国版本图书馆 CIP 数据核字(2020)第 002100 号

策划编辑:刘培杰　张永芹

责任编辑:李广鑫　关虹玲　孙　阳

封面设计:孙茵艾

出版发行:哈尔滨工业大学出版社

社　　址:哈尔滨市南岗区复华四道街 10 号　　邮　编:150006

传　　真:0451-86414749

网　　址:http://hitpress.hit.edu.cn

印　　刷:廊坊市鸿煊印刷有限公司

开　　本:880mm×1230mm　1/16　印　张:17　字　数:448 千字

版　　次:2020 年 1 月第 1 版　2020 年 1 月第 1 次印刷

书　　号:ISBN 978-7-5603-8662-1

定　　价:79.60 元

(如因印装质量问题影响阅读,我社负责调换)

前　言

高考,是人生道路上的一个转折点,也是一个人走向成功的起点.众所周知,高考中,得数学者得天下,而得选填者得数学.选择题、填空题在150分的数学试卷中共占80分,比重大、上手快、易提分,因此练好选择题、填空题至关重要!

《小题智胜》定位高三阶段,不仅提供解题妙法,帮助考生解决遇到的疑难问题,更致力于培养考生举一反三的学习能力.本书分为两部分.第一部分为小题常考专题精析精练.首先,帮助考生了解高考数学小题专项考点与脉络,主要剖析常考专题十六项,如函数、圆锥曲线等内容.其次,针对各个专题考查方向进行细致梳理,归纳了解题思路及具体方法,每一小节配有专题概述、考点归纳、典例精讲等内容,并以变式拓展作为辅助,将疑点和难点一一拆分,帮助考生逐个击破.同时,每一小节针对常考专题,配有"牛刀小试"部分,帮助考生将学到的知识加以自己的理解掌握,以不变应万变.第二部分为实战演练.本书为考生提供了10套小题基础卷和5套小题提高卷,以检验每个阶段学习的成果.我建议考生采用限时训练的方法,把每套卷都当成一次模拟考试对待,力求从基础、能力、速度、心态等多方面拿下高考数学选择题、填空题.

同时,本书针对所有例题解析、变式拓展及部分练习试题录制专题视频.通过视频微课讲解并辅以拓展延伸,以独树一帜的风格,在众多教辅书中脱颖而出.视频不仅方便快捷,更能图文并茂地动态详解,加深对课程的视听印象,为学生们的知识消化及能力转化提供帮助.

在本书的编写过程中,我们的团队深入研究了历年高考真题及课程标准,同时也吸取了许多一线教师的卓见,力求在本书中将内容以更好的形式展现.参与本书编写的教师均为本行业的佼佼者,具有丰富的教学经验和独特的教学方法."力求为考生数学成绩加力提效"不仅是本书的宗旨,也是我们不变的理想和追求.然鉴于编者能力有限,虽倾心尽力,亦不能尽善尽美.若有任何疏漏不妥之处,敬请广大读者与数学同行雅正.

"云路鹏程九万里,雪窗萤火二十年."同学们,终于到了高三这最后一搏的时刻.别再抱怨学数学太苦,数学会铺就你的人生之路.愿本书能陪伴你们共同走过这段辛苦却坚定的时光.

2019 年 11 月

目录 CONTENTS

第一部分　小题常考专题精析精练……………… 1

第一节　小题常考专题——函数的性质……………… 1

第二节　小题常考专题——函数的图像……………… 9

第三节　小题常考专题——函数与方程……………… 17

第四节　小题常考专题——函数与不等式…………… 29

第五节　小题常考专题——三角函数………………… 37

第六节　小题常考专题——解三角形的综合应用…… 45

第七节　小题常考专题——平面向量………………… 50

第八节　小题常考专题——等差、等比数列基本量的求解
　　　　　　　　　　　　　　　　　　　　　　 56

第九节　小题常考专题——数列的拓展应用………… 59

第十节　小题常考专题——不等式…………………… 63

第十一节　小题常考专题——空间线面位置关系、三视图
　　　　　与空间角……………………………………… 72

第十二节　小题常考专题——空间几何体的外接球与内切
　　　　　球及最值问题………………………………… 82

第十三节　小题常考专题——直线与圆的方程、圆锥曲线的
　　　　　定义与方程…………………………………… 88

第十四节　小题常考专题——圆锥曲线的离心率的计算、中
　　　　　点弦及切线问题……………………………… 96

第十五节　小题常考专题——解析几何中的最值问题
　　　　　　　　　　　　　　　　　　　　　　 101

第十六节　小题常考专题——其他若干问题………… 106

考点索引

第一节
考点1　函数的奇偶性/1
考点2　函数的单调性/3
考点3　函数的周期性/6
考点4　函数性质的综合/6

第二节
考点1　函数图像的识别/9
考点2　函数图像变换/11
考点3　函数图像的应用/12

第三节
考点1　函数零点个数问题/17
考点2　分析函数零点的特征/22
考点3　复合函数零点问题/24
考点4　函数零点存在性问题/25
考点5　求解函数方程/27

第四节
考点1　函数值比较大小/29
考点2　函数不等式的求解/30
考点3　不等式恒成立问题/32

第五节
考点1　三角函数的计算/37
考点2　三角函数的奇偶性/38
考点3　三角函数的单调性/38
考点4　三角函数的周期性/40
考点5　三角函数的对称性/40
考点6　三角函数的性质综合/41
考点7　已知三角函数的图像确定函数的
　　　　解析式/42
考点8　三角函数的图像变换/43

第六节
考点1　正弦定理的应用/45
考点2　余弦定理的应用/46
考点3　解三角形的综合应用/47

第七节
考点1　平面向量的线性运算/50
考点2　向量共线的应用/50
考点3　向量的坐标运算/52
考点4　向量的数量积/53

第八节
考点1　等差数列的基本量计算/56
考点2　等比数列的基本量计算/56
考点3　等差、等比的综合计算/57
考点4　等差、等比定义的灵活运用/58

第九节
考点1　古代数学文化中的数列问题/59
考点2　根据等差、等比数列的结构特征
　　　　解题/59
考点3　数列的综合小题/60

第十节
考点1　简单的线性规划/63
考点2　基本不等式/67

第十一节
考点1　空间线面位置关系/72

| 第二部分 实战演练(单独成册)……123

小题模考基础卷(一)……123

小题模考基础卷(二)……125

小题模考基础卷(三)……127

小题模考基础卷(四)……129

小题模考基础卷(五)……131

小题模考基础卷(六)……133

小题模考基础卷(七)……135

小题模考基础卷(八)……137

小题模考基础卷(九)……139

小题模考基础卷(十)……141

小题模考提高卷(一)……143

小题模考提高卷(二)……145

小题模考提高卷(三)……147

小题模考提高卷(四)……149

小题模考提高卷(五)……151

参考答案(单独成册)……153

考点2　折叠问题中的空间线面位置关系/73
考点3　截面问题/74
考点4　已知几何体确定三视图/75
考点5　已知棱锥的三视图还原几何体/76
考点6　已知多面体的三视图还原几何体/77
考点7　异面直线成角/77
考点8　直线与平面成角/78
考点9　二面角/79

第十二节
考点1　柱体的外接球问题/82
考点2　锥体的外接球问题/83
考点3　几何体的内切球问题/85
考点4　立体几何中的最值问题/86

第十三节
考点1　直线的方程/88
考点2　圆的方程/89
考点3　直线与圆的位置关系/89
考点4　圆与圆的位置关系/90
考点5　圆锥曲线的方程求解/91
考点6　焦点三角形相关计算/92
考点7　利用圆锥曲线的定义(几何意义)解题/94

第十四节
考点1　求离心率的值/96
考点2　求离心率的取值范围/98
考点3　中点弦问题/99
考点4　圆锥曲线的切线问题/99

第十五节
考点1　与几何性质相关的最值问题/101
考点2　与坐标、方程相关的最值问题/103

第十六节
考点1　集合的运算/106
考点2　复数的运算及几何意义/106
考点3　逻辑推理/107
考点4　排列组合(理科)/108
考点5　二项式定理(理科)/110
考点6　概率与统计/111
考点7　程序框图/117
考点8　数学文化与新定义问题/118

第一部分　小题常考专题精析精练

笔者通过多年的教学实践与研究发现,对于选填小题,同学们的问题主要集中在以下几个方面:(1)函数与导数小题;(2)三角函数小题;(3)平面向量小题;(4)数列小题;(5)立体几何小题;(6)解析几何小题;(7)压轴小题.针对同学们这些常见的问题,我们细化出16大类常考专题,并认真研究,给出命题的规律和解题的方法,这些有价值的研究成果值得我们认真学习、领悟.

第一节　小题常考专题——函数的性质

有关函数性质的考查,重点是单调性和奇偶性.单调性是非常重要的性质,对于选择题和填空题,重点考查基本初等函数的单调性,利用解析式判断函数单调性及利用单调性求最值、解不等式、求参数的范围问题,难度中等,属于中档题.

判断函数的奇偶性是比较基础的问题,难度不大,常与单调性相结合解决求值和参数的问题,也与函数的周期性、图像对称性在同一题目中综合考查,主要以选择题和填空题形式出现,属于基础或中档题目.

函数周期性的考查在高考中主要也是以选择题、填空题的形式出现.常与函数的奇偶性、抽象函数结合考查,难度中档.

考点1　函数的奇偶性

方向一　判断函数的奇偶性

【方法点睛】

判断函数的奇偶性,常用以下三种方法:

(1)定义法.

①首先看定义域是否关于原点对称.

②若 $f(-x)=-f(x)$(或 $f(-x)+f(x)=0$),则函数 $f(x)$ 为奇函数;

若 $f(-x)=f(x)$(或 $f(-x)-f(x)=0$),则函数 $f(x)$ 为偶函数.

(2)图像法.

根据函数图像的对称性进行判断,若函数 $f(x)$ 的图像关于原点中心对称,则函数 $f(x)$ 为奇函数;若函数 $f(x)$ 的图像关于 y 轴对称,则 $f(x)$ 为偶函数.

(3)性质法.

①"奇+奇"是奇,"奇-奇"是奇,"奇·奇"是偶,"奇÷奇"是偶;

②"偶+偶"是偶,"偶-偶"是偶,"偶·偶"是偶,"偶÷偶"是偶;

③"奇·偶"是奇,"奇÷偶"是奇.

注 ①"性质法"中的结论是在两个函数的公共定义域内才成立的.

②判断分段函数的奇偶性应分段分别证明 $f(-x)$ 与 $f(x)$ 的关系,只有对各段上的 x 都满足相同的关系时,才能判断其奇偶性.

例1.1 下列函数是奇函数的是(　　).

A.$f(x)=2^x+2^{-x}$　　B.$f(x)=\dfrac{1}{x}$

C.$f(x)=x^2$　　D.$f(x)=x^{\frac{1}{2}}$

【分析】根据定义法判断四个选项中函数的奇偶性,可得出答案.

【解析】对于A选项中的函数 $f(x)=2^x+2^{-x}$,定义域为 $\mathbf{R}$,关于原点对称,$f(-x)=2^{-x}+2^x=f(x)$,该函数为偶函数;

对于 B 选项中的函数 $f(x)=\dfrac{1}{x}$，定义域为 $\{x|x\neq 0\}$，关于原点对称，

$f(-x)=\dfrac{1}{-x}=-\dfrac{1}{x}=-f(x)$，该函数为奇函数；

对于 C 选项中的函数 $f(x)=x^2$，定义域为 **R**，关于原点对称，且

$f(-x)=(-x)^2=x^2=f(x)$，该函数为偶函数；

对于 D 选项中的函数 $f(x)=x^{\frac{1}{2}}$，定义域为 $[0,+\infty)$，不关于原点对称，该函数为非奇非偶函数.故选 B.

【评注】本题考查利用定义判断函数的奇偶性，基本步骤如下：

(1) 考查函数的定义域，若不关于原点对称，则该函数为非奇非偶函数；

(2) 考查 $f(-x)$ 与 $f(x)$ 之间的关系；

(3) 下结论.

变式拓展

1. 下列函数中，既不是奇函数，也不是偶函数的是（ ）.

A. $y=x+\dfrac{1}{x}$ B. $y=\sqrt{1+x^2}$

C. $y=2^x-2^{-x}$ D. $y=x+e^x$

2. 函数 $y=\ln(\sqrt{1+\sin^2 x}-\sin x)$ 是_____（填奇、偶）函数.

方向二　函数奇偶性的应用

【方法点睛】

函数奇偶性的应用一般有以下两个方面：

(1) 已知函数的奇偶性，求参数的值，可从如下四个角度来思考：

① 从函数的定义域的角度，即函数的奇偶性的必要条件是定义域关于原点对称；

② 从函数解析式的角度，即 $f(-x)$ 与 $f(x)$ 的关系；

③ 从赋值的角度，即用特殊值代入求解；

④ 从导函数的角度，即可导奇函数的导函数为偶函数，可导偶函数的导函数为奇函数.

(2) 奇函数的特殊性质

① 若 $f(x)$ 为奇函数，则 $f(-x)+f(x)=0$，特别地，若 $f(x)$ 存在最值，则 $f(x)_{\min}+f(x)_{\max}=0$.

② 若 $F(x)=f(x)+c,f(x)$ 为奇函数，则

$F(-x)+F(x)=2c$.

特别地，若 $F(x)$ 存在最值，则 $F(x)_{\min}+F(x)_{\max}=2c$.

模型解读：如果一个函数是由奇函数和常数相加构成，那么此函数在对称两点的函数值之和一定等于二倍常数.最大值与最小值之和也一定等于二倍常数.

例 1.2 已知偶函数 $f(x)=(1-a)x^3+mx^2+1$ 的定义域为 (m^2-3m-8,m)，则 $m+2a=$_____.

【分析】定义域关于原点对称是一个函数为奇函数或偶函数的必要条件.

【解析】因为 $f(x)$ 为偶函数，故其定义域必关于原点对称.所以 $m^2-3m-8+m=0$ 且 $m^2-3m-8<m$，解得 $m=4$.由函数 $f(x)$ 为偶函数得 x^3 项的系数为 0，则 $1-a=0$，即 $a=1$，故 $m+2a=6$.

变式拓展

1. 若函数 $f(x)=\dfrac{x}{(2x+1)(x-a)}$ 为奇函数，则 $a=$（ ）.

A. $\dfrac{1}{2}$ B. $\dfrac{2}{3}$ C. $\dfrac{3}{4}$ D. 1

例 1.3 若函数 $f(x)=\log_a(x+\sqrt{x^2+2a^2})$ 是奇函数，则 $a=$_____.

【分析】若奇函数的定义域含有数 0，则必有 $f(0)=0$.

【解析】解法一：由 $f(x)$ 是奇函数，得 $f(-x)+f(x)=0$，

即 $\log_a(-x+\sqrt{x^2+2a^2})+\log_a(x+\sqrt{x^2+2a^2})=\log_a 2a^2=0$，即 $2a^2=1$，得 $a=\dfrac{\sqrt{2}}{2}$ 或 $-\dfrac{\sqrt{2}}{2}$.

又 $a>0$ 且 $a\neq 1$，则 $a=\dfrac{\sqrt{2}}{2}$.

解法二：函数 $f(x)=\log_a(x+\sqrt{x^2+2a^2})$（$a>0$ 且 $a\neq 1$）是定义域为 **R** 的奇函数，且在 $x=0$ 处有意义，故满足 $f(0)=0$，

从而得 $\log_a\sqrt{2a^2}=0\Rightarrow a^2=\dfrac{1}{2}\Rightarrow a=\pm\dfrac{\sqrt{2}}{2}$.

又 $a>0$ 且 $a\neq 1$，所以 $a=\dfrac{\sqrt{2}}{2}$.

变式拓展》

1.（2015 全国Ⅰ）若函数 $f(x)=x\ln(x+\sqrt{a+x^2})$ 为偶函数，则 $a=$ _____；

2.若 $f(x)=\ln(e^{3x}+1)+ax$ 是偶函数，则 $a=$ _____.

例1.4 设函数 $f(x)=x^3\cos x+1$，若 $f(a)=11$，则 $f(-a)=$ _____.

【分析】注意到函数结构本身是由奇函数和常数构成，考虑用"奇+常"模型处理.

【解析】$f(a)+f(-a)=2\times 1=2\Rightarrow f(-a)=-9$.

变式拓展》

1.已知 $f(x)=x^5+ax^3+bx-8$，且 $f(-2)=10$，那么 $f(2)=$（　　）.
A.-26　　B.-18
C.-10　　D.10

2.已知函数 $f(x)=\ln(\sqrt{1+9x^2}-3x)+1$，则 $f(\lg 2)+f\left(\lg\dfrac{1}{2}\right)=$（　　）.
A.-1　　B.0
C.1　　D.2

3.已知函数 $f(x)=ax^3+b\sin x+4(a,b\in\mathbf{R})$，$f(\lg(\log_2 10))=5$，则 $f(\lg(\lg 2))=$（　　）.
A.-5　　B.-1
C.3　　D.4

例1.5 若函数 $f(x)=1+\dfrac{2^{x+1}}{2^x+1}+\sin x$ 在区间 $[-k,k](k>0)$ 上的值域为 $[m,n]$，则 $m+n=$（　　）.
A.0　　B.1　　C.2　　D.4

【分析】观察发现 $f(x)$ 可能是"奇+常"模型.用 $f(0)$ 试探一下，因为 $f(0)=2$，所以 $g(x)=f(x)-2$ 可能是奇函数，进而可得 $f(x)=g(x)+2$，$f(x)$ 是"奇+常"模型.可用"奇+常"模型的性质解决.

【解析】由 $f(0)=2$，可设 $g(x)=f(x)-2$，

则 $g(x)=\dfrac{2^{x+1}}{2^x+1}+\sin x-1$，

所以 $g(-x)+g(x)=\dfrac{2^{-x+1}}{2^{-x}+1}+\sin(-x)-1+\dfrac{2^{x+1}}{2^x+1}+\sin x-1=\dfrac{2}{1+2^x}-\sin x+\dfrac{2^{x+1}}{2^x+1}+\sin x-2=\dfrac{2^{x+1}+2}{2^x+1}-2=\dfrac{2(2^x+1)}{2^x+1}-2=0$，

所以 $g(-x)=-g(x)$，$g(x)$ 是奇函数，

所以 $f(x)=g(x)+2$ 是"奇+常"模型，

所以 $m+n=f(x)_{\min}+f(x)_{\max}=2\times 2=4$.

故选 D.

【评注】本题直接观察 $f(x)$ 是"奇+常"模型不太容易，可试探计算 $f(0)=2$，进而猜想将 $f(x)$ 向下平移 2 个单位长度，函数过原点 $(0,0)$，就有可能变成奇函数了.于是构造 $g(x)=f(x)-2$，判断 $g(x)$ 的奇偶性即可.

变式拓展》

1.若函数 $f(x)=\dfrac{x^3+\sin x}{x^4+\cos x+2}$ 在 $\mathbf{R}$ 上的最大值与最小值分别为 M 与 N，则有（　　）.
A.$M+N=0$　　B.$M-N=0$
C.$MN=0$　　D.$\dfrac{M}{N}=0$

2.设函数 $f(x)=\dfrac{(x+1)^2+\sin x}{x^2+1}$ 的最大值为 M，最小值为 m，则 $M+m=$ _____.

考点2　函数的单调性

方向一　判断函数的单调性

【方法点睛】

判断函数的单调性一般有五种方法：①定义法；②图像法；③复合函数单调性法；④和差积商型函数运算性质法；⑤导数法.

典例精讲

例1.6 下列函数中既是奇函数，又在区间 $(0,+\infty)$ 上单调递增的是（　　）.
A.$y=-x^2$　　B.$y=x+\dfrac{1}{x}$
C.$y=\lg(2^x)$　　D.$y=e^{|x|}$

【分析】根据奇函数的定义及基本初等函数的单调性即可分析求解.

【解析】A 选项,$y=-x^2$ 是偶函数,不符合题意;

B 选项,取 $x_1=\dfrac{1}{2}<x_2=1$,但 $y_1=\dfrac{5}{2}>y_2=2$,所以函数不是 $(0,+\infty)$ 上的增函数,不符合题意;

C 选项,$y=\lg(2^x)=x\lg 2,x\in\mathbf{R}$,因为 $\lg(2^{-x})=-x\lg 2$,所以函数为奇函数,又因为 $\lg 2>0$,所以 $y=\lg(2^x)=x\lg 2,x\in\mathbf{R}$ 是增函数,符合题意;

D 选项,因为 $e^{|-x|}=e^{|x|}$,所以 $y=e^{|x|}$ 是偶函数,不符合题意.

故选 C.

变式拓展

1.已知函数 $f(x)=\left(\dfrac{1}{2}\right)^x-2^x$,则 $f(x)$（　　）.

A.是奇函数,且在 **R** 上是增函数
B.是偶函数,且在 **R** 上是增函数
C.是奇函数,且在 **R** 上是减函数
D.是偶函数,且在 **R** 上是减函数

2.下列函数中,是奇函数且在区间 $(1,+\infty)$ 上是增函数的是（　　）.

A.$f(x)=\dfrac{1}{x}-x$
B.$f(x)=\left(\dfrac{1}{2}\right)^{|x|}$
C.$f(x)=-x^3$
D.$f(x)=-\log_2\dfrac{x+1}{x-1}$

例1.7（2017 全国Ⅱ）函数 $f(x)=\ln(x^2-2x-8)$ 的单调递增区间是（　　）.

A.$(-\infty,-2)$ B.$(-\infty,-1)$
C.$(1,+\infty)$ D.$(4,+\infty)$

【分析】此函数为复合函数,利用复合函数同增异减法则来求单调区间,并要注意定义域的限制.

【解析】若使函数有意义,则 $x^2-2x-8>0$,解得 $x<-2$ 或 $x>4$,结合二次函数的单调性、对数函数的单调性和复合函数同增异减的原则可得函数的单调递增区间为 $(4,+\infty)$.

故选 D.

变式拓展

1.函数 $f(x)=|x-2|x$ 的单调递减区间是（　　）.

A.$[1,2]$ B.$[-1,0]$
C.$[0,2]$ D.$[2,+\infty)$

2.下列区间中,函数 $f(x)=|\ln(2-x)|$ 在其上为增函数的是（　　）.

A.$(-\infty,1]$ B.$\left[-1,\dfrac{4}{3}\right]$
C.$\left[0,\dfrac{3}{2}\right)$ D.$[1,2)$

方向二　利用函数单调性求函数的值域或者最值

【方法点睛】

求函数的值域或最值,首先考虑的就是函数的单调性.若函数 $f(x)$ 在定义域 $[a,b]$ 上是增函数,则值域为 $[f(a),f(b)]$;在 $[a,b]$ 上是减函数时,值域为 $[f(b),f(a)]$.

例1.8（2015 浙江）已知函数 $f(x)=\begin{cases}x+\dfrac{2}{x}-3,x\geqslant 1\\ \lg(x^2+1),x<1\end{cases}$,$f(x)$ 的最小值是_____.

【分析】对于分段函数求值域,分析分段函数在每一段上的单调性,求值域,综合取并集.求最值时,需求出各段上的最值或值域,再得出整个分段函数的最值.

【解析】由题意知,函数 $f(x)$ 在 $(-\infty,1)$ 上的值域为 $[0,+\infty)$,且 $f(x)$ 在 $(1,\sqrt{2})$ 上单调递减,在 $[\sqrt{2},+\infty)$ 上单调递增,则函数 $f(x)$ 在 $[1,+\infty)$ 上的最小值为 $f(\sqrt{2})=2\sqrt{2}-3<0$,因此 $f(x)$ 的最小值为 $2\sqrt{2}-3$.

变式拓展

1.函数 $y=\sqrt{3x+9}-\sqrt{5-x}$ 的值域为_____.

方向三　利用函数的单调性求参数的取值范围

【方法点睛】

①视参数为已知数,依据函数图像或单调性定义,确定函数的单调区间,与已知单调区间比较求参数;②需注意若函数在某区间上是单调的,则该函数在此区间的任意子集上也是单调的.

例1.9 已知 $f(x)=\begin{cases}(3a-1)x+4a & (x<1)\\ \log_a x & (x\geqslant 1)\end{cases}$ 是 **R** 上的减函数,那么 a 的取值范围是(　　).

A.$(0,1)$　　　　B.$\left(0,\dfrac{1}{3}\right)$

C.$\left[\dfrac{1}{7},\dfrac{1}{3}\right)$　　　　D.$\left[\dfrac{1}{7},1\right)$

【分析】 本题所给的函数为分段的形式,要满足在 **R** 上递减不仅要满足在每一个子区间上都递减,而且要满足在整个定义域上都递减.

【解析】 函数 $f(x)$ 在 **R** 上单调递减,故当 $x<1$ 时, $f(x)=(3a-1)\cdot x+4a$ 单调递减,因此 $3a-1<0$,得 $a<\dfrac{1}{3}$;当 $x\geqslant 1$ 时, $f(x)=\log_a x$ 单调递减,故 $0<a<1$.同时结合函数 $f(x)$ 的图像,如图1-1所示,当 $x=1$ 时, $(3a-1)+4a\geqslant\log_a 1$,解得 $a\geqslant\dfrac{1}{7}$.

综上所述, a 的取值范围是 $\left[\dfrac{1}{7},\dfrac{1}{3}\right)$.故选C.

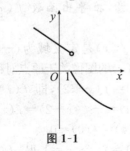

图1-1

变式拓展

1.已知 $f(x)=\begin{cases}x^3, & x\leqslant a\\ x^2, & x>a\end{cases}$,若函数 $f(x)$ 在 **R** 上不单调,则 a 的取值范围是_____.

2.已知函数 $f(x)=\dfrac{\sqrt{3-ax}}{a-1}(a\neq 1)$.

(1)若 $a>0$,则 $f(x)$ 的定义域是_____;

(2)若 $f(x)$ 在区间 $(0,1]$ 上是减函数,则实数 a 的取值范围是_____.

方向四　利用函数单调性比较大小

【方法点睛】

比较函数值的大小,常分析函数的单调性,将自变量的值转化到同一个单调区间上,再比较大小.

例1.10 设偶函数 $f(x)$ 的定义域为 **R**,当 $x\in[0,+\infty)$ 时, $f(x)$ 是减函数,则 $f(-2),f(\pi),f(-3)$ 的大小关系是(　　).

A.$f(\pi)>f(-3)>f(-2)$

B.$f(\pi)>f(-2)>f(-3)$

C.$f(\pi)<f(-3)<f(-2)$

D.$f(\pi)<f(-2)<f(-3)$

【分析】 由 $f(x)$ 是定义在 **R** 上的偶函数,将 $f(-2),f(\pi),f(-3)$ 中的自变量转化为同一个单调区间 $[0,+\infty)$ 上,再比较大小即可.

【解析】 因为 $f(x)$ 是定义在 **R** 上的偶函数,所以 $f(-2)=f(2),f(-3)=f(3)$;

又因为当 $x\in[0,+\infty)$ 时, $f(x)$ 是减函数,且 $2<3<\pi$,

则 $f(2)>f(3)>f(\pi)$,

故 $f(-2)>f(-3)>f(\pi)$.

故选C.

变式拓展

1.(2019 全国Ⅲ)设 $f(x)$ 是定义域为 **R** 的偶函数,且在 $(0,+\infty)$ 上单调递减,则(　　).

A.$f\left(\log_3\dfrac{1}{4}\right)>f(2^{-\frac{3}{2}})>f(2^{-\frac{2}{3}})$

B.$f\left(\log_3\dfrac{1}{4}\right)>f(2^{-\frac{2}{3}})>f(2^{-\frac{3}{2}})$

C.$f(2^{-\frac{3}{2}})>f(2^{-\frac{2}{3}})>f\left(\log_3\dfrac{1}{4}\right)$

D. $f(2^{-\frac{2}{3}}) > f(2^{-\frac{3}{2}}) > f(\log_3 \frac{1}{4})$

2. 已知函数 $f(x) = 3^x + 3^{-x} + \log_3(3^{|x|} - 1)$，则（　　）.

A. $f(\log_5 \frac{1}{4}) > f(-\sqrt[3]{3}) > f(\sqrt{2})$

B. $f(-\sqrt[3]{3}) > f(\log_5 \frac{1}{4}) > f(\sqrt{2})$

C. $f(\sqrt[3]{3}) > f(-\sqrt{2}) > f(\log_5 \frac{1}{4})$

D. $f(\sqrt{2}) > f(\sqrt[3]{3}) > f(\log_5 \frac{1}{4})$

考点3　函数的周期性

【方法点睛】

判断函数的周期性一般有两种方法：

①定义法

本方法还有几个常见的结论：对于 $f(x)$ 定义域内任一自变量的值 x.

若 $f(x+a) = -f(x)$，则 $T = 2a(a > 0)$；

若 $f(x+a) = \dfrac{1}{f(x)}$，则 $T = 2a(a > 0)$；

若 $f(x+a) = -\dfrac{1}{f(x)}$，则 $T = 2a(a > 0)$.

②图像法

利用周期性求函数值的问题，一般是"大数"函数值求解问题．通过函数周期性，将"大数"函数值转化为与之相等的"小数"函数值进行求解．

【例1.11】 函数 $f(x)$ 对任意实数 x 都满足 $f(x+2) = \dfrac{1}{f(x)}$．若 $f(1) = -5$，则 $f[f(5)] = $ _____．

【分析】由 $f(x+2) = \dfrac{1}{f(x)}$，得 $f(x+4) = \dfrac{1}{f(x+2)} = f(x)$，即函数 $f(x)$ 的周期为4．

【解析】$f(x+2) = \dfrac{1}{f(x)}$，即 $f(x+2)f(x) = 1$，有 $f(x+4) \cdot f(x+2) = 1$，所以 $f(x+4) = f(x)$，故 $T = 4$，$f(5) = f(1) = -5$，所以 $f[f(5)] = f(-5) = f(-1) = \dfrac{1}{f(1)} = -\dfrac{1}{5}$．

变式拓展

1. 已知函数 $f(x)$ 满足 $f(1) = \dfrac{1}{4}$，$4f(x)f(y) = f(x+y) + f(x-y)$ $(x, y \in \mathbf{R})$，则 $f(2020) = $ _____．

考点4　函数性质的综合

【方法点睛】

函数的各性质之间有非常密切的联系，如函数的周期性常常通过函数的奇偶性及对称性得到，函数的奇偶性本身也体现的是一种对称关系，有时借助函数的奇偶性和周期性来确定另一区间上的解析式或函数值，即实现区间的转换．

在解函数综合题时，应仔细观察，挖掘隐含条件，确定各性质运用的先后顺序，尽量回避复杂运算，勤画草图帮助思考以解决函数性质综合题．以下我们从常考的几种类型，如奇偶性与单调性、奇偶性与周期性、对称性与周期性、三种性质综合（奇偶性、周期性、单调性或奇偶性、对称性、周期性）来学习．其中奇偶性与单调性的综合可参考考点2方向四，在此不再赘述．

类型一　奇偶性与周期性的综合

【例1.12】 已知 $f(x)$ 是定义域为 $(-\infty, +\infty)$ 的奇函数，满足 $f(-x) = f(x+2)$．若 $f(1) = 2$，则 $f(1) + f(2) + f(3) + \cdots + f(50) = $（　　）．

A. -50　　B. 0　　C. 2　　D. 50

【分析】依题意，推导出函数 $f(x)$ 的周期性，再求值．

【解析】因为 $f(x)$ 是定义域为 $(-\infty, +\infty)$ 的奇函数，所以 $f(x)$ 的图像关于原点对称，且 $f(0) = 0$．又 $f(-x) = f(x+2)$，即 $f(x) = -f(x+2)$，则 $f(x+4) = -f(x+2) = f(x)$．所以周期 $T = 4$，所以 $f(4) = f(0) = 0$．

因为 $f(1) = 2$，令 $x = 1$ 得，$f(3) = f(-1) = -f(1) = -2$；

令 $x = 0$ 得，$f(2) = f(0) = 0$，

所以 $f(1) + f(2) + \cdots + f(50) = 12[f(1) + f(2) + f(3) + f(4)] + f(1) + f(2) = 2$．

故选 C.

◆ 变式拓展 >>>

1. 已知 $f(x)$ 是定义在 **R** 上的偶函数,且 $f(x+2)=-f(x)$,当 $2\leqslant x\leqslant 3$ 时, $f(x)=x$,则 $f(105.5)=$ _____.

类型二　对称性与周期性的综合

例 1.13 已知定义在 **R** 上的函数 $f(x)$ 满足 $f(x)=f(2-x)$,且 $f(x)$ 的图像关于点 $(3,0)$ 对称,当 $1\leqslant x\leqslant 2$ 时, $f(x)=2x+\log_3(4x+3)$,则 $f\left(\dfrac{1609}{2}\right)=$ (　　).

A. -4 B. 4 C. -5 D. 5

【分析】根据对称得到 $f(x)+f(6-x)=0$,与 $f(x)=f(2-x)$ 计算函数周期为 8,所以 $f\left(\dfrac{1609}{2}\right)=f\left(\dfrac{9}{2}\right)$,又 $f\left(\dfrac{9}{2}\right)=-f\left(\dfrac{3}{2}\right)$,计算得到答案.

【解析】因为 $f(x)$ 的图像关于点 $(3,0)$ 对称,所以 $f(x)+f(6-x)=0$.
又 $f(x)=f(2-x)$,
所以 $f(2-x)+f(6-x)=0$,
所以 $f(x)=-f(x+4)$,则 $f(x)=f(x+8)$,函数周期为 8.
所以 $f\left(\dfrac{1609}{2}\right)=f\left(\dfrac{9}{2}+100\times 8\right)=f\left(\dfrac{9}{2}\right)$.
因为 $f\left(\dfrac{9}{2}\right)+f\left(6-\dfrac{9}{2}\right)=0$,
所以 $f\left(\dfrac{9}{2}\right)=-f\left(\dfrac{3}{2}\right)=-(3+\log_3 9)=-5$,
所以 $f\left(\dfrac{1609}{2}\right)=-5$.故选 C.

◆ 变式拓展 >>>

1. 设函数 $y=f(x)(x\in\mathbf{R})$ 的图像关于直线 $x=0$ 及直线 $x=1$ 对称,且 $x\in[0,1]$ 时, $f(x)=x^2$,则 $f\left(-\dfrac{3}{2}\right)=$ (　　).

A. $\dfrac{1}{2}$ B. $\dfrac{1}{4}$ C. $\dfrac{3}{4}$ D. $\dfrac{9}{4}$

类型三　三种性质的综合

例 1.14 已知定义在 **R** 上的奇函数 $f(x)$ 满足 $f(x-4)=-f(x)$,且在区间 $[0,2]$ 上是增函数,则(　　).

A. $f(-25)<f(11)<f(80)$
B. $f(80)<f(11)<f(-25)$
C. $f(11)<f(80)<f(-25)$
D. $f(-25)<f(80)<f(11)$

【解析】因为 $f(x)$ 满足 $f(x-4)=-f(x)$,所以 $f(x-8)=f(x)$,所以函数 $f(x)$ 是以 8 为周期的周期函数,则 $f(-25)=f(-1)$, $f(80)=f(0)$, $f(11)=f(3)$.由 $f(x)$ 是定义在 **R** 上的奇函数,且满足 $f(x-4)=-f(x)$,得 $f(11)=f(3)=-f(-1)=f(1)$.
因为 $f(x)$ 在区间 $[0,2]$ 上是增函数, $f(x)$ 在 **R** 上是奇函数,
所以 $f(x)$ 在区间 $[-2,2]$ 上是增函数,
所以 $f(-1)<f(0)<f(1)$,即 $f(-25)<f(80)<f(11)$.故选 D.

◆ 变式拓展 >>>

1. 已知函数 $y=f(x)$ 是定义在 **R** 上的奇函数, $\forall x\in\mathbf{R}$, $f(x-1)=f(x+1)$ 成立,当 $x\in(0,1)$ 且 $x_1\neq x_2$ 时, 有 $\dfrac{f(x_2)-f(x_1)}{x_2-x_1}<0$.

给出下列命题:
① $f(1)=0$;
② $f(x)$ 在 $[-2,2]$ 上有 5 个零点;
③ 点 $(2\,020,0)$ 是函数 $y=f(x)$ 图像的一个对称中心;
④ 直线 $x=2\,020$ 是函数 $y=f(x)$ 图像的一条对称轴.
则正确命题的序号是 _____.

2. 已知 $f(x)$ 是定义域为 **R** 的奇函数,且 $y=f\left(x+\dfrac{1}{2}\right)$ 为偶函数,则 $f(1)+f(2)+f(3)+f(4)+f(5)+f(6)=$ (　　).

A. 4 B. 3
C. 0 D. 2

A组　基础演练

1. 若 $f(x)=ax^2+bx(a-1\leqslant x\leqslant 2a)$ 是偶函数,则 $a+b=$(　　).

   A.$-\dfrac{1}{3}$　　B.$\dfrac{1}{3}$　　C.$\dfrac{1}{2}$　　D.$-\dfrac{1}{2}$

2. 已知函数 $f(x)=\begin{cases}(4-a)x(x<2)\\ a^x(x\geqslant 2)\end{cases}$ 在 **R** 上单调递增,则 a 的取值范围是(　　).

   A.$(1,4]$　　　　　B.$(2,4)$
   C.$[2,4)$　　　　　D.$(4,+\infty)$

3. 函数 $f(x)$ 是以 2 为周期的偶函数,且当 $x\in(0,1)$ 时,$f(x)=2^x-1$,则 $f(\log_2 12)$ 的值为(　　).

   A.$\dfrac{1}{3}$　　B.$\dfrac{4}{3}$　　C.2　　D.11

4. 设 $f(x)=x^3+x-2$,若 $f(a)=1$,$f(b)=-5$,则 $a+b=$(　　).

   A.-2　　B.0　　C.1　　D.2

5. 函数 $f(x)=x^3+\sin x+1(x\in\mathbf{R})$,若 $f(a)=2$,则 $f(-a)$ 的值为(　　).

   A.3　　　　　B.0
   C.-1　　　D.-2

6. 已知定义在 **R** 上的奇函数 $f(x)$ 满足 $f(x+2)=f(2-x)$,当 $-2\leqslant x<0$ 时,$f(x)=a^x-1(a>0)$,且 $f(2)=-8$,则 $f(1)+f(2)+f(3)+\cdots+f(2019)=$(　　).

   A.-10　　B.-12　　C.4　　D.12

7. 已知 $f(x)=\sin^2\left(x+\dfrac{\pi}{4}\right)$,若 $a=f(\lg 5)$,$b=f\left(\lg\dfrac{1}{5}\right)$,则(　　).

   A.$a+b=0$　　　　B.$a-b=0$
   C.$a+b=1$　　　　D.$a-b=1$

8. 若函数 $f(x)$,$g(x)$ 分别为 **R** 上的奇函数、偶函数,且满足 $f(x)-g(x)=\mathrm{e}^x$,则有(　　).

   A.$f(2)<f(3)<g(0)$
   B.$g(0)<f(3)<f(2)$
   C.$f(2)<g(0)<f(3)$
   D.$g(0)<f(2)<f(3)$

9. 定义在 **R** 上的函数 $f(x)$ 满足 $f(x)=\begin{cases}\log_2(1-x),x\leqslant 0\\ f(x-1)-f(x-2),x>0\end{cases}$,则 $f(2020)$ 的值为(　　).

   A.-1　　B.0　　C.1　　D.2

10. 函数 $y=1-\dfrac{\sin x}{x^4+2x^2+1}(x\in\mathbf{R})$ 的最大值与最小值的和为_____.

B组　强化提升

11. 定义在 **R** 上的函数 $f(x)$ 满足 $f(x)=f(2-x)$ 及 $f(x)=-f(-x)$,且在 $[0,1]$ 上有 $f(x)=x^2$,则 $f\left(2019\dfrac{1}{2}\right)=$(　　).

    A.$\dfrac{9}{4}$　　　　　B.$\dfrac{1}{4}$

    C.$-\dfrac{9}{4}$　　　　D.$-\dfrac{1}{4}$

12. 已知函数 $f(x)$ 对 $\forall x\in\mathbf{R}$ 满足:$f(x+2)=f(-x)$,$f(x+1)=f(x)\cdot f(x+2)$,且 $f(x)>0$,若 $f(1)=4$,则 $f(2019)+f(2020)=$(　　).

    A.$\dfrac{3}{4}$　　B.2　　C.$\dfrac{5}{2}$　　D.4

13. 已知函数 $f(x)=x^2-2|x|+2019$.若 $a=f(-\log_2 5)$,$b=f(2^{0.8})$,$c=f\left(\dfrac{5}{2}\right)$,则 a,b,c 的大小关系为(　　).

    A.$a<b<c$　　　　B.$c<b<a$
    C.$b<a<c$　　　　D.$b<c<a$

14. 对于函数 $f(x)$,若存在常数 $a\neq 0$,使得 x 取定义域内的每一个值,都有 $f(x)=f(2a-x)$,则称 $f(x)$ 为准偶函数,下列函数中是准偶函数的是(　　).

    A.$f(x)=\sqrt{x}$
    B.$f(x)=x^2$
    C.$f(x)=\tan x$
    D.$f(x)=\cos(x+1)$

15. 已知函数 $f(x)=|\log_2 x|$,正实数 m,n 满足 $m<n$,且 $f(m)=f(n)$,若 $f(x)$ 在区间 $[m^2,n]$ 上的最大值为 2,则 $m+n=$(　　).

    A.$\dfrac{1}{2}$　　B.$\dfrac{3}{2}$　　C.$\dfrac{5}{2}$　　D.3

第二节 小题常考专题——函数的图像

函数图像是研究函数的重要工具,因为解析式强调函数"数"这方面的特征,而图像则强调函数"形"这方面的特征.将"数"与"形"有机地结合在一起,可帮助我们更深刻地认识函数及其内在的规律.在本专题中,数形结合思想贯穿始终.高考对于函数图像的考查,主要在以下两个方面:一是识图,二是用图.具体内容有:知式选图、知图选式、图像变换以及灵活地应用图像判断方程解的个数,或者已知方程解的个数,求参数的范围,研究零点所在的区间,利用函数图像解不等式等,我们希望通过本专题的学习,你能从错综复杂的图像世界中,找到你的指南针,带领你走出迷局.

考点1 函数图像的识别

方向一 研究解析式性质确定函数大致图像(知式选图)

【方法点睛】

识图常用方法是排除法,可通过取自变量的一些特殊值来排除错误选项,也可利用函数的性质(如定义域、值域、奇偶性、单调性、周期性、特殊点)排除错误选项,从而筛选出正确答案.

例2.1 (2018全国Ⅱ)函数 $f(x)=\dfrac{e^x-e^{-x}}{x^2}$ 的图像大致为( ).

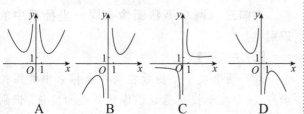

【分析】本题为图像识别题,首选特殊值法,通过对自变量赋予特殊值来排除错误选项.另外也可通过研究函数奇偶性以及单调性,确定函数图像.

【解析】解法一(特殊值法):已知函数 $f(x)=\dfrac{e^x-e^{-x}}{x^2}$,所以 $f(1)=e-\dfrac{1}{e}>2$,排除C,D选项;$f(-1)=\dfrac{1}{e}-e<0$,排除A选项.故选B.

解法二(函数性质法):由函数 $f(x)=\dfrac{e^x-e^{-x}}{x^2}$ 得 $x\neq 0$,所以定义域为 $(-\infty,0)\cup(0,+\infty)$.

又 $f(-x)=\dfrac{e^{-x}-e^x}{x^2}=-f(x)$,所以 $f(x)$ 是奇函数,故排除A项.

当 $x<0$ 时,$e^x<e^{-x}$,则 $f(x)<0$;当 $x>0$ 时,$e^x>e^{-x}$,则 $f(x)>0$,故排除D项.

对于选项B,C,从单调性角度来看,有

$f'(x)=\dfrac{(e^x+e^{-x})\cdot x^2-(e^x-e^{-x})\cdot 2x}{x^4}=\dfrac{(x-2)e^x+(x+2)e^{-x}}{x^3}$,

所以当 $x>2$ 时,$f'(x)>0$,函数图像单调递增,排除C选项.故选B.

【评注】有关函数图像识别问题应首选特殊值法,因为这是最快捷的方法.除此之外,也可利用研究函数的定义域、值域、性质来确定图像.其思路如下:(1)由函数的定义域,判断图像的左右位置,由函数值域,判断函数图像的上下位置;(2)由函数的单调性,判断图像的变化趋势;(3)由函数的奇偶性,判断图像的对称性;(4)由函数的周期性,判断图像的循环往复.

变式拓展

1.(2019 全国Ⅰ)函数 $f(x)=\dfrac{\sin x+x}{\cos x+x^2}$ 在 $[-\pi,\pi]$ 的图像大致为 ( ).

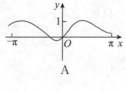

A

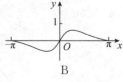

B

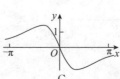

C

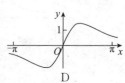

D

2.(2016 全国Ⅰ)函数 $y=2x^2-e^{|x|}$ 在区间 $[-2,2]$ 上的图像大致为(　　).

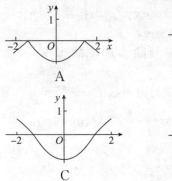

方向二　由图像获取解析式的信息(知图选式)

【方法点睛】

对于给定函数的图像,找出解析式的信息,常用的方法有:

(1)定性分析法:定性分析函数的图像,从图像的左右、上下分布范围得出函数的定义域与值域(最值);由图像的上升(或下降)的趋势,得出函数的单调性;由图像形态分析函数的奇偶性、周期性;由图像与 x 轴的交点得零点.

(2)定量计算法:通过某特殊值定量的计算来分析、排除一些选项.

(3)函数模型法:由所提供的图像特征,联想相关函数模型,利用这些函数模型来分析解决问题.

例2.2 设函数 $f(x)=\dfrac{ax+b}{x^2+c}$ 的图像如图 2-1 所示,则 a,b,c 应满足(　　).

A. $a>b>c$　　　B. $a>c>b$
C. $b>a>c$　　　D. $b>c>a$

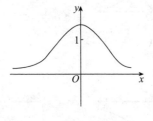

图 2-1

【分析】若已知函数的图像,求解函数解析式,则需根据函数图像的特征来判断函数的定义域和值域以及函数的奇偶性和单调性、特殊点(特殊值).

【解析】因为函数的图像关于 y 轴对称,故它是偶函数,满足 $f(-x)=f(x)$,所以 $a=0$.

依图得,函数的定义域为 $\mathbf{R}$,所以 $c>0$.

又由图可知,当 $x=0$ 时,函数取得最大值,且最大值是大于1的实数,

所以 $f(0)=\dfrac{b}{c}>1$,即 $b>c$.

因此 $b>c>a$.故选 D.

变式拓展》》

1.如图 2-2 所示的函数图像的解析式可能是(　　).

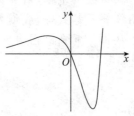

图 2-2

A. $y=2^x-x^2-1$　　　B. $y=\dfrac{2^x\sin x}{4x+1}$

C. $y=(x^2-2x)e^x$　　　D. $y=\dfrac{x}{\ln x}$

2.已知函数 $f(x)=ax^3+bx^2+cx+d$ 的图像如图 2-3 所示,则 b 的取值范围为(　　).

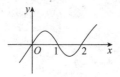

图 2-3

A. $b\in(-\infty,0)$　　　B. $b\in(0,1)$
C. $b\in(1,2)$　　　D. $b\in(2,+\infty)$

方向三　两个函数图像在同一坐标系中的识别

【方法点睛】

对于两个或多个函数在同一坐标系中的图像识别,核心在于找到函数图像的共性和特征. 识别时需对几个基本初等函数的图像了如指掌,根据它

们共同参数不同的情况对每个选项逐一分析,推理出合理的图像位置关系,排除相互矛盾的位置关系,以得出正确选项.

例2.3 在同一坐标系中画出函数 $y=\log_a x, y=a^x, y=x+a$ 的图像,可能正确的是( ).

扫码付费看

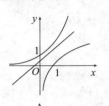
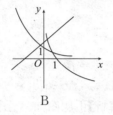
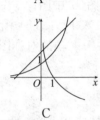
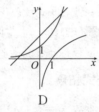

【分析】对于两个或多个函数在同一坐标系中的图像识别,核心在于找到函数图像的共性或特征,如函数 $y=\log_a x, y=a^x, y=x+a$. 显然参数 a 决定三个函数的变化趋势,也是三个函数图像的共性特征.通过对选项图像的逐一分析,得出答案.

【解析】对于选项A,由对数函数 $y=\log_a x$ 与指数函数 $y=a^x$ 的图像知 $a>1$,直线 $y=x+a$ 不满足 $a>1$,故选项A不正确;

对于选项B,由对数函数 $y=\log_a x$ 与指数函数 $y=a^x$ 的图像知 $0<a<1$,直线 $y=x+a$ 不满足 $0<a<1$,故选项B不正确;

对于选项C,由对数函数 $y=\log_a x$ 的图像知 $0<a<1$,由指数函数 $y=a^x$ 的图像知 $a>1$,故矛盾,选项C不正确.

故选D.

变式拓展

1.函数 $y=ax^2+bx$ 与 $y=\log_{\left|\frac{b}{a}\right|}|x|$, $ab\neq 0$, $|a|\neq|b|$,在同一直角坐标系中的图像可能是( ).

扫码付费看

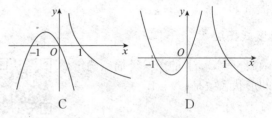

考点2 函数图像变换

方向一 利用变换规律得图像

【方法点睛】

函数图像可由某个基本函数的图像经过平移、翻折、对称得到,可利用图像变换作出.具体做法如下.

翻折变换:

$|f(x)|$ 的图像先保留 $f(x)$ 原来在 x 轴上方的图像,作出 x 轴下方的图像关于 x 轴的对称图形,然后擦去 x 轴下方的图像得到;而 $f(|x|)$ 的图像是先保留 $f(x)$ 在 y 轴右方的图像,擦去 y 轴左方的图像,然后作出 y 轴右方的图像关于 y 轴的对称图形.

平移变换:

在实际判断中可熟记口诀:左加右减、上加下减.这样就不容易出错了,但要注意加、减指的是自变量,否则不成立.除此之外还要注意平移变换与伸缩变换的顺序对变换单位及解析式的影响.

例2.4 将 $y=2^x$ 的图像作下列变换中的哪一个,再作关于直线 $y=x$ 对称的图像,可得到 $y=\log_2(x+1)$ 的图像( ).

扫码付费看

A.先向左平行移动1个单位

B.先向右平行移动1个单位

C.先向上平行移动1个单位

D.先向下平行移动1个单位

【解析】利用指数式和对数式的互化,由函数 $y=\log_2(x+1)$,解得 $x=2^y-1$.

即函数 $y=\log_2(x+1)(x>-1)$ 关于直线 $y=x$ 对称的函数为 $y=2^x-1(x\in\mathbf{R})$.

即函数 $y=2^x$ 平移后的函数为 $y=2^x-1$,易见,只需将其向下平移 1 个单位即可.

故选 D.

变式拓展》》

1. 函数 $y=x|x|$ 的图像经描点确定后的形状大致是( ).

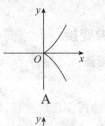
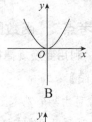
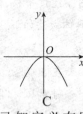
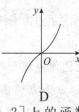

2. 已知定义在区间 $[0,2]$ 上的函数 $f(x)$ 的图像如图 2-4 所示,则 $y=-f(2-x)$ 的图像为( ).

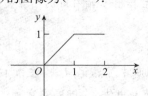

图 2-4

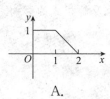
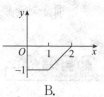

A.　　　　　　　B.

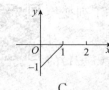

C.　　　　　　　D.

方向二　判断作了何种变换
【方法点睛】
结合变换前后图像的关系及函数表达式之间的联系,对所作变换做出判断.了解各种常见的变换方法是解题的前提条件.

典例精讲

例 2.5 已知图 2-5(a)中的图像对应的函数为 $y=f(x)$,则图 2-5(b)中的图像对应的函数在下列给出的四式中,只可能是( ).

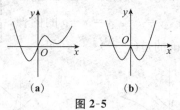

(a)　　　　　(b)
图 2-5

A. $y=f(|x|)$　　B. $y=|f(x)|$
C. $y=f(-|x|)$　　D. $y=-f(|x|)$

【解析】由题图知:当 $x<0$ 时,图(b)中图像与图(a)中一致,即 $y=f(x)$;当 $x>0$ 时,图(b)中图像是图(a)中 y 轴左侧图像关于 y 轴的对称图像,即 $y=f(-x)$.故选 C.

变式拓展》》

1. 设函数 $y=f(x)$ 的定义域为 $\mathbf{R}$,则函数 $y=f(x-1)$ 与函数 $y=f(1-x)$ 的图像关于( ).

A. 直线 $y=0$ 对称
B. 直线 $x=0$ 对称
C. 直线 $y=1$ 对称
D. 直线 $x=1$ 对称

2. 已知函数 $f(2x+1)$ 是奇函数,则函数 $y=f(2x)$ 的图像关于下列哪个点成中心对称( ).

A. $(1,0)$　　B. $(-1,0)$
C. $\left(\dfrac{1}{2},0\right)$　　D. $\left(-\dfrac{1}{2},0\right)$

考点 3　函数图像的应用

方向一　由函数图像研究函数性质、最值等
【方法点睛】
通过函数解析式,作出函数的图像,判断函数的性质,如奇偶性、单调性和最值等.

典例精讲

例 2.6 用 $\min\{a,b,c\}$ 表示 a,b,c 三个数中的最小值,设 $f(x)=\min\{2^x,x+2,10-x\}(x\geqslant 0)$,则 $f(x)$ 的最

大值为( ).
A.4   B.5   C.6   D.7

【分析】题设中的函数$y=f(x)=\min\{2^x, x+2, 10-x\}$实际上是一个定义在$[0,+\infty)$上的分段函数,利用数形结合思想即可作答.

【解析】如图2-6所示,图像(实线)的最高点,即直线$y=x+2$与直线$y=10-x$的交点A,A的纵坐标即为所求.由$A(4,6)$,得函数$f(x)$的最大值为6.故选C.

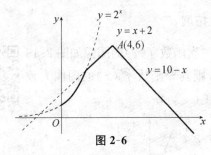

图2-6

变式拓展

1.设$f(x)=1-2x^2$,$g(x)=x^2-2x$,若$F(x)=\dfrac{f(x)+g(x)}{2}-\dfrac{|f(x)-g(x)|}{2}$,则$F(x)$的最大值为_____.

2.定义区间$[x_1,x_2]$($x_1<x_2$)的长度为x_2-x_1,已知函数$f(x)=|\log_{\frac{1}{2}}x|$的定义域为$[a,b]$,值域为$[0,2]$,则区间$[a,b]$的长度的最大值与最小值的差为_____.

方向二　由导函数图像研究原函数

【方法点睛】
导函数的图像可以形象地描述原函数的单调、极值的情况,所以在导函数的图像中观察得到正负、变号零点等信息,利用函数的单调性与其导数的正负之间的关系解题,即当导函数大于0时原函数单调递增;当导函数小于0时原函数单调递减.导函数由正变负的零点为极大值点,由负变正的零点为极小值点.

类型一　由导函数图像研究原函数性质、极值、最值等

例2.7　函数$f(x)$的定义域为$\mathbf{R}$,导函数$f'(x)$的图像如图2-7所示,则函数$f(x)$在如图所示的区间上( ).

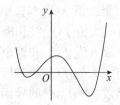

图2-7

A.无极大值点,有四个极小值点
B.有三个极大值点,两个极小值点
C.有两个极大值点,两个极小值点
D.有四个极大值点,无极小值点

【分析】导函数图像最重要的信息就是正负性,故在如图2-8所示的图像上标记+,−,则对应于原函数的增减.

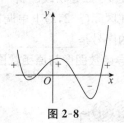

图2-8

【解析】由导函数的图像可得,原函数↗,极大值,↘,极小值,↗,极大值,↘,极小值,↗,勾勒出其草图如图2-9所示.由图可知,函数$f(x)$在题图所示的区间上有两个极大值与两个极小值.故选C.

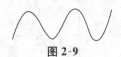

图2-9

【评注】极大值图像似"∧",极小值图像似"∨".

变式拓展

1.设函数$f(x)$在$\mathbf{R}$上可导,其导函数为$f'(x)$,且函数$y=(1-x)f'(x)$的图像如图2-10所示,则下列结论中一定成立的是( ).

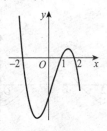

图2-10

A.函数$f(x)$有极大值$f(2)$和极小值$f(1)$
B.函数$f(x)$有极大值$f(-2)$和极小值$f(1)$
C.函数$f(x)$有极大值$f(2)$和极小值$f(-2)$
D.函数$f(x)$有极大值$f(-2)$和极小值$f(2)$

2.如图2-11是函数$y=f(x)$的导函数$y=f'(x)$的图像,给出下列命题:

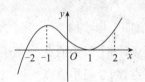

图2-11

①-2是函数$y=f(x)$的极值点;
②1是函数$y=f(x)$的最小值点;
③$y=f(x)$在$x=0$处切线的斜率小于零;
④$y=f(x)$在区间$(-2,2)$上单调递增.
则正确命题的序号是_____.

类型二 导函数图像与原函数图像关系探究

例2.8 设$y=f'(x)$是函数$y=f(x)$的导函数,$y=f'(x)$的图像如图2-12所示,则$y=f(x)$的图像最有可能是( ).

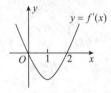

图2-12

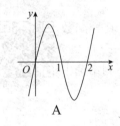 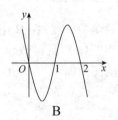
A B

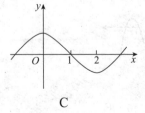 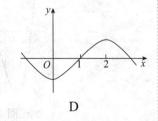
C D

【分析】先根据导函数的图像确定导函数大于0和小于0时x的取值范围,进而根据当导函数大于0时原函数单调递增;当导函数小于0时,原函数单调递减确定原函数的单调增减区间.

【解析】由导函数的图像可知,原函数的单调性应为在$(-\infty,0)$上单调递增,在$(0,2)$上单调递减,在$(2,+\infty)$上单调递增,只有选项C的图像符合.故选C.

变式拓展

1.已知二次函数$f(x)$的图像如图2-13所示,则其导函数$f'(x)$的图像大致形状是( ).

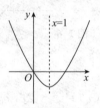

图2-13

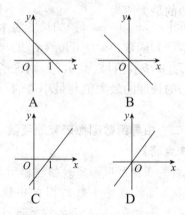

A B

C D

牛刀小试

A组 基础演练

1.函数$y=1-\dfrac{1}{x-1}$的图像是( ).

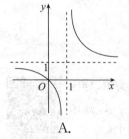 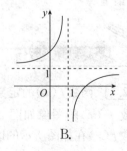
A. B.

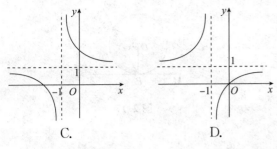

C.   D.

2.函数 $y=\dfrac{xa^x}{|x|}$ $(a>1)$ 的图像的大致形状是( ).

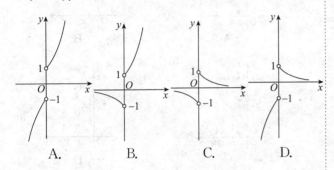

A.   B.   C.   D.

3.若想得到函数 $y=\lg\dfrac{x+3}{10}$ 的图像,需把 $y=\lg x$ 的图像经过下列哪些变换得到( ).

A.向右平移3个单位长度,再向上平移1个单位长度

B.向左平移3个单位长度,再向上平移1个单位长度

C.向左平移3个单位长度,再向下平移1个单位长度

D.向右平移3个单位长度,再向下平移1个单位长度

4.函数 $y=\dfrac{x^3}{3^x-1}$ 的图像大致是( ).

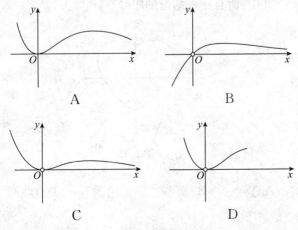

A   B

C   D

5.已知函数 $f(x)$ 的图像如图2-14所示,则 $f(x)$ 的解析式可以是( ).

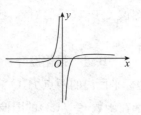

图 2-14

A.$f(x)=\dfrac{\ln|x|}{x}$ B.$f(x)=\dfrac{e^x}{x}$

C.$f(x)=\dfrac{1}{x^2}-1$ D.$f(x)=x-\dfrac{1}{x}$

6.函数 $y=a^{-x}$ 和函数 $y=\log_a(-x)$ $(a>0$ 且 $a\neq 1)$ 的图像画在同一个坐标系中,得到的图像只可能是下面四个图像中的( ).

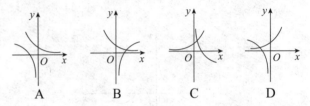

A   B   C   D

7.若函数 $f(x)$ 的图像向右平移1个单位长度,所得图像与曲线 $y=e^x$ 关于 y 轴对称,则 $f(x)=$ ( )

A.e^{x+1} B.e^{x-1} C.e^{-x+1} D.e^{-x-1}

8.已知函数 $f(x)=x|x|-2x$,则下列结论中正确的是( ).

A.$f(x)$ 是偶函数,递增区间是 $(0,+\infty)$

B.$f(x)$ 是偶函数,递减区间是 $(-\infty,1)$

C.$f(x)$ 是奇函数,递减区间是 $(-1,1)$

D.$f(x)$ 是奇函数,递增区间是 $(-\infty,0)$

9.已知函数 $y=f(x)$ 的导函数 $y=f'(x)$ 的图像如图2-15所示,则当函数 $y=f(x)$ 取得极大值时, x 的值是_____.

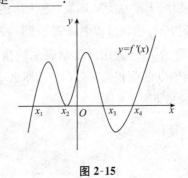

图 2-15

10. 已知 $f(x)=\ln(1-x)$，函数 $g(x)$ 的图像与 $f(x)$ 的图像关于点 $(1,0)$ 对称，则 $g(x)$ 的解析式为_____．

B组　强化提升

11. 若直角坐标平面内的两点 P,Q 满足条件：
① P,Q 都在函数 $y=f(x)$ 的图像上；
② P,Q 关于原点对称，则称点对 $[P,Q]$ 是函数 $y=f(x)$ 的一对"友好点对"（点对 $[P,Q]$ 与 $[Q,P]$ 看作同一对"友好点对"）．
已知函数 $f(x)=\begin{cases}\log_2 x & (x>0)\\ -x^2-4x & (x\leqslant 0)\end{cases}$，则此函数的"友好点对"有_____对．

12. 设函数 $y=f(x)$ 在定义域内可导，$y=f(x)$ 的图像如图 2-16 所示，则导函数 $y=f'(x)$ 的图像可能为（　　）．

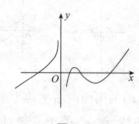

图 2-16

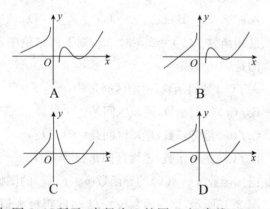

13. 如图 2-17 所示，半径为 2 的圆 O 切直线 MN 于 P 点，射线 PK 从 PN 出发，绕点 P 逆时针方向旋转到 PM，旋转过程中，PK 交圆 O 于点 Q，记 $\angle POQ$ 为 x（x 为用弧度制表示的角的大小），弓形 PmQ 的面积为 $S=f(x)$，那么 $f(x)$ 的大致图像是（　　）．

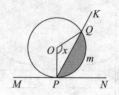

图 2-17

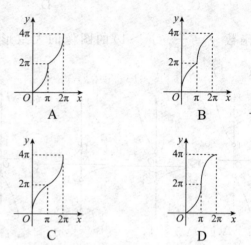

14. 若 $y=3^{|x|}(x\in[a,b])$ 的值域为 $[1,9]$，则 a^2+b^2-2a 的取值范围是（　　）．
A. $[2,4]$　　　　B. $[4,16]$
C. $[2,2\sqrt{3}]$　　D. $[4,12]$

15. （2019 北京）数学中有许多形状优美、寓意美好的曲线，曲线 $C:x^2+y^2=1+|x|y$ 就是其中之一（如图 2-18 所示）．给出下列三个结论：
① 曲线 C 恰好经过 6 个整点（即横、纵坐标均为整数的点）；
② 曲线 C 上任意一点到原点的距离都不超过 $\sqrt{2}$；
③ 曲线 C 所围成的"心形"区域的面积小于 3．
其中，所有正确结论的序号是（　　）．

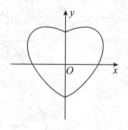

图 2-18

A. ①　　B. ②　　C. ①②　　D. ①②③

第三节 小题常考专题——函数与方程

专题概述

方程的实根,也即函数的零点是函数性质的一个重要特征,它是贯通方程、不等式与函数的关键衔接点.因此在近些年高考中热度不减、力度不减,且经常占据压轴地位.因此正如擒贼先擒王的道理,零点问题是我们一定要突破的障碍.

本专题综合函数的图像与性质,以导数为研究工具,以数形结合、转化化归为主要解题思想.考查的题型既有正向的求零点个数,也有逆向的,知道零点个数求参数范围.

由于题目千变万化,层出不穷,若想立于不败之地,我们必须透过现象看本质,即透过题目看题型、透过题型看思想.为此我们把本专题归结为以下5个考点及若干题型,每种题型都有一定的解题套路和方法,只要大家深入思考、反复练习,定能达到熟能生巧、巧能生变的境界.

考点1 函数零点个数问题

方向一 求函数零点(方程根/两个函数交点)个数问题

【方法点睛】

求零点个数的根本方法是数形结合,它可与方程的根、两函数的交点之间相互转化,这个转化过程是将抽象的代数运算转变为图形特征,是数形结合的体现.对于"形",我们有时通过函数性质画出图像;有时结合导数,研究函数的单调性、极值后,描绘出函数图像的大致走向,应用零点存在性定理;有时构造出两个函数,通过图像可以清楚地数出交点的个数(即零点、根的个数).对于这种方法能否顺利解题,一方面受制于利用方程所构造的函数(故当方程含参时,通常进行参变分离,其目的在于若含x的函数可作出图像,那么因为另外一个只含参数的图像为直线,所以便于观察);另一方面取决于作图的精确度,所以会涉及一个构造函数的技巧,以及作图时速度与精度的平衡.

类型一 结合函数性质求零点个数

典例精讲

[例3.1] 已知函数$f(x)$是定义在$(-\infty,0)\cup(0,+\infty)$上的偶函数,当$x>0$时,$f(x)=\begin{cases}2^{|x-1|}-1, & 0<x\leq 2\\ \dfrac{1}{2}f(x-2), & x>2\end{cases}$,则函数$g(x)=4f(x)-1$的零点个数为( ).

A. 4 B. 6
C. 8 D. 10

【解析】如图3-1所示,由$f(x)$为偶函数可得,只需作出正半轴的图像,再利用对称性作另一半图像即可.当$x\in(0,2]$时,可以利用$y=2^x$的图像变换作出图像;当$x>2$时,$f(x)=\dfrac{1}{2}f(x-2)$,即自变量差2个单位,函数值折半,进而可作出$(2,4],(4,6],\cdots$的图像.$g(x)$的零点个数即为$f(x)=\dfrac{1}{4}$根的个数,即$f(x)$与$y=\dfrac{1}{4}$的交点个数.观察图像在$x>0$时,有5个交点,根据对称性可得$x<0$时,也有5个交点.共计10个交点.故选D.

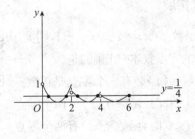

图3-1

变式拓展

1. $f(x)$是定义在$\mathbf{R}$上的以3为周期的奇函数,且$f(2)=0$,则方程$f(x)=0$在区间$(0,6)$内解的个数的最小值是_____.

2. 已知$f(x)$是定义在$\mathbf{R}$上周期为2的偶函数,且当$x\in[0,1]$时,$f(x)=2^x-1$,则函数$g(x)=f(x)-\log_5|x|$

的零点个数是( ).
A.2　　B.4　　C.6　　D.8

类型二　转化为两个函数的交点求零点个数

例3.2　函数 $f(x)=\log_2 x+\dfrac{1}{2}x+2$ 的零点个数为( ).
A.0个　　B.1个
C.2个　　D.3个

【解析】函数 $f(x)$ 的定义域为 $(0,+\infty)$.

令 $f(x)=\log_2 x+\dfrac{1}{2}x+2=0$,

得 $\log_2 x=-\dfrac{1}{2}x-2$.

设 $y_1=\log_2 x$, $y_2=-\dfrac{1}{2}x-2$.

易知函数 $y_1=\log_2 x$ 在 $(0,+\infty)$ 上是单调递增函数,

$y_2=-\dfrac{1}{2}x-2$ 在 $(0,+\infty)$ 上是单调递减函数.

由于它们的图像只有一个交点,所以函数 $f(x)=\log_2 x+\dfrac{1}{2}x+2$ 的零点只有1个.故选B.

变式拓展

1.已知函数 $f(x)=xe^x-ax-1$,则关于 $f(x)$ 的零点叙述中正确的是( ).
A.函数 $f(x)$ 必有一个零点是正数
B.当 $a=0$ 时,函数 $f(x)$ 有两个零点
C.当 $a<0$ 时,函数 $f(x)$ 有两个零点
D.当 $a>0$ 时,函数 $f(x)$ 有一个零点

类型三　结合导数根据零点存在性定理求零点个数

例3.3　若函数 $f(x)=\begin{cases}\dfrac{1}{2^x}-1, & x<1 \\ \dfrac{\ln x}{x^2}, & x\geqslant 1\end{cases}$,则

函数 $y=|f(x)|-\dfrac{1}{8}$ 的零点个数为_____.

【解析】当 $x\geqslant 1$ 时,$\dfrac{\ln x}{x^2}>0$,令 $y=\dfrac{\ln x}{x^2}-\dfrac{1}{8}=0$,

则 $\dfrac{\ln x}{x^2}=\dfrac{1}{8}$,即 $\ln x=\dfrac{1}{8}x^2$,

令 $g(x)=\ln x-\dfrac{1}{8}x^2$,$x\geqslant 1$,

则 $g'(x)=\dfrac{1}{x}-\dfrac{x}{4}=\dfrac{(2+x)(2-x)}{4x}$,

当 $x\in[1,2)$ 时,$g(x)$ 是增函数,当 $x\in(2,+\infty)$ 时,$g(x)$ 是减函数.

$g(1)=-\dfrac{1}{8}<0$,

$g(2)=\ln 2-\dfrac{1}{2}=\dfrac{2\ln 2-1}{2}=\dfrac{\ln 4-1}{2}>0$,

$g(4)=\ln 4-2<0$,

由零点的存在性定理可知,$g(x)$ 有2个零点;

当 $x<1$ 时,$y=|f(x)|=\begin{cases}\dfrac{1}{2^x}-1, & x<0 \\ 1-\dfrac{1}{2^x}, & 0\leqslant x<1\end{cases}$,

函数的图像与 $y=\dfrac{1}{8}$ 的图像如图3-2所示,

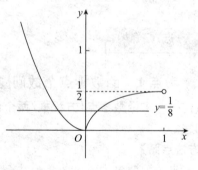

图3-2

则两个函数有2个交点.

综上,函数 $y=|f(x)|-\dfrac{1}{8}$ 的零点个数为4个.

变式拓展

1.已知函数 $f(x)=|\ln x|$,$g(x)=\begin{cases}0, & 0<x\leqslant 1 \\ |x^2-4|-2, & x>1\end{cases}$,则方程 $|f(x)+g(x)|=1$ 实根的个数为_____.

方向二 已知含参函数零点个数,求参数值或取值范围

【方法点睛】

已知含参函数零点个数,求参数值或取值范围的问题与求零点个数问题的解题策略非常类似,主要解题思想仍为数形结合,其解题方法细分为以下4个类型.

类型一 结合函数性质(单调性、奇偶性、周期性)应用数形结合

【例3.4】 已知 $f(x)$ 是定义在 **R** 上且周期为 3 的函数,当 $x \in [0,3)$ 时,$f(x)=\left|x^2-2x+\dfrac{1}{2}\right|$. 若函数 $y=f(x)-a$ 在区间 $[-3,4]$ 上有 10 个零点(互不相同),则实数 a 的取值范围是_____.

【分析】当 $x \in [0,3)$ 时,$f(x)=\left|x^2-2x+\dfrac{1}{2}\right|$,其图像是折叠过的抛物线,再结合 $f(x)$ 的周期性,可作出 $f(x)$ 在区间 $[-3,4]$ 上的图像,最后通过上下平移水平直线 $y=a$,观察交点个数即可使问题得解.

【解析】如图 3-3 所示,作出函数 $y=f(x)$ 在 $[-3,4]$ 上的图像,$f(-3)=f(-2)=f(-1)=f(0)=f(1)=f(2)=f(3)=f(4)=\dfrac{1}{2}$,观察图像可得 $0<a<\dfrac{1}{2}$. 所以 a 的取值范围是 $\left(0,\dfrac{1}{2}\right)$.

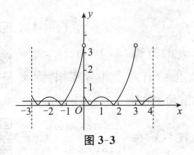

图 3-3

变式拓展

1. 函数 $f(x)=a^x+x^2-x\ln a$($a>0$ 且 $a \neq 1$),若函数 $g(x)=|f(x)-t|-2$ 有三个零点,则实数 $t=$( ).

A.3　　B.2　　C.1　　D.0

2. (2019 江苏)设 $f(x),g(x)$ 是定义在 **R** 上的两个周期函数,$f(x)$ 的周期为 4,$g(x)$ 的周期为 2,且 $f(x)$ 是奇函数. 当 $x \in (0,2]$ 时,$f(x)=\begin{cases}k(x+2),0<x\leq 1\\\sqrt{1-(x-1)^2},1<x\leq 2\end{cases}$,$g(x)=\begin{cases}-\dfrac{1}{2},1<x\leq 2\end{cases}$,其中 $k>0$. 若在区间 $(0,9]$ 上,关于 x 的方程 $f(x)=g(x)$ 有 8 个不同的实数根,则 k 的取值范围是_____.

类型二 转化为两个函数的交点,应用数形结合

【例3.5】 已知函数 $f(x)=\begin{cases}2-|x|,x\leq 2\\(x-2)^2,x>2\end{cases}$,函数 $g(x)=b-f(2-x)$,其中 $b \in \mathbf{R}$,若函数 $y=f(x)-g(x)$ 恰有 4 个零点,则 b 的取值范围是( ).

A. $\left(\dfrac{7}{4},+\infty\right)$　　　B. $\left(-\infty,\dfrac{7}{4}\right)$

C. $\left(0,\dfrac{7}{4}\right)$　　　D. $\left(\dfrac{7}{4},2\right)$

【解析】解法一:记 $h(x)=-f(2-x)$,在同一坐标系中作出 $f(x)$ 与 $h(x)$ 的图像如图 3-4 所示.

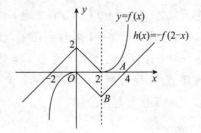

图 3-4

设直线 $AB:y=x-4$,当直线 $l \parallel AB$ 且与 $f(x)$ 的图像相切时,由 $\begin{cases}y=x+b'\\y=(x-2)^2\end{cases}$,解得 $b'=-\dfrac{9}{4}$,所以曲线 $h(x)$ 向上平移 $\dfrac{7}{4}$ 个单位时,所得图像

与 $y=f(x)$ 的图像有 2 个交点,向上平移 2 个单位时,所得图像与 $y=f(x)$ 的图像在 $(0,2)$ 上重叠,有无数个交点.

当平移幅度介于 $\left(\dfrac{7}{4},2\right)$ 之间时,所得图像与 $y=f(x)$ 的图像有 4 个交点.

因此,当 $\dfrac{7}{4}<b<2$ 时,$f(x)$ 与 $g(x)$ 的图像有 4 个不同的交点,即 $y=f(x)-g(x)$ 恰有 4 个零点.故选 D.

解法二: 函数 $y=f(x)-g(x)$ 恰有 4 个零点,即方程 $f(x)-g(x)=0$,即 $b=f(x)+f(2-x)$ 有 4 个不同实数根,即直线 $y=b$ 与函数 $y=f(x)+f(2-x)$ 的图像有 4 个不同的交点,

又 $y=f(x)+f(2-x)=\begin{cases}x^2+x+2,x<0,\\2,0\leqslant x\leqslant 2,\\x^2-5x+8,x>2,\end{cases}$

作出该函数的图像如图 3-5 所示.

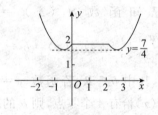

图 3-5

由图可知,当 $\dfrac{7}{4}<b<2$ 时,直线 $y=b$ 与函数 $y=f(x)+f(2-x)$ 的图像有 4 个不同的交点,故函数 $y=f(x)-g(x)$ 恰有 4 个零点时,b 的取值范围是 $\left(\dfrac{7}{4},2\right)$.故选 D.

【评注】 令 $F(x)=f(x)+f(2-x)$,发现 $F(2-x)=F(x)$,$F(x)$ 是关于 $x=1$ 对称的函数,我们只需找出当 $x\geqslant 1$ 时,$F(x)=b$ 有两个零点时 b 的取值范围即可.可视为解法二的进一步优化,同学们可以试一下这个解法.

变式拓展

1. 已知函数 $f(x)=\begin{cases}2,x>m\\x^2+4x+2,x\leqslant m\end{cases}$ 的图像与直线 $y=x$ 恰有三个公共点,则实数 m 的取值范围是_____.

类型三 分离参数,上下平移水平线应用数形结合

例 3.6 (2015 湖南) 已知 $f(x)=\begin{cases}x^3,x\leqslant a\\x^2,x>a\end{cases}$,若存在实数 b,使函数 $g(x)=f(x)-b$ 有两个零点,则实数 a 的取值范围是_____.

【分析】 利用数形结合解题.

【解析】 问题等价于函数 $y=f(x)$ 与 $y=b$ 有两个交点时 a 的取值范围.令 $x^2=x^3$,解得 $x=0$ 或 $x=1$.当 $a\in(-\infty,0),a\in[0,1],a\in(1,+\infty)$ 时的 $f(x)$ 的图像分别如图 3-6(a)(b)(c)所示,上下平移 $y=b$ 可知,图 3-6(a) 和图 3-6(c) 与 $y=b$ 有两个交点.

所以 a 的取值范围为 $(-\infty,0)\cup(1,+\infty)$.

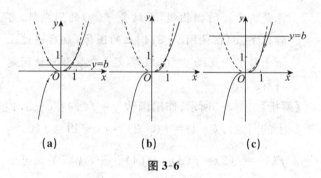

(a)   (b)   (c)

图 3-6

变式拓展

1. 设函数 $f(x)=x^2+2x-2\ln(x+1)$,若关于 x 的方程 $f(x)=x^2+x+a$ 在 $[0,2]$ 上恰有两个相异实根,则实数 a 的取值范围是_____.

2. 已知函数 $f(x)=\begin{cases}kx+2,x\leqslant 0\\\ln x,x>0\end{cases}$ $(x\in\mathbf{R})$,若函数 $y=|f(x)|+k$ 有三个零点,则实数 k 的取值范围是( ).

A. $k\leqslant 2$ B. $-1<k<0$
C. $-2\leqslant k\leqslant -1$ D. $k\leqslant -2$

类型四 结合零点情况，构建关于参数的不等式

例3.7 设 a 为实数，函数 $f(x) = -x^3 + 3x + a$.

(1)若方程 $f(x) = 0$ 有 3 个实数根，则 a 的取值范围为_____；

(2)若函数 $f(x)$ 恰好有两个零点，则 a 的值为_____．

【分析】由函数的单调性和极值可得若函数 $f(x)$ 恰有两个零点，则 $f(x)$ 的极大值等于 0 或极小值等于 0．

【解析】(1)若方程 $f(x) = 0$ 有 3 个实数根，则 $\begin{cases} f(x)_{\text{极大}} > 0 \\ f(x)_{\text{极小}} < 0 \end{cases}$，

如图 3-7(a)所示．即 $\begin{cases} a+2>0 \\ a-2<0 \end{cases}$，得 $-2 < a < 2$，故 a 的取值范围是 $(-2, 2)$．

(2)若方程 $f(x) = 0$ 恰好有两个实数根，则 $f(x)_{\text{极小}} = 0$ 或 $f(x)_{\text{极大}} = 0$，如图 3-7(b)、(c)所示．即 $a-2=0$ 或 $a+2=0$，解得 $a=2$ 或 $a=-2$．所以当 $f(x)=0$ 恰好有两个零点时，$a=2$ 或 $a=-2$．

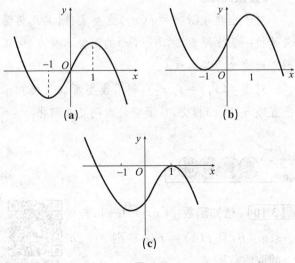

图 3-7

【评注】三次函数 $f(x) = ax^3 + bx^2 + cx + d \ (a \neq 0)$ 的导函数为 $f'(x) = 3ax^2 + 2bx + c$，记 $\Delta = 4b^2 - 12ac$，设 $f'(x) = 0$ 的两根(在有根的情况下)分别为 x_1, x_2，结合三次函数图像有如下三次函数零点问题的结论：

(1)若三次函数有三个零点，则 $\Delta > 0$ 且 $f(x_1) \cdot f(x_2) < 0$；

(2)若三次函数有两个零点，则 $\Delta > 0$ 且 $f(x_1) \cdot f(x_2) = 0$；

(3)若三次函数有一个零点，则 $\Delta > 0$ 且 $f(x_1) \cdot f(x_2) > 0$ 或 $\Delta \leqslant 0$．

变式拓展

1.已知函数 $f(x) = \begin{cases} 2^x - a, & x < 1 \\ 4(x-a)(x-3a), & x \geqslant 1 \end{cases}$，若 $f(x)$ 恰有两个零点，则实数 a 的取值范围是_____．

方向三 可转化为零点个数问题的题目

【方法点睛】

有些题目的外包装没有提及零点问题或方程的根，如函数有几个极值、过某点有几条切线这样的问题，可以通过转化，归结为零点问题，所以我们需要练就一双慧眼，把陌生的问题归结转化为已会做的题型，使问题迎刃而解．

例3.8 已知函数 $f(x) = x^3 - x$，如果过点 $(2, m)$ 可作曲线 $y = f(x)$ 的三条切线，则 m 的取值范围是_____．

【解析】因为函数 $f(x) = x^3 - x$，所以 $f'(x) = 3x^2 - 1$，过点 $M(t, f(t))$ 的曲线 $y = f(x)$ 的切线方程为 $y - f(t) = f'(t)(x - t)$，即 $y = (3t^2 - 1)x - 2t^3$．

若有一条切线经过点 $(2, m)$，则存在实数 t，使 $m = -2t^3 + 6t^2 - 2$．

如果过点 $(2, m)$ 可作曲线 $y = f(x)$ 的三条切线，则方程 $m = -2t^3 + 6t^2 - 2$ 有 3 个不同的实数根，即 $2t^3 - 6t^2 + 2 + m = 0$ 有 3 个不同的实数根．

令 $g(t)=2t^3-6t^2+2+m$，则 $g'(t)=6t(t-2)$.
令 $g'(t)=0$，求得 $t=0$，或 $t=2$.
当 $t<0$ 或 $t>2$ 时，$g'(t)>0$，函数 $g(t)$ 单调递增；当 $0<t<2$ 时，函数 $g(t)$ 单调递减.
故当 $t=0$ 时，函数 $g(t)$ 取得极大值为 $2+m$；当 $t=2$ 时，函数 $g(t)$ 取得极小值为 $m-6$，
要使方程 $g(t)=0$ 有三个相异的实数根，只有 $-2<m<6$.
即如果过点 $(2,m)$ 可作曲线 $y=f(x)$ 的三条切线，则 m 的取值范围为 $(-2,6)$.

变式拓展

1. 已知函数 $f(x)=e^x-x^2-ax$ 有两个极值点 $x_1,x_2(x_1<x_2)$，则 a 的取值范围为 _____.

考点2 分析函数零点的特征

方向一 利用图像对称性解决零点和问题

【方法点睛】

利用对称性解决对称点求和：如果 x_1,x_2 关于 $x=a$ 轴对称，则 $x_1+x_2=2a$；同理，若 x_1,x_2 关于 $(a,0)$ 中心对称，则也有 $x_1+x_2=2a$. 将对称的点归为一组，在求和时可与对称轴（或对称中心）找到联系.

例3.9 函数 $y=\dfrac{1}{1-x}$ 的图像与函数 $y=2\sin(\pi x)(-2\le x\le 4)$ 的图像所有交点的横坐标之和等于( ).

A.2　　B.4　　C.6　　D.8

【分析】本题考查利用数形结合思想求解函数图像交点个数问题及整体性质.

【解析】在同一直角坐标系中作出两个函数的图像，利用两个函数图像共同的对称中心 $(1,0)$，设 8 个交点的横坐标分别为 $x_1,x_2,\cdots,x_8$，结合函数图像，如图 3-8 所示，由对称性得 $x_1+x_8=2$，$x_2+x_7=2,\cdots$，故所有交点的横坐标之和等于 8.
故选 D.

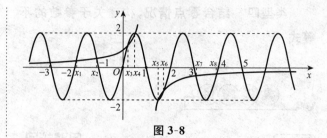

图 3-8

【评注】本题利用函数图像的中心对称性，整体求解横坐标之和，体现数学解题中整体思想的特点.

变式拓展

1.(2016 全国 Ⅱ) 已知函数 $f(x)(x\in\mathbf{R})$ 满足 $f(-x)=2-f(x)$，若函数 $y=\dfrac{x+1}{x}$ 与 $y=f(x)$ 图像的交点为 $(x_1,y_1),(x_2,y_2),\cdots,(x_m,y_m)$，则 $\sum\limits_{i=1}^{m}(x_i+y_i)=$（　）.

A.0　　B.m　　C.$2m$　　D.$4m$

2. 定义在 $\mathbf{R}$ 上的函数 $f(x)$ 满足 $f(x+1)$ 与 $f(x-1)$ 都为偶函数，且 $x\in[-1,1]$ 时，$f(x)=\begin{cases}e^{-x},&-1\le x\le 0\\ \ln\dfrac{1}{x},&0<x\le 1\end{cases}$，则 $g(x)=f(x)-\sin\dfrac{\pi x}{2}$ 在区间 $[-2018,2018]$ 上所有零点之和为 _____.

方向二 等高线模型

【方法点睛】

对于出现 $f(x_1)=f(x_2)$ 这类条件，其几何意义是拉一条水平直线，与 $f(x)$ 的图像有交点，可以形象地称之为等高线.

对于 $f(x_1)=f(x_2)$，利用模型可以直接拉水平直线与 $f(x)$ 相交，从而将代数问题几何化.

例3.10 已知函数 $f(x)=|\lg x|$，若 $0<a<b$，且 $f(a)=f(b)$，则 $a+2b$ 的取值范围是 _____.

【分析】因为 $f(a)=f(b)\Leftrightarrow|\lg a|=|\lg b|$，

所以$-\lg a=\lg b(b>a)\Rightarrow ab=1\Rightarrow b=\dfrac{1}{a}$,

所以$a+2b=a+\dfrac{2}{a}\geqslant 2\sqrt{2}$.

此解法得出的答案是错误的.因为最后基本不等式的等号要取得,必须有$a=\sqrt{2}$,此时$b=\dfrac{\sqrt{2}}{2}<a=\sqrt{2}$,不满足题意,因此等号无法取得.通过对错解的分析,可以发现,本解法的漏洞之处在于没有充分挖掘$b>a$这个条件,如果对此进行修补,通过$\dfrac{1}{a}>a\Rightarrow 0<a<1$,就可以将本题转换成一个对勾函数$y=a+\dfrac{2}{a}$的值域问题,从而算出正确答案.

【解析】引入参数$f(a)=f(b)=k$,这样一来,就可以将其翻译成$y=f(x)$与$y=k$这条水平直线有$(a,f(a)),(b,f(b))$两个交点这样的几何语言,所以我们作出其图像如图3-9所示.

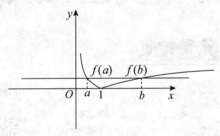

图3-9

有了这条引进的水平直线$y=k$后,通过图像,很容易看出$0<a<1$这个隐含条件,最后利用对勾函数可以得到$a+2b\in(3,+\infty)$.

【评注】分析中的错解可给我们一些启示:

①用基本不等式求最值(值域)的时候,一定要注意取等条件.

②代数方法往往需要对一些代数条件充分挖掘,才能将所有信息都采集出来,因此对于解题者能力要求较高.

③鉴于此,我们可以考虑借助"形"的角度去重新理解本题.以$f(a)=f(b)$这种形式出现的条件,等价于$f(x)=k$有两个交点,在图形上反映出来就是拉一条水平动直线,与$f(x)$相交于不同两点.推广开来,若是$f(a)=g(b)$这样的形式,图形上反映出来就是拉一条水平动直线,与$f(x)$和$g(x)$分别相交于不同的两点.希望大家理解这里引入参数的含义,之后,我们将这个隐

藏的参数再度隐藏起来,方便问题的论述.

变式拓展

1.已知函数$f(x)=\begin{cases}|\log_3 x|,0<x<3\\ \dfrac{1}{3}x^2-\dfrac{10}{3}x+8,x\geqslant 3\end{cases}$,若存在实数$a,b,c,d$,满足$f(a)=f(b)=f(c)=f(d)$,其中$d>c>b>a>0$,则$abcd$的取值范围是_____.

2.已知函数$f(x)=\begin{cases}kx+k(1-a^2),x\geqslant 0\\ x^2+(a^2-4a)x+(3-a)^2,x<0\end{cases}$,其中$a\in\mathbf{R}$,若对任意非零实数$x_1$,存在唯一实数$x_2(x_1\neq x_2)$,使得$f(x_1)=f(x_2)$成立,则$k$的最小值为(   ).

A.-8 B.-6 C.6   D.8

方向三　两个不等零点间加乘关系问题

【方法点睛】

当题目求两个零点相加或相乘的关系时,可将函数零点转化为两个相交图像的交点,再结合函数奇偶性、对称性等条件求解.

例3.11 已知函数$f(x)=ax^3+bx^2-2(a\neq 0)$有且仅有两个不同的零点$x_1,x_2$,则可能有(   ).

A.当$a<0$时,$x_1+x_2<0$,$x_1\cdot x_2>0$

B.当$a<0$时,$x_1+x_2>0$,$x_1\cdot x_2<0$

C.当$a>0$时,$x_1+x_2<0$,$x_1\cdot x_2>0$

D.当$a>0$时,$x_1+x_2>0$,$x_1\cdot x_2<0$

【分析】本题可用图像法或代数法求解.用图像法时,直接研究$f(x)$的图像不易求解,故可以考虑将问题转化为两个函数图像的交点问题.

【解析】解法一(数形结合):因为$f(0)=-2$,故0不是函数$f(x)$的零点,则方程$ax^3+bx^2-2=0$有两个不相等实根等价于方程$ax^2+bx=\dfrac{2}{x}$有两个不相等的实根.

令$g(x)=ax^2+bx,h(x)=\dfrac{2}{x}$.

①当$a>0$时,如图3-10(a)所示,抛物线$y=$

$g(x)$过点$O(0,0)$,且对称轴$x=-\dfrac{b}{2a}<0$.设抛物线$y=g(x)$与双曲线切点为$A(x_1,y_1)$,交点为$B(x_2,y_2)$.因为$y=\dfrac{2}{x}$是奇函数,将$y=g(x)$的图像在y轴左侧的部分作关于点O的中心对称变换,易知$A'(-x_1,-y_1)$,即$x_1+x_2<0$,$x_1 \cdot x_2<0$.故排除C,D.

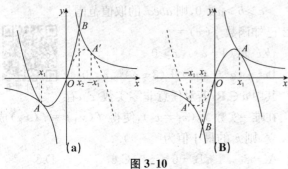

图 3-10

②当$a<0$时,如图 3-10(b)所示,因为抛物线$y=g(x)$过点$O(0,0)$,且对称轴$x=-\dfrac{b}{2a}>0$,同理知,$x_1+x_2>0$,$x_1 \cdot x_2<0$,所以排除 A,故选 B.

解法二(代数解法):$f(x)$有且仅有两个不同零点x_1,x_2,不妨设x_1为双重零点,则$ax^3+bx^2-2=a(x-x_1)^2(x-x_2)=ax^3-a(2x_1+x_2)x^2+ax_1(x_1+2x_2)x-ax_1^2x_2$,

所以$\begin{cases}x_1+2x_2=0 \Rightarrow x_1+x_2=-x_2 \\ ax_1^2x_2=2 \Rightarrow x_2 \text{与}a\text{同号}\end{cases}$,所以$x_1=-2x_2$,则$x_1x_2=-2x_2^2<0$,$x_1$与$a$异号.

因此x_1+x_2与a异号,x_2与a同号,$x_1x_2<0$,只有 B 选项满足.故选 B.

【评注】一个复杂函数的零点问题,可以转化为两个简单函数图像的交点问题,再利用数形结合,十分简捷.使用代数法时,用待定系数法经过一番推演、配凑得出有关两根和与积的结论.

变式拓展》

1.设函数$f(x)=\dfrac{1}{x}$,$g(x)=ax^2+bx$ $(a,b\in\mathbf{R},a\neq 0)$.若$y=f(x)$的图像与$y=g(x)$的图像有且仅有两个不同的公共点$A(x_1,y_1),B(x_2,y_2)$,则下列判断中正确的是( ).

A.$a<0$时,$x_1+x_2<0$,$y_1+y_2>0$
B.$a<0$时,$x_1+x_2>0$,$y_1+y_2<0$
C.$a>0$时,$x_1+x_2<0$,$y_1+y_2>0$

D.$a>0$时,$x_1+x_2>0$,$y_1+y_2>0$

考点3 复合函数零点问题

【方法点睛】

求解复合函数$y=g[f(x)]$零点问题的技巧,应把握两点:一是换元,二是借助函数图像,由外及内(由表及里)逐层求解.解题策略如下:

(1)此类问题与函数图像结合较为紧密,在解决问题时先要作出$f(x)$,$g(x)$的图像;

(2)若已知零点个数求参数的范围,则先估计关于$f(x)$的方程$g[f(x)]=0$中$f(x)$解的个数,再根据个数与$f(x)$的图像特点,分配每个函数值$f_i(x)$被几个x所对应,从而确定$f_i(x)$的取值范围,进而决定参数的范围.

求解$y=a[f(x)]^2+bf(x)+c$型复合函数零点问题要综合考虑函数$f(x)$的图像与二次函数零点情况."抽丝剥茧"把复合函数问题转化为单函数问题.

类型一 型复合函数零点问题

例 3.12 已知$f(x)=\begin{cases}x+1\ (x\leqslant 0) \\ \log_2 x\ (x>0)\end{cases}$,则函数$y=f[f(x)]+1$的零点个数是( ).

A.4   B.3   C.2   D.1

【分析】对于复合函数的零点问题,利用换元法与图像法,由外及内(由表及里)逐层求解.

【解析】令$t=f(x)$,则$y=f(t)+1$.

由图 3-11(a)知,$f(t)=-1$,得$t=-2$或$\dfrac{1}{2}$,对应图 3-11(b)知,$x_1=-3$,$x_2=\dfrac{1}{4}$,$x_3=-\dfrac{1}{2}$,$x_4=\sqrt{2}$.

因此函数$y=f[f(x)]+1$的零点个数是 4.故选 A.

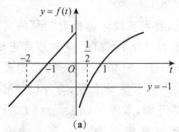

(a)

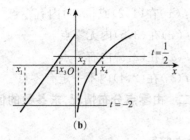

图 3-11

【评注】本题通过换元后,得到函数 $f(x)=t$ 与 $y=f(t)+1$,同时作出 $t=f(x)$ 与 $y=f(t)$ 的图像.由 $f(t)=-1$ 得 t 的值(或范围),再由 $t=f(x)$ 确定 x 的值(或范围),这是复合函数求解零点个数问题的通法,望掌握.

变式拓展

1. 已知函数 $f(x)=\begin{cases} a\cdot 2^x, x\leqslant 0 \\ \log_{\frac{1}{2}} x, x>0 \end{cases}(a\neq 0)$,若关于 x 的方程 $f[f(x)]=0$ 有且仅有一个实数解,则实数 a 的取值范围是( ).
   A.$(-\infty,0)\cup(0,1)$　　B.$(-\infty,0)$
   C.$(0,1)$　　D.$(0,1)\cup(1,+\infty)$

2. 已知函数 $f(x)=x^3-3x^2+1$,$g(x)=\begin{cases} x+\dfrac{1}{4x}(x>0) \\ -x^2-6x-8(x\leqslant 0) \end{cases}$,则方程 $g[f(x)]-a=0(a>0)$ 的解的个数不可能为( ).
   A.3　　B.4　　C.5　　D.6

类型二 $a[f(x)]^2+bf(x)+c$ 型复合函数零点问题

例3.13 设定义域为 R 的函数 $f(x)=\begin{cases} |\lg|x-1||(x\neq 1) \\ 0\qquad (x=1) \end{cases}$,则关于 x 的方程 $[f(x)]^2+bf(x)+c=0$ 有 7 个不同实数解的充要条件是( ).
   A.$b<0$ 且 $c>0$　　B.$b>0$ 且 $c<0$
   C.$b<0$ 且 $c=0$　　D.$b\geqslant 0$ 且 $c=0$

【分析】用图示法解本题,对函数 $y=f(x)$ 的图像加以分析,即可得到所给方程有 7 个不同实数解的充要条件.

【解析】作出 $y=f(x)$ 的图像,如图 3-12 所示,设 $t=f(x)$,那么欲使原方程有 7 个解,则方程 $t^2+bt+c=0$ 的两根 $t_1>0,t_2=0$,这是因为 $t>0$ 时,方程 $t=f(x)$ 有 4 个实数解 x_1,x_3,x_5,x_7;当 $t=0$ 时有 3 个实数解 x_2,x_4,x_6.
由二次方程根与系数的关系得到 $b<0,c=0$.故选 C.

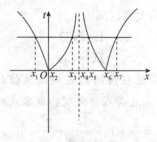

图 3-12

【评注】本题很好地体现了函数图像对解题的作用,若 $f^2(x)+bf(x)+c=0$ 有 8 个不同的实数解.令 $f(x)=t$,方程 $t^2+bt+c=0$ 必有两根 $t_1>0,t_2>0$,故 $b=-(t_1+t_2)<0,c=t_1t_2>0$.故选 A.

变式拓展

1. 设定义域为 R 的函数 $f(x)=\begin{cases} 5^{|x-1|}-1(x\geqslant 0) \\ x^2+4x+4(x<0) \end{cases}$,若关于 x 的方程 $[f(x)]^2-(2m+1)f(x)+m^2=0$ 有 7 个不同的实数解,则 $m=$_____.

2. 若函数 $f(x)=x^3+ax^2+bx+c$ 有极值点 x_1,x_2,且 $f(x_1)=x_1$,则关于 x 的方程 $3f^2(x)+2af(x)+b=0$ 的不同实根个数是( ).
   A.3　　B.4　　C.5　　D.6

考点4　函数零点存在性问题

方向一　函数零点的分布

【方法点睛】

确定函数 $f(x)$ 零点所在区间的方法有以下三种.

(1)解方程法:当对应方程 $f(x)=0$ 易解时,可解方程求解.

(2)利用零点存在性定理:首先看函数 $y=f(x)$ 在区间 $[a,b]$ 上的图像是否连续,再看是否有 $f(a)\cdot f(b)<0$.若有,则函数 $y=f(x)$ 在区间 $[a,b]$ 内必有零点.

(3)数形结合法:通过画函数图像,观察判断图像与 x 轴在给定区间上是否有交点.

典例精讲

例3.14 函数 $f(x)=\dfrac{2}{x}+\ln\dfrac{1}{x-1}$ 的零点所在的大致区间为( ).
A.(1,2)   B.(2,3)
C.(3,4)   D.(4,5)

【分析】确定函数在区间端点处函数值的符号是否相反,根据零点存在性定理判断零点所在区间.

【解析】$f(x)=\dfrac{2}{x}+\ln\dfrac{1}{x-1}=\dfrac{2}{x}-\ln(x-1)$,函数的定义域为 $(1,+\infty)$,且在定义域上为减函数.

当 $1<x<2$ 时,$\ln(x-1)<0,\dfrac{2}{x}>0$,

所以 $f(x)>0$,故函数在(1,2)上没有零点.

$f(2)=\dfrac{2}{2}+\ln 1=1>0$,$f(3)=\dfrac{2}{3}-\ln 2=\dfrac{2-3\ln 2}{3}=\dfrac{2-\ln 8}{3}=\dfrac{2(1-\ln\sqrt{8})}{3}$,

因为 $\sqrt{8}=2\sqrt{2}\approx 2.828$,所以 $\sqrt{8}>e$,

故 $\ln e<\ln\sqrt{8}$,即 $1<\dfrac{1}{2}\ln 8$,

所以 $2<\ln 8$,即 $f(3)<0$,

$f(4)=\dfrac{2}{4}-\ln 3=\dfrac{1}{2}-\ln 3<0$,

$f(5)=\dfrac{2}{5}-\ln 4<0$.

根据零点存在性定理可知函数 $f(x)$ 在(2,3)上至少存在一个零点,故选B.

变式拓展

1.设函数 $y=x^3$ 与 $y=\left(\dfrac{1}{2}\right)^{x-2}$ 图像的交点为 (x_0,y_0),则 x_0 所在的区间是( ).
A.(0,1)   B.(1,2)
C.(2,3)   D.(3,4)

2.已知 $f(x)$ 唯一的零点在区间(1,3),(1,4),(1,5)内,那么下面命题错误的是( ).

A.函数 $f(x)$ 在(1,2)或[2,3)内有零点
B.函数 $f(x)$ 在(3,5)内无零点
C.函数 $f(x)$ 在(2,5)内有零点
D.函数 $f(x)$ 在(2,4)内不一定有零点

方向二 由零点分布情况,求参数的值或取值范围

【方法点睛】

由零点分布情况,求参数的取值范围需看在某区间存在零点,或仅存在一个零点,对于在某区间存在零点,用函数零点的存在性定理得不等式;如果函数在区间 $[a,b]$ "有且只有一个"零点,则函数需为单调函数以保证零点的唯一性,且有 $f(a)\cdot f(b)<0$.

对于由二次方程根的分布求参数范围的问题解题的主要思路是从对应函数的开口方向、特殊点、函数值的正负、对称轴位置、判别式等几个角度综合考虑后构建不等式组,从而求出参数的取值范围.

典例精讲

例3.15 设 $f(x)=2^x-x-4$,x_0 是函数 $f(x)$ 的一个正数零点,且 $x_0\in(a,a+1)$,其中 $a\in\mathbf{N}$,则 $a=$ _____ .

【解析】因为 x_0 是函数 $f(x)$ 的一个正数零点,即 $f(x_0)=2^{x_0}-x_0-4=0$.

又 $f(2)=2^2-2-4<0$,$f(3)=2^3-3-4>0$,所以 $x_0\in(2,3)$,再由 $y=2^x$ 与 $y=x+4$ 在 $(0,+\infty)$ 上只有一个交点知,a 值唯一.又因为 $a\in\mathbf{N}$,所以 $a=2$.

【评注】要判断在给定区间上连续的函数是否存在零点,只需计算区间端点的函数值是否满足零点存在性定理的条件;如果题目没有给出具体区间,则需估算函数值并利用函数的单调性等性质来求,但应注意到:不满足 $f(a)\cdot f(b)<0$ 的函数也可能有零点,此时,应结合函数性质分析判断.

变式拓展

1.已知函数 $f(x)=\begin{cases}e^x+x+a,x\leqslant 0\\ \ln x-2x+a,x>0\end{cases}$,若 $f(x)$ 在

$(-\infty, \frac{1}{2}]$ 上存在零点,则实数 a 的取值范围是( ).

A. $[-1, 0)$ B. $(-1-\ln 2, 1)$
C. $[-1, +\infty)$ D. $(-\infty, 1+\ln 2]$

2. 对定义在 **R** 上的函数 $f(x)$,若实数 x_0 满足 $f(x_0)=x_0$,则 x_0 称为 $f(x)$ 的一个不动点. 设二次函数 $f(x)=x^2+mx-m+2$,若 $f(x)$ 在 $[0,+\infty)$ 上有不动点,则 m 的取值范围是( ).

A. $[-1-2\sqrt{2}, 2]$
B. $(-\infty, -1-2\sqrt{2}] \cup [2, +\infty)$
C. $[-1, 2]$
D. $(-\infty, -1] \cup [2, +\infty)$

3. 已知函数 $f(x)=x^3+(1-a)x^2-a(a+2) \cdot x+b \ (a,b\in\mathbf{R})$. 若函数 $f(x)$ 在区间 $(-1,1)$ 上不单调,则 a 的取值范围是_____.

考点 5   求解函数方程

方向一   已知函数解析式探究函数性质,求解函数方程

【方法点睛】

通过函数解析式,研究函数的性质——奇偶性、单调性,求解函数方程.

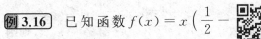 已知函数 $f(x)=x\left(\dfrac{1}{2}-\dfrac{1}{2^x+1}\right)$,则方程 $f(x-1)=f(x^2-2x+1)$ 的所有实根构成的集合为_____.

【分析】求解函数方程,不是将所给条件中式子简单地代入到函数解析式中,而是通过研究函数性质(奇偶性和单调性),从而去掉函数 f 符号.

【解析】由 $f(x)=x\left(\dfrac{1}{2}-\dfrac{1}{2^x+1}\right)=\dfrac{x(2^x-1)}{2(2^x+1)}$,

得 $f(-x)=\dfrac{-x(2^{-x}-1)}{2(2^{-x}+1)}=\dfrac{x(2^x-1)}{2(2^x+1)}=f(x)$,

因此函数 $f(x)$ 为偶函数,且 $f(x)$ 在 $(0,+\infty)$ 上单调递增.

因此,若 $f(x-1)=f(x^2-2x+1)$,
则 $f(|x-1|)=f(x^2-2x+1)$,
即 $|x-1|=(x-1)^2$,解得 $x=0,1,2$.
故所有实根构成的集合为 $\{0,1,2\}$.

变式拓展

1. 设 $f(x)$ 是连续的偶函数,且当 $x>0$ 时,$f(x)$ 是单调函数,则满足 $f(x)=f\left(\dfrac{x+3}{x+4}\right)$ 的所有 x 之和为( ).

A. -3 B. 3 C. -8 D. 8

方向二   构造函数解析式探究函数性质,求解函数方程

【方法点睛】

在求解本类问题上同学们应善于观察,对于解复杂方程的问题,不要轻易动笔,而是观察方程的结构和适当变形,利用结构的对称性来构造辅助函数,研究函数的性质(奇偶性和单调性)建立等量关系,达到求解函数方程的目的.

例 **3.17** 已知 $x, y\in\left[-\dfrac{\pi}{4},\dfrac{\pi}{4}\right]$,$a\in\mathbf{R}$,若 $x^3+\sin x-2a=4y^3+\sin y\cos y+a=0$,则 $\cos(x+2y)=$_____.

【分析】由函数方程,构造函数解析式,研究函数的性质——奇偶性,求解函数方程.

【解析】由 $x^3+\sin x-2a=4y^3+\sin y\cos y+a=0$,
得 $x^3+\sin x=2a$,$8y^3+\sin(2y)=-2a$,
等价于 $\begin{cases} x^3+\sin x=2a \\ (-2y)^3+\sin(-2y)=2a \end{cases}$.
根据方程结构,设函数 $f(x)=x^3+\sin x$,
$x\in\left[-\dfrac{\pi}{2},\dfrac{\pi}{2}\right]$,可得函数 $f(x)$ 为奇函数,且 $f'(x)=3x^2+\cos x>0$,即函数 $f(x)$ 在 $\left[-\dfrac{\pi}{2},\dfrac{\pi}{2}\right]$ 上是增函数. 又可得 $f(x)=f(-2y)$.
其中 $x, -2y\in\left[-\dfrac{\pi}{2},\dfrac{\pi}{2}\right]$,
所以 $x=-2y$,即 $\cos(x+2y)=1$.

变式拓展

1. 方程 $(3x-1)(\sqrt{9x^2-6x+5}+1)+(2x-3)\cdot(\sqrt{4x^2-12x+13}+1)=0$ 的解是_____.

A组　基础演练

1. 方程 $\lg x-x=0$ 根的个数为(　　)
   A.无穷多　B.3　C.1　D.0

2. 函数 $f(x)=\ln(x+1)-\dfrac{2}{x}$ 的零点所在的大致区间是(　　).
   A.$(3,4)$　B.$(2,e)$　C.$(1,2)$　D.$(0,1)$

3. 方程 $|x|=\cos x$ 在 $(-\infty,+\infty)$ 内(　　).
   A.没有根　　　　B.有且仅有一个根
   C.有且仅有两个根　D.有无穷多个根

4. 已知 $f(x)=\begin{cases}\sqrt{x}&(x\geqslant 0)\\ e^{-x}-e^x&(x<0)\end{cases}$, 若函数 $y=f(x)-k(x+1)$ 有3个零点,则实数 k 的取值范围是(　　).
   A.$\left(-\dfrac{1}{2},0\right)$　　B.$\left(0,\dfrac{1}{2}\right)$
   C.$\left(\dfrac{1}{2},1\right)$　　D.$(1,+\infty)$

5. 已知函数 $y=f(x)$ 的图像为 **R** 上的一条连续不断的曲线,当 $x\neq 0$ 时,$f'(x)+\dfrac{f(x)}{x}>0$,则关于 x 的函数 $g(x)=f(x)+\dfrac{1}{x}$ 的零点的个数为(　　).
   A.0　B.1　C.2　D.0 或 2

6. 已知函数 $f(x)=x^2-2x+a(e^{x-1}+e^{-x+1})$ 有唯一零点,则 $a=$(　　).
   A.$-\dfrac{1}{2}$　B.$\dfrac{1}{3}$　C.$\dfrac{1}{2}$　D.1

7. 函数 $f(x),g(x)$ 满足:对任意 $x\in\mathbf{R}$,都有 $f(x^2-2x+3)=g(x)$,若关于 x 的方程 $g(x)+\sin\dfrac{\pi}{2}x=0$ 只有5个根,则这5个根之和为(　　).
   A.5　B.6　C.8　D.9

8. 定义在 **R** 上的函数 $f(x)=\begin{cases}\lg|x|,x\neq 0\\ 1,x=0\end{cases}$,关于 x 的方程 $f(x)=c$(c 为常数)恰有3个不同的实数根 x_1,x_2,x_3,则 $x_1+x_2+x_3=$_____.

9. 函数 $f(x)=a^x-x^2$($a>1$) 有3个不同的零点,则实数 a 的取值范围是_____.

10. 已知函数 $f(x)=\begin{cases}|\log_3 x|,0<x\leqslant 3\\ \dfrac{1}{8}x^2-\dfrac{3}{2}x+\dfrac{35}{8},x>3\end{cases}$,若函数 $g(x)=f(x)-m$ 存在4个不同的零点 x_1,x_2,x_3,x_4,则实数 m 的取值范围是_____,$x_1x_2x_3x_4$ 的取值范围是_____.

B组　强化提升

11. 若 $a>1$,设函数 $f(x)=a^x+x-4$ 的零点为 m,$g(x)=\log_a x+x-4$ 的零点为 n,则 $\dfrac{1}{m}+\dfrac{1}{n}$ 的取值范围是_____.

12. 已知函数 $f(x)=\dfrac{x}{e^x}$,若关于 x 的方程 $[f(x)]^2+mf(x)+m-1=0$ 恰有3个不同的实数解,则实数 m 的取值范围是(　　).
   A.$(-\infty,2)\cup(2,+\infty)$　B.$\left(1-\dfrac{1}{e},+\infty\right)$
   C.$\left(1-\dfrac{1}{e},1\right)$　　D.$(1,e)$

13. 已知函数 $f(x)=xe^x-mx+m$,若 $f(x)<0$ 的解集为 (a,b),其中 $b<0$,不等式在 (a,b) 中有且只有一个整数解,则实数 m 的取值范围是(　　).
   A.$\left(\dfrac{2}{3e^2},\dfrac{1}{2e}\right)$　　B.$\left(\dfrac{2}{3e^2},\dfrac{1}{e}\right)$
   C.$\left[\dfrac{2}{3e^2},\dfrac{1}{2e}\right)$　　D.$\left[\dfrac{2}{3e^2},\dfrac{1}{e}\right)$

14. 定义函数 $f(x)=\begin{cases}4-8\left|x-\dfrac{3}{2}\right|,1\leqslant x\leqslant 2\\ \dfrac{1}{2}f\left(\dfrac{x}{2}\right),x>2\end{cases}$,则函数 $g(x)=xf(x)-6$ 在区间 $[1,2^n]$($n\in\mathbf{N}^*$)内所有零点的和为(　　).
   A.n　　　　B.$2n$
   C.$\dfrac{3}{4}(2^n-1)$　D.$\dfrac{3}{2}(2^n-1)$

15. 设 $a>0,b>0$,e 是自然对数的底数,以下四个选项中正确的是(　　).
   A.若 $e^a+2a=e^b+3b$,则 $a>b$
   B.若 $e^a+2a=e^b+3b$,则 $a<b$
   C.若 $e^a-2a=e^b-3b$,则 $a>b$
   D.若 $e^a-2a=e^b-3b$,则 $a<b$

第四节 小题常考专题——函数与不等式

专题概述

不等式与函数一样，它们不是孤立的内容，而是在高中数学中具有联结和支撑作用的主干知识.当这两个知识结合在一起考查的时候，其题目一般都具有较强的综合性，且方法灵活多样.这类问题大多以能力立意，将导数、函数单调性、图像在不等式中的应用中发挥得淋漓尽致.同时函数与不等式的题目将多种数学思想，如转化化归、数形结合等数学思想方法渗透贯穿其中.由于这部分内容难度较大，故常以压轴小题的身份出场，是考查逻辑推理能力的重要素材.本专题针对历年高考，总结出应对之策，帮助读者在解题时胸有成竹.

考点1 函数值比较大小

【方法点睛】
函数值比较大小一般有两种方法：
(1)利用函数的单调性及借助中间值(0或1)来比较；
(2)根据待比较式的结构特征构造函数，再利用所构造函数的单调性来比较大小.

方向一 利用函数性质比较大小

例4.1 (1)设 $a=\log_3 2, b=\log_5 2, c=\log_2 3$，则( ).

A. $a>c>b$ B. $b>c>a$
C. $c>b>a$ D. $c>a>b$

(2)已知 $a=5^{\log_2 3.4}, b=5^{\log_4 3.6}, c=\left(\dfrac{1}{5}\right)^{\log_3 0.3}$，则( ).

A. $a>b>c$ B. $b>a>c$
C. $a>c>b$ D. $c>a>b$

【分析】(1)若底数为同一常数，则可由对数函数的单调性直接进行判断；若底数为同一字母，则需对底数进行分类讨论；(2)若底数不同，真数相同，则可以先用换底公式化为同底后，再进行比较；(3)若底数与真数都不同，则常借助1,0等中间量进行比较.

【解析】(1)因为 $a=\log_3 2<\log_3 3=1, c=\log_2 3>\log_2 2=1, b=\log_5 2<\log_5 5=1$，且 $\log_5 2=\dfrac{\lg 2}{\lg 5}$，$\log_3 2=\dfrac{\lg 2}{\lg 3}$.

又 $\lg 5>\lg 3>0$，则 $\dfrac{\lg 2}{\lg 5}<\dfrac{\lg 2}{\lg 3}$，即 $\log_5 2<\log_3 2$，因此 $\log_5 2<\log_3 2<\log_2 3$，即 $b<a<c$.故选 D.

(2)根据对数函数的运算性质可知，$a=5^{\log_2 3.4}$，$b=5^{\log_2 \sqrt{3.6}}, c=5^{\log_3 \frac{10}{3}}$，且指数函数 $f(x)=5^x$ 为单调递增函数.

因为 $\log_2 \sqrt{3.6}<\log_2 \sqrt{4}=1, \log_2 3.4>\log_2 2=1$，$\log_3 \dfrac{10}{3}>\log_3 3=1$，

且 $\log_3 \dfrac{10}{3}<\log_2 \dfrac{10}{3}<\log_2 3.4$，

所以 $a>c>b$.故选 C.

变式拓展

1. 已知 $x=\ln\pi, y=\log_5 2, z=\mathrm{e}^{-\frac{1}{2}}$，则( ).

A. $x<y<z$ B. $z<x<y$
C. $z<y<x$ D. $y<z<x$

2. (2019 天津)已知 $a=\log_5 2, b=\log_{0.5} 0.2, c=0.5^{0.2}$，则 a,b,c 的大小关系为( ).

A. $a<c<b$ B. $a<b<c$
C. $b<c<a$ D. $c<a<b$

方向二 构造函数比较大小

例4.2 设 $a=\dfrac{\ln 2}{2}, b=\dfrac{\ln 3}{3}, c=\dfrac{\ln 5}{5}$，则( ).

A. $a<b<c$ B. $c<b<a$
C. $c<a<b$ D. $b<a<c$

【分析】根据这三个数的相似结构，考虑构造函数

$f(x)=\dfrac{\ln x}{x}$.

【解析】构造函数 $f(x)=\dfrac{\ln x}{x}$,

结合函数的单调性,并且有 $f(2)=\dfrac{\ln 2}{2}=\dfrac{\ln 4}{4}=f(4)$,

可知 $f(3)>f(4)>f(5)\Rightarrow \dfrac{\ln 3}{3}>\dfrac{\ln 4}{4}=\dfrac{\ln 2}{2}>\dfrac{\ln 5}{5}$.故选 C.

变式拓展

1.已知 $a=3\ln 2^{\pi},b=2\ln 3^{\pi},c=3\ln \pi^{2}$,则下列选项正确的是( ).
   A.$a>b>c$ B.$c>a>b$
   C.$c>b>a$ D.$b>c>a$

2.已知 $f(x)$ 是定义在 **R** 上的函数,导函数 $f'(x)$ 满足 $f'(x)<f(x)$ 对于 $x\in \mathbf{R}$ 恒成立,则( ).
   A.$e^{2020}\cdot f(-2020)<f(0),f(2020)>e^{2020}\cdot f(0)$
   B.$e^{2020}\cdot f(-2020)<f(0),f(2020)<e^{2020}\cdot f(0)$
   C.$e^{2020}\cdot f(-2020)>f(0),f(2020)>e^{2020}\cdot f(0)$
   D.$e^{2020}\cdot f(-2020)>f(0),f(2020)<e^{2020}\cdot f(0)$

考点 2 函数不等式的求解

函数不等式是将函数的性质与解不等式综合起来考查的一种方式,此类考题解题的基本模型如下.

基本模型:对于出现了(或者可以转化成) $f(A)>f(B)$ 这种类型的问题,往往借助函数的单调性来进行求解.

模型解读:①除了需要注意单调性之外,还需要注意定义域,奇偶性.
②函数单调递增,"脱掉" f 不变号;函数单调递减,"脱掉" f 要变号.

该考点又可细分为以下几个方向.

方向一 已知函数性质求解函数不等式

【方法点睛】

解决本类问题需把握两点:一是要把原不等式转化为 $f(A)>f(B)$(其中不等号还可以为 $\geqslant$、$<$、$\leqslant$)的模型;二是要判断函数 $f(x)$ 的单调性,再根据函数的单调性将抽象函数不等式中的函数符号"f"去掉,得到具体的不等式(组)来求解.

典例精讲

例 4.3 (2016 天津)已知 $f(x)$ 是定义在 **R** 上的偶函数,且在区间 $(-\infty,0)$ 上单调递增.若实数 a 满足 $f(2^{|a-1|})>f(-\sqrt{2})$,则 a 的取值范围是_____.

【分析】依据函数单调性求解函数不等式.

【解析】由题意得 $f(-2^{|a-1|})>f(-\sqrt{2})\Rightarrow -2^{|a-1|}>-\sqrt{2}\Rightarrow 2^{|a-1|}<2^{\frac{1}{2}}\Rightarrow |a-1|<\dfrac{1}{2}\Rightarrow \dfrac{1}{2}<a<\dfrac{3}{2}$,

则 a 的取值范围是 $\left(\dfrac{1}{2},\dfrac{3}{2}\right)$.

变式拓展

1.已知 $f(x)$ 是定义在 **R** 上的奇函数,当 $x\geqslant 0$ 时,$f(x)=x^{2}+2x$,若 $f(2-a^{2})>f(a)$,则实数 a 的取值范围是( ).
   A.$(-\infty,-1)\cup(2,+\infty)$
   B.$(-1,2)$
   C.$(-2,1)$
   D.$(-\infty,-2)\cup(1,+\infty)$

2.已知函数 $f(x)$ 是定义在 **R** 上的偶函数,且在区间 $[0,+\infty)$ 上单调递增.若实数 a 满足 $f(\log_{2}a)+f(\log_{\frac{1}{2}}a)\leqslant 2f(1)$,则 a 的取值范围是( ).
   A.$[1,2]$ B.$\left(0,\dfrac{1}{2}\right]$
   C.$\left[\dfrac{1}{2},2\right]$ D.$(0,2]$

3.设函数 $f(x)$ 是定义在 $(0,+\infty)$ 上的增函数,且满足 $f(xy)=f(x)+f(y)$.若 $f(3)=1$,且 $f(a)>f(a-1)+2$,则实数 a 的取值范围为_____.

方向二 已知函数解析式,通过研究其性质求解函数不等式

【方法点睛】

若已知函数解析式,求解函数不等式,切忌简单粗暴地使用代入法.同学们需加强意识,即通过函数解析式研究函数的性质(尤其是奇偶性和单调性),常利用函数的单调性将函数符号"f"脱掉,得到具体的不等式来求解.

例4.4 设函数 $f(x)=\ln(1+|x|)-\dfrac{1}{1+x^2}$,则使得 $f(x)>f(2x-1)$ 成立的 x 的取值范围是( ).

A.$\left(\dfrac{1}{3},1\right)$

B.$\left(-\infty,\dfrac{1}{3}\right)\cup(1,+\infty)$

C.$\left(-\dfrac{1}{3},\dfrac{1}{3}\right)$

D.$\left(-\infty,-\dfrac{1}{3}\right)\cup\left(\dfrac{1}{3},+\infty\right)$

【分析】观察函数解析式可知函数是一个偶函数,此时考虑单调性只需考虑一半即可(另一半单调性一定相反).再结合偶函数的特别性质 $f(x)=f(-x)=f(|x|)$ 来进行求解.

【解析】易知 $f(x)$ 是偶函数,下面判断当 $x>0$ 时的单调性.

当 $x>0$ 时,$f(x)=\ln(1+x)-\dfrac{1}{1+x^2}$,易得 $\ln(1+x)$ 单调递增,$-\dfrac{1}{1+x^2}$ 单调递增,

因此 $f(x)=\ln(1+x)-\dfrac{1}{1+x^2}$ 单调递增.

所以由 $f(x)>f(2x-1)$ 可得,$f(|x|)>f(|2x-1|)$,即 $|x|>|2x-1|$.

因此 $x^2>(2x-1)^2$,解得 $x\in\left(\dfrac{1}{3},1\right)$.故选A.

变式拓展

1.(2017 江苏)已知函数 $f(x)=x^3-2x+e^x-\dfrac{1}{e^x}$,其中 e 是自然对数的底数.若 $f(a-1)+f(2a^2)\le 0$,则实数 a 的取值范围是_____.

2.(2017 全国Ⅲ)设函数 $f(x)=\begin{cases}x+1,x\le 0\\2^x,x>0\end{cases}$,则满足 $f(x)+f\left(x-\dfrac{1}{2}\right)>1$ 的 x 的取值范围是_____.

方向三 构造函数解析式,研究其性质求解函数不等式

【方法点睛】

构造函数的解析式,通过研究函数的单调性,转化不等关系来求解函数不等式.本类问题的突破口在于构造函数.构造函数时根据具体题目的情况,可以利用形式上的对称构造,也可以用导数与原函数的关系式来构造.

其中用导数与原函数的关系式来构造函数的重要类型如下.

$f'(x)+f(x)<0$(构造 $y=e^x f(x)$),

$f'(x)-f(x)<0$(构造 $y=\dfrac{f(x)}{e^x}$),

$xf'(x)+f(x)<0$(构造 $y=xf(x)$),

$xf'(x)-f(x)<0$(构造 $y=\dfrac{f(x)}{x}$,$x\ne 0$),

$xf'(x)+2f(x)<0$(构造 $y=x^2 f(x)$),

$xf'(x)-2f(x)<0$(构造 $y=\dfrac{f(x)}{x^2}$,$x\ne 0$),

$xf'(x)+3f(x)<0$(构造 $y=x^3 f(x)$),

$xf'(x)-3f(x)<0$(构造 $y=\dfrac{f(x)}{x^3}$,$x\ne 0$)

等等.

类型一 利用形式上的对称来构造函数

例4.5 (2017 全国Ⅰ)设 x,y,z 为正数,且 $2^x=3^y=5^z$,则( ).

A.$2x<3y<5z$

B.$5z<2x<3y$

C.$3y<5z<2x$

D.$3y<2x<5z$

【分析】令 $2^x=3^y=5^z=t(t>1)$,将 x,y,z 表示成 t 的形式,再得出 $2x,3y,5z$ 之间的不等关系.

【解析】解法一(构造函数法):设 $2^x=3^y=5^z=t(t>1)$,两边取对数得 $x\ln 2=y\ln 3=z\ln 5=\ln t$,

则 $2x=\dfrac{2\ln t}{\ln 2},3y=\dfrac{3\ln t}{\ln 3},5z=\dfrac{5\ln t}{\ln 5},\ln t>0$.

设 $f(x)=\dfrac{x}{\ln x},f'(x)=\dfrac{\ln x-1}{(\ln x)^2}$.

当 $x\in(0,e)$ 时,$f'(x)<0$,$f(x)$ 单调递减;

当 $x\in(e,+\infty)$ 时,$f'(x)>0$,$f(x)$ 单调递增.

而 $2x=f(4)\ln t, 3y=f(3)\ln t, 5z=f(5)\ln t$.
由 $e<3<4<5$,得 $3y<2x<5z$.故选 D.

解法二(特殊值法)：取 $z=1$,对等式取对数可得
$x\ln 2=y\ln 3=\ln 5, \dfrac{x}{y}=\dfrac{\ln 3}{\ln 2}, \dfrac{2x}{3y}=\dfrac{\ln 9}{\ln 8}>1$,所以
$2x>3y, \dfrac{2x}{5z}=\dfrac{2\ln 5}{5\ln 2}=\dfrac{\ln 25}{\ln 32}<1$,所以 $2x<5z$,从
而 $3y<2x<5z$.故选 D.

【评注】本题解法一为通法,其核心在于构造函数 $f(x)=\dfrac{x}{\ln x}$,研究函数单调性,利用对数运算性质将 $\dfrac{2}{\ln 2}$ 转化为 $\dfrac{4}{\ln 4}$,这样便于在同一个单调区间得出不等关系.解法二利用选择题的特点,借助特殊数值对选项进行验证,从而快速获解.

🔍 **变式拓展》》**

1. 不等式 $x(e^x-e^{-x})>(2x-1)(e^{2x-1}-e^{1-2x})$ 的解集是 _____.

类型二 由导数与原函数的关系式来构造函数

例4.6 已知奇函数 $f(x)$ 的定义域为 $(-\infty,0)\cup(0,+\infty)$,$f'(x)$ 为其导函数,且满足以下条件:①$x>0$时,$f'(x)<\dfrac{3f(x)}{x}$;②$f(1)=\dfrac{1}{2}$;③$f(2x)=2f(x)$,
则不等式 $\dfrac{f(x)}{4x}<2x^2$ 的解集为 _____.

【分析】由条件 $f'(x)<\dfrac{3f(x)}{x}$ 以及问题 $\dfrac{f(x)}{4x}<2x^2$ 的双重暗示,此题引导我们去构造函数 $g(x)=\dfrac{f(x)}{x^3}$ 的单调性作为切入点解题.

【解析】当 $x>0$ 时,令 $g(x)=\dfrac{f(x)}{x^3}$,则 $g'(x)=\dfrac{xf'(x)-3f(x)}{x^4}$,由条件①知 $g'(x)<0$.
又 $f(x)$ 为奇函数,所以 $g(x)$ 为偶函数.
因为 $f(2x)=2f(x)$,

所以 $f\left(\dfrac{1}{4}\right)=\dfrac{1}{2}f\left(\dfrac{1}{2}\right)=\dfrac{1}{4}f(1)=\dfrac{1}{8}$,
从而不等式 $\dfrac{f(x)}{4x}<2x^2$,即 $g(x)<8$,
即 $g(|x|)<g\left(\dfrac{1}{4}\right)$,得 $|x|>\dfrac{1}{4}$,
即解集为 $\left(-\infty,-\dfrac{1}{4}\right)\cup\left(\dfrac{1}{4},+\infty\right)$.

🔍 **变式拓展》》**

1. 已知 $f(x)$ 是定义在 **R** 上的函数,其导函数为 $f'(x)$,若 $f(x)-f'(x)<1, f(0)=2019$,则不等式 $f(x)>2018e^x+1$(其中 e 为自然对数的底数)的解集为( ).
A.$(-\infty,0)\cup(0,+\infty)$
B.$(0,+\infty)$
C.$(2018,+\infty)$
D.$(-\infty,0)\cup(2018,+\infty)$

考点3 不等式恒成立问题

方向一 不等式恒成立条件下求参数取值范围

类型一 转化为函数的最值进行求解

【方法点睛】
对于恒成立问题,要从三个方面进行把握:
(1)标志性词语:对"任意""恒成立""都有""有时"也需要结合具体语境去理解.
(2)基本方法:直接移项构造函数与分离参数,两种方法各有利弊,也适用于不同的问题,应当适当选取.一般优先考虑分离参数.
(3)基本转换:将不等式恒成立问题转化到函数最值上来.具体有如下情形:
①若函数 $f(x)$ 在区间 D 上存在最小值 $f(x)_{\min}$ 和最大值 $f(x)_{\max}$,则:
不等式 $f(x)>a$ 在区间 D 上恒成立 $\Leftrightarrow f(x)_{\min}>a$;
不等式 $f(x)\geqslant a$ 在区间 D 上恒成立 $\Leftrightarrow f(x)_{\min}\geqslant a$;
不等式 $f(x)<b$ 在区间 D 上恒成立 $\Leftrightarrow f(x)_{\max}<b$;
不等式 $f(x)\leqslant b$ 在区间 D 上恒成立 $\Leftrightarrow f(x)_{\max}\leqslant b$.
②若函数 $f(x)$ 在区间 D 上不存在最大(小)值,且值域为 (m,n),则:
不等式 $f(x)>a$(或 $f(x)\geqslant a$)在区间 D 上恒成立 $\Leftrightarrow m\geqslant a$;
不等式 $f(x)<b$(或 $f(x)\leqslant b$)在区间 D 上恒成立 $\Leftrightarrow n\leqslant b$.

以上讲的是形式上的东西,下面我们解释恒成立问题转化的本质.

以"函数$f(x)$在区间D上有最大值和最小值,若不等式$f(x)>a$在区间D上恒成立"为例,先理解恒成立的含义.恒成立意味着永远都成立,无论x取何值,$f(x)>a$都是成立的.此时,考虑从$f(x)$的全体值中选取一个代表,只需选最小值$f(x)_{\min}$即可,因为$f(x)_{\min}>a$,根据同向不等号的传递性,就一定会有$f(x)\geqslant f(x)_{\min}>a$,满足题设的要求,这样一来,就完成了转换.事实上,在解题过程中,如果明晰了恒成立问题的本质,并不需要记忆以上的细则也可以对相关问题游刃有余了.

单调递减,在$(e^{a-1},+\infty)$上单调递增,则$F(x)_{\min}=F(e^{a-1})=1-e^{a-1}<0$不满足对$\forall x\geqslant 1,F(x)\geqslant 0$,故舍去.

综上所述,a的取值范围是$(-\infty,1]$.

解法三(直接移项构造):当$x=1$时,有$f(1)\geqslant a-1$,即$a-1\leqslant 0$,得$a\leqslant 1$.

构造$F(x)=f(x)-(ax-1)=x\ln x-ax+1$,原命题等价于$F(x)\geqslant 0$在$x\geqslant 1$上恒成立$\Leftrightarrow F(x)_{\min}\geqslant 0, x\in[1,+\infty)$.

下面求$F(x)_{\min}$.

由于$F'(x)=\ln x+1-a\geqslant 0$在$x\in[1,+\infty)$上恒成立,因此,函数$f(x)$在$[1,+\infty)$上单调递增,所以$F(x)_{\min}=F(1)=1-a\geqslant 0$,得$a\leqslant 1$.故$a$的取值范围是$(-\infty,1]$.

例4.7 已知函数$f(x)=x\ln x$.若对于所有$x\geqslant 1$都有$f(x)\geqslant ax-1$,则实数a的取值范围是_____.

【分析】可用直接移项构造函数与分离参变量的方法求解参数的取值范围.

【解析】**解法一(分离参数法)**:依题意,得$f(x)\geqslant ax-1$在$[1,+\infty)$上恒成立,即不等式$a\leqslant \ln x+\dfrac{1}{x}$对于$x\in[1,+\infty)$恒成立,

亦即$a\leqslant \left(\ln x+\dfrac{1}{x}\right)_{\min}, x\in[1,+\infty)$.

设$g(x)=\ln x+\dfrac{1}{x}(x\geqslant 1)$,则$g'(x)=\dfrac{1}{x}-\dfrac{1}{x^2}=\dfrac{x-1}{x^2}$.令$g'(x)=0$,得$x=1$.

当$x\geqslant 1$时,因为$g'(x)=\dfrac{x-1}{x^2}\geqslant 0$,故$g(x)$在$[1,+\infty)$上是增函数.

所以$g(x)$在$[1,+\infty)$上的最小值是$g(1)=1$.故a的取值范围是$(-\infty,1]$.

解法二(直接求最值):令$F(x)=f(x)-ax+1=x\ln x-ax+1, x\geqslant 1$.

$F'(x)=1+\ln x-a$,令$F'(x)=0$得$x=e^{a-1}$.

当$e^{a-1}\leqslant 1$时,即$a\leqslant 1$,函数$F(x)$在$[1,+\infty)$上单调递增,$F(x)\geqslant F(1)=1-a\geqslant 0$,满足题设要求;

当$e^{a-1}>1$时,即$a>1$,函数$F(x)$在$(1,e^{a-1})$上

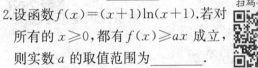

1.已知函数$f(x)=e^{ax}-x$,其中$a\neq 0$,若对一切$x\in \mathbf{R}, f(x)\geqslant 1$恒成立,则$a$的取值集合为_____.

2.设函数$f(x)=(x+1)\ln(x+1)$.若对所有的$x\geqslant 0$,都有$f(x)\geqslant ax$成立,则实数a的取值范围为_____.

类型二 利用图像数形结合进行求解
【方法点睛】

画出函数图像的草图,观察图像,将问题转化为函数图像恒在x轴上方或下方的问题.若直接研究函数$f(x)$的图像不易求解,也可以考虑将问题转化为两个函数图像在某区间上一个图像恒在另一个图像的上方或下方的情况.

例4.8 当$0\leqslant x\leqslant 1$时,不等式$\sin\dfrac{\pi x}{2}\geqslant kx$成立,则实数$k$的取值范围是_____.

【分析】利用图像法求解本题.不等式$\sin\dfrac{\pi x}{2}\geqslant kx$等价于函数$y=\sin\dfrac{\pi x}{2}$的图像在直线$y=kx$上方(可有公共点).

33

【解析】如图 4-1 所示,作函数 $y_1=\sin\dfrac{\pi x}{2}$ 和 $y_2=x$ 的图像,两个图像的交点恰好为 $(0,0)$ 和 $(1,1)$. 当 $0\leqslant x\leqslant 1$ 时,要使 $\sin\dfrac{\pi x}{2}\geqslant kx$,需使 $k\leqslant 1$,故 k 的取值范围为 $(-\infty,1]$.

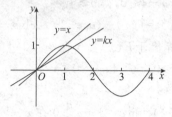

图 4-1

【评注】本题可归结为不等式恒成立条件下求参数的取值范围问题,利用数形结合思想求解这类问题特别奏效.

变式拓展

1. 已知函数 $f(x)=\begin{cases}-x^2+2x,x\leqslant 0\\ \ln(x+1),x>0\end{cases}$,若 $|f(x)|\geqslant ax$,则 a 的取值范围是( ).

A. $(-\infty,0]$ B. $(-\infty,1]$
C. $[-2,1]$ D. $[-2,0]$

2. (2019 全国 Ⅱ) 设函数 $f(x)$ 的定义域为 $\mathbf{R}$,满足 $f(x+1)=2f(x)$,且当 $x\in(0,1]$ 时,$f(x)=x(x-1)$. 若对任意 $x\in(-\infty,m]$,都有 $f(x)\geqslant-\dfrac{8}{9}$,则 m 的取值范围是( ).

A. $\left(-\infty,\dfrac{9}{4}\right)$ B. $\left(-\infty,\dfrac{7}{3}\right)$
C. $\left(-\infty,\dfrac{5}{2}\right)$ D. $\left(-\infty,\dfrac{8}{3}\right)$

3. 若不等式 $x^2-\log_a x<0$ 对 $x\in\left(0,\dfrac{1}{2}\right)$ 恒成立,则 a 的取值范围是_____.

方向二 二次函数不等式恒成立问题

【方法点睛】

已知二次函数 $f(x)=ax^2+bx+c$ ($a\neq 0$),则:

$f(x)>0$ 恒成立 $\Leftrightarrow\begin{cases}a>0\\ \Delta<0\end{cases}$;

$f(x)<0$ 恒成立 $\Leftrightarrow\begin{cases}a<0\\ \Delta<0\end{cases}$.

若表述为"已知函数 $f(x)=ax^2+bx+c$",并未限制为二次函数,则应有:

$f(x)>0$ 恒成立 $\Leftrightarrow\begin{cases}a>0\\ \Delta<0\end{cases}$ 或 $\begin{cases}a=b=0\\ c>0\end{cases}$;

$f(x)<0$ 恒成立 $\Leftrightarrow\begin{cases}a<0\\ \Delta<0\end{cases}$ 或 $\begin{cases}a=b=0\\ c<0\end{cases}$.

另外,二次函数不等式恒成立问题也可使用不等式恒成立问题的通法,即转化为最值进一步求解.

典例精讲

例 4.9 (2014 江苏) 已知函数 $f(x)=x^2+mx-1$,若对于任意 $x\in[m,m+1]$,都有 $f(x)<0$ 成立,则实数 m 的取值范围是_____.

【分析】若 $f(x)<0$,$x\in[m,m+1]$,则 $f(x)_{\max}<0$,转化为求解 $f(x)$ 的最大值.

【解析】依题意,函数 $f(x)=x^2+mx-1$,$x\in[m,m+1]$,其图像开口方向向上,在闭区间上的最大值一定会在端点处取得,因此满足 $\begin{cases}f(m)<0\\ f(m+1)<0\end{cases}$,即 $\begin{cases}2m^2-1<0\\ (m+1)^2+m(m+1)-1<0\end{cases}$,解得 $-\dfrac{\sqrt{2}}{2}<m<0$.

所以实数 m 的取值范围是 $\left(-\dfrac{\sqrt{2}}{2},0\right)$.

【评注】由本题可得到如下结论:开口方向向上的二次函数在闭区间上的最大值必在端点处取得;开口方向向下的二次函数在闭区间上的最小值必在端点处取得. 另外,本题的做法也值得同学们思考. 该解法并没有确定出最大值到底在哪个端点取得,而是让两个可能的最大值都小于零,从而保证 $f(x)<0$ 一定恒成立.

变式拓展

1. 已知函数 $f(x)=x^2-2ax+5$,若 $f(x)$ 在区间 $(-\infty,2]$ 上是减函数,且对任意的 $x_1,x_2\in[1,a+1]$,总有 $|f(x_1)-f(x_2)|\leqslant 4$,则实数 a 的取值范围是_____.

2.(2017 天津)已知函数 $f(x)=\begin{cases}x^2-x+3,x\leq 1\\ x+\dfrac{2}{x},x>1\end{cases}$,设 $a\in\mathbf{R}$,若关于 x
的不等式 $f(x)\geq\left|\dfrac{x}{2}+a\right|$ 在 **R** 上恒成立,则 a 的取值范围是( ).

A.$\left[-\dfrac{47}{16},2\right]$　　　　B.$\left[-\dfrac{47}{16},\dfrac{39}{16}\right]$

C.$[-2\sqrt{3},2]$　　　　D.$\left[-2\sqrt{3},\dfrac{39}{16}\right]$

方向三　不等式恒成立问题的应用

【方法点睛】

有些问题表面上不是不等式恒成立问题,但其本质却可通过不等式恒成立问题的思路来求解.这类问题关键在于转化,转化成在给定区间上导函数恒大于等于零或者小于等于零来进行求解.此时要有意识地进行图像分析,可以更好地解决问题.

例 4.10 已知函数 $f(x)=3ax^4-2(3a+1)x^2+4x$.若 $f(x)$ 在 $(-1,1)$ 上是增函数,则 a 的取值范围是_____.

【分析】函数在区间上是增函数,转化为导函数恒大于等于零,求参数的范围问题.

【解析】若 $f(x)$ 在 $(-1,1)$ 内是增函数,当且仅当 $f'(x)=4(x-1)(3ax^2+3ax-1)\geq 0$,即 $3ax^2+3ax-1\leq 0$ 时在 $(-1,1)$ 上恒成立.

①当 $a=0$ 时,$3ax^2+3ax-1=-1\leq 0$ 恒成立;

②当 $a>0$ 时,$g(x)=3ax^2+3ax-1$ 为开口向上的抛物线,其对称轴为 $x=-\dfrac{1}{2}$,$g(x)$ 在 $(-1,1)$ 上的最大值为 $g(1)$,令 $g(1)=3a+3a-1\leq 0$,得 $0<a\leq\dfrac{1}{6}$;

③当 $a<0$ 时,$g(x)=3ax^2+3ax-1$ 为开口向下的抛物线,其在 $(-1,1)$ 上的最大值为 $g\left(-\dfrac{1}{2}\right)$.

令 $g\left(-\dfrac{1}{2}\right)=\dfrac{3}{4}a-\dfrac{3}{2}a-1\leq 0$,得 $-\dfrac{4}{3}\leq a<0$.

综上所得,a 的取值范围是 $\left[-\dfrac{4}{3},\dfrac{1}{6}\right]$.

【评注】二次函数模型是在解决导数问题中常用的模型,经常用来类比解决三次函数(其导数为二次函数)以及函数的导数只有一个极值点的函数(类二次函数)的某些问题.

若一个三次函数在某区间上单调递增或递减,可相应转化为其导函数(二次函数)在此区间上恒为非负或非正的问题.设 $f(x)=ax^2+bx+c(a>0)$,若 $f(x)>0$ 在区间 $[m,n]$ 上恒成立 $\Leftrightarrow$ $f(x)$ 在 $[m,n]$ 上的最小值大于 0,如图 4-2 所示.

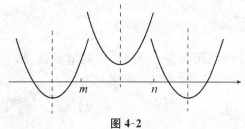

图 4-2

当 $-\dfrac{b}{2a}\leq m$ 时,$f(m)>0$;当 $m<-\dfrac{b}{2a}\leq n$ 时,$f\left(-\dfrac{b}{2a}\right)>0$;当 $-\dfrac{b}{2a}>n$ 时,$f(n)>0$.

若 $f(x)<0$ 在区间 $[m,n]$ 上恒成立 $\Leftrightarrow f(x)$ 在 $[m,n]$ 上的最大值小于 0,如图 4-3 所示.

$\begin{cases}f(m)<0\\ f(n)<0\end{cases}$,这是因为对于开口向上的抛物线,最大值必在区间的端点处取得.

对于开口向下的抛物线,只要结合图像进行类似讨论即可.

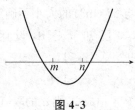

图 4-3

变式拓展

1.若函数 $f(x)=x-\dfrac{1}{3}\sin 2x+a\sin x$ 在 $(-\infty,+\infty)$ 上单调递增,则 a 的取值范围是( ).

A.$[-1,1]$　　　　B.$\left[-1,\dfrac{1}{3}\right]$

C.$\left[-\dfrac{1}{3},\dfrac{1}{3}\right]$　　　　D.$\left[-1,-\dfrac{1}{3}\right]$

A组 基础演练

1. (1)(2016 全国Ⅲ)已知 $a=2^{\frac{4}{3}}, b=3^{\frac{2}{3}}, c=25^{\frac{1}{3}}$,则( ).
   A. $b<a<c$ B. $a<b<c$
   C. $b<c<a$ D. $c<a<b$

   (2) 设 $a=\lg e, b=(\lg e)^2, c=\lg\sqrt{e}$,则( ).
   A. $a>b>c$ B. $a>c>b$
   C. $c>a>b$ D. $c>b>a$

2. $f(x)$ 是定义在 $(0,+\infty)$ 上的增函数,则不等式 $f(x)>f[8(x-2)]$ 的解集是( ).
   A. $(0,+\infty)$ B. $\left(2,\dfrac{16}{7}\right)$
   C. $(2,+\infty)$ D. $(0,2)$

3. 若 $\alpha,\beta\in\left[-\dfrac{\pi}{2},\dfrac{\pi}{2}\right]$,且 $\alpha\sin\alpha-\beta\sin\beta>0$,则下面结论正确的是( ).
   A. $\alpha>\beta$ B. $\alpha+\beta>0$
   C. $\alpha<\beta$ D. $\alpha^2>\beta^2$

4. 设函数 $f(x)$ 的导函数为 $f'(x)$,对任意 $x\in\mathbf{R}$ 都有 $f(x)>f'(x)$ 成立,则( ).
   A. $3f(\ln 2)<2f(\ln 3)$
   B. $3f(\ln 2)=2f(\ln 3)$
   C. $3f(\ln 2)>2f(\ln 3)$
   D. $3f(\ln 2)$ 与 $2f(\ln 3)$ 的大小不确定

5. (2019 天津)已知 $a\in\mathbf{R}$,设函数 $f(x)=\begin{cases}x^2-2ax+2a,&x\leqslant 1,\\x-a\ln x,&x>1,\end{cases}$ 若关于 x 的不等式 $f(x)\geqslant 0$ 在 $\mathbf{R}$ 上恒成立,则 a 的取值范围为( ).
   A. $[0,1]$ B. $[0,2]$
   C. $[0,e]$ D. $[1,e]$

6. 已知函数 $f(x)=3e^{2x}+\ln x$,(e 为自然对数的底数),且 $f(3a-2)>f(a-1)$,则实数 a 的取值范围是_____.

7. 已知函数 $f(x)=\begin{cases}x^2+1,x\geqslant 0\\1,x<0\end{cases}$,则满足不等式 $f(1-x^2)>f(2x)$ 的 x 的范围是_____.

8. 已知函数 $f(x)$ 是定义在 $\mathbf{R}$ 上的奇函数,并且满足在 $[0,+\infty)$ 上单调递增,则不等式 $f(1-x)+f(2+3x)<0$ 的解集是_____.

9. (1) 2018^{2019} 与 2019^{2018} 的大小关系是_____.(请填入 >,< 或 =).
   (2) 3^π ____ π^3, e^3 ____ 3^e(填入 ">" 或 "<" 或 "=").

10. 函数 $f(x)=6x^3+9x+1$ 满足 $f(a)+f(a-1)>2$,则实数 a 的取值范围是_____.

B组 强化提升

11. $f(x),g(x)(g(x)\neq 0)$ 分别是定义在 $\mathbf{R}$ 上的奇函数和偶函数,当 $x<0$ 时,$f'(x)g(x)<f(x)\cdot g'(x)$,且 $f(-3)=0$,则 $\dfrac{f(x)}{g(x)}<0$ 的解集为( ).
    A. $(-\infty,-3)\cup(3,+\infty)$ B. $(-3,0)\cup(0,3)$
    C. $(-3,0)\cup(3,+\infty)$ D. $(-\infty,-3)\cup(0,3)$

12. 已知函数 $f(x)$ 是定义在 $\mathbf{R}$ 上的奇函数,当 $x\geqslant 0$ 时,$f(x)=\dfrac{1}{2}(|x-a^2|+|x-2a^2|-3a^2)$.若 $\forall x\in\mathbf{R}, f(x-1)\leqslant f(x)$,则实数 a 的取值范围为( ).
    A. $\left[-\dfrac{1}{6},\dfrac{1}{6}\right]$ B. $\left[-\dfrac{\sqrt{6}}{6},\dfrac{\sqrt{6}}{6}\right]$
    C. $\left[-\dfrac{1}{3},\dfrac{1}{3}\right]$ D. $\left[-\dfrac{\sqrt{3}}{3},\dfrac{\sqrt{3}}{3}\right]$

13. 若函数 $f(x)$ 满足 $f(x)=x(f'(x)-\ln x)$,且 $f\left(\dfrac{1}{e}\right)=\dfrac{1}{e}$,则 $ef(e^x)<f'\left(\dfrac{1}{e}\right)+1$ 的解集为( ).
    A. $(-\infty,-1)$ B. $(-1,+\infty)$
    C. $\left(0,\dfrac{1}{e}\right)$ D. $\left(\dfrac{1}{e},+\infty\right)$

14. 已知函数 $g(x)=\dfrac{xe^{2x}-x}{e^x}-(3x-1)(e^{3x-1}-e^{1-3x})$,则满足 $g(x)>0$ 的实数 x 的取值范围是_____.

15. 已知函数 $y=f(x)(x\in\mathbf{R})$,对函数 $y=g(x)(x\in I)$,定义 $g(x)$ 关于 $f(x)$ 的"对称函数"为函数 $y=h(x)(x\in I)$, $y=h(x)$ 满足:对任意 $x\in I$,两个点 $(x,h(x)),(x,g(x))$ 关于点 $(x,f(x))$ 对称. 若 $h(x)$ 是 $g(x)=\sqrt{4-x^2}$ 关于 $f(x)=3x+b$ 的"对称函数",且 $h(x)>g(x)$ 恒成立,则实数 b 的取值范围是_____.

第五节 小题常考专题——三角函数

专题概述

三角函数多是考查三角的基本运算、三角函数的性质以及解三角形的综合运用.如:三角的基本运算通常以同角三角函数的基本关系、诱导公式、两角和与差的正余弦(包括辅助角公式)为主进行考查;三角函数的性质考查三角函数特有的单调性、周期性以及对称性,基本都需先通过三角变换得到可研究的三角函数的标准形式,再用整体法进行研究.

考点1 三角函数的计算

【方法点睛】

三角函数的基本计算主要考查同角三角函数的基本关系、诱导公式、和差角公式、二倍角公式(降幂公式)等.在计算中有两个关注点需注意,一是角的关系,如互余、互补;二是三角函数名的关系,如弦化切、切化弦.

例5.1 已知 $\tan x = -\dfrac{12}{5}$, $x \in \left(\dfrac{\pi}{2}, \pi\right)$,则 $\cos\left(-x + \dfrac{3\pi}{2}\right) =$ ( ).

A. $\dfrac{5}{13}$ B. $-\dfrac{5}{13}$

C. $\dfrac{12}{13}$ D. $-\dfrac{12}{13}$

【分析】由已知条件利用同角关系求出 $\sin x$,再利用诱导公式可得结果.

【解析】因为 $\tan x = -\dfrac{12}{5}$,$x \in \left(\dfrac{\pi}{2}, \pi\right)$,所以 $\sin x = \dfrac{12}{13}$,所以 $\cos\left(-x + \dfrac{3\pi}{2}\right) = -\sin x = -\dfrac{12}{13}$.故选 D.

变式拓展

1.已知 $\sin\left(\dfrac{\pi}{4} + \alpha\right) = \dfrac{\sqrt{3}}{2}$,则 $\sin\left(\dfrac{3\pi}{4} - \alpha\right)$ 的值为( ).

A. $-\dfrac{\sqrt{3}}{2}$ B. $\dfrac{\sqrt{3}}{2}$ C. $-\dfrac{1}{2}$ D. $\dfrac{1}{2}$

例5.2 (2019 江苏)已知 $\dfrac{\tan\alpha}{\tan\left(\alpha + \dfrac{\pi}{4}\right)} = -\dfrac{2}{3}$,则 $\sin\left(2\alpha + \dfrac{\pi}{4}\right)$ 的值是_____.

【分析】先"切化弦",得到 $\dfrac{\sin\alpha\cos\left(\alpha + \dfrac{\pi}{4}\right)}{\cos\alpha\sin\left(\alpha + \dfrac{\pi}{4}\right)} = -\dfrac{2}{3}$,

注意到目标角 $2\alpha + \dfrac{\pi}{4} = \alpha + \left(\alpha + \dfrac{\pi}{4}\right)$,可添加项,利用和角的正弦公式,使其出现 $\sin\left(2\alpha + \dfrac{\pi}{4}\right)$.

【解析】由 $\dfrac{\tan\alpha}{\tan\left(\alpha + \dfrac{\pi}{4}\right)} = -\dfrac{2}{3}$,

得 $\dfrac{\sin\alpha\cos\left(\alpha + \dfrac{\pi}{4}\right)}{\cos\alpha\sin\left(\alpha + \dfrac{\pi}{4}\right)} = -\dfrac{2}{3}$,

对其进行变形,

$\dfrac{\sin\alpha\cos\left(\alpha + \dfrac{\pi}{4}\right)}{\cos\alpha\sin\left(\alpha + \dfrac{\pi}{4}\right)} = \dfrac{\sin\alpha\cos\left(\alpha + \dfrac{\pi}{4}\right) + \cos\alpha\sin\left(\alpha + \dfrac{\pi}{4}\right)}{\cos\alpha\sin\left(\alpha + \dfrac{\pi}{4}\right)} - $

$1 = \dfrac{\sin\left(2\alpha + \dfrac{\pi}{4}\right)}{\cos\alpha\sin\left(\alpha + \dfrac{\pi}{4}\right)} - 1$,

所以 $\dfrac{\sin\left(2\alpha + \dfrac{\pi}{4}\right)}{\cos\alpha\sin\left(\alpha + \dfrac{\pi}{4}\right)} = \dfrac{1}{3}$ ①

再次进行变形,

$\dfrac{\sin\alpha\cos\left(\alpha + \dfrac{\pi}{4}\right)}{\cos\alpha\sin\left(\alpha + \dfrac{\pi}{4}\right)} = \dfrac{\sin\alpha\cos\left(\alpha + \dfrac{\pi}{4}\right) - \cos\alpha\sin\left(\alpha + \dfrac{\pi}{4}\right)}{\cos\alpha\sin\left(\alpha + \dfrac{\pi}{4}\right)} + $

$1 = \dfrac{-\sin\dfrac{\pi}{4}}{\cos\alpha\sin\left(\alpha + \dfrac{\pi}{4}\right)} + 1$,

所以 $\dfrac{-\sin\dfrac{\pi}{4}}{\cos\alpha\sin\left(\alpha+\dfrac{\pi}{4}\right)}=-\dfrac{5}{3}$　②

①②,得 $\sin\left(2\alpha+\dfrac{\pi}{4}\right)=-\dfrac{1}{5}\cdot\left(-\sin\dfrac{\pi}{4}\right)=\dfrac{\sqrt{2}}{10}$.

【评注】在利用三角恒等变换求值时,要观察待求角和已知角的关系,利用已知角将待求角表示出来,利用公式来求值.给出角的范围时,要注意待求角的范围.本例解析过程中利用了 $2\alpha+\dfrac{\pi}{4}=\alpha+\left(\alpha+\dfrac{\pi}{4}\right),\alpha-\left(\alpha+\dfrac{\pi}{4}\right)=-\dfrac{\pi}{4}$,用已知角表示未知角,有效避免了解题过程中可能出现的多结果讨论.本题也可以通过已知式直接求出 $\tan\alpha$,进而得到 $\sin 2\alpha$,再去求解 $\sin\left(2\alpha+\dfrac{\pi}{4}\right)$,中间出现了对 $\tan\alpha$ 不同结果的讨论,但得到的结果是相同的,同学们可以去体会两种解法各自的特点.

变式拓展

1.已知 $\sin\left(\alpha+\dfrac{\pi}{4}\right)=\dfrac{4}{5}$,且 $\dfrac{\pi}{4}<\alpha<\dfrac{3\pi}{4}$, 则 $\cos\alpha$ 的值是(　　).

A.$-\dfrac{\sqrt{2}}{10}$　　B.$-\dfrac{7\sqrt{2}}{10}$

C.$\dfrac{7\sqrt{2}}{10}$　　D.$\dfrac{\sqrt{2}}{10}$

考点 2　三角函数的奇偶性

【方法点睛】

研究三角函数奇偶性的方法有三种:

1.定义法:直接利用函数奇偶性的定义求解.

2.公式法:由 $y=\sin x$ 是奇函数和 $y=\cos x$ 是偶函数可拓展得到关于三角函数奇偶性的重要结论:若 $y=A\sin(\omega x+\varphi)$ 为奇函数,则 $\varphi=k\pi(k\in\mathbf{Z})$;若 $y=A\sin(\omega x+\varphi)$ 为偶函数,则 $\varphi=k\pi+\dfrac{\pi}{2}(k\in\mathbf{Z})$;若 $y=A\cos(\omega x+\varphi)$ 为奇函数,则 $\varphi=k\pi+\dfrac{\pi}{2}(k\in\mathbf{Z})$;若 $y=A\cos(\omega x+\varphi)$ 为偶函数,则 $\varphi=k\pi(k\in\mathbf{Z})$.

3.导数法:偶函数的导数一定是奇函数,奇函数的导数一定是偶函数.这一结论可以用于小题中的快速判断或者参数求解.

典例精讲

例5.3 将函数 $y=3\sin\left(2x+\dfrac{\pi}{3}\right)$ 的图像向右平移 $\varphi\left(0<\varphi<\dfrac{\pi}{2}\right)$ 个单位后,所得函数为偶函数,则 $\varphi=$ _____.

【分析】若函数 $y=A\sin(\omega x+\varphi)$ 为奇函数,则 $\varphi=k\pi(k\in\mathbf{Z})$;若函数 $y=A\sin(\omega x+\varphi)$ 为偶函数,则 $\varphi=k\pi+\dfrac{\pi}{2}(k\in\mathbf{Z})$.

【解析】把函数 $y=3\sin\left(2x+\dfrac{\pi}{3}\right)$ 的图像向右平移 φ 个单位,

可得函数 $y=3\sin\left[2(x-\varphi)+\dfrac{\pi}{3}\right]=3\sin\left(2x+\dfrac{\pi}{3}-2\varphi\right)$ 的图像,若所得函数为偶函数,则 $\dfrac{\pi}{3}-2\varphi=\dfrac{\pi}{2}+k\pi(k\in\mathbf{Z})$,

解得 $\varphi=-\dfrac{\pi}{12}-\dfrac{1}{2}k\pi(k\in\mathbf{Z})$,

当 $k=-1$ 时,φ 取最小正值 $\dfrac{5\pi}{12}$.

变式拓展

1.(2018 上海)设 $a\in\mathbf{R}$,若函数 $f(x)=a\sin 2x+2\cos^2 x$ 为偶函数,则 $a=$ _____.

2.函数 $f(x)=A\sin(x+\varphi)(A>0)$ 在 $x=\dfrac{\pi}{3}$ 处取得最小值,则(　　).

A.$f\left(x+\dfrac{\pi}{3}\right)$ 是奇函数

B.$f\left(x+\dfrac{\pi}{3}\right)$ 是偶函数

C.$f\left(x-\dfrac{\pi}{3}\right)$ 是奇函数

D.$f\left(x-\dfrac{\pi}{3}\right)$ 是偶函数

考点 3　三角函数的单调性

方向一　求三角函数的单调区间(或判断区间上的单调性)

【方法点睛】

研究三角函数单调性的方法是整体法:

首先要掌握 $y=\sin x$ 和 $y=\cos x$ 的单调区间，将函数化为 $y=A\sin(\omega x+\varphi)+b(A>0,\omega>0)$，则令 $-\dfrac{\pi}{2}+2k\pi\leqslant\omega x+\varphi\leqslant\dfrac{\pi}{2}+2k\pi,k\in\mathbf{Z}$，可解出函数的单调递增区间；令 $\dfrac{\pi}{2}+2k\pi\leqslant\omega x+\varphi\leqslant\dfrac{3\pi}{2}+2k\pi,k\in\mathbf{Z}$，可解出函数的单调递减区间. 将函数化为 $y=A\cos(\omega x+\varphi)+b(A>0,\omega>0)$，则令 $-\pi+2k\pi\leqslant\omega x+\varphi\leqslant 2k\pi,k\in\mathbf{Z}$，可解出函数的单调递增区间；令 $2k\pi\leqslant\omega x+\varphi\leqslant\pi+2k\pi,k\in\mathbf{Z}$，可解出函数的单调递减区间.

若函数化简后为 $y=-A\sin(\omega x+\varphi)+b(A>0,\omega>0)$ 或 $y=-A\cos(\omega x+\varphi)+b(A>0,\omega>0)$，则利用复合函数单调性，因为外层函数是减函数，则求解函数的单调区间时只需求内层函数的相反区间即可.

典例精讲

例5.4 函数 $f(x)=2\sin\left(2x+\dfrac{\pi}{6}\right)$，则下列表述正确的是（　　）.

A. $f(x)$ 在 $\left(-\dfrac{\pi}{3},-\dfrac{\pi}{6}\right)$ 单调递减

B. $f(x)$ 在 $\left(\dfrac{\pi}{6},\dfrac{\pi}{3}\right)$ 单调递增

C. $f(x)$ 在 $\left(-\dfrac{\pi}{6},0\right)$ 单调递减

D. $f(x)$ 在 $\left(0,\dfrac{\pi}{6}\right)$ 单调递增

【分析】将 $2x+\dfrac{\pi}{6}$ 看成一个整体 t，利用 $y=2\sin t$ 的单调递增区间或单调递减区间，解出 x 的范围.

【解析】令 $-\dfrac{\pi}{2}+2k\pi<2x+\dfrac{\pi}{6}<\dfrac{\pi}{2}+2k\pi,k\in\mathbf{Z}$，可得 $-\dfrac{\pi}{3}+k\pi<x<\dfrac{\pi}{6}+k\pi,k\in\mathbf{Z}$，令 $k=0$，则有 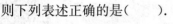 $x\in\left(-\dfrac{\pi}{3},\dfrac{\pi}{6}\right)$，此时函数 $f(x)$ 单调递增；

令 $\dfrac{\pi}{2}+2k\pi<2x+\dfrac{\pi}{6}<\dfrac{3\pi}{2}+2k\pi,k\in\mathbf{Z}$，可得 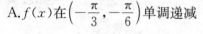 $\dfrac{\pi}{6}+k\pi<x<\dfrac{2\pi}{3}+k\pi,k\in\mathbf{Z}$，令 $k=0$，则有 $x\in$

$\left(\dfrac{\pi}{6},\dfrac{2\pi}{3}\right)$，此时函数 $f(x)$ 单调递减. 故选 D.

【点评】本题是选择题，也可以令 $2x+\dfrac{\pi}{6}=k\pi+\dfrac{\pi}{2}$，则 $x=\dfrac{k\pi}{2}+\dfrac{\pi}{6},k\in\mathbf{Z}$，对 k 赋值 $-1,0,1$，则此时 x 对应三个极值点，结合 $y=\sin t$ 的图像，可得一个递增区间 $\left(-\dfrac{\pi}{3},\dfrac{\pi}{6}\right)$，一个递减区间 $\left(\dfrac{\pi}{6},\dfrac{2\pi}{3}\right)$，对比一下选项知选 D.

变式拓展

1. 已知函数 $f(x)=\sin^4 x+\cos^4 x,x\in\left[-\dfrac{\pi}{4},\dfrac{\pi}{4}\right]$，若 $f(x_1)<f(x_2)$，则一定有（　　）.

A. $x_1<x_2$ B. $x_1>x_2$
C. $x_1^2<x_2^2$ D. $x_1^2>x_2^2$

方向二　由单调区间求参数的取值范围

【方法点睛】

由函数 $y=A\sin(\omega x+\varphi)+b(A>0,\omega>0)$ 的一个单调区间 $[m,n]$（区间也可以是开区间或半开半闭区间）求解 ω 或 φ 的取值范围，则将区间端点值代入后，去对应 $\left[-\dfrac{\pi}{2}+2k\pi,\dfrac{\pi}{2}+2k\pi\right](k\in\mathbf{Z})$ 或 $\left[\dfrac{\pi}{2}+2k\pi,\dfrac{3\pi}{2}+2k\pi\right](k\in\mathbf{Z})$ 列出不等式求解.

典例精讲

例5.5（2018 全国Ⅱ）若 $f(x)=\cos x-\sin x$ 在 $[-a,a]$ 是减函数，则 a 的最大值是（　　）.

A. $\dfrac{\pi}{4}$ B. $\dfrac{\pi}{2}$ C. $\dfrac{3\pi}{4}$ D. π

【分析】先对函数进行化简，通过研究化简后的函数的单调递减区间，来寻找 a 满足的条件.

【解析】$f(x)=\cos x-\sin x=-(\sin x-\cos x)=-\sqrt{2}\sin\left(x-\dfrac{\pi}{4}\right)$.

由 $-\dfrac{\pi}{2}+2k\pi\leqslant x-\dfrac{\pi}{4}\leqslant\dfrac{\pi}{2}+2k\pi(k\in\mathbf{Z})$ 得，

$-\dfrac{\pi}{4}+2k\pi\leqslant x\leqslant\dfrac{3\pi}{4}+2k\pi(k\in\mathbf{Z})$，

因为$[-a,a]$中含0,故可取$k=0$,得$f(x)$的一个减区间为$\left[-\dfrac{\pi}{4},\dfrac{3\pi}{4}\right]$.

由$f(x)$在$[-a,a]$是减函数,得$\begin{cases}-a\geqslant-\dfrac{\pi}{4}\\a\leqslant\dfrac{3\pi}{4}\end{cases}$,

解得$a\leqslant\dfrac{\pi}{4}$,则a的最大值为$\dfrac{\pi}{4}$.故选A.

变式拓展»

1.若函数$f(x)=2\sin\left(2x+\varphi+\dfrac{\pi}{3}\right)$是奇函数,且在区间$\left[0,\dfrac{\pi}{4}\right]$是减函数,则$\varphi$的值可以是( ).

A.$-\dfrac{\pi}{3}$ B.$\dfrac{2\pi}{3}$

C.$\dfrac{5\pi}{3}$ D.$\dfrac{\pi}{3}$

考点4 三角函数的周期性

【方法点睛】

①三角函数的周期的计算方法:

函数$y=A\sin(\omega x+\varphi)+b(A>0,\omega>0)$,$y=A\cos(\omega x+\varphi)+b(A>0,\omega>0)$,$y=A\tan(\omega x+\varphi)+b(A>0,\omega>0)$的周期分别为$\dfrac{2\pi}{\omega}$,$\dfrac{2\pi}{\omega}$,$\dfrac{\pi}{\omega}$.

函数$y=|A\sin(\omega x+\varphi)|(A>0,\omega>0)$,$y=|A\cos(\omega x+\varphi)|(A>0,\omega>0)$的周期分别为$\dfrac{\pi}{\omega}$,$\dfrac{\pi}{\omega}$.

函数$y=|A\sin(\omega x+\varphi)+b|(A>0,\omega>0)$,$y=|A\cos(\omega x+\varphi)+b|(A>0,\omega>0)$的周期分别为$\dfrac{2\pi}{\omega}$,$\dfrac{2\pi}{\omega}$.

②三角函数在一个区间内最值的个数与它的周期密切相关,如这个区间内含有正弦(或余弦)函数的一个最大值和一个最小值,则此区间应该不小于二分之一个周期.

③$y=\sin|x|$是一个偶函数,利用图像变换观点,作出$y=\sin x$在y轴右侧的图像,再关于y轴对称得到y轴左侧的图像,进而得到整个图像,发现$y=\sin|x|$没有周期性.

$y=\cos|x|=\cos x$,最小正周期是2π.

例5.6 函数$f(x)=\sin\left(2x-\dfrac{\pi}{4}\right)-2\sqrt{2}\sin^2 x$的最小正周期是_____.

【分析】先利用两角差的正弦公式和二倍角公式,将函数化为$y=A\sin(\omega x+\varphi)+b(\omega>0)$的形式,再利用$T=\dfrac{2\pi}{\omega}$公式计算周期即可.

【解析】$f(x)=\sin\left(2x-\dfrac{\pi}{4}\right)-2\sqrt{2}\sin^2 x=\sin 2x\cdot\cos\dfrac{\pi}{4}-\cos 2x\sin\dfrac{\pi}{4}-\sqrt{2}(1-\cos 2x)=\dfrac{\sqrt{2}}{2}\sin 2x+\dfrac{\sqrt{2}}{2}\cos 2x-\sqrt{2}=\sin\left(2x+\dfrac{\pi}{4}\right)-\sqrt{2}$,

所以函数$f(x)$的最小正周期为$T=\dfrac{2\pi}{2}=\pi$.

变式拓展»

1.(2017 天津)设函数$f(x)=2\sin(\omega x+\varphi)$,$x\in\mathbf{R}$,其中$\omega>0$,$|\varphi|<\pi$.若$f\left(\dfrac{5\pi}{8}\right)=2$,$f\left(\dfrac{11\pi}{8}\right)=0$,且$f(x)$的最小正周期大于$2\pi$,则( ).

A.$\omega=\dfrac{2}{3}$,$\varphi=\dfrac{\pi}{12}$ B.$\omega=\dfrac{2}{3}$,$\varphi=\dfrac{11\pi}{12}$

C.$\omega=\dfrac{1}{3}$,$\varphi=\dfrac{11\pi}{24}$ D.$\omega=\dfrac{1}{3}$,$\varphi=\dfrac{7\pi}{24}$

考点5 三角函数的对称性

【方法点睛】

研究三角函数对称性的方法有三种:

①**定义法**:首先将三角函数化为$y=A\sin(\omega x+\varphi)+b(\omega>0)$(或$y=A\cos(\omega x+\varphi)+b(\omega>0)$)的形式,然后令$\omega x+\varphi=\dfrac{\pi}{2}+k\pi(k\in\mathbf{Z})$(或$\omega x+\varphi=k\pi(k\in\mathbf{Z})$),可解出对称轴;令$\omega x+\varphi=\dfrac{\pi}{2}+k\pi(k\in\mathbf{Z})$,可解出对称中心.

②**函数值判断法**:如果在小题中判断是否$y=A\sin(\omega x+\varphi)+b(\omega>0)$的对称轴(或对称中心),可将选项中的$x$值(或坐标的横坐标$x$)代入,如果得出的函数值为极大、极小值$\pm A+b$(或$b$),则可以确定是对称轴(或对称中心).

③导数法:主要用于研究对称轴,因为对称轴处的函数值是极大值或极小值,则对称轴处函数的导数应该为0,对 $y=A\sin(\omega x+\varphi)+b(\omega>0)$ 求导得 $y'=A\omega\cos(\omega x+\varphi)$,令 $y'=0$,则有 $\omega x+\varphi=\frac{\pi}{2}+k\pi(k\in\mathbf{Z})$,和方法①的结果是相同的,但需要体会这个思想的运用.

例5.7 已知函数 $f(x)=\sin(2x+\varphi)$ $(\varphi\in\mathbf{R})$,且 $f(x)\leqslant\left|f\left(\frac{\pi}{6}\right)\right|$ 恒成立,则 $f(x)$ 图像的一条对称轴方程为( ).

A.$x=\frac{4\pi}{3}$ B.$x=\frac{2\pi}{3}$

C.$x=\frac{\pi}{2}$ D.$x=-\frac{\pi}{6}$

【分析】由 $f(x)\leqslant\left|f\left(\frac{\pi}{6}\right)\right|$ 恒成立得 $f\left(\frac{\pi}{6}\right)$ 为函数 $f(x)$ 的最大值或最小值,以此可研究 φ,或者直接挖掘出 $x=\frac{\pi}{6}$ 是 $f(x)$ 的一条对称轴.

【解析】解法一: $f(x)\leqslant\left|f\left(\frac{\pi}{6}\right)\right|$,即 $f\left(\frac{\pi}{6}\right)$ 为函数 $f(x)$ 最大值或最小值,即 $2\times\frac{\pi}{6}+\varphi=k\pi+\frac{\pi}{2}$ $(k\in\mathbf{Z})$,解得 $\varphi=k\pi+\frac{\pi}{6}(k\in\mathbf{Z})$.

因为 $f(x)$ 图像的对称轴方程为 $2x+\varphi=m\pi+\frac{\pi}{2}(m\in\mathbf{Z})$,所以 $x=\frac{m\pi}{2}+\frac{\pi}{4}-\frac{1}{2}\left(k\pi+\frac{\pi}{6}\right)=\frac{1}{2}(m-k)\pi+\frac{\pi}{6}(m,k\in\mathbf{Z})$.

当 $m=2,k=1$ 时,$x=\frac{2\pi}{3}$,所以 $f(x)$ 图像的一条对称轴方程为 $x=\frac{2\pi}{3}$.故选B.

解法二: 由已知可得,$x=\frac{\pi}{6}$ 是 $f(x)$ 的一条对称轴,又 $f(x)=\sin(2x+\varphi)$ 的最小正周期为 $T=\frac{2\pi}{2}=\pi$,所以 $f(x)=\sin(2x+\varphi)$ 的所有对称轴为 $x=\frac{\pi}{6}+$

$\frac{1}{2}k\pi(k\in\mathbf{Z})$.

当 $k=1$ 时,$x=\frac{2\pi}{3}$,所以 $f(x)$ 图像的一条对称轴方程为 $x=\frac{2\pi}{3}$.故选B.

变式拓展》》

1.若函数 $f(x)=\sin x+m\cos x$ 图像的一条对称轴方程为 $x=\frac{\pi}{6}$,则实数 m 的值为_____.

考点6 三角函数的性质综合

【方法点睛】

三角函数的几个性质经常综合应用,其中最核心的性质是对称性.对称性和其他性质的联系:

对称性⇒奇偶性(一种特殊对称,奇函数的对称中心为原点,偶函数的对称轴为 y 轴);

对称性⇒周期性(相邻的两条对称轴之间的距离是 $\frac{T}{2}$;相邻的对称中心之间的距离为 $\frac{T}{2}$;相邻的对称轴与对称中心之间的距离为 $\frac{T}{4}$);

对称性⇒单调性(在相邻的对称轴之间,函数 $f(x)$ 单调.特殊地,若 $f(x)=A\sin\omega x(A>0,\omega>0)$,函数 $f(x)$ 在 $[\theta_1,\theta_2]$ 上单调,且 $0\in[\theta_1,\theta_2]$,设 $\theta=\max\{|\theta_1|,|\theta_2|\}$,则 $\frac{T}{4}\geqslant\theta$.深刻体现了三角函数的单调性与周期性、对称性之间的紧密联系).

在利用三角函数的性质解题时,要善于结合大致图像,数形结合,事半功倍.

例5.8 函数 $f(x)=\sin\frac{\pi}{6}x\cos\frac{\pi}{6}x$ $-\sqrt{3}\sin^2\frac{\pi}{6}x$ 在区间 $[-1,a]$ 上至少取得2个最大值,则正整数 a 的最小值是( ).
A.7   B.8   C.9   D.10

【分析】先将函数化为 $y=A\sin(\omega x+\varphi)+b$ 形式,将区间左端点 -1 代入 $\omega x+\varphi$,发现 $\omega x+\varphi=0$,则区间长度应大于等于 $\frac{5}{4}T$,可求得 a 的取值范围.

【解析】函数 $f(x)=\sin\frac{\pi}{6}x\cos\frac{\pi}{6}x-\sqrt{3}\sin^2\frac{\pi}{6}x=\frac{1}{2}\sin\frac{\pi}{3}x-\frac{\sqrt{3}}{2}\left(1-\cos\frac{\pi}{3}x\right)=\sin\left(\frac{\pi}{3}x+\frac{\pi}{3}\right)-\frac{\sqrt{3}}{2}$，所以函数的最小正周期为 $T=\frac{2\pi}{\frac{\pi}{3}}=6$.

设 $t=\frac{\pi}{3}x+\frac{\pi}{3}$，则 $t\in\left[0,\frac{\pi}{3}a+\frac{\pi}{3}\right]$，又 $f(x)$ 在区间 $[-1,a]$ 上至少取得 2 个最大值，

所以 $a-(-1)=a+1\geqslant\frac{5}{4}T=\frac{5}{4}\times6=7.5$，解得 $a\geqslant6.5$，所以正整数 a 的最小值是 7. 故选 A.

变式拓展

1. 已知 $\omega>0$，函数 $f(x)=a\cos 2\omega x-4\cos\omega x+3a$，若对任意给定的 $a\in[-1,1]$，总存在 $x_1, x_2\in\left[0,\frac{\pi}{2}\right](x_1\neq x_2)$，使得 $f(x_1)=f(x_2)=0$，则 ω 的最小值为（　　）.

A．2　　B．4　　C．5　　D．6

考点7　已知三角函数的图像确定函数的解析式

【方法点睛】

已知函数图像求函数 $y=A\sin(\omega x+\varphi)+b$ $(A>0,\omega>0)$ 的解析式时，常用的解析方法是待定系数法：

由图中的最大值 M 和最小值 m 确定 A 和 b，$A=\frac{M-m}{2}, b=\frac{M+m}{2}$；

由周期确定 ω，$\omega=\frac{2\pi}{T}$；

由适合解析式点的坐标确定 φ，有两种方式：
①直接将点的坐标代入解析式，得到 φ 的一个含有 $k,k\in\mathbb{Z}$ 的式子，结合题目给定的 φ 的范围，可以得出唯一解；②依据五点列表法原理，点的序号与式子的关系是："第一点"（即图像上升时与 x 轴的交点）为 $\omega x+\varphi=0$；"第二点"（即图像曲线的最高点）为 $\omega x+\varphi=\frac{\pi}{2}$；"第三点"（即图像下降时与 x 轴的交点）为 $\omega x+\varphi=\pi$；"第四点"（即图像曲线的最低点）为 $\omega x+\varphi=\frac{3\pi}{2}$；"第五点"（即图像上升时与 x 轴的交点）为 $\omega x+\varphi=2\pi$. 在一个周期内，φ 值是唯一的，故一般以最高（低）点为准.

典例精讲

例 5.9　函数 $y=A\sin(\omega x+\varphi)(A>0, 0\leqslant\varphi<2\pi)$ 的部分图像如图 5-1 所示，则 $f(2019)$ 的值为_____.

图 5-1

【分析】 根据图像，可知四分之一个周期，进而得到周期 T，根据周期公式求出 ω，根据函数图像过 $(0,1), \left(\frac{5}{2},0\right)$，求出 φ, A，即可得到 $f(x)$ 的解析式.

【解析】 根据函数图像可知，$\frac{T}{4}=\frac{5}{2}-1=\frac{3}{2}$，解得 $T=6$，所以 $\omega=\frac{\pi}{3}$.

又图像过点 $(0,1), \left(\frac{5}{2},0\right)$，

则 $\begin{cases}A\sin\varphi=1\\ A\sin\left(\frac{5}{2}\times\frac{\pi}{3}+\varphi\right)=0\end{cases}$，解得 $\begin{cases}A=2\\ \varphi=\frac{\pi}{6}\end{cases}$，所以 $f(x)=2\sin\left(\frac{\pi}{3}x+\frac{\pi}{6}\right)$.

所以 $f(2019)=2\sin\left(\frac{\pi}{3}\times2019+\frac{\pi}{6}\right)=-1$.

变式拓展

1. 已知函数 $f(x)=2\sin(\omega x+\varphi)$ $\left(\omega>0, |\varphi|\leqslant\frac{\pi}{2}\right)$ 的部分图像如图 5-2 所示，其中 M 为图像的最高点，N 为图像与 x 轴的一个交点，点 $A(0,1)$，且 $|MN|=\frac{5}{2}$，则函数 $f(x)$ 的图像的一条对称轴为直线（　　）.

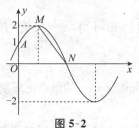

图 5-2

A. $x=-7$ B. $x=2$
C. $x=-3$ D. $x=-5$

考点8 三角函数的图像变换

【方法点睛】

由 $y=\sin x$ 的图像变换得到 $y=A\sin(\omega x+\varphi)$（其中 $A>0,\omega>0$）的图像：

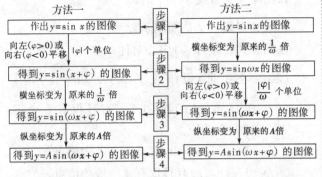

两种变换的差异：方法一是先平移变换后伸缩变换，平移的量是 $|\varphi|$ 个单位，而方法二是先伸缩变换再平移变换，平移的量是 $\dfrac{|\varphi|}{\omega}$ ($\omega>0$) 个单位，原因是平移变换与伸缩变换都是对 x 而言的.

例5.10 (2017全国Ⅰ)已知曲线 C_1：$y=\cos x$，$C_2=\sin\left(2x+\dfrac{2\pi}{3}\right)$，则下面结论正确的是( ).

A. 把 C_1 上各点的横坐标伸长到原来的2倍，纵坐标不变，再把得到的曲线向右平移 $\dfrac{\pi}{6}$ 个单位长度，得到曲线 C_2

B. 把 C_1 上各点的横坐标伸长到原来的2倍，纵坐标不变，再把得到的曲线向左平移 $\dfrac{\pi}{12}$ 个单位长度，得到曲线 C_2

C. 把 C_1 上各点的横坐标缩短到原来的 $\dfrac{1}{2}$ 倍，纵坐标不变，再把得到的曲线向右平移 $\dfrac{\pi}{6}$ 个单位长度，得到曲线 C_2

D. 把 C_1 上各点的横坐标缩短到原来的 $\dfrac{1}{2}$ 倍，纵坐标不变，再把得到的曲线向左平移 $\dfrac{\pi}{12}$ 个单位长度，得到曲线 C_2

【分析】 首先将曲线 C_1，C_2 统一为同一三角函数名，可先将 C_1：$y=\cos x$ 用诱导公式处理为正弦函数，然后根据图像变换的规则进行.

【解析】 C_1：$y=\cos x$，C_2：$y=\sin\left(2x+\dfrac{2\pi}{3}\right)$.

首先曲线 C_1，C_2 统一为同一三角函数名，可将 C_1：$y=\cos x$ 用诱导公式处理.

C_1：$y=\cos x=\cos\left(x+\dfrac{\pi}{2}-\dfrac{\pi}{2}\right)=\sin\left(x+\dfrac{\pi}{2}\right)$.

横坐标变换需将 $\omega=1$ 变成 $\omega=2$，

即 $y=\sin\left(x+\dfrac{\pi}{2}\right)$ $\xrightarrow{C_1\text{上各点横坐标缩短到原来的}\frac{1}{2}\text{倍}}$

$y=\sin\left(2x+\dfrac{\pi}{2}\right)=\sin 2\left(x+\dfrac{\pi}{4}\right)$.

C_2：$y=\sin\left(2x+\dfrac{2\pi}{3}\right)=\sin 2\left(x+\dfrac{\pi}{3}\right)$.

注意 ω 的系数，左右平移需将 $\omega=2$ 提到括号外面，这时 $x+\dfrac{\pi}{4}$ 平移至 $x+\dfrac{\pi}{3}$，根据"左加右减"原则，"$x+\dfrac{\pi}{4}$" 到 "$x+\dfrac{\pi}{3}$" 需加上 $\dfrac{\pi}{12}$，即再向左平移 $\dfrac{\pi}{12}$. 故选D.

【评注】 无论是先进行相位变换还是先进行周期变换，一定明确是针对自变量本身进行变换.

1. (2019 天津)已知函数 $f(x)=A\sin(\omega x+\varphi)(A>0,\omega>0,|\varphi|<\pi)$ 是奇函数，将 $y=f(x)$ 的图像上所有点的横坐标伸长到原来的2倍（纵坐标不变），所得图像对应的函数为 $g(x)$. 若 $g(x)$ 的最小正周期为 2π，且 $g\left(\dfrac{\pi}{4}\right)=\sqrt{2}$，则 $f\left(\dfrac{3\pi}{8}\right)=$ ( ).

A. -2 B. $-\sqrt{2}$ C. $\sqrt{2}$ D. 2

A组 基础演练

1. 已知 $\alpha\in\left(\dfrac{\pi}{2},\pi\right)$ 且 $\sin\alpha=\dfrac{3}{5}$，则 $\tan\left(\alpha+\dfrac{\pi}{4}\right)$ 的值为( ).

A. $\dfrac{1}{7}$ B. 7 C. $-\dfrac{1}{7}$ D. -7

2. 若 $\sin\left(\dfrac{\pi}{6}-\alpha\right)=\dfrac{1}{3}$，则 $\cos\left(\dfrac{2\pi}{3}+2\alpha\right)$ 的值为( ).

A.$-\dfrac{1}{3}$ B.$-\dfrac{7}{9}$ C.$\dfrac{1}{3}$ D.$\dfrac{7}{9}$

3.若锐角 α 满足 $\sin\alpha=\dfrac{3}{5}$,则 $\tan\dfrac{\alpha}{2}=$( ).

A.$\dfrac{1}{3}$ B.$\dfrac{4}{3}$ C.$\dfrac{3}{5}$ D.3

4.若将函数 $y=2\cos x(\sin x+\cos x)-1$ 的图像向左平移 φ 个单位,得到的函数是偶函数,则 φ 的最小正值是( ).

A.$\dfrac{\pi}{8}$ B.$\dfrac{3\pi}{8}$ C.$\dfrac{\pi}{2}$ D.$\dfrac{3\pi}{4}$

5.已知函数 $f(x)=\sin x+a\cos x(a\in\mathbf{R})$ 图像的一条对称轴是 $x=\dfrac{\pi}{6}$,则函数 $g(x)=2\sin x\cdot f(x)$ 的最大值为( ).

A.5 B.$\sqrt{5}$ C.3 D.$\sqrt{3}$

6.已知函数 $f(x)=\sin(2x+\varphi)$(其中 φ 是实数),若 $f(x)\le\left|f\left(\dfrac{\pi}{6}\right)\right|$ 对 $x\in\mathbf{R}$ 恒成立,且 $f\left(\dfrac{\pi}{2}\right)>f(0)$,则 $f(x)$ 的单调递增区间是( ).

A.$\left[k\pi-\dfrac{\pi}{3},k\pi+\dfrac{\pi}{6}\right](k\in\mathbf{Z})$

B.$\left[k\pi,k\pi+\dfrac{\pi}{2}\right](k\in\mathbf{Z})$

C.$\left[k\pi+\dfrac{\pi}{6},k\pi+\dfrac{2\pi}{3}\right](k\in\mathbf{Z})$

D.$\left[k\pi-\dfrac{\pi}{2},k\pi\right](k\in\mathbf{Z})$

7.(2019 全国Ⅰ)关于函数 $f(x)=\sin|x|+|\sin x|$ 有下述四个结论:

①$f(x)$ 是偶函数;

②$f(x)$ 在区间 $\left(\dfrac{\pi}{2},\pi\right)$ 单调递增;

③$f(x)$ 在 $[-\pi,\pi]$ 有 4 个零点;

④$f(x)$ 的最大值为 2.

其中所有正确结论的编号是( ).

A.①②④ B.②④ C.①④ D.①③

8.已知函数 $f(x)=\sin\dfrac{\pi}{2}x$,则 $f(1)+f(2)+f(3)+\cdots+f(2018)+f(2019)=$ _____.

9.已知 $\cos\alpha+\cos\beta=\dfrac{2}{3}$,$\sin\alpha+\sin\beta=\dfrac{1}{3}$,则 $\cos(\alpha-\beta)=$ _____.

10.已知 $f(x)=-\dfrac{1}{3}+\sin x$,$x_1,x_2$ 是 $f(x)$ 在 $[0,\pi]$ 上的相异零点,则 $\cos(x_1-x_2)$ 的值为 _____.

B组　强化提升

11.已知函数 $f(x)=\cos x\cdot\sin 2x$,则下列关于函数 $f(x)$ 的结论中错误的是( ).

A.最大值为 $\dfrac{4\sqrt{3}}{9}$

B.图像关于直线 $x=\dfrac{3\pi}{4}$ 对称

C.既是奇函数又是周期函数

D.图像关于点 $(\pi,0)$ 中心对称

12.(2019 全国Ⅲ)设函数 $f(x)=\sin\left(\omega x+\dfrac{\pi}{5}\right)$ $(\omega>0)$,已知 $f(x)$ 在 $[0,2\pi]$ 有且仅有 5 个零点,下述四个结论:

①$f(x)$ 在 $(0,2\pi)$ 有且仅有 3 个极大值点;

②$f(x)$ 在 $(0,2\pi)$ 有且仅有 2 个极小值点;

③$f(x)$ 在 $\left(0,\dfrac{\pi}{10}\right)$ 单调递增;

④ω 的取值范围是 $\left[\dfrac{12}{5},\dfrac{29}{10}\right)$.

其中所有正确结论的编号是( ).

A.①④ B.②③ C.①②③ D.①③④

13.设函数 $f(x)$ 为定义域为 $\mathbf{R}$ 的奇函数,且 $f(x)=f(2-x)$,当 $x\in[0,1]$ 时,$f(x)=\sin x$,则函数 $g(x)=|\cos(\pi x)|-f(x)$ 在区间 $\left[-\dfrac{5}{2},\dfrac{9}{2}\right]$ 上的所有零点的和为( ).

A.6 B.7 C.13 D.14

14.已知 $\omega>0$,函数 $f(x)=\cos\left(\dfrac{\pi}{4}-\omega x\right)$ 在 $\left(\dfrac{\pi}{2},\pi\right)$ 上单调递减,则 ω 的取值范围是 _____.

15.函数 $f(x)=A\sin(2x+\varphi)\left(A>0,|\varphi|\le\dfrac{\pi}{2}\right)$ 的部分图像如图 5-3 所示,对于任意的 $x_1,x_2\in[a,b]$,若 $f(x_1)=f(x_2)$,都有 $f(x_1+x_2)=\sqrt{2}$,则 $\varphi=$ _____.

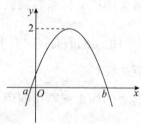

图 5-3

第六节　小题常考专题——解三角形的综合应用

专题概述

解三角形,就是已知三角形的六个元素(三条边、三个角)中的三个元素(至少有一边)求其他元素的问题.正弦定理和余弦定理是解斜三角形的重要工具,主要作用是将已知条件中的边、角关系转化为角的关系或边的关系.解三角形可以和其他知识综合起来进行考查,比如与平面几何图形结合、与向量结合等.

解三角形的应用中经常用到的就是函数与方程思想——"知三可求一",当三角形中不能直接得到三个量时,需要通过相关三角形(公共边、公共角、相等角、相等边、互补角等)建立更多的等量关系,并尽可能减少未知数.

考点归纳

考点1　正弦定理的应用

【方法点睛】

正弦定理的应用

①解三角形:

已知两角及任一边求解三角形;

已知两边 a,b 及其中一边的对角 $\angle A$,求解三角形:

若 $a>b$,利用正弦定理,解出 $\sin B$,得 $\angle B$,进而得 $\angle C$ 和边 c;

若 $a<b$,利用正弦定理,解出 $\sin B$,$\sin B$
$\begin{cases} >1,无解 \\ =1,\angle B\ 是直角 \\ <1,\angle B\ 可能是锐角,可能是钝角 \end{cases}$.

②利用 $\dfrac{a}{\sin A}=\dfrac{b}{\sin B}=\dfrac{c}{\sin C}=2R$ 进行边角互换,常用于对三角恒等式的化简中.

③利用 $\dfrac{a}{\sin A}=\dfrac{b}{\sin B}=\dfrac{c}{\sin C}=2R$ 可以求三角形外接圆的半径.

④可用 $S=\dfrac{1}{2}ab\sin C=\dfrac{1}{2}bc\sin A=\dfrac{1}{2}ac\sin B$ 求解 $\triangle ABC$ 的面积.

典例精讲

例6.1 已知 $\triangle ABC$ 中,$a=1$,$b=\sqrt{3}$,$\angle A=30°$,则 $\angle B$ 等于(　　).

A.30°　　　　B.30°或150°
C.60°　　　　D.60°或120°

【分析】已知两边及一边的对角,显然应该使用正弦定理求解 $\sin B$,再根据 a,b 的大小关系确定 $\angle B$ 的取值.

【解析】由题意得,$\triangle ABC$ 中,$a=1$,$b=\sqrt{3}$,$\angle A=30°$,

由 $\dfrac{a}{\sin A}=\dfrac{b}{\sin B}$ 得,

$\sin B=\dfrac{b\cdot \sin A}{a}=\dfrac{\sqrt{3}\times \dfrac{1}{2}}{1}=\dfrac{\sqrt{3}}{2}$,

又 $b>a$,$0°<\angle B<180°$,

所以 $\angle B=60°$ 或 $\angle B=120°$.

故选 D.

变式拓展

1.(2016 全国Ⅱ)$\triangle ABC$ 的内角 A,B,C 的对边分别为 a,b,c,若 $\cos A=\dfrac{4}{5}$,$\cos C=\dfrac{5}{13}$,$a=1$,则 $b=$ _____.

2.(2019 浙江)在 $\triangle ABC$ 中,$\angle ABC=90°$,$AB=4$,$BC=3$,点 D 在线段 AC 上,若 $\angle BDC=45°$,则 $BD=$_____,$\cos \angle ABD=$_____.

例6.2 已知 $\triangle ABC$ 是锐角三角形,若 $\angle A=2\angle B$,则 $\dfrac{a}{b}$ 的取值范围是(　　).

A.$(\sqrt{2},\sqrt{3})$　　B.$(\sqrt{2},2)$
C.$(1,\sqrt{3})$　　　D.$(1,2)$

【解析】由题意得,在 $\triangle ABC$ 中,由正弦定理可得 $\dfrac{a}{b}=\dfrac{\sin A}{\sin B}$,又因为 $\angle A=2\angle B$,所以 $\dfrac{a}{b}=2\cos B$.

又因为 $\triangle ABC$ 是锐角三角形,

45

所以 $\begin{cases} 0<\angle A=2\angle B<\dfrac{\pi}{2} \\ 0<\angle B<\dfrac{\pi}{2} \\ 0<\angle C=\pi-3\angle B<\dfrac{\pi}{2} \end{cases}$,

所以 $\dfrac{\pi}{6}<\angle B<\dfrac{\pi}{4}$,$2\cos B\in(\sqrt{2},\sqrt{3})$.

故选A.

变式拓展»

1.锐角$\triangle ABC$中,角A,B,C所对的边分别为a,b,c,若$2\sin A(a\cos C+c\cos A)=\sqrt{3}a$,则$\dfrac{c}{b}$的取值范围是( ).

A.$\left(\dfrac{1}{2},2\right)$ B.$\left(\dfrac{\sqrt{3}}{3},\dfrac{2\sqrt{3}}{3}\right)$

C.$(1,2)$ D.$\left(\dfrac{\sqrt{3}}{2},1\right)$

考点2 余弦定理的应用

【方法点睛】

余弦定理的应用

①解三角形:

已知三角形的两条边a,b及其夹角C,可根据余弦定理求出边c,进而利用余弦定理或正弦定理求出其他角;

已知三角形的三条边a,b,c,可根据余弦定理求出任一角,再根据正弦定理或余弦定理求其他角.

可以看出,利用余弦定理解三角形,至少需要知道两条边.

②判断三角形的形状:

求出三角形中最大角的余弦值,若余弦值 $\begin{cases} >0,\text{则为锐角三角形} \\ =0,\text{则为直角三角形} \\ <0,\text{则为钝角三角形} \end{cases}$

例6.3 已知$\triangle ABC$的内角A,B,C的对边分别为a,b,c.若$a=\sqrt{5},c=2$,$\cos A=\dfrac{2}{3}$,则$b=$( ).

A.$\sqrt{2}$ B.$\sqrt{3}$

C.2   D.3

【分析】题目给出的是两边和一边的对角的余弦值,若使用正弦定理,需先求出$\sin A$,再得到$\sin C$,利用两角和的正弦$\sin B=\sin(A+C)$,最后再利用一次正弦定理求b,做法比较繁琐;直接套用余弦定理公式计算,则可以直接得出关于b的方程,快速得解.

【解析】因为$a=\sqrt{5},c=2,\cos A=\dfrac{2}{3}$,

由余弦定理可得,$\cos A=\dfrac{2}{3}=\dfrac{b^2+c^2-a^2}{2bc}=\dfrac{b^2+4-5}{2\times b\times 2}$,整理可得$3b^2-8b-3=0$,

解得$b=3$或$-\dfrac{1}{3}$(舍去).故选D.

变式拓展»

1.(2018全国Ⅱ)在$\triangle ABC$中,$\cos\dfrac{C}{2}=\dfrac{\sqrt{5}}{5},BC=1,AC=5$,则$AB=$( ).

A.$4\sqrt{2}$ B.$\sqrt{30}$ C.$\sqrt{29}$ D.$2\sqrt{5}$

例6.4 (2019全国Ⅱ)$\triangle ABC$的内角A,B,C的对边分别为a,b,c.若$b=6,a=2c,\angle B=\dfrac{\pi}{3}$,则$\triangle ABC$的面积为_____.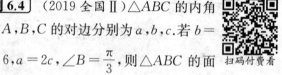

【分析】先根据余弦定理求出c,从而a也可明确,再由$S=\dfrac{1}{2}ac\sin B$求出面积.

【解析】由余弦定理有$b^2=a^2+c^2-2ac\cos B$,

因为$b=6,a=2c,\angle B=\dfrac{\pi}{3}$,所以$36=(2c)^2+c^2-4c^2\cos\dfrac{\pi}{3}$,

所以$c^2=12,S_{\triangle ABC}=\dfrac{1}{2}ac\sin B=c^2\sin B=6\sqrt{3}$.

变式拓展»

1.(2018全国Ⅲ)$\triangle ABC$的内角A,B,C的对边分别为a,b,c,若$\triangle ABC$的面积为$\dfrac{a^2+b^2-c^2}{4}$,则$\angle C=$( ).

A. $\dfrac{\pi}{2}$ B. $\dfrac{\pi}{3}$ C. $\dfrac{\pi}{4}$ D. $\dfrac{\pi}{6}$

例6.5 设△ABC的内角A，B，C的对边分别为a，b，c，已知$a=2\sqrt{2}$，$\cos A=\dfrac{3}{4}$，$\sin B=2\sin C$，则△ABC是（　　）

A.直角三角形　　　B.钝角三角形
C.锐角三角形　　　D.形状不确定

【分析】先根据正弦定理把已知等式中的角的关系转化为边的关系，再利用余弦定理计算出c，b，三条边明确后，求最大角的余弦值，判断三角形的形状.

【解析】因为$\sin B=2\sin C$，所以$b=2c$.
又$a=2\sqrt{2}$，$\cos A=\dfrac{3}{4}$，由$a^2=b^2+c^2-2bc\cos A$，
可得$8=4c^2+c^2-3c^2$，解得$c=2$，
所以$b=4$.
因为$\cos B=\dfrac{a^2+c^2-b^2}{2ac}=\dfrac{8+4-16}{2\times 2\sqrt{2}\times 2}<0$，所以∠B为钝角，△ABC是钝角三角形.
故选B.

【评注】判断三角形的形状的两种途径：
①利用正弦定理、余弦定理，把已知条件转化为边边关系，再分析.
②转化为内角的三角函数之间的关系，通过恒等变换得出内角的关系，再判断.

变式拓展»

1.已知在△ABC中，$\cos^2\dfrac{A}{2}=\dfrac{b+c}{2c}$，则△ABC的形状为（　　）.
A.直角三角形
B.等腰三角形或直角三角形
C.正三角形
D.等腰直角三角形

考点3　解三角形的综合应用

【方法点睛】
通过对图形的识别与构造，转化为解三角形的问题.运用正、余弦定理求解三角形中的未知量，必要时候可结合角平分线、中线的性质.在求解某些经典问题时，还可使用向量工具.一些情形需要运用三角恒等变形等公式，实现角的综合应用.

例6.6 如图6-1所示，在△ABC中，D为边AC上的点，且$AB=AD$，$2AB=\sqrt{3}BD$，$BC=2BD$，则$\cos C$的值为（　　）.

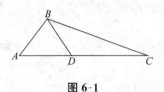

图6-1

A. $\dfrac{\sqrt{3}}{3}$ B. $\dfrac{\sqrt{3}}{6}$

C. $\dfrac{\sqrt{30}}{6}$ D. $\dfrac{\sqrt{6}}{3}$

【分析】由题意知应先求得$\sin A$的值，然后结合正弦定理求解$\sin C$的值，进而求解$\cos C$的值.

【解析】设$AB=\sqrt{3}m(m>0)$，
则$AD=\sqrt{3}m$，$BD=2m$，$BC=4m$.
在△ABD中，由余弦定理可得，
$\cos A=\dfrac{(\sqrt{3}m)^2+(\sqrt{3}m)^2-(2m)^2}{2\times\sqrt{3}m\times\sqrt{3}m}=\dfrac{1}{3}$，
则$\sin A=\dfrac{2\sqrt{2}}{3}$.
在△ABC中，由正弦定理可得$\dfrac{AB}{\sin C}=\dfrac{BC}{\sin A}$，
故 $\sin C=\dfrac{AB\cdot\sin A}{BC}=\dfrac{\sqrt{3}m\times\dfrac{2\sqrt{2}}{3}}{4m}=\dfrac{\sqrt{6}}{6}$.
又$AB<BC$，所以∠C<∠A，即∠C为锐角，
据此可得$\cos C=\sqrt{1-\sin^2 C}=\dfrac{\sqrt{30}}{6}$.
故选C.

变式拓展»

1.在△ABC中，已知$b=1$，$c=2$，AD是∠A的平分线，$AD=\dfrac{2\sqrt{3}}{3}$，则∠C=_____.

例6.7 在平面四边形 $ABCD$ 中，$\angle A = \angle B = \angle C = 75°$，$BC = 2$，则 AB 的取值范围是（　　）．

A. $(\sqrt{6}-\sqrt{2}, \sqrt{6}+\sqrt{2})$　　B. $[\sqrt{6}-\sqrt{2}, \sqrt{6}+\sqrt{2}]$

C. $(\sqrt{6}-\sqrt{2}, +\infty)$　　D. $(0, +\infty)$

【分析】 可考虑延长 BA, CD 交于点 E，进而可联想到利用解三角形的知识求解．

【解析】 解法一（解三角形）：由题意得，$\angle B = \angle C = \angle BAD = 75°$，延长 BA, CD 交于点 E，如图6-2所示，可知 $BE = CE$，

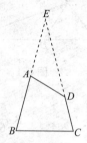

图6-2

在 $\triangle ADE$ 中，$\angle DAE = 105°$，$\angle ADE = 45°$，$\angle E = 30°$．

在 $\triangle BEC$ 中，由正弦定理得，

$$BE = CE = \frac{BC \cdot \sin 75°}{\sin 30°} = \sqrt{6}+\sqrt{2},$$

所以由题意可得 $DE \in (0, \sqrt{6}+\sqrt{2})$．

在 $\triangle ADE$ 中，由正弦定理得 $AE = \dfrac{DE \cdot \sin 45°}{\sin 105°} = (\sqrt{3}-1)DE$，所以 $AE \in (0, 2\sqrt{2})$．

又因为 $AB = BE - AE$，所以 AB 的取值范围是 $(\sqrt{6}-\sqrt{2}, \sqrt{6}+\sqrt{2})$．

故选 A．

解法二（极限法）：如图6-3，由题意可知，$\angle BAD = \angle B = \angle C = 75°$，$\angle ADC = 135°$，$\angle ADE = 45°$，延长 BA, CD 交于点 E．

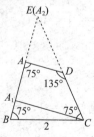

图6-3

(1) 当 AD 平移至 D 与 C 重合时，AB 最短，此时点 A 移至点 A_1 位置，

在 $\triangle A_1BC$ 中，$\dfrac{A_1B}{\sin(75°-45°)} = \dfrac{2}{\sin 75°} \Rightarrow$

$A_1B = \dfrac{1}{\dfrac{\sqrt{6}+\sqrt{2}}{4}} = \sqrt{6}-\sqrt{2}$．

(2) 当 AD 平移至 D 与 E 重合时，AB 最长，此时 $A_2B = EB$，

在 $\triangle EBC$ 中，$\dfrac{A_2B}{\sin 75°} = \dfrac{2}{\sin(180°-75°-75°)} \Rightarrow$

$A_2B = \dfrac{2 \times \dfrac{\sqrt{6}+\sqrt{2}}{4}}{\dfrac{1}{2}} = \sqrt{6}+\sqrt{2}$．

因为 $ABCD$ 是四边形，所以 $A_1B < AB < A_2B$（D 与 C, E 不重合），

所以 $\sqrt{6}-\sqrt{2} < AB < \sqrt{6}+\sqrt{2}$．故选 A．

解法三：如图6-4，联结 AC．

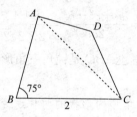

图6-4

则在 $\triangle ABC$ 中，$\angle BAC < \angle B = 75°$，$\angle ACB < \angle B = 75°$，所以 $\begin{cases} AC > 2 \Leftrightarrow AC^2 > 4 \\ AC > AB \Leftrightarrow AC^2 > AB^2 \end{cases}$，由余弦定理可得 $\begin{cases} AB^2 + 4 - 2 \cdot AB \cdot 2\cos 75° > 4 \\ AB^2 + 4 - 2 \cdot AB \cdot 2\cos 75° > AB^2 \end{cases}$，

所以 $\begin{cases} AB > \sqrt{6}-\sqrt{2} \\ AB \cdot (\sqrt{6}-\sqrt{2}) < 4 \Leftrightarrow AB < \dfrac{4}{\sqrt{6}-\sqrt{2}} = \sqrt{6}+\sqrt{2} \end{cases}$，

所以 $\sqrt{6}-\sqrt{2} < AB < \sqrt{6}+\sqrt{2}$．故选 A．

变式拓展

1. 如图6-5所示，平面四边形 $ABCD$ 中，AC 与 BD 交于点 P，若 $3\overrightarrow{AP} + \overrightarrow{BD} = 3\overrightarrow{BC}$，$AB = AD = \sqrt{3}BC$，$\angle CAD + \angle ACB = \dfrac{5\pi}{6}$，则 $\dfrac{CD}{AB} = $（　　）．

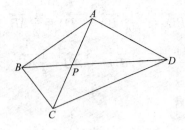

图 6-5

A. $\dfrac{\sqrt{21}}{3}$ B. $\dfrac{\sqrt{21}}{4}$ C. $\dfrac{2\sqrt{6}}{3}$ D. $\dfrac{\sqrt{6}}{2}$

A组　基础演练

1. 在△ABC中,若$\angle A=\dfrac{5\pi}{12}$,$\angle B=\dfrac{\pi}{4}$,$AB=6\sqrt{2}$,则$AC=$(　　).

   A.$\sqrt{3}$ B.$2\sqrt{3}$ C.$3\sqrt{3}$ D.$4\sqrt{3}$

2. 在△ABC中,面积$S=a^2-(b-c)^2$,则$\cos A=$(　　).

   A.$\dfrac{8}{17}$ B.$\dfrac{15}{17}$ C.$\dfrac{13}{15}$ D.$\dfrac{13}{17}$

3. 在△ABC中,角A,B,C所对边的长分别为a,b,c,若$a^2+b^2=2c^2$,则$\cos C$的最小值为(　　).

   A.$\dfrac{\sqrt{3}}{2}$ B.$\dfrac{\sqrt{2}}{2}$ C.$\dfrac{1}{2}$ D.$-\dfrac{1}{2}$

4. 在△ABC中,角A,B,C所对边长分别为a,b,c,若$(a^2+c^2-b^2)\tan B=\sqrt{3}ac$,则角B的值为(　　).

   A.$\dfrac{\pi}{6}$ B.$\dfrac{\pi}{3}$
   C.$\dfrac{\pi}{6}$或$\dfrac{5\pi}{6}$ D.$\dfrac{\pi}{3}$或$\dfrac{2\pi}{3}$

5. 在△ABC中,若$\sin C=2\cos A\sin B$,则此三角形必为(　　).

   A.等腰三角形 B.等边三角形
   C.直角三角形 D.等腰直角三角形

6. 在锐角△ABC中,已知$\angle A>\angle B>\angle C$,则$\cos B$的取值范围为(　　).

   A.$\left(0,\dfrac{\sqrt{2}}{2}\right)$ B.$\left[\dfrac{1}{2},\dfrac{\sqrt{2}}{2}\right]$
   C.$(0,1)$ D.$\left(\dfrac{\sqrt{2}}{2},1\right)$

7. (2019全国Ⅱ)△ABC的内角A,B,C的对边分别为a,b,c.已知$b\sin A+a\cos B=0$,则$\angle B=$_____.

8. (2014山东)在△ABC中,已知$\vec{AB}\cdot\vec{AC}=\tan A$,当$\angle A=\dfrac{\pi}{6}$时,△ABC的面积为_____.

9. (2015天津)在△ABC中,内角A,B,C所对的边分别为a,b,c,已知△ABC的面积为$3\sqrt{15}$,$b-c=2$,$\cos A=-\dfrac{1}{4}$,则a的值为_____.

10. 在△ABC中,角A,B,C所对的边分别为a,b,c,若$\angle A-\angle C=\dfrac{\pi}{2}$,a,b,c成等差数列,则$\cos B$的值为_____.

B组　强化提升

11. 在△ABC中,角A,B,C所对的边分别为a,b,c,若$\sin A+\cos\left(A+\dfrac{\pi}{6}\right)=\dfrac{\sqrt{3}}{2}$,$b+c=4$,则△ABC周长的取值范围是(　　).

    A.$[6,8]$ B.$[6,8)$ C.$[4,6]$ D.$(4,6]$

12. 在△ABC中,角A,B,C所对的边分别为a,b,c,且BC边上的高为$\dfrac{\sqrt{3}}{6}a$,则$\dfrac{c}{b}+\dfrac{b}{c}$的最大值是(　　).

    A.8 B.6 C.$3\sqrt{2}$ D.4

13. (2015重庆)在△ABC中,$\angle B=120°$,$AB=\sqrt{2}$,$\angle A$的角平分线$AD=\sqrt{3}$,则$AC=$_____.

14. 如图6-6所示,在△ABC中,$AB=\sqrt{2}$,点D在边BC上,$BD=2DC$,$\cos\angle DAC=\dfrac{3\sqrt{10}}{10}$,$\cos C=\dfrac{2\sqrt{5}}{5}$,则$AC=$_____.

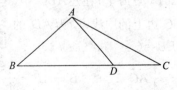

图 6-6

15. (2018江苏)在△ABC中,角A,B,C所对的边分别为a,b,c,$\angle ABC=120°$,$\angle ABC$的平分线交AC于点D,且$BD=1$,则$4a+c$的最小值为_____.

第七节 小题常考专题——平面向量

平面向量多是考查平面向量的基本运算、向量的模的处理以及平面向量的数量积.如:平面向量的基本运算通常考查平面向量基本定理,或根据向量平行或垂直的坐标关系寻求未知数的值;平面向量的模多是以基本运算出现;对于平面向量的数量积,如果依托坐标而成的数量积,处理起来比较简便;需要通过人为实现转化的向量数量积问题是难点,更是考生的痛点.

考点1 平面向量的线性运算

【方法点睛】

向量线性运算的求解方法:

①对向量进行平移,使向量起点重合或者首尾相接,使用平行四边形或三角形法则求解.

②在求解几何图形中的向量问题时,要善于利用图形本身的几何性质,如三角形的中位线、相似三角形对应边成比例、三角形的角平分线定理等.

例7.1 (2018全国Ⅰ)在△ABC中,AD为BC边上的中线,E为AD的中点,则$\vec{EB}=$( ).

A. $\frac{3}{4}\vec{AB}-\frac{1}{4}\vec{AC}$ B. $\frac{1}{4}\vec{AB}-\frac{3}{4}\vec{AC}$

C. $\frac{3}{4}\vec{AB}+\frac{1}{4}\vec{AC}$ D. $\frac{1}{4}\vec{AB}+\frac{3}{4}\vec{AC}$

【分析】 根据题意画出草图,利用中线这一特殊几何元素,三角形的中线正好是补成平行四边形后对角线的一半.

【解析】 如图7-1所示,

$\vec{EB}=-\vec{BE}=-\frac{1}{2}(\vec{BA}+\vec{BD})=\frac{1}{2}\vec{AB}-\frac{1}{4}\vec{BC}=$
$\frac{1}{2}\vec{AB}-\frac{1}{4}(\vec{AC}-\vec{AB})=\frac{3}{4}\vec{AB}-\frac{1}{4}\vec{AC}$.

故选A.

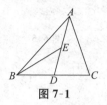

图7-1

【评注】 记住一些结论,能使向量的运算更加快捷:

① P 为线段AB 的中点 $\Leftrightarrow \vec{OP}=\frac{1}{2}(\vec{OA}+\vec{OB})$;

② G 为△ABC 的重心 $\Leftrightarrow \vec{GA}+\vec{GB}+\vec{GC}=\vec{0}$.

变式拓展

1.如图 7-2所示,在平行四边形 ABCD 中,M 是 CD 的中点,设 BD 与 AM 的交点为 N,则 $\vec{CN}=$( ).

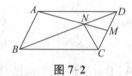

图7-2

A. $\frac{1}{3}\vec{BA}+\frac{2}{3}\vec{BC}$ B. $\frac{2}{3}\vec{BA}-\frac{1}{3}\vec{BC}$

C. $\frac{1}{2}\vec{BA}-\frac{2}{3}\vec{BC}$ D. $\frac{2}{3}\vec{BA}+\frac{1}{2}\vec{BC}$

考点2 向量共线的应用

【方法点睛】

已知 $x\vec{OA}=y\vec{OB}+z\vec{OC}$,则 A,B,C 三点共线的充要条件是: $x=y+z$.

含义:①三个向量:共起点,且终点三点共线;

②左边的向量系数和等于右边向量的系数和.从三点共线模型中,我们需要提炼出最基本的一个题目特征,就是向量的系数和相等,换言之,三点共线可以将向量的外壳去掉,只留下向量的系数.因此,三点共线模型的最核心的特征就是把系数"拎出来",称之为"拎系数法则".

例7.2 如图 7-3所示,在△ABC 中,O 是 BC 的

中点,过点 O 的直线分别交直线 AB, AC 于不同的两点 M, N, $\overrightarrow{AM}=m\overrightarrow{AB}$, $\overrightarrow{AN}=n\overrightarrow{AC}$, 则 $\dfrac{1}{m}+\dfrac{1}{n}$ 的值为 _____.

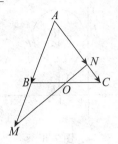

图 7-3

【分析】注意到两点:第一,所求的是条件中系数的倒数,所以需要主动变形构造题目中需要的形式;第二,所求的是系数相加,所以可以考虑利用三点共线模型来处理.

【解析】$\overrightarrow{AM}=m\overrightarrow{AB} \Rightarrow \overrightarrow{AB}=\dfrac{1}{m}\overrightarrow{AM}$ ①

$\overrightarrow{AN}=n\overrightarrow{AC} \Rightarrow \overrightarrow{AC}=\dfrac{1}{n}\overrightarrow{AN}$ ②

由①+②得 $\overrightarrow{AB}+\overrightarrow{AC}=\dfrac{1}{m}\overrightarrow{AM}+\dfrac{1}{n}\overrightarrow{AN}$,

又因为 $\overrightarrow{AB}+\overrightarrow{AC}=2\overrightarrow{AO}=\dfrac{1}{m}\overrightarrow{AM}+\dfrac{1}{n}\overrightarrow{AN}$,

由 O, M, N 三点共线可得 $\dfrac{1}{m}+\dfrac{1}{n}=2$.

【评注】第一步的变形源于问题中的 $\dfrac{1}{m}$, $\dfrac{1}{n}$. 由于最后求 $\dfrac{1}{m}+\dfrac{1}{n}$,所以联想到三点共线模型中的拎系数,所以把两个向量相加以便产生系数和.之后得到式子 $\overrightarrow{AB}+\overrightarrow{AC}=\dfrac{1}{m}\overrightarrow{AM}+\dfrac{1}{n}\overrightarrow{AN}$. 对这个式子注意到右半部分 $\dfrac{1}{m}\overrightarrow{AM}+\dfrac{1}{n}\overrightarrow{AN}$ 完整地满足三点共线模型的形式,所以考虑对左半部分变形,其变形方向应为:①共起点(即起点应该为 A);②终点保证和 M, N 在同一直线上,结合图形可知,最后的向量一定是 $\overrightarrow{AO}$. 根据 $\overrightarrow{AB}+\overrightarrow{AC}=2\overrightarrow{AO}$ 成功进行转换.

◆ 变式拓展 >>

1.如图 7-4 所示,点 G 是 $\triangle ABC$ 的重心,过点 G 的直线与边 AB, AC 相交于点 E, F, 若 $\overrightarrow{AE}=\lambda\overrightarrow{AB}$, $\overrightarrow{AF}=\mu\overrightarrow{AC}(\lambda\mu\neq 0)$, 则 $\dfrac{1}{\lambda}+\dfrac{1}{\mu}=$ _____.

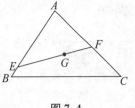

图 7-4

2.如图 7-5 所示,在 $\triangle ABC$ 中,点 D 在线段 BC 上,且满足 $BD=\dfrac{1}{2}DC$, 过点 D 的直线分别交直线 AB, AC 于不同的两点 M, N, 若 $\overrightarrow{AM}=m\overrightarrow{AB}$, $\overrightarrow{AN}=n\overrightarrow{AC}$, 则( ).

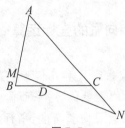

图 7-5

A. $m+n$ 是定值,定值为 2

B. $2m+n$ 是定值,定值为 3

C. $\dfrac{1}{m}+\dfrac{1}{n}$ 是定值,定值为 2

D. $\dfrac{2}{m}+\dfrac{1}{n}$ 是定值,定值为 3

例 7.3 给定两个长度为 1 的平面向量 $\overrightarrow{OA}$ 和 $\overrightarrow{OB}$, 它们的夹角为 120°, 如图 7-6 所示,点 C 在以 O 为圆心的 $\overset{\frown}{AB}$ 上变动. 若 $\overrightarrow{OC}=x\overrightarrow{OA}+y\overrightarrow{OB}$, 其中 $x, y \in \mathbf{R}$, 则 $x+y$ 的最大值是( ).

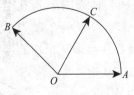

图 7-6

A. $\sqrt{2}$ B. 2   C. $\sqrt{3}$ D. 3

【分析】注意到最后所求是两个向量的系数和,所以考虑利用三点共线模型进行转化.

【解析】设 AB,OC 交点为 $D,\overrightarrow{OC}=x\overrightarrow{OA}+y\overrightarrow{OB}=t\overrightarrow{OD}$,由于 A,B,D 三点共线,所以 $x+y=t$.下面来求 t 的最大值.

考虑到 $t=\dfrac{|\overrightarrow{OC}|}{|\overrightarrow{OD}|}$,其中 $|\overrightarrow{OC}|=1$,要使得 t 最大,只需分母 $|\overrightarrow{OD}|$ 最小.由平面几何知识可知,当 $\overrightarrow{OD}\perp\overrightarrow{AB}$ 时取得最小值.

$t_{\max}=\dfrac{1}{|\overrightarrow{OD}|_{\min}}=\dfrac{1}{|\overrightarrow{OA}|\cos 60°}=2$.故选 B.

【评注】读者们可以思考一下,如果本题的扇形夹角为 $\theta\in(0,\pi)$,其最大值应该是多少.

变式拓展

1.给定两个长度为 1 且互相垂直的平面向量 $\overrightarrow{OA}$ 和 $\overrightarrow{OB}$,点 C 在以 O 为圆心的 $\overparen{AB}$ 上变动.若 $\overrightarrow{OC}=2x\overrightarrow{OA}+y\overrightarrow{OB}$,其中 $x,y\in\mathbf{R}$,则 $x+y$ 的最大值是_____.

考点3 向量的坐标运算

【方法点睛】

平面向量具有代数形式和几何形式的双重身份,是数形结合思想的重要体现,平面向量与几何问题的综合应用通常涉及向量角度、平行、垂直、共线、共点等问题的处理,目标是将几何问题坐标化、符号化、数量化,从而将推理转化为运算,而坐标法正是连接它们的一个桥梁.

一般情况下,以矩形或正方形为背景的向量题、含有直角或垂直条件的向量题、含有对称条件或者特殊角背景的向量题,都可以尝试在图形中建立平面直角坐标系,利用坐标转为数的关系来解决.

典例精讲

例 7.4(2017年全国Ⅲ)如图 7-7,在矩形 $ABCD$ 中,$AB=1,AD=2$,动点 P 在以点 C 为圆心且与 BD 相切的圆上,若 $\overrightarrow{AP}=\lambda\overrightarrow{AB}+\mu\overrightarrow{AD}$,则 $\lambda+\mu$ 的最大值为(　　).

A.3　　B.$2\sqrt{2}$
C.$\sqrt{5}$　　D.2

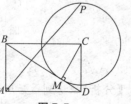

图 7-7

【分析】注意到在矩形 $ABCD$ 中,$AB\perp AD$,可以以点 A 为坐标原点,AB,AD 为坐标轴建立坐标系,将已知条件中的点或向量用坐标表示,转化为数的计算.

【解析】以 A 为原点,以 AB,AD 所在直线为 x 轴、y 轴建立如图 7-8 所示的平面直角坐标系,

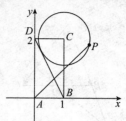

图 7-8

则 $A(0,0),B(1,0),D(0,2),C(1,2)$.
因为动点 P 在以点 C 为圆心且与 BD 相切的圆上,设圆的半径为 r.
因为 $BC=2,CD=1$,所以 $BD=\sqrt{2^2+1^2}=\sqrt{5}$,
由 $\dfrac{1}{2}BC\cdot CD=\dfrac{1}{2}BD\cdot r$,解得 $r=\dfrac{2\sqrt{5}}{5}$.
所以圆 C 的方程为 $(x-1)^2+(y-2)^2=\dfrac{4}{5}$.
设点 P 的坐标为 $\left(\dfrac{2\sqrt{5}}{5}\cos\theta+1,\dfrac{2\sqrt{5}}{5}\sin\theta+2\right)$.
因为 $\overrightarrow{AP}=\lambda\overrightarrow{AB}+\mu\overrightarrow{AD}$,
所以 $\left(\dfrac{2\sqrt{5}}{5}\cos\theta+1,\dfrac{2\sqrt{5}}{5}\sin\theta+2\right)=\lambda(1,0)+\mu(0,2)=(\lambda,2\mu)$,
即 $\dfrac{2\sqrt{5}}{5}\cos\theta+1=\lambda,\dfrac{2\sqrt{5}}{5}\sin\theta+2=2\mu$,
因此 $\lambda+\mu=\dfrac{2\sqrt{5}}{5}\cos\theta+\dfrac{\sqrt{5}}{5}\sin\theta+2=\sin(\theta+\varphi)+2$,其中 $\tan\varphi=2$.
因为 $-1\leqslant\sin(\theta+\varphi)\leqslant 1$,所以 $1\leqslant\lambda+\mu\leqslant 3$,故 $\lambda+\mu$ 的最大值为 3.故选 A.

变式拓展

1.(2018天津)如图 7-9 所示,在平面四边形 $ABCD$ 中,$AB\perp BC,AD\perp CD,\angle BAD=120°,AB=AD=1$.若点 E 为边 CD 上的动点,则 $\overrightarrow{AE}\cdot\overrightarrow{BE}$ 的最小值为(　　).

A.$\dfrac{21}{16}$　　B.$\dfrac{3}{2}$
C.$\dfrac{25}{16}$　　D.3

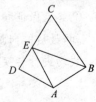

图 7-9

考点4 向量的数量积

方向一 向量的模

【方法点睛】

向量的长度即向量的模,其重要的运算法则有:$a^2=a\cdot a=|a|^2$,$|a\pm b|^2=a^2\pm 2a\cdot b+b^2$,$||a|-|b||\leqslant|a\pm b|\leqslant|a|+|b|$(向量的三角不等式).

处理向量的模的方法有:①坐标法,建立直角坐标系,若知向量的坐标,则模长可求;②平方法,将向量表示为两个已知模长的向量的和或差,平方后运算求模长;③向量基底法,一般会用到数量积的知识;④构造几何模型法,根据已知条件,可构造平行四边形、矩形、圆等,用图形解决问题.

典例精讲

例7.5 若平面向量a,b满足$|a|=1$,$|2b+a|=2$,则$|a+b|+|b|$的取值范围为_____.

【分析】设$2b+a=c$,则$|c|=2$,$\begin{cases}a+b=\dfrac{c+a}{2}\\ b=\dfrac{c-a}{2}\end{cases}$,

由平行四边形的性质可得,$|c+a|^2+|c-a|^2=2(|c|^2+|a|^2)=10$,利用基本不等式可得结果.

【解析】$|a+b|+|b|\geqslant|(a+b)+b|=|a+2b|=2$,

设$2b+a=c$,则$|c|=2$,$\begin{cases}a+b=\dfrac{c+a}{2}\\ b=\dfrac{c-a}{2}\end{cases}$,

由平行四边形的性质可得$|c+a|^2+|c-a|^2=2(|c|^2+|a|^2)=10$,

$|a+b|+|b|=\dfrac{|c+a|}{2}+\dfrac{|c-a|}{2}\leqslant$

$\sqrt{\dfrac{|c+a|^2+|c-a|^2}{2}}=\sqrt{5}$,

所以$|a+b|+|b|$的取值范围为$[2,\sqrt{5}]$.

变式拓展

1.向量$a\neq e$,$|e|=1$,对$\forall t\in\mathbf{R}$,$|a+e|\leqslant|a-te|$,则( ).

A.$a\perp e$
B.$a\perp(a+e)$
C.$e\perp(a+e)$
D.$(a-e)\perp(a+e)$

方向二 向量的投影

【方法点睛】

向量数量积的几何意义是一个向量往另一个向量上的投影(投影有正负,取决于两个向量夹角)乘以被投影向量长度.

①求向量的数量积的时候可以考虑利用投影模型;

②投影的时候往长度已知的向量上面去投影.

典例精讲

例7.6 如图7-10所示,已知O为$\triangle ABC$的外心,且$AB=8$,$AC=6$,分别求①$\overrightarrow{AO}\cdot\overrightarrow{AC}=$_____;②$\overrightarrow{AO}\cdot\overrightarrow{AB}=$_____;③$\overrightarrow{AO}\cdot\overrightarrow{CB}=$_____.

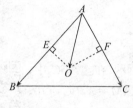

图7-10

【分析】求向量的数量积,可以考虑几何意义,往长度已知的向量上投影.

【解析】$\overrightarrow{AO}\cdot\overrightarrow{AC}=\dfrac{1}{2}|\overrightarrow{AC}|\cdot|\overrightarrow{AC}|=\dfrac{1}{2}|\overrightarrow{AC}|^2=18$,

$\overrightarrow{AO}\cdot\overrightarrow{AB}=\dfrac{1}{2}|\overrightarrow{AB}|\cdot|\overrightarrow{AB}|=\dfrac{1}{2}|\overrightarrow{AB}|^2=32$,

$\overrightarrow{AO}\cdot\overrightarrow{CB}=\overrightarrow{AO}\cdot(\overrightarrow{AB}-\overrightarrow{AC})=\overrightarrow{AO}\cdot\overrightarrow{AB}-\overrightarrow{AO}\cdot\overrightarrow{AC}=32-18=14$.

【评注】对于第三问,由于两个向量的长度都未知,所以考虑进行向量分拆:$\overrightarrow{CB}=\overrightarrow{AB}-\overrightarrow{AC}$,从而顺利转化成了前两问.

变式拓展

1.如图7-11所示,在直角梯形$ABCD$中,$AB/\!/DC$,$AD\perp AB$,$AD=DC=2$,$AB=3$,点M是梯形$ABCD$内(包括边界)的一个动点,点N是CD边的中点,则$\overrightarrow{AM}\cdot\overrightarrow{AN}$的最大值是_____.

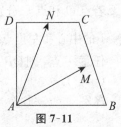

图7-11

方向三 极化恒等式的应用

【方法点睛】

基本模型：$a \cdot b = \dfrac{1}{4}[(a+b)^2-(a-b)^2]$.

几何意义是：在 $\triangle ABC$ 中，O 是边 BC 的中点，则
$\overrightarrow{AB} \cdot \overrightarrow{AC} = \dfrac{1}{4}[(\overrightarrow{AB}+\overrightarrow{AC})^2-(\overrightarrow{AB}-\overrightarrow{AC})^2] = \dfrac{1}{4}[(2\overrightarrow{AO})^2-(\overrightarrow{CB})^2] = |\overrightarrow{AO}|^2 - \dfrac{1}{4}|\overrightarrow{CB}|^2$，我们称之为极化恒等式.

中点向量将共起点数量积转化成对应中线长与对边长的式子.其基本使用条件为：

①两个共起点的向量作数量积；

②一般两个向量终点连线长度固定(目的转化成单动态问题).

例7.7 如图 7-12 所示，在 $\triangle ABC$ 中，M 是 BC 的中点，$AM=3$，$BC=10$，则 $\overrightarrow{AB} \cdot \overrightarrow{AC}=$ _____.

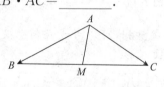

图 7-12

【分析】条件中出现了中线，可以考虑使用极化恒等式模型.

【解析】$\overrightarrow{AB} \cdot \overrightarrow{AC} = |\overrightarrow{AM}|^2 - \dfrac{1}{4}|\overrightarrow{BC}|^2 = -16$.

【评注】熟悉极化恒等式的基本图形，是解决这类问题的一个有效手段.

变式拓展

1.已知等边三角形 ABC 内接于半径为 2 的圆 O，点 P 是圆 O 上的一个动点，则 $\overrightarrow{PA} \cdot \overrightarrow{PB}$ 的取值范围是 _____.

2.若点 O 和点 F 分别为椭圆 $\dfrac{x^2}{4}+\dfrac{y^2}{3}=1$ 的中心和左焦点，点 P 为椭圆上的任意一点，则 $\overrightarrow{OP} \cdot \overrightarrow{FP}$ 的最大值为（   ）.

A.2　　B.3　　C.6　　D.8

A组　基础演练

1.若在直线 l 上存在不同的三个点 A,B,C，使得关于实数 x 的方程 $x^2\overrightarrow{OA}+x\overrightarrow{OB}+\overrightarrow{BC}=\mathbf{0}$ 有解（点 O 不在 l 上），则此方程的解集为（   ）.

A.$\{-1\}$　　　　　B.$\{0\}$

C.$\left\{\dfrac{-1+\sqrt{5}}{2}, \dfrac{-1-\sqrt{5}}{2}\right\}$　　D.$\{-1,0\}$

2.已知非零向量 a,b 满足 $|a|=2|b|$，且 $(a-b)\perp b$，则 a 与 b 的夹角为（   ）.

A.$\dfrac{\pi}{6}$　　B.$\dfrac{\pi}{3}$　　C.$\dfrac{2\pi}{3}$　　D.$\dfrac{5\pi}{6}$

3.如图 7-13 所示，在 $\triangle ABC$ 中，点 D,E 是线段 BC 上两个动点，且 $\overrightarrow{AD}+\overrightarrow{AE}=x\overrightarrow{AB}+y\overrightarrow{AC}$，则 $\dfrac{1}{x}+\dfrac{4}{y}$ 的最小值为（   ）.

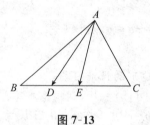

图 7-13

A.$\dfrac{3}{2}$　　B.2　　C.$\dfrac{5}{2}$　　D.$\dfrac{9}{2}$

4.向量 a,b,c 在正方形网格中的位置如图 7-14 所示，若 $c=\lambda a+\mu b(\lambda,\mu\in\mathbb{R})$，则 $\dfrac{\lambda}{\mu}=$（   ）.

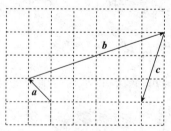

图 7-14

A.4　　B.$\dfrac{1}{4}$　　C.-2　　D.$-\dfrac{1}{3}$

5.如图 7-15 所示，O 为 $\triangle ABC$ 的外心，$AB=4$，$AC=2$，$\angle BAC$ 为钝角，M 是边 BC 的中点，则

$\overrightarrow{AM} \cdot \overrightarrow{AO}$ 的值为( ).

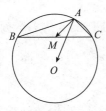

图 7-15

A.4   B.5   C.6   D.7

6.已知 $\overrightarrow{AB}, \overrightarrow{AC}$ 不共线, $\overrightarrow{AM}=m\overrightarrow{AB}, \overrightarrow{AN}=n\overrightarrow{AC}$, 其中 $mn\neq 1$.设点 P 是直线 BN, CM 的交点,则( ).

A.$\overrightarrow{AP}=\dfrac{mn-m}{mn-1}\overrightarrow{AB}+\dfrac{mn-n}{mn-1}\overrightarrow{AC}$

B.$\overrightarrow{AP}=\dfrac{mn+m}{mn-1}\overrightarrow{AB}+\dfrac{mn+n}{mn-1}\overrightarrow{AC}$

C.$\overrightarrow{AP}=\dfrac{mn-n}{mn-1}\overrightarrow{AB}+\dfrac{mn-m}{mn-1}\overrightarrow{AC}$

D.$\overrightarrow{AP}=\dfrac{mn+n}{mn-1}\overrightarrow{AB}+\dfrac{mn+m}{mn-1}\overrightarrow{AC}$

7.已知 $\overrightarrow{AB}\cdot\overrightarrow{BC}=0$ 且 $|\overrightarrow{AB}|=|\overrightarrow{BC}|=1$,又 $\overrightarrow{AD}\cdot\overrightarrow{DC}=0$,则 $|\overrightarrow{BD}|$ 的最大值为( ).

A.$\sqrt{2}$ B.$\dfrac{\sqrt{2}}{2}$

C.$\dfrac{3\sqrt{3}}{2}$ D.$2\sqrt{2}$

8.已知 O 为 $\triangle ABC$ 的外心, G 为 $\triangle ABC$ 的重心,且 $AB=8, AC=6$,则 $\overrightarrow{AO}\cdot\overrightarrow{AG}=$ _____.

9.抛物线 $y^2=4x$ 上的弦 AB 垂直于 x 轴并过焦点, M 为抛物线上一点,且满足 $\overrightarrow{OM}=\lambda\overrightarrow{OA}+(\lambda-2)\overrightarrow{OB}$,则 $\lambda=$ _____.

10.(2016 江苏)如图 7-16 所示,在 $\triangle ABC$ 中,点 D 是 BC 的中点,点 E,F 是 AD 上两个三等分点, $\overrightarrow{BA}\cdot\overrightarrow{CA}=4, \overrightarrow{BF}\cdot\overrightarrow{CF}=-1$,则 $\overrightarrow{BE}\cdot\overrightarrow{CE}=$ _____.

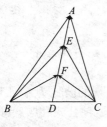

图 7-16

B组　强化提升

11.在 $\triangle ABC$ 中, P_0 是边 AB 上一定点,满足 $P_0B=\dfrac{1}{4}AB$,且对于边 AB 上任一点 P,恒有 $\overrightarrow{PB}\cdot\overrightarrow{PC}\geqslant\overrightarrow{P_0B}\cdot\overrightarrow{P_0C}$,则( ).

A.$\angle ABC=\dfrac{\pi}{2}$ B.$\angle BAC=\dfrac{\pi}{2}$

C.$AB=AC$ D.$AC=BC$

12.在 $\triangle ABC$ 中, $\overrightarrow{BC}\cdot\overrightarrow{CA}=\overrightarrow{CA}\cdot\overrightarrow{AB}, |\overrightarrow{BA}+\overrightarrow{BC}|=2$,且 $\angle B\in\left[\dfrac{\pi}{3},\dfrac{2\pi}{3}\right]$,则 $\overrightarrow{BA}\cdot\overrightarrow{BC}$ 的取值范围是( ).

A.$[-2,1)$ B.$\left[\dfrac{2}{3},1\right)$

C.$\left[-2,\dfrac{2}{3}\right)$ D.$\left[-2,\dfrac{2}{3}\right]$

13.已知 $\boldsymbol{m},\boldsymbol{n}$ 是两个非零向量,且 $|\boldsymbol{m}|=1, |\boldsymbol{m}+2\boldsymbol{n}|=3$,则 $|\boldsymbol{m}+\boldsymbol{n}|+|\boldsymbol{n}|$ 的最大值为 _____.

14.(2019 江苏)如图 7-17 所示,在 $\triangle ABC$ 中, D 是 BC 的中点, E 在边 AB 上, $BE=2EA, AD$ 与 CE 交于点 O.若 $\overrightarrow{AB}\cdot\overrightarrow{AC}=6\overrightarrow{AO}\cdot\overrightarrow{EC}$,则 $\dfrac{AB}{AC}$ 的值是 _____.

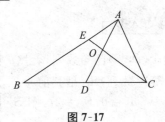

图 7-17

15.如图 7-18 所示,点 P 是棱长为 1 的正方体 $ABCD-A_1B_1C_1D_1$ 的底面 $A_1B_1C_1D_1$ 上一点,则 $\overrightarrow{PA}\cdot\overrightarrow{PC}$ 的取值范围是 _____.

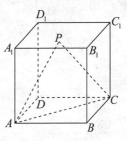

图 7-18

第八节 小题常考专题——等差、等比数列基本量的求解

很多数列问题，总是回归到数列基本量的问题，掌握等差、等比数列通项公式和前 n 项和公式是非常重要的，也是解决各类延伸及变式的基础.

考点1 等差数列的基本量计算

【方法点睛】

求解等差数列的基本量用的是方程思想，依据是等差数列的通项公式 $a_n=a_1+(n-1)d$ 和前 n 项和公式 $S_n=na_1+\dfrac{n(n-1)d}{2}=\dfrac{(a_1+a_n)n}{2}$，$a_1$，$a_n$，$n$，$d$，$S_n$ 五个量知其三可求出另外两个. 运算过程若能利用等差数列的性质 $a_m+a_n=a_p+a_q$（其中 $m+n=p+q$，$m,n,p,q\in\mathbf{N}^*$），可简化计算.

例8.1 （2019 江苏）已知数列 $\{a_n\}$（$n\in\mathbf{N}^*$）是等差数列，S_n 是其前 n 项和. 若 $a_2a_5+a_8=0$，$S_9=27$，则 S_8 的值是 _____ .

【分析】先设出数列 $\{a_n\}$ 的首项 a_1 和公差 d，根据已知条件，列出方程组，求出 a_1，d，再根据等差数列的前 n 项和公式，即可求出 S_8.

【解析】设等差数列 $\{a_n\}$ 的首项为 a_1，公差为 d，

则 $\begin{cases}(a_1+d)(a_1+4d)+a_1+7d=0\\9a_1+\dfrac{9\times 8}{2}d=27\end{cases}$，

解得 $\begin{cases}a_1=-5\\d=2\end{cases}$

所以 $S_8=8a_1+\dfrac{8\times 7d}{2}=8\times(-5)+28\times 2=16$.

【评注】也可先求出 $a_9=a_1+8d=11$，则 $S_8=S_9-a_9=16$.

◆变式拓展

1.（2019 全国Ⅲ）记 S_n 为等差数列 $\{a_n\}$ 的前 n 项和，$a_1\neq 0$，$a_2=3a_1$，则 $\dfrac{S_{10}}{S_5}=$ _____ .

例8.2 若等差数列 $\{a_n\}$ 满足 $a_7+a_8+a_9>0$，$a_7+a_{10}<0$，则当 $n=$ _____ 时，$\{a_n\}$ 的前 n 项和最大.

【分析】当公差 $d<0$ 时，等差数列 $\{a_n\}$ 的前 n 项和存在最大值，就本题而言，根据已知条件，结合等差数列的性质，确定 $a_k\geqslant 0$，$a_{k+1}<0$，则 $n=k$ 时，数列 $\{a_n\}$ 的前 n 项和最大.

【解析】由等差数列知，$a_7+a_8+a_9=3a_8>0$，得 $a_8>0$，又 $a_7+a_{10}=a_8+a_9<0$，所以 $a_9<0$.
由 $\{a_n\}$ 为等差数列，可知 $a_1,a_2,\cdots,a_8>0$，$a_9<0$，
所以可得当 $n=8$ 时，$\{a_n\}$ 的前 n 项和最大.

◆变式拓展

1. 设 S_n 为等差数列 $\{a_n\}$ 的前 n 项和，若 $a_4<0,a_5>|a_4|$，则使 $S_n>0$ 成立的 n 的最小值是 _____ .

考点2 等比数列的基本量计算

【方法点睛】

求解等比数列的基本量用的是方程思想，依据是等比数列的通项公式 $a_n=a_1q^{n-1}$ 和前 n 项和公式 $S_n=\begin{cases}\dfrac{a_1(1-q^n)}{1-q},q\neq 1\\na_1,q=1\end{cases}$，$a_1$，$a_n$，$n$，$q$，$S_n$ 五个量知其三可求出另外两个，若题目中未指明 q 不为1，则需要对 q 是否为1进行讨论. 运算过程若能利用性质 $a_m\cdot a_n=a_p\cdot a_q$（其中 $m+n=p+q$，$m,n,p,q\in\mathbf{N}^*$），可简化计算.

例8.3 （2017 全国Ⅲ）设等比数列 $\{a_n\}$ 满足 $a_1+a_2=-1$，$a_1-a_3=-3$，则 $a_4=$ _____ .

【分析】可根据已知条件求出 a_1,q，则 a_4 可求.

【解析】设等比数列的公比为 q，很明显 $q\neq -1$，结合等比数列的通项公式和题意可得

$\begin{cases}a_1+a_2=a_1(1+q)=-1\\a_1-a_3=a_1(1-q^2)=-3\end{cases}$ ①
②

由②/①可得 $q=-2$,代入①可得 $a_1=1$,

由等比数列的通项公式可得 $a_4=a_1q^3=-8$.

【评注】等比数列基本量的求解是等比数列中的一类基本问题,解决这类问题的关键在于熟练掌握等比数列的有关公式并能灵活运用,注意在使用等比数列的前 n 项和公式时,应该要对 q 进行分类讨论.

变式拓展

1.已知 S_n 为等比数列 $\{a_n\}$ 的前 n 项和,且 $S_5=S_4-2a_4$,则 $\dfrac{S_5}{S_4}$ 等于(   ).

A.$-\dfrac{33}{15}$ B.$\dfrac{33}{15}$

C.$-\dfrac{33}{17}$ D.$\dfrac{33}{17}$

例8.4 设等比数列 $\{a_n\}$ 的公比为 q,前 n 项和 $S_n>0(n=1,2,3,\cdots)$,则 q 的取值范围为_____.

【分析】可利用等比数列的前 n 项和公式 $S_n=\dfrac{a_1(1-q^n)}{1-q}$,再对 S_n 进行赋值 $n=1$,可得 $a_1>0$,这样得到 $\dfrac{1-q^n}{1-q}>0$,在这个基础上探求 q 的范围.

【解析】因为 $\{a_n\}$ 为等比数列,$S_n>0$,可以得到 $a_1=S_1>0$,$q\neq 0$,当 $q=1$ 时,$S_n=na_1>0$;

当 $q\neq 1$ 时,$S_n=\dfrac{a_1(1-q^n)}{1-q}>0$,即 $\dfrac{1-q^n}{1-q}>0(n=1,2,3,\cdots)$,

上式等价于不等式组 $\begin{cases}1-q<0\\1-q^n<0\end{cases}(n=1,2,3,\cdots)$ ①

或 $\begin{cases}1-q>0\\1-q^n>0\end{cases}(n=1,2,3,\cdots)$ ②

解式①得 $q>1$,

解式②,由于 n 可为奇数,可为偶数,得 $-1<q<0$ 或 $0<q<1$.

综上,q 的取值范围是 $(-1,0)\cup(0,+\infty)$.

变式拓展

1.在等比数列 $\{a_n\}$ 中,若 $a_2=1$,则该数列前三项和 S_3 的取值范围是(   ).
A.$(-\infty,-1]$
B.$(-\infty,0)\cup(1,+\infty)$
C.$[3,+\infty)$
D.$(\infty,-1]\cup[3,+\infty)$

考点3 等差、等比的综合计算

【方法点睛】

在解决等差、等比数列综合问题时,经常采用"巧用性质,整体考虑,减少运算量"的方法.但用"基本量法"并树立"目标意识""需要什么,就求什么",往往能取得与"巧用性质"相同的解题效果.同时,等差数列与等比数列之间是可以相互转化的,即 $\{a_n\}$ 为等差数列,则 $\{a^{a_n}\}(a>0$ 且 $a\neq 1)$ 为等比数列;若 $\{a_n\}$ 为正项等比数列,则 $\{\log_a a_n\}(a>0$ 且 $a\neq 1)$ 为等差数列.

例8.5 若 a,b 是函数 $f(x)=x^2-px+q(p>0,q>0)$ 的两个不同零点,且 $a,b,-2$ 这三个数可适当排序后成等差数列,也可适当排序后成等比数列,则 $p+q=(\ )$.
A.6   B.7   C.8   D.9

【分析】根据根与系数关系可得 $a>0,b>0$,若 $a,b,-2$ 适当排序可成等比数列,则 -2 为等比中项,即 $ab=4$.且 $a,b,-2$ 适当排序可成等差数列,等差中项只能是 a 或 b,即 $2a=b-2$ 或 $2b=a-2$,建立方程求解 a,b,p,q.

【解析】由根与系数关系,可知 $a+b=p,ab=q$,且由 $p>0,q>0$ 可知 $a>0,b>0$,
因为 $a,b,-2$ 适当排列可构成等比数列,所以 -2 必为等比中项,所以 $ab=(-2)^2=4$,
即 $\begin{cases}q=4\\b=\dfrac{4}{a}\end{cases}$

所以 $a,\dfrac{4}{a},-2$ 适当排序后可构成等差数列,

同样由 $a>0,\dfrac{4}{a}>0$ 判断出等差中项只能是 a 或 $\dfrac{4}{a}$,所以有 $2a=\dfrac{4}{a}-2$ 或 $\dfrac{8}{a}=a-2$,

解得 $\begin{cases}a=1\\b=4\end{cases}$ 或 $\begin{cases}a=4\\b=1\end{cases}$,则 $p=a+b=5$,所以 $p+q=9$.故选 D.

变式拓展

1.(2015 浙江)已知 $\{a_n\}$ 是等差数列,公差 d 不为零,前 n 项和是 S_n,若 a_3,a_4,a_8 成等比数列,则(   ).
A.$a_1d>0,dS_4>0$
B.$a_1d<0,dS_4<0$
C.$a_1d>0,dS_4<0$
D.$a_1d<0,dS_4>0$

考点4 等差、等比定义的灵活运用

【方法点睛】

等差、等比数列的定义在众题中都有体现,有显性和隐性之分,更多的是隐性的,可通过对结构观察,也可通过递推关系式进行转化得到,体现了转化化归思想,深入研究更有利于培养观察能力,提升运算能力.

例8.6 (2016浙江)设数列$\{a_n\}$的前n项和为S_n.若$S_2=4$,$a_{n+1}=2S_n+1$,$n\in \mathbf{N}^*$,则$a_1=$_____,$S_5=$_____.

扫码付费看

【分析】利用$a_n=\begin{cases}S_1,n=1\\S_n-S_{n-1},n\geq 2\end{cases}$进行处理,转化为熟悉的递推关系式.

【解析】$a_1+a_2=4$,$a_2=2a_1+1$,解得$a_1=1$,$a_2=3$.
再由$a_{n+1}=2S_n+1$,$a_n=2S_{n-1}+1(n\geq 2)$,
得$a_{n+1}-a_n=2a_n$,$a_{n+1}=3a_n(n\geq 2)$,又$a_2=3a_1$,所以$a_{n+1}=3a_n(n\geq 1)$,$\{a_n\}$是首项为1,公比为3的等比数列,所以$S_5=\dfrac{1-3^5}{1-3}=121$.

【评注】由$a_{n+1}=2S_n+1$转化得$a_{n+1}=3a_n$的过程中,一定要检验当$n=1$时,是否也满足$a_{n+1}=3a_n$,否则可能会出现错误.

变式拓展

1.设数列$\{a_n\}$满足$a_1=1$,$a_2=3$且$2na_n=(n-1)\cdot a_{n-1}+(n+1)a_{n+1}$,则$a_{20}$的值是( ).

A.$\dfrac{21}{5}$ B.$\dfrac{22}{5}$ C.$\dfrac{23}{5}$ D.$\dfrac{24}{5}$

扫码付费看

A组 基础演练

1.(2017全国Ⅲ)等差数列$\{a_n\}$的首项为1,公差不为0.若a_2,a_3,a_6成等比数列,则$\{a_n\}$前6项的和为( ).
A.-24 B.-3 C.3 D.8

2.(2018全国Ⅰ)记S_n为等差数列$\{a_n\}$的前n项和.若$3S_3=S_2+S_4$,$a_1=2$,则$a_5=$( ).
A.-12 B.-10 C.10 D.12

3.记S_n为等差数列$\{a_n\}$的前n项和.已知$S_4=0$,$a_5=5$,则( ).
A.$a_n=2n-5$ B.$a_n=3n-10$
C.$S_n=2n^2-8n$ D.$S_n=\dfrac{1}{2}n^2-2n$

4.已知各项均为正数的等比数列$\{a_n\}$的前4项和为40,且$a_5=8a_3+9a_1$,则$a_3=$( ).
A.81 B.27 C.9 D.3

5.等比数列$\{a_n\}$的前n项和为S_n,已知$a_2a_3=2a_1$,且a_4与$2a_7$的等差中项为$\dfrac{5}{4}$,则$S_5=$( ).
A.36 B.33 C.31 D.29

6.设等差数列$\{a_n\}$满足$a_2=7$,$a_4=3$,S_n是数列$\{a_n\}$的前n项和,则使得$S_n>0$最大的自然数n是( ).
A.9 B.8 C.10 D.7

7.(2017浙江)已知等差数列$\{a_n\}$的公差为d,前n项和为S_n,则"$d>0$"是"$S_4+S_6>2S_5$"的( ).
A.充分不必要条件
B.必要不充分条件
C.充要条件
D.既不充分也不必要条件

8.已知$\{a_n\}$是等比数列,公比为q,前n项和是S_n,若a_1,a_3,a_4-1成等差数列,则( ).
A.$a_1>0$时,$S_{n+1}<qS_n$
B.$a_1>0$时,$S_{n+1}<q^2S_n$
C.$a_1<0$时,$S_{n+1}>qS_n$
D.$a_1<0$时,$S_{n+1}<q^2S_n$

9.(2017北京)若等差数列$\{a_n\}$和等比数列$\{b_n\}$满足$a_1=b_1=-1$,$a_4=b_4=8$,则$\dfrac{a_2}{b_2}=$_____.

10.(2019北京)设等差数列$\{a_n\}$的前n项和为S_n,若$a_2=-3$,$S_5=-10$,则$a_5=$_____,S_n的最小值为_____.

B组 强化提升

11.已知等差数列$\{a_n\}$的前n项和为S_n,$a_1>0$且$\dfrac{a_6}{a_5}=\dfrac{9}{11}$,当$S_n$取最大值时,$n$的值为( ).
A.9 B.10 C.11 D.12

12.在公比为$\sqrt{2}$的等比数列$\{a_n\}$中,若$\sin(a_1a_4)=\dfrac{2}{5}$,则$\cos(a_2a_5)$的值为( ).
A.$-\dfrac{7}{5}$ B.$\dfrac{17}{25}$ C.$\dfrac{7}{5}$ D.$\dfrac{7}{25}$

13.(2016全国Ⅰ)设等比数列$\{a_n\}$满足$a_1+a_3=10$,$a_2+a_4=5$,则$a_1a_2\cdots a_n$的最大值为_____.

14.数列$\{a_n\}$中,$a_1=6$,$a_n-2a_{n-1}=\dfrac{2a_{n-1}}{n}+n+1$$(n\geq 2)$,则此数列的通项公式$a_n=$_____.

15.设a_1,d为实数,首项为a_1,公差为d的等差数列$\{a_n\}$的前n项和为S_n,满足$S_5S_6+15=0$,则d的取值范围是_____.

第九节 小题常考专题——数列的拓展应用

专题概述

除了对数列基本量的计算,还有对数列深层理解度的考查.本专题我们主要探究数列在古代数学文化中的应用、从结构角度理解等差数列和等比数列、以及数列与其他知识的交汇、构造函数在解数列题中的应用.对这些内容的探究,有助于我们深层理解数列这一特殊函数,在应用中体现的数学能力和数学思想.

考点归纳

考点1 古代数学文化中的数列问题

【方法点睛】

古代的数学家们对数列的概念认识得很早,比如古希腊出现的三角形数、正方形数、介绍递推关系的斐波那契数列等.我国古代数学家同样认识到了数列的魅力,如《周髀算经》、《九章算术》、《算法统宗》、《孙子算经》等很多著作中,记载了很多有趣的数列问题.从内容看,都是与生产、生活息息相关的,体现了数学的应用思想.掌握数学文化中的数列问题,一是传承了中国文化,二是培养考生的应用意识和模型思想.这些数列问题中,若明显含有或隐含等量、等额、均匀变化等含义的关键词或语句,可以考虑利用等差数列建模解决;若含有倍数、百分比、比率等含义的关键字或语句,可考虑利用等比数列建模解决.步骤是:先将实际问题转化为数列问题,再利用数列知识求解.

典例精讲

例9.1 (2017全国Ⅱ)我国古代数学名著《算法统宗》中有如下问题:"远望巍巍塔七层,红光点点倍加增,共灯三百八十一,请问尖头几盏灯?"意思是:一座7层塔共挂了381盏灯,且相邻两层中的下一层灯数是上一层灯数的2倍,则塔的顶层共有灯( ).

A.1盏   B.3盏   C.5盏   D.9盏

【分析】题目中有"七层""倍加增",显然是个项数为7的等比数列问题,已知前7项和、公比,求等比数列的首项.

【解析】设顶层灯数为a_1,$q=2$,$S_7=\dfrac{a_1(1-2^7)}{1-2}=381$,解得$a_1=3$.故选B.

变式拓展

1.程大位在《算法统宗》里有诗云"九百九十六斤棉,赠分八子做盘缠.次第每人多十七,要将第八数来言.务要分明依次弟,孝和休惹外人传."意为:996斤棉花,分别赠送给8个子女做旅费,从第一个开始,以后每人依次多17斤,直到第八个孩子为止,则第五个孩子分得斤数为( ).

A.184   B.150   C.133   D.116

考点2 根据等差、等比数列的结构特征解题

【方法点睛】

1.等差数列前n项和结构是关于n的二次函数,且不含常数项,即$S_n=na_1+\dfrac{1}{2}n(n-1)d=\dfrac{1}{2}dn^2+\left(a_1-\dfrac{1}{2}d\right)n=pn^2+qn$.

$\dfrac{S_n}{n}=a_1+\dfrac{1}{2}(n-1)d=\dfrac{1}{2}dn+\left(a_1-\dfrac{1}{2}d\right)=pn+q$,

$\left\{\dfrac{S_n}{n}\right\}$依然是等差数列.

2.等比数列公比q不为1时,前n项和公式的结构为$S_n=\dfrac{a_1(1-q^n)}{1-q}=\dfrac{a_1}{1-q}(1-q^n)=A(1-q^n)=-A(q^n-1)=B(q^n-1)$.

利用这些特殊的结构特征,有时可以化繁为简快速解题.

典例精讲

例9.2 已知等差数列$\{a_n\}$,$\{b_n\}$的前n项和分别为S_n,T_n,若对于任意的自然数n,都有$\dfrac{S_n}{T_n}=\dfrac{2n-3}{4n-3}$,则$\dfrac{a_3+a_{15}}{2(b_3+b_9)}+\dfrac{a_3}{b_2+b_{10}}=$( ).

A.$\dfrac{20}{41}$ B.$\dfrac{17}{37}$ C.$\dfrac{7}{15}$ D.$\dfrac{19}{41}$

【分析】先利用等差数列的性质"若$m,n,p,q\in\mathbf{N}^*$,且$m+n=p+q$,则$a_m+a_n=a_p+a_q$",对

$\dfrac{a_3+a_{15}}{2(b_3+b_9)}+\dfrac{a_3}{b_2+b_{10}}$ 进行转化化简,然后利用 $\dfrac{S_{2n-1}}{T_{2n-1}}=\dfrac{a_n}{b_n}$ 这个关系进行求解.

【解析】由题意得 $\dfrac{a_3+a_{15}}{2(b_3+b_9)}+\dfrac{a_3}{b_2+b_{10}}=\dfrac{2a_9}{2\times 2b_6}+\dfrac{a_3}{2b_6}=\dfrac{2a_6}{2b_6}=\dfrac{a_6}{b_6}=\dfrac{\frac{11(a_1+a_{11})}{2}}{\frac{11(b_1+b_{11})}{2}}=\dfrac{S_{11}}{T_{11}}=\dfrac{19}{41}.$

故选 D.

【评注】解决这类问题还有另外一个路径,由 $\dfrac{S_n}{T_n}=\dfrac{2n-3}{4n-3}$ 出发,还原等差数列前 n 项和结构是关于 n 的二次函数,且不含常数项,即 $\dfrac{S_n}{T_n}=\dfrac{2n-3}{4n-3}=\dfrac{kn(2n-3)}{kn(4n-3)}$,可设 $S_n=kn(2n-3)$,$T_n=kn(4n-3)$,可根据 $\dfrac{a_p}{b_t}=\dfrac{S_p-S_{p-1}}{T_t-T_{t-1}}$ 求解.

变式拓展

1. 等比数列 $\{a_n\}$ 中,已知对任意正整数 n,$a_1+a_2+a_3+\cdots+a_n=2^n+m$,则 $a_1^2+a_2^2+\cdots+a_n^2=$( ).

A. $\dfrac{1}{3}(4^n+m)$ B. $\dfrac{1}{3}(2^n-1)$

C. 4^n-1 D. $(2^n+m)^2$

考点3 数列的综合小题

方向一 数列其他知识交汇问题

【方法点睛】

数列是一列特殊的函数,该知识点常与函数、方程、不等式知识相融合,在其知识的交汇处解题时,要注意转化与化归思想,分类讨论思想的应用,将复杂的数列问题化归为简单形式的数列问题,将未知的数列问题化归为已知的等差、等比数列问题,要注意体会其中蕴涵的重要数学思想.

例9.3 已知正项等比数列 $\{a_n\}$ 满足 $a_8-a_7=2a_6$,若存在两项 a_m,a_n,使得 $\sqrt{a_ma_n}=4a_1$,则 $\dfrac{1}{m}+\dfrac{9}{n}$ 的最小值为_____.

【分析】由待求项"$\dfrac{1}{m}+\dfrac{9}{n}$ 的最小值"可直观感知到本题在考查基本不等式,需要另一个条件 $m+n=A$ 来与之配合,而这个条件必然由 $\sqrt{a_ma_n}=4a_1$ 来产生,于是问题得以轻松解决.

【解析】设数列 $\{a_n\}$ 的公比为 $q(q>0)$,则 $a_8-a_7=2a_6\Leftrightarrow a_6q^2-a_6q=2a_6\Leftrightarrow q^2-q-2=0$,解得 $q=2$ 或 $q=-1$(舍).

于是有 $\sqrt{a_ma_n}=4a_1\Leftrightarrow a_ma_n=16a_1^2\Leftrightarrow a_1^2q^{m+n-2}=16a_1^2\Leftrightarrow 2^{m+n-2}=2^4\Leftrightarrow m+n=6$,

所以 $\dfrac{1}{m}+\dfrac{9}{n}=\left(\dfrac{1}{m}+\dfrac{9}{n}\right)\cdot\left(\dfrac{m}{6}+\dfrac{n}{6}\right)=\dfrac{1}{6}+\dfrac{9}{6}+\dfrac{n}{6m}+\dfrac{9m}{6n}\geqslant\dfrac{10}{6}+2\sqrt{\dfrac{9}{6\times 6}}$,

当且仅当 $\dfrac{n}{6m}=\dfrac{9m}{6n}$,即 $n=3m$ 时"="成立,

代入 $m+n=6$ 得 $4m=6$,这与 $m\in \mathbf{N}^*$ 矛盾.

说明基本不等式在此处"失效",改用分类讨论策略.

因为 $m+n=6$ 且 $m,n\in\mathbf{N}^*$,所以 m,n 的可能情况如下:

当 $m=1$ 时 $n=5$,$\dfrac{1}{m}+\dfrac{9}{n}=1+\dfrac{9}{5}=\dfrac{14}{5}$,

当 $m=2$ 时 $n=4$,$\dfrac{1}{m}+\dfrac{9}{n}=\dfrac{1}{2}+\dfrac{9}{4}=\dfrac{11}{4}$,

当 $m=3$ 时 $n=3$,$\dfrac{1}{m}+\dfrac{9}{n}=\dfrac{1}{3}+\dfrac{9}{3}=\dfrac{10}{3}$,

当 $m=4$ 时 $n=2$,$\dfrac{1}{m}+\dfrac{9}{n}=\dfrac{1}{4}+\dfrac{9}{2}=\dfrac{19}{4}$,

当 $m=5$ 时 $n=1$,$\dfrac{1}{m}+\dfrac{9}{n}=\dfrac{1}{5}+9=\dfrac{46}{5}$.

故 $\dfrac{1}{m}+\dfrac{9}{n}$ 的最小值为 $\dfrac{11}{4}$. 因此填 $\dfrac{11}{4}$.

【评注】应用基本不等式求最值时,必须保证"一正二定三相等"都成立,缺一不可,尤其是"三相等".在"三相等"不成立,则一般同采用"对勾函数"或"分类讨论"的解题策略.若此类题中,$m+n$ 的数值较大,分类讨论不再适用,可设 m,n 之一为 x,再利用函数 $f(x)$ 的导数求解.

变式拓展

1. 等差数列 $\{a_n\}$ 满足 $a_3+a_9=12$,其前 n 项和为 S_n. 若随机从区间 $[-2,0]$ 中取实数 d 作为该数列的公差,则 S_9 是 S_n 的最大值的概率是_____.

例9.4 已知函数 $f(x)=x-1-\ln x$,设 m 为整

数,且对于任意正整数 n,$\left(1+\dfrac{1}{2}\right)\left(1+\dfrac{1}{2^2}\right)\cdots\left(1+\dfrac{1}{2^n}\right)<m$ 都恒成立,则 m 的最小值为_____.

【分析】本题是一道典型的恒成立问题,而恒成立问题一般均需化归为最值问题来解决,受到条件 $f(x)$ 的启发,可以考虑对已知不等式两边取对数来解决.

【解析】因为 $f(x)=x-1-\ln x(x>0)$,

所以 $f'(x)=1-\dfrac{1}{x}=\dfrac{x-1}{x}$.

当 $x\in(0,1)$ 时,$f'(x)<0$,$f(x)$ 是减函数;

当 $x\in(1,+\infty)$ 时,$f'(x)>0$,$f(x)$ 是增函数;

所以 $f(x)_{\min}=f(1)=0$,所以 $f(x)\geq 0$,

即 $\ln x\leq x-1$.

因为 $\left(1+\dfrac{1}{2}\right)\left(1+\dfrac{1}{2^2}\right)\cdots\left(1+\dfrac{1}{2^n}\right)<m$,

所以 $\ln\left[\left(1+\dfrac{1}{2}\right)\left(1+\dfrac{1}{2^2}\right)\cdots\left(1+\dfrac{1}{2^n}\right)\right]<\ln m$,

所以 $\ln\left(1+\dfrac{1}{2}\right)+\ln\left(1+\dfrac{1}{2^2}\right)+\cdots+\ln\left(1+\dfrac{1}{2^n}\right)<\ln m$,

以下只需求 $T_n=\ln\left(1+\dfrac{1}{2}\right)+\ln\left(1+\dfrac{1}{2^2}\right)+\cdots+\ln\left(1+\dfrac{1}{2^n}\right)$ 的最大值.

因为 $\ln x\leq x-1$,

所以 $T_n\leq\left(1+\dfrac{1}{2}-1\right)+\left(1+\dfrac{1}{2^2}-1\right)+\cdots+\left(1+\dfrac{1}{2^n}-1\right)=\dfrac{1}{2}+\dfrac{1}{2^2}+\cdots+\dfrac{1}{2^n}=\dfrac{\dfrac{1}{2}\cdot\left[1-\left(\dfrac{1}{2}\right)^n\right]}{1-\dfrac{1}{2}}=1-\left(\dfrac{1}{2}\right)^n<1$,

所以 $1\leq\ln m$,所以 $m\geq e$.

又因为 m 为整数,所以 m 的最小值为 3.故填 3.

变式拓展

1.在数列 $\{a_n\}$ 中,$a_1=1$,且 $P(a_n,a_{n+1})(n\in\mathbb{N}^*)$ 在直线 $x-y+1=0$ 上,若函数 $f(n)=\dfrac{1}{n+a_1}+\dfrac{1}{n+a_2}+\dfrac{1}{n+a_3}+\cdots+\dfrac{1}{n+a_n}(n\in\mathbb{N}^*,\text{且 }n\geq 2)$,则函数 $f(n)$ 的最小值为_____.

方向二 构造函数解数列题

【方法点睛】

在解决一些数列问题时,通过对条件和结论细致的分析,抓住问题的本质特征,联想熟悉的函数模型,恰当地构造辅助函数,利用函数的知识和技巧来解决数列问题.这个构造的过程体现了转化化归的思想.

典例精讲

例 9.5 设等差数列 $\{a_n\}$ 的前 n 项和为 S_n,已知 $(a_3-1)^3+11a_3=22$,$(a_9-1)^3+11a_9=0$,则下列结论正确的是( ).

A.$S_{11}=11,a_9<a_3$ B.$S_{11}=11,a_9>a_3$
C.$S_{11}=22,a_9<a_3$ D.$S_{11}=22,a_9>a_3$

【分析】两个条件 $(a_3-1)^3+11a_3=22$ 以及 $(a_9-1)^3+11a_9=0$ 结构的相似性,引导我们进一步改写为 $(a_3-1)^3+11(a_3-1)=11$ 以及 $(a_9-1)^3+11(a_9-1)=-11$,从而构造函数 $F(x)=x^3+11x$,利用其单调性及奇偶性解题.

【解析】设 $F(x)=x^3+11x$,则 $F'(x)=3x^2+11>0$,所以 $F(x)$ 为单调递增的奇函数.

又 $F(a_3-1)=11$,$F(a_9-1)=-11$,$F(a_3-1)>F(a_9-1)$,所以 $a_3-1>a_9-1$,即 $a_3>a_9$.

又 $F(a_3-1)+F(a_9-1)=0$,

得 $a_3-1+a_9-1=0$,即 $a_3+a_9=2$,

所以 $S_{11}=\dfrac{11(a_1+a_{11})}{2}=\dfrac{11(a_3+a_9)}{2}=11$.故选 A.

【评注】解决本题要充分借助题设条件,观察所给式的结构特征,运用转化与化归思想,构造函数 $F(x)=x^3+11x$,利用函数的单调性比较出 $a_9<a_3$,再利用函数的奇偶性得出 $a_3+a_9=2$,进而解决问题.

变式拓展

1.设函数 $f(x)=2x-\cos x$,$\{a_n\}$ 是公差为 $\dfrac{\pi}{8}$ 的等差数列,$f(a_1)+f(a_2)+\cdots+f(a_5)=5\pi$,则 $[f(a_3)]^2-a_1a_5=($).

A.0   B.$\dfrac{1}{16}\pi^2$ C.$\dfrac{1}{8}\pi^2$ D.$\dfrac{13}{16}\pi^2$

牛刀小试

A组 基础演练

1.等差数列 $\{a_n\}$ 的通项公式为 $a_n=2n+1$,其前 n 项和为 S_n,则数列 $\left\{\dfrac{S_n}{n}\right\}$ 的前 10 项和为( ).

A.120   B.70   C.75   D.100

2.《九章算术》有这样一个问题:今有女子善织,日增等尺,七日共织二十八尺,第二日、第五日、第八日所织之和为十五尺,则第十日所织尺数为( ).

A.9　　B.10　　C.11　　D.12

3.设 S_n 是等差数列 $\{a_n\}$ 的前 n 项和,若 $\dfrac{S_4}{S_8}=\dfrac{1}{3}$,则 $\dfrac{S_8}{S_{16}}=$( ).

A.$\dfrac{3}{10}$　　B.$\dfrac{1}{3}$　　C.$\dfrac{1}{9}$　　D.$\dfrac{1}{8}$

4.设 S_n 是等差数列 $\{a_n\}$ 的前 n 项和,若 $\dfrac{a_8}{a_7}=\dfrac{13}{5}$,则 $\dfrac{S_{15}}{S_{13}}=$( ).

A.1　　B.2　　C.3　　D.4

5.已知两个等差数列 $\{a_n\}$ 和 $\{b_n\}$ 的前 n 项和分别为 A_n 和 B_n,且 $\dfrac{A_n}{B_n}=\dfrac{7n+45}{n+3}$,则使得 $\dfrac{a_n}{b_n}$ 为整数的正整数 n 的个数是( ).

A.2　　B.3　　C.4　　D.5

6.我国明代著名乐律学家、明宗室王子朱载堉在《律学新说》中提出的十二平均律,即是现代在钢琴的键盘上,一个八度音程从一个 c 键到下一个 c_1 键的 8 个白键与 5 个黑键(如图 9-1)的音频恰好成一个公比为 $\sqrt[12]{2}$ 的等比数列的原理,也即高音 c 的频率正好是中音 c_1 的 2 倍.已知标准音 a_1 的频率为 440 Hz,那么频率为 $220\sqrt{2}$ Hz 的音名是( ).

图 9-1

A.d　　B.f　　C.e　　D.$\#d$

7.在等差数列 $\{a_n\}$ 中,前 n 项和为 S_n,$a_1=1$,$\dfrac{S_{2016}}{2016}=\dfrac{S_{2015}}{2015}+\dfrac{1}{2}$,设 T_n 是数列 $\{b_n\}$ 的前 n 项和,$b_n=\lg\dfrac{a_{n+1}}{a_n}$,则 T_{99} 的值是( ).

A.3　　B.2　　C.5　　D.4

8.在等差数列 $\{a_n\}$ 中,$a_1=-2015$,其前 n 项和为 S_n,若 $\dfrac{S_{12}}{12}-\dfrac{S_{10}}{10}=2$,则 S_{2019} 的值为_____.

9.已知 $\{a_n\}$,$\{b_n\}$ 均为等比数列,其前 n 项和分别为 S_n,T_n,若对任意的 $n\in\mathbf{N}^*$,总有 $\dfrac{S_n}{T_n}=\dfrac{3^n+1}{4}$,则 $\dfrac{a_3}{b_3}=$_____.

10.在正项等比数列 $\{a_n\}$ 中,$a_5=\dfrac{1}{2}$,$a_6+a_7=3$,则满足 $a_1+a_2+\cdots+a_n>a_1\cdot a_2\cdot\cdots\cdot a_n$ 的最大正整数 n 的值为_____.

B组　强化提升

11.已知三角形的三边构成等比数列,它们的公比为 q,则 q 的取值范围是( ).

A.$\left(0,\dfrac{1+\sqrt{5}}{2}\right)$

B.$\left(\dfrac{\sqrt{5}-1}{2},1\right]$

C.$\left[1,\dfrac{1+\sqrt{5}}{2}\right)$

D.$\left(\dfrac{\sqrt{5}-1}{2},\dfrac{1+\sqrt{5}}{2}\right)$

12.已知函数 $y=f(x)$ 为定义域 $\mathbf{R}$ 上的奇函数,且在 $\mathbf{R}$ 上是单调递增函数,函数 $g(x)=f(x-5)+x$,数列 $\{a_n\}$ 为等差数列,且公差不为 0,若 $g(a_1)+g(a_2)+\cdots+g(a_9)=45$,则 $a_1+a_2+\cdots+a_9=$( ).

A.45　　B.15　　C.10　　D.0

13.(2018 浙江)已知 a_1,a_2,a_3,a_4 成等比数列,且 $a_1+a_2+a_3+a_4=\ln(a_1+a_2+a_3)$.若 $a_1>1$,则( ).

A.$a_1<a_3$,$a_2<a_4$　　B.$a_1>a_3$,$a_2<a_4$

C.$a_1<a_3$,$a_2>a_4$　　D.$a_1>a_3$,$a_2>a_4$

14.使不等式 $\dfrac{1}{n+1}+\dfrac{1}{n+2}+\cdots+\dfrac{1}{2n+1}<a-2012\dfrac{1}{3}$ 对一切正整数 n 都成立的最小正整数 a 的值是_____.

15.已知函数 $f(x)=\sin x+\tan x$,项数为 2019 的等差数列 $\{a_n\}$ 满足 $a_n\in\left(-\dfrac{\pi}{2},\dfrac{\pi}{2}\right)$,且公差 $d\ne 0$.若 $f(a_1)+f(a_2)+\cdots+f(a_{2019})=0$,则当 $k=$_____时,$f(a_k)=0$.

第十节 小题常考专题——不等式

专题概述

高考小题对本专题的考查集中体现在线性规划与基本不等式这两个方面.其中线性规划每年必会考一个小题,考查内容涉及最优解、最值,通过画可行域、平移直线,用数形结合的思想方法解题.线性规划小题题型比较固定,属于送分题,所以我们应深入且扎实地掌握其通法,把这5分纳入囊中.对于基本不等式则无外乎会考查基本不等式求最值、大小判断、求取值范围等.基本不等式虽然看似形式固定,但它常常被"包装"起来,常考常新,所以还需多多了解掌握一些技巧,为应用基本不等式创造条件.本专题有效针对这些热点问题,单刀直入切中要害,帮助你在考试中立于不败之地.

考点1 简单的线性规划

方向一 求解目标函数的取值范围或最值

【方法点睛】

求解目标函数的取值范围或最值包含两种类型:线性目标函数的最值和非线性目标函数的最值.由于目标函数类型的差异,其解法也是不同的,具体解法如下.

1.线性目标函数的取值范围和最值

形如 $z=ax+by$ 的含参数的目标函数,可变形为斜截式,进而考查 y 轴上截距的取值范围.具体步骤为:①确定目标函数移动方向;②确定最优解.

2.非线性目标函数的取值范围和最值

①对于形如 $z=\dfrac{ay+b}{cx+d}(ac\neq 0)$ 的分式目标函数,可基于斜率公式化归成 $z=\dfrac{a}{c}\cdot\dfrac{y-\dfrac{-b}{a}}{x-\dfrac{-d}{c}}$,从而将问题化归为可行域内的点 (x,y) 与定点 $\left(-\dfrac{d}{c},-\dfrac{b}{a}\right)$ 所确定的直线斜率的 $\dfrac{a}{c}$ 倍;

②对于形如 $z=(x-a)^2+(y-b)^2$ 的目标函数,可化归成可行域中的动点 $P(x,y)$ 与定点 $M(a,b)$ 的距离的平方.

③对于形如 $z=|Ax+By+C|$ 的目标函数,因为 $z=\sqrt{A^2+B^2}\cdot\dfrac{|Ax+By+C|}{\sqrt{A^2+B^2}}$,可将 z 的最值化归成可行域内的点 (x,y) 到直线 $Ax+By+C=0$ 的距离的最值的 $\sqrt{A^2+B^2}$ 倍,或者先求出 $z_1=Ax+By+C$ 的取值范围,然后再求 $z=|z_1|$ 的范围即可.

类型一 求线性目标函数的最值

例10.1 已知变量 x,y 满足约束条件 $\begin{cases}y\leqslant 2\\x+y\geqslant 1\\x-y\leqslant 1\end{cases}$,则 $z=3x+y$ 的最大值为( ).

A.12   B.11   C.3   D.-1

【解析】可行域如图10-1所示,先画出直线 $l_0:y=-3x$,平移直线 l_0,当直线过点 A 时,直线 $y=-3x+z$ 在 y 轴上的截距最大,即 $z=3x+y$ 的值最大,由 $\begin{cases}y=2\\x-y=1\end{cases}$,得 $\begin{cases}x=3\\y=2\end{cases}$,所以点 A 的坐标为 $(3,2)$,故 $z_{\max}=3\times 3+2=11$.故选B.

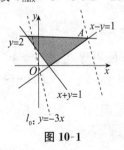

图10-1

变式拓展

1.(2016全国Ⅲ)若 x,y 满足约束条件 $\begin{cases}x-y+1\geqslant 0\\x-2y\leqslant 0\\x+2y-2\leqslant 0\end{cases}$,则 $z=x+y$ 的最大值为_____.

2.(2018北京)若 x,y 满足 $x+1 \leqslant y \leqslant 2x$,则 $2y-x$ 的最小值是_____.
扫码付费看

类型二　求非线性目标函数的最值
1.斜率型

例10.2　若实数 x,y 满足 $\begin{cases} x-y+1 \leqslant 0 \\ x>0 \end{cases}$,则 $\dfrac{y}{x}$ 的取值范围是( ).
扫码付费看

A.$(0,1)$　　　　B.$(0,1]$
C.$(1,+\infty)$　　D.$[1,+\infty)$

【解析】因为 $\dfrac{y}{x}$ 可看作可行域内的动点 (x,y) 与定点 $(0,0)$ 所在直线的斜率,可行域如图10-2阴影部分所示(不包括在 y 轴上的部分),可得所在直线的斜率范围为 $(1,+\infty)$.故选C.

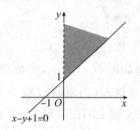

图10-2

变式拓展

1.实数 x,y 满足不等式组 $\begin{cases} y \geqslant 0 \\ x-y \geqslant 0 \\ 2x-y-2 \geqslant 0 \end{cases}$,则 $z=\dfrac{y-1}{x+1}$ 的取值范围是( ).

A.$\left[-1,\dfrac{1}{3}\right]$
B.$\left[-\dfrac{1}{2},\dfrac{1}{3}\right]$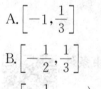
C.$\left[-\dfrac{1}{2},+\infty\right)$
D.$\left[-\dfrac{1}{2},1\right)$
扫码免费看

2.两点间的距离型

例10.3　(2016山东)变量 x,y 满足 $\begin{cases} x+y \leqslant 2 \\ 2x-3y \leqslant 9 \\ x \geqslant 0 \end{cases}$,则 x^2+y^2 的最大值是
扫码付费看
( ).
A.4　　B.9　　C.10　　D.12

【解析】不等式组表示的平面区域如图10-3阴影部分所示,由 x^2+y^2 是点 (x,y) 到原点距离的平方,故只需求出三条直线的交点 $A(3,-1)$, $B(0,2),C(0,-3)$ 到原点距离的平方,然后再进行比较.经计算 $A(3,-1)$ 是最优解, x^2+y^2 的最大值是10.故选C.

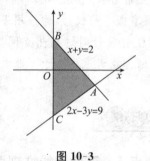

图10-3

变式拓展

1.(2016江苏)已知实数 x,y 满足 $\begin{cases} x-2y+4 \geqslant 0 \\ 2x+y-2 \geqslant 0 \\ 3x-y-3 \leqslant 0 \end{cases}$,则 x^2+y^2 的取值范
扫码付费看
围是_____.

方向二　求线性规划中参数的值或取值范围
【方法点睛】

(1)对于含参线性规划问题,当参数出现在线性约束条件中时,首先作出无参约束条件对应的平面区域,并按题设中目标函数的特殊值作出相应的直线,然后将含参约束条件中的不等号改为等号,作出在参数取某一特殊值时的直线,动态地观察当参数变化时可行域的变化情况,得到可行域内目标函数的最优解或"存在解"与含参线性约束条件的关系,确定所求参数的值或取值范围;

64

(2)对于在线性目标函数中含参的问题,可变形为斜截式,进而考查 y 轴上截距的取值情况.让直线动起来,即先找到第一个与可行域的交点(临界状态),平移直线直到与可行域中最后一个交点(临界状态)相交后停止.由此确定所求参数的值或取值范围.

类型一　求解目标函数中的参数的值或取值范围问题

典例精讲

例10.4　已知变量 x,y 满足条件
$\begin{cases} x+y \leqslant 6 \\ x-y \leqslant 2 \\ x \geqslant 0 \\ y \geqslant 0 \end{cases}$,若目标函数 $z=ax+y$
(其中 $a>0$)仅在点 $(4,2)$ 处取得最大值,则 a 的取值范围是_____.

【解析】作出不等式组所表示的平面区域 M,如图10-4所示.由目标函数 $z=ax+y(a>0)$ 仅在点 $(4,2)$ 处取得最大值,可知直线 $y=-ax+z$ 的斜率 $-a$ 要比直线 $x+y=6$ 的斜率小,即 $-a<-1$,得 $a>1$,故 a 的取值范围是 $(1,+\infty)$.

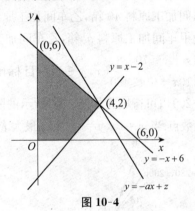

图10-4

变式拓展

1. x,y 满足约束条件 $\begin{cases} x+y-2 \leqslant 0 \\ x-2y-2 \leqslant 0 \\ 2x-y+2 \geqslant 0 \end{cases}$,
若 $z=y-ax$ 取得最大值的最优解不唯一,则实数 a 的值为( ).
A. $\dfrac{1}{2}$ 或 -1　　　B.2 或 $\dfrac{1}{2}$
C.2 或 1　　　D.2 或 -1

例10.5　设 x,y 满足约束条件
$\begin{cases} 3x-y-6 \leqslant 0 \\ x-y+2 \geqslant 0 \\ x \geqslant 0, y \geqslant 0 \end{cases}$,若目标函数 $z=ax+by(a>0,b>0)$ 的最大值为12,则 $\dfrac{2}{a}+\dfrac{3}{b}$ 的最小值为( ).
A. $\dfrac{25}{6}$　　　B. $\dfrac{8}{3}$
C. $\dfrac{11}{3}$　　　D.4

【解析】不等式组表示的平面区域如图10-5阴影部分所示,当直线 $ax+by=z(a>0,b>0)$ 过直线 $x-y+2=0$ 与直线 $3x-y-6=0$ 的交点 $(4,6)$ 时,目标函数 $z=ax+by(a>0,b>0)$ 取得最大值12,即 $4a+6b=12$,故 $\dfrac{a}{3}+\dfrac{b}{2}=1$.则 $\dfrac{2}{a}+\dfrac{3}{b}=\left(\dfrac{2}{a}+\dfrac{3}{b}\right)\cdot\left(\dfrac{a}{3}+\dfrac{b}{2}\right)=\dfrac{2}{3}+\dfrac{b}{a}+\dfrac{a}{b}+\dfrac{3}{2}=\dfrac{13}{6}+\dfrac{b}{a}+\dfrac{a}{b} \geqslant \dfrac{13}{6}+2\sqrt{\dfrac{b}{a}\cdot\dfrac{a}{b}}=\dfrac{25}{6}$(当且仅当 $a=b$ 时取等号).故选A.

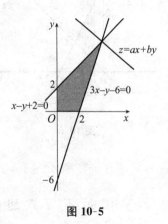

图10-5

变式拓展

1.设 x,y 满足约束条件 $\begin{cases} 2x-y+2 \geqslant 0 \\ 8x-y-4 \leqslant 0 \\ x \geqslant 0, y \geqslant 0 \end{cases}$,若目标函数 $z=abx+y$
$(a>0,b>0)$ 的最大值为8,则 $a+b$ 的最小值是_____.

类型二 求解约束条件中的参数的值或取值范围问题

例10.6 已知 $z=3x+y,x,y$ 满足 $\begin{cases}y\geqslant x\\2x+y\leqslant 3,\\x\geqslant m\end{cases}$ 且 z 的最大值是最小值的 3倍,则 m 的值是( ).

A. $\dfrac{1}{6}$ B. $\dfrac{1}{5}$ C. $\dfrac{1}{4}$ D. $\dfrac{1}{3}$

【解析】如图10-6所示,先作出两条确定的直线,对于第三条直线 $x=m$,作一条与 x 轴垂直的直线,平移直线 $z=3x+y$,当直线过点 $B(m,m)$ 时,z 取得最小值,过点 $C(1,1)$ 时,z 取得最大值,所以依题意得 $z_{max}=3z_{min}$,即 $3\times 1+1=3(3m+m)$,解得 $m=\dfrac{1}{3}$.故选D.

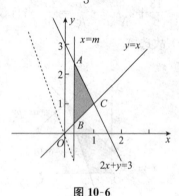

图10-6

变式拓展

1. 设实数 x,y 满足不等式组 $\begin{cases}x\geqslant 0\\y\leqslant x\\2x+y+k\leqslant 0\end{cases}$,若 $z=x+3y$ 的最大值为8,则实数 k 的值为_____.

方向三 简单线性规划问题的实际运用

【方法点睛】

常见问题有物资调运、产品安排和下料问题等.思路是先从实际问题中抽象出数量关系,然后确定其函数意义.

其解题步骤为:

(1)模型建立.

(2)模型求解.画出可行域,并结合所建立的目标函数的特点,选定可行域中的特殊点作为最优解.

(3)模型应用.将求解出来的结论反馈到具体的实例中,得出实际问题中的答案.

例10.7 某加工厂用某原料由甲车间加工出 A 产品,由乙车间加工出 B 产品,甲车间加工一箱原料需耗费工时 10 h,可加工出 7 kg A 产品,每千克 A 产品获利40元.乙车间加工一箱原料需耗费工时 6 h,可加工出 4 kg B 产品,每千克 B 产品获利50元.甲、乙两车间每天共能完成至多70箱原料的加工,每天甲、乙两车间耗费工时总和不超过480h,甲、乙两车间每天总获利最大的生产计划为( ).

A.甲车间加工原料10箱,乙车间加工原料60箱
B.甲车间加工原料15箱,乙车间加工原料55箱
C.甲车间加工原料18箱,乙车间加工原料50箱
D.甲车间加工原料40箱,乙车间加工原料30箱

【解析】设甲车间加工原料 x 箱,乙车间加工原料 y 箱,则 $\begin{cases}x+y\leqslant 70\\10x+6y\leqslant 480\end{cases}(x,y\in\mathbf{N})$,目标函数 $z=280x+200y$,可行域为如图10-7所示的阴影部分中的整数点.当 $x=15,y=55$ 时,z 最大.故选B.

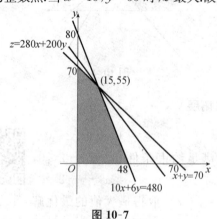

图10-7

变式拓展

1.(2016全国Ⅰ)某高科技企业生产产品 A 和产品

B 需要甲、乙两种新型材料.生产一件产品 A 需要甲材料 1.5kg,乙材料 1kg,用 5 个工时;生产一件产品 B 需要甲材料 0.5kg,乙材料 0.3kg,用 3 个工时.生产一件产品 A 的利润为 2100 元,生产一件产品 B 的利润为 900 元,该企业现有甲材料 150kg,乙材料 90kg,则在不超过 600 个工时的条件下,生产产品 A、产品 B 的利润之和的最大值为_____元.

考点 2 基本不等式

方向一 利用基本不等式求函数最值

【方法点睛】

利用基本不等式求函数最值,条件满足时可直接应用,除此之外常用的技巧有:①通过加减项的方法凑配成可以使用基本不等式的形式;②注重"1"的变换;③灵活选择和应用基本不等式的变形形式;④合理配组,反复使用基本不等式等.

类型一 直接应用基本不等式

【方法点睛】

在利用基本不等式求最值时,要把握四个方面,即"一正——各项都是正数;二定——和或积为定值;三相等——等号能否取得(对于不满足'相等'的函数求最值,可考虑利用函数单调性解题);四同时——多次使用基本不等式时,等号要同时取得",求最值时,这四个方面缺一不可.若忽视了某个条件的验证,可能会出现错误.

例10.8 (1)若 $x>0$,则函数 $f(x)=\dfrac{12}{x}+3x$ 的最小值为_____;

(2)若 $x<0$,则函数 $f(x)=\dfrac{12}{x}+3x$ 的值域为_____;

(3)已知 $x<\dfrac{5}{4}$,则函数 $y=4x-2+\dfrac{1}{4x-5}$ 的最大值为_____.

【解析】(1)因为 $x>0$,由基本不等式得 $f(x)=\dfrac{12}{x}+3x\geqslant 2\sqrt{\dfrac{12}{x}\cdot 3x}=2\sqrt{36}=12$,当且仅当 $3x=\dfrac{12}{x}$,即 $x=2$ 时,$f(x)$ 取最小值12.

(2)因为 $x<0$,所以 $-x>0$,则 $f(x)=-\left[\dfrac{12}{-x}+(-3x)\right]$,

且 $\dfrac{12}{-x}+(-3x)\geqslant 2\sqrt{\dfrac{12}{-x}\cdot(-3x)}=12$,

所以 $f(x)\leqslant -12$,当且仅当 $\dfrac{12}{-x}=-3x(x<0)$,即当 $x=-2$ 时,$f(x)$ 取最大值 -12.

故函数 $f(x)$ 的值域为 $(-\infty,-12]$.

(3)因为 $x<\dfrac{5}{4}$,所以 $5-4x>0$,

所以 $y=(4x-2)+\dfrac{1}{4x-5}$

$=-\left(5-4x+\dfrac{1}{5-4x}\right)+3$.

由 $5-4x+\dfrac{1}{5-4x}\geqslant 2\sqrt{(5-4x)\cdot\dfrac{1}{5-4x}}=2$

(当且仅当 $5-4x=\dfrac{1}{5-4x}$,即 $x=1$ 时取"="),

得 $y\leqslant -2+3=1$.所以当 $x=1$ 时,$y_{\max}=1$.

变式拓展

1.若 $x\in\left(-\dfrac{\pi}{2},\dfrac{\pi}{2}\right)$,则 $f(x)=\cos x+\dfrac{3}{\cos x}$ 的最小值是_____.

类型二 配凑定值应用基本不等式

【方法点睛】

如果给出的形式不能直接使用基本不等式,可以通过"凑项"使积为定值;"凑系数"使和为定值;"换元"使积式为定值等.

例10.9 已知 $x\geqslant 1$,则 $f(x)=\dfrac{x^2+x+1}{2x+1}$ 的最小值是( ).

A.$\dfrac{1}{4}$ B.1   C.2   D.3

【解析】令 $2x+1=t(t\geqslant 3)$,则 $x=\dfrac{t-1}{2}$,代回原式可得

$f(x)=\dfrac{x^2+x+1}{2x+1}=\dfrac{\left(\dfrac{t-1}{2}\right)^2+\dfrac{t-1}{2}+1}{t}=\dfrac{1}{4}\cdot\dfrac{t^2+3}{t}=\dfrac{1}{4}\left(t+\dfrac{3}{t}\right)$.由 $t\geqslant 3$ 和对勾函数的性质可知,当 $t=3$ 时,$f(x)$ 取得最小值 1,此时 $x=1$.故选 B.

变式拓展

1. 函数 $y=\dfrac{x^2+3}{x+1}\left(x\geqslant\dfrac{1}{2}\right)$ 的值域为 _____.

2. 函数 $y=\dfrac{x^2+3}{\sqrt{x^2+1}}$ 的最小值是 _____.

典例精讲

例 10.10 设 $x\geqslant 0,y\geqslant 0,x^2+\dfrac{y^2}{2}=1$,则 $x\sqrt{1+y^2}$ 的最大值为 _____.

【解析】因为 $x\geqslant 0,y\geqslant 0,x^2+\dfrac{y^2}{2}=1$,

所以 $x\sqrt{1+y^2}=\sqrt{x^2(1+y^2)}=\sqrt{2}\sqrt{x^2\cdot\dfrac{1+y^2}{2}}\leqslant\sqrt{2}\cdot\dfrac{x^2+\dfrac{1+y^2}{2}}{2}=\sqrt{2}\cdot\dfrac{x^2+\dfrac{y^2}{2}+\dfrac{1}{2}}{2}=\dfrac{3\sqrt{2}}{4}$(当且仅当 $x^2=\dfrac{1+y^2}{2}$ 时取"=",即 $x=\dfrac{\sqrt{3}}{2},y=\dfrac{\sqrt{2}}{2}$ 时取"=").故 $x\sqrt{1+y^2}$ 的最大值为 $\dfrac{3\sqrt{2}}{4}$.

变式拓展

1. 设 $0<x<2$,则 $\sqrt{6x(8-3x)}$ 的最大值为 _____.

类型三 常数代换应用基本不等式

【方法点睛】

已知是和式,所求也是和式;且一个是整式,另一个是分式;已知和式可以变为常数"1"(1 或者其他常数).一般符合这些特征的可以使用"1"的变换来求最值.基本原理是,所求式乘以一个常数(已知式),可以化成可使用基本不等式的形式.

典例精讲

例 10.11 已知 $x>0,y>0$,且 $\dfrac{1}{x}+\dfrac{9}{y}=1$,则 $x+y$ 的最小值是 _____.

【解析】解法一:因为 $x>0,y>0,\dfrac{1}{x}+\dfrac{9}{y}=1$,

所以 $x+y=(x+y)\left(\dfrac{1}{x}+\dfrac{9}{y}\right)=1+\dfrac{9x}{y}+\dfrac{y}{x}+9=10+\dfrac{9x}{y}+\dfrac{y}{x}\geqslant 10+2\sqrt{\dfrac{9x}{y}\cdot\dfrac{y}{x}}=16$.

当且仅当 $\begin{cases}\dfrac{9x}{y}=\dfrac{y}{x}\\ \dfrac{1}{x}+\dfrac{9}{y}=1\\ x>0,y>0\end{cases}$,即当 $\begin{cases}x=4\\ y=12\end{cases}$ 时,$x+y$ 的最小值为 16.

解法二:由 $x>0,y>0,\dfrac{1}{x}+\dfrac{9}{y}=1$,得 $x=\dfrac{y}{y-9}$,且 $y>9$,所以 $x+y=\dfrac{y}{y-9}+y=1+\dfrac{9}{y-9}+y=(y-9)+\dfrac{9}{y-9}+10$.因为 $y>9$,所以 $y-9>0$,所以 $(y-9)+\dfrac{9}{y-9}+10\geqslant 2\sqrt{(y-9)\cdot\dfrac{9}{y-9}}+10=16$.

当且仅当 $y-9=\dfrac{9}{y-9}$,即 $y=12$ 时取等号,此时 $x=4$.所以当 $x=4,y=12$ 时,$x+y$ 取得最小值 16.

变式拓展

1. 若 $\log_4(3a+4b)=\log_2\sqrt{ab}$,则 $a+b$ 的最小值是( ).
A. $6+2\sqrt{3}$ B. $7+2\sqrt{3}$
C. $6+4\sqrt{3}$ D. $7+4\sqrt{3}$

类型四 和积转化应用基本不等式

【方法点睛】

已知含有 xy 和 $x+y$ 的等式,求 xy 或 $x+y$ 的最值或者取值范围:

(1)将所求式设为 t，则原等式可以化为以 t 为元、含有 x,y 之一的一元二次方程，用判别式法来求解 t 的范围；

(2)将 xy 和 $x+y$ 看成两个元，可以利用基本不等式进行消元，转化成一元二次不等式求解．

典例精讲

例 10.12 若正数 a,b 满足 $ab=a+b+3$，则：

(1) ab 的取值范围是 _____；

(2) $a+b$ 的取值范围是 _____．

【解析】(1)**解法一（基本不等式法）**：$ab=a+b+3\geqslant 2\sqrt{ab}+3$，当且仅当 $a=b$ 时取等号，所以 $(\sqrt{ab})^2-2\sqrt{ab}-3\geqslant 0$，得 $\sqrt{ab}\geqslant 3$ 或 $\sqrt{ab}\leqslant -1$（舍），所以 $\sqrt{ab}\geqslant 3$，故有 $ab\geqslant 9$．当且仅当 $a=b=3$ 时取等号，即 ab 的取值范围是 $[9,+\infty)$．

解法二（判别式法）：令 $ab=t(t>3)$，则 $b=\dfrac{t}{a}$，代入原式得，$t=a+\dfrac{t}{a}+3$，整理得 $a^2+(3-t)a+t=0$．由 $\begin{cases}\Delta=(3-t)^2-4t\geqslant 0\\-(3-t)>0\\t>0\end{cases}$，解得 $t\geqslant 9$，即 ab 的取值范围是 $[9,+\infty)$．

解法三（函数性质法）：由 $ab=a+b+3$，得 $a=\dfrac{b+3}{b-1}$．因为 $a>0,b>0$，所以 $\dfrac{b+3}{b-1}>0$，得 $b>1$．$ab=\dfrac{b(b+3)}{b-1}$．令 $t=b-1(t>0)$，则 $ab=t+\dfrac{4}{t}+5$，由对勾函数知当 $t=2$ 时，有 $(ab)_{\min}=9$，即 ab 的取值范围是 $[9,+\infty)$．

(2)**解法一（基本不等式法）**：$ab=a+b+3\leqslant \left(\dfrac{a+b}{2}\right)^2$，当且仅当 $a=b$ 时取等号．

令 $S=a+b>0$，则 $S+3\leqslant \dfrac{S^2}{4}$，整理得 $S^2-4S-12\geqslant 0$，所以 $S\geqslant 6$ 或 $S\leqslant -2$（舍），即 $a+b$ 的取值范围是 $[6,+\infty)$．

解法二（判别式法）：令 $a+b=t(t>0)$，则 $b=t-a$，代入原式得 $a(t-a)=t+3$，整理得 $a^2-at+t+3=0$．由 $\begin{cases}\Delta=t^2-4(t+3)\geqslant 0\\4(t-3)>0\\t>0\end{cases}$，解得 $t\geqslant 6$，即 $a+b$ 的取值范围是 $[6,+\infty)$．

变式拓展

1.已知 $x>0,y>0,x+y+\sqrt{xy}=2$，则 $x+y$ 的取值范围是 _____．

2.已知 $x>0,y>0$ 满足 $x+2y+2xy=8$，则 $x+2y$ 的最小值是（　　）．

A.3　　B.4　　C.$\dfrac{9}{2}$　　D.$\dfrac{11}{2}$

类型五　合理配组应用基本不等式

【方法点睛】

表达式中含有两个字母，且由三个式子的和组成，为了求其最值，通常将所求式合理"变形"与"分组"，利用两次基本不等式求其最值，注意两次取"="的条件要同时满足．

典例精讲

例 10.13 设 $a>b>0$，则 $a^2+\dfrac{1}{ab}+\dfrac{1}{a(a-b)}$ 的最小值是（　　）．

A.1　　B.2　　C.3　　D.4

【解析】**解法一**：因为 $\dfrac{2}{\dfrac{1}{a}+\dfrac{1}{b}}\leqslant \dfrac{a+b}{2}$，所以 $a+b\geqslant \dfrac{4}{\dfrac{1}{a}+\dfrac{1}{b}}$，故 $\dfrac{1}{ab}+\dfrac{1}{a(a-b)}\geqslant \dfrac{4}{ab+a(a-b)}=\dfrac{4}{a^2+ab-ab}=\dfrac{4}{a^2}$，

则 $a^2+\dfrac{1}{ab}+\dfrac{1}{a(a-b)}\geqslant a^2+\dfrac{4}{a^2}\geqslant 2\sqrt{a^2\cdot\dfrac{4}{a^2}}=4$，当且仅当 $ab=a^2-ab$ 与 $a^4=4,a>b>0$ 同时成立时，取"="，即当 $a=\sqrt{2},b=\dfrac{\sqrt{2}}{2}$ 时，$a^2+\dfrac{1}{ab}+\dfrac{1}{a(a-b)}$ 取最小值 4．故选 D．

解法二：$a^2+\dfrac{1}{ab}+\dfrac{1}{a(a-b)}=a^2+\dfrac{1}{ab}+\dfrac{1}{a}\cdot\left(\dfrac{1}{a-b}-\dfrac{1}{a}\right)=a^2+\dfrac{1}{b(a-b)}$，因为 $b>0, a-b>0$，所以 $b(a-b)\leqslant\left(\dfrac{a}{2}\right)^2=\dfrac{a^2}{4}$，当且仅当 $a=2b$ 时取"="，则 $a^2+\dfrac{1}{b(a-b)}\geqslant a^2+\dfrac{4}{a^2}\geqslant 2\sqrt{a^2\cdot\dfrac{4}{a^2}}=4$，当且仅当 $a=\sqrt{2}$ 时取"="，所以当 $a=\sqrt{2}, b=\dfrac{\sqrt{2}}{2}$ 时，取最小值为 4.故选 D.

解法三：$a^2+\dfrac{1}{ab}+\dfrac{1}{a(a-b)}=ab+a(a-b)+\dfrac{1}{ab}+\dfrac{1}{a(a-b)}\geqslant 2\sqrt{a(a-b)\cdot\dfrac{1}{a(a-b)}}+2\sqrt{ab\cdot\dfrac{1}{ab}}=4$，当且仅当 $\begin{cases}a(a-b)=\dfrac{1}{a(a-b)}\\ab=\dfrac{1}{ab}\end{cases}$，即 $\begin{cases}a=\sqrt{2}\\b=\dfrac{\sqrt{2}}{2}\end{cases}$ 时取"="，所以 $a^2+\dfrac{1}{ab}+\dfrac{1}{a(a-b)}$ 的最小值为 4.故选 D.

变式拓展

1. 已知 $a>0, b>0, a+b=4$，求 $\left(a+\dfrac{1}{a}\right)^2+\left(b+\dfrac{1}{b}\right)^2$ 的最小值是（　　）.

A. $\dfrac{9}{2}$　　B. 5　　C. $\dfrac{25}{4}$　　D. $\dfrac{25}{2}$

方向二　基本不等式的实际应用

【方法点睛】

利用基本不等式解决实际问题时，一般可以把要求最大（小）值的变量定为函数，把实际问题抽象成函数的最大值或最小值问题，然后在定义域内求出函数的最大值或最小值即可.

例 10.14 围建一个面积为 360 m² 的矩形场地，要求矩形场地的一面利用旧墙（利用旧墙需维修），其他三面围墙要新建，在旧墙的对面的新墙上要留一个宽度为 2 m 的进出口，如图 10-8 所示，已知

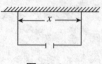

图 10-8

旧墙的维修费用为 45 元/m，新墙的造价为 180 元/m，设利用的旧墙的长度为 x（单位：m）.修建此矩形场地围墙的总费用最少为_____元，此时利用的旧墙长度为_____m.

【解析】如题图所示，设矩形的另一边长为 a m，修建此矩形场地围墙的总费用为 y 元，则 $y=45x+180(x-2)+180\cdot 2a=225x+360a-360$.

由已知 $xa=360$，得 $a=\dfrac{360}{x}$，

所以 $y=225x+\dfrac{360^2}{x}-360(x\geqslant 2)$.

因为 $x\geqslant 0$，所以 $225x+\dfrac{360^2}{x}\geqslant 2\sqrt{225\times 360^2}=10800$，

所以 $y=225x+\dfrac{360^2}{x}-360\geqslant 10440$，

当且仅当 $225x=\dfrac{360^2}{x}$，即 $x=24$ 时等号成立.

所以修建围墙的最小总费用是 10440 元，利用的旧墙长度为 24 m.

变式拓展

1. 首届世界低碳经济大会在南昌召开，本届大会以"节能减排，绿色生态"为主题.某单位在国家科研部门的支持下，进行技术攻关，采用了新工艺，把二氧化碳转化为一种可利用的化工产品.已知该单位月处理成本 y（元）与月处理量 x（t）之间的函数关系可近似地表示为 $y=\dfrac{1}{2}x^2-200x+80000$，则每吨的平均处理成本最低为_____元，此时该单位的月处理量为_____吨.

2. 要制作一个容积为 4 m³，高为 1 m 的无盖长方体容器.已知该容器的底面造价是每平方米 20 元，侧面造价是每平方米 10 元，则该容器的最低总造价是（　　）.

A. 80 元　　B. 120 元
C. 160 元　　D. 240 元

A组 基础演练

1. $\sqrt{(3-a)(a+6)}$ $(-6\leqslant a\leqslant 3)$ 的最大值为( ).
   A.9   B.$\dfrac{9}{2}$ C.3   D.$\dfrac{3\sqrt{3}}{2}$

2. 已知实数 x,y 满足 $\begin{cases} x-2y+1\geqslant 0 \\ |x|-y-1\leqslant 0 \end{cases}$,则 $z=2x+y$ 的最大值为( ).
   A.4   B.6   C.8   D.10

3. 已知 $x\geqslant \dfrac{5}{2}$,则 $f(x)=\dfrac{x^2-4x+5}{2x-4}$ 有( ).
   A. 最大值 $\dfrac{5}{4}$ B. 最小值 $\dfrac{5}{4}$
   C. 最大值 1   D. 最小值 1

4. 已知正三角形 ABC 的顶点 $A(1,1),B(1,3)$,顶点 C 在第一象限,若点 (x,y) 在 $\triangle ABC$ 内部,则 $z=-x+y$ 的取值范围是( ).
   A.$(1-\sqrt{3},2)$ B.$(0,1+\sqrt{3})$
   C.$(\sqrt{3}-1,2)$ D.$(0,2)$

5. 设 $x,y\in \mathbf{R},a>1,b>1$. 若 $a^x=b^y=3$,$a+b=2\sqrt{3}$,则 $\dfrac{1}{x}+\dfrac{1}{y}$ 的最大值为( ).
   A.2   B.$\dfrac{3}{2}$ C.1   D.$\dfrac{1}{2}$

6. 若 x,y 满足约束条件 $\begin{cases} x+y\geqslant 1 \\ x-y\geqslant -1 \\ 2x-y\leqslant 2 \end{cases}$,目标函数 $z=ax+2y$ 仅在点 $(1,0)$ 处取得最小值,则 a 的取值范围是( ).
   A.$(-1,2)$ B.$(-4,2)$
   C.$(-4,0]$ D.$(-2,4)$

7. 设 x,y 满足约束条件 $\begin{cases} 3x-y-6\leqslant 0 \\ x-y+2\geqslant 0 \\ x\geqslant 0,y\geqslant 0 \end{cases}$,若目标函数 $z=\dfrac{x}{a}+\dfrac{y}{b}(a>0,b>0)$ 的最大值为2,则 $\dfrac{a}{3}+\dfrac{b}{2}$ 的最小值为( ).
   A.$\dfrac{25}{6}$ B.$\dfrac{8}{3}$ C.$\dfrac{11}{3}$ D.4

8. 若变量 x,y 满足约束条件 $\begin{cases} 3\leqslant 2x+y\leqslant 9 \\ 6\leqslant x-y\leqslant 9 \end{cases}$,则 $z=x+2y$ 的最小值为_____.

9. (2017 江苏) 某公司一年购买某种货物 600 吨,每次购买 x 吨,运费为 6 万元/次,一年的总存储费用为 $4x$ 万元.要使一年的总运费与总存储费用之和最小,则 x 的值是_____.

10. 设实数 x,y 为正实数,若 $4x^2+y^2+xy=1$,则 $2x+y$ 的最大值是_____.

B组 强化提升

11. 已知平面区域 D 由以 $A(1,3),B(5,2),C(3,1)$ 为顶点的三角形内部和边界组成.若在区域 D 上有无穷多个点 (x,y) 可使目标函数 $z=x+my$ 取得最小值,则 $m=$( ).
    A.-2   B.-1   C.1   D.4

12. 如果函数 $f(x)=\dfrac{1}{2}(m-2)x^2+(n-8)x+1$ $(m\geqslant 0,n\geqslant 0)$ 在区间 $\left[\dfrac{1}{2},2\right]$ 上单调递减,那么 mn 的最大值为_____.

13. 当 $x\in(1,2)$ 时,不等式 $x^2+mx+4<0$ 恒成立,则 m 的取值范围是_____.

14. 若实数 x,y 满足不等式组 $\begin{cases} x+y\geqslant 1 \\ x+y\leqslant 2 \\ xy\geqslant 0 \end{cases}$,则 $\omega=\dfrac{y+1}{x+y+2}$ 的取值范围是_____.

15. 某人上午 7 时乘摩托艇以匀速 v km/h($4\leqslant v\leqslant 20$)从 A 港出发到距其 50 km 的 B 港去,然后乘汽车以匀速 w km/h($30\leqslant w\leqslant 100$)自 B 港向距其 300 km 的 C 市驶去.应该在同一天下午 4 时至 9 时到达 C 市.设乘摩托艇、汽车所需要的时间分别是 x h,y h.若所需的经费为 $p=131-2x-3y$ 元,那么当 $v=$_____,$w=$_____ 时,所需经费最少,这时需要的经费为_____元.

第十一节 小题常考专题——空间线面位置关系、三视图与空间角

立体几何中判断空间线面位置关系问题与三视图问题是历年高考小题常考热点问题.

1.空间线面位置关系几乎每年都会出现此类题型,由于解答题中每年都会考查空间线面位置关系的证明,所以高考数学在选择题、填空题部分对于线面位置关系的考查,一般来说难度较易或中等水平.

2.三视图问题在全国卷高考数学中多以选择题的形式出现,通常考查三视图的判断或已知三视图求几何体的体积、表面积等,从近三年全国卷对三视图的考查情况来看,难度有降低的趋势,但是同学们仍不能掉以轻心!

3.空间角问题在近年高考选择题、填空题中也时常出现,特别是线线角与线面角问题,出现在选填题的可能性较大,务必引起重视!

考点1 空间线面位置关系

【方法点睛】

通常来说,解决判断空间中线线、线面、面面位置关系的选择题、填空题的方法有如下两种:

(1)模型法:通常来说,对于较抽象的题目,即题干中只给出线、面的位置关系等条件的题目,构造模型是解决问题的一把利器,常见的模型即长方体模型与正方体模型,即将满足题干条件位置关系的直线、平面放入相应长方体或正方体中,针对选项进行排除.

(2)推演法:通常来说,题干条件中已经给出几何体图形的题目,多采用推演法来解决,即利用立体几何中的公理、定理、性质等直接推演.

例11.1 设 l 是直线,α,β 是两个不同的平面,则下列命题正确的是( ).
A.若 $l//\alpha,l//\beta$,则 $\alpha//\beta$
B.若 $l//\alpha,l\perp\beta$,则 $\alpha\perp\beta$
C.若 $\alpha\perp\beta,l\perp\alpha$,则 $l//\beta$
D.若 $\alpha\perp\beta,l//\alpha$,则 $l\perp\beta$

【分析】对于线面、面面平行(垂直)的位置大小的判定,常采用构造长方体,化抽象为直观的策略来解决.

【解析】借助长方体模型.

对于选项A,如图11-1所示,取 B_1C_1 为 l,平面 AC 为 α,平面 AD_1 为 β,则 $l//\alpha,l//\beta$,但 α 与 β 相交,排除A.

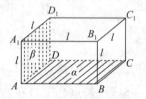

图11-1

对于选项C,如图11-1所示,取平面 AC 为 α,平面 AD_1 为 β,则 $\alpha\perp\beta$,再取 BB_1 为 l,则 $l\perp\alpha$,但 $l//\beta$,若取 AA_1 为 l,则也有 $l\perp\alpha$,但 $l\subset\beta$,排除C.

对于选项D,如图11-1所示,取平面 AC 为 α,平面 AD_1 为 β,则 $\alpha\perp\beta$,再取 B_1C_1 为 l,则 $l//\alpha$,但 $l//\beta$,若取 A_1D_1 为 l,则也有 $l//\alpha$,但 $l\subset\beta$,若取 A_1B_1 为 l,则也有 $l//\alpha$,此时有 $l\perp\beta$,故排除D.

故选B.

【评注】构造法实质上是结合题意构造几何模型,然后将问题利用模型直观地进行判断,这样就减少了抽象性,避免了因考虑不周导致的解题错误,降低了立体几何问题的难度.

🎯 **变式拓展**

1.已知 m,n 表示两条不同的直线,α 表示一个平面,下列说法正确的是( ).
A.若 $m//\alpha,n//\alpha$,则 $m//n$
B.若 $m\perp\alpha,n\subset\alpha$,则 $m\perp n$
C.若 $m\perp\alpha,m//n$,则 $n//\alpha$
D.若 $m//\alpha,m\perp n$,则 $n\perp\alpha$

例11.2 (2019全国Ⅲ)如图11-2所示,点 N 为正方形 $ABCD$ 的中心,△ECD 为正三角形,平面 ECD⊥平面 $ABCD$,M 是线段 ED 的中点,则( ).

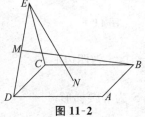

图 11-2

A.$BM=EN$,且直线 BM,EN 是相交直线
B.$BM \neq EN$,且直线 BM,EN 是相交直线
C.$BM=EN$,且直线 BM,EN 是异面直线
D.$BM \neq EN$,且直线 BM,EN 是异面直线

【分析】显然,本题不适合采用正方体或长方体模型来处理.(1)对于 BM 与 EN 的大小关系,可利用题中已知的面面垂直的性质定理,构造直角三角形,将 BM 与 EN 分别置于相应的三角形中,利用正三角形、正方形的性质及勾股定理求得 BM 与 EN,再进行判断;(2)能轻易知道的是 BM 与 DE 共面,EN 与 DE 也共面,所以只需判断 EN 是否在平面 BDE 中,即判断点 N 是否在平面 BDE 中即可.

【解析】如图11-3所示,联结 BE,BD.
因为点 N 为正方形 $ABCD$ 的中心,△ECD 为正三角形,平面 ECD⊥平面 $ABCD$,M 是线段 ED 的中点,所以 $BM \subset$ 平面 BDE,$EN \subset$ 平面 BDE,因为 BM 是 △BDE 中边 DE 上的中线,EN 是 △BDE 中边 BD 上的中线,直线 BM,EN 是相交直线,设 $DE=a$,则 $BD=\sqrt{2}a$,$BE=\sqrt{\frac{3}{4}a^2+\frac{5}{4}a^2}=\sqrt{2}a$,
所以 $BM=\frac{\sqrt{6}}{2}a$,$EN=\sqrt{\frac{3}{4}a^2+\frac{1}{4}a^2}=a$,
所以 $BM \neq EN$.故选 B.

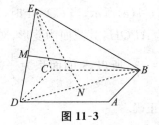

图 11-3

变式拓展

1.在空间四边形 $ABCD$ 的边 AB,BC,CD,DA 上分别取 E,F,G,H 四点,如果 EF 与 GH 交于点 P,则( ).

A.点 P 一定在直线 BD 上
B.点 P 一定在直线 AC 上
C.点 P 一定既在直线 AC 上又在直线 BD 上
D.点 P 既不在直线 AC 上又不在直线 BD 上

考点2 折叠问题中的空间线面位置关系

【方法点睛】

平面图形通过折叠变为立体图形,就在图形变化的过程中,折叠前后有些量(长度、角度)没有发生变化,我们称其为"不变量",求解立体几何中的折叠问题,抓住"不变量"是关键.主要抓住两个关键点:不变的线线关系、不变的数量关系.不变的线线关系,尤其是平面图形中的线线平行、线线垂直是判断空间平行、垂直关系的起点和重要依据;不变的数量关系是求解几何体的表面积、体积、空间角与距离等的重要依据.

典例精讲

例11.3 如图11-4(a)所示,在四边形 $ABCD$ 中,$AD \parallel BC$,$AD=AB$,$\angle BCD=45°$,$\angle BAD=90°$.将 △ADB 沿线段 BD 折起,使平面 ABD⊥平面 BCD,构成三棱锥 A-BCD,如图11-4(b)所示,则在三棱锥 A-BCD 中,下列命题中正确的是( ).

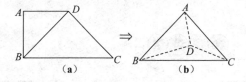

图 11-4

A.平面 ABD⊥平面 ABC
B.平面 ADC⊥平面 BDC
C.平面 ABC⊥平面 BDC
D.平面 ADC⊥平面 ABC

【分析】注意折叠前后的不变量,利用面面垂直的判

定方法进行判断.

【解析】因为在四边形 $ABCD$ 中, $AD//BC$, $AD=AB$, $\angle BCD=45°$, $\angle BAD=90°$, 所以 $BD\perp CD$. 又因为平面 $ABD\perp$ 平面 BCD, 且平面 $ABD\cap$ 平面 $BCD=BD$, 故 $CD\perp$ 平面 ABD, $CD\perp AB$. 又因为 $AD\perp AB$, $AD\cap CD=D$, $AD,CD\subset$ 平面 ACD, 故 $AB\perp$ 平面 ADC. 所以平面 $ABC\perp$ 平面 ADC. 故选 D.

变式拓展

1. 如图 11-5 所示, 点 E 为正方形 $ABCD$ 边 CD 上异于点 C, D 的动点, 将 $\triangle ADE$ 沿 AE 翻折成 $\triangle SAE$, 使得平面 $SAE\perp$ 平面 $ABCE$, 则下列三个说法中正确的个数是( ).
①存在点 E 使得直线 $SA\perp$ 平面 SBC; ②平面 SBC 内存在直线与 SA 平行; ③平面 $ABCE$ 内存在直线与平面 SAE 平行.
A.0   B.1   C.2   D.3

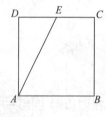 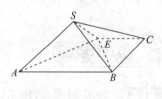

图 11-5

考点 3 截面问题

【方法点睛】
截面问题是平面基本性质的具体应用, 先由确定平面的条件确定平面, 然后作出该截面, 并确定该截面的形状.

典例精讲

例 11.4 如图 11-6 所示, 正方体 $ABCD$-$A_1B_1C_1D_1$ 的棱长为 1, P 为 BC 的中点, Q 为线段 CC_1 上的动点, 过点 A,P,Q 的平面截该正方体所得的截面记为 S. 则下列命题中正确的是_____(写出所有正确命题的编号).

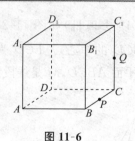

图 11-6

①当 $0<CQ<\dfrac{1}{2}$ 时, S 为四边形;

②当 $CQ=\dfrac{1}{2}$ 时, S 为等腰梯形;

③当 $CQ=\dfrac{3}{4}$ 时, S 与 C_1D_1 的交点 R 满足 $C_1R=\dfrac{1}{3}$;

④当 $\dfrac{3}{4}<CQ<1$ 时, S 为六边形;

⑤当 $CQ=1$ 时, S 的面积为 $\dfrac{\sqrt{6}}{2}$.

【分析】本题重点考查了截面问题, 对于截面问题要利用平面的确定公理作为理论背景, 尤其是两条平行直线确定一个平面.

【解析】对于①②, 因为正方体 $ABCD$-$A_1B_1C_1D_1$ 的棱长为 1, 当 $CQ=\dfrac{1}{2}$ 时, $|PQ|=\dfrac{\sqrt{2}}{2}$, 此时过点 A,P,Q 的截面与正方体表面交于点 D_1, 且 $PQ//AD_1$, 如图 11-7(a)所示, $AP=D_1Q=\dfrac{\sqrt{5}}{2}$, 截面 S 为等腰梯形.

当 $0<CQ<\dfrac{1}{2}$ 时, 过 A,P,Q 三点的截面与正方体表面的交点在棱 DD_1 上, 截面 S 为四边形, 如图 11-7(b)所示, 故①②正确;

③如图 11-7(c)所示, 当 $CQ=\dfrac{3}{4}$ 时, $\dfrac{C_1R}{CT}=\dfrac{C_1Q}{QC}=\dfrac{1}{3}$, 又 $CT=1$, 得 $C_1R=\dfrac{1}{3}$, 故③正确;

④如图 11-7(d)所示, 当 $CQ=\dfrac{4}{5}$ 时, 过点 A,P,Q 的平面截正方体所得的截面为五边形 $APQRH$, 故④不正确;

⑤如图 11-7(e)所示, 当 $CQ=1$ 时, 过点 A,P,Q 的截面为 $APQH$, 其截面为菱形, 对角线 $HP=\sqrt{2}$, $AQ=\sqrt{3}$, 所以 S 的面积为 $\dfrac{1}{2}\times\sqrt{2}\times\sqrt{3}=\dfrac{\sqrt{6}}{2}$. 故⑤正确.

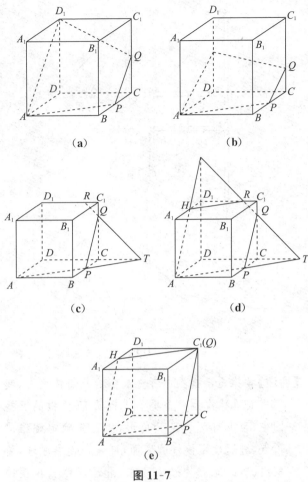

图 11-7

综上所述,正确的命题序号是①②③⑤.

变式拓展

1.(2018全国Ⅰ)已知正方体的棱长为1,每条棱所在直线与平面α所成的角都相等,则α截此正方体所得截面面积的最大值为(   ).

A.$\dfrac{3\sqrt{3}}{4}$ B.$\dfrac{2\sqrt{3}}{3}$

C.$\dfrac{3\sqrt{2}}{4}$ D.$\dfrac{\sqrt{3}}{2}$

考点4　已知几何体确定三视图

【方法点睛】

判断几何体的三个视图先要了解三视图的画法.画三视图前,应把几何体的结构弄清楚,明确几何体的摆放位置,一般先画正视图,再画俯视图,最后画侧视图.被遮住的轮廓线要画成虚线.物体上每一组成部分的三视图都应该符合三条投影规律,务必做到长对正,高平齐,宽相等.若相邻两个物体表面相交,表面的交线是它们的分界线;对于简单组合体,要注意它们的组合方式,特别是它们的交线的位置.

例11.5 (2018全国Ⅲ)中国古建筑借助榫卯将木构件连接起来,构件的凸出部分叫榫头,凹进部分叫卯眼,图中木构件右边的小长方体是榫头.若如图11-8摆放的木构件与某一带卯眼的木构件咬合成长方体,则咬合时带卯眼的木构件的俯视图可以是(   ).

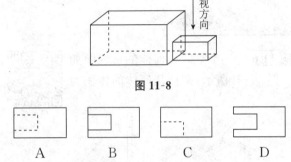

图 11-8

A　　B　　C　　D

【分析】本题首先考查学生对空间几何体直观图的理解,再就是空间想象力,最后才是空间几何体的三视图问题.

【解析】结合原图榫头的位置,且卯眼在俯视方向上是被遮挡的,轮廓线为虚线.故选A.

【评注】直观图是对空间几何体的一种呈现形式,需要考生有一定的空间想象能力,其次才是三视图,也是对几何体的一种观察方式,要深刻理解三视图的平行投影原理.

变式拓展

1.如图11-9所示,△ABC为正三角形,$AA'\parallel BB'\parallel CC'$,$CC'\perp$平面ABC且$3AA'=\dfrac{3}{2}BB'=CC'=AB$,则多面体$ABC-A'B'C'$的正视图(也称主视图)是(   ).

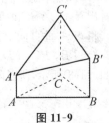

图 11-9

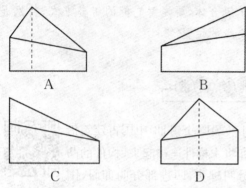

考点 5　已知棱锥的三视图还原几何体

【方法点睛】

棱锥的三视图还原几何体多采用"提点成形法"，具体方法参考例 11.6.

例 11.6　一个空间几何体的三视图如图 11-10 所示，则该几何体的体积为_____．

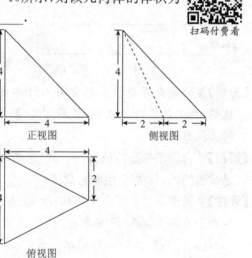

图 11-10

【分析】由三视图可知，该几何体为棱锥，找到顶点在底面上的投影，提拉即可．

【解析】由三视图呈现原理可知，顶点 P 在底面上的投影为 A，如图 11-11(1) 所示（主视图 $PA \perp AD$，顶点在底面上的投影在几何体的左侧；侧视图 $PA \perp AB$，顶点在底面上的投影在几何体的后面），画出底面 $ABCD$ 的直观图，如图 11-11(2) 所示，将点 A 垂直向上提拉 4 个单位高度至点 P，联结 PB，PC，PD，得到四棱锥 P-$ABCD$ 如图 11-11(3) 所示，所以该几何体的体积

$$V = \frac{1}{3}S_{\text{底}} \cdot h = \frac{1}{3} \times \left[\frac{1}{2} \times (2+4) \times 4\right] \times 4 = 16.$$

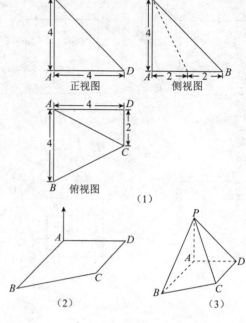

图 11-11

【评注】棱锥是三视图中考查最多的几何体之一，我们将其单独作为一个类型进行研究．棱锥的三视图中，至少有两个是三角形，故可先确定棱锥的顶点，进而确定棱锥的底面，再结合投影原理，将实线、虚线对应的平面还原，最后对照三视图确定每一个顶点即可．我们可将这种还原几何体的方法叫作"提点成形法"，有"点石成金"之效，"拔地而起"之感．

变式拓展

1.(2018 北京)某四棱锥的三视图如图 11-12 所示，在此四棱锥的侧面中，直角三角形的个数为(　　)．

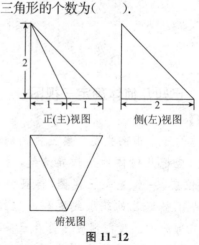

图 11-12

A.1　　B.2　　C.3　　D.4

考点6 已知多面体的三视图还原几何体

【方法点睛】

多面体(当然也包括棱锥)的三视图还原几何体多采用"截面法",即借助特殊几何体(长方体、正方体)对几何体进行还原,具体方法参考例11.7.

例11.7 若某四面体的三视图如图11-13所示,则该四面体的体积为_____.

图11-13

【分析】本题是典型的截面法.由三视图没法判断是否为棱锥,但可以确定和正方体有关,所以可通过正方体挖出符合要求的几何体,有点"金蝉脱壳"的感觉.

【解析】如图11-14所示,在棱长为3的正方体 $ABCD\text{-}A_1B_1C_1D_1$ 中,由正视图,联结 BC_1, A_1D;由侧视图,联结 BA_1, DC_1;由俯视图,联结 BD, A_1C_1.

形成四个截面分别为平面 BA_1C_1、平面 DA_1C_1、平面 BDA_1、平面 BDC_1.

综合题意可知,四面体 BDA_1C_1 即为所求,相当于用截面将正方体四个角截掉,故可求其体积为

$3^3 - 4 \times \dfrac{1}{6} \times 3^3 = 9$.

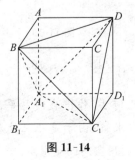

图11-14

【评注】无论是例11.6的提点成形法还是例11.7的截面法,两种方法其实都可以通过借助特殊几何体进行还原操作.即截面法是通法,只是需要对平面的基本性质、截面的作法,以及三视图成像原理有一定的把握.

变式拓展

1.已知某棱锥的三视图如图11-15所示,则该棱锥的体积为_____.

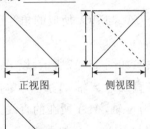

图11-15

考点7 异面直线成角

【方法点睛】

方法一:通过选点平移法将异面直线所成的角转化为共面相交的两直线的夹角来求解,但要注意两条异面直线所成的角的范围是 $\left(0, \dfrac{\pi}{2}\right]$.

方法二(向量法):设两异面直线 a 和 b 的方向向量分别为 $\boldsymbol{a}$ 和 $\boldsymbol{b}$,利用夹角余弦公式可求得直线 a 与 b 的夹角 α 的大小,且 $\cos\alpha = |\cos\langle\boldsymbol{a},\boldsymbol{b}\rangle| = \dfrac{|\boldsymbol{a}\cdot\boldsymbol{b}|}{|\boldsymbol{a}||\boldsymbol{b}|}$.

例11.8 在直三棱柱 $ABC\text{-}A_1B_1C_1$ 中,若 $\angle BAC = 90°$,$AB = AC = AA_1$,则异面直线 BA_1 与 AC_1 所成的角等于( ).

A.30°　　B.45°　　C.60°　　D.90°

【分析】通过选点平移法将异面直线所成的角转化为相交直线的夹角,在三角形中利用余弦定理来求解.又 $\angle BAC = 90°$,且 $AA_1 \perp$ 平面 ABC,故可建立空间直角坐标系来求解.

【解析】解法一（几何法）：如图11-16所示，联结AB_1，设$AB_1 \cap A_1B=O$，过点O作$OD // AC_1$交B_1C_1于点D，则点D为B_1C_1的中点．联结A_1D，故$\angle A_1OD$（或其补角）为异面直线A_1B与AC_1所成的角．设$AB=AC=AA_1=a$，则$AC_1=\sqrt{2}a$，$OD=\dfrac{1}{2}AC_1=\dfrac{\sqrt{2}a}{2}$，$OA_1=\dfrac{A_1B}{2}=\dfrac{\sqrt{2}a}{2}$，$A_1D=\dfrac{1}{2}B_1C_1=\dfrac{\sqrt{2}a}{2}$，故$\triangle A_1OD$为正三角形，$\angle A_1OD=60°$，即异面直线$BA_1$与$AC_1$所成的角等于$60°$．故选C．

解法二（向量法）：如图11-17所示，以A_1为坐标原点，A_1B_1所在直线为x轴，A_1B_1为单位长度，A_1C_1所在直线为y轴，A_1A所在的直线为z轴，建立空间直角坐标系$A_1\text{-}xyz$．则可得$A_1(0,0,0)$，$B_1(1,0,0)$，$C_1(0,1,0)$，$A(0,0,1)$，$B(1,0,1)$．所以$\overrightarrow{A_1B}=(1,0,1)$，$\overrightarrow{AC_1}=(0,1,-1)$．则$\cos\langle\overrightarrow{A_1B},\overrightarrow{AC_1}\rangle=\dfrac{|\overrightarrow{A_1B}\cdot\overrightarrow{AC_1}|}{|\overrightarrow{A_1B}||\overrightarrow{AC_1}|}=\dfrac{1}{\sqrt{2}\times\sqrt{2}}=\dfrac{1}{2}$．所以异面直线$BA_1$与$AC_1$的夹角为$60°$．故选C．

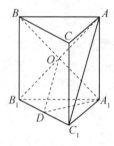
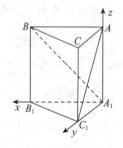

图11-16　　　　图11-17

变式拓展

1. 在直三棱柱$ABC\text{-}A_1B_1C_1$中，$\angle BCA=90°$，M,N分别是A_1B_1，A_1C_1的中点，$BC=CA=CC_1$，则BM与AN所成的角的余弦值为（　　）．

A. $\dfrac{1}{10}$　　B. $\dfrac{2}{5}$

C. $\dfrac{\sqrt{30}}{10}$　　D. $\dfrac{\sqrt{2}}{2}$

考点8　直线与平面成角

【方法点睛】

方法一（垂线法）：直线与平面所成的角就是直线与此直线在平面内的射影直线所成的角．过直线上一点作出平面的垂线，得到垂足，而射影直线就通过斜足与垂足．因此作出平面的垂线是必要的一步．具体步骤是：①作出该角；②在直角三角形中求解．

方法二（向量法）：直线与平面所成的角为直线的方向向量与平面的法向量所成的锐角的余角.

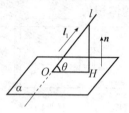

图11-18

如图11-18所示，设直线l的方向向量为$\boldsymbol{l}_1$，平面α的法向量为$\boldsymbol{n}$，直线l和平面α所成的角为θ，则$\langle\boldsymbol{l}_1,\boldsymbol{n}\rangle+\theta=\dfrac{\pi}{2}$，或$\langle\boldsymbol{l}_1,\boldsymbol{n}\rangle-\theta=\dfrac{\pi}{2}$，因为$\theta$的取值范围是$\left[0,\dfrac{\pi}{2}\right]$，所以$\sin\theta=|\cos\langle\boldsymbol{l}_1,\boldsymbol{n}\rangle|=\dfrac{|\boldsymbol{l}_1\cdot\boldsymbol{n}|}{|\boldsymbol{l}_1||\boldsymbol{n}|}$．

例11.9 如图11-19所示，在正三棱柱$ABC\text{-}A_1B_1C_1$中，$AA_1=AB$，则AC_1与平面BB_1C_1C所成角的正弦值为（　　）．

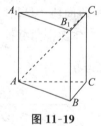

图11-19

A. $\dfrac{\sqrt{2}}{2}$　　B. $\dfrac{\sqrt{15}}{5}$　　C. $\dfrac{\sqrt{6}}{4}$　　D. $\dfrac{\sqrt{6}}{3}$

【分析】利用几何法，作出直线与平面所成角，在直角三角形中求解；由于是正三棱柱，也可以考虑建坐标系，利用空间向量求解．

【解析】解法一：如图11-20所示，取BC的中点D，联结AD,C_1D，在正$\triangle ABC$中，$AD\perp BC$，在正三棱柱中，$CC_1\perp$平面ABC，$AD\subset$平面ABC，所以$CC_1\perp AD$，所以$AD\perp$平面BCC_1B_1，所以$\angle AC_1D$为AC_1与平面BCC_1B_1所成的角.设$AB=AA_1=1$，则$AD=\dfrac{\sqrt{3}}{2}$，$AC_1=\sqrt{2}$，所以$\sin\angle AC_1D=\dfrac{AD}{AC_1}=\dfrac{\sqrt{6}}{4}$.故选C.

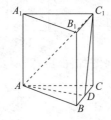

图 11-20

解法二：如图11-21所示，设B_1C_1的中点为E，以线段BC的中点D为原点，直线BC,DA,DE分别为x轴，y轴，z轴建立空间直角坐标系D-xyz.

设$AB=1$，则$A\left(0,\dfrac{\sqrt{3}}{2},0\right)$，$C_1\left(\dfrac{1}{2},0,1\right)$.

设AC_1与平面BB_1C_1C所成角为θ，易知平面BB_1C_1C的一个法向量为$\overrightarrow{DA}=\left(0,\dfrac{\sqrt{3}}{2},0\right)$.

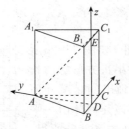

图 11-21

又因为$\overrightarrow{AC_1}=\left(\dfrac{1}{2},-\dfrac{\sqrt{3}}{2},1\right)$，所以$\sin\theta=|\cos\langle\overrightarrow{AC_1},\overrightarrow{DA}\rangle|=\dfrac{\sqrt{6}}{4}$.故选C.

变式拓展

1. 在如图11-22所示正方体$ABCD$-$A_1B_1C_1D_1$中，BB_1与平面ACD_1所成角的余弦值为（　　）.

扫码付费看

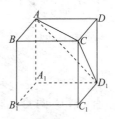

图 11-22

A. $\dfrac{\sqrt{2}}{3}$　　B. $\dfrac{\sqrt{3}}{3}$　　C. $\dfrac{2}{3}$　　D. $\dfrac{\sqrt{6}}{3}$

考点9　二面角

【方法点睛】

求二面角的方法通常有两个思路：一是利用空间向量，建立坐标系，这种方法优点是思路清晰、方法明确，但是计算量较大；二是传统方法，求出二面角平面角的大小，这种解法的关键是找到平面角.

例11.10　正方体$ABCD$-$A_1B_1C_1D_1$的棱长为1，则二面角A-B_1D_1-B的余弦值为（　　）.

扫码付费看

A. $\dfrac{\sqrt{6}}{3}$　　B. $\dfrac{\sqrt{7}}{3}$　　C. $\dfrac{\sqrt{6}}{4}$　　D. $\dfrac{\sqrt{7}}{4}$

【分析】作出正方体，取B_1D_1中点E，联结AC交BD于点O，联结AE,OE，说明$\angle AEO$即是二面角A-B_1D_1-B的平面角，求解即可.

【解析】如图11-23所示，取B_1D_1中点E，联结AC交BD于点O，联结AE,OE，则$AE\perp B_1D_1$，$OE\perp B_1D_1$，

所以$\angle AEO$即是二面角A-B_1D_1-B的平面角.
又因正方体棱长为1，所以$B_1D_1=B_1A=AD_1=\sqrt{2}$，所以$AE=\dfrac{\sqrt{6}}{2}$，又$OE=BB_1=1$，

所以在$\cos\angle AEO=\dfrac{OE}{AE}=\dfrac{\sqrt{6}}{3}$，即二面角$A$-$B_1D_1$-$B$的余弦值为$\dfrac{\sqrt{6}}{3}$.

故选 A.

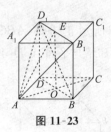

图 11-23

变式拓展

1.二面角的棱上有 A,B 两点,直线 AC,BD 分别在这个二面角的两个半平面内,且都垂直于 AB,已知 $AB=2,AC=3,BD=4,CD=\sqrt{17}$,则该二面角的大小为( ).
A.45°　　B.60°　　C.120°　　D.150°

A 组　基础演练

1.若直线 $a\parallel$ 平面 α,直线 $b\perp$ 直线 a,则直线 b 与平面 α 的位置关系是( ).
A.$b\parallel\alpha$　　　　B.$b\subset\alpha$
C.b 与 α 相交　　D.以上均有可能

2.在空间中四条两两不同的直线 l_1,l_2,l_3,l_4,满足 $l_1\perp l_2,l_2\perp l_3,l_3\perp l_4$,则下列结论一定正确的是( ).
A.$l_1\perp l_4$
B.$l_1\parallel l_4$
C.l_1 与 l_4 既不垂直也不平行
D.l_1 与 l_4 的位置关系不确定

3.若直线 l_1 和 l_2 是异面直线,l_1 在平面 α 内,l_2 在平面 β 内,l 是平面 α 与平面 β 的交线,则下列命题正确的是( ).
A.l 至少与 l_1,l_2 中的一条相交
B.l 与 l_1,l_2 都相交
C.l 至多与 l_1,l_2 中的一条相交
D.l 与 l_1,l_2 都不相交

4.将一个长方体截掉一个小长方体,所得几何体的俯视图与侧视图如图 11-24 所示,则该几何体的正视图为( ).

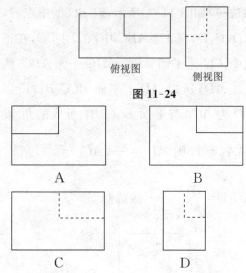

图 11-24

5.某三棱锥的三视图如图 11-25 所示,则该三棱锥的体积为( ).

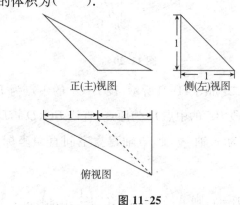

图 11-25

A.$\dfrac{1}{6}$　　B.$\dfrac{1}{3}$　　C.$\dfrac{1}{2}$　　D.1

6.在正方体 $ABCD$-$A_1B_1C_1D_1$ 中,点 E 是 B_1C_1 的中点,则异面直线 DC_1 与 BE 所成角的余弦值为( ).
A.$\dfrac{2\sqrt{5}}{5}$　B.$\dfrac{\sqrt{10}}{5}$　C.$-\dfrac{\sqrt{10}}{5}$　D.$-\dfrac{2\sqrt{5}}{5}$

7.(2017 全国 Ⅱ)如图 11-26 所示,网格纸上小正方形的边长为 1,粗实线画出的是某几何体的三视图,该几何体由一平面将一圆柱截去一部分所得,则该几何体的体积为( ).
A.90π　　　　B.63π
C.42π　　　　D.36π

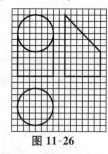

图 11-26

8.某多面体的三视图如图 11-27 所示,其中正视图和左视图都由正方形和等腰直角三角形组成,正方形的边长为 2,俯视图为等腰直角三角形,该多面体的各个面中有若干个是梯形,这些梯形的面

积之和为( ).

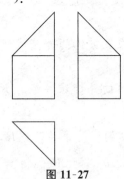

图 11-27

A.10　　B.12　　C.14　　D.16

9.在正方体的顶点中任意选择 4 个顶点,对于由这 4 个顶点构成的四面体的以下判断中,所有正确的结论是_____(写出所有正确结论的编号).
①能构成每个面都是等边三角形的四面体;
②能构成每个面都是直角三角形的四面体;
③能构成三个面为全等的等腰直角三角形,一个面为等边三角形的四面体.

10.下列命题中不正确的是_____.
①没有公共点的两条直线是异面直线;
②分别和两条异面直线都相交的两直线异面;
③一条直线和两条异面直线中的一条平行,则它和另一条直线不可能平行;
④一条直线和两条异面直线都相交,则它们可以确定两个平面.

B组　强化提升

11.平面 α 外有两条直线 m 和 n,如果 m 和 n 在平面 α 内的射影分别是直线 m_1 和直线 n_1,给出下列四个命题:
①$m_1 \perp n_1 \Rightarrow m \perp n$;
②$m \perp n \Rightarrow m_1 \perp n_1$;
③m_1 与 n_1 相交 $\Rightarrow m$ 与 n 相交;
④m_1 与 n_1 平行 $\Rightarrow m$ 与 n 平行.
其中不正确的命题个数是( ).
A.1　　B.2　　C.3　　D.4

12.如图 11-28 所示,M 是正方体 $ABCD$-$A_1B_1C_1D_1$ 的棱 DD_1 的中点,给出下列四个命题:
①过点 M 有且只有一条直线与直线 AB,B_1C_1 都相交;
②过点 M 有且只有一条直线与直线 AB,B_1C_1 都垂直;
③过点 M 有且只有一个平面与直线 AB,B_1C_1 都相交;
④过点 M 有且只有一个平面与直线 AB,B_1C_1 都平行.其中真命题是( ).

A.②③④　　B.①③④
C.①②④　　D.①②③

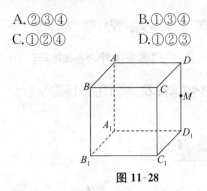

图 11-28

13.一块石材表示的几何体的三视图如图 11-29 所示,将该石材切削、打磨、加工成球,则能得到的最大球的半径等于( ).

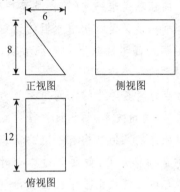

图 11-29

A.1　　B.2　　C.3　　D.4

14.如图 11-30 所示,将等腰 Rt△ABC 沿其中位线 DE 折成 60°的二面角 A-DE-B,则翻折后直线 AB 与平面 $BCDE$ 所成的角的正切值是_____.

图 11-30

15.如图 11-31 所示是棱长为 a 的正方体的平面展开图,则在原正方体中:
①$AM \perp$ 平面 CFN;②$CN \perp$ 平面 BDE;③CN 与 BM 成 60°角;④DM 与 BN 垂直;⑤与该正方体各棱相切的球的表面积为 $4a^2$.以上五个命题中,正确命题的序号是_____(写出所有正确命题的序号).

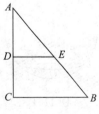

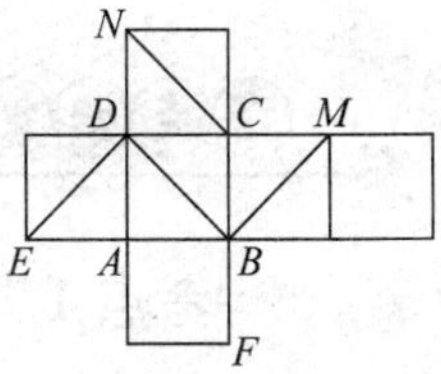

图 11-31

第十二节 小题常考专题——空间几何体的外接球与内切球及最值问题

专题概述

球是特殊的几何体,具有多方位的对称性,从而具有很多非常有趣的特殊性质.在高考以空间几何体为载体的外接球和内切球问题中,因多面体的外接球和内切球是唯一的(前提是满足存在性),而存在性和唯一性又是数学中永恒的话题,所以该知识点每年都是高考的热点和高频考点,当然,它也是很多同学的一个难点.

该考点以考查学生的空间想象能力为主线,结合位置关系、边角关系、两积计算等考点的考查,需要考生对球的几何结构有一定的认识,尤其是球体的任意截面都是圆,截面不过球心时称为小圆,小圆圆心与球心连线垂直于截面圆,此性质可引出一组勾股数:$d^2=R^2-r^2$(其中 d 为球心到截面圆的距离,R 是球的半径,r 是截面圆的半径).如图 12-1 所示:在球 O 中,圆 O_1 为截面圆,点 P 为圆 O_1 上一点,则 $OO_1^2=OP^2-O_1P^2$.球面距离是指球面上经过两点的大圆在这两点间的劣弧长度.

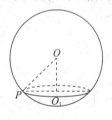

图 12-1

考点归纳

考点1 柱体的外接球问题

【方法点睛】

解决柱体的外接球问题,归根结底是找到球心,确定半径,其问题便迎刃而解.通常来说,直棱柱上下底面中心连线的中点即为球心,通过球心的位置,结合具体棱柱的几何图形,再结合平面几何知识求解相关量.下面总结了常见柱体外接球的求法.

1. 长方体或正方体的外接球球心是其体对角线的中点.

2. 设正方体的外接球半径为 R,棱长为 a,则 $2R=\sqrt{3}a$.

3. 设长方体的外接球半径为 R,同一顶点的三条棱长分别为 a,b,c,则 $2R=\sqrt{a^2+b^2+c^2}$.

4. 设直三棱柱 $ABC-A_1B_1C_1$ 外接球的球心为 O,半径为 R,侧棱长为 l,球心 O 到底面 ABC 的距离为 h,底面三角形 ABC 的外接圆半径为 r,则 $R=\sqrt{r^2+h^2}=\sqrt{r^2+\frac{1}{4}l^2}$.其中底面三角形外接圆半径的求法有如下两种:

(1)利用正弦定理:$\frac{a}{\sin A}=\frac{b}{\sin B}=\frac{c}{\sin C}=2r$(通法);

(2)若底面三角形是直角三角形,则半径等于斜边的一半.

典例精讲

例 12.1 正三棱柱 $ABC-A_1B_1C_1$ 内接于半径为 2 的球,若 A,B 两点的球面距离为 π,则正三棱柱的体积为_____.

【分析】解决本题的关键是理解球面距离的定义,利用两点所在大圆上的劣弧长与弦长的关系求解正三棱柱的底面边长.

【解析】设点 O 为球心,由题意知 $\begin{cases} 2\angle AOB=\pi \\ AB=2\times 2\sin\frac{\angle AOB}{2} \end{cases}$

$\Rightarrow \begin{cases} \angle AOB=\frac{\pi}{2} \\ AB=2\sqrt{2} \end{cases}$.底面外接圆的半径为 $\frac{AB}{2\sin\frac{\pi}{3}}=$

$\frac{2\sqrt{2}}{\sqrt{3}}=\frac{2\sqrt{6}}{3}$,则正三棱柱的高为 $2\times\sqrt{2^2-\left(\frac{2\sqrt{6}}{3}\right)^2}$

$=\frac{4\sqrt{3}}{3}$,

所以正三棱柱的体积为 $\frac{\sqrt{3}}{4}\times(2\sqrt{2})^2\times\frac{4\sqrt{3}}{3}=8$.

变式拓展

1. 已知圆柱的高为1,它的两个底面的圆周在直径为2的同一个球的球面上,则该圆柱的体积为( ).

   A. π B. $\dfrac{3\pi}{4}$ C. $\dfrac{\pi}{2}$

   D. $\dfrac{\pi}{4}$

考点2 锥体的外接球问题

方向一 墙角模型

【方法点睛】

墙角模型:三条线两两垂直,不找球心的位置即可求出球半径.

如图12-2所示.

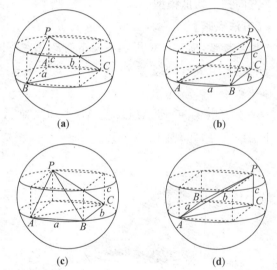

图 12-2

找三条两两垂直的线段,直接用公式$(2R)^2=a^2+b^2+c^2$,即$R=\dfrac{1}{2}\sqrt{a^2+b^2+c^2}$求出$R$.

典例精讲

例12.2 如图12-3所示,在正三棱锥S-ABC中,M,N分别是棱SC,BC的中点,且$AM \perp MN$,若侧棱$SA=2\sqrt{3}$,则正三棱锥S-ABC的外接球的表面积为_____.

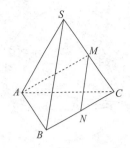

图 12-3

【分析】正三棱锥有一条非常重要的性质——正三棱锥的对棱互相垂直,再结合已知条件中$AM \perp MN$,可轻松发现SA,SB,SC三条线段两两垂直,再用墙角模型求出外接球的球半径即可使问题得解.

【解析】因为$AM \perp MN$且$MN // SB$(中位线),所以$AM \perp SB$.又$SB \perp AC$(对棱垂直)且$AC \cap AM=A$,所以$SB \perp$平面SAC,所以$SB \perp SA$,$SB \perp SC$.

因为$SB \perp SA$,又$SA \perp BC$(对棱垂直),且$SB \cap BC=B$,所以$SA \perp$平面SBC,所以$SA \perp SC$,所以SA,SB,SC是两两垂直的三条线段.

符合"墙角模型",所以$(2R)^2=(2\sqrt{3})^2+(2\sqrt{3})^2+(2\sqrt{3})^2=36$,所以$R^2=9$,所以正三棱锥$S$-$ABC$的外接球的表面积为$S=4\pi R^2=36\pi$. 故填$36\pi$.

变式拓展

1. 在三棱锥A-BCD中,侧棱AB,AC,AD两两垂直,$\triangle ABC$,$\triangle ACD$,$\triangle ADB$的面积分别为$\dfrac{\sqrt{2}}{2}$,$\dfrac{\sqrt{3}}{2}$,$\dfrac{\sqrt{6}}{2}$,则三棱锥A-BCD的外接球的体积为( ).

   A. $\sqrt{6}\pi$ B. $2\sqrt{6}\pi$ C. $3\sqrt{6}\pi$ D. $4\sqrt{6}\pi$

方向二 对棱相等模型

【方法点睛】

对棱相等模型:补形为长方体解决问题,通过如下问题进行说明:

三棱锥(即四面体)中,已知三组对棱分别相等($AB=CD$,$AD=BC$,$AC=BD$),求外接球半径.

第一步:如图12-4所示,画出一个长方体,标出三组互为异面直线的对棱;

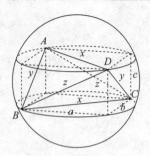

图 12-4

第二步：设出长方体的长宽高分别为 a,b,c，$AD=BC=x$，$AB=CD=y$，$AC=BD=z$，

列方程组 $\begin{cases} a^2+b^2=x^2 \\ b^2+c^2=y^2 \\ c^2+a^2=z^2 \end{cases} \Rightarrow (2R)^2=a^2+b^2+c^2=\dfrac{x^2+y^2+z^2}{2}$，

补充：$V_{A-BCD}=abc-\dfrac{1}{6}abc\times 4=\dfrac{1}{3}abc$.

第三步：根据墙角模型，$2R=\sqrt{a^2+b^2+c^2}=\sqrt{\dfrac{x^2+y^2+z^2}{2}}$，$R^2=\dfrac{x^2+y^2+z^2}{8}$，$R=\sqrt{\dfrac{x^2+y^2+z^2}{8}}$，求出 R.

例 12.3 在三棱锥 $A-BCD$ 中，$AB=CD=2$，$AD=BC=3$，$AC=BD=4$，则三棱锥 $A-BCD$ 的外接球的表面积为_____.

【分析】三棱锥（四面体）有四个顶点，判断是否为对棱的标准就是看四个顶点是不是能够"凑齐"，例如 AB 与 CD 凑齐了，是一组对棱，而 AB 与 BC 缺字母 D，不是对棱（显然是相交棱）．

【解析】由 $AB=CD$，$AD=BC$，$AC=BD$ 可知，本题属于对棱相等模型．直接套用公式可得

$R=\sqrt{\dfrac{1}{8}(x^2+y^2+z^2)}=\sqrt{\dfrac{1}{8}\times(2^2+3^2+4^2)}=\sqrt{\dfrac{29}{8}}$，所以三棱锥 $A-BCD$ 的外接球的表面积为 $S=4\pi R^2=4\pi\cdot\dfrac{29}{8}=\dfrac{29\pi}{2}$．故填 $\dfrac{29\pi}{2}$．

变式拓展

1.如图 12-5 所示，四面体 $A-BCD$ 中，$AB=CD=5$，$AC=BD=\sqrt{34}$，$AD=BC=\sqrt{41}$，则四面体 $A-BCD$ 外接球的表面积为（　　）．

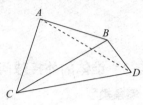

图 12-5

A.50π　　　　B.100π
C.150π　　　D.200π

方向三　切瓜模型

【方法点睛】

切瓜模型：同一个球中一个大小圆面与一个圆面互相垂直且交于小圆直径——正弦定理求大圆直径是通法．

平面 $PAC\perp$ 平面 ABC，且 $AB\perp BC$（即 AC 为小圆的直径），如图 12-6 所示．

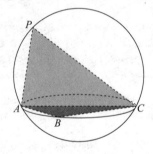

图 12-6

第一步：先用正弦定理求出小圆的直径 $AC=2r$；

第二步：因为平面 $PAC\perp$ 平面 ABC 且交于 AC，所以 $\triangle PAC$ 的外接圆是球大圆，球心 O 必是 $\triangle PAC$ 的外心；

第三步：在 $\triangle PAC$ 中，根据正弦定理 $\dfrac{a}{\sin A}=\dfrac{p}{\sin P}=\dfrac{c}{\sin C}=2R$，求出球半径 R.

例 12.4 已知三棱锥 $P-ABC$ 的四个顶点均在同

一个球面上,底面△ABC满足$AB=BC=\sqrt{3}$,$AC=3$,若该三棱锥体积的最大值为$\dfrac{3\sqrt{3}}{4}$,则其外接球的半径为( ).

A.1　　B.2　　C.3　　D.$\dfrac{2}{3}$

【分析】底面三角形的三边已知,可用正弦定理轻松求出底面△ABC的外接圆直径$2r$,球内接三棱锥的体积最大时,棱锥顶点必在△ABC的外接圆(小圆)的圆心的正上方(北极点),即点P在与小圆垂直的大圆上,符合切瓜模型,套用解题步骤即可.

【解析】如图12-7所示,由$AB=BC=\sqrt{3}$,$AC=3$,可得$\cos B=\dfrac{3+3-9}{2\times\sqrt{3}\times\sqrt{3}}=-\dfrac{1}{2}$,所以$B=120°$.

设△ABC的外接圆的半径为r,则$\dfrac{3}{\sin 120°}=2r\Rightarrow r=\sqrt{3}$且$S_{\triangle ABC}=\dfrac{1}{2}\times\sqrt{3}\times\sqrt{3}\times\sin 120°=\dfrac{3\sqrt{3}}{4}$.

显然当$PO_1\perp$平面ABC时,该三棱锥的体积最大,由$V_{P-ABC}=\dfrac{1}{3}\times S_{\triangle ABC}\times PO_1=\dfrac{1}{3}\times\dfrac{3\sqrt{3}}{4}\times PO_1=\dfrac{3\sqrt{3}}{4}$,得$PO_1=3$.

设三棱锥$P-ABC$的外接球的球心为O,球半径为R,则$R^2=(3-R)^2+(\sqrt{3})^2$,解得$R=2$.故选B.

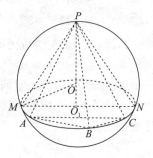

图12-7

变式拓展

1.已知三棱锥$P-ABC$的所有顶点都在球O的球面上,PC是球O的直径,若平面$PCA\perp$平面PCB,$PA=AC$,

$PB=BC$,三棱锥$P-ABC$的体积为9,则球O的表面积为_____.

考点3　几何体的内切球问题

【方法点睛】

1.求普通棱锥的内切球半径常用等体积法:即将棱锥看作是以其内切球的球心为顶点,棱锥的各个面为底面的锥体的组合体.

第一步:求出棱锥的体积V和表面积S;

第二步:设内切球的半径为r,建立等式$V=\dfrac{1}{3}Sr$;

第三步:解出$r=\dfrac{3V}{S}$.

2.含有内切球的圆柱,底面圆的直径、圆柱的高、内切球的直径三者相等.

3.求圆锥内切球的相关量,关键是抓住"与球的大圆是圆锥轴截面等腰三角形的内切圆"的特点,利用平面几何知识求出相关量.

例12.5 正四棱锥$P-ABCD$的底面边长为2,侧棱长为3,则其内切球的半径是_____.

【分析】求出正四棱锥的体积和表面积,套用模型求解即可.

【解析】正四棱锥的底面边长为2,侧棱长为3,则其高$h=\sqrt{3^2-(\sqrt{2})^2}=\sqrt{7}$,

其斜高$h'=\sqrt{3^2-1^2}=2\sqrt{2}$,

所以$V_{P-ABCD}=\dfrac{1}{3}\cdot S_{ABCD}\cdot h=\dfrac{1}{3}\times 2^2\times\sqrt{7}=\dfrac{4\sqrt{7}}{3}$,

$S_{表面积}=4\times\dfrac{1}{2}\times 2\times 2\sqrt{2}+2^2=8\sqrt{2}+4$.

所以,该正四棱锥的内切球的半径$r=\dfrac{3V}{S}=\dfrac{3\times\dfrac{4\sqrt{7}}{3}}{8\sqrt{2}+4}=\dfrac{\sqrt{7}}{2\sqrt{2}+1}=\dfrac{\sqrt{7}\cdot(2\sqrt{2}-1)}{7}=\dfrac{2\sqrt{14}-\sqrt{7}}{7}$.

变式拓展

1.若三棱锥$A-BCD$中,$AB=CD=6$,其余各棱长均为5,则三棱锥内切球的表面积为_____.

例12.6 球内切于圆柱,则此圆柱的表面积与球表面积之比是( ).
A.1:1　　　B.2:1
C.3:2　　　D.4:3

【分析】利用方法点睛中圆柱与其内切圆中的等量关系进行运算即可.

【解析】设球的半径为R,则圆柱的底面半径为R,高为$2R$,

所以$S_{圆柱}=2\pi R \cdot 2R+2\pi R^2=6\pi R^2$,$S_{球}=4\pi R^2$.

所以此圆柱的表面积与球表面积之比是$\dfrac{S_{圆柱}}{S_{球}}=\dfrac{6\pi R^2}{4\pi R^2}=\dfrac{3}{2}$.故选C.

变式拓展

1.若圆锥的内切球与外接球的球心重合,且内切球的半径为1,则圆锥的体积为_____.

考点4　立体几何中的最值问题

【方法点睛】

立体几何中的最值问题,一般都是动态问题,常常结合空间距离、空间角的计算出现.根据空间几何体的特征及点动成线、线动成面、面动成体的升维原理可知,抓住动态过程中的定性本质,建立相应的数学模型进行求解即可.常用的两种数学思想:一是降维思想,即空间问题平面化,不论是展开图模式,还是截面处理,都可将本质问题转移至平面内处理;二是数学建模思想,就是几何问题代数化,根据所求最值与动态变量构造函数,利用导数、三角函数或者基本不等式求最值.

典例精讲

例12.7 如图12-8所示,在直三棱柱ABC-$A_1B_1C_1$中,底面为直角三角形,$\angle ACB=90°$,$AC=6$,$BC=CC_1=\sqrt{2}$,P是BC_1上一动点,则$CP+PA_1$的最小值是_____.

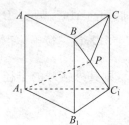

图12-8

【分析】由题意可知,A,C为定点,P为线段BC_1上的动点,空间中$CP+PA_1$即为两线段之和,由长度的不变性可知,将平面A_1BC_1与平面BCC_1翻折至同一平面内,再由两点之间线段最短可求最值.

【解析】如图12-9(1)所示,联结A_1B,在直三棱柱ABC-$A_1B_1C_1$中,

因为$\angle ACB=90°$,$AC=6$,$BC=CC_1=\sqrt{2}$,

所以$BC_1=2$,$A_1B=2\sqrt{10}$.

因为$A_1B^2=BC_1^2+A_1C_1^2$,所以$\angle A_1C_1B=90°$.

$\triangle A_1BC_1$沿BC_1翻折至与BCC_1共面,如图12-9(2)所示.

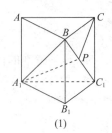 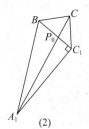

(1)　　　　　(2)

图12-9

联结A_1C,交BC_1于点P_0,此时$CP+PA_1$最小.

在$\triangle A_1C_1C$中,

$A_1C^2=CC_1^2+A_1C_1^2-2CC_1\cdot A_1C_1\cdot\cos\angle A_1C_1C$
$=2+36-2\times\sqrt{2}\times 6\times\cos 135°=50$.

所以$A_1C=5\sqrt{2}$,即$CP+PA_1$的最小值为$5\sqrt{2}$.

【评注】本题主要研究空间几何体侧面展开图在求最值上的应用,要求学生掌握把空间图形展开成平面图形的基本技能,从而把空间问题转化为平面问题的思想方法.

变式拓展

1.如图12-10所示,在长方体$ABCD$-$A_1B_1C_1D_1$中,$AB=\sqrt{2}$,$BC=AA_1=1$,点M为AB_1的中点,点P为对角线AC_1上的动点,点Q为底面$ABCD$上的动点(点P,Q可以重合),则$MP+PQ$的最小值为( ).

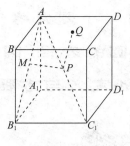

图 12-10

A. $\frac{\sqrt{2}}{2}$ B. $\frac{\sqrt{3}}{2}$ C. $\frac{3}{4}$ D.1

例 12.8 如图 12-11 所示,已知正四棱锥 $S\text{-}ABCD$ 中,$SA=1$,则该棱锥体积的最大值为_____.

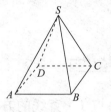

图 12-11

【分析】欲求棱锥体积只需设出底面边长,则棱锥的高可用底面边长表示,应注意隐含条件:要构成棱锥,底面对角线长的 $\frac{1}{2}$ 必须小于侧棱.

【解析】设底面边长为 $\sqrt{2}x$,则棱锥的高 $h=\sqrt{1-x^2}$ $(0<x<1)$,从而 $V_{S\text{-}ABCD}=\frac{1}{3}\cdot 2x^2\sqrt{1-x^2}$,令 $t=\sqrt{1-x^2}$,则 $0<t<1$,
于是 $V_{S\text{-}ABCD}=\frac{2}{3}\cdot(1-t^2)t$,$V'=\frac{2}{3}-2t^2$,
令 $V'=0$ 得 $t=\frac{\sqrt{3}}{3}$,$V=\frac{2}{3}\cdot(1-t^2)t$ 在 $t\in\left(0,\frac{\sqrt{3}}{3}\right)$ 上递增,在 $t\in\left(\frac{\sqrt{3}}{3},1\right)$ 上递减.

故当 $t=\frac{\sqrt{3}}{3}$ 时,V 取最大值 $\frac{4\sqrt{3}}{27}$.

【评注】如果几何体体积是一个函数,我们往往需要利用三角换元,或用基本不等式,或用导数等手段来求最值.

变式拓展

1.如图 12-12(1)所示,在 $\triangle ABC$ 中,$\angle ACB=45°$,$BC=3$,过点 A 作 $AD\perp BC$,垂足为 D(且异于点 B),沿

AD 将 $\triangle ABD$ 折起,使 $\angle BDC=90°$,联结 BC,如图 12-12(2)所示,当 BD 的长为_____时,三棱锥 $A\text{-}BCD$ 的体积最大.

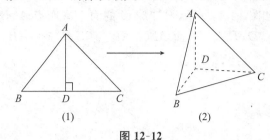

图 12-12

A组 基础演练

1.已知正方体外接球的体积是 $\frac{32}{3}\pi$,那么正方体的棱长等于( ).

A.$2\sqrt{2}$ B.$\frac{2\sqrt{3}}{3}$ C.$\frac{4\sqrt{2}}{3}$ D.$\frac{4\sqrt{3}}{3}$

2.正方体的内切球与其外接球的体积之比为( ).

A.$1:\sqrt{3}$ B.$1:3$ C.$1:3\sqrt{3}$ D.$1:9$

3.一个正三棱锥的 4 个顶点都在半径为 1 的球面上,其中底面的 3 个顶点在该球的一个大圆上,则该正三棱锥的体积是( ).

A.$\frac{3\sqrt{3}}{4}$ B.$\frac{\sqrt{3}}{3}$ C.$\frac{\sqrt{3}}{4}$ D.$\frac{\sqrt{3}}{12}$

4.已知 S,A,B,C 是球 O 表面上的点,$SA\perp$ 平面 ABC,$AB\perp BC$,$SA=AB=1$,$BC=\sqrt{2}$,则球 O 的表面积等于( ).

A.4π B.3π C.2π D.π

5.平面 α 截球 O 的球面所得圆的半径为 1,球心 O 到平面 α 的距离为 $\sqrt{2}$,则此球的体积为( ).

A.$\sqrt{6}\pi$ B.$4\sqrt{3}\pi$
C.$4\sqrt{6}\pi$ D.$6\sqrt{3}\pi$

6.已知正方体的外接球的体积是 $\frac{4\pi}{3}$,则这个正方体的棱长是( ).

A.$\frac{\sqrt{2}}{3}$ B.$\frac{\sqrt{3}}{3}$ C.$\frac{2\sqrt{2}}{3}$ D.$\frac{2\sqrt{3}}{3}$

7.正三棱柱有一个半径为 $\sqrt{3}$ cm 的内切球,则此棱柱的体积是( ).

A.$9\sqrt{3}$ cm³   B.54 cm³
C.27 cm³   D.$18\sqrt{3}$ cm³

8. 已知 H 是球 O 的直径 AB 上一点，$AH:HB=1:2$，$AB\perp$ 平面 α，H 为垂足，α 截球 O 所得截面的面积为 π，则球 O 的表面积为_____.

9. 如图 12-13 所示，已知球 O 的面上有四点 A,B,C,D，$DA\perp$ 平面 ABC，$AB\perp BC$，$DA=AB=BC=\sqrt{2}$，则球 O 的体积等于_____.

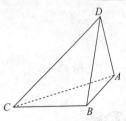

图 12-13

10. 若一个正四面体的表面积为 S_1，其内切球的表面积为 S_2，则 $\dfrac{S_1}{S_2}=$_____.

B组　强化提升

11. 已知三棱锥 $S-ABC$ 的所有顶点都在球 O 的球面上，$\triangle ABC$ 是边长为 1 的正三角形，SC 为 O 的直径，且 $SC=2$，则此三棱锥的体积为（　　）.

A. $\dfrac{\sqrt{2}}{6}$　　B. $\dfrac{\sqrt{3}}{6}$　　C. $\dfrac{\sqrt{2}}{3}$　　D. $\dfrac{\sqrt{2}}{2}$

12. 已知 A,B 是球 O 的球面上两点，$\angle AOB=90°$，C 为该球面上的动点，若三棱锥 $O-ABC$ 的体积的最大值为 36，则球 O 的表面积为（　　）.

A. 36π　　B. 64π　　C. 144π　　D. 256π

13. 已知三棱锥 $P-ABC$ 的四个顶点在球 O 的球面上，$PA=PB=PC$，$\triangle ABC$ 是边长为 2 的正三角形，E,F 分别是 PA,AB 的中点，$\angle CEF=90°$，则球 O 的体积为（　　）.

A. $8\sqrt{6}\pi$　　B. $4\sqrt{6}\pi$　　C. $2\sqrt{6}\pi$　　D. $\sqrt{6}\pi$

14. （2018 全国Ⅲ）设 A,B,C,D 是同一个半径为 4 的球的球面上四点，$\triangle ABC$ 为等边三角形且其面积为 $9\sqrt{3}$，则三棱锥 $D-ABC$ 体积的最大值为（　　）.

A. $12\sqrt{3}$　　B. $18\sqrt{3}$　　C. $24\sqrt{3}$　　D. $54\sqrt{3}$

15. 在封闭的直三棱柱 $ABC-A_1B_1C_1$ 内有一个体积为 V 的球. 若 $AB\perp BC$，$AB=6$，$BC=8$，$AA_1=3$，则 V 的最大值是（　　）.

A. 4π　　B. $\dfrac{9\pi}{2}$　　C. 6π　　D. $\dfrac{32\pi}{3}$

第十三节　小题常考专题——直线与圆的方程、圆锥曲线的定义与方程

圆锥曲线的定义与方程是掌握圆锥曲线的基础，是解决问题的核心与灵魂，本节内容围绕直线与圆的方程、圆锥曲线方程、焦点三角形及利用圆锥曲线定义（几何意义解题）三方面内容展开，帮助同学们打好高考数学圆锥曲线小题问题的基础！

考点 1　直线的方程

【方法点睛】

求直线方程，要重点掌握直线方程的特征值（主要指斜率、截距）等问题，并且熟练掌握和应用直线方程的几种形式，尤其是点斜式、斜截式和一般式.

（1）在求直线方程时，应根据所给条件选择适当的形式，并注意各种形式的适用条件.

（2）对于点斜式、截距式方程使用时要注意分类讨论思想的运用.

例 13.1　过点 $P(-1,2)$ 且与点 $A(2,3)$ 和 $B(-4,5)$ 距离相等的直线 l 的方程为_____.

扫码付费看

【分析】可对直线斜率是否存在进行讨论，当斜率存在时利用点斜式求解，斜率不存在时验证条件是否满足.

【解析】解法一：当直线 l 的斜率存在时，设直线 l 的方程为 $y-2=k(x+1)$，即 $kx-y+k+2=0$，由题意知 $\dfrac{|2k-3+k+2|}{\sqrt{k^2+1}}=\dfrac{|-4k-5+k+2|}{\sqrt{k^2+1}}$，

88

即$|3k-1|=|-3k-3|$,所以$k=-\frac{1}{3}$,

所以直线l的方程为$y-2=-\frac{1}{3}(x+1)$,即$x+3y-5=0$.

当直线l的斜率不存在时,直线方程为$x=-1$,也适合题意.

故所求直线的方程为$x+3y-5=0$或$x=-1$.

解法二:当A,B在直线l的同侧,即$AB/\!/l$时,有$k=k_{AB}=-\frac{1}{3}$,直线l的方程为$y-2=-\frac{1}{3}(x+1)$,即$x+3y-5=0$.当点A,B在l的异侧,即l过AB中点$(-1,4)$时,直线AB方程为$x=-1$.

故所求直线l的方程为$x+3y-5=0$或$x=-1$.

变式拓展

1.已知$A(1,-2),B(5,6)$,若直线l经过AB的中点M且在两坐标轴上的截距相等,则直线l的方程为____.

考点2 圆的方程

【方法点睛】

求圆的方程通常有待定系数法与几何法两种.

(1)待定系数法:

①若已知条件与圆心(a,b)和半径r有关,则设圆的标准方程,依据已知条件列出关于a,b,r的方程组,从而求出a,b,r的值;

②若已知条件没有明确给出圆心或半径,则选择圆的一般方程,依据已知条件列出关于D,E,F的方程组,进而求出D,E,F的值.

(2)几何法:几何法指的是我们通过研究圆的性质进而求出圆的圆心和半径两个基本量,进而写出方程.在确定圆的方程时,我们常常会用到圆的三个性质:圆心在过切点且垂直于切线的直线上;圆心在任意一弦的中垂线上;两圆内切或外切时,切点与两圆心三点共线.

例13.2 △ABC的三个顶点分别为$A(-1,5),B(-2,-2),C(5,5)$,则其外接圆的方程为____.

【分析】根据待定系数法求出相应的量,或者运用几何知识,圆中弦的中垂线过圆心等几何知识求解.

【解析】解法一:设所求圆的方程为$x^2+y^2+Dx+Ey+F=0$,则由题意有:
$\begin{cases}-D+5E+F+26=0\\-2D-2E+F+8=0\\5D+5E+F+50=0\end{cases}$,解得$\begin{cases}D=-4\\E=-2\\F=-20\end{cases}$.

故所求圆的方程为$x^2+y^2-4x-2y-20=0$.

解法二:由题意可求得AC的中垂线方程为$x=2$,BC的中垂线方程为$x+y-3=0$.所以圆心是两条中垂线的交点$P(2,1)$,且半径$r=|AP|=\sqrt{(2+1)^2+(1-5)^2}=5$,

所以所求圆的方程为$(x-2)^2+(y-1)^2=25$,即$x^2+y^2-4x-2y-20=0$.

变式拓展

1.已知圆C关于y轴对称,经过点$(1,0)$且被x轴分成两段弧长比为$1:2$,则圆C的方程为( ).

A.$\left(x\pm\frac{\sqrt{3}}{3}\right)^2+y^2=\frac{4}{3}$

B.$\left(x\pm\frac{\sqrt{3}}{3}\right)^2+y^2=\frac{1}{3}$

C.$x^2+\left(y\pm\frac{\sqrt{3}}{3}\right)^2=\frac{4}{3}$

D.$x^2+\left(y\pm\frac{\sqrt{3}}{3}\right)^2=\frac{1}{3}$

考点3 直线与圆的位置关系

【方法点睛】

1.直线与圆的位置关系的判断有几何法与判别式法两种:若两方程已知或圆心到直线的距离易表达,则用几何法,利用圆心到直线的距离判断直线与圆的位置关系;若方程中含有参数,或圆心到直线的距离的表达式较繁琐,则用代数法,利用直线的方程与圆的方程联立后得到的一元二次方程的判别式来判断直线与圆的位置关系.在两种方法中,优先使用几何法.

2.注意灵活运用圆的几何性质,联系圆的几何特征,数形结合,简化运算.如"切线与过切点的半径垂直"等.

例13.3 已知圆$O: x^2+y^2=5$,直线$l: x\cos\theta+y\sin\theta=1\left(0<\theta<\dfrac{\pi}{2}\right)$.设圆$O$上到直线$l$的距离等于1的点的个数为$k$,则$k=$_____.

【分析】欲求圆O上到直线l的距离等于1的点的个数,只需判断与直线l距离为1的两条平行线与圆的位置关系,或联立直线与圆的方程,通过分析所得二次方程的解的情况即可得出.

【解析】解法一:到直线l的距离$d=1$的两条平行线方程分别为$x\cos\theta+y\sin\theta=0$, $x\cos\theta+y\sin\theta=2$.因为圆心$O$到两条平行线距离$d_1=1<\sqrt{5}$, $d_2=2<\sqrt{5}$,所以两条平行线与圆都相交.而两平行线与圆的交点到l的距离都为1,故$k=4$.

解法二:不妨设点(x_0, y_0)在圆O上,且到直线l的距离等于1,有$\begin{cases} x_0^2+y_0^2=5 \\ \dfrac{|x_0\cos\theta+y_0\sin\theta-1|}{\sqrt{\cos^2\theta+\sin^2\theta}}=1 \end{cases}$,

化简得$\begin{cases} x_0^2+y_0^2=5 \\ x_0\cos\theta+y_0\sin\theta-2=0 \end{cases}$或$\begin{cases} x_0^2+y_0^2=5 \\ x_0\cos\theta+y_0\sin\theta=0 \end{cases}$.

所以求点(x_0, y_0)的个数,转化为方程组$\begin{cases} x^2+y^2=5 \\ x\cos\theta+y\sin\theta-2=0 \end{cases}$或$\begin{cases} x^2+y^2=5 \\ x\cos\theta+y\sin\theta=0 \end{cases}$的实数解的个数.又因为圆$O$的圆心为$(0,0)$,半径为$\sqrt{5}$,而圆$O$的圆心到直线$l: x\cos\theta+y\sin\theta-2=$

0的距离为$2<\sqrt{5}$,所以直线l与圆O相交,即方程组$\begin{cases} x^2+y^2=5 \\ x\cos\theta+y\sin\theta-2=0 \end{cases}$有两个解;同理可得方程组$\begin{cases} x^2+y^2=5 \\ x\cos\theta+y\sin\theta=0 \end{cases}$也有两个解,所以满足条件的点有4个,即$k=4$.

【评注】解法一运用的几何法,简捷明了,解法二用的代数法运算量较大,从这里可以看出两种方法在解决与圆有关的问题时的优劣.圆O上到直线l的距离等于2的点的个数为$k=2$.圆O上到直线l的距离等于$\sqrt{5}-1$的点的个数为$k=3$.

变式拓展

1.直线$y=x+b$与曲线$x=\sqrt{1-y^2}$有且仅有一个公共点,则b的取值范围是( ).

A.$\{-\sqrt{2}, \sqrt{2}\}$

B.$\{b\mid -1<b\leqslant 1$或$b=-\sqrt{2}\}$

C.$\{b\mid -1\leqslant b\leqslant 1\}$

D.$\{b\mid b\geqslant \sqrt{2}\}$

考点4 圆与圆的位置关系

【方法点睛】

1.两圆位置关系的判断

设两圆半径分别为r_1, r_2,两圆的圆心距为d,则

①两圆相离$\Leftrightarrow r_1+r_2<d$;

②两圆外切$\Leftrightarrow r_1+r_2=d$;

③两圆相交$\Leftrightarrow |r_1-r_2|<d<r_1+r_2$;

④两圆内切$\Leftrightarrow |r_1-r_2|=d$;

⑤两圆内含$\Leftrightarrow |r_1-r_2|>d\geqslant 0$.

两圆外切和内切较为重要,这两种位置关系常与椭圆或双曲线的定义综合考查.

2.两圆中公共弦、公切线问题

当两圆相交时求其公共弦所在的直线方程,只要把两圆方程相减,消掉二次项所得方程就是公共弦所在的直线方程,再根据其中一个圆和这条直线就可以求出公共弦长.

关于两圆公切线问题,由于两圆的位置不同,这两圆的公切线条数也不相同,解决问题的方法是把它转化为过一点作圆的切线问题.

典例精讲

例13.4 已知在平面直角坐标系 xOy 中,圆 $C_1:(x-m)^2+(y-m-6)^2=2$ 与圆 $C_2:(x+1)^2+(y-2)^2=1$ 交于 A,B 两点,若 $|OA|=|OB|$,则实数 m 的值为(   ).

A.1   B.2   C.-1 D.-2

【分析】由 $|OA|=|OB|$ 可得,O 在 AB 的中垂线上,结合圆的性质可知 O 在两个圆心的连线上,从而可求.

【解析】因为 $|OA|=|OB|$,所以 O 在 AB 的中垂线上,即 O 在两个圆心的连线上,$O(0,0)$,$C_1(m,m+6)$,$C_2(-1,2)$ 三点共线,所以 $\dfrac{m+6}{m}=-2$,得 $m=-2$,故选 D.

变式拓展

1.圆 $(x-4)^2+y^2=9$ 和圆 $x^2+(y-3)^2=4$ 的公切线有(   ).

A.1条   B.2条   C.3条   D.4条

考点5 圆锥曲线的方程求解

【方法点睛】

1.求椭圆或双曲线标准方程的方法

(1)定义法:先根据动点轨迹满足的条件,来确定动点的轨迹为椭圆或双曲线(或双曲线的一支),然后根据条件求解出方程中的参数,最后结合焦点位置,写出标准方程.

(2)待定系数法:"先定型,再定量",即先根据椭圆或双曲线(或双曲线的一支)的焦点位置设出相应形式的标准方程,然后根据条件列出关于 a,b,c 的方程组(即椭圆中 $a^2-b^2=c^2$,双曲线中 $a^2+b^2=c^2$),解出 a^2,b^2,从而求得标准方程.如果焦点位置不确定,要考虑是否有两解.

2.求抛物线标准方程的方法步骤

(1)先根据题设条件及抛物线定义判断它为抛物线并确定焦点位置;

(2)根据题目条件列出关于 p 的方程;

(3)解方程求出 p,即得标准方程.

典例精讲

例13.5 动点 P 到两定点 $F_1(-4,0)$,$F_2(4,0)$ 的距离之和为10,则动点 P 的轨迹方程是(   ).

A.$\dfrac{x^2}{16}+\dfrac{y^2}{9}=1$ B.$\dfrac{x^2}{25}+\dfrac{y^2}{9}=1$

C.$\dfrac{x^2}{25}+\dfrac{y^2}{16}=1$ D.$\dfrac{x^2}{100}+\dfrac{y^2}{36}=1$

【分析】先由椭圆的定义判断动点的轨迹为椭圆,再利用定义法或待定系数法求解.

【解析】依题意,动点 P 的轨迹是椭圆,且焦点在 x 轴上,设方程为 $\dfrac{x^2}{a^2}+\dfrac{y^2}{b^2}=1(a>b>0)$,由 $c=4$,$2a=10$,$a=5$,得 $b=\sqrt{a^2-c^2}=3$,则椭圆方程为 $\dfrac{x^2}{25}+\dfrac{y^2}{9}=1$.故选 B.

【评注】求椭圆的方程时要注意两点:一是焦点的位置,二是 $a^2-b^2=c^2$ 这一关系式的应用.

变式拓展

1.设抛物线 $y^2=2px(p>0)$ 的焦点为 F,抛物线上的点 A 到 y 轴的距离等于 $|AF|-2$,则抛物线的标准方程为____.

例13.6 设 F_1,F_2 分别是椭圆 $E:x^2+\dfrac{y^2}{b^2}=1(0<b<1)$ 的左、右焦点,过点 F_1 的直线交椭圆 E 于 A,B 两点. 若 $|AF_1|=3|BF_1|$,$AF_2\perp x$ 轴,则椭圆 E 的方程为____.

【分析】本题属于利用待定系数法求椭圆方程的问题.首先根据"$AF_2\perp x$ 轴"设出点 A 的坐标,再根据"$|AF_1|=3|BF_1|$"得到点 B 的坐标,代入椭圆方程,最后结合 $a^2=1$ 及 $a^2-b^2=c^2$ 解出 b^2 即可.

【解析】依题意画图如图 13-1 所示,不妨设点 A 在第一象限.因为 $AF_2\perp x$ 轴,所以 $A(c,b^2)$(其中 $c^2=1-b^2$,$0<b<1$,$c>0$).

又因为 $|AF_1|=3|F_1B|$,所以由 $\overrightarrow{AF_1}=3\overrightarrow{F_1B}$,得 $B\left(-\dfrac{5c}{3},-\dfrac{b^2}{3}\right)$,代入 $x^2+\dfrac{y^2}{b^2}=1$,得

$\dfrac{25c^2}{9}+\dfrac{b^4}{9b^2}=1$. 又 $c^2=1-b^2$,所以 $b^2=\dfrac{2}{3}$.

故椭圆 E 的方程为 $x^2+\dfrac{3}{2}y^2=1$.

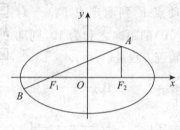

图 13-1

【评注】本题的解题关键是得出点 B 的坐标.除了利用向量法求解外,还可以结合平面几何的"相似三角形对应线段成比例"得到点 B 的坐标,读者不妨一试.另外,$a^2-b^2=c^2$ 这一关系式的应用不容忽视.

变式拓展 »

1.已知双曲线 $\dfrac{x^2}{a^2}-\dfrac{y^2}{b^2}=1(a>0,b>0)$ 的两条渐近线均和圆 $C:x^2+y^2-6x+5=0$ 相切,且双曲线的右焦点为圆 C 的圆心,则该双曲线的方程为( ).

A. $\dfrac{x^2}{5}-\dfrac{y^2}{4}=1$ B. $\dfrac{x^2}{4}-\dfrac{y^2}{5}=1$

C. $\dfrac{x^2}{3}-\dfrac{y^2}{6}=1$ D. $\dfrac{x^2}{6}-\dfrac{y^2}{3}=1$

扫码付费看

例 13.7 已知抛物线 $y^2=2px(p>0)$ 的准线与圆 $x^2+y^2-6x-7=0$ 相切,则 p 的值为_____.

扫码付费看

【分析】先求出抛物线的准线方程,再通过数形结合思想求解.

【解析】抛物线的准线为 $x=-\dfrac{p}{2}$,圆 $x^2+y^2-6x-7=0$ 的标准方程为 $(x-3)^2+y^2=16$. 由 $x=-\dfrac{p}{2}$ 与圆相切,知 $3-\left(-\dfrac{p}{2}\right)=4$,解得 $p=2$.

变式拓展 »

1.以抛物线 C 的顶点为圆心的圆交 C 于 A,B 两点,交 C 的准线于 D,E 两点.已知 $|AB|=4\sqrt{2}$,$|DE|=2\sqrt{5}$,则 C 的焦点到准线的距离为( ).

A.2 B.4 C.6 D.8

扫码付费看

考点 6 焦点三角形相关计算

【方法点睛】

1.椭圆中焦点三角形的常见结论

椭圆上一点 $P(x_0,y_0)$ 与两焦点 F_1,F_2 构成的 $\triangle PF_1F_2$ 称为焦点三角形(如图 13-2 所示),有如下结论:

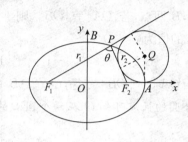

图 13-2

(1)设 $|PF_1|=r_1$,$|PF_2|=r_2$,$\angle F_1PF_2=\theta$,则 $\cos\theta=\dfrac{2b^2}{r_1r_2}-1$,$\theta_{\max}=\angle F_1BF_2$($B$ 为短轴的端点).

(2)$S_{\triangle PF_1F_2}=\dfrac{1}{2}r_1r_2\sin\theta=b^2\tan\dfrac{\theta}{2}=\begin{cases}c|y_0|,\text{焦点在 }x\text{ 轴上}\\c|x_0|,\text{焦点在 }y\text{ 轴上}\end{cases}$.

(3)焦点三角形中一般要用到的关系式是:

① $|PF_1|+|PF_2|=2a(2a>2c)$;

② $S_{\triangle PF_1F_2}=\dfrac{1}{2}|PF_1||PF_2|\sin\angle F_1PF_2$;

③ $|F_1F_2|^2=|PF_1|^2+|PF_2|^2-2|PF_1|\cdot|PF_2|\cos\angle F_1PF_2$.

(4)当点 P 在 y 轴右侧时,圆 Q 与 PF_2,x 轴,F_1P 的延长线分别相切,则圆 Q 与 x 轴的切点为长轴的右顶点 $A(a,0)$;同理,当点 P 在 y 轴左侧时,圆 Q 与 PF_1,F_2P 的延长线分别相切,则圆 Q 与 x 轴的切点为长轴的左顶点 $(-a,0)$.

2.双曲线中焦点三角形的常见结论

双曲线上一点 $P(x_0,y_0)$ 与两焦点 F_1,F_2 构成的 $\triangle PF_1F_2$ 称为焦点三角形(如图 13-3 所示),有如下结论:

(1)设 $|PF_1|=r_1$,$|PF_2|=r_2$,$\angle F_1PF_2=\theta$,则 $\cos\theta=1-\dfrac{2b^2}{r_1r_2}$.

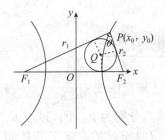

图 13-3

(2) $S_{\triangle PF_1F_2} = \frac{1}{2}r_1r_2\sin\theta = \frac{\sin\theta}{1-\cos\theta} \cdot b^2 = \frac{b^2}{\tan\frac{\theta}{2}}$

$= \begin{cases} c|y_0|, 焦点在 x 轴上 \\ c|x_0|, 焦点在 y 轴上 \end{cases}$.

(3) 焦点三角形中一般要用到的关系式是：
① $||PF_1|-|PF_2||=2a(0<2a<2c)$;
② $S_{\triangle PF_1F_2}=\frac{1}{2}|PF_1||PF_2|\sin\angle F_1PF_2$;
③ $|F_1F_2|^2=|PF_1|^2+|PF_2|^2-2|PF_1| \cdot |PF_2|\cos\angle F_1PF_2$.

(4) 当点 P 在双曲线右支上时，焦点三角形 PF_1F_2 的内切圆与 x 轴的切点为右顶点 $(a,0)$；当点 P 在双曲线左支上时，焦点三角形 PF_1F_2 的内切圆与 x 轴的切点为左顶点 $(-a,0)$.

典例精讲

例 13.8 已知 P 为椭圆 $\frac{x^2}{4}+\frac{y^2}{3}=1$ 上一点，F_1,F_2 分别为该椭圆的两个焦点. 若 $\triangle F_1PF_2$ 的面积为 $\sqrt{3}$，则 $\overrightarrow{PF_1} \cdot \overrightarrow{PF_2} = $ _____.

【分析】利用面积及方法点睛中的结论可得 $|\overrightarrow{PF_1}||\overrightarrow{PF_2}|$ 的值及 $\angle F_1PF_2$ 的大小，从而得出答案.

【解析】由椭圆方程知 $a=2,b=\sqrt{3},c=1$，设 $\angle F_1PF_2=\theta$，则由方法点睛中的结论知 $3 \cdot \tan\frac{\theta}{2}=\sqrt{3}$，所以 $\theta=60°$. 由三角形面积公式，又知 $\frac{1}{2}|\overrightarrow{PF_1}||\overrightarrow{PF_2}|\sin 60°=\sqrt{3}$，所以 $|\overrightarrow{PF_1}| \cdot |\overrightarrow{PF_2}|=4$.

所以 $\overrightarrow{PF_1} \cdot \overrightarrow{PF_2}=|\overrightarrow{PF_1}| \cdot |\overrightarrow{PF_2}|\cos 60°=4 \times \frac{1}{2}=2$.

变式拓展

1. 如图 13-4 所示，已知 F_1,F_2 分别是双曲线 $C:\frac{x^2}{a^2}-\frac{y^2}{24}=1(a>0)$ 的左、右焦点，过 F_1 的直线 l 与 C 的左、右两支分别交于 A,B 两点. 若 $\triangle ABF_2$ 是等边三角形，则 $\triangle AF_1F_2$ 的面积为（　）.

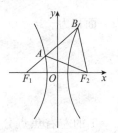

图 13-4

A.8 B.$8\sqrt{2}$ C.$8\sqrt{3}$ D.16

例 13.9 已知有相同焦点 F_1,F_2 的椭圆 $\frac{x^2}{m}+y^2=1(m>1)$ 和双曲线 $\frac{x^2}{n}-y^2=1(n>0)$，点 P 是它们的一个交点，则 $\triangle F_1PF_2$ 面积的大小是（　）.

A.$\frac{1}{2}$ B.$\frac{\sqrt{2}}{2}$ C.1 D.2

【分析】设 $|PF_1|=s,|PF_2|=t$，利用双曲线和椭圆的定义可得 s^2+t^2 和 st，结合余弦定理和三角形的面积计算公式，即可得出三角形的面积.

【解析】如图 13-5 所示，

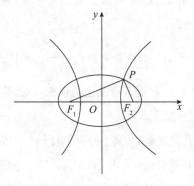

图 13-5

不妨设两曲线的交点 P 位于双曲线的右支上，设 $|PF_1|=s,|PF_2|=t$.

由双曲线和椭圆的定义可得 $\begin{cases} s+t=2\sqrt{m} \\ s-t=2\sqrt{n} \end{cases}$,

解得 $\begin{cases} s^2+t^2=2m+2n \\ st=m-n \end{cases}$,

在 $\triangle PF_1F_2$ 中，$\cos \angle F_1PF_2 = \dfrac{s^2+t^2-4c^2}{2st} =$
$\dfrac{2m+2n-4(m-1)}{2m-2n} = \dfrac{n-m+2}{m-n}$,

因为 $m-1=n+1$，所以 $m-n=2$,

所以 $\cos\angle F_1PF_2=0$，所以 $\angle F_1PF_2=90°$.

所以 $\triangle F_1PF_2$ 面积为 $\dfrac{1}{2}st=1$.

故选 C.

变式拓展

1.椭圆 $\dfrac{x^2}{25}+\dfrac{y^2}{16}=1$ 的左右焦点分别为 F_1,F_2，过 F_1 的一条直线与椭圆交于 A,B 两点，若 $\triangle ABF_2$ 的内切圆面积为 π，且 $A(x_1,y_1),B(x_2,y_2)$，则 $|y_1-y_2|=(\ \ )$.

A. $\dfrac{\sqrt{5}}{3}$ B. $\dfrac{10}{3}$ C. $\dfrac{20}{3}$ D. $\dfrac{5}{3}$

考点7 利用圆锥曲线的定义（几何意义）解题

【方法点睛】

根据圆锥曲线的基本定义，可以得到其定义模型，通常用来转化长度类的问题.

(1) F_1,F_2 分别是椭圆 $\dfrac{x^2}{a^2}+\dfrac{y^2}{b^2}=1(a>b>0)$ 的左、右焦点，P 是椭圆上的任意一点，则 $|PF_1|+|PF_2|=2a$.

(2) F_1,F_2 分别是双曲线 $\dfrac{x^2}{a^2}-\dfrac{y^2}{b^2}=1(a>0,b>0)$ 的左、右焦点，P 是双曲线上的任意一点，则 $||PF_1|-|PF_2||=2a$.

若 P 是双曲线左支上的一点，$|PF_1|-|PF_2|=-2a$;

若 P 是双曲线右支上的一点，$|PF_1|-|PF_2|=2a$.

(3) F 是抛物线 $y^2=2px$ 的焦点，P 是抛物线上的任意一点，过 P 作抛物线准线 $x=-\dfrac{p}{2}$ 的垂线，垂足为 P'，则有 $|PF|=|PP'|$. 这也是抛物线的考查核心，大部分的抛物线问题均以定义转化长度为主.

例 13.10 已知双曲线 $C:\dfrac{x^2}{3}-y^2=1$ 的左、右焦点分别为 F_1,F_2，过点 F_2 的直线与双曲线 C 的右支交于 P,Q 两点，且点 P 的横坐标为 2，则 $\triangle PF_1Q$ 的周长为 ( ).

A. $\dfrac{16\sqrt{3}}{3}$ B. $5\sqrt{3}$

C. $\dfrac{14\sqrt{3}}{3}$ D. $4\sqrt{3}$

【分析】利用双曲线的定义，注意到 $|PF_1|$ 与 $|PF_2|$，$|QF_1|$ 与 $|QF_2|$ 的差都是定值，则此题可轻松解决.

【解析】如图 13-6 所示，$|PF_1|=2a+|PF_2|$，$|QF_1|=2a+|QF_2|$，经计算易知 $PF_2\perp F_1F_2$，故 $|PQ|=2|PF_2|=\dfrac{2\sqrt{3}}{3}$，所以 $C_{\triangle PF_1Q}=|PF_1|+|QF_1|+|PQ|=4a+2|PQ|=\dfrac{16\sqrt{3}}{3}$. 故选 A.

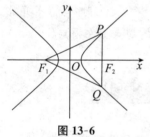

图 13-6

变式拓展

1.已知椭圆 $C:\dfrac{x^2}{4}+\dfrac{y^2}{3}=1$，$M,N$ 是坐标平面内的两点，且 M 与 C 的焦点不重合.若 M 关于 C 的焦点的对称点分别为 A,B，线段 MN 的中点在 C 上，则 $|AN|+|BN|=(\ \ )$.

A.4   B.8   C.12   D.16

例 13.11 设抛物线 $y^2=2x$ 的焦点为 F，过点 $M(\sqrt{3},0)$ 的直线与抛物线相交于 A,B 两点，与抛物线的准线相交于点 C，$|BF|=2$，则 $\dfrac{S_{\triangle BCF}}{S_{\triangle ACF}}=(\ \ )$.

A. $\dfrac{4}{5}$ B. $\dfrac{2}{3}$ C. $\dfrac{4}{7}$ D. $\dfrac{1}{2}$

【分析】求两个三角形面积之比的问题,可转化为求两个同底的三角形的高之比或两个等高的三角形的底之比.

【解析】依题意画图,分别过 A,B 作准线的垂线,垂足分别为 A_1,B_1.如图13-7所示.

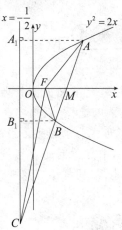

图 13-7

以 CF 为 $\triangle BCF$ 与 $\triangle ACF$ 的公共底边,则

$$\frac{S_{\triangle BCF}}{S_{\triangle ACF}}=\frac{\frac{1}{2}|CF||BC|\sin\angle BCF}{\frac{1}{2}|CF||AC|\sin\angle BCF}=\frac{|BC|}{|AC|}=\frac{|BB_1|}{|AA_1|}=\frac{x_B+\frac{1}{2}}{x_A+\frac{1}{2}}.$$

由已知 $|BF|=x_B+\frac{1}{2}=2$,故 $x_B=\frac{3}{2}$,$y_B=-\sqrt{3}$.

由 A,B,M 三点共线有 $\frac{y_M-y_A}{x_M-x_A}=\frac{y_M-y_B}{x_M-x_B}$,

即 $\frac{0-\sqrt{2x_A}}{\sqrt{3}-x_A}=\frac{0+\sqrt{3}}{\sqrt{3}-\frac{3}{2}}$,解得 $x_A=2$,

所以 $\frac{S_{\triangle BCF}}{S_{\triangle ACF}}=\frac{x_B+\frac{1}{2}}{x_A+\frac{1}{2}}=\frac{2}{2+\frac{1}{2}}=\frac{4}{5}$.故选 A.

变式拓展

1.(2017 全国Ⅱ)已知 F 是抛物线 $C:y^2=8x$ 的焦点,M 是 C 上一点,FM 的延长线交 y 轴于点 N.若 M 为 FN 的中点,则 $|FN|=$____.

扫码付费看

A组　基础演练

1.(2019 全国Ⅱ)若抛物线 $y^2=2px(p>0)$ 的焦点是椭圆 $\frac{x^2}{3p}+\frac{y^2}{p}=1$ 的一个焦点,则 $p=$(　).

A.2　　B.3　　C.4　　D.8

2.已知双曲线 $\frac{x^2}{m}-\frac{y^2}{7}=1$,直线 l 过其左焦点 F_1,交双曲线左支于 A,B 两点,且 $|AB|=4$,F_2 为双曲线的右焦点,$\triangle ABF_2$ 的周长为20,则 m 的值为(　).

A.8　　B.9　　C.16　　D.20

3.在平面直角坐标系中,记 d 为点 $P(\cos\theta,\sin\theta)$ 到直线 $x-my-2=0$ 的距离.当 θ,m 变化时,d 的最大值为(　).

A.1　　B.2　　C.3　　D.4

4.在 $\triangle ABC$ 中,已知 $A(-2,0),B(2,0)$,动点 C 使得 $\triangle ABC$ 的周长为10,则动点 C 的轨迹方程为____.

5.已知椭圆的一个焦点坐标为 $(2,0)$,过此焦点作垂直于椭圆长轴的直线,截椭圆所得的线段长为 $\frac{10}{3}$,那么这个椭圆的标准方程是____.

6.设直线 $y=x+2a$ 与圆 $C:x^2+y^2-2ay-2=0$ 相交于 A,B 两点,若 $|AB|=2\sqrt{3}$,则圆 C 的面积为____.

7.光线通过点 $A(-2,4)$,经直线 $l:2x-y-7=0$ 反射,若反射光线通过点 $B(5,8)$.则反射光线所在直线的方程为____.

8.已知抛物线 $C:y^2=8x$ 的焦点为 F,准线为 l,P 是 l 上一点,Q 是直线 PF 与 C 的一个交点.若 $\overrightarrow{FP}=4\overrightarrow{FQ}$,则 $|QF|=$(　).

A.$\frac{7}{2}$　　B.3　　C.$\frac{5}{2}$　　D.2

9.过抛物线 $C:y^2=4x$ 的焦点 F,且斜率为 $\sqrt{3}$ 的直线交 C 于点 M(M 在 x 轴上方),l 为 C 的准线,点 N 在 l 上且 $MN\perp l$,则 M 到直线 NF 的距离为(　).

A.$\sqrt{5}$　　B.$2\sqrt{2}$　　C.$2\sqrt{3}$　　D.$3\sqrt{3}$

10.(2019 江苏)在平面直角坐标系 xOy 中,若双曲

线 $x^2-\dfrac{y^2}{b^2}=1(b>0)$ 经过点 $(3,4)$,则该双曲线的渐近线方程是_____.

B组　强化提升

11.设 $m,n\in\mathbf{R}$,若直线 $(m+1)x+(n+1)y-2=0$ 与圆 $(x-1)^2+(y-1)^2=1$ 相切,则 $m+n$ 的取值范围是(　　).

A.$[1-\sqrt{3},1+\sqrt{3}]$
B.$(-\infty,1-\sqrt{3}]\cup[1+\sqrt{3},+\infty)$
C.$[2-2\sqrt{2},2+2\sqrt{2}]$
D.$(-\infty,2-2\sqrt{2}]\cup[2+2\sqrt{2},+\infty)$

12.已知直线 $x+y-k=0(k>0)$ 与圆 $x^2+y^2=4$ 交于不同的两点 A,B,O 是坐标原点,且有 $|\overrightarrow{OA}+\overrightarrow{OB}|\geqslant\dfrac{\sqrt{3}}{3}|\overrightarrow{AB}|$,那么 k 的取值范围是(　　).

A.$(\sqrt{3},+\infty)$　　B.$[\sqrt{2},+\infty)$
C.$[\sqrt{2},2\sqrt{2})$　　D.$[\sqrt{3},2\sqrt{2})$

13.(2019全国I)已知椭圆 C 的焦点为 $F_1(-1,0)$,$F_2(1,0)$,过 F_2 的直线与 C 交于 A,B 两点.若 $|AF_2|=2|F_2B|$,$|AB|=|BF_1|$,则 C 的方程为(　　).

A.$\dfrac{x^2}{2}+y^2=1$　　B.$\dfrac{x^2}{3}+\dfrac{y^2}{2}=1$
C.$\dfrac{x^2}{4}+\dfrac{y^2}{3}=1$　　D.$\dfrac{x^2}{5}+\dfrac{y^2}{4}=1$

14.(2019全国III)设 F_1,F_2 为椭圆 $C:\dfrac{x^2}{36}+\dfrac{y^2}{20}=1$ 的两个焦点,M 为 C 上一点且在第一象限.若 $\triangle MF_1F_2$ 为等腰三角形,则 M 的坐标为_____.

15.(2018天津)已知双曲线 $\dfrac{x^2}{a^2}-\dfrac{y^2}{b^2}=1(a>0,b>0)$ 的离心率为 2,过右焦点且垂直于 x 轴的直线与双曲线交于 A,B 两点.设 A,B 到双曲线同一条渐近线的距离分别为 d_1 和 d_2,且 $d_1+d_2=6$,则双曲线的方程为(　　).

A.$\dfrac{x^2}{4}-\dfrac{y^2}{12}=1$　　B.$\dfrac{x^2}{12}-\dfrac{y^2}{4}=1$
C.$\dfrac{x^2}{3}-\dfrac{y^2}{9}=1$　　D.$\dfrac{x^2}{9}-\dfrac{y^2}{3}=1$

第十四节　小题常考专题——圆锥曲线的离心率的计算、中点弦及切线问题

专题概述

圆锥曲线的离心率是圆锥曲线的一个重要几何性质,通过它的大小反应圆锥曲线的性质.离心率在高考中通常以选择题、填空题形式考查,基本每年必考,常考形式为求圆锥曲线的离心率或取值范围问题.另外,中点弦问题及切线问题在选择题、填空题中也常出现,同样不容忽视.

考点归纳

考点1　求离心率的值

【方法点睛】

求解离心率通常有如下两种方法:

1.定义法:根据题目条件容易得到 a,c 的值时,可直接利用离心率的定义式 $e=\dfrac{c}{a}$ 求解.

2.方程法:求解椭圆或双曲线的离心率问题时,一般并不是直接求出 a 和 c 的值,而是根据题目给出的代数或几何特征,建立关于 a,b,c 的齐次式,结合 $b^2+c^2=a^2$ 或 $a^2+b^2=c^2$ 转化为关于 a,c 的齐次式,然后等式两边分别除以 a 或 a^2,转化为关于 e 的方程,解方程即可.

常见列方程的几何条件语句:点在曲线上、××等于(或为)m(常数)、线段的垂直平分线、两直线垂直或平行等.

典例精讲

例14.1 已知 F_1 为椭圆 $\dfrac{x^2}{a^2}+\dfrac{y^2}{b^2}=1$ $(a>b>0)$ 的左焦点,A,B 分别为椭圆的右顶点和上顶点,P 为椭圆上的点,当 $PF_1\perp F_1A$,$PO/\!/AB$(O 为椭圆中心)时,椭圆的离心率为_____.

【分析】由题意准确画出图形,利用椭圆方程和已知的垂直条件,可以求解点 P 的坐标;再根据已知中的平行条件,得出斜率相等,从而得到关于 a,

b,c 的等式,结合 $a^2=b^2+c^2$ 可求出离心率.

【解析】如图 14-1 所示,由题意知 $F_1(-c,0)$,$c^2=a^2-b^2$,由 $PF_1\perp F_1A$ 得,$P\left(-c,\dfrac{b^2}{a}\right)$.

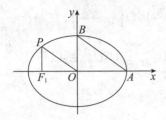

图 14-1

因为 $PO\parallel AB$,所以 $k_{PO}=k_{AB}$,

即 $-\dfrac{b}{a}=\dfrac{-b^2}{ac}$,化简得 $b=c$.

又因为 $a=\sqrt{b^2+c^2}=\sqrt{2}c$,

所以 $e=\dfrac{c}{a}=\dfrac{\sqrt{2}}{2}$.

【评注】求解椭圆的离心率问题主要有三种方法:(1)直接求得 a,c 的值,进而求得 e 的值(较简单);(2)建立 a,b,c 的齐次等式,求得 $\dfrac{b}{a}$ 或转化为关于 e 的等式求解;(3)通过特殊值或特殊位置,求出 e.本题没有具体数值,因此,借助 $PF_1\perp F_1A$,$PO\parallel AB$ 求得 a,c 的关系式即可求出离心率.

变式拓展 »

1.(2017 全国Ⅲ)已知椭圆 $C:\dfrac{x^2}{a^2}+\dfrac{y^2}{b^2}=1$ $(a>b>0)$ 的左、右顶点分别为 A_1,A_2,且以线段 A_1A_2 为直径的圆与直线 $bx-ay+2ab=0$ 相切,则 C 的离心率为( ).

扫码付费看

A.$\dfrac{\sqrt{6}}{3}$　　B.$\dfrac{\sqrt{3}}{3}$　　C.$\dfrac{\sqrt{2}}{3}$　　D.$\dfrac{1}{3}$

例 14.2 (2017 全国Ⅰ)已知双曲线 $C:\dfrac{x^2}{a^2}-\dfrac{y^2}{b^2}=1(a>0,b>0)$ 的右顶点为 A,以 A 为圆心,b 为半径作圆 A,圆 A 与双曲线 C 的一条渐近线交于 M,N 两点.若 $\angle MAN=60°$,则 C 的离心率为 _____.

扫码付费看

【分析】先根据题意画出图形,可知 $\triangle AMN$ 是正三角形,则 MN 边上的高,即顶点 A 到渐近线的距离可求,构造出关于 a,b,c 的等式,可求出离心率.

【解析】如图 14-2 所示,作 $AP\perp MN$,因为圆 A 与双曲线 C 的一条渐近线交于 M,N 两点,则 M,N 为双曲线的渐近线 $y=\dfrac{b}{a}x$ 上的点,且 $A(a,0)$,$|AM|=|AN|=b$,又 $\angle MAN=60°$,所以 $\triangle AMN$ 是正三角形,

而 $AP\perp MN$,所以 $\angle PAN=30°$.

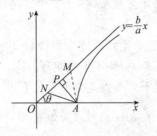

图 14-2

点 $A(a,0)$ 到直线 $y=\dfrac{b}{a}x$ 的距离 $|AP|=\dfrac{|b|}{\sqrt{1+\dfrac{b^2}{a^2}}}=\dfrac{ab}{c}$.

在 Rt$\triangle PAN$ 中,$\cos\angle PAN=\dfrac{|AP|}{|AN|}$,

所以 $\dfrac{\sqrt{3}}{2}=\dfrac{\dfrac{ab}{c}}{b}$,解得 $2a=\sqrt{3}c$,

所以 $e=\dfrac{c}{a}=\dfrac{2\sqrt{3}}{3}$.

【评注】大家务必记住下面几个结论,更加有利于解题:(1)双曲线渐近线的得到,直接把双曲线等号右边的1(或者其他常数)换成0,再得到两条直线方程就可以;(2)双曲线的焦点到渐近线的距离是 b;(3)双曲线的顶点到渐近线的距离是 $\dfrac{ab}{c}$;(4)双曲线上任一点到两条渐近线的距离的乘积 $d_1d_2=\dfrac{a^2b^2}{c^2}$.

变式拓展 »

1.(2018 全国Ⅱ)已知 F_1,F_2 是椭圆 $C:\dfrac{x^2}{a^2}+\dfrac{y^2}{b^2}=1(a>b>0)$ 的左、右焦点,A 是 C 的左顶点,点 P 在过 A 且斜率为 $\dfrac{\sqrt{3}}{6}$ 的直线上,$\triangle PF_1F_2$ 为等腰三角形,$\angle F_1F_2P=120°$,则 C 的离心率为( ).

A.$\dfrac{2}{3}$　　B.$\dfrac{1}{2}$　　C.$\dfrac{1}{3}$　　D.$\dfrac{1}{4}$

考点 2 求离心率的取值范围

【方法点睛】

求解椭圆或双曲线的离心率取值范围问题时，一般并不是直接求出 a 和 c 的值，而是根据题目给出的代数或几何特征，建立关于 a,b,c 的不等式，结合 $b^2+c^2=a^2$ 或 $a^2+b^2=c^2$ 转化为关于 a,c 的不等式，然后不等式两边分别除以 a 或 a^2，转化为关于 e 的不等式，解不等式即可。

常利用下列条件建立不等关系：

(1) 圆锥曲线的性质：如范围，如椭圆 $\dfrac{x^2}{a^2}+\dfrac{y^2}{b^2}=1(a>b>0)$ 中，$-a\leqslant x\leqslant a,-b\leqslant y\leqslant b$；如椭圆 $\dfrac{x^2}{a^2}+\dfrac{y^2}{b^2}=1(a>b>0)$ 中焦半径 $|PF|$ 总有 $a-c\leqslant|PF|\leqslant a+c$；

(2) 直线与圆锥曲线的交点个数，建立判别式 Δ 的不等式；

(3) 一些几何关系：如三角形中两边之和大于第三边，两边之差小于第三边；

如直角三角形中斜边大于直角边；圆中，圆外一点与圆心的连线段大于圆的半径等；

(4) 题中直接给出的不等关系；

(5) 均值不等式或函数思想。

例 14.3 过双曲线 $\dfrac{x^2}{a^2}-\dfrac{y^2}{b^2}=1(a>0,b>0)$ 的右焦点且垂直于 x 轴的直线与双曲线交于 A,B 两点，与双曲线的渐近线交于 C,D 两点，若 $|AB|\geqslant\dfrac{3}{5}|CD|$，则双曲线离心率的取值范围为（　　）．

A. $\left[\dfrac{5}{3},+\infty\right)$ B. $\left[\dfrac{5}{4},+\infty\right)$

C. $\left(1,\dfrac{5}{3}\right]$ D. $\left(1,\dfrac{5}{4}\right]$

【分析】 因为直线垂直于 x 轴且过右焦点，所以可写出其方程，则 A,B,C,D 的坐标可求，结合已知不等式，可列出有关 a,b,c 的不等式，结合 $c^2=b^2+a^2$，消去 b，可得到离心率的范围。

【解析】 将 $x=c$ 代入 $\dfrac{x^2}{a^2}-\dfrac{y^2}{b^2}=1$ 得 $y=\pm\dfrac{b^2}{a}$，

则 $A\left(c,\dfrac{b^2}{a}\right),B\left(c,-\dfrac{b^2}{a}\right),|AB|=\dfrac{2b^2}{a}$．

将 $x=c$ 代入 $y=\pm\dfrac{b}{a}x$ 得 $y=\pm\dfrac{bc}{a}$，

则 $C\left(c,\dfrac{bc}{a}\right),D\left(c,-\dfrac{bc}{a}\right),|CD|=\dfrac{2bc}{a}$．

因为 $|AB|\geqslant\dfrac{3}{5}|CD|$，所以 $\dfrac{2b^2}{a}\geqslant\dfrac{3}{5}\cdot\dfrac{2bc}{a}$，

即 $b\geqslant\dfrac{3}{5}c$，则 $b^2\geqslant\dfrac{9}{25}c^2$．

又 $c^2=b^2+a^2$，故 $c^2-a^2\geqslant\dfrac{9}{25}c^2$，

化简得 $\dfrac{16}{25}c^2\geqslant a^2$，即 $e^2\geqslant\dfrac{25}{16}$，故 $e\geqslant\dfrac{5}{4}$．

故选 B.

【评注】 求离心率取值范围，通常可以从两个方面进行研究：一是通过几何关系，如根据线段的大小关系或者角的大小关系列出不等式；二是通过代数关系，通过设点，将问题坐标化，结合圆锥曲线方程和已知条件（如本题）来确定．

变式拓展

1. 已知双曲线 $\dfrac{x^2}{a^2}-\dfrac{y^2}{b^2}=1(a>0,b>0)$，$A_1,A_2$ 是实轴顶点，F 是右焦点，$B(0,b)$ 是虚轴端点，若在线段 BF 上（不含端点）存在不同的两点 $P_i(i=1,2)$，使得 $\triangle P_iA_1A_2(i=1,2)$ 构成以 A_1A_2 为斜边的直角三角形，则双曲线离心率 e 的取值范围是（　　）

A. $\left(\sqrt{2},\dfrac{\sqrt{6}+1}{2}\right)$ B. $\left(\sqrt{2},\dfrac{\sqrt{5}+1}{2}\right)$

C. $\left(1,\dfrac{\sqrt{5}+1}{2}\right)$ D. $\left(\dfrac{\sqrt{5}+1}{2},+\infty\right)$

例 14.4 椭圆 $\dfrac{x^2}{a^2}+\dfrac{y^2}{b^2}=1(a>b>0)$ 的两个焦点是 F_1,F_2．若 P 为其上一点，且 $|PF_1|=2|PF_2|$，则此椭圆离心率的取值范围为 _____．

【解析】 解法一：由 $|PF_1|+|PF_2|=2a$，$|PF_1|=2|PF_2|$，得 $|PF_1|=\dfrac{4a}{3},|PF_2|=\dfrac{2a}{3}$．

又 $|PF_1|-|PF_2|\leqslant 2c$，即 $\dfrac{2a}{3}\leqslant 2c$，得 $\dfrac{1}{3}\leqslant e<1$．

故离心率的取值范围为 $\left[\dfrac{1}{3},1\right)$．

解法二: 因为 $\dfrac{|PF_1|}{|PF_2|}=\dfrac{2a-|PF_2|}{|PF_2|}=\dfrac{2a}{|PF_2|}-1$,

随着点 P 的左移,$|PF_2|$ 增大,故 $\dfrac{2a}{|PF_2|}$ 减小,因此 $\dfrac{|PF_1|}{|PF_2|}$ 随点 P 的左移递减.故点 P 在右顶点时,$\dfrac{|PF_1|}{|PF_2|}\geqslant 2$,即 $\dfrac{a+c}{a-c}\geqslant 2\Rightarrow \dfrac{1}{3}\leqslant e<1$.故离心率的取值范围为 $\left[\dfrac{1}{3},1\right)$.

【评注】 若椭圆上存在点 P 使得 $|PF_1|=\lambda|PF_2|(\lambda>0,\lambda\neq 1)$,则 $e\in\left[\left|\dfrac{\lambda-1}{\lambda+1}\right|,1\right)$.

变式拓展 >>

1. F_1,F_2 分别为椭圆的两个焦点,椭圆上存在点 P 使得 $|PF_1|=3|PF_2|$ 的椭圆方程可以是( ).

A. $\dfrac{x^2}{36}+\dfrac{y^2}{35}=1$ B. $\dfrac{x^2}{16}+\dfrac{y^2}{15}=1$

C. $\dfrac{y^2}{25}+\dfrac{x^2}{24}=1$ D. $\dfrac{y^2}{4}+\dfrac{x^2}{3}=1$

考点 3 中点弦问题

【方法点睛】

中点弦问题,优先考虑用"点差法"求解,结论如下:设中点弦的斜率为 k,原点与弦中点连线的斜率为 k_0,则

在椭圆 $\dfrac{x^2}{a^2}+\dfrac{y^2}{b^2}=1$ 中,有 $kk_0=-\dfrac{b^2}{a^2}$;

在双曲线 $\dfrac{x^2}{a^2}-\dfrac{y^2}{b^2}=1$ 中,有 $kk_0=\dfrac{b^2}{a^2}$;

在抛物线 $y^2=2px(p>0)$ 中,有 $ky_0=p(y_0$ 为中点纵坐标).

在选择、填空题中可以直接使用结论.

典例精讲

例 14.5 过点 $M(1,1)$ 作斜率为 $-\dfrac{1}{2}$ 的直线与椭圆 $C:\dfrac{x^2}{a^2}+\dfrac{y^2}{b^2}=1(a>b>0)$ 交于 A,B 两点,若 M 是线段 AB 的中点,则椭圆 C 的离心率为_____.

【分析】 点差法,设而不求利用斜率表示出 a 与 b 的关系,得出离心率.

【解析】 依题意,可设 $A(x_1,y_1),B(x_2,y_2)$.

因为点 A,B 在椭圆上,所以 $\begin{cases}\dfrac{x_1^2}{a^2}+\dfrac{y_1^2}{b^2}=1\\\dfrac{x_2^2}{a^2}+\dfrac{y_2^2}{b^2}=1\end{cases}$,两式相减并整理得 $\dfrac{y_1+y_2}{x_1+x_2}\cdot\dfrac{y_1-y_2}{x_1-x_2}=-\dfrac{b^2}{a^2}$.

又 $x_1+x_2=2,y_1+y_2=2,k_{AB}=\dfrac{y_1-y_2}{x_1-x_2}=-\dfrac{1}{2}$,所以 $-\dfrac{b^2}{a^2}=1\times\left(-\dfrac{1}{2}\right)=-\dfrac{1}{2}$.

故椭圆 C 的离心率 $e=\sqrt{1-\dfrac{b^2}{a^2}}=\sqrt{1-\dfrac{1}{2}}=\dfrac{\sqrt{2}}{2}$.

故填 $\dfrac{\sqrt{2}}{2}$.

变式拓展 >>

1. 已知双曲线 E 的中心为原点 $O,F(3,0)$ 是 E 的焦点,过 F 的直线 l 与 E 交于 A,B 两点,点 N 的坐标为 $(-12,-15)$,且 $\overrightarrow{ON}=\dfrac{1}{2}(\overrightarrow{OA}+\overrightarrow{OB})$,则 E 的方程为_____.

2. 已知抛物线 C 的顶点在坐标原点,焦点为 $F(1,0)$,直线 l 与抛物线 C 交于 A,B 两点,若线段 AB 的中点为 $(2,2)$,则直线 l 的方程为_____.

考点 4 圆锥曲线的切线问题

【方法点睛】

直线与圆锥曲线相切,则它们只有一个公共点;反之,若直线与圆锥曲线只有一个公共点,则它们不一定相切.除相切,还可能是直线与双曲线的渐近线平行或者直线与抛物线的对称轴平行.所以解决直线与圆锥曲线相切问题可以先结合图形研究特殊情况,再研究一般情况,即联立直线方程与圆锥曲线方程,令判别式 $\Delta=0$.

典例精讲

例 14.6 已知椭圆 $E:\dfrac{x^2}{a^2}+\dfrac{y^2}{b^2}=1(a>b>0)$ 的两个焦点与短轴的一个端点是直角三角形的 3 个顶点,直线 $l:y=-x+3$ 与椭圆 E 有且只有一个公共点 T,则

椭圆 E 的方程为_____,点 T 的坐标为_____.

【解析】由已知,$b=c$,$a=\sqrt{2}b$,则椭圆 E 的方程为 $\dfrac{x^2}{2b^2}+\dfrac{y^2}{b^2}=1$.

有方程组 $\begin{cases}\dfrac{x^2}{2b^2}+\dfrac{y^2}{b^2}=1\\y=-x+3\end{cases}$,得 $3x^2-12x+(18-2b^2)=0$ ①

方程①的判别式为 $\Delta=24(b^2-3)$.

由 $\Delta=0$,得 $b^2=3$,此方程①的解为 $x=2$,

所以椭圆 E 的方程为 $\dfrac{x^2}{6}+\dfrac{y^2}{3}=1$,点 T 坐标为 $(2,1)$.

变式拓展

1. 已知抛物线 $C:x^2=4y$,过抛物线 C 上两点 A,B 分别作抛物线的两条切线 PA,PB,P 为两切线的交点,O 为坐标原点.若 $\overrightarrow{PA}\cdot\overrightarrow{PB}=0$,则直线 OA 与 OB 的斜率之积为( ).

A. $-\dfrac{1}{4}$ B. -3 C. $-\dfrac{1}{8}$ D. -4

牛刀小试

A组　基础演练

1. F_1,F_2 是双曲线 $C:\dfrac{x^2}{a^2}-\dfrac{y^2}{b^2}=1(a>0,b>0)$ 的左、右焦点,过 F_1 的直线 l 与 C 的左、右两支分别交于 A,B 两点,若 $\triangle ABF_2$ 为等边三角形,则双曲线 C 的离心率为( ).

A. $\sqrt{3}$ B. 2 C. $\sqrt{7}$ D. 3

2. 椭圆 $C:\dfrac{x^2}{a^2}+\dfrac{y^2}{b^2}=1(a>b>0)$ 的左、右焦点分别是 F_1,F_2,焦距为 $2c$,若直线 $y=\sqrt{3}(x+c)$ 与椭圆 C 的交点为 M,且满足 $\angle MF_1F_2=2\angle MF_2F_1$,则离心率 e 等于( ).

A. $\dfrac{\sqrt{2}}{2}$ B. $\sqrt{3}-1$
C. $\dfrac{\sqrt{3}-1}{2}$ D. $\dfrac{\sqrt{3}}{2}$

3. 如图14-3所示,已知椭圆 $\dfrac{x^2}{a^2}+\dfrac{y^2}{b^2}=1(a>b>0)$ 的左顶点为 A,左焦点为 F,上顶点为 B.若 $\angle BAO+\angle BFO=90°$,则该椭圆的离心率是_____.

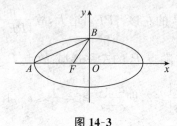

图14-3

4. 若双曲线 $C:\dfrac{x^2}{a^2}-\dfrac{y^2}{b^2}=1(a>0,b>0)$ 的一条渐近线被圆 $(x-2)^2+y^2=4$ 所截得的弦长为 2,则 C 的离心率为( ).

A. 2 B. $\sqrt{3}$ C. $\sqrt{2}$ D. $\dfrac{2\sqrt{3}}{3}$

5. 已知 F_1,F_2 是椭圆的两个焦点,满足 $\overrightarrow{MF_1}\cdot\overrightarrow{MF_2}=0$ 的点 M 总在椭圆内部,则椭圆离心率的取值范围是( ).

A. $(0,1)$ B. $\left(0,\dfrac{1}{2}\right]$
C. $\left(0,\dfrac{\sqrt{2}}{2}\right)$ D. $\left[\dfrac{\sqrt{2}}{2},1\right)$

6. 椭圆 $\dfrac{x^2}{36}+\dfrac{y^2}{9}=1$ 的一条弦被 $A(4,2)$ 平分,那么这条弦所在的直线方程是( ).

A. $x-2y=0$ B. $2x+y-10=0$
C. $2x-y-2=0$ D. $x+2y-8=0$

7. 已知抛物线 $y^2=2px(p>0)$,直线 $y=x+2$ 是它的一条切线,则 $p=$_____.

8. 已知抛物线 $C:x^2=4y$ 的焦点为 F,E 为 y 轴正半轴上的一点,且 $|OE|=3|OF|$(O 为坐标原点),若抛物线 C 上存在一点 $M(x_0,y_0)$,其中 $x_0\neq 0$,使过点 M 的切线 $l\perp ME$,则切线 l 在 y 轴的截距为_____.

9. 抛物线 $C:x^2=2py(p>0)$ 焦点 F 与双曲线 $2y^2-2x^2=1$ 一个焦点重合,过点 F 的直线交 C 于 A,B 两点,点 A 处的切线与 x,y 轴分别交于 M,N,若 $\triangle OMN$ 的面积为 4,则 $|AF|$ 的长为( ).

A. 3 B. 4 C. 5 D. 6

10. 直线 $x+y+2=0$ 分别与 x 轴,y 轴交于 A,B

两点,点 P 在抛物线 $y^2=4x$ 上,则 $\triangle ABP$ 面积的最小值为_____.

B 组　强化提升

11.(2016 全国Ⅲ)已知 O 为坐标原点,F 是椭圆 C：$\dfrac{x^2}{a^2}+\dfrac{y^2}{b^2}=1(a>b>0)$ 的左焦点,A,B 分别为 C 的左、右顶点.P 为 C 上一点,且 $PF\perp x$ 轴.过点 A 的直线 l 与线段 PF 交于点 M,与 y 轴交于点 E.若直线 BM 经过 OE 的中点,则 C 的离心率为(　　).

A.$\dfrac{1}{3}$　　B.$\dfrac{1}{2}$　　C.$\dfrac{2}{3}$　　D.$\dfrac{3}{4}$

12.F 是双曲线 C：$\dfrac{x^2}{a^2}-\dfrac{y^2}{b^2}=1\,(a>0,b>0)$ 的右焦点,过点 F 向 C 的一条渐近线引垂线,垂足为 A,交另一条渐近线于点 B,若 $2\overrightarrow{AF}=\overrightarrow{FB}$,则 C 的离心率是(　　).

A.$\dfrac{2\sqrt{3}}{3}$　　B.$\dfrac{\sqrt{14}}{3}$　　C.$\sqrt{2}$　　D.2

13.已知椭圆 C：$\dfrac{x^2}{a^2}+\dfrac{y^2}{b^2}=1(a>b>0)$,$F_1$,$F_2$ 为其左、右焦点,P 为椭圆 C 上任一点,$\triangle F_1PF_2$ 的重心为 G,内心为 I,且有 $\overrightarrow{IG}=\lambda\overrightarrow{F_1F_2}$(其中 λ 为实数),则椭圆 C 的离心率 $e=$(　　).

A.$\dfrac{1}{2}$　　B.$\dfrac{1}{3}$　　C.$\dfrac{2}{3}$　　D.$\dfrac{\sqrt{3}}{2}$

14.已知抛物线 C：$x^2=\dfrac{1}{2}y$ 的焦点为 F,点 P 为抛物线 C 上任意一点,过 P 点作抛物线的切线交 y 轴于点 Q,若 $2|OQ|=|PF|$(O 为坐标原点),则点 P 的横坐标为(　　).

A.$\dfrac{\sqrt{2}}{4}$　　B.$-\dfrac{\sqrt{2}}{4}$　　C.$\pm\dfrac{\sqrt{2}}{4}$　　D.$\pm\dfrac{1}{4}$

15.已知双曲线 C：$\dfrac{x^2}{a^2}-\dfrac{y^2}{b^2}=1(a>0,b>0)$ 的左、右焦点分别为 F_1,F_2,过 F_1 的直线与 C 的两条渐近线分别交于 A,B 两点.若 $\overrightarrow{F_1A}=\overrightarrow{AB}$,$\overrightarrow{F_1B}\cdot\overrightarrow{F_2B}=0$,则 C 的离心率为_____.

第十五节　小题常考专题——解析几何中的最值问题

最值问题有两种求解方法：一是几何方法,所求最值量具有明显的几何意义时,可利用几何性质结合图形直观求解;二是目标函数法,即选取适当的变量,建立目标函数,然后按照求函数的最值方法求解,同时要注意变量的范围.

考点 1　与几何性质相关的最值问题

【方法点睛】

1.椭圆、双曲线、抛物线中的最值问题,很多时候与其定义息息相关,可结合定义利用数形结合思想将问最值状态转化为几何中的"临界"状态,如常见的"三点共线"状态(曲线外定点、曲线上动点、焦点三点共线).

2.直线与圆中的最值问题,多数最值状态可转化为圆心与直线的距离、两圆心的距离等关系.

具体解法请同学们通过例题来深刻理解!

例 15.1　已知点 F 为椭圆 C：$\dfrac{x^2}{2}+y^2=1$ 的左焦点,点 P 为椭圆 C 上任意一点,点 Q 的坐标为 $(4,3)$,则 $|PQ|+|PF|$ 取最大值时,点 P 的坐标为_____.

【分析】此题若通过构造函数,可发现函数形态非常麻烦.发现 $|PQ|+|PF|\geqslant|QF|$,因此 $|QF|$ 是其最小值而不是最大值,但题目要求最大值,故有必要将 $|PF|$ 转化到椭圆的另一个焦点上进行求解.

【解析】如图 15-1 所示,设椭圆的右焦点为 F_1,则 $|PF|+|PF_1|=2a\Leftrightarrow|PF|=2a-|PF_1|$,所以 $|PQ|+|PF|=|PQ|+2a-|PF_1|=(|PQ|-|PF_1|)+2a\leqslant|QF_1|+2a$,当且仅当点 P 位于

QF_1 的延长线上时等号成立.

由 $Q(4,3), F_1(1,0)$ 易得直线 QF_1 的方程为 $y = x - 1$,

联立方程组 $\begin{cases} y = x - 1 \\ x^2 + 2y^2 = 2 \end{cases}$, 可得交点为 $(0, -1)$ 和 $\left(\dfrac{4}{3}, \dfrac{1}{3}\right)$.

由图可知, 点 P 的坐标为 $(0, -1)$. 故填 $(0, -1)$.

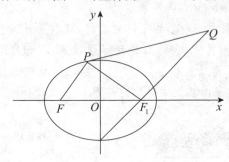

图 15-1

变式拓展

1. 已知 F 是双曲线 $C: x^2 - \dfrac{y^2}{8} = 1$ 的右焦点, P 是 C 的左支上一点, $A(0, 6\sqrt{6})$, 当 $\triangle APF$ 周长最小时, 该三角形的面积为 _____. 扫码付费看

例 15.2 已知抛物线 $C: y^2 = 4x$ 的焦点为 F, A 为抛物线 C 上异于顶点 O 的一点, 点 B 的坐标为 (a, b) (其中 a, b 满足 $b^2 - 4a < 0$). 当 $|AB| + |AF|$ 最小时, $\triangle ABF$ 恰为正三角形, 则 $a = $ _____. 扫码付费看

【分析】根据抛物线的定义, 当 AB 垂直于抛物线的准线时, $|AB| + |AF|$ 取得最小值. 由此得到 A 点的坐标, 根据焦点 $F(1,0)$, 以及三角形 ABF 为等边三角形, 列方程, 由此求得 a 的值.

【解析】依题意有 $\dfrac{p}{2} = 1$, 则抛物线的焦点坐标为 $F(1, 0)$. 根据抛物线的定义可知, 当 AB 垂直于抛物线的准线时, $|AB| + |AF|$ 取得最小值, 故 $A\left(\dfrac{a-1}{2}, b\right)$, 由于三角形 ABF 为等边三角形, 而 $B(a, b)$, 根据对称性有 $\dfrac{1}{2} \times \left(\dfrac{a-1}{2} + a\right) = 1$,

解得 $a = \dfrac{5}{3}$.

变式拓展

1. 已知点 P 为抛物线 $y^2 = 4x$ 上的动点, 点 P 在 y 轴上的射影是 B, A 点坐标为 $(3, -4)$, 则 $|PA| + |PB|$ 的最小值是 ( ). 扫码免费看

A. 5   B. 4

C. $2\sqrt{5}$ D. $2\sqrt{5} - 1$

例 15.3 已知 P 是直线 $3x + 4y + 8 = 0$ 上的动点, PA, PB 是圆 $x^2 + y^2 - 2x - 2y + 1 = 0$ 的两条切线, A, B 是切点, C 是圆心, 则四边形 $PACB$ 面积的最小值是 ( ). 扫码付费看

A. $\sqrt{2}$ B. 2   C. $2\sqrt{2}$ D. 4

【分析】利用图像可知当切线长最小时, 四边形的面积最小, 再观察可知, 点 P 与圆心距离最短时, 切线长最小.

【解析】因为点 P 在直线 $3x + 4y + 8 = 0$ 上, 如图 15-2 所示,

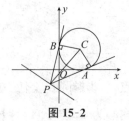

图 15-2

点 C 坐标为 $(1, 1)$, $S_{\text{四边形} PACB} = 2S_{\triangle PAC} = |AP| \cdot |AC| = |AP| \cdot r = |AP|$,

又因为 $|AP|^2 = |PC|^2 - |AC|^2 = |PC|^2 - 1$,

所以当 $|PC|$ 最小时, $|AP|$ 最小, 四边形 $PACB$ 的面积最小.

$|PC|_{\min}$ 即点 C 到直线 $3x + 4y + 8 = 0$ 的距离,

所以 $|PC|_{\min} = d = \dfrac{|3 + 4 + 8|}{5} = 3$.

当 $|AP|$ 最小时, $|PA| = \sqrt{3^2 - 1} = 2\sqrt{2}$,

所以四边形 $PACB$ 面积的最小值为 $2\sqrt{2}$. 故选 C.

变式拓展

1. 过点 $P(1, 1)$ 的直线 l 将圆形区域 $\{(x, y) | x^2 + y^2 \leqslant 4\}$ 分为两部分, 其面积分别为 S_1, S_2, 当 $|S_1 - S_2|$ 最大时, 直线 l 的方程是 ( ). 扫码付费看

A. $x + y - 2 = 0$ B. $x + y + 2 = 0$

C. $x-y-2=0$ D. $x+y-1=0$

例15.4 已知圆 $C:(x-3)^2+(y-4)^2=1$ 和两点 $A(-m,0),B(m,0)$ $(m>0)$，若圆 C 上存在点 P，使得 $\angle APB=90°$，则 m 的最大值为（　　）.
A. 7   B. 6   C. 5   D. 4

【分析】圆 C 上存在点 P，使得 $\angle APB=90°$，说明 A,B,P 三点共圆且以 AB 为直径，问题转化为两圆的位置关系.

【解析】由题意知，点 P 在以原点 $(0,0)$ 为圆心，以 m 为半径的圆上. 又因为点 P 在已知圆上，所以当两圆内切时，m 取最大值，所以 $m-1=5$，$m=6$. 故选 B.

变式拓展

1. 若点 P 在圆 $C_1:x^2+y^2-8x-4y+11=0$ 上，点 Q 在圆 $C_2:x^2+y^2+4x+2y+1=0$ 上，$|PQ|$ 的最小值是（　　）.
A. 5   B. 1   C. $3\sqrt{5}-5$ D. $3\sqrt{5}+5$

考点2　与坐标、方程相关的最值问题

【方法点睛】

将待求的量表示为某一变量的函数，然后用求函数最值的方法得出这个量的最值. 函数法是我们探求解析几何最值问题的主要方法，其中所涉及的函数最常见的有二次函数、对勾函数等，值得注意的是函数自变量取值范围不能被忽视.

例15.5 已知抛物线 $y^2=4x$，过点 $P(4,0)$ 的直线与抛物线交于 $A(x_1,y_1),B(x_2,y_2)$ 两点，则 $y_1^2+y_2^2$ 的最小值是　　　　.

【分析】利用直线与抛物线方程联立，结合韦达定理将待求式转化为关于一个变量的函数，求函数的最小值即可.

【解析】设过点 $P(4,0)$ 的直线方程为 $x=ty+4$，
联立 $\begin{cases}x=ty+4\\y^2=4x\end{cases}$，消 x 得 $y^2=4ty+16$，即 $y^2-4ty-16=0$，$y_1+y_2=4t$，$y_1y_2=-16$，
$y_1^2+y_2^2=(y_1+y_2)^2-2y_1y_2=16t^2+32\geq32$，
所以 $y_1^2+y_2^2$ 的最小值是 32.

变式拓展

1. 抛物线 $y^2=4x$ 与过点 $P(t,0)$ 的直线交于 A,B，若存在横坐标为 2 的点 Q 满足 $\overrightarrow{AQ}=2\overrightarrow{QB}$，则 t 的最大值为（　　）.
A. 2   B. 3   C. $2\sqrt{2}$ D. $\dfrac{3}{2}\sqrt{2}$

例15.6 已知抛物线 $C:y=ax^2$ 的焦点坐标为 $(0,1)$，点 $P(0,3)$，过点 P 作直线 l 交抛物线 C 于 A,B 两点，过 A,B 分别作抛物线 C 的切线，两切线交于点 Q，则 $\triangle QAB$ 面积的最小值为（　　）.
A. $6\sqrt{2}$ B. $6\sqrt{3}$ C. $12\sqrt{3}$ D. $12\sqrt{2}$

【分析】先求出抛物线的方程，再分别表示出两个切线方程，联立可求得 Q 的坐标. 表示出点 Q 到直线 AB 的距离，设直线 AB 的方程，抛物线联立求，根据韦达定理和弦长公式求出 $|AB|$，利用三角形面积公式表示出三角形面积，即可求出面积的最大值.

【解析】抛物线 $C:y=ax^2$ 的焦点坐标为 $(0,1)$，所以 $\dfrac{1}{4a}=1$，解得 $a=\dfrac{1}{4}$，
抛物线 $C:x^2=4y$，
设 $A\left(x_1,\dfrac{1}{4}x_1^2\right),B\left(x_2,\dfrac{1}{4}x_2^2\right)$，
由 $y=\dfrac{1}{4}x^2$，得 $y'=\dfrac{1}{2}x$，
过点 A 的切线方程为 $y=\dfrac{1}{2}x_1x-\dfrac{1}{4}x_1^2$，
过点 B 的切线方程为 $y=\dfrac{1}{2}x_2x-\dfrac{1}{4}x_2^2$，
则两切线的交点为 $Q\left(\dfrac{x_1+x_2}{2},\dfrac{x_1x_2}{4}\right)$，
由 AB 过点 $(0,3)$，设直线方程为 $y=kx+3$，
由 $\begin{cases}y=kx+3\\x^2=4y\end{cases}$，消 y 可得 $x^2-4kx-12=0$，
所以 $x_1+x_2=4k,x_1x_2=-12$，
则 $Q(2k,-3)$，
所以 $|AB|=\sqrt{1+k^2}\cdot|x_1-x_2|=\sqrt{1+k^2}\cdot\sqrt{16k^2+48}=4\sqrt{1+k^2}\cdot\sqrt{k^2+3}$，
因为点 Q 到直线 AB 的距离 $d=\dfrac{2(k^2+3)}{\sqrt{1+k^2}}$，
所以 $S_{\triangle QAB}=\dfrac{1}{2}\cdot4\sqrt{1+k^2}\cdot\sqrt{k^2+3}\cdot\dfrac{2(k^2+3)}{\sqrt{1+k^2}}=4(k^2+3)^{\frac{3}{2}}\geq12\sqrt{3}$，
当 $k=0$ 时，此时面积最小，最小值为 $12\sqrt{3}$.

故选C.

变式拓展

1.已知抛物线$C:y^2=4x$的焦点为F,过点F分别作两条直线l_1,l_2,直线l_1与抛物线C交于A,B两点,直线l_2与抛物线C交于M,N点,若l_1与直线l_2的斜率的乘积为-1,则$|AB|+|MN|$的最小值为( ).

A.14　　B.16　　C.18　　D.20

例15.7 焦点在x轴上的椭圆$\dfrac{x^2}{4}+\dfrac{y^2}{b^2}=1$的离心率$e=\dfrac{1}{2}$,$F,A$分别是椭圆的左焦点和右顶点,$P$是椭圆上任意一点,则$\overrightarrow{PF}\cdot\overrightarrow{PA}$的最大值为( )

A.4　　B.6　　C.8　　D.10

【分析】由椭圆$\dfrac{x^2}{4}+\dfrac{y^2}{b^2}=1$焦点在$x$轴,得$a=2$,$A(2,0)$,由离心率公式求出$c$,再求出$b$,利用坐标法求出$\overrightarrow{PF}\cdot\overrightarrow{PA}$为二次函数,配方法,利用$x$的范围求出最值.

【解析】因为椭圆$\dfrac{x^2}{4}+\dfrac{y^2}{b^2}=1$焦点在$x$轴,所以$a=2$,$A(2,0)$.

由离心率$e=\dfrac{1}{2}=\dfrac{c}{a}$,得$c=1$,所以$b=\sqrt{a^2-c^2}=\sqrt{3}$,$F(-1,0)$.

设$P(x,y)$,则$\overrightarrow{PA}=(2-x,-y)$,$\overrightarrow{PF}=(-1-x,-y)$,

则$\overrightarrow{PF}\cdot\overrightarrow{PA}=(2-x)(-1-x)+y^2$,

因为$y^2=3-\dfrac{3x^2}{4}$,代入化简得

$\overrightarrow{PF}\cdot\overrightarrow{PA}=\dfrac{1}{4}x^2-x+1=\dfrac{1}{4}(x-2)^2$,又$x\in[-2,2]$,当$x=-2$时,$\overrightarrow{PF}\cdot\overrightarrow{PA}$取最大值为4.

故选A.

变式拓展

1.(2015全国Ⅰ)已知$M(x_0,y_0)$是双曲线$C:\dfrac{x^2}{2}-y^2=1$上的一点,F_1,F_2是C的两个焦点.若$\overrightarrow{MF_1}\cdot\overrightarrow{MF_2}<0$,则$y_0$的取值范围是( ).

A.$\left(-\dfrac{\sqrt{3}}{3},\dfrac{\sqrt{3}}{3}\right)$　　B.$\left(-\dfrac{\sqrt{6}}{6},\dfrac{\sqrt{6}}{6}\right)$

C.$\left(-\dfrac{2\sqrt{2}}{3},\dfrac{2\sqrt{2}}{3}\right)$　　D.$\left(-\dfrac{2\sqrt{3}}{3},\dfrac{2\sqrt{3}}{3}\right)$

例15.8 双曲线$C:\dfrac{x^2}{a^2}-y^2=1(a>0)$的右焦点为$F$,点$P$为$C$的一条渐近线上的点,$O$为坐标原点,若$|PO|=|PF|$,则$S_{\triangle OPF}$的最小值为( ).

A.$\dfrac{1}{4}$　　B.$\dfrac{1}{2}$　　C.1　　D.2

【分析】求得双曲线$C:\dfrac{x^2}{a^2}-y^2=1(a>0)$的一条渐近线为$y=\dfrac{1}{a}x$,由$|PO|=|PF|$,得到点$P$的坐标为$\left(\dfrac{c}{2},\dfrac{c}{2a}\right)$,利用三角形的面积公式和基本不等式,即可求解.

【解析】由题意,双曲线$C:\dfrac{x^2}{a^2}-y^2=1(a>0)$的一条渐近线为$y=\dfrac{1}{a}x$,设$F(c,0)$,如图15-3所示.因为$|PO|=|PF|$,可得点$P$的横坐标为$x=\dfrac{c}{2}$,

代入渐近线$y=\dfrac{1}{a}x$,可得$y=\dfrac{c}{2a}$,所以点P的坐标为$\left(\dfrac{c}{2},\dfrac{c}{2a}\right)$.

所以$S_{\triangle OPF}=\dfrac{1}{2}\times c\times\dfrac{c}{2a}=\dfrac{c^2}{4a}=\dfrac{a^2+1}{4a}=\dfrac{a}{4}+\dfrac{1}{4a}\geq 2\sqrt{\dfrac{a}{4}\times\dfrac{1}{4a}}=\dfrac{1}{2}$,当且仅当$\dfrac{a}{4}=\dfrac{1}{4a}$时,即$a=1$时,等号成立,即$S_{\triangle OPF}$的最小值为$\dfrac{1}{2}$.

故选B.

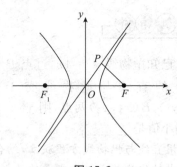

图15-3

变式拓展

1.点P在曲线$\dfrac{x^2}{2}-y^2=1$上,点Q在曲线$x^2+(y-3)^2=4$上,线段PQ的中点为M,O是坐标原点,则线段OM长的最小值是_____.

A组 基础演练

1. 已知 P 为椭圆 $\dfrac{x^2}{25}+\dfrac{y^2}{16}=1$ 上的一点,M,N 分别为圆 $(x+3)^2+y^2=1$ 和圆 $(x-3)^2+y^2=4$ 上的点,则 $|PM|+|PN|$ 的最小值为( ).
   A.5   B.7   C.13   D.15

2. 已知直线 $l_1:4x-3y+6=0$ 和直线 $l_2:x=-1$,则抛物线 $y^2=4x$ 上一点 P 到直线 l_1 和 l_2 的距离之和的最小值是( ).
   A.$\dfrac{3\sqrt{5}}{5}$ B.2   C.$\dfrac{11}{5}$ D.3

3. 已知椭圆 $\dfrac{x^2}{9}+\dfrac{y^2}{5}=1$ 的右焦点为 F,P 是椭圆上一点,点 $A(0,2\sqrt{3})$,当 $\triangle APF$ 的周长最大时,$\triangle APF$ 的面积等于( ).
   A.$\dfrac{11\sqrt{3}}{4}$ B.$\dfrac{21\sqrt{3}}{4}$ C.$\dfrac{11}{4}$ D.$\dfrac{21}{4}$

4. 点 P 在椭圆 $C_1:\dfrac{x^2}{4}+\dfrac{y^2}{3}=1$ 上,C_1 的右焦点为 F,点 Q 在圆 $C_2:x^2+y^2+6x-8y+21=0$ 上,则 $|PQ|-|PF|$ 的最小值为( )
   A.$4\sqrt{2}-4$ B.$4-4\sqrt{2}$
   C.$6-2\sqrt{5}$ D.$2\sqrt{5}-6$

5. 椭圆 $\dfrac{x^2}{a^2}+\dfrac{y^2}{b^2}=1(a>b>0)$ 的左焦点为 F,直线 $x=m$ 与椭圆相交于 A,B 两点,若 $\triangle FAB$ 的周长最大时,$\triangle FAB$ 的面积为 ab,则椭圆的离心率为_____.

6. 已知 $A(3,2)$,若点 P 是抛物线 $y^2=8x$ 上任一点,点 Q 是圆 $(x-2)^2+y^2=1$ 上任一点,则 $|PA|+|PQ|$ 的最小值为( ).
   A.3   B.4   C.5   D.6

7. 已知两圆 $x^2+y^2+4ax+4a^2-4=0$ 和 $x^2+y^2-2by+b^2-1=0$ 恰有三条公切线,若 $a\in\mathbf{R}$,$b\in\mathbf{R}$,且 $ab\ne 0$,则 $\dfrac{1}{a^2}+\dfrac{1}{b^2}$ 的最小值为( ).
   A.3   B.1   C.$\dfrac{4}{9}$ D.$\dfrac{1}{9}$

8. 已知抛物线 $y^2=2x$ 的焦点 F,点 P 是抛物线上的动点.若点 $A(3,2)$,则 $|PA|+|PF|$ 的最小值为_____.

9. 在平面直角坐标系 xOy 中,以点 $(1,0)$ 为圆心且与直线 $mx-y-2m-1=0(m\in\mathbf{R})$ 相切的所有圆中,半径最大的圆的标准方程为_____.

10. 设 $m,n\in\mathbf{R}$,若直线 $l:mx+ny-1=0$ 与 x 轴相交于点 A,与 y 轴相交于点 B,且 l 与圆 $x^2+y^2=4$ 相交所得弦的长为 2,O 为坐标原点,则 $\triangle AOB$ 面积的最小值为_____.

B组 强化提升

11. 如图 15-4 所示,曲线 $C_1:x^2+(y-4)^2=1$,曲线 $C_2:x^2=2y$,EF 是曲线 C_1 的任意一条直径,P 是曲线 C_2 上任一点,则 $\overrightarrow{PE}\cdot\overrightarrow{PF}$ 的最小值为( ).

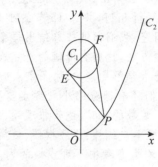

图 15-4

   A.5   B.6   C.7   D.8

12. 已知 F 为抛物线 $y^2=x$ 的焦点,点 A,B 在该抛物线上,且位于 x 轴的两侧,$\overrightarrow{OA}\cdot\overrightarrow{OB}=2$(其中 O 为坐标原点),则 $\triangle ABO$ 与 $\triangle AFO$ 面积之和的最小值是( ).
   A.2   B.3   C.$\dfrac{17\sqrt{2}}{8}$ D.$\sqrt{10}$

13. 设点 F 为抛物线 $x^2=2py(p>0)$ 的焦点,点 P 为此抛物线上的动点,点 P 到 x 轴的距离为 d,点 P_1 是圆 $C:(x-2)^2+(y+1)^2=1$ 上的动点,若 $d+|PP_1|$ 的最小值为 $2\sqrt{2}-2$,则此时的 $\triangle FOP$ 的面积为( ).
   A.$2\sqrt{2}-2$ B.4   C.$\sqrt{2}-1$ D.$\sqrt{2}$

14. 已知 $A(0,3)$,若点 P 是抛物线 $x^2=8y$ 上任意一点,点 Q 是圆 $x^2+(y-2)^2=1$ 上任意一点,则 $\dfrac{|PA|^2}{|PQ|}$ 的最小值为( )
   A.$4\sqrt{3}-4$ B.$2\sqrt{2}-1$
   C.$2\sqrt{3}-2$ D.$4\sqrt{2}+1$

15. 已知点 A 是抛物线 $x^2=4y$ 的对称轴与准线的交点,点 B 为抛物线的焦点,P 在抛物线上且满足 $|PA|=m|PB|$,当 m 取最大值时,点 P 恰好在以 A,B 为焦点的双曲线上,则双曲线的离心率为( )
   A.$\dfrac{\sqrt{2}+1}{2}$ B.$\sqrt{2}-1$ C.$\dfrac{\sqrt{2}-1}{2}$ D.$\sqrt{2}+1$

第十六节 小题常考专题——其他若干问题

专题概述

在前面的内容中,我们系统总结了七大板块:函数与导数、三角函数、平面向量、数列、不等式、立体几何、解析几何,共计15节的小题常考专题,通过认真研究,我们归纳并总结出每个专题的命题规律和解题方法,这些有价值的研究成果定能帮助同学们提升数学解题能力.除了重点归纳的七大板块之外,我们还有部分的小题考点需要涉及,如集合的运算、复数的运算、逻辑推理题、排列组合、二项式定理、概率与统计、程序框图、数学文化与新定义问题等,均是高考中不可或缺的内容,我们在本专题中集中起来一并讲解.

考点1 集合的运算

【方法点睛】

集合的运算包括集合的交、并、补,解决此类运算问题一般应注意以下几点:一是看元素的构成,集合是由元素组成的,明确集合中元素的构成是解决运算问题的前提;二是对集合进行化简,利用化简,可使问题变得简单明了,易于解决;三是注意数形结合思想的应用,集合运算常用的数形结合形式有数轴、坐标系和韦恩(Venn)图.

例16.1 (2019 全国Ⅰ)已知集合 $M = \{x \mid -4 < x < 2\}$, $N = \{x \mid x^2 - x - 6 < 0\}$,则 $M \cap N = (\ )$.

A.$\{x \mid -4 < x < 3\}$
B.$\{x \mid -4 < x < -2\}$
C.$\{x \mid -2 < x < 2\}$
D.$\{x \mid 2 < x < 3\}$

【分析】利用数轴描述两集合的关系和运算.

【解析】依题意可得,$M = \{x \mid -4 < x < 2\}$,$N = \{x \mid x^2 - x - 6 < 0\} = \{x \mid -2 < x < 3\}$,

所以 $M \cap N = \{x \mid -2 < x < 2\}$. 故选 C.

变式拓展

1.(2016 全国Ⅰ)设集合 $A = \{x \mid x^2 - 4x + 3 < 0\}$,$B = \{x \mid 2x - 3 > 0\}$,则 $A \cap B = (\ )$.

A.$\left(-3, -\dfrac{3}{2}\right)$ B.$\left(-3, \dfrac{3}{2}\right)$
C.$\left(1, \dfrac{3}{2}\right)$ D.$\left(\dfrac{3}{2}, 3\right)$

例16.2 设常数 $a \in \mathbf{R}$,集合 $A = \{x \mid (x-1)(x-a) \geqslant 0\}$,$B = \{x \mid x \geqslant a - 1\}$,若 $A \cup B = \mathbf{R}$,则 a 的取值范围为( ).

A.$(-\infty, 2)$ B.$(-\infty, 2]$
C.$(2, +\infty)$ D.$[2, +\infty)$

【分析】利用分类讨论思想化简集合 A,借助数轴来求解集合运算.

【解析】解法一:当 $a > 1$ 时,$A = \{x \mid x \leqslant 1$ 或 $x \geqslant a\}$,若 $A \cup B = \mathbf{R}$,则有 $a - 1 \leqslant 1$,得 $1 < a \leqslant 2$.

当 $a = 1$ 时,$A = \mathbf{R}$,显然 $A \cup B = \mathbf{R}$ 成立.

当 $a < 1$ 时,$A = \{x \mid x \leqslant a$ 或 $x \geqslant 1\}$,$A \cup B = \mathbf{R}$ 也成立.

综上所述,a 的取值范围是 $(-\infty, 2]$. 故选 B.

解法二(赋值法+排除法):显然,当 $a = 1$ 时,$A = \mathbf{R}$,满足 $A \cup B = \mathbf{R}$.故排除选项C,D.

若 $a = 2$ 时,$A = \{x \mid x \geqslant 2$ 或 $x \leqslant 1\}$,$B = \{x \mid x \geqslant 1\}$,满足 $A \cup B = \mathbf{R}$,

因此 $a = 2$ 满足题设要求,排除 A. 故选 B.

变式拓展

1.已知集合 $A = \{x \mid x^2 - 3x < 0\}$,$B = \{1, a\}$,且 $A \cap B$ 有 4 个子集,则实数 a 的取值范围是( ).

A.$(0, 3)$
B.$(0, 1) \cup (1, 3)$
C.$(0, 1)$
D.$(-\infty, 1) \cup (3, +\infty)$

考点2 复数的运算及几何意义

【方法点睛】

复数的四则运算包括复数的加减乘除及乘方,类似于多项式的加减乘除,$z_1 = a + b\mathrm{i}$,$z_2 = c + d\mathrm{i}$,则 $z_1 \pm z_2 = (a+c) + (b \pm d)\mathrm{i}$,$z_1 \cdot z_2 = (ac-bd) + (ad+bc)\mathrm{i}$,$\dfrac{z_1}{z_2} = \dfrac{(ac+bd) + (bc-ad)\mathrm{i}}{c^2+d^2}$(分母实数化).

$z_1^2 = a^2 - b^2 + 2ab\mathrm{i}$.加法满足交换律、结合律,乘法满足交换律、结合律和分配律.

复数的几何意义在于复数实质是复平面上的点,其实部、虚部分别为该点的横纵坐标,且此点与平面向量一一对应.这是研究复数中的几何问题最重要的出发点.

例 16.3 若 $z=1-2i$,则 $\dfrac{4i}{z\cdot\bar{z}-3}=$ ( ).

A.2 B.-2 C.2i
D.$-2i$

【分析】本题主要考查复数的代数表示形式、共轭复数及其性质以及复数的简单运算.

【解析】解法一:首先计算分母,由 $\bar{z}=1+2i$,$z\cdot\bar{z}=(1+2i)\cdot(1-2i)=5$,

则 $\dfrac{4i}{z\cdot\bar{z}-3}=\dfrac{4i}{2}=2i$.故选 C.

解法二:根据 $z\cdot\bar{z}=|z|^2$ 为实数,从而 $z\cdot\bar{z}-3$ 也为实数,所以 $\dfrac{4i}{z\cdot\bar{z}-3}$ 是纯虚数,故排除选项 A 和 B.又 $|z|^2=z\cdot\bar{z}>3$,则 $z\cdot\bar{z}-3>0$,则排除选项 D.故选 C.

【评注】本题考查考生最熟悉的知识点之一——复数及其运算.考生知道共轭复数的概念并掌握复数的四则运算法则就能得出正确的答案.同时,本题还可以利用复数及其共轭复数的性质,通过简单的逻辑推理得出正确选项.

变式拓展

1.若 $1+2i=z\cdot(1+i)$,则 $|\bar{z}|=$ ( ).

A.2 B.$\dfrac{\sqrt{5}}{2}$

C.$\dfrac{\sqrt{10}}{2}$ D.$\sqrt{10}$

例 16.4 (2019 全国Ⅰ)设复数 z 满足 $|z-i|=1$,z 在复平面内对应的点为 (x,y),则( ).

A.$(x+1)^2+y^2=1$
B.$(x-1)^2+y^2=1$
C.$x^2+(y-1)^2=1$
D.$x^2+(y+1)^2=1$

【解析】因为 z 在复平面内对应的点为 (x,y),所以 $z=x+yi$,所以 $z-i=x+(y-1)i$,

所以 $|z-i|=\sqrt{x^2+(y-1)^2}=1$,

所以 $x^2+(y-1)^2=1$.故选 C.

变式拓展

1.(2019 全国Ⅱ)设 $z=-3+2i$,则在复平面内 $\bar{z}$ 对应的点位于( ).

A.第一象限 B.第二象限
C.第三象限 D.第四象限

考点 3 逻辑推理

【方法点睛】

逻辑推理作为高中数学的六大核心素养中的主要内容之一,备受各方关注,是在数学学科教学与学习过程中必备的一项技能.逻辑推理是从一些理论事实、命题等角度出发,依据题目中已知的规则来推出其他相关命题或结论的基本素养.逻辑推理根据推理的方式可分为归纳(从特殊到一般的推理)、类比(从特殊到特殊的推理)与演绎(从一般到特殊的推理).下面对近几年高考中比较常见的以实际生活为背景的逻辑推理问题加以剖析.

例 16.5 A,B,C,D 四位同学一起去向英语老师询问英语竞赛的成绩情况.英语老师说:"你们四人的竞赛成绩中有 2 位优秀,2 位良好,我现在给 A 看 B,C 的成绩,给 B 看 C 的成绩,给 D 看 A 的成绩."看后 A 对大伙说:"我还是不知道我的成绩."根据以上相关信息,则( ).

A.B 可以知道四人的成绩
B.D 可以知道四人的成绩
C.B,D 可以知道对方的成绩
D.B,D 可以知道自己的成绩

【分析】依据题目中的已知条件,抓住题设的关键可得到:A 看了 B,C 的成绩后而不知道自己的成绩,由此可以推断:B,C(或 A,D)的成绩均是 1 位优秀、1 位良好,从而再结合其他相关信息:B 看了 C 的成绩,D 看了 A 的成绩,加以逻辑推理,得以确定判断.

【解析】抓住关键信息可知:A 看了 B,C 的成绩后而不知道自己的成绩,由此可以推理:B,C(或 A,D)的成绩为 1 位优秀、1 位良好,又根据条件中 B 看了 C 的成绩,进而推理可得:B 可以知道自己的成绩.同理,D 看了 A 的成绩,从而可以推理:D可以知道自己的成绩.故选D.
【评注】本题通过对实际问题中的信息处理,结合情景推理来解决实际应用中的逻辑推理问题,主要考查逻辑推理的数学核心素养.特别在结合实际应用中的相关信息推理问题时,关键是要抓住问题中的相关信息要点,加以合理转化,形成相应的数学语言、数学模型等,进而利用相关的数学知识来分析、处理、判断,并加以正确的逻辑推理,使得实际应用问题得到巧妙解答.

变式拓展 »

1. 一名法官在审理一起珍宝盗窃案时,四名嫌疑人甲、乙、丙、丁的供词如下:
   甲说:"罪犯在乙、丙、丁三人之中";
   乙说:"我没有作案,是丙偷的";
   丙说:"甲、乙两人中有一人是小偷";
   丁说:"乙说的是事实".
   经过调查核实,四人中有两人说的是真话,另外两人说的是假话,且这四人中只有一人是罪犯,由此可判断罪犯是_____.

2. 某网店统计了连续三天售出商品的种类情况:第一天售出19种商品,第二天售出13种商品,第三天售出18种商品;前两天都售出的商品共有3种,后两天都售出的商品共有4种.则该网店:
   ①第一天售出但第二天未售出的商品共有_____种;
   ②这三天售出的商品最少有_____种.

3. 某无人机兴趣小组由若干名教师和学生组成,根据该兴趣小组中的人员分析可知:
   (ⅰ)女学生的人数少于男学生的人数;
   (ⅱ)教师的人数少于女学生的人数;
   (ⅲ)教师的人数的两倍多于男学生的人数.
   ①若教师的人数为4,那么女学生的人数的最大值是_____.
   ②该学习兴趣小组人数的最小值是_____.

考点4 排列组合(理科)

排列组合是中学数学的一个重要内容,也是一类难点问题.从历年高考试题中可以发现,排列组合是高考热点题型之一,而据相关学者统计,排列组合试题在高考中的得分率一直都不太理想.下面我们以高考题为例,主要分析排列组合的一些实用的解题策略.

方法一 间接法(或"正难则反")
【方法点睛】
在解答有限制条件的排列组合问题时,首先求出不加任何限定条件的排列数或组合数,再减去其中不符合条件的排列数或组合数,这种方法称为间接法.间接法是逆向思维的直接体现,这种方法通常称为"正难则反".

例16.6 从6男2女共8名学生中选出队长1人,副队长1人,普通队员2人组成4人服务队,要求服务队中至少有1名女生,共有_____种不同的选法(用数字作答).

【解析】解法一(间接法):分2步完成:第一步,8名学生中选4人(至少有1名女生),即8名学生中任选4人去掉全是男生的情况有$C_8^4-C_6^4$种选法;
第二步,分配职务,4人里选2人担任队长和副队长有A_4^2种选法.
所以共有$(C_8^4-C_6^4) \cdot A_4^2=(70-15)\times 12=660$种选法.

解法二(直接法): 分2步完成:第一步,8名学生中选4人(至少有1名女生),其中1女3男有$C_2^1C_6^3$种选法,2女2男有$C_2^2C_6^2$种选法.
第二步,分配职务,4人里选2人担任队长和副队长有A_4^2种选法.
所以共有$(C_2^1C_6^3+C_2^2C_6^2) \cdot A_4^2=(2\times 20+1\times 15)\times 12=660$种选法.

变式拓展 »

1. 用数字1,2,3,4,5,6,7,8,9组成没有重复数字,且至少有一个数字是偶数的四位数,这样的四位数一共有_____个(用数字作答).

方法二 特殊元素、特殊位置优先考虑
【方法点睛】
(1)加法(直接法):把全部特殊位置上的元素排好;把剩余位置由剩余元素排列.(2)减法(间接法):取消某些"不能"的限制去排列;减去因此而"扩进"的方法数.
解决此类排列问题,通常有以下2个解决问题的途径:
①以元素为主体,即先满足特殊元素的要求,再考虑其他元素.

②以位置为主体,即先满足特殊位置的要求,再考虑其他位置.

典例精讲

例16.7 从6人中选4人分别报送到清华大学、北京大学、复旦大学、南开大学四所大学本硕连读,要求每所大学有一人报道,每人只能去一所大学学习.这6人中甲、乙两人不去清华学习,则不同的报送方案一共有(　　)种.
A.300种　B.240种　C.144种　D.96种

【分析】本题中比较特殊的要求是甲、乙两人不去清华学习,故可以认为甲、乙是特殊的元素,或者清华大学是特殊的位置.题目有特殊的元素和位置时,可以先处理特殊元素或者特殊位置,消除特殊性后,再按照一般题目处理.

【解析】解法一:先考虑特殊的元素甲、乙.
若所选的4人中不含甲、乙,则有$A_4^4=4×3×2×1=24$(种);
若所选的4人中含甲或乙中的1人,则选出其余3人,先安排甲或乙,再安排其他人,共有$2C_4^3C_3^1A_3^3=2×4×3×3×2×1=144$(种);
若所选的4人中包含了甲和乙,则选出其余2人,先安排甲和乙,再安排其他2人,共有$C_4^2A_3^2A_2^2=6×3×2×2×1=72$(种).
故一共有$24+144+72=240$种方式.故选B.
解法二:清华大学是比较特殊的位置,但是必须有人要去.所以先在符合条件的4人中选出1人去清华大学,再从剩余的5人中选3人安排在另外三所大学.
一共有$C_4^1A_5^3=4×5×4×3=240$(种)报送方案.故选B.

【评注】在题目中特殊元素一定会伴随特殊位置,所以往往可以从两个方面中的任意一个来考虑.但是在具体计算中,选择特殊数量少的(比如只一所学校特殊,但是特殊的人有2个)方向考虑会更加简单一些.

变式拓展

1.广州亚运会组委会要从小张、小李、小赵、小罗、小王五名志愿者中选派4人分别从事翻译、导游、礼仪、司机4项不同的工作,其中小张和小赵只能从事前两项工作,其余3人均能从事这4项工作,则共有(　　)种选派方案.
A.12　　B.18　　C.36　　D.48

方法三　相邻元素的排列问题(捆绑法)
【方法点睛】
对于元素相邻的排列问题,通常采用捆绑法.先把需要相邻的元素认为是一个整体或者是一个特殊的"大元素",然后将这个"大元素"与其他无限制要求的元素做排列,最后要考虑"大元素"内部的每个元素位置不同是否对整体结果有影响,如果有影响则需要乘以"大元素"内部元素的排列数.即捆绑法经过一个:捆绑——排列——松绑的过程.

典例精讲

例16.8 从单词"equation"中选取5个不同的字母排成一排,含有"qu"(其中"qu"相连且顺序不变)的不同排列共有(　　)个.
A.120　B.480　C.720　D.840

【解析】先从"qu"以外的6个字母中选3个,有C_6^3种取法,再将"qu"看作一个整体与取出的3个字母一起排列,有A_4^4种排法,所以不同排列共有$C_6^3A_4^4=480$个.故选B.

【评注】将"qu"看作一个整体与其他选出的3个元素排列后,q,u不能交换位置,所以不能再乘以A_2^2,这里实际涉及一个排列与组合的区别问题.

变式拓展

1.男生5人,女生10人排成一排,要求每个男生的右邻必须是女生,共有_____种排法.

方法四　不相邻元素的排列问题(插空法)
【方法点睛】
插空法是指某些元素不能相邻并且有其他元素将其隔开,计算时可先将其他元素排好,再将指定的不相邻元素插入到其他元素的空隙或两端的位置.解答此类问题的关键是要弄清楚到底留有多少"空".

典例精讲

例16.9 要排一张有6个歌唱节目和4个舞蹈节目的演出节目单,任何两个舞蹈节目不得相邻,则有_____种不同排法.

【解析】先排6个歌唱节目,有A_6^6种排法,已排好的6个节目的空隙及两端共有7个位置,这7个位置可安排4个舞蹈节目,有A_7^4种排法,故不同排

法有 $A_6^6 A_7^2 = 604800$ 种.

【评注】使用插空法需要注意先排哪些元素,不相邻的元素可以排在哪些位置,以确保既满足题意要求,又可以达到快速解题的效果.

变式拓展

1.(2018 北京海淀区一模)一次数学会议中,有五位教师来自 A,B,C 三所学校,其中 A 学校有 2 位,B 学校有 2 位,C 学校有 1 位.现在五位老师排成一排照相,若要求来自同一学校的老师不相邻,则共有_____种不同的站队方法.

方法五　定序元素的排列问题

【方法点睛】

先排好非定序元素,从而为定序元素留下空位,定序元素按顺序在留下的空位中找到位置.不同元素定序的排列问题常用的解题方法有:只选不排法、全排消序法(除法)、虑它法、逐一插入法 4 种.

例 16.10 4 男 3 女坐成一排,且 4 男不等高,4 男自左向右按从高到矮的顺序排列,有____种不同的排法.

【分析】定序问题我们常用的方法有只选不排法、全排消序法、虑它法和逐一插入法.

【解析】解法一(只选不排法):先选定 4 个位置排男生,有 C_7^4 种方法,然后余下的 3 个位置女生可以任意排,有 A_3^3 种方法,故有 $C_7^4 \cdot A_3^3 = 210$ 种方法;

解法二(全排消序法):先 7 人全排列,再把多余的情况去掉,故有 $\dfrac{A_7^7}{A_4^4} = 210$ 种方法;

解法三(虑它法):先排 3 个女生有 A_7^3 种排法,余下 4 个位置供 4 男生按高矮顺序排法只有 1 种,故有 $A_7^3 \cdot 1 = 210$ 种方法.

解法四(逐一插入法):4 个男生自左向右按高到矮的顺序排好后,第一个女生插入空当,有 5 种方法;第二个女生插入空当,有 6 种方法;第三个女生插入空当,有 7 种方法.由分步乘法计数原理得,有 $5 \times 6 \times 7 = 210$(种)排法.

变式拓展

1.甲、乙等 7 人排成一排,要求甲在乙的左边,则不同的排法有_____种.

2.7 人排成一排合影,要求中间最高,两边矮,则不同的排法有_____种.

例 16.11 用 0~9 这 10 个数字排成一个无重复数字的五位数.

(1)满足百位数字>十位数字>个位数字的排法有_____种;

(2)满足百位数字<十位数字>个位数字的排法有_____种.

【解析】(1)选一种排法,先排前两位,再从余下的 8 个数中任取 3 个不同的数填末三位数(唯一确定),共有 $A_9^1 A_9^1 C_8^3 = 4536$ 种排法.

(2)先排前两位,再从余下的 8 个数中任取 3 个不同的数填末三位数,这 3 个数中最大的数作为十位数字,另两个作为百位数字与个位数字,有 $A_9^1 A_9^1 C_8^3 A_2^2 = 9072$ 种排法.

【评注】定序问题相当于组合问题,不必排序.

变式拓展

1.三位数中,如 123 叫严格递增数,如 530 叫严格递减数,这两种数统称为严格单调数,则三位数中严格单调数共有_____个.

考点 5　二项式定理(理科)

【方法点睛】

对二项式定理展开式的理解,不仅仅要关注展开式中的通项的特点,更重要的是理解等式两边的关系.其中通项从微观角度反映了二项式定理展开式的全貌,是展开式的缩影,可以用于通项及其系数的求解等;对于求解系数和或二项式系数和,以及最大项或最大系数项等问题需进一步理解并应用二项式定理.

例 16.12 (1) $(x^2+2)\left(\dfrac{1}{x^2}-1\right)^5$ 的展开式的常数项是(　).

A. -3 　　　　B. -2
C. 2 　　　　　D. 3

(2) $(1+2\sqrt{x})^3(1-\sqrt[3]{x})^5$ 展开式中 x 的系数为(　).

A. -4 　　B. -2 　　C. 2 　　D. 4

【分析】二项展开式的通项是展开式的缩影,利用它可以求任意指定项及其系数.

【解析】(1) $\left(\dfrac{1}{x^2}-1\right)^5$ 的展开式通项为

$T_{r+1}=C_5^r\left(\dfrac{1}{x^2}\right)^{5-r}(-1)^r=C_5^r(-1)^r x^{2r-10}$,

所以常数项为$(-1)^4\times C_5^4+2\times C_5^5\times(-1)^5=3$. 故选D.

(2)**解法一:**$(1+2\sqrt{x})^3=1+6\sqrt{x}+12x+8x\sqrt{x}$,

$(1-\sqrt[3]{x})^5=1-5\cdot\sqrt[3]{x}+10\cdot\sqrt[3]{x^2}-10x+5x\cdot\sqrt[3]{x}-x\cdot\sqrt[3]{x^2}$.

所以x的系数为$-10+12=2$. 故选C.

解法二:$(1+2\sqrt{x})^3$的展开式的通项为$T_{r+1}=C_3^r 2^r x^{\frac{r}{2}}(r=0,1,2,3)$,$(1-\sqrt[3]{x})^5$的展开式的通项$T_{p+1}=C_5^p(-1)^p x^{\frac{p}{3}}(p=0,1,2,3,4,5)$.

令$\dfrac{r}{2}+\dfrac{p}{3}=1$,

解得$\begin{cases}r=0\\p=3\end{cases}$或$\begin{cases}r=2\\p=0\end{cases}$.

所以x的系数为$C_3^2 2^2\times 1+C_5^3(-1)^3\times 1=12-10=2$. 故选C.

变式拓展

1. $\left(\dfrac{x}{2}+\dfrac{1}{x}+\sqrt{2}\right)^5$的展开式中整理后的常数项为_____.

2. $(1+x+x^2)\left(x+\dfrac{1}{x^3}\right)^n$的展开式中没有常数项,$n\in\mathbf{N}$且$2\leqslant n\leqslant 8$,则$n=$_____.

3. 在$(x-1)(x-2)(x-3)(x-4)(x-5)$的展开式中$x$的系数为( ).
A. -15　　B. 85
C. -120　　D. 274

例16.13 已知二项式$\left(5x-\dfrac{1}{\sqrt{x}}\right)^n$展开式中各项系数之和比各项二项式系数之和大240,则$n=$_____.

【分析】令$x=1$可得各项系数之和为$M=4^n$,二项式系数之和为$N=2^n$,列方程可得n.

【解析】令$x=1$可得各项系数之和为$M=4^n$,二项式系数之和为$N=2^n$.

由已知得:$4^n-2^n=240$,即$(2^n-16)(2^n+15)=0$,所以$2^n=16$,得$n=4$.

【评注】本题考查各项系数之和,与二项式系数之和的关系,得到各项系数之和为$M=4^n$,二项式系数之和为$N=2^n$,是解题的关键.

变式拓展

1. 设二项式$\left(x-\dfrac{1}{2}\right)^n(n\in\mathbf{N}^*)$展开式的二项式系数和与各项系数和分别为$a_n,b_n$,则$\dfrac{a_1+a_2+\cdots+a_n}{b_1+b_2+\cdots+b_n}=$( ).

A. $2^{n-1}+3$　　B. 2^n+2
C. 2^{n+1}　　D. 1

考点6　概率与统计

方向一　概率的计算

【方法点睛】

(1)随机事件A发生的概率可利用其发生的频率来估计. 事件A发生的频率是利用频数n_A除以事件总次数n所得到的值,且随着试验次数的增加,频率值在A的概率附近摆动幅度越来越小.

(2)对于事件A的概率的计算,关键是要解决以下三个方面的问题:第一,本试验是否是等可能的;第二,本试验的基本事件总数n有多少个;第三,事件A是什么,它包含的基本事件数m有多少个;最后运用公式$P(A)=\dfrac{m}{n}$求概率. 如果随机事件涉及到的基本事件不多,可用列举法得出m,n;如果随机事件涉及到的基本事件比较多,或者基本事件的构成具有比较强的规律性,可以借助排列组合求出基本事件总数n和随机事件A包含的基本事件数m,再利用公式$P(A)=\dfrac{m}{n}$求解.

(3)明了事件间的关系,用公式法求概率. 常用的公式有:

①互斥事件与对立事件概率计算公式:
$P(A\cup B)=P(A)+P(B)$,
$P(A)=1-P(\bar{A})$.

②相互独立事件同时发生的概率计算公式:
$P(AB)=P(A)\cdot P(B)$.

③条件概率计算公式$P(B|A)=\dfrac{P(AB)}{P(A)}$.

类型一　用频率估计概率

典例精讲

例16.14 某超市随机选取1000位顾客,记录了他们购买甲、乙、丙、丁四种商品的情况,整理成如表16-1所示的统计表,其中"√"表示购买,"×"表示未购买.

表 16-1

商品 顾客人数	甲	乙	丙	丁
100	√	×	√	√
217	×	√	×	×
200	√	√	√	×
300	√	√	×	×
85	√	×	×	√
98	×	√	×	×

(1) 估计顾客同时购买乙和丙的概率为_____;

(2) 估计顾客在甲、乙、丙、丁中同时购买3种商品的概率为_____.

【解析】(1) 从表 16-1 可以看出,在这 1000 位顾客中有 200 位顾客同时购买了乙和丙,所以顾客同时购买乙和丙的概率可以估计为 $\dfrac{200}{1000}=0.2$.

(2) 从表 16-1 可以看出,在这 1000 位顾客中有 100 位顾客同时购买了甲、丙、丁,另有 200 位顾客同时购买了甲、乙、丙,其他顾客最多购买了 2 种商品,所以顾客在甲、乙、丙、丁中同时购买 3 种商品的概率可以估计为 $\dfrac{100+200}{1000}=0.3$.

变式拓展

1. (2019 全国Ⅲ)《西游记》《三国演义》《水浒传》和《红楼梦》是中国古典文学瑰宝,并称为中国古典小说四大名著.某中学为了解本校学生阅读四大名著的情况,随机调查了 100 位学生,其中阅读过《西游记》或《红楼梦》的学生共有 90 位,阅读过《红楼梦》的学生共有 80 位,阅读过《西游记》且阅读过《红楼梦》的学生共有 60 位,则该校阅读过《西游记》的学生人数与该校学生总数比值的估计值为( ).

A. 0.5 B. 0.6 C. 0.7 D. 0.8

类型二 列举法(列举、列表、树状图)求概率

例 16.15 (2015 全国Ⅰ)如果 3 个正整数可作为一个直角三角形三条边的边长,则称这 3 个数为一组勾股数.从 1,2,3,4,5 中任取 3 个不同的数,则这 3 个数构成一组勾股数的概率为( ).

A. $\dfrac{3}{10}$ B. $\dfrac{1}{5}$ C. $\dfrac{1}{10}$ D. $\dfrac{1}{20}$

【分析】列举所有基本事件的时候,要遵循一定规律方可不重不漏,在 5 个元素中任取 3 个数,这种情况略显复杂,需要特别注意.另外,也可以这样考虑,5 个元素中任取 3 个,必然会剩下 2 个,将剩下的一一列举出来,会比较简单.

【解析】解法一:由 $1^2=1,2^2=4,3^2=9,4^2=16,5^2=25$,可知只有 (3,4,5) 是一组勾股数.

从 1,2,3,4,5 中任取 3 个不同的数,其基本事件有:(1,2,3),(1,2,4),(1,2,5),(1,3,4),(1,3,5),(1,4,5),(2,3,4),(2,3,5),(2,4,5),(3,4,5),共 10 种.则从 1,2,3,4,5 中任取 3 个不同的数,这 3 个数构成一组勾股数的概率 $P=\dfrac{1}{10}$.故选 C.

解法二:由 $1^2=1,2^2=4,3^2=9,4^2=16,5^2=25$,可知只有 (3,4,5) 是一组勾股数.

从 1,2,3,4,5 中任取 3 个不同的数,则必然剩下 2 个数,取出 (3,4,5) 对应的是剩下 (1,2).

剩下 2 个数的所有结果为:(1,2),(1,3),(1,4),(1,5),(2,3),(2,4),(2,5),(3,4),(3,5),(4,5),共 10 个.所以从 1,2,3,4,5 中任取 3 个不同的数,则这 3 个数构成一组勾股数的概率 $P=\dfrac{1}{10}$.故选 C.

【评注】本题是典型的古典概型的题目,解题过程比较简单.在解法二中所体现出来的"正难则反"的思想方法是概率中非常重要的解题方法,需要大家在今后学习过程中用心体会,活学活用.

变式拓展

1. 从标有 1,2,3,4,5,6 的卡片中任取一个卡片,记卡片上的数为 x,放回后再取一个卡片,记卡片上的数为 y,则事件 "$x+y=5$" 的概率为_____.

2. 在一次数学活动中,黑板上画着如图 16-1 所示的图形,活动前老师在准备的四张纸片上分别写有如下四个等式中的一个等式:

① $AB=DC$;
② $\angle ABE=\angle DCE$;
③ $AE=DE$;
④ $\angle A=\angle D$.

小明同学闭上眼睛从四张纸片中随机抽取一张,再从剩下的纸片中抽取另一张.

图 16-1

则以已经抽取的两张纸片上的等式为条件，使$\triangle BEC$不能构成等腰三角形的概率为________.

类型三　排列组合法求概率（理科）

典例精讲

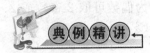

例 16.16　（2019 全国Ⅰ）我国古代典籍《周易》用“卦”描述万物的变化.每一“重卦”由从下到上排列的 6 个爻组成，爻分为阳爻“——”和阴爻“— —”，如图 16-2所示就是一重卦.在所有重卦中随机取一重卦，则该重卦恰有 3 个阳爻的概率是（　　）.

扫码付费看

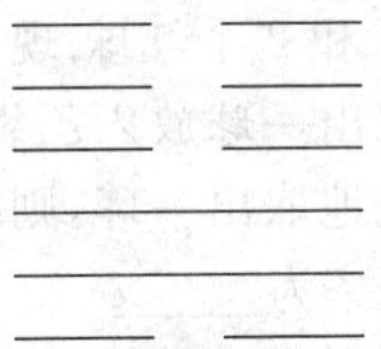

图 16-2

A.$\frac{5}{16}$　　B.$\frac{11}{32}$　　C.$\frac{21}{32}$　　D.$\frac{11}{16}$

【解析】在所有重卦中随机取一重卦，基本事件总数$n=2^6=64$，

该重卦恰有 3 个阳爻包含的基本事件个数$m=C_6^3C_3^3=20$，

则该重卦恰有 3 个阳爻的概率$P=\frac{m}{n}=\frac{20}{64}=\frac{5}{16}$.

故选 A.

变式拓展

1.（2019 江苏）从 3 名男同学和 2 名女同学中任选 2 名同学参加志愿者服务，则选出的 2 名同学中至少有 1 名女同学的概率是________.

扫码付费看

类型四　综合运用公式求概率

1.利用互斥事件与对立事件的概率计算公式.

典例精讲

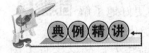

例 16.17　（2014 新课标Ⅰ）4 位同学各自在周六、周日两天中任选一天参加公益活动，则周六、周日都有同学参加公益活动的概率为（　　）.

扫码付费看

A.$\frac{1}{8}$　　B.$\frac{5}{8}$　　C.$\frac{3}{8}$　　D.$\frac{7}{8}$

【解析】解法一：设 4 位同学分别为甲、乙、丙、丁，由题意知，4 位同学各自在周六、周日两天中任选一天参加公益活动有$2^4=16$（种）情况，设“周六、周日都有同学参加公益活动”为事件A，则事件A是以下 3 个事件的和事件：

(1)事件A_1：“周六 3 人，周日 1 人”，有（甲乙丙，丁），（甲乙丁，丙），（甲丙丁，乙），（乙丙丁，甲），共 4 种情况；

(2)事件A_2：“周六 2 人，周日 2 人”，有（甲乙，丙丁），（甲丙，乙丁），（甲丁，丙乙），（丙丁，甲乙），（乙丁，甲丙），（丙乙，甲丁）（后 3 组为前 3 组周六、周日互换所得），共 6 种情况；

(3)事件A_3：“周六 1 人，周日 3 人”，有（甲，乙丙丁），（乙，甲丙丁），（丙，甲乙丁），（丁，甲乙丙），共 4 种情况.

所以周六、周日都有同学参加公益活动的概率为$P(A)=P(A_1+A_2+A_3)=P(A_1)+P(A_2)+P(A_3)=\frac{4}{16}+\frac{6}{16}+\frac{4}{16}=\frac{7}{8}$.故选 D.

解法二：由题意知，4 位同学各自在周六、周日两天中任选一天参加公益活动有$2^4=16$（种）情况，设“周六、周日都有同学参加公益活动”为事件A，则“周六、周日只有一天有同学参加公益活动”为事件$\overline{A}$，而 4 位同学都选周六有 1 种情况，4 位同学都选周日有 1 种情况，故$P(\overline{A})=\frac{2}{16}=\frac{1}{8}$，所以$P(A)=1-P(\overline{A})=1-\frac{1}{8}=\frac{7}{8}$.故选 D.

【评注】对于复杂概率的计算一般要先设出事件，准确地确定事件的性质，把问题化归为古典概型、互斥事件、独立事件、独立重复试验四类事件中的某一种，其次判断事件是$A\cup B$还是AB事件，确定事件至少有一个发生，还是同时发生，分别运用加法公式或乘法公式，在这里提醒考生，使用相关公式一定要指明公式成立的条件，如选用公式$P(A\cup B)=P(A)+P(B)$时，要指出事件A，B互斥.

变式拓展

1.将一颗骰子先后抛掷 2 次，观察向上的点数，则两数中至少有一个奇数的概率为________.

扫码付费看

2.（理科）现有 8 名北京马拉松志愿者，其中志愿者A_1，A_2，A_3通晓日语，B_1，B_2，B_3通晓俄语，C_1，C_2通晓韩语.

扫码付费看

(1)从这 8 名志愿者中选出通晓日语、俄语和韩语的志愿者各 1 名，组成一个小组，则B_1和C_1不全被选中的概率为________；

(2)从这 8 名志愿者中随机选出 4 名志愿者，则通晓日语、俄语和韩语的志愿者至少各有 1 名的概率为________.

2.相互独立事件同时发生的概率(理科)

例 16.18 (2019 全国Ⅰ)甲、乙两队进行篮球决赛,采取七场四胜制(当一队赢得四场胜利时,该队获胜,决赛结束).根据前期比赛成绩,甲队的主客场安排依次为"主主客客主客主".设甲队主场取胜的概率为0.6,客场取胜的概率为0.5,且各场比赛结果相互独立,则甲队以4∶1获胜的概率是_____.

【解析】由题意可得,一共比赛了5场,且第5场甲获胜,前4场甲队胜3场,输1场,有2种情况:

①甲队主场输1场,其概率为: $P_1=C_2^1\times 0.6\times 0.4\times C_2^2\times 0.5^2=0.12$.

②甲队客场输1场,其概率为: $P_2=C_2^2\times 0.6^2\times C_2^1\times 0.5\times 0.5=0.18$.

由于第 5 场必定是甲队胜,所以 $P=(P_1+P_2)\times 0.6=0.18$.

则甲队以4∶1获胜的概率为0.18.

变式拓展

1.甲、乙两人轮流向一目标射击,甲先射击,如果甲、乙两人击中目标的概率分别为 $p,q(0<p<1,0<q<1)$,且两人击中与否相互之间没有影响,则:

(1)前 2 次射击中两人都没有击中目标的概率为_____;

(2)前 3 次射击中恰有 1 次击中目标的概率为_____;

(3)前 4 次射击中至少有一人击中目标的概率为_____;

(4)前 5 次射击中恰好击中 3 次且没有连续击中目标的概率为_____.

3.条件概率(理科)

例 16.19 从 1,2,3,4,5 中任取 2 个不同的数,事件 A 为"取到的 2 个数之和为偶数",事件 B 为"取到的 2 个数均为

偶数",则 $P(B|A)=($).

A. $\dfrac{1}{8}$　　B. $\dfrac{1}{4}$　　C. $\dfrac{2}{5}$　　D. $\dfrac{1}{2}$

【解析】取到的两个数之和为偶数可取 2 奇数或 2 偶数,所以 $P(A)=\dfrac{C_3^2+C_2^2}{C_5^2}=\dfrac{2}{5}$,$P(AB)=\dfrac{C_2^2}{C_5^2}=\dfrac{1}{10}$,由条件概率公式可得 $P(B|A)=\dfrac{P(AB)}{P(A)}=\dfrac{1}{4}$.故选 B.

变式拓展

1.甲袋中有2个白球和4个红球,乙袋中有 1 个白球和 2 个红球.现在随机地从甲袋中取出一球放入乙袋,然后从乙袋中随机地取出一球,则取出的球是白球的概率为_____.

方向二　统计图表的读取与数据分析
【方法点睛】

这部分内容涉及较多,主要是抽样方式的选取、从各种统计图表中获取信息、样本数字特征的求解计算.选取抽样方式时,要抓住各抽样方式的主要特点与适用情况合理选取;近几年高考对统计图表的考查不再局限于频率分布直方图与茎叶图,条形图、折线图、扇形图、雷达图等都曾在高考中出现过,解决此类问题要读出图中有用信息,挖掘隐含信息,将这些信息进行综合分析处理,得出结论.

类型一　统计图表的读取

例 16.20 (2018 全国Ⅰ)某地区经过一年的新农村建设,农村的经济收入增加了一倍.实现翻番.为更好地了解该地区农村的经济收入变化情况,统计了该地区新农村建设前后农村的经济收入构成比例,得到如图 16-3 所示的饼图:

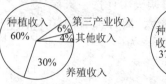 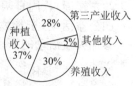

建设前经济收入构成比例　　建设后经济收入构成比例

图 16-3

则下面结论中不正确的是( ).

A.新农村建设后,种植收入减少
B.新农村建设后,其他收入增加了一倍以上
C.新农村建设后,养殖收入增加了一倍
D.新农村建设后,养殖收入与第三产业收入的总和超过了经济收入的一半

【分析】首先设出新农村建设前的经济收入为 a,根据题意,得到新农村建设后的经济收入为 $2a$,之后从图中各项收入所占的比例,得到其对应的收入是多少,从而可以比较其大小,并且得到其相应的关系.

【解析】设新农村建设前经济收入为 a,由题意,建设后经济收入为 $2a$.

由题图可知,建设前种植收入为 $a×60\%=0.6a$,建设后种植收入为 $2a×37\%=0.74a$,种值收入增加,故 A 错误;

建设前其他收入为 $a×4\%=0.04a$,建设后其他收入为 $2a×5\%=0.1a$,增加了一倍以上,故 B 正确;

建设前养殖收入为 $a×30\%=0.3a$,建设后养殖收入为 $2a×30\%=0.6a$,增加了一倍,故 C 正确;

建设后养殖收入与第三产业收入总和所占比例为 $30\%+28\%=58\%$,超过了经济收入的一半,故 D 正确.

故选 A.

变式拓展

1.(2017 全国Ⅲ)某城市为了了解游客人数的变化规律,提高旅游服务质量,收集并整理了 2014 年 1 月至 2016 年 12 月期间月接待游客量(单位:万人)的数据,绘制的折线图如图 16-4 所示,根据该折线图,下列结论错误的是( ).

图 16-4

A.月接待游客量逐月增加
B.年接待游客量逐年增加
C.各年的月接待游客量高峰期大致在 7,8 月份
D.各年 1 月至 6 月的月接待游客量相对 7 月至 12 月,波动性更小,变化比较平稳

2.(2016 全国Ⅲ)某旅游城市为向游客介绍本地的气温情况,绘制了一年中月平均最高气温和平均最低气温的雷达图.如图 16-5 所示,A 点表示十月的平均最高气温约为 15℃,B 点表示四月的平均最低气温约为 5℃.下面叙述不正确的是( ).

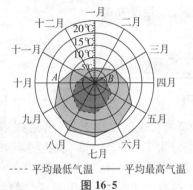

图 16-5

A.各月的平均最低气温都在 0℃以上
B.七月的平均温差比一月的平均温差大
C.三月和十一月的平均最高气温基本相同
D.平均最高气温高于 20℃的月份有 5 个

3.某游戏厂商为了了解中国网络游戏产业的增长变化情况,以便积极调整战略方向,收集并整理了从 2016 年第三季度至 2018 年第三季度中国网络游戏市场规模的数据,并对数据进行了分析,绘制出如图 16-6 所示的统计图.

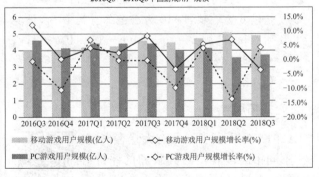

图 16-6

根据该统计图,有如下结论:
①从 2016 年第三季度至 2018 年第三季度,移动游戏用户数量一直在逐季度增加;
②从 2017 年第一季度至 2018 年第三季度,移动游戏用户数量的平均值大于 PC 游戏用户数量的平均值;
③从 2016 年第三季度至 2018 年第三季度,移动

游戏用户数量增长率的方差大于 PC 游戏用户数量增长率的方差;
④移动游戏用户数量于 2017 年第三季度超越 PC 游戏用户数量后一直保持领先.
其中错误结论的个数为( ).
A.1　　　B.2　　　C.3　　　D.4
注:2016Q3 表示 2016 年第三季度,2018Q1 表示 2018 年第一季度,以此类推.

类型二　抽样方式

例 16.21 (2019 全国 I)某学校为了解 1 000 名新生的身体素质,将这些学生编号为 1,2,…,1 000,从这些新生中用系统抽样方法等距抽取 100 名学生进行体质测验.若 46 号学生被抽到,则下面 4 名学生中被抽到的是( ).
A.8 号学生　　　　B.200 号学生
C.616 号学生　　　D.815 号学生

【解析】因为从 1000 名学生中抽取一个容量为 100 的样本,所以系统抽样的分段间隔为 $\frac{1000}{100}=10$,
因为 46 号学生被抽到,则根据系统抽样的性质可知,第一组随机抽取一个号码为 6,
以后每个号码都比前一个号码增加 10,因此被抽取的学生号码个位数为 6,只有选项 C 满足.故选 C.

【评注】如果推导的话,本题可这样求解:所有号码数是以 6 为首项,以 10 为公差的等差数列,设其数列为 $\{a_n\}$,则 $a_n=6+10(n-1)=10n-4$,当 $n=62$ 时,$a_{62}=616$,即在第 62 组抽到 616.故选 C.

1.(2018 全国 III)某公司有大量客户,且不同年龄段客户对其服务的评价有较大差异.为了解客户的评价,该公司准备进行抽样调查,可供选择的抽样方法有简单随机抽样、分层抽样和系统抽样,则最合适的抽样方法是 _____.

2.某高中在校学生有 2000 人.为了响应"阳光体育运动"的号召,学校开展了跑步和登山的比赛活动.每人都参与而且只能参与其中一项比赛,各年级参与比赛的人数情况如表 16-2 所示.

表 16-2

	高一年级	高二年级	高三年级
跑步	a	b	c
登山	x	y	z

其中 $a:b:c=2:3:5$,全校参与登山的人数占总人数的 $\frac{2}{5}$.为了了解学生对本次活动的满意程度,用分层抽样的方法从中抽取一个 200 人的样本进行调查,则从高二年级参与跑步的学生中应抽取的人数为 _____.

类型三　样本的数字特征

例 16.22 (2019 全国 II)演讲比赛共有 9 位评委分别给出某选手的原始评分,评定该选手的成绩时,从 9 个原始评分中去掉 1 个最高分、1 个最低分,得到 7 个有效评分.7 个有效评分与 9 个原始评分相比,不变的数字特征是( ).
A.中位数　　　B.平均数
C.方差　　　　D.极差

【解析】根据题意,从 9 个原始评分中去掉 1 个最高分、1 个最低分,得到 7 个有效评分,7 个有效评分与 9 个原始评分相比,最中间的一个数不变,即中位数不变.故选 A.

1.(2019 江苏)已知一组数据 6,7,8,8,9,10,则该组数据的方差是 _____.

2.(2017 山东)如图 16-7 所示的茎叶图记录了甲、乙两组各 5 名工人某日的产量数据(单位:件).若这两组数据的中位数相等,且平均值也相等,则 x 和 y 的值分别为( ).

甲组		乙组
	6 5	9
2	5 6	1 7 y
x	4 7	8

图 16-7

A.3,5　　B.5,5　　C.3,7　　D.5,7

考点7 程序框图

方向一 求程序框图执行的结果

【方法点睛】

该类型试题要先找出控制循环的变量的初值(计数变量与累加变量的初始值)、步长、终值(或控制循环的条件),然后看循环体,循环体是反复执行的步骤,循环次数比较少时,可依次列出;循环次数较多时,可先循环几次,找出规律,最后要特别注意循环结束的条件,不要出现多一次或少一次循环的错误.

典例精讲

例16.23 如果执行如图16-8所示的程序框图,输入$N=5$,则输出的数等于( ).

A. $\dfrac{5}{4}$ B. $\dfrac{4}{5}$

C. $\dfrac{6}{5}$ D. $\dfrac{5}{6}$

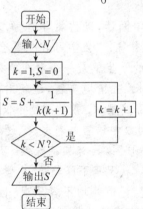

图16-8

【解析】解法一:将程序框图所执行的程序分步进行计算,如表16-3所示.

表16-3

步骤	k	S	$k<N?$
第1次	1	$\dfrac{1}{2}$	是
第2次	2	$\dfrac{2}{3}$	是
第3次	3	$\dfrac{3}{4}$	是
第4次	4	$\dfrac{4}{5}$	是
第5次	5	$\dfrac{5}{6}$	否

根据表16-3的模拟分析,程序输出的数为$\dfrac{5}{6}$. 故选D.

解法二:本题实质上是求解$\sum\limits_{k=1}^{5}\dfrac{1}{k(k+1)}$,

故$S=0+\dfrac{1}{1\times 2}+\dfrac{1}{2\times 3}+\cdots+\dfrac{1}{5\times 6}=$
$1-\dfrac{1}{2}+\dfrac{1}{2}-\dfrac{1}{3}+\cdots+\dfrac{1}{5}-\dfrac{1}{6}=\dfrac{5}{6}$.故选D.

【评注】本题是程序框图中的数列问题.数列问题是循环结构中的常见问题,因为数列递推的过程恰好就是通过有限次重复的操作实现的,而这恰好是循环结构所能解决的问题.循环体是所求和的表达式,也是反复执行的步骤,需按变量取值依次进行.解决这类问题时,一般有两种思路:一是把人看作计算机,程序执行哪一步,我们就计算哪一步,一直到程序终止,这类方法往往适用于步骤比较简单,循环次数不十分多的程序;二是原理分析法,即分析程序的原理,了解程序实质要完成的目标,将其还原为数学模型,从而对数学模型进行求解.本题的解法一与解法二就分别应用了这两种思路.

变式拓展

1.如果执行如图16-9所示的程序框图,那么输出的$S=$( ).

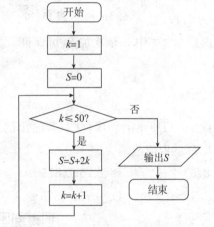

图16-9

A.2450   B.2500   C.2550   D.2652

方向二 完善程序框图

【方法点睛】

该类型试题多为判断框中内容的填写,常涉及"≥"">""≤""<"的选择.解答时要根据循环结构的类型,正确地进行选择.注意直到型循环是"先循环,后判断,条件满足时终止循环";而当型循环则是"先判断,后循环,条件满足时执行循环";两者的判断框内的条件表述在解决同一问题时是不同的,它们恰好相反.另外还要注意判断框内的条件不是唯一的,如$a>b$,也可写为$a\leqslant b$(是与否的内容也做相应改变);$i>5$,也可写成$i\geq 6$,其中$i\in \mathbf{N}^*$.

◆典例精讲◆

例16.24 (2017全国1卷)如图16-10所示的程序框图是为了求出满足$3^n-2^n>1000$的最小偶数n,那么在和▭两个空白框中,可以分别填入( ).

A.$A>1000$和$n=n+1$
B.$A>1000$和$n=n+2$
C.$A\leq 1000$和$n=n+1$
D.$A\leq 1000$和$n=n+2$

【解析】因为要求A大于1000时的最小偶数n,且框图中在"否"时输出,所以""中不能填入$A>1000$,排除A,B.又要求n为偶数,且n的初始值为0,所以"▭"中n依次加2,可保证其为偶.故选D.

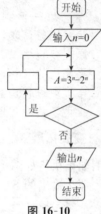

图16-10

◆变式拓展◆

1.(1)执行如图16-11所示的程序框图,若输出的n为4,则输入P的取值范围为( ).

A.(0.75,0.875)   B.(0.75,0.875]
C.[0.75,0.875)   D.[0.75,0.875]

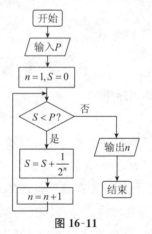

图16-11

(2)执行如图16-11所示的程序框图,若输出的n为4,则输入P可能为( ).

A.0.7   B.0.75   C.0.8   D.0.9

考点8 数学文化与新定义问题

【方法点睛】

"数学文化"用数学的标准和尺度去改变人的行为过程及其结果.从这个定义中我们可以看出,数学文化不能单纯理解为一个名词,准确来说应该理解为一个动词.数学文化重在"对人的数学教化",包含两项主要内容:一是"人(事物)数学化",即让人(事物)具备数学的属性,也就是用数学的语言去描述世界;二是"数学化人(事物)",也就是用数学的知识去改造人(事物).

以传统文化为载体,加强数学传统思想文化的渗透,将国家的育人要求与高考选拔相结合,使近年来数学文化试题大量出现,数学文化已被广大师生接受并认同.从认同到内化需要身体力行,需要教师有意识地结合相应教学内容,在日常教学中渗透数学文化,引导学生了解数学的发展历程,认识数学在科学技术、社会发展中的作用,感悟数学的价值,以提升学生的科学精神、应用意识和文化素养.

注重数学阅读,助力数学理解.苏联教育家苏霍姆林斯基曾说:"会学习首先要会阅读,一个阅读能力不好的学生就是一个潜在的差生."很多"亮点题"题目"长"且情境丰富,这就对考生的数学阅读能力提出了高要求.数学阅读不仅具有一般阅读的特点,还因数学语言的符号化、逻辑化以及抽象性、严谨性等原因,具有其特殊性.研究表明,中小学生数学阅读状况呈下降趋势,中学生对数学阅读的兴趣、态度、习惯等均不容乐观.因此,在日常教学中,教师要有意识地教授数学阅读策略、技巧,培养学生数学阅读兴趣和习惯,消除数学阅读障碍,助力数学理解.

高考中的新定义问题,此类问题都会给予新定义的解释,因此要注重审题,对所给出的新定义要具有分析、理解和转化能力.

◆典例精讲◆

例16.25 (2019年全国Ⅰ)古希腊时期,人们认为最美人体的头顶至肚脐的长度与肚脐至足底的长度之比是$\dfrac{\sqrt{5}-1}{2}$($\dfrac{\sqrt{5}-1}{2}\approx 0.618$,称为黄金分割比例),著名的"断臂维纳斯"(图16-12)便是如此.此外,最美人体的头顶至咽喉的长度与咽喉至肚脐的长度之比也是$\frac{\sqrt{5}-1}{2}$.若某人满足上述两个黄金分割比例,且腿长为105 cm,头顶至脖子下端的长度为26 cm,则其身高可能是( ).

图 16-12

A.165 cm   B.175 cm
C.185 cm   D.190 cm

【分析】本题渗透数学美,主要考查逻辑推理与数学运算素养.

【解析】头顶至脖子下端的长度为26cm,说明头顶到咽喉的长度小于26 cm,

由头顶至咽喉的长度与咽喉至肚脐的长度之比是$\frac{\sqrt{5}-1}{2}\approx 0.618$,

可得咽喉至肚脐的长度小于$\frac{26}{0.618}\approx 42$,

由头顶至咽喉的长度与肚脐至足底的长度之比是$\frac{\sqrt{5}-1}{2}$,可得肚脐至足底的长度小于$\frac{42+26}{0.618}\approx$ 110,即有该人的身高小于110+68=178cm,

又肚脐至足底的长度大于105cm,可得头顶至肚脐的长度大于105×0.618≈65cm,即该人的身高大于65+105=170cm.

综上可得身高在170cm~178cm 之间.故选B.

变式拓展 »

1.(2015 全国Ⅰ)《九章算术》是我国古代内容极为丰富的数学名著,书中有如下问题:"今有委米依垣内角,下周八尺,高五尺.问:积及为米几何?"其意思为:"在屋内墙角处堆放米(如图 16-13所示,米堆为一个圆锥的四分之一),米堆底部的弧长为8尺,米堆的高为5尺,问米堆的体积和堆放的米各为多少?"已知1斛米的体积约为1.62 立方尺,圆周率约为3,估算出堆放的米约有( ).

图 16-13

A.14 斛   B.22 斛   C.36 斛   D.66 斛

例 16.26 (2016 全国Ⅲ)定义"规范01 数列"$\{a_n\}$如下:$\{a_n\}$共有 $2m$ 项,其中m项为0,m项为1,且对任意$k\leqslant 2m,a_1,a_2,\cdots,a_k$ 中 0 的个数就不少于1 的个数.若$m=4$,则不同的"规范01数列"共有( ).

A.18 个   B.16 个   C.14 个   D.12 个

【分析】由于$\{a_n\}$有偶数项,其中一半为0,一半为1,若$m=4$,这说明数列一共有8个数,无论奇偶项,只要$k\leqslant 2m,a_1,a_2,\cdots,a_k$ 中 0 的个数就不少于1 的个数,接下来我们看如果直接取第一项为1,则此时1 的个数为一个,0 的个数为零,即说明此时1 的个数大于0 的个数,则不成立,此时就说明第一项只能为0;又最后一项为0时,前7 项一定有四个1,三个0,此时前7 项里面1 的个数大于0 的个数,这说明最后一项不是0,一定是1.只需确定中间的6 个元素即可.

【解析】(理科)解法一(分类讨论):依题意,由"规范01 数列",得第一项为0,第$2m$项为1,当$m=4$时,只需确定中间的6 个元素即可,且知中间的6 个元素有 3 个"0"和 3 个"1".

分类讨论:①若0后接00,即

0 0 0 _ _ _ _ 1

后面四个空位可以随意安排3 个1 和1 个0,则有C_4^3种排法;

②若0后接01,即

0 0 1 _ _ _ _ 1

后面四个空位可以排的数字为2 个"0"和2 个"1",只有一种情形不符合题意,即01后面紧接11,除此外其他的情形都满足要求,因此排法有$C_4^2-1=5$种排法;

③若0后接10,即

0 1 0 _ _ _ _ 1

119

在10后若接0,则后面有C_3^1种排法;在10后若接1,即010101,第五个数字一定接0,另外两个位置0,1可以随意排,有A_2^2种排法,则满足题意的排法有$C_4^1+5+C_3^1+A_2^2=14$种.故选C.

解法二(树状图法):依题意,必有$a_1=0,a_8=1$.利用树状图进行列举,如图16-14所示.

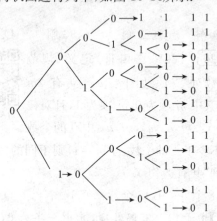

图 16-14

所以"规范01数列"共有14个.故选C.

解法三(列表法):由题意,得必有$a_1=0,a_8=1$,则具体的排法列表16-4如下:

表 16-4

			0	1	1	1	
				0	1	1	
		0		1	0	1	
				1	1	0	
				0	1	0	
	0			0	1	0	
			1	0	0		
			1	0	1	0	
0					0	1	1
			1	1	0	0	
				0	1	0	
				1	0	0	
	1	0		0	1	0	
				1	0	0	
				0	1	0	
			1	0	0		

所以"规范01数列"共有14个.故选C.

【评注】列表法和树状图法都属于列举的范畴,它们的优点是直观一目了然,不容易重复与遗漏.读者可根据自己的习惯选用列表法或树状图法进行列举,对于基本事件较少时,也可直接列举.

变式拓展

1.(2019 北京)在天文学中,天体的明暗程度可以用星等或亮度来描述.两颗星的星等与亮度满足$m_2-m_1=\dfrac{5}{2}\lg\dfrac{E_1}{E_2}$ 扫码付费看

其中星等为m_k的星的亮度为$E_k(k=1,2)$.已知太阳的星等为-26.7,天狼星的星等为-1.45,则太阳与天狼星的亮度的比值为( ).

A.$10^{10.1}$ B.10.1 C.$\lg 10.1$ D.$10^{-10.1}$

A组 基础演练

1.(2019 天津)设集合$A=\{-1,1,2,3,5\}$,$B=\{2,3,4\}$,$C=\{x\in\mathbf{R}\mid 1\leqslant x<3\}$,则$(A\cap C)\cup B=$( ).

A.$\{2\}$ B.$\{2,3\}$
C.$\{-1,2,3\}$ D.$\{1,2,3,4\}$

2.(2018 全国Ⅰ)设$z=\dfrac{1-i}{1+i}+2i$,则$|z|=$( ).

A.0 B.$\dfrac{1}{2}$ C.1 D.$\sqrt{2}$

3.(理科)在实验室进行的一项物理实验中,要先后实施6个程序,其中程序A只能出现在第一或最后一步,程序B和C在实施时必须相邻,则实验顺序的编排方法共有( ).

A.34种   B.48种   C.96种   D.144种

(文科)某校三个年级共有24个班,学校为了了解同学们的心理状况,将每个班编号,依次为1到24,现用系统抽样方法,抽取4个班进行调查,若抽到编号之和为48,则抽到的最小编号为( ).

A.2   B.3   C.4   D.5

4.(理科)(2019 全国Ⅲ)$(1+2x^2)(1+x)^4$的展开式中x^3的系数为( ).

A.12   B.16   C.20   D.24

(文科)为美化环境,从红、黄、白、紫4种颜色的花中任选2种花种在一个花坛中,余下的2种花种在另一个花坛中,则红色和紫色的花不在同一花坛的概率是( ).

A.$\dfrac{1}{3}$ B.$\dfrac{1}{2}$ C.$\dfrac{2}{3}$ D.$\dfrac{5}{6}$

5.对某两名高三学生在连续9次数学测试中的成

绩(单位:分)进行统计得到如下折线图16-15.下面关于这两位同学的数学成绩的分析中,正确的共有( )个.

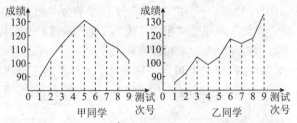

图 16-15

①甲同学的成绩折线图具有较好的对称性,与正态曲线相近,故而平均成绩为130分;
②根据甲同学成绩折线图提供的数据进行统计,估计该同学平均成绩在区间[110,120]内;
③乙同学的数学成绩与考试次号具有比较明显的线性相关性,且为正相关;
④乙同学在这连续九次测验中的最高分与最低分的差超过40分.

A.1 　　B.2 　　C.3 　　D.4

6.(理科)篮球比赛中每支球队的出场阵容由5名队员组成,2017年的NBA篮球赛中,休斯敦火箭队采取了"八人轮换"的阵容,即每场比赛只有8名队员有机会出场,这8名队员中包含两名中锋,两名控球后卫,若要求每一套出场阵容中有且仅有一名中锋,至少包含一名控球后卫,则休斯敦火箭队的主教练一共有( )种出场阵容的选择.

A. 16　　B. 28　　C. 84　　D. 96

(文科)(2019全国Ⅱ)在"一带一路"知识测验后,甲、乙、丙三人对成绩进行预测.
甲:我的成绩比乙高.
乙:丙的成绩比我和甲的都高.
丙:我的成绩比乙高.
成绩公布后,三人成绩互不相同且只有一个人预测正确,那么三人按成绩由高到低的次序为( ).

A.甲、乙、丙　　B.乙、甲、丙
C.丙、乙、甲　　D.甲、丙、乙

7.(理科)某单位周一至周六要安排甲、乙、丙、丁四人值班,每人至少值一天班,则甲至少值两天班的概率为( ).

A.$\dfrac{11}{26}$　B.$\dfrac{9}{26}$　C.$\dfrac{11}{52}$　D.$\dfrac{9}{52}$

(文科)某地有自然风光类景点3个和文物古迹类景点2个,天路旅行社从中任选2个景点游览,则这两类景点都被选上的概率为( ).

A.$\dfrac{7}{10}$　B.$\dfrac{3}{4}$　C.$\dfrac{2}{5}$　D.$\dfrac{3}{5}$

8.(理科)(2019浙江)设$0<a<1$,随机变量X的分布列是

X	0	a	1
P	$\dfrac{1}{3}$	$\dfrac{1}{3}$	$\dfrac{1}{3}$

则当a在$(0,1)$内增大时,( ).
A.$D(X)$增大　　　B.$D(X)$减小
C.$D(X)$先增大后减小　D.$D(X)$先减小后增大

(文科)将某选手的9个得分去掉1个最高分,去掉1个最低分,7个剩余分数的平均分为91.现场作的9个分数的茎叶图如图16-16所示,后来有1个数据模糊,无法辨认,在图中以x表示:

```
8 | 7 7
9 | 4 0 1 0 x 9 1
```

图 16-16

则7个剩余分数的方差为( ).

A.$\dfrac{116}{9}$　B.$\dfrac{36}{7}$　C.36　D.$\dfrac{6\sqrt{7}}{7}$

9.(1)(2019全国Ⅰ)如图16-17所示是求$\dfrac{1}{2+\dfrac{1}{2+\dfrac{1}{2}}}$

的程序框图,图中空白框中应填入( ).

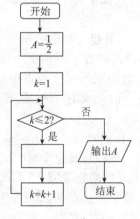

图 16-17

A.$A=\dfrac{1}{2+A}$　　B.$A=2+\dfrac{1}{A}$
C.$A=\dfrac{1}{1+2A}$　　D.$A=1+\dfrac{1}{2A}$

(2)(2014湖北)阅读如图16-18所示的程序框图,运行相应的程序,若输入n的值为9,则输出S的值为_____.

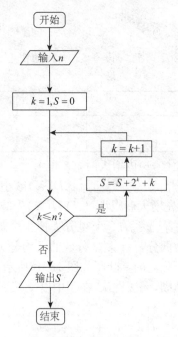

图 16-18

10.在企业年会上,4 名优秀员工上台抽奖,台上有标有 1,2,3,4 的四个盒子,盒子里面摆放着 A, B,C,D 四件奖品(每个盒子里仅放一件礼品,无空盒).

员工甲说:2 号盒子里是 C,4 号盒子里是 B;
员工乙说:2 号盒子里是 D,3 号盒子里是 B;
员工丙说:1 号盒子里是 B,3 号盒子里是 C;
员工丁说:1 号盒子里是 A,2 号盒子里是 C.
如果他们每人都猜对了一半,那么 1 号盒子里装的奖品是_____.

B组　强化提升

11.(2016 山东)若函数 $y=f(x)$ 的图像上存在两点,使得函数的图像在这两点处的切线互相垂直,则称 $y=f(x)$ 具有 T 性质.下列函数中具有 T 性质的是( ).

A.$y=\sin x$　B.$y=\ln x$　C.$y=e^x$　D.$y=x^3$

12.李冶(1192-1279),真定栾城(今属河北石家庄市)人,金元时期的数学家、诗人,晚年在封龙山隐居讲学,数学著作多部,其中《益古演段》主要研究平面图形问题:求圆的直径,正方形的边长等,其中一问:现有正方形方田一块,内部有一个圆形水池,其中水池的边缘与方田四边之间的面积为 13.75 亩.若方田的四边到水池的最近距离均为二十步,则圆池直径和方田的边长分别是(注:240 平方步为 1 亩,圆周率按 3 近似计算)( ).

A. 10 步,50 步　　　B. 20 步,60 步
C. 30 步,70 步　　　D. 40 步,80 步

13.(理科)太极八卦阐明宇宙从无极而太极,以至万物化生的过程.其中的太极即为天地未开、混沌未分阴阳之前的状态.两仪即为天和地,古人用符号"——"和"— —"分别来表示"阳爻"和"阴爻".四象是"阳爻"或"阴爻"排列产生的,为 太阴 == 少阴 == 少阳 == 太阳 ==.

(1)在四象之上再生一阴一阳,就产生第三爻.以阴阳三爻错综的排列,最终可得八种卦形,它们分别为_____.
(2)如果把八卦的卦象,两卦两卦上下排列而成,可以组成_____种卦象.其中"阳爻"和"阴爻"个数相等的卦象有_____种,"阳爻"和"阴爻"个数比为 2∶1 的卦象有_____种.

(文科)中国古代数学名著《九章算术》中记载:今有大夫、不更、簪褭、上造、公士凡五人,共猎得五鹿,欲以爵次分之,问各得几何?意思是:今有大夫、不更、簪褭、上造、公士凡五人,他们共猎获 5 只鹿,欲按其爵级高低依次递减相同的量来分配,问各得多少,若五只鹿的鹿肉共 500 斤,则不更、簪褭、上造这三人共分得鹿肉斤数为( ).

A.200　　B. 300　　C. $\dfrac{500}{3}$　　D. 400

14.三张不透明的卡片上分别写有数字 1 和 2,1 和 3,2 和 3.A,B,C 三人分别从中取出一张卡片,A 看了 B 的卡片后说到:"我与 B 的卡片上相同的数字不是 2."B 看了 C 的卡片后说到:"我与 C 的卡片上相同的数字不是 1."C 说到:"我的卡片上的数字之和不是 5."由此可以判断 A 的卡片上的数字是_____.

15.(2015 福建)一个二元码是由 0 和 1 组成的数字串 $x_1x_2\cdots x_n(n\in \mathbf{N}^*)$,其中 $x_k(k=1,2,\cdots,n)$ 称为第 k 位码元,二元码是通信中常用的码,但在通信过程中有时会发生码元错误(即码元由 0 变为 1,或者由 1 变为 0).

已知某种二元码 $x_1x_2\cdots x_7$ 的码元满足如下校验方程组:

$$\begin{cases} x_4\oplus x_5\oplus x_6\oplus x_7=0 \\ x_2\oplus x_3\oplus x_6\oplus x_7=0, \\ x_1\oplus x_3\oplus x_5\oplus x_7=0 \end{cases}$$

其中运算 $\oplus$ 定义为:$0\oplus 0=0,0\oplus 1=1,1\oplus 0=1,1\oplus 1=0$.

现已知一个这种二元码在通信过程中仅在第 k 位发生码元错误后变成了 1101101,那么利用上述校验方程组可判定 $k=$_____.

第二部分 实战演练

一、小题模考基础卷

小题模考基础卷（一）

实际用时：_____；得分：_____．

一、选择题：本大题共 12 小题，每小题 5 分，共 60 分．在每小题给出的四个选项中，只有一项是符合题目要求的．

1. 已知集合 $A=\{0,1\}$，$B=\{x|-1\leqslant x\leqslant 2\}$，则 $A\cap B=$（　　）．

   A. $\{0,1\}$　　　　B. $\{-1,0,1\}$
   C. $[-1,1]$　　　D. $\{1\}$

2. 设复数 $z=\dfrac{2i}{1+i}$，则其共轭复数为（　　）．

   A. $-1-i$　　　　B. $1-i$
   C. $-1+i$　　　　D. $1+i$

3. 命题 $p:\forall x\in\mathbf{N},e^x>x+1$ 的否定形式 $\neg p$ 为（　　）．

   A. $\forall x\in\mathbf{N},e^x\leqslant x+1$
   B. $\exists x_0\in\mathbf{N},e^{x_0}>x_0+1$
   C. $\exists x_0\in\mathbf{N},e^{x_0}<x_0+1$
   D. $\exists x_0\in\mathbf{N},e^{x_0}\leqslant x_0+1$

4. 设 α,β 为两个不同的平面，l 为直线，则下列结论正确的是（　　）．

   A. $l/\!/\alpha,\alpha\perp\beta\Rightarrow l\perp\beta$
   B. $l\perp\alpha,\alpha\perp\beta\Rightarrow l/\!/\beta$
   C. $l/\!/\alpha,\alpha/\!/\beta\Rightarrow l/\!/\beta$
   D. $l\perp\alpha,\alpha/\!/\beta\Rightarrow l\perp\beta$

5. 已知 $\sin\alpha+\sqrt{3}\cos\alpha=0$，则 $\tan 2\alpha=$（　　）．

   A. $\dfrac{\sqrt{3}}{3}$　　　　B. $-\dfrac{\sqrt{3}}{3}$
   C. $\sqrt{3}$　　　　D. $-\sqrt{3}$

6. 执行如图 L2-1 所示的程序框图，输入 $x=-1$，$n=5$，则输出 $s=$（　　）．

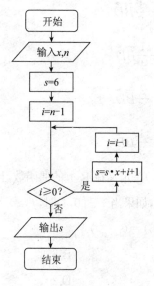

图 L2-1

A. -2　　B. -3　　C. 4　　D. 3

7. 如图 L2-2 所示，在长方体 $ABCD-A_1B_1C_1D_1$ 中，$AB=BC=2$，$AA_1=1$，则 BC_1 与平面 BB_1D_1D 所成角的正弦值为（　　）．

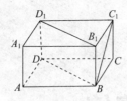

图 L2-2

A. $\dfrac{\sqrt{6}}{3}$ B. $\dfrac{2\sqrt{5}}{5}$ C. $\dfrac{\sqrt{15}}{5}$ D. $\dfrac{\sqrt{10}}{5}$

8. 已知 $a=\log_5 2$, $b=\log_{0.5}0.2$, $c=0.5^{0.2}$,则 a,b,c 的大小关系为( ).

A. $a<c<b$ B. $a<b<c$
C. $b<c<a$ D. $c<a<b$

9. 如图 L2-3 所示,在平行四边形 $ABCD$ 中,AC 与 BD 交于点 O,E 是线段 OD 的中点,AE 的延长线与 CD 相交于点 F,则 $\overrightarrow{AF}=$( ).

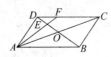

图 L2-3

A. $\dfrac{1}{4}\overrightarrow{AC}+\dfrac{1}{2}\overrightarrow{BD}$

B. $\dfrac{1}{2}\overrightarrow{AC}+\dfrac{1}{4}\overrightarrow{BD}$

C. $\dfrac{1}{2}\overrightarrow{AC}+\dfrac{2}{3}\overrightarrow{BD}$

D. $\dfrac{2}{3}\overrightarrow{AC}+\dfrac{1}{3}\overrightarrow{BD}$

10. 已知 $f(x)$ 是定义在 **R** 上的偶函数,且 $f(x+5)=f(x-3)$,如果当 $x\in[0,4)$ 时,$f(x)=\log_2(x+2)$,则 $f(766)=$( ).

A. 3 B. -3
C. -2 D. 2

11. 将函数 $f(x)=\sqrt{3}\sin x\cos x+\sin^2 x$ 的图像上各点的纵坐标不变,横坐标变为原来的 2 倍,再沿 x 轴向右平移 $\dfrac{\pi}{6}$ 个单位长度,得到函数 $y=g(x)$ 的图像,则 $y=g(x)$ 的一个递增区间是( ).

A. $\left[-\dfrac{\pi}{6},\dfrac{5\pi}{6}\right]$ B. $\left[-\dfrac{\pi}{2},\dfrac{\pi}{2}\right]$

C. $\left[-\dfrac{\pi}{12},\dfrac{4\pi}{3}\right]$ D. $\left[-\dfrac{\pi}{4},0\right]$

12. 已知双曲线 $\dfrac{x^2}{a^2}-\dfrac{y^2}{b^2}=1(a>0,b>0)$ 的左焦点为 $F(-\sqrt{5},0)$,点 A 的坐标为 $(0,2)$,点 P 为双曲线右支上的动点且 $\triangle APF$ 周长的最小值为 8,则双曲线的离心率为( ).

A. $\sqrt{2}$ B. $\sqrt{3}$ C. 2 D. $\sqrt{5}$

二、填空题:本大题共 4 小题,每小题 5 分,共 20 分.把答案写在题中的横线上.

13. 数据 0.7,1,0.8,0.9,1.1 的方差是 _____.

14. (理科)7 名同学站成一排照相,其中甲、乙两人相邻,且丙、丁两人不相邻的不同排法总数为 _____.

(文科)已知函数 $f(x)=(x+a)\ln x$ 在 $x=1$ 处取得极值,则曲线 $y=ax^3$ 在点 $(1,a)$ 处的切线方程为 _____.

15. 已知数列 $\{a_n\}$ 的前 n 项和 $S_n=2a_n-2^n+1$ $(n\in \mathbf{N}^*)$,则其通项公式 $a_n=$ _____.

16. 在锐角 $\triangle ABC$ 中,角 A,B,C 所对的边分别为 a,b,c,若 $\cos B=\dfrac{1}{3}$,$b=4$,$S_{\triangle ABC}=4\sqrt{2}$,则 $\triangle ABC$ 的周长为 _____.

小题模考基础卷(二)

实际用时：_____；得分：_____.

一、选择题：本大题共12小题，每小题5分，共60分.在每小题给出的四个选项中，只有一项是符合题目要求的.

1. 已知集合 $M=\{x|-1<x<2\}$，集合 $N=\{x|y=\sqrt{x-1}\}$，则 $M\cup N=($　　$)$.

   A.$[1,2)$　　　　B.$\varnothing$
   C.$\mathbf{R}$　　　　D.$(-1,+\infty)$

2. 设复数 z 满足 $\mathrm{i}\cdot z=2+\mathrm{i}$，其中 i 为虚数单位，则复数 z 对应的点位于($　　$).

   A.第一象限　　　B.第二象限
   C.第三象限　　　D.第四象限

3. 若向量 $\boldsymbol{a},\boldsymbol{b}$ 满足 $|\boldsymbol{a}|=\sqrt{3},|\boldsymbol{b}|=2,\boldsymbol{a}\perp(\boldsymbol{a}-\boldsymbol{b})$，则 $\boldsymbol{a}$ 与 $\boldsymbol{b}$ 的夹角为($　　$).

   A.$\dfrac{\pi}{2}$　　　　B.$\dfrac{2\pi}{3}$
   C.$\dfrac{\pi}{6}$　　　　D.$\dfrac{5\pi}{6}$

4. 已知 m,n 是两条不同的直线，α,β 是两个不同的平面，若 $m\perp\alpha,n\perp\beta$，且 $\beta\perp\alpha$，则下列结论一定正确的是($　　$).

   A.$m\perp n$　　　B.$m/\!/n$
   C.m 与 n 相交　D.m 与 n 异面

5. 已知各项均为正数的等比数列 $\{a_n\}$ 的前4项和为15，且 $a_5=3a_3+4a_1$，则 $a_3=($　　$)$.

   A.16　　　　B.8
   C.4　　　　D.2

6. 已知双曲线 $\dfrac{x^2}{a^2}-\dfrac{y^2}{b^2}=1(a>0,b>0)$ 的一条渐近线经过点 $(\sqrt{2},\sqrt{6})$，则该双曲线的离心率为($　　$).

   A.2　　　　B.$\sqrt{2}$
   C.3　　　　D.$\sqrt{3}$

7. 若 $a>b$，则($　　$).

   A.$\ln(a-b)>0$
   B.$3^a<3^b$
   C.$a^3-b^3>0$
   D.$|a|>|b|$

8. 如图L2-4所示，黑色部分和白色部分图形是由曲线 $y=\dfrac{1}{x},y=-\dfrac{1}{x},y=x,y=-x$ 及圆构成的.在圆内随机取一点，则此点取自黑色部分的概率是($　　$).

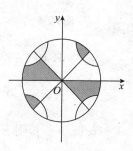

图 L2-4

   A.$\dfrac{1}{4}$　　　　B.$\dfrac{1}{8}$
   C.$\dfrac{\pi}{4}$　　　　D.$\dfrac{\pi}{8}$

9. 函数 $y=\dfrac{x^2\ln|x|}{|x|}$ 的图像大致是($　　$).

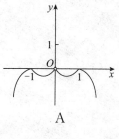 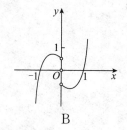

A　　　　　　　　B

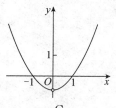 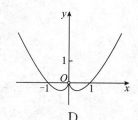

C　　　　　　　　D

10. 某几何体的三视图如图L2-5所示，则该几何体的体积是($　　$).

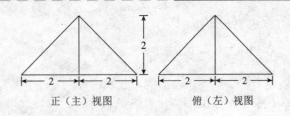

正(主)视图　　俯(左)视图

俯视图

图 L2-5

A. $2+\pi$ 　　　　　　B. $4+2\pi$

C. $\dfrac{4+2\pi}{3}$ 　　　　　D. $\dfrac{8+4\pi}{3}$

11. 设函数 $f(x)=\cos\left(x+\dfrac{\pi}{6}\right)$，则下列结论错误的是(　　).

A. $f(x)$ 的一个周期为 2π

B. $y=f(x)$ 的图像关于直线 $x=-\dfrac{\pi}{6}$ 对称

C. $f\left(x+\dfrac{\pi}{3}\right)$ 的一个零点为 π

D. $f(x)$ 在 $\left(\dfrac{2\pi}{3},\pi\right)$ 上单调递减

12. 已知 $\triangle ABC$ 中，角 A,B,C 所对边分别为 a,b,c，满足 $C=\dfrac{\pi}{6}$，且 $b=4\sqrt{3}\sin B$，则 $\triangle ABC$ 面积的最大值为(　　).

A. $3+2\sqrt{3}$ 　　　　　B. $6+3\sqrt{3}$

C. 12 　　　　　　　　D. $2+3\sqrt{3}$

二、填空题：本大题共 4 小题，每小题 5 分，共 20 分. 把答案写在题中的横线上.

13. (理科)二项式 $\left(x\sqrt{x}-\dfrac{1}{x}\right)^5$ 的展开式中常数项为_____(用数字作答).

(文科)在等差数列 $\{a_n\}$ 中，$a_2=-1$，$a_5=-7$，则 $\{a_n\}$ 的前 10 项和为_____.

14. 如图 L2-6 所示，已知正三棱柱 $ABC-A_1B_1C_1$ 的所有棱长都相等，D 是 A_1C_1 的中点，则直线 AD 与平面 B_1DC 所成角的正弦值为_____.

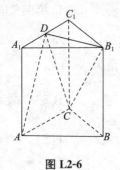

图 L2-6

15. 若 $\tan\theta=\dfrac{3}{4}$，则 $\sin 2\theta+\cos^2\theta=$_____.

16. 已知抛物线 $C:y^2=2px(p>0)$ 的焦点为 F，准线 l 与 x 轴的交点为 A，P 是抛物线 C 上的点，且 $PF\perp x$ 轴. 若以 AF 为直径的圆截直线 AP 所得的弦长为 2，则实数 p 的值为_____.

小题模考基础卷(三)

实际用时：_____；得分：_____.

一、选择题：本大题共 12 小题，每小题 5 分，共 60 分.在每小题给出的四个选项中，只有一项是符合题目要求的.

1. 已知集合 $M=\{x|-x^2-x+6\geq 0\}$，$N=\{x|x>0\}$，则 $M\cap N=($ $)$.
   A.$(0,2)$ B.$[-3,2]$
   C.$(0,3)$ D.$[-3,+\infty)$

2. 已知复数 z 满足 $iz=|2-i|+i$（i 为虚数单位），则复数 z 在复平面内对应的点位于（ ）.
   A.第一象限 B.第二象限
   C.第三象限 D.第四象限

3. 设 α,β 为两个平面，则 $\alpha\parallel\beta$ 的充要条件是（ ）.
   A.α 内有无数条直线与 β 平行
   B.α 内有两条相交直线与 β 平行
   C.α,β 平行于同一条直线
   D.α,β 垂直于同一平面

4. 已知等差数列 $\{a_n\}$ 的前 7 项和 $S_7=14$，$a_{11}=9$，则 $a_{2020}=($ $)$.
   A.2015 B.2016
   C.2017 D.2018

5. 已知 $\triangle ABC$ 是边长为 2 的等边三角形，G 是 $\triangle ABC$ 外接圆圆心，则 $\overrightarrow{AB}\cdot\overrightarrow{AG}=($ $)$.
   A.2 B.3
   C.$2\sqrt{3}$ D.$\dfrac{4\sqrt{3}}{3}$

6. AQI 是表示空气质量的指数，AQI 指数值越小，表明空气质量越好，当 AQI 指数值不大于 100 时称空气质量为"优良".如图 L2-7 是某地 4 月 1 日到 12 日 AQI 指数值的统计数据，图中点 A 表示 4 月 1 日的 AQI 指数值为 201，则下列叙述不正确的是（ ）.

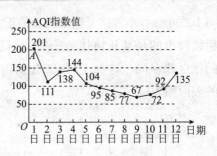

图 L2-7

A.这 12 天中有 6 天空气质量为"优良"
B.这 12 天中空气质量最好的是 4 月 9 日
C.这 12 天的 AQI 指数值的中位数是 90
D.从 4 日到 9 日，空气质量越来越好

7. 设 F_1,F_2 分别为椭圆 $\dfrac{x^2}{4}+y^2=1$ 的左、右焦点，点 P 在椭圆上，且 $|\overrightarrow{PF_1}+\overrightarrow{PF_2}|=2\sqrt{3}$，则 $\angle F_1PF_2$ 等于（ ）.
   A.$\dfrac{\pi}{2}$ B.$\dfrac{\pi}{4}$ C.$\dfrac{\pi}{3}$ D.$\dfrac{\pi}{6}$

8. 执行如图 L2-8 所示的程序框图，若输入 t 的取值范围为 $[-2,1]$，则输出的 S 的取值范围为（ ）.

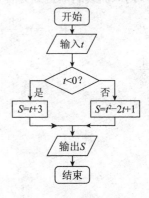

图 L2-8

A.$[0,3]$ B.$[0,+\infty)$
C.$[1,+\infty)$ D.$[0,3)$

9. 设 A 为单位圆 O 上一个定点，在圆周上等可能地任取一点 B，联结 AB，则 $AB\leq\sqrt{3}$ 的概率为（ ）.
   A.$\dfrac{5}{6}$ B.$\dfrac{3}{4}$
   C.$\dfrac{2}{3}$ D.$\dfrac{1}{2}$

10. 如图 L2-9 所示,小方格是边长为 1 的正方形,图中粗线画出的是某几何体的三视图,且该几何体的顶点都在同一球面上,则该几何体的外接球的表面积为( ).

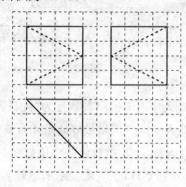

图 L2-9

A.32π B.48π C.50π D.64π

11. 已知双曲线 $\dfrac{x^2}{a^2}-\dfrac{y^2}{b^2}=1(a>0,b>0)$ 的左、右焦点分别为 F_1,F_2,倾斜角为 $\dfrac{\pi}{2}$ 的直线 l 过点 F_2,且与双曲线交于 M,N 两点,且 $\triangle F_1MN$ 是等边三角形,则双曲线的渐近线方程为( ).

A.$y=\pm\sqrt{2}x$ B.$y=\pm\dfrac{1}{3}x$

C.$y=\pm\dfrac{1}{2}x$ D.$y=\pm\sqrt{3}x$

12. 已知函数 $f(x)=\begin{cases}e^x+a,x\leqslant 0\\|\ln x|,x>0\end{cases}$,$g(x)=f(x)+x$,若 $g(x)$ 有且仅有一个零点,则 a 的取值范围是( ).

A.$(-\infty,-1)$ B.$[-1,+\infty)$
C.$(-\infty,0)$ D.$[0,+\infty)$

二、填空题:本大题共 4 小题,每小题 5 分,共 20 分. 把答案写在题中的横线上.

13. 若实数 x,y 满足 $\begin{cases}2x+y\leqslant 8\\x+y\geqslant 6\\x\geqslant 0\\y\geqslant 0\end{cases}$,则 $z=60x+20y$ 的最大值为 _____.

14. (理科)$\left(2x-\dfrac{1}{8x^3}\right)^8$ 的展开式中的常数项为 _____.

(文科)已知向量 $\boldsymbol{a}=(6,k)$,向量 $\boldsymbol{b}=(3,-1)$,若 $\boldsymbol{a}-\boldsymbol{b}$ 与 $\boldsymbol{b}$ 共线,则 $k=$ _____.

15. 曲线 $C:f(x)=\ln x+x^2$ 在点 $(1,f(1))$ 处的切线方程为 _____.

16. 已知函数 $f(x)=\sqrt{3}\sin 2x+2\sin\left(\dfrac{\pi}{4}+x\right)\cdot\cos\left(\dfrac{\pi}{4}+x\right)$,则 $f(x)$ 在 $x\in\left[0,\dfrac{\pi}{2}\right]$ 上的最大值与最小值之差为 _____.

小题模考基础卷(四)

实际用时:_____;得分:_____.

一、选择题:本大题共 12 小题,每小题 5 分,共 60 分.在每小题给出的四个选项中,只有一项是符合题目要求的.

1. 已知集合 $A=\{x|4+3x-x^2>0\}$,$B=\{y|y=2^x+1\}$,则 $A\cap B=$( ).
   A.(1,2) B.(1,4)
   C.(2,4) D.(1,+∞)

2. 已知 $(1+i)z=2-i$(i 为虚数单位),则 z 的共轭复数 $\bar{z}=$( ).
   A. $\dfrac{1}{2}+\dfrac{3}{2}i$ B. $\dfrac{3}{2}+\dfrac{1}{2}i$
   C. $-\dfrac{3}{2}+\dfrac{1}{2}i$ D. $\dfrac{1}{2}-\dfrac{3}{2}i$

3. 设 $x\in\mathbf{R}$,则"$x^2-5x<0$"是"$|x-1|<1$"的( ).
   A.充分不必要条件
   B.必要不充分条件
   C.充要条件
   D.既不充分也不必要条件

4. 函数 $y=\ln(1+x^2)$ 的图像大致是( ).

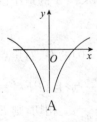
A
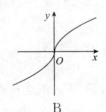
B

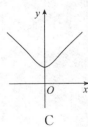
C
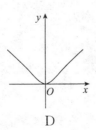
D

5. 对某两名高三学生在连续 9 次数学测试中的成绩(单位:分)进行统计得到如图 L2-10 所示的折线图.下面关于这两位同学的数学成绩的分析中,正确的个数为( ).

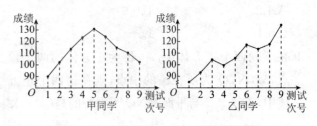

图 L2-10

①甲同学的成绩折线图具有较好的对称性,与正态曲线相近,故而平均成绩为 130 分;
②根据甲同学成绩折线图提供的数据进行统计,估计该同学平均成绩在区间[110,120]内;
③乙同学的数学成绩与考试次号具有比较明显的线性相关性,且为正相关;
④乙同学在这连续九次测验中的最高分与最低分的差超过 40 分.

A.1 B.2 C.3 D.4

6. 抛物线 $y^2=4x$ 的焦点到双曲线 $x^2-\dfrac{y^2}{3}=1$ 的渐近线的距离是( ).

A.1 B.$\dfrac{1}{2}$ C.$\sqrt{3}$ D.$\dfrac{\sqrt{3}}{2}$

7. 已知 $a=3^{0.7}$,$b=0.7^{2019}$,$c=\log_{2018}\dfrac{1}{2017}$,则( ).
   A.$c>b>a$ B.$c>a>b$
   C.$a>b>c$ D.$a>c>b$

8. 已知 $[x]$ 表示不超过 x 的最大整数,比如:$[0.4]=0$,$[-0.6]=-1$.执行如图 L2-11 所示的程序框图,若输入 x 的值为 2.4,则输出 z 的值为( ).

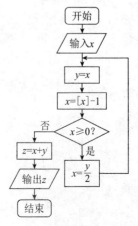

图 L2-11

129

A.1.2   B.0.6
C.0.4   D.-0.4

9.在下列四个正方体中，A,B 为正方体的两个顶点，M,N,Q 为所在棱的中点，则在这四个正方体中，直线 AB 与平面 MNQ 不平行的是(   ).

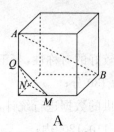
A

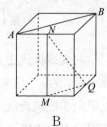
B

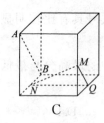
C

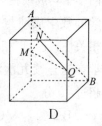
D

10.朱载堉(1536—1611)，是中国明代一位杰出的音乐家、数学家和天文历算家，他的著作《律学新说》中制成了最早的"十二平均律"．十二平均律是目前世界上通用的把一组音(八度)分成十二个半音音程的律制，各相邻两律之间的频率之比完全相等，亦称"十二等程律"．即一个八度13个音，相邻两个音之间的频率之比相等，且最后一个音是最初那个音的频率的2倍．设第三个音的频率为 f_1，第七个音的频率为 f_2，则 $\dfrac{f_2}{f_1}=$ (   ).

A.$\sqrt[3]{2}$ B.$\sqrt[11]{16}$
C.$4\sqrt[12]{2}$ D.$\sqrt[8]{2}$

11.将函数 $y=2\sin\left(x+\dfrac{\pi}{3}\right)\cos\left(x+\dfrac{\pi}{3}\right)$ 的图像向左平移 $\varphi(\varphi>0)$ 个单位，所得图像对应的函数恰为奇函数，则 φ 的最小值为(   ).

A.$\dfrac{\pi}{12}$ B.$\dfrac{\pi}{6}$
C.$\dfrac{\pi}{4}$ D.$\dfrac{\pi}{3}$

12.面积为 $\dfrac{3\sqrt{3}}{2}$ 的正六边形的六个顶点都在球 O 的球面上，球心 O 到正六边形所在平面的距离为 $2\sqrt{2}$，记球 O 的体积为 V，球 O 的表面积为 S，则 $\dfrac{V}{S}$ 的值为(   ).

A.2   B.1
C.$\sqrt{3}$ D.$\sqrt{2}$

二、填空题：本大题共4小题，每小题5分，共20分．把答案写在题中的横线上．

13.已知向量 $\boldsymbol{a}=(x,y)$，$\boldsymbol{b}=(-1,2)$，且 $\boldsymbol{a}+\boldsymbol{b}=(1,3)$，则 $|\boldsymbol{a}-2\boldsymbol{b}|$ 等于 _____．

14.记 S_n 为等差数列 $\{a_n\}$ 的前 n 项和，$a_1\ne 0$，$a_2=3a_1$，则 $\dfrac{S_{10}}{S_5}=$ _____．

15.(理科)$(x+2\sqrt{x}+1)^4$ 的展开式中，x^3 的系数是 _____（用数字填写答案）．

(文科)函数 $f(x)=\sqrt{3}\sin x+\cos x+1$ 的最小值为 _____．

16.双曲线 $E:\dfrac{x^2}{a^2}-\dfrac{y^2}{b^2}=1(a>0,b>0)$ 的左、右焦点分别为 F_1,F_2，P 是 E 右支上一点，且 $|PF_2|=|F_1F_2|$，直线 PF_1 与圆 $x^2+y^2=a^2$ 相切，则 E 的离心率为 _____．

小题模考基础卷(五)

实际用时:_____;得分:_____.

一、选择题:本大题共12小题,每小题5分,共60分.在每小题给出的四个选项中,只有一项是符合题目要求的.

1. 若 $z=1-2\mathrm{i}$,则 $\dfrac{4\mathrm{i}}{1-|\bar{z}|^2}=$ ( ).

   A.1   B.-1
   C.i D.$-\mathrm{i}$

2. 已知集合 $M=\{x\mid(x-2)^2<4,x\in\mathbf{R}\}$,$N=\{0,1,2,3\}$,则 $M\cap N=$ ( ).

   A.$\{0,1,2\}$ B.$\{0,1,2,3\}$
   C.$\{1,2\}$ D.$\{1,2,3\}$

3. 已知等比数列 $\{a_n\}$ 是递增数列,S_n 是数列 $\{a_n\}$ 的前 n 项和,若 $a_2=2$,$a_1+a_3=5$,则 $S_6=$ ( ).

   A.31   B.32
   C.63   D.64

4. 如图 L2-12 所示是调查某学校高三年级男、女学生是否喜欢数学学科的等高条形图,阴影部分的高表示喜欢数学学科的频率.已知该年级男、女生各500名(假设所有学生都参加了调查),现从所有喜欢数学学科的同学中按分层抽样的方式抽取 40 人,则抽取的男生人数为( ).

   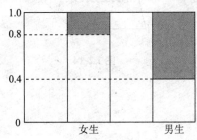

   图 L2-12

   A.8 人   B.10 人
   C.30 人   D.32 人

5. 函数 $f(x)=x\cos\left(\dfrac{\pi}{2}x\right)$ 的图像大致为( ).

   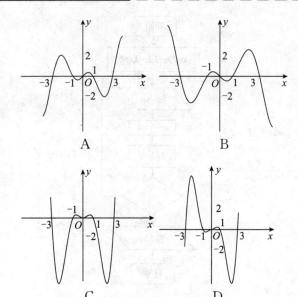

   A   B

   C   D

6. (理科)某大学党支部中有2名女教师和4名男教师,现从中任选3名教师去参加精准扶贫工作,至少有1名女教师要参加这项工作的选择方法种数为( ).

   A.10   B.12
   C.16   D.20

   (文科)某学校为了解 1000 名新生的身体素质,将这些学生编号为 $1,2,\cdots,1000$,从这些新生中用系统抽样方法等距抽取 100 名学生进行体质测验.若 46 号学生被抽到,则下面 4 名学生中被抽到的是( ).

   A.8 号学生   B.200 号学生
   C.616 号学生   D.815 号学生

7. 已知直线 l 和两个不同的平面 α,β,则下列结论正确的是( ).

   A.若 $l/\!/\alpha,l\perp\beta$,则 $\alpha\perp\beta$
   B.若 $\alpha\perp\beta,l\perp\alpha$,则 $l\perp\beta$
   C.若 $l/\!/\alpha,l/\!/\beta$,则 $\alpha/\!/\beta$
   D.若 $\alpha\perp\beta,l/\!/\alpha$,则 $l\perp\beta$

8. 执行如图 L2-13 所示的程序框图,如果输入的 a 的值依次为 2,2,5 时,输出的 s 的值为 17,那么在 ◇ 框中,可以填入( ).

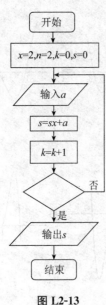

图 L2-13

A. $k<n?$ B. $k>n?$
C. $k\geqslant n?$ D. $k\leqslant n?$

9. 在 $\triangle ABC$ 中,角 A,B,C 所对的边分别为 a,b,c,若 a,b,c 成等比数列,且 $a^2+ac=c^2+ab$,则角 $C=($).

A. $\dfrac{\pi}{3}$ B. $\dfrac{\pi}{6}$

C. $\dfrac{2\pi}{3}$ D. $\dfrac{5\pi}{6}$

10. 已知双曲线 $C:\dfrac{x^2}{a^2}-\dfrac{y^2}{b^2}=1(a>0,b>0)$ 的左、右焦点分别为 $F_1(-c,0),F_2(c,0)$,且以线段 F_1F_2 为直径的圆与直线 $ax+by+2ac=0$ 相切,则 C 的离心率为( ).

A. $\dfrac{3}{2}$ B. 2 C. $\dfrac{\sqrt{5}}{2}$ D. $\dfrac{\sqrt{6}}{2}$

11. $\triangle ABC$ 的内角 A,B,C 的对边分别为 a,b,c,已知 $a\sin A-b\sin B=4c\sin C$, $\cos A=-\dfrac{1}{4}$,则 $\dfrac{b}{c}=($).

A. 6 B. 5 C. 4 D. 3

12. 若函数 $f(x)=2x+\dfrac{1}{2}\sin 2x+a\cos x$ 在 $(-\infty,+\infty)$ 上单调递增,则实数 a 的取值范围是( ).

A. $[-1,1]$ B. $\left[-1,\dfrac{1}{3}\right]$

C. $\left[-\dfrac{1}{3},\dfrac{1}{3}\right]$ D. $\left(-1,\dfrac{1}{3}\right]$

二、填空题:本大题共 4 小题,每小题 5 分,共 20 分. 把答案写在题中的横线上.

13. 已知 a,b 的夹角是 $120°$,且 $a=(-2,-4)$, $|b|=\sqrt{5}$,则 a 在 b 上的投影等于_____.

14. 已知 x,y 满足 $\begin{cases}x-1\geqslant 0\\ x-y-1\leqslant 0\\ 2x+y-5\leqslant 0\end{cases}$,则 $z=\dfrac{y}{x+2}$ 的最大值为_____.

15. 已知抛物线 $y^2=4x$ 的一条弦 AB 恰好以 $P(1,1)$ 为中点,则弦 AB 所在直线方程是_____.

16. 如图 L2-14 所示,四边形 $ABCD$ 是边长为 1 的正方形,$MD\perp$ 平面 $ABCD$,$NB\perp$ 平面 $ABCD$,且 $MD=NB=1$,E 为 BC 的中点.则异面直线 NE 与 AM 所成角的余弦值为_____.

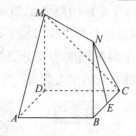

图 L2-14

小题模考基础卷(六)

实际用时：_____；得分：_____.

一、选择题：本大题共 12 小题，每小题 5 分，共 60 分.在每小题给出的四个选项中，只有一项是符合题目要求的.

1. 已知集合 $A=\{x|x<2\}$，$B=\{x|2^x>1\}$，则 $A\cap B=(\ )$.
   A. $\{x|0<x<2\}$ B. $\{x|1<x<2\}$
   C. $\{x|x>0\}$ D. $\{x|x<2\}$

2. 设复数 z 满足 $(1+i)z=1-2i$，则 z 的共轭复数 $\bar{z}$ 的虚部是( ).
   A. $-\dfrac{3}{2}$ B. -1
   C. 1 D. $\dfrac{3}{2}$

3. 已知等差数列 $\{a_n\}$ 的前 n 项和为 S_n，且 $a_2=4$，$a_4=2$，则 $S_5=(\ )$.
   A. 0 B. 10 C. 15 D. 30

4. 已知 $f(x)=\begin{cases}\log_2(x-1),x>1\\\left(\dfrac{1}{2}\right)^x,x\leqslant 1\end{cases}$，则 $f\left(f\left(\dfrac{2018}{2017}\right)\right)=$
   ( ).
   A. $\dfrac{1}{2017}$ B. $\dfrac{1}{2018}$
   C. 2017 D. 2018

5. 已知 $a=\log_2 0.2$，$b=2^{0.2}$，$c=0.2^{0.3}$，则( ).
   A. $a<b<c$ B. $a<c<b$
   C. $c<a<b$ D. $b<c<a$

6. (理科)在 $x(1+x)^6$ 的展开式中，含 x^3 项的系数为( ).
   A. 30 B. 20
   C. 15 D. 10

   (文科)若从标有数字 $2,3,6,12$ 的卡片中随机地选出三张卡片，记录卡片上的数字，则满足其中两个数字的积等于第三个数字的概率为( ).
   A. $\dfrac{1}{4}$ B. $\dfrac{1}{2}$ C. $\dfrac{3}{4}$ D. $\dfrac{1}{3}$

7. 如图 L2-15 所示，网格纸上小正方形边长为 1，粗线是一个棱锥的三视图，则此棱锥的表面积为( ).

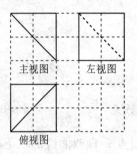

图 L2-15

   A. $6+6\sqrt{2}$ B. $8+4\sqrt{2}$
   C. $6+4\sqrt{2}+2\sqrt{3}$ D. $6+2\sqrt{2}+4\sqrt{3}$

8. 执行如图 L2-16 所示程序框图，若输出的 S 值为 -20，则条件框内应填写( ).

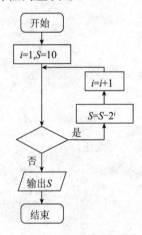

图 L2-16

   A. $i>3$?   B. $i<4$?
   C. $i>4$?   D. $i<5$?

9. 已知 $\tan\left(\alpha+\dfrac{\pi}{4}\right)=\dfrac{1}{2}$，且 $-\dfrac{\pi}{2}<\alpha<0$，则 $\dfrac{2\sin^2\alpha-\sin 2\alpha}{\cos\left(\alpha+\dfrac{\pi}{4}\right)}=(\ )$.
   A. $-\dfrac{2\sqrt{5}}{5}$ B. $-\dfrac{3\sqrt{5}}{10}$
   C. $\dfrac{3\sqrt{10}}{10}$ D. $\dfrac{2\sqrt{5}}{5}$

10. 已知三棱锥 $O-ABC$ 的底面 $\triangle ABC$ 的顶点都在球 O 的表面上，且 $AB=6, BC=2\sqrt{3}, AC=4\sqrt{3}$，且三棱锥 $O-ABC$ 的体积为 $4\sqrt{3}$，则球 O 的体积为（　　）．

A. $\dfrac{32\pi}{3}$　　　　B. $\dfrac{64\pi}{3}$

C. $\dfrac{128\pi}{3}$　　　　D. $\dfrac{256\pi}{3}$

11. 已知双曲线 $C: \dfrac{x^2}{a^2}-\dfrac{y^2}{b^2}=1(a>0,b>0)$ 的右焦点为 F，过点 F 向双曲线的一条渐近线引垂线，垂足为 M，交另一条渐近线于 N，若 $2\overrightarrow{FM}=\overrightarrow{FN}$，则双曲线的渐近线方程为（　　）．

A. $y=\pm\dfrac{\sqrt{3}}{3}x$　　　　B. $y=\pm x$

C. $y=\pm\sqrt{3}x$　　　　D. $y=\pm 2x$

12. 已知函数 $f(x)=3e^{|x-1|}-a(2^{x-1}+2^{1-x})-a^2$ 有唯一零点，则负实数 $a=$（　　）．

A. $-\dfrac{1}{3}$　　　　B. $-\dfrac{1}{2}$

C. -3　　　　D. -2

二、填空题：本大题共 4 小题，每小题 5 分，共 20 分．把答案写在题中的横线上．

13. 已知 $\boldsymbol{a}$ 与 $\boldsymbol{b}$ 均为单位向量，它们的夹角为 $120°$，那么 $|\boldsymbol{a}+3\boldsymbol{b}|=$ ＿＿＿＿．

14. 变量 x,y 满足约束条件 $\begin{cases} x+y\geq 0 \\ x-2y+2\geq 0 \\ mx-y\leq 0 \end{cases}$，若 $z=2x-y$ 的最大值为 2，则实数 $m=$ ＿＿＿＿．

15. 函数 $f(x)$ 的图像在 $x=2$ 处的切线方程为 $ax+y-3=0$，则 $f(2)\cdot f'(2)$ 取得最小值时，$a=$ ＿＿＿＿．

16. 已知点 M 是抛物线 $y^2=4x$ 上的一点，F 为抛物线的焦点，点 A 在圆 $C:(x-3)^2+(y-1)^2=1$ 上，则 $|MA|+|MF|$ 的最小值为 ＿＿＿＿．

小题模考基础卷(七)

实际用时:_____;得分:_____.

一、选择题:本大题共 12 小题,每小题 5 分,共 60 分.在每小题给出的四个选项中,只有一项是符合题目要求的.

1. 已知集合 $A=\{1,2,3,4\}$,$B=\{x|x^2-4\geq 0\}$,则 $A\cap B=$( ).
   A.$\{1,2\}$ B.$\{3,4\}$
   C.$\{2,3,4\}$ D.$\{1,2,3,4\}$

2. 已知复数 z 满足 $(z-1)i=-1+i$,则 $|z|=$( ).
   A.$\sqrt{2}$ B.$\sqrt{3}$
   C.2   D.$\sqrt{5}$

3. 中国古代数学著作《算法统宗》中有这样一个问题:"三百七十八里关,初行健步不为难,次日脚痛减一半,六朝才得到其关,要见次日行里数,请公仔细算相还".其大意为:"有一个人走 378 里路,第一天健步行走,从第二天起脚痛每天走的路程为前一天的一半,走了 6 天后到达目的地".则该人第五天走的路程为( ).
   A.6 里   B.12 里
   C.24 里   D.48 里

4. 设 a,b 是空间中不同的直线,α,β 是不同的平面,则下列说法正确的是( ).
   A.$a//b,b\subset\alpha$,则 $a//\alpha$
   B.$a\subset\alpha,b\subset\beta,\alpha//\beta$,则 $a//b$
   C.$a\subset\alpha,b\subset\alpha,a//\beta,b//\beta$,则 $\alpha//\beta$
   D.$\alpha//\beta,a\subset\alpha$,则 $a//\beta$

5. (理科)某市国际马拉松邀请赛设置了全程马拉松、半程马拉松和迷你马拉松三个比赛项目,4 位长跑爱好者各自任选一个项目参加比赛,则这 4 人中三个项目都有人参加的概率为( ).
   A.$\dfrac{8}{9}$ B.$\dfrac{4}{9}$
   C.$\dfrac{2}{9}$ D.$\dfrac{8}{27}$

(文科)红旗中学规定,每天早上 6:50 以后到校算迟到,以如图 L2-17 茎叶图表示该校高一(一)班和高一(二)班两班学生某天迟到时间情况记录,从两班这天迟到的人中各任取一人,则二人迟到时间总和超过 20 分钟的概率为( ).

高一(一)班		高一(二)班
分	时	分
53 55	6	51 59
02 03 08	7	01 02 03

图 L2-17

A.$\dfrac{12}{25}$ B.$\dfrac{16}{25}$
C.$\dfrac{9}{25}$ D.$\dfrac{13}{25}$

6. 若程序框图如图 L2-18 所示,则该程序运行后输出 k 的值是( ).

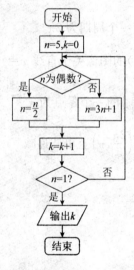

图 L2-18

A.5   B.6   C.7   D.8

7. 已知抛物线 $C:y^2=2px(p>0)$ 与圆 $O:x^2+y^2=r^2(r>0)$ 相交于 A,B 两点,其准线在圆 O 上截得的弦长为 $2\sqrt{5}$,若 $|AB|=4\sqrt{2}$,则 $p=$( ).
   A.2   B.4   C.6   D.8

8. 甲、乙、丙三名同学中只有一人考了满分,当他们被问到谁考了满分时,回答如下:甲说:是我考满分;乙说:丙不是满分;丙说:乙说的是真话.事实证明:在这三名同学中,只有一人说的是假话,那么满分的同学是( ).

A.甲 B.乙
C.丙 D.不确定

9.已知 $a=\ln\sqrt{2}, b=\dfrac{2}{e^2}, c=\dfrac{1}{e}$,则 a,b,c 的大小关系为( ).

A.$b<a<c$ B.$b<c<a$
C.$c<b<a$ D.$c<a<b$

10.已知函数 $f(x)=\ln(x^2+x+a)$ 零点的个数为 2,则实数 a 的取值范围是( ).

A.$\left(-\infty,\dfrac{1}{4}\right)$ B.$\left(-\infty,\dfrac{5}{4}\right)$
C.$\left(-\infty,\dfrac{1}{4}\right]$ D.$\left(-\infty,\dfrac{5}{4}\right]$

11.设函数 $f(x)=\cos\left(x+\dfrac{\pi}{6}\right)$,则下列结论错误的是( ).

A.$f(x)$ 的一个周期为 2π
B.$y=f(x)$ 的图像关于直线 $x=-\dfrac{\pi}{6}$ 对称
C.$f\left(x+\dfrac{\pi}{3}\right)$ 的一个零点为 π
D.$f(x)$ 在 $\left(\dfrac{2\pi}{3},\pi\right)$ 上单调递减

12.在平面直角坐标系 xOy 中,已知双曲线 $C:\dfrac{x^2}{a^2}-\dfrac{y^2}{b^2}=1(a>0,b>0)$ 的离心率为 $\sqrt{5}$,从 C 的右焦点 F 引渐近线的垂线,垂足为 A,若 $\triangle AFO$ 的面积为 1,则双曲线 C 的方程为( ).

A.$\dfrac{x^2}{2}-\dfrac{y^2}{8}=1$ B.$\dfrac{x^2}{4}-y^2=1$
C.$\dfrac{x^2}{4}-\dfrac{y^2}{16}=1$ D.$x^2-\dfrac{y^2}{4}=1$

二、填空题:本大题共 4 小题,每小题 5 分,共 20 分.把答案写在题中的横线上.

13.已知 $\boldsymbol{a}=(3,-2m),\boldsymbol{b}=(m-1,2),\boldsymbol{c}=(-2,1)$,若 $(\boldsymbol{a}-\boldsymbol{c})\perp\boldsymbol{b}$,则实数 $m=$ _____ .

14.设变量 x,y 满足约束条件 $\begin{cases}x+y-2\geq 0\\x-2y+4\geq 0\\2x-y-4\leq 0\end{cases}$,则目标函数 $z=2x+y$ 的最大值为 _____ .

15.已知直线 $x-y+m=0$ 与圆 $O:x^2+y^2=1$ 相交于 A,B 两点,且 $\triangle AOB$ 为正三角形,则实数 m 的值为 _____ .

16.若数列 $\{a_n\}$ 满足:$a_{n+1}+(-1)^n a_n=n$,则 $a_1+a_2+\cdots+a_{100}=$ _____ .

小题模考基础卷(八)

实际用时：_____；得分：_____.

一、选择题：本大题共 12 小题，每小题 5 分，共 60 分．在每小题给出的四个选项中，只有一项是符合题目要求的．

1．设集合 $A=\{x\mid x^2-5x+4<0\}$，$B=\{0,1,2,3\}$，则 $A\cap B=(\quad)$．
 A．$\{0,1\}$ B．$\{0,1,2\}$
 C．$\{1,2\}$ D．$\{2,3\}$

2．设复数 z 满足 $(i+1)z=1-3i$，则 z 的共轭复数 $\bar{z}$ 的虚部是（　　）．
 A．$2i$ B．$-2i$ C．2 D．-2

3．已知 $\boldsymbol{a}=(3,t)$，$\boldsymbol{b}=(2,-6)$，若 $|\boldsymbol{a}+\boldsymbol{b}|=|\boldsymbol{a}-\boldsymbol{b}|$，则 $t=(\quad)$．
 A．1 B．2 C．3 D．4

4．根据下面给出的 2011—2017 年全国二手车交易量(万辆)柱状图 L2-19 及二手车交易量增长率的折线图 L2-20，下列结论不正确的是（　　）．

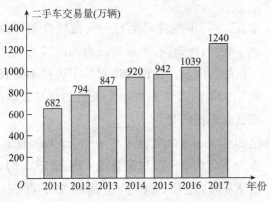

图 L2-19

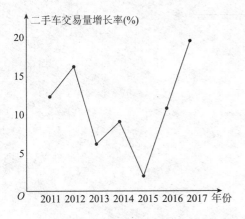

图 L2-20

A．2011—2017 年全国二手车交易量呈逐年上升趋势

B．2017 年平均每月二手车交易量约为 103 万辆

C．逐年比较，2012—2017 年，全国二手车交易量增长量低于 80 万辆的年份有 3 个

D．2011—2017 年全国二手车交易量增长率与年份正相关

5．已知 $a=3^{\frac{1}{2}}$，$b=2^{\frac{1}{3}}$，$c=\log_3 2$，则 a,b,c 的大小关系为（　　）．
 A．$b>a>c$ B．$a>c>b$
 C．$b>c>a$ D．$a>b>c$

6．若 $\alpha\in\left(\dfrac{\pi}{2},\pi\right)$，$\sin(\pi-\alpha)=\dfrac{4}{5}$，则 $\cos\alpha=(\quad)$．
 A．$\dfrac{3}{5}$ B．$-\dfrac{3}{5}$
 C．$-\dfrac{4}{5}$ D．$\dfrac{1}{5}$

7．如图 L2-21 所示，在正方体 $ABCD\text{-}A_1B_1C_1D_1$ 中，已知 E,F,G 分别是线段 A_1C_1 上的点，且 $A_1E=EF=FG=GC_1$，则下列直线与平面 A_1BD 平行的是（　　）．
 A．CE B．CF C．CG D．CC_1

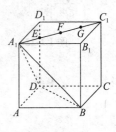

图 L2-21

8．双曲线 $\dfrac{x^2}{7}-\dfrac{y^2}{2}=1$ 的渐近线与圆 $(x-3)^2+y^2=r^2(r>0)$ 相切，则 $r=(\quad)$．
 A．$\sqrt{3}$ B．$\sqrt{2}$
 C．3 D．2

9．函数 $f(x)=\dfrac{e^{|x|}}{2x}$ 的部分图像大致为（　　）．

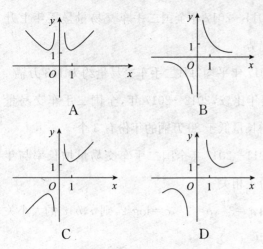

10. 宋元时期数学名著《算学启蒙》中有关于"松竹并生"的问题：松长五尺，竹长两尺，松日自半，竹日自倍，松竹何日而长等. 如图 L2-22 所示是源于其思想的一个程序框图，若输入 a,b 的值分别为 5,2，则输出 n 的值等于（　　）.

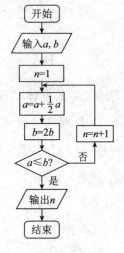

图 L2-22

A.2　　B.3　　C.4　　D.5

11. 已知三棱锥 $S\text{-}ABC$，$\triangle ABC$ 是直角三角形，其斜边 $AB=6$，$SC\perp$ 平面 ABC，$SC=8$，则该三棱锥的外接球的表面积为（　　）.

A.64π　　　　　B.68π
C.72π　　　　　D.100π

12. 已知函数 $f(x)$ 的定义域为 **R**，$f(x-2)=-f(-x)$，函数 $g(x)=xf(x-1)$ 在 $(-\infty,0]$ 上单调递减，且 $f(2)=2$，则满足 $g(x)>6$ 的 x 的取值范围是（　　）.

A.$(-\infty,-3)$
B.$(3,+\infty)$
C.$(-3,3)$
D.$(-\infty,-3)\cup(3,+\infty)$

二、填空题：本大题共 4 小题，每小题 5 分，共 20 分. 把答案写在题中的横线上.

13. 公差不为 0 的等差数列 $\{a_n\}$ 的首项 $a_1=-5$，若 a_2,a_3,a_6 成等比数列，则 $a_8=$ _____.

14. 在 $\triangle ABC$ 中，$a=4$，$b=5$，$c=6$，则 $\dfrac{\sin 2A}{\sin B}=$ _____.

15. 甲、乙、丙、丁四位同学有一人在校外做好事受到了表扬，经询问，甲说："是丙做的"，乙说："是甲做的"，丙说："乙说的不对"，丁说："不是我做的". 经调查，其中只有一个人说的话是正确的，那么受表扬的是 _____.

16. 已知点 $A(0,1)$，抛物线 $C:y^2=ax$（$a>0$）的焦点为 F，联结 FA，与抛物线 C 相交于点 M，延长 FA，与抛物线 C 的准线相交于点 N，若 $|FM|:|MN|=1:3$，则实数 a 的值为 _____.

小题模考基础卷(九)

实际用时：_____；得分：_____.

一、选择题：本大题共12小题，每小题5分，共60分.在每小题给出的四个选项中，只有一项是符合题目要求的.

1. 设集合 $A=\{x|x^2-x-2<0\}$，$B=\{x|\log_2 x>0\}$，则(　　).
   A. $A\cap B=(-1,1)$
   B. $A\cup B=(1,+\infty)$
   C. $A\cup B=(-1,+\infty)$
   D. $A\cap B=(-1,2)$

2. 设 $z=-3+2i$，则在复平面内 $\bar{z}$ 对应的点位于(　　).
   A. 第一象限   B. 第二象限
   C. 第三象限   D. 第四象限

3. 设等差数列 $\{a_n\}$ 的前 n 项和为 S_n，若 $a_3+a_4=18-a_8$，则 S_9 的值为(　　).
   A. 54   B. 45   C. 36   D. 27

4. 设双曲线 $\dfrac{x^2}{9}-\dfrac{y^2}{b^2}=1(b>0)$ 的渐近线方程为 $2x\pm 3y=0$，则 b 的值为(　　).
   A. 1   B. 2
   C. 4   D. 16

5. 定义在 **R** 上的函数 $f(x)=e^x+e^{-x}+|x|$，则满足 $f(2x-1)<f(3)$ 的 x 的取值范围是(　　).
   A. $(-\infty,2)$ B. $(-2,2)$
   C. $(-1,2)$ D. $(2,+\infty)$

6. (理科)$(2x+\sqrt{x})^5$ 的展开式中，x^4 的系数是(　　).
   A. 40   B. 60
   C. 80   D. 100

   (文科)某次足球比赛前，甲、乙、丙三位运动员猜测他们的上场情况.甲：我们三人都会上场；乙：甲和丙至少有一个上场；丙：我会上场.教练说：你们只有一个人猜对了.则一定上场的是(　　).
   A. 甲   B. 乙
   C. 丙   D. 三人中无人上场

7. 如图 L2-23 所示是某圆柱的三视图，圆柱的高为2，圆柱表面上的点 E 在正视图上的对应点为 A，圆柱表面上的点 F 在侧视图上的对应点为 B.在此圆柱的侧面上，从 E 到 F 的路径中，最短路径的长度为 $2\sqrt{2}$，则该圆柱的体积为(　　).

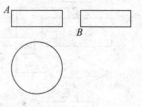

图 L2-23

A. 8π B. 32π
C. $\dfrac{8}{\pi}$ D. $\dfrac{32}{\pi}$

8. 函数 $y=\dfrac{x^3}{3^x-1}$ 的图像大致是(　　).

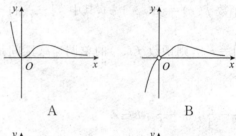

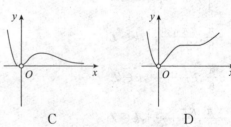

9. 设 α,β 为两个平面，则 $\alpha//\beta$ 的充要条件是(　　).
   A. α 内有无数条直线与 β 平行
   B. α 内有两条相交直线与 β 平行
   C. α,β 平行于同一条直线
   D. α,β 垂直于同一平面

10. 公元263年左右，我国数学家刘徽发现当圆内接正多边形的边数无限增加时，多边形的面积无限接近圆的面积，并创立了"割圆术".利用"割圆术"，刘徽得到了圆周率精确到小数点后两位的近似值 3.14，这就是著名的"徽率".如图 L2-24 所示是利用刘徽的"割圆术"思想设计的一个程序框图，若输出 n 的值为 48，则判断框

中的横线位置应填( ).

(参考数据:$\sqrt{3}=1.732$,$\sin 15°=0.2588$,$\sin 7.5°=0.1305$)

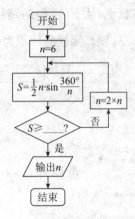

图 L2-24

A.2.6 B.3
C.3.10 D.3.13

11.已知函数 $f(x)=\sin(4x+\varphi)$,其中 $f\left(-\dfrac{5}{12}\pi\right)-f\left(\dfrac{\pi}{3}\right)=-2$,则函数 $f(x)$ 的单调递减区间是( ).

A.$\left[k\pi-\dfrac{\pi}{4},k\pi+\dfrac{\pi}{4}\right]$,$k\in\mathbf{Z}$

B.$\left[\dfrac{k\pi}{2}-\dfrac{\pi}{6},\dfrac{k\pi}{2}+\dfrac{\pi}{12}\right]$,$k\in\mathbf{Z}$

C.$\left[k\pi-\dfrac{\pi}{6},k\pi+\dfrac{\pi}{3}\right]$,$k\in\mathbf{Z}$

D.$\left[\dfrac{k\pi}{2}-\dfrac{\pi}{3},\dfrac{k\pi}{2}+\dfrac{\pi}{6}\right]$,$k\in\mathbf{Z}$

12.对于三次函数 $f(x)=ax^3+bx^2+cx+d$($a\neq 0$),给出定义:设 $f'(x)$ 是函数 $y=f(x)$ 的导数,$f''(x)$ 是 $f'(x)$ 的导数,若方程 $f''(x)=0$ 有实数解 x_0,则称点 $(x_0,f(x_0))$ 为函数 $y=f(x)$ 的"拐点".经过探究发现:任何一个三次函数都有"拐点";任何一个三次函数都有对称中心,且"拐点"就是对称中心.设函数 $g(x)=\dfrac{1}{3}x^3-\dfrac{1}{2}x^2+3x-\dfrac{5}{12}$,则 $g(\sin^2 1°)+g(\sin^2 2°)+\cdots+g(\sin^2 89°)=$( ).

A.44 B.45
C.89 D.90

二、填空题:本大题共 4 小题,每小题 5 分,共 20 分.把答案写在题中的横线上.

13.如图 L2-25 所示,在 $\triangle ABC$ 中,$\vec{AE}=2\vec{EB}$,$\vec{BD}=2\vec{DC}$,设 $\vec{AB}=\boldsymbol{a}$,$\vec{AC}=\boldsymbol{b}$,则 $\vec{DE}=$ _____(用 $\boldsymbol{a}$ 和 $\boldsymbol{b}$ 表示).

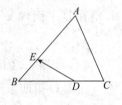

图 L2-25

14.若变量 x,y 满足约束条件 $\begin{cases}y\leqslant x\\x+y\leqslant 1\\y\geqslant-1\end{cases}$,且 $z=2x+y$ 的最大值和最小值分别为 M 和 m,则 $M+m=$ _____.

15.设函数 $f(x)=(x+a)\ln x$,若曲线 $y=f(x)$ 在点 $(1,f(1))$ 处的切线与直线 $2x-y=0$ 平行,则实数 a 的值为 _____.

16.已知圆 C 过抛物线 $y^2=4x$ 的焦点,且圆心在此抛物线的准线上,若圆 C 的圆心不在 x 轴上,且与直线 $x+\sqrt{3}y-3=0$ 相切,则圆 C 的方程为 _____.

小题模考基础卷(十)

实际用时：_____；得分：_____.

一、选择题：本大题共 12 小题，每小题 5 分，共 60 分．在每小题给出的四个选项中，只有一项是符合题目要求的．

1. 已知 $A=\{1,3,9,27,81\}$，$B=\{y|y=\log_3 x, x\in A\}$，则 $A\cap B=$（ ）．

   A. $\{1,3\}$ B. $\{1,3,9\}$
   C. $\{3,9\}$ D. $\{1\}$

2. 设复数 z 满足 $\left|\dfrac{z}{1+i}\right|=2$，求 $|z|=$（ ）．

   A. 2   B. $2\sqrt{2}$ C. $\sqrt{2}$ D. 4

3. 为评估共享单车的使用情况，选了 n 座城市作为实验基地，这 n 座城市共享单车的使用量（单位：人次/天）分别为 $x_1, x_2, \cdots, x_n$．下面给出的指标中，可以用来评估共享单车使用量的稳定程度的是 $x_1, x_2, \cdots, x_n$ 的（ ）．

   A. 平均数   B. 标准差
   C. 最大值   D. 中位数

4. 设 x, y 满足约束条件 $\begin{cases} x-2y+4\geq 0 \\ x+y+1\geq 0 \\ x\geq 0 \end{cases}$，则 $z=-x+y$ 的最大值为（ ）．

   A. -1 B. 3
   C. 2   D. 0

5. 某几何体的三视图如图 L2-26 所示，则该几何体的体积为（ ）．

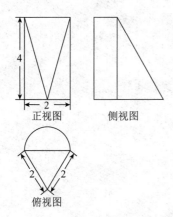

图 L2-26

A. $4\pi+\dfrac{8\sqrt{3}}{3}$ B. $2\pi+8\sqrt{3}$

C. $\dfrac{2\pi}{3}+\dfrac{8\sqrt{3}}{3}$ D. $2\pi+\dfrac{8\sqrt{3}}{3}$

6. 设函数 $f(x)=\begin{cases} 1-2^{x-1}, x>1 \\ f(x+2), x\leq 1 \end{cases}$，则 $f(f(\log_2 6))=$（ ）．

   A. -1 B. $\dfrac{7}{8}$
   C. $\dfrac{1}{2}$ D. -3

7. 若抛物线 $y^2=2px(p>0)$ 的焦点是椭圆 $\dfrac{x^2}{3p}+\dfrac{y^2}{p}=1$ 的一个焦点，则 $p=$（ ）．

   A. 2   B. 3
   C. 4   D. 8

8. 已知曲线 $y=ae^x+x\ln x$ 在点 $(1, ae)$ 处的切线方程为 $y=2x+b$，则（ ）．

   A. $a=e, b=-1$ B. $a=e, b=1$
   C. $a=e^{-1}, b=1$ D. $a=e^{-1}, b=-1$

9. 已知向量 $\vec{a}=(1,2)$，向量 $\vec{b}$ 满足 $|\vec{a}+\vec{b}|=|2\vec{a}-\vec{b}|$，则 $\vec{b}$ 在 $\vec{a}$ 上的投影为（ ）．

   A. $\dfrac{\sqrt{3}}{2}$ B. $-\dfrac{\sqrt{3}}{2}$
   C. $\dfrac{\sqrt{5}}{2}$ D. $-\dfrac{\sqrt{5}}{2}$

10. 阅读如图 L2-27 所示的程序框图，运行相应的程序，则输出 T 的值为（ ）．

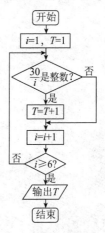

图 L2-27

A.4　　　B.5　　　C.6　　　D.7

11.设函数 $f(x)=\cos(\omega x+\varphi)$，对任意的 $x\in\mathbf{R}$ 都有 $f\left(\dfrac{\pi}{4}+x\right)=f\left(\dfrac{\pi}{4}-x\right)$，若函数 $g(x)=\sqrt{2}\sin(\omega x+\varphi)-1$，则 $g\left(\dfrac{\pi}{4}\right)=(\quad)$.

A.-1　　　　　　B.$-1+\sqrt{2}$

C.$-1-\sqrt{2}$　　　D.$-1\pm\sqrt{2}$

12.《九章算术》中，将底面为长方形且有一条侧棱与底面垂直的四棱锥称之为阳马，在如图L2-28所示的阳马 P-$ABCD$ 中，侧棱 $PD\perp$ 底面 $ABCD$. 已知 $PD=4$，$V_{P\text{-}ABCD}=\dfrac{16}{3}$，则阳马 P-$ABCD$ 的外接球表面积的最小值为（　　）.

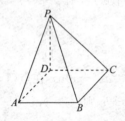

图L2-28

A.72π　　　　B.48π
C.96π　　　　D.24π

二、填空题：本大题共4小题，每小题5分，共20分．把答案写在题中的横线上．

13.从1，2，3，4，5这5个数中，随机抽取2个不同的数，则这2个数的和为6的概率是　　　　．

14.记 S_n 为等比数列 $\{a_n\}$ 的前 n 项和．若 $a_1=\dfrac{1}{3}$，$a_4^2=a_6$，则 $S_5=$　　　　．

15.某班一次数学竞赛中，已知甲、乙、丙三位同学成绩排名前三．该班 A，B，C 三位同学猜测：

A：甲第一，丙第三；

B：丙第一，乙第三；

C：甲第二，乙第三．

老师公布最终成绩单后发现，A，B，C 三位同学都恰好猜对了一半，则第一名为　　　　．

16.在 $\triangle ABC$ 中，角 A，B，C 的对边分别为 a，b，c，若 $\sin A=2\sin B$，$c=\sqrt{2}$，且 $\cos C=\dfrac{3}{4}$，则 $\triangle ABC$ 的面积为　　　　．

二、小题模考提高卷

小题模考提高卷（一）

实际用时：_____；得分：_____.

一、选择题（本大题共 12 小题，每小题 5 分，在每小题给出的四个选项中，只有一项是符合题目要求的.）

1. 已知全集为 **R**，集合 $A=\{-1,0,1,5\}$，$B=\{x|x^2-x-2\geqslant 0\}$，则 $A\cap\complement_{\mathbf{R}}B=$（　　）.
   A. $\{-1,1\}$ B. $\{0,1\}$
   C. $\{0,1,5\}$ D. $\{-1,0,1\}$

2. 已知复数 $z=\dfrac{1+ai}{1-i}(a\in\mathbf{R})$，若 z 为纯虚数，则 $a=$（　　）.
   A. -1 B. $-\dfrac{1}{2}$
   C. $\dfrac{1}{2}$ D. 1

3. 若曲线 $f(x)=\ln x+x^2-2x$ 在 $x=m$ 处的切线的倾斜角最小，则 m 的值为（　　）.
   A. $\dfrac{\sqrt{2}}{2}$ B. $\dfrac{\sqrt{3}}{2}$
   C. 1 D. $\sqrt{2}$

4. 在区间 $[0,1]$ 上任选两个数 x 和 y，则 $y\geqslant\sqrt{1-x^2}$ 的概率为（　　）.
   A. $1-\dfrac{\pi}{6}$ B. $\dfrac{\pi}{6}$ C. $1-\dfrac{\pi}{4}$ D. $\dfrac{\pi}{4}$

5. 已知数列 $1,a_1,a_2,9$ 是等差数列，数列 $1,b_1,b_2,b_3,9$ 是等比数列，则 $\dfrac{b_2}{a_1+a_2}=$（　　）.
   A. $-\dfrac{3}{10}$ B. $\dfrac{3}{10}$
   C. $\pm\dfrac{3}{10}$ D. $\dfrac{9}{10}$

6. 设 x,y 满足约束条件 $\begin{cases}x+y-7\leqslant 0\\ x-3y+1\leqslant 0\\ 3x-y-5\geqslant 0\end{cases}$，则 $z=4^x\cdot\left(\dfrac{1}{2}\right)^y$ 的最大值为（　　）.
   A. 1024   B. 256
   C. 8   D. 4

7. 一个棱锥的三视图如图 L2-29 所示，其中侧视图是边长为 1 的正三角形，则四棱锥侧面中最大的侧面的面积是（　　）.

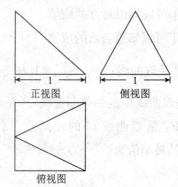

图 L2-29

   A. $\dfrac{\sqrt{3}}{4}$ B. 1
   C. $\sqrt{2}$ D. $\dfrac{\sqrt{7}}{4}$

8. 已知函数 $f(x)=2\cos x(\sin x+\cos x)$，则下列说法正确的是（　　）.
   A. $f(x)$ 的最小正周期为 2π
   B. $f(x)$ 的图像关于点 $\left(-\dfrac{\pi}{8},0\right)$ 对称
   C. $f(x)$ 的图像关于直线 $x=\dfrac{\pi}{8}$ 对称
   D. $f(x)$ 的图像向左平移 $\dfrac{\pi}{4}$ 个单位长度后得到一个偶函数的图像

9. 已知函数 $f(x)=\begin{cases}(1-2k)x+3k,x<1\\ \ln x,x\geqslant 1\end{cases}$ 的值域为

$\mathbf{R}$,则实数 k 的取值范围是( ).

A.$\left[-1, \dfrac{1}{2}\right)$ B.$\left(-1, \dfrac{1}{2}\right)$

C.$\left(0, \dfrac{1}{2}\right)$ D.$(-\infty,-1]$

10.为迎接"中华人民共和国建国 70 周年",某校 4 名学生参加了校团委举办的"祖国,你好"的知识竞赛,笔试结束后,甲、乙、丙、丁四位同学一起去向老师询问知识竞赛的成绩,老师说:你们四人中有 2 位优秀,2 位良好,我现在给甲看乙、丙的成绩,给乙看丙的成绩,给丁看甲的成绩,看后甲对大家说:我还是不知道我的成绩,根据以上信息,则( ).

A.乙可以知道四人的成绩
B.丁可以知道四人的成绩
C.乙、丁可以知道对方的成绩
D.乙、丁可以知道自己的成绩

11.已知 P 是双曲线 $C:\dfrac{x^2}{2}-y^2=1$ 右支上一点,直线 l 是双曲线 C 的一条渐近线,P 在 l 上的射影为 Q,F_1 是双曲线 C 的左焦点,则 $|PF_1|+|PQ|$ 的最小值为( ).

A.1   B.$2+\dfrac{\sqrt{15}}{5}$

C.$4+\dfrac{\sqrt{15}}{5}$ D.$2\sqrt{2}+1$

12.若函数 $f(x)=a(x-2)\mathrm{e}^x+\ln x+\dfrac{1}{x}$ 在 $(0,2)$ 上存在两个极值点,则 a 的取值范围是( ).

A.$\left(-\infty,-\dfrac{1}{4\mathrm{e}^2}\right)$

B.$\left(-\infty,-\dfrac{1}{\mathrm{e}}\right)$

C.$\left(-\infty,-\dfrac{1}{\mathrm{e}}\right)\cup\left(-\dfrac{1}{\mathrm{e}},-\dfrac{1}{4\mathrm{e}^2}\right)$

D.$\left(-\mathrm{e},\dfrac{1}{4\mathrm{e}^2}\right)\cup(1,+\infty)$

二、填空题:本大题共 4 小题,每小题 5 分.把答案写在题中的横线上.

13.已知向量 $\boldsymbol{a}=(1,-2)$,$\boldsymbol{b}=(-1,k)$,若 $\boldsymbol{a}\parallel\boldsymbol{b}$,则 $|\boldsymbol{a}+3\boldsymbol{b}|=$_____.

14.(理科)在 $\left(1-\dfrac{1}{x}\right)(1+x)^4$ 的展开式中,含 x^2 项的系数为_____.

(文科)在数列 $\{a_n\}$ 中,$a_1=1$,$a_{n+1}=(-1)^n\cdot(a_n+1)$,记 S_n 为 $\{a_n\}$ 的前 n 项和,则 $S_{2017}=$_____.

15.已知三棱锥 A-BCD 的所有顶点都在球 O 的球面上,AB 为球 O 的直径,若该三棱锥的体积为 $\sqrt{3}$,$BC=3$,$BD=\sqrt{3}$,$\angle CBD=90°$,则球 O 的体积为_____.

16.在 Rt△ABC 中,$\angle ACB=90°$,$AC=\sqrt{3}$,$BC=3$,在△ACD 中,$\angle ADC=120°$,则 BD 的最大值为_____.

小题模考提高卷(二)

实际用时:_____;得分:_____.

一、选择题:本大题共 12 小题,每小题 5 分,共 60 分.在每小题给出的四个选项中,只有一项是符合题目要求的.

1. 在复平面内,复数 $\dfrac{2-i}{1+i}$(i 是虚数单位)对应的点位于( ).

   A.第四象限 B.第三象限
   C.第二象限 D.第一象限

2. 设集合 $U=\{0,1,2,3,4,5\}$, $A=\{1,2\}$, $B=\{x\in \mathbf{Z}|x^2-5x+4<0\}$,则 $\complement_U(A\cup B)=$ ( ).

   A.$\{0,1,2,3\}$ B.$\{5\}$
   C.$\{1,2,4\}$ D.$\{0,4,5\}$

3. 从某校高三年级随机抽取一个班,对该班 50 名学生的高校招生体检表中视力情况进行统计,结果的频率分布直方图如图 L2-30 所示.若某高校 A 专业对视力的要求在 0.9 以上,则该班学生中能报 A 专业的人数为( ).

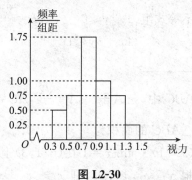

图 L2-30

   A.30 B.25 C.22 D.20

4. 设等比数列 $\{a_n\}$ 的前 n 项和为 S_n,已知 $a_2a_5=2a_3$,且 a_4 与 $2a_7$ 的等差中项为 $\dfrac{5}{4}$,则 $S_5=$ ( ).

   A.29 B.31 C.33 D.36

5. 已知点 $(\sin 2\alpha, \cos 2\alpha)$ $\left(0<\alpha<\dfrac{\pi}{2}\right)$ 在直线 $x-y-1=0$ 上,则 $\dfrac{\sin\alpha+2\cos\alpha}{2\sin\alpha-\cos\alpha}$ 的值为( ).

   A.$-\dfrac{1}{3}$ B.$\dfrac{1}{3}$ C.3 D.1

6. 执行如图 L2-31 所示的算法,则输出的 $S=$ ( ).

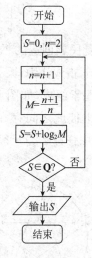

图 L2-31

   A.1 B.$\dfrac{4}{3}$ C.$\dfrac{5}{4}$ D.2

7. 一个棱锥的三视图如图 L2-32 所示,其中正(主)视图是边长为 1 的正三角形,则该棱锥外接球的表面积为( ).

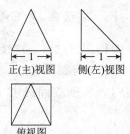

图 L2-32

   A.2π B.$\dfrac{7\pi}{3}$ C.$\dfrac{10\pi}{3}$ D.4π

8. 如图 L2-33 所示,在△OMN 中,A,B 分别是 OM,ON 的中点,若 $\overrightarrow{OP}=x\overrightarrow{OA}+y\overrightarrow{OB}$ $(x,y\in \mathbf{R})$,且点 P 落在四边形 $ABNM$ 内(含边界),则 $\dfrac{y+1}{x+y+2}$ 的取值范围是( ).

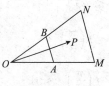

图 L2-33

145

A. $\left[\dfrac{1}{3},\dfrac{2}{3}\right]$ B. $\left[\dfrac{1}{3},\dfrac{3}{4}\right]$

C. $\left[\dfrac{1}{4},\dfrac{3}{4}\right]$ D. $\left[\dfrac{1}{4},\dfrac{2}{3}\right]$

9.五行学说是华夏民族创造的哲学思想,是华夏文明重要组成部分.古人认为,天下万物皆由金、木、水、火、土五类元素组成,如图L2-34所示分别是金、木、水、火、土彼此之间存在的相生相克的关系.若5类元素中任选2类元素,则2类元素相生的概率为( ).

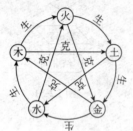

图 L2-34

A. $\dfrac{1}{2}$ B. $\dfrac{1}{3}$ C. $\dfrac{1}{4}$ D. $\dfrac{1}{5}$

10.已知 F_1,F_2 为双曲线 $C: \dfrac{x^2}{a^2} - \dfrac{y^2}{b^2} = 1$ $(a>0, b>0)$ 的左、右焦点, M 作为双曲线 C 右支上一点,MF_1 与圆 $x^2+y^2=a^2$ 相切,且 $\tan\angle F_1MF_2 = 1$,则双曲线 C 的渐近线方程为( ).

A. $y = \pm\dfrac{\sqrt{2}}{2}x$ B. $y = \pm\sqrt{2}x$

C. $y = \pm\dfrac{1}{2}x$ D. $y = \pm 2x$

11.已知定义在 $\left(0, \dfrac{\pi}{2}\right)$ 上的函数 $f(x)$,$f'(x)$ 为其导数,且 $f(x) < f'(x)\tan x$ 恒成立,则( ).

A. $\sqrt{3}f\left(\dfrac{\pi}{4}\right) > \sqrt{2}f\left(\dfrac{\pi}{3}\right)$

B. $\sqrt{2}f\left(\dfrac{\pi}{6}\right) > \sqrt{2}f\left(\dfrac{\pi}{4}\right)$

C. $\sqrt{3}f\left(\dfrac{\pi}{6}\right) < f\left(\dfrac{\pi}{3}\right)$

D. $f(1) > \sqrt{2}f\left(\dfrac{\pi}{6}\right)\cdot \sin 1$

12.如图L2-35所示,在正方体 $ABCD-A_1B_1C_1D_1$ 中,点 O 为线段 BD 的中点.设点 P 在线段 CC_1 上,直线 OP 与平面 A_1BD 所成的角为 α,则 $\sin\alpha$ 的取值范围是( ).

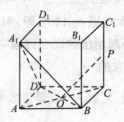

图 L2-35

A. $\left[\dfrac{\sqrt{3}}{3},1\right]$ B. $\left[\dfrac{\sqrt{6}}{3},1\right]$

C. $\left[\dfrac{\sqrt{6}}{3},\dfrac{2\sqrt{2}}{3}\right]$ D. $\left[\dfrac{2\sqrt{2}}{3},1\right]$

二、填空题:本大题共4小题,每小题5分,共20分.把答案写在题中的横线上.

13.已知 $f(x)$ 为偶函数,当 $x<0$ 时,$f(x)=\ln(-x)+3x$,则曲线 $y=f(x)$ 在点 $(1,f(1))$ 处的切线方程是_____.

14.已知不等式组 $\begin{cases} x \geqslant 0 \\ x-y \leqslant 0 \\ 4x+3y \leqslant 12 \end{cases}$,则 $z=\dfrac{y-1}{x+1}$ 的最大值为_____.

15.在 $\triangle ABC$ 中,$\sin A + \cos A = \dfrac{\sqrt{2}}{2}$,$AC=4$,$AB=5$,则 $\triangle ABC$ 的面积为_____.

16.方程 $(x-1)\cdot \sin\pi x = 1$ 在 $(-1,3)$ 上有四个不同的根 x_1,x_2,x_3,x_4,则 $x_1+x_2+x_3+x_4=$ _____.

小题模考提高卷（三）

实际用时：_____；得分：_____.

一、选择题：本大题共 12 小题，每小题 5 分，共 60 分.在每小题给出的四个选项中，只有一项是符合题目要求的.

1. 若集合 $A=\{x|1\leqslant 2^x\leqslant 16\}$, $B=\{x|\log_3(x^2-2x)>1\}$，则 $A\cap B=$（ ）.
   A.$(3,4]$
   B.$[3,4]$
   C.$(-\infty,0)\cup(0,4]$
   D.$(-\infty,-1)\cup(0,4]$

2. 若 $z=1-2i$，则 $\dfrac{4i}{z\cdot\bar{z}-3}=$（ ）.
   A.2   B.-2
   C.2i   D.$-2i$

3. 已知 $\tan\left(\alpha-\dfrac{\pi}{4}\right)=\dfrac{1}{2}$，则 $\dfrac{\sin\alpha+\cos\alpha}{\sin\alpha-\cos\alpha}=$（ ）.
   A.$\dfrac{1}{2}$ B.2
   C.$2\sqrt{2}$ D.-2

4. 已知某校高一年级1200名学生参加了数学建模能力测试，测试成绩服从正态分布，对应的概率密度曲线如图L2-36(1)所示，统计结果显示测试成绩在 60 分到 80 分之间的人数所对应的频率分布直方图如图L2-36(2)所示，则此次测试成绩不低于 80 分的学生人数约为（ ）.

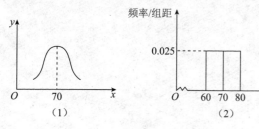

图 L2-36

   A.150   B.300
   C.400   D.450

5. 已知椭圆 $C:\dfrac{x^2}{a^2}+\dfrac{y^2}{b^2}=1(a>b>0)$ 的左、右顶点分别为 A_1,A_2，且以线段 A_1A_2 为直径的圆与直线 $bx-ay+2ab=0$ 相切，则 C 的离心率为（ ）.
   A.$\dfrac{\sqrt{6}}{3}$ B.$\dfrac{\sqrt{3}}{3}$
   C.$\dfrac{\sqrt{2}}{3}$ D.$\dfrac{1}{3}$

6. 函数 $f(x)=\ln\dfrac{x^2+1}{x^2-1}$ 的大致图像为（ ）.

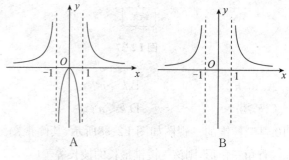

7. 设向量 $\overrightarrow{OA}=e_1,\overrightarrow{OB}=e_2$，若 e_1 与 e_2 不共线，且 $\overrightarrow{AP}=6\overrightarrow{PB}$，则 $\overrightarrow{OP}=$（ ）.
   A.$\dfrac{1}{7}e_1-\dfrac{6}{7}e_2$ B.$\dfrac{6}{7}e_1-\dfrac{1}{7}e_2$
   C.$\dfrac{1}{7}e_1+\dfrac{6}{7}e_2$ D.$\dfrac{6}{7}e_1+\dfrac{1}{7}e_2$

8. 已知函数 $f(x)=\sin\left(\dfrac{1}{4}x+\dfrac{\pi}{6}\right)(x\in\mathbf{R})$，把函数 $f(x)$ 的图像向右平移 $\dfrac{8\pi}{3}$ 个单位长度得函数 $g(x)$ 的图像，则下面结论正确的是（ ）.
   A.函数 $g(x)$ 是奇函数
   B.函数 $g(x)$ 在区间 $[\pi,2\pi]$ 上是增函数
   C.函数 $g(x)$ 的最小正周期是 4π
   D.函数 $g(x)$ 的图像关于直线 $x=\pi$ 对称

9. 执行如图 L2-37 所示的程序框图，如果输入的 a 依次为 2,3,5 时，输出的 S 为 19，那么在◇框中，可以填入

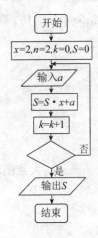

图 L2-37

A. $k<n$? B. $k>n$?
C. $k\geqslant n$? D. $k\leqslant n$?

10.某三棱锥的三视图如图 L2-38所示,其侧视图为直角三角形,则该三棱锥最长的棱长等于(　　).

正视图

侧视图

俯视图

图 L2-38

A. $4\sqrt{2}$ B. $\sqrt{34}$
C. $\sqrt{41}$ D. $5\sqrt{2}$

11.已知函数 $f(x)$ 的定义域为 **R**.当 $x<0$ 时,$f(x)=x^3-1$;当 $-1\leqslant x\leqslant 1$ 时,$f(-x)=-f(x)$;当 $x>\dfrac{1}{2}$ 时,$f\left(x+\dfrac{1}{2}\right)=f\left(x-\dfrac{1}{2}\right)$,则 $f(6)=($　　$)$.

A. -2 B. -1
C. 0 D. 2

12.已知抛物线 C 的顶点为 O,焦点为 F,准线为 l,M,N 为抛物线上两点,且 $\overrightarrow{MF}=\lambda\overrightarrow{NF}(\lambda<0)$,$\overrightarrow{OM}+\overrightarrow{ON}=2\overrightarrow{OQ}$,作 $QQ'\perp l$ 于 Q',若 $|MF|=m$,$|NF|=n$,则 $|Q'F|=($　　$)$.

A. $\dfrac{m+n}{2}$ B. $\sqrt{mn}$
C. $\sqrt{\dfrac{m+n}{2}}$ D. $\sqrt{\dfrac{m^2+n^2}{2}}$

二、填空题:本大题共4小题,每小题5分,共20分.把答案填在题中的横线上.

13.记 S_n 为等差数列 $\{a_n\}$ 的前 n 项和,若 $S_4+2S_2=S_3,a_1=1$,则 $S_6=$ _____.

14.在 $[-1,1]$ 上随机地取一个数 k,则事件"直线 $y=kx$ 与圆 $(x-5)^2+y^2=9$ 相交"发生的概率为 _____.

15.在三棱锥 $A\text{-}BCD$ 中,$\triangle ABC$ 与 $\triangle BCD$ 都是边长为 6 的等边三角形,平面 $ABC\perp$ 平面 BCD,则该三棱锥的外接球的表面积为 _____.

16.已知函数 $f(x)=\begin{cases}e^x+(a+1)x,x\leqslant 0\\ \ln x-ax,x>0\end{cases}$,若 $f(x)$ 存在三个零点,则实数 a 的取值范围是 _____.

小题模考提高卷（四）

实际用时：_____；得分：_____.

一、选择题：本大题共 12 小题，每小题 5 分，共 60 分．在每小题给出的四个选项中，只有一项是符合题目要求的．

1. 已知集合 $A=\{y|y=\ln(x^2+1),x\in\mathbf{R}\}$，则 $\complement_{\mathbf{R}}A=$（　　）.
   A. $\varnothing$　　　　　B. $(-\infty,0]$
   C. $(-\infty,0)$　　　D. $[0,+\infty)$

2. 已知 i 为虚数单位，若复数 $z=(2+i)(1-ai)$ 在复平面上对应的点在虚轴上，则实数 a 的值是（　　）.
   A. $-\dfrac{1}{2}$　　　　B. $\dfrac{1}{2}$
   C. 2　　　　　　　　D. -2

3. 已知 a,b 是实数，则"$|a-b|\geqslant a+b$"是"$ab<0$"的（　　）.
   A. 充分不必要条件
   B. 必要不充分条件
   C. 充要条件
   D. 既不充分也不必要条件

4. 某公司新发明了甲、乙两种不同型号的手机，公司统计了消费者对这两种型号手机的评分情况，作出如图 L2-39 所示，则下列说法不正确的是（　　）.

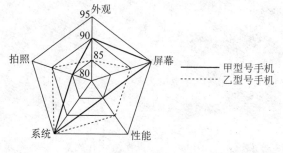

图 L2-39

   A. 甲型号手机在外观方面比较好
   B. 甲、乙两型号的系统评分相同
   C. 甲型号手机在性能方面比较好
   D. 乙型号手机在拍照方面比较好

5. 函数 $f(x)=\begin{cases}1-5^{-x},x\geqslant 0\\5^x-1,x<0\end{cases}$，则该函数为（　　）.
   A. 单调递增函数，奇函数
   B. 单调递增函数，偶函数
   C. 单调递减函数，奇函数
   D. 单调递减函数，偶函数

6. 已知函数 $f(x)=\sqrt{3}\sin 2x+\cos 2x-m$ 在 $\left[0,\dfrac{\pi}{2}\right]$ 上有两个零点，则 m 的取值范围是（　　）.
   A. $(1,2)$　　　B. $[1,2]$
   C. $(1,2]$　　　D. $[1,2)$

7. 设实数列 $\{a_n\}$ 和 $\{b_n\}$ 分别为等差数列与等比数列，且 $a_1=b_1=4,a_4=b_4=1$，则以下结论正确的是（　　）.
   A. $a_2>b_2$　　　B. $a_3<b_3$
   C. $a_5>b_5$　　　D. $a_6>b_6$

8. △ABC 外接圆的半径为 1，圆心为 O，且 $\overrightarrow{AB}+\overrightarrow{AC}=2\overrightarrow{AO},|\overrightarrow{AB}|=\sqrt{3}|\overrightarrow{OA}|$，则 $\overrightarrow{CA}\cdot\overrightarrow{CB}=$（　　）.
   A. 3　　B. $\sqrt{3}$　　C. $\dfrac{\sqrt{3}}{2}$　　D. 1

9. 正三棱柱 $ABC-A_1B_1C_1$ 的底面边长为 2，侧棱长为 $\sqrt{3}$，D 为 BC 中点，则三棱锥 $A-B_1DC_1$ 的体积为（　　）.
   A. 3　　　　　　　B. $\dfrac{3}{2}$
   C. 1　　　　　　　D. $\dfrac{\sqrt{3}}{2}$

10.（理科）$(x^2+x+y)^5$ 的展开式中，x^5y^2 的系数为（　　）.
   A. 10　　　　　B. 20
   C. 30　　　　　D. 60

（文科）《史记》中讲述了田忌与齐王赛马的故事."田忌的上等马优于齐王的中等马，劣于齐王的上等马；田忌的中等马优于齐王的下等马，劣于齐王的中等马；田忌的下等马劣于齐王的下等马."双方从各自的马匹中随机选一匹进行一场比赛，则田忌的马获胜的概率为（　　）.
   A. $\dfrac{1}{3}$　　B. $\dfrac{1}{4}$　　C. $\dfrac{1}{5}$　　D. $\dfrac{1}{6}$

149

11. 过 $A(1,3), B(4,2), C(1,-7)$ 三点的圆交 y 轴于 M, N 两点，则 $|MN|=(\quad)$.

A. $2\sqrt{6}$　　　　B. 8

C. $4\sqrt{6}$　　　　D. 10

12. 对于定义域为 $[0,1]$ 的函数 $f(x)$，如果同时满足以下三个条件：

①对任意的 $x\in[0,1]$，总有 $f(x)\geqslant 0$；

②$f(1)=1$；

③若 $x_1\geqslant 0, x_2\geqslant 0, x_1+x_2\leqslant 1$，都有 $f(x_1+x_2)\geqslant f(x_1)+f(x_2)$ 成立，则称函数 $f(x)$ 为理想函数.下面有三个命题：

(1) 若函数 $f(x)$ 为理想函数，则 $f(0)=0$；

(2) 函数 $f(x)=2^x-1(x\in[0,1])$ 是理想函数；

(3) 若 $f(x)$ 是理想函数，假定存在 $x_0\in[0,1]$，使得 $f(x_0)\in[0,1]$，且 $f[f(x_0)]=x_0$，则 $f(x_0)=x_0$. 其中正确命题有（　　）.

A. 0 个　　　　B. 1 个

C. 2 个　　　　D. 3 个

二、填空题：本大题共 4 小题，每小题 5 分，共 20 分.把答案填在题中的横线上.

13. 函数 $y=ax\mathrm{e}^x$ 的图像在 $x=0$ 处的切线与直线 $y=-x$ 互相垂直，则 $a=$ _____.

14. 如果双曲线的两个焦点分别为 $F_1(0,-3)$ 和 $F_2(0,3)$，其中一条渐近线的方程是 $y=\dfrac{\sqrt{2}}{2}x$，则双曲线的实轴长为 _____.

15. 若函数 $f(x)=1+|x|+\dfrac{\cos x}{x}$，则 $f(\lg 2)+f\left(\lg\dfrac{1}{2}\right)+f(\lg 5)+f\left(\lg\dfrac{1}{5}\right)=$ _____.

16. 在平面四边形 $ABCD$ 中，$A=B=C=75°$，$BC=2$，则 AB 的取值范围是 _____.

小题模考提高卷(五)

实际用时:_____;得分:_____.

一、选择题:本大题共 12 小题,每小题 5 分,共 60 分.在每小题给出的四个选项中,只有一项是符合题目要求的.

1.已知集合 $A=\{x|x^2-2x-3\geq 0\}$,$B=\{x|-2\leq x\leq 2\}$,则 $A\cap B=($).
A.$[-2,-1]$ B.$[-1,2]$
C.$[-1,1]$ D.$[1,2]$

2.已知 i 是虚数单位,复数 z 满足 $(i-1)z=i$,则 z 的虚部是( ).
A.$-\dfrac{1}{2}$ B.$\dfrac{1}{2}$
C.$\dfrac{1}{2}i$ D.$-\dfrac{1}{2}i$

3.如图 L2-40 所示,在正六边形内随机取一点,则该点位于阴影区域的概率为( ).

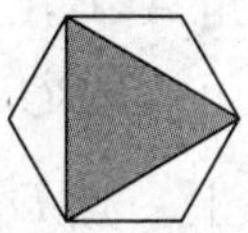

图 L2-40

A.$\dfrac{1}{3}$ B.$\dfrac{2}{5}$
C.$\dfrac{1}{2}$ D.$\dfrac{2}{3}$

4.双曲线 $\dfrac{x^2}{a^2}-\dfrac{y^2}{b^2}=1(a>0,b>0)$ 的渐近线与圆 $(x+\sqrt{3})^2+y^2=1$ 相切,则此双曲线的离心率为( ).
A.$\sqrt{2}$ B.$\dfrac{\sqrt{6}}{2}$
C.$\dfrac{3}{2}$ D.2

5.将函数 $y=\cos\left(2x+\dfrac{\pi}{6}\right)$ 图像上的点 $P\left(\dfrac{\pi}{4},t\right)$ 向右平移 $m(m>0)$ 个单位长度得到点 P',若点 P' 位于函数 $y=\cos 2x$ 的图像上,则( ).
A.$t=-\dfrac{1}{2}$,m 的最小值为 $\dfrac{\pi}{6}$
B.$t=-\dfrac{\sqrt{3}}{2}$,m 的最小值为 $\dfrac{\pi}{12}$
C.$t=-\dfrac{1}{2}$,m 的最小值为 $\dfrac{\pi}{12}$
D.$t=-\dfrac{\sqrt{3}}{2}$,m 的最小值为 $\dfrac{\pi}{6}$

6.(理科)在 $\left(\sqrt[3]{x}-\dfrac{1}{x}\right)^n$ 的展开式中,所有项的二项式系数之和为 4096,则其常数项为( ).
A.-220 B.220
C.110   D.-110

(文科)随着中央决定在海南省全岛建立自贸区的政策公布以来,海南各地逐步成为投资热点.有 24 名投资者想到海南某地投资,他们年龄的茎叶图如图 L2-41 所示,先将他们的年龄从小到大编号为 1~24 号,再用系统抽样方法抽出 6 名投资者,邀请他们到海南某地实地考察.其中年龄不超过 55 岁的人数为( ).

3	9
4	0 1 1 2 5
5	1 3 6 6 7 8 8 9
6	0 0 1 2 3 4 5

图 L2-41

A.1   B.2   C.3   D.不确定

7.设 S_n 是数列 $\{a_n\}$ 的前 n 项和,且 $a_1=-1$,$a_{n+1}=S_nS_{n+1}$,则 $S_{2020}=($).
A.2020   B.-2020
C.$\dfrac{1}{2020}$ D.$-\dfrac{1}{2020}$

8.已知 M 是抛物线 $C:y^2=2px(p>0)$ 上的一点,F 是抛物线 C 的焦点.若 $|MF|=p$,K 是抛物线 C 的准线与 x 轴的交点,则 $\angle MKF=($).
A.$60°$ B.$45°$
C.$30°$ D.$15°$

9.函数 $f(x)=|x|+\dfrac{a}{x^2}$(其中 $a\in\mathbf{R}$)的图像不可能是( ).

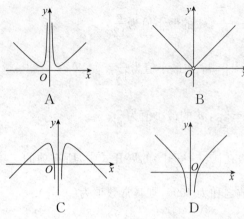

10. 已知 P 为矩形 ABCD 所在平面内一点，AB=4，AD=3，PA=$\sqrt{5}$，PC=$2\sqrt{5}$，则 $\overrightarrow{PB} \cdot \overrightarrow{PD}$ =( ).

A.0　　　　　　　　B.−5 或 0
C.5　　　　　　　　D.−5

11. 如图 L2-42 所示，一只蚂蚁从正方体 ABCD-$A_1B_1C_1D_1$ 的顶点 A 处出发，经过正方体的表面，按最短路线爬行到达顶点 C_1 的位置，则下列可以表示正方体及蚂蚁最短爬行路线的正视图的是( ).

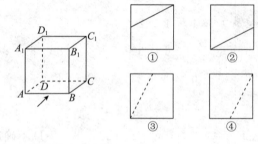

图 L2-42

A.①②　　　　　　B.①③
C.②④　　　　　　D.③④

12. 已知函数 $f(x)=(2x^2-x-1)e^x$，则方程 $[ef(x)]^2+tf(x)-9\sqrt{e}=0$ ($t\in \mathbf{R}$) 的根的个数为( ).

A.5　　B.4　　C.3　　D.2

二、填空题：本大题共 4 小题，每小题 5 分，共 20 分.

13. 已知向量 $\overrightarrow{OA} \perp \overrightarrow{AB}$，$|\overrightarrow{OA}|=\sqrt{3}$，则 $\overrightarrow{OA} \cdot \overrightarrow{OB}$ = _____.

14. 若实数 x，y 满足 $\begin{cases} x-y+1\leqslant 0 \\ x>0 \\ y\leqslant 2 \end{cases}$，则 $\dfrac{2y}{2x+1}$ 的最小值是_____.

15. 《孙子算经》是我国古代内容极其丰富的数学名著，书中有如下问题："今有圆窖，周五丈四尺，深一丈八尺，问受粟几何？"其意思为："有圆柱形容器，底面圆周长五丈四尺，高一丈八尺，求此容器能装多少斛米？"则该圆柱形容器能装米_____斛(古制 1 丈=10 尺，1 斛=1.62 立方尺，π≈3).

16. 在△ABC 中，内角 A，B，C 的对边分别为 a，b，c，且 a>b，a>c.△ABC 的外接圆半径为 1，$a=\sqrt{3}$.若边 BC 上一点 D 满足 BD=2DC，且 ∠BAD=90°，则△ABC 的面积为_____.

参考答案

第一部分

第一节 小题常考专题——函数的性质

例1.1 变式拓展

1.【分析】由奇函数和偶函数的定义直接判断即可.

【解析】易知 $y=x+\dfrac{1}{x}$ 和 $y=2^x-2^{-x}$ 为奇函数，$y=\sqrt{1+x^2}$ 为偶函数.

令 $f(x)=e^x+x(x\in\mathbf{R})$，则 $f(1)=e^1+1$，$f(-1)=e^{-1}-1$，即 $f(1)\neq f(-1)$ 且 $f(1)\neq -f(-1)$.所以 $y=x+e^x$ 为非奇非偶函数.故选D.

【评注】本题主要考查了奇函数与偶函数的判定，注意判断函数奇偶性时要先判断函数的定义域是否关于原点对称.

2.【分析】判断函数奇偶性，首先应看定义域是否关于原点对称，然后再看 $f(x)$ 与 $f(-x)$ 的关系即可求解.

【解析】要使函数 $y=\ln(\sqrt{1+\sin^2 x}-\sin x)$ 有意义，

只需 $\begin{cases}\sqrt{1+\sin^2 x}-\sin x>0\\1+\sin^2 x\geq 0\end{cases}$，解得 $x\in\mathbf{R}$，

即函数定义域为 $\mathbf{R}$，关于原点对称.

又 $f(x)+f(-x)=\ln(\sqrt{1+\sin^2 x}-\sin x)+\ln(\sqrt{1+\sin^2(-x)}-\sin(-x))=\ln(\sqrt{1+\sin^2 x}-\sin x)+\ln(\sqrt{1+\sin^2 x}+\sin x)=\ln 1=0$，

即 $f(-x)=-f(x)$，故函数 $f(x)$ 为奇函数.故答案为:奇.

例1.2 变式拓展

1.【解析】解法一：由函数的定义域为 $\left\{x\Big|x\neq -\dfrac{1}{2}\text{且}x\neq a\right\}$，又因为 $f(x)$ 为奇函数，可知定义域关于原点对称，故 $a=\dfrac{1}{2}$.故选A.

解法二：$f(x)=\dfrac{x}{(2x+1)(x-a)}$ 为奇函数，由分子为奇函数，则分母为偶函数，又知分母为二次函数，则一次项系数为0，所以 $a=\dfrac{1}{2}$.故选A.

例1.3 变式拓展

1.【解析】由题意可知函数 $y=\ln(x+\sqrt{a+x^2})$ 是奇函数，所以 $\ln(x+\sqrt{a+x^2})+\ln(-x+\sqrt{a+x^2})=\ln a=0$，解得 $a=1$.

2.【解析】解法一：因为 $f(x)$ 为偶函数，所以 $f(-x)=f(x)$，

即 $\ln(e^{-3x}+1)-ax=\ln(e^{3x}+1)+ax$.整理得 $\ln e^{-3x}=2ax$，解得 $a=-\dfrac{3}{2}$.

解法二（特殊值法）：若 $f(x)$ 为偶函数，则 $f(-1)=f(1)$，

故 $\ln(e^3+1)+a=\ln(e^{-3}+1)-a$，故 $a=-\dfrac{3}{2}$.

解法三：若 $f(x)$ 为偶函数(偶函数的导数为奇函数，且在零点处有定义)，则 $f'(0)=0$.

又 $f'(x)=\dfrac{3e^{3x}}{e^{3x}+1}+a$，则 $f'(0)=\dfrac{3}{2}+a=0$，

得 $a=-\dfrac{3}{2}$.

例1.4 变式拓展

1.【解析】由于 $f(x)$ 是奇+常模型，所以 $f(2)+f(-2)=2\times(-8)=-16$，且 $f(-2)=10$，所以 $f(2)=-26$.故选A.

2.【解析】由于 $f(x)$ 是奇+常模型，所以 $f(\lg 2)+f\left(\lg\dfrac{1}{2}\right)=2\times 1=2$.故选D.

3.【解析】由于 $f(x)$ 是奇+常模型，且 $\log_2 10=\dfrac{1}{\lg 2}$，

所以 $f(\lg(\log_2 10))+f(\lg(\lg 2))=2\times 4=8$,且 $f(\lg(\log_2 10))=5$,所以 $f(\lg(\lg 2))=3$.故选 C.

例 1.5 变式拓展

1.【解析】易知 $f(x)$ 是一个奇函数(分子奇函数,分母偶函数),由 $f(x)$ 是奇+常模型,知 $M+N=2\times 0=0$.故选 A.

2.【分析】函数的形式较为复杂,考虑分离常数以便看出内在结构.

【解析】$f(x)=\dfrac{(x+1)^2+\sin x}{x^2+1}=\dfrac{x^2+2x+1+\sin x}{x^2+1}=\dfrac{2x+\sin x}{x^2+1}+1$,可见此函数属于"奇+常"模型,所以 $M+m=2$.

例 1.6 变式拓展

1.【分析】根据函数奇偶性定义以及指数函数单调性进行判断选择.

【解析】因为定义域为 $\mathbf{R}$,且 $f(-x)=\left(\dfrac{1}{2}\right)^{-x}-2^{-x}=2^x-\left(\dfrac{1}{2}\right)^x=-f(x)$,所以 $f(x)$ 是奇函数.因为 $y=\left(\dfrac{1}{2}\right)^x$ 在 $\mathbf{R}$ 上单调递减,$y=2^x$ 在 $\mathbf{R}$ 上单调递增,所以 $f(x)=\left(\dfrac{1}{2}\right)^x-2^x$ 在 $\mathbf{R}$ 上单调递减.故选 C.

2.【分析】利用奇偶性的定义与单调性的定义,分别判断选项中的函数是否是奇函数且在区间 $(1,+\infty)$ 上是增函数即可.

【解析】对于 A,$f(x)$ 在 $(1,+\infty)$ 上是减函数,不合题意;

对于 B,$f(x)$ 是偶函数,不合题意;

对于 C,$f(x)$ 在 $(1,+\infty)$ 上是减函数,不合题意;

对于 D,$f(-x)=-\log_2\dfrac{-x+1}{-x-1}=-\log_2\dfrac{x-1}{x+1}=-\log_2\left(\dfrac{x+1}{x-1}\right)^{-1}=\log_2\dfrac{x+1}{x-1}=-f(x)$,所以 $f(x)$ 是奇函数,

则 $f(x)=\log_2\dfrac{x-1}{x+1}=\log_2\left(1-\dfrac{2}{x+1}\right)$,$f(x)$ 在 $(1,+\infty)$ 上递增,符合题意,故选 D.

【评注】本题主要考查函数的奇偶性及函数的单调性.判断函数的奇偶性首先要看函数的定义域是否关于原点对称,如果不对称,既不是奇函数又不是偶函数;如果对称,则判断的常见方法有:(1)直接法,$f(-x)=\pm f(x)$(正为偶函数,负为奇函数);(2)和差法,$f(-x)\pm f(x)=0$(和为零奇函数,差为零偶函数);(3)作商法,$\dfrac{f(-x)}{f(x)}=\pm 1$(1 为偶函数,-1 为奇函数).

例 1.7 变式拓展

1.【分析】$f(x)$ 的图像易作出,可由图像的直观性写出它的单调区间.

【解析】函数 $f(x)=\begin{cases}x^2-2x,x\geqslant 2\\-x^2+2x,x<2\end{cases}$,其图像如图 1-2 所示.

函数 $f(x)$ 的单调递减区间是 $[1,2]$.故选 A.

2.【解析】用图像法解决,将 $y=\ln x$ 的图像关于 y 轴对称得到 $y=\ln(-x)$,再向右平移两个单位,得到 $y=\ln[-(x-2)]$ 的图像,将得到的图像在 x 轴下方的部分翻折上来,即得到 $f(x)=|\ln(2-x)|$ 的图像,由图 1-3 知,选项中 $f(x)$ 是增函数的区间显然只有 D.故选 D.

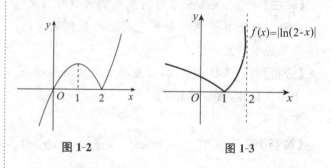

图 1-2　　图 1-3

例 1.8 变式拓展

1.【解析】依题意,函数的定义域为 $[-3,5]$,且函数 $f(x)$ 在定义域上单调递增.当 $x=-3$ 时,函数取得最小值 $-2\sqrt{2}$;当 $x=5$ 时,函数取得最大值 $2\sqrt{6}$,因此,函数的值域为 $[-2\sqrt{2},2\sqrt{6}]$.

例 1.9 变式拓展

1.【分析】本题可从函数 $f(x)$ 在 $\mathbf{R}$ 上不单调的反面入手,即函数 $f(x)$ 在 $\mathbf{R}$ 上单调求解 a 的取值范围,再取补集即得函数 $f(x)$ 在 $\mathbf{R}$ 上不单调的限定条件.

【解析】若函数 $f(x)$ 在 $\mathbf{R}$ 上单调,则满足 $\begin{cases}a\geqslant 0\\a^3\leqslant a^2\end{cases}$,得 $0\leqslant a\leqslant 1$.因此函数 $f(x)$ 在 $\mathbf{R}$ 上不单

调,则为其补集,即 $a<0$ 或 $a>1$. 所以满足题意的 a 的取值范围是 $(-\infty,0)\cup(1,+\infty)$.

2.【分析】求复合函数 $y=f[g(x)]$ 的单调区间的步骤:

(1)确定函数的定义域.

(2)将复合函数分解成基本初等函数 $y=f(u)$ 及 $u=g(x)$.

(3)分别确定这两个函数的单调区间.

(4)若这两个函数同增同减,则 $y=f[g(x)]$ 为增函数;若一增一减,则 $y=f[g(x)]$ 为减函数,即"同增异减".

【解析】(1)函数 $f(x)$ 的定义域应满足 $3-ax\geq 0$ 且 $a>0$,得 $x\leq \dfrac{3}{a}$,

故 $f(x)$ 的定义域为 $\left(-\infty,\dfrac{3}{a}\right]$.

(2)解法一:若 $a-1>0$,即 $a>1$,函数 $f(x)$ 在 $\left(-\infty,\dfrac{3}{a}\right]$ 上单调递减,若 $f(x)$ 在区间 $(0,1]$ 上是减函数,则 $1\leq \dfrac{3}{a}$,得 $1<a\leq 3$.

若 $\begin{cases}a-1<0\\-a>0\end{cases}$,即 $a<0$,此时,函数 $f(x)$ 在区间 $\left[\dfrac{3}{a},+\infty\right)$ 上单调递减,

因此,当 $\dfrac{3}{a}<0$,即 $a<0$ 时,函数 $f(x)$ 在区间 $(0,1]$ 上单调递减.

综上,实数 a 的取值范围是 $(-\infty,0)\cup(1,3]$.

解法二(导数法): $f'(x)=\dfrac{-a(3-ax)^{-\frac{1}{2}}}{2(a-1)}=\dfrac{a}{2(1-a)\sqrt{3-ax}}$,若 $f(x)$ 在 $(0,1]$ 上单调递减,

则 $\dfrac{a}{1-a}<0$,且 $3-a\geq 0$,解得 $a<0$ 或 $1<a\leq 3$.

所以实数 a 的取值范围是 $(-\infty,0)\cup(1,3]$.

例1.10 变式拓展

1.【分析】比较 $2^{-\frac{3}{2}}$, $2^{-\frac{2}{3}}$ 和 $\log_3\dfrac{1}{4}$ 三个数的大小关系,然后利用偶函数的性质和函数 $y=f(x)$ 在 $(0,+\infty)$ 上的单调性可得出各选项中不等式的正误.

【解析】 $f(x)$ 是定义域为 R 的偶函数,所以

$f\left(\log_3\dfrac{1}{4}\right)=f(\log_3 4)$,

因为 $\log_3 4>\log_3 3=1$, $0<2^{-\frac{3}{2}}<2^{-\frac{2}{3}}<2^0=1$,所以 $0<2^{-\frac{3}{2}}<2^{-\frac{2}{3}}<\log_3 4$,

又 $f(x)$ 在 $(0,+\infty)$ 上单调递减,所以 $f(2^{-\frac{3}{2}})>f(2^{-\frac{2}{3}})>f(\log_3\dfrac{1}{4})$. 故选 C.

2.【分析】分析函数 $y=f(x)$ 的奇偶性与该函数在 $(0,+\infty)$ 上的单调性,比较 $\sqrt{2}$, $\sqrt[3]{3}$ 和 $\log_5 4$ 三个数的大小关系,然后利用偶函数的性质和函数 $y=f(x)$ 在 $(0,+\infty)$ 上的单调性可得出各选项中不等式的正误.

【解析】函数 $y=f(x)$ 的定义域为 $\{x|x\neq 0\}$,关于原点对称,且 $f(-x)=3^{-x}+3^x+\log_3(3^{|-x|}-1)=3^x+3^{-x}+\log_3(3^{|x|}-1)=f(x)$,所以,函数 $y=f(x)$ 为偶函数.

对函数 $y=3^x+3^{-x}$ 求导得 $y'=3^x\ln 3-3^{-x}\ln 3=(3^x-3^{-x})\ln 3$. 当 $x>0$ 时, $y'>0$,

则函数 $y=3^x+3^{-x}$ 在 $(0,+\infty)$ 上单调递增.

当 $x>0$ 时, $y=\log_3(3^{|x|}-1)=\log_3(3^x-1)$.

内层函数 $u=3^x-1$ 在 $(0,+\infty)$ 上单调递增,

外层函数 $y=\log_3 u$ 为增函数,由复合函数法知,

函数 $y=\log_3(3^{|x|}-1)$ 在 $(0,+\infty)$ 上单调递增,

所以函数 $y=f(x)$ 在 $(0,+\infty)$ 上单调递增.

由偶函数的定义得 $f(-\sqrt[3]{3})=f(\sqrt[3]{3})$, $f(-\sqrt{2})=f(\sqrt{2})$,

$f\left(\log_5\dfrac{1}{4}\right)=f(-\log_5 4)=f(\log_5 4)$.

对数函数 $y=\log_5 x$ 为增函数,则 $\log_5 1<\log_5 4<\log_5 5$,所以, $0<\log_5 4<1$.

易知 $\sqrt{2}>1$, $\sqrt[3]{3}>1$,因为 $(\sqrt{2})^6=2^3=8$, $(\sqrt[3]{3})^6=3^2=9$,则 $(\sqrt{2})^6<(\sqrt[3]{3})^6$,

所以, $0<\log_5 4<1<\sqrt{2}<\sqrt[3]{3}$,所以, $f(\sqrt[3]{3})>f(\sqrt{2})>f(\log_5 4)$,

因此, $f(\sqrt[3]{3})>f(-\sqrt{2})>f\left(\log_5\dfrac{1}{4}\right)$. 故选 C.

例1.11 变式拓展

1.令 $y=1$,

则 $f(x+1)+f(x-1)=4f(x)f(1)=f(x)$ ①
于是 $f(x+2)+f(x)=f(x+1)$ ②
把①式代入②式消去 $f(x)$，得 $f(x+1)+f(x-1)+f(x+2)=f(x+1)$，
即 $f(x-1)+f(x+2)=0$，
故 $f(x+3)+f(x)=0$，
即 $f(x)=-f(x+3)=-[-f(x+6)]=f(x+6)$.
所以周期 $T=6$，故 $f(2020)=f(4+6\times336)=f(4)$.
令 $x=1,y=0$，则 $4f(1)f(0)=2f(1)$，解得 $f(0)=\dfrac{1}{2}$.
令 $x=y=1$，则 $4[f(1)]^2=f(2)+f(0)$，解得 $f(2)=-\dfrac{1}{4}$.
令 $x=y=2$，则 $4[f(2)]^2=f(4)+f(0)$，解得 $f(4)=-\dfrac{1}{4}$.
所以 $f(2020)=-\dfrac{1}{4}$.

例 1.12 变式拓展

1. 由 $f(x+2)=-f(x)$，得 $f(x+4)=-f(x+2)=f(x)$，故函数 $f(x)$ 的周期 $T=4$，则 $f(105.5)=f(104+1.5)=f(1.5)=f(-1.5)=f(2.5)=2.5$.

例 1.13 变式拓展

1. 【分析】根据函数的对称性⇒周期性，进而求解函数值.
【解析】解法一：因为函数 $y=f(x)(x\in \mathbf{R})$ 的图像关于直线 $x=0$ 对称，所以 $f\left(\dfrac{3}{2}\right)=f\left(-\dfrac{3}{2}\right)$.
又函数的图像关于直线 $x=1$ 对称，
所以 $f\left(\dfrac{3}{2}\right)=f\left(1+\dfrac{1}{2}\right)=f\left(1-\dfrac{1}{2}\right)=f\left(\dfrac{1}{2}\right)$.
因为 $x\in[0,1]$ 时，$f(x)=x^2$，所以 $f\left(\dfrac{1}{2}\right)=\dfrac{1}{4}$，
所以 $f\left(-\dfrac{3}{2}\right)=\dfrac{1}{4}$. 故选 B.

解法二：因为函数 $y=f(x)$ 关于直线 $x=0$ 对称，所以 $f(x)=f(-x)$.

又函数 $f(x)$ 关于直线 $x=1$ 对称，所以 $f(1-x)=f(1+x)$. 则 $f(x)=f(-x)=f(1-x-1)=f(1+x+1)=f(x+2)$，可知 $f(x)$ 是周期为2的函数. 所以 $f\left(-\dfrac{3}{2}\right)=f\left(\dfrac{1}{2}\right)=\dfrac{1}{4}$. 故选 B.

例 1.14 变式拓展

1. 【解析】在 $f(x-1)=f(x+1)$ 中，令 $x=0$，得 $f(-1)=f(1)$，又 $f(-1)=-f(1)$，所以 $2f(1)=0$，所以 $f(1)=0$，故①正确；
由 $f(x-1)=f(x+1)$，得 $f(x)=f(x+2)$，所以 $f(x)$ 是周期为2的周期函数，
所以 $f(2)=f(0)=0$，
又当 $x\in(0,1)$ 且 $x_1\neq x_2$ 时，
有 $\dfrac{f(x_2)-f(x_1)}{x_2-x_1}<0$，所以函数在区间 $(0,1)$ 上单调递减，可作函数的简图如图 1-4 所示：

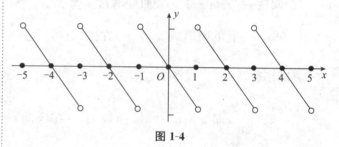

图 1-4

由图知②③也正确，④不正确，所以正确命题的序号为①②③.

2. 【解析】因为 $y=f\left(x+\dfrac{1}{2}\right)$ 为偶函数，所以 $f\left(-x+\dfrac{1}{2}\right)=f\left(x+\dfrac{1}{2}\right)$，即 $f(x)$ 关于直线 $x=\dfrac{1}{2}$ 对称. 又 $f(x)$ 是定义域在 $\mathbf{R}$ 上的奇函数，图像关于原点对称，即 $f(x)=-f(-x)$.
则 $f(x)=-f(-x)=-f\left(\dfrac{1}{2}-x-\dfrac{1}{2}\right)=-f\left(\dfrac{1}{2}+x+\dfrac{1}{2}\right)=-f(x+1)=f(-1-x)=f\left(\dfrac{1}{2}-\dfrac{3}{2}-x\right)=f\left(\dfrac{1}{2}+\dfrac{3}{2}+x\right)=f(x+2)$.
可知 $f(x)$ 是周期为2的函数.
又 $f(1)=f(0)=0,f(6)=f(4)=f(2)=f(0)=0,f(5)=f(3)=f(1)=0$，则 $f(1)+f(2)+f(3)+f(4)+f(5)+f(6)=0$. 故选 C.

牛刀小试

1.【解析】由函数 $f(x)$ 是偶函数,得区间 $[a-1,2a]$ 关于原点对称,即 $a-1+2a=0$,即 $a=\dfrac{1}{3}$,且 $b=0$,所以 $a+b=\dfrac{1}{3}$.故选 B.

2.【解析】依题意,函数 $f(x)$ 在 **R** 上单调递增,则 $\begin{cases} 4-a>0 \\ a>1 \\ 2(4-a)\leqslant a^2 \end{cases}$,解得 $2\leqslant a<4$.故选 C.

3.【解析】由题意可得 $f(\log_2 12)=f(\log_2 12-4)=f\left(\log_2\dfrac{3}{4}\right)=f\left(-\log_2\dfrac{3}{4}\right)=f\left(\log_2\dfrac{4}{3}\right)$,

由于 $0<\log_2\dfrac{4}{3}<1$,故 $f\left(\log_2\dfrac{4}{3}\right)=\dfrac{1}{3}$.故选 A.

4.【解析】令 $g(x)=x^3+x,x\in\mathbf{R}$,则 $g(x)$ 为单调递增的奇函数,又 $f(a)=1,f(b)=-5$,所以 $f(a)+f(b)=g(a)-2+g(b)-2=-4$,即 $g(a)+g(b)=0$,故 $g(a)=-g(b)=g(-b)$,所以 $a=-b$,即 $a+b=0$.故选 B.

5.【解析】由 $f(a)=2$,得 $f(a)=a^3+\sin a+1=2$,即 $a^3+\sin a=1$,则 $f(-a)=(-a)^3+\sin(-a)+1=-(a^3+\sin a)+1=-1+1=0$.
故选 B.

6.【分析】根据 $f(x)$ 是奇函数,以及 $f(x+2)=f(2-x)$ 即可得出 $f(x+8)=f(x)$,即得出 $f(x)$ 的周期为 8,而根据 $f(2)=-8$ 及 $-2\leqslant x<0$ 时,$f(x)=a^x-1(a>0)$ 即可求出 $a=\dfrac{1}{3}$,从而得出 $f(3)=f(1)=-2,f(4)=f(8)=0,f(5)=-f(1),f(6)=-f(2),f(7)=-f(3)$,这样即可求出 $f(1)+f(2)+f(3)+f(4)+f(5)+f(6)+f(7)+f(8)=0$,而 $2019=3+252\times 8$,从而得出 $f(1)+f(2)+f(3)+\cdots+f(2019)$ 的值.

【解析】$f(x+2)=f(2-x)\Rightarrow f(x)=f(x-2)\Rightarrow f(x+4)=-f(x)\Rightarrow f(x+8)=-f(x+4)=f(x)$,

即函数 $f(x)$ 是以 8 为周期的周期函数.由 $f(-2)=-f(2)=8$,得 $a^{-2}-1=8,a=\dfrac{1}{3}$,

故 $f(1)=-f(-1)=-2,f(3)=f(1)=-2$,
过程一:$f(4)=f(0)=0,f(5)=f(-1)=2,$ $f(6)=f(-2)=8,f(7)=f(-3)=2,f(8)=f(-4)=0.$

或过程二:$f(5)=-f(1),f(6)=-f(2),f(7)=-f(3),f(8)=-f(4)$,

故 $f(1)+f(2)+f(3)+\cdots+f(2019)=252\times[f(1)+f(2)+\cdots+f(8)]+f(2017)+f(2018)+f(2019)=0+f(1)+f(2)+f(3)=-12$.故选 B.

【评注】函数基本性质综合在高考题型中经常出现,此种题型只需记牢基础知识,个别题型可借鉴草图快速求解.考生若能掌握以下考点,可事半功倍.

函数周期性的常用结论:

函数 $f(x)$ 关于直线 $x=a$ 与 $x=b$ 对称,那么函数 $f(x)$ 的周期为 $2|b-a|$;

若函数 $f(x)$ 关于点 $(a,0)$ 对称,又关于点 $(b,0)$ 对称,则函数 $f(x)$ 的周期是 $2|b-a|$;

若函数 $f(x)$ 关于直线 $x=a$ 对称,又关于点 $(b,0)$ 对称,则函数 $f(x)$ 的周期是 $4|b-a|$;

若函数 $f(x)$ 是偶函数,其图像关于直线 $x=a$ 对称,则其周期为 $2a$;

若函数 $f(x)$ 是奇函数,其图像关于直线 $x=a$ 对称,则其周期为 $4a$.

7.【解析】因为 $f(x)=\sin^2\left(x+\dfrac{\pi}{4}\right)=\dfrac{1-\cos\left(2x+\dfrac{\pi}{2}\right)}{2}=\dfrac{1+\sin 2x}{2}$,又 $a=f(\lg 5),b=f\left(\lg\dfrac{1}{5}\right)=f(-\lg 5)$,

所以 $a+b=\dfrac{1+\sin(2\lg 5)}{2}+\dfrac{1-\sin(2\lg 5)}{2}=1$,

$a-b=\dfrac{1+\sin(2\lg 5)}{2}-\dfrac{1-\sin(2\lg 5)}{2}=\sin(2\lg 5)$.

故选 C.

8.【解析】由 $f(x)-g(x)=e^x$,

得 $f(-x)-g(-x)=e^{-x}$.

又 $f(-x)=-f(x),g(-x)=g(x)$,

故 $-f(x)-g(x)=e^{-x}$.

所以 $f(x)=\dfrac{e^x-e^{-x}}{2},g(x)=-\dfrac{e^x+e^{-x}}{2}$,

$f(x)$ 在 **R** 上为增函数,所以 $g(0)<0<f(2)<f(3)$.故选 D.

9.【解析】当 $x>0$ 时,有 $f(x)=f(x-1)-f(x-$

2),即得 $f(x+1)=f(x)-f(x-1)$,
所以 $f(x+1)=f(x-1)-f(x-2)-f(x-1)=-f(x-2)$,
因此 $f(x+3)=-f(x),f(x+6)=-f(x+3)=f(x).$
即当 $x>0$ 时,函数 $f(x)$ 的周期是 6,
则 $f(2020)=f(336\times6+4)=f(4)=-f(1)=-[f(0)-f(-1)]=-(0-1)=1.$
故选 C.

10.【解析】设 $f(x)=\dfrac{\sin x}{x^4+2x^2+1}$,则 $f(x)$ 为奇函数,所以 $f(x)$ 的最大值与最小值互为相反数,即 $f(x)$ 的最大值与最小值之和为 0.
将函数 $f(x)$ 的图像向上平移一个单位得到函数 $y=1-\dfrac{\sin x}{x^4+2x^2+1}$ 的图像,所以此时函数 $y=1-\dfrac{\sin x}{x^4+2x^2+1}(x\in\mathbf{R})$ 的最大值与最小值的和为 2.
故答案为 2.

11.【分析】由 $f(x)=f(2-x)$ 及 $f(x)=-f(-x)$ 可得函数 $f(x)$ 是以 4 为周期的函数,结合在 $[0,1]$ 上有 $f(x)=x^2$,可得结果.
【解析】函数 $f(x)$ 的定义域是 $\mathbf{R}$,关于原点对称,因为 $f(x)=-f(-x)$,
所以 $f(-x)=-f(x)$,
所以函数 $f(x)$ 是奇函数.
因为 $f(x)=f(2-x)$,
所以 $f(-x)=f(2+x)=-f(x)$,
所以 $f(4+x)=-f(2+x)=f(x)$,
所以函数 $f(x)$ 是以 4 为周期的函数,
所以 $f\left(2019\dfrac{1}{2}\right)=f\left(2020-\dfrac{1}{2}\right)=f\left(-\dfrac{1}{2}\right)=-f\left(\dfrac{1}{2}\right),$
因为在 $[0,1]$ 上有 $f(x)=x^2,$
所以 $f\left(\dfrac{1}{2}\right)=\left(\dfrac{1}{2}\right)^2=\dfrac{1}{4},$
$f\left(2019\dfrac{1}{2}\right)=-\dfrac{1}{4}.$ 故选 D.

【评注】函数的三个性质:单调性、奇偶性和周期性,在高考中一般不会单独命题,而是常将它们综合在一起考查,其中单调性与奇偶性结合、周期性与抽象函数相结合,并结合奇偶性求函数值,多以选择题、填空题的形式呈现,且主要有以下几种命题角度.
(1)函数的单调性与奇偶性相结合,注意函数的单调性及奇偶性的定义,以及奇、偶函数图像的对称性.
(2)周期性与奇偶性相结合,此类问题多考查求值问题,常利用奇偶性及周期性进行交换,将所求函数值的自变量转化到已知解析式的函数定义域内求解.
(3)周期性、奇偶性与单调性相结合,解决此类问题通常先利用周期性转化自变量所在的区间,然后利用奇偶性与单调性求解.

12.【分析】由抽象函数关系式赋值得特殊点的函数值,找出其函数值的周期规律得解.
【解析】因为 $f(x+1)=f(x)\cdot f(x+2),$
因为 $f(x+2)=f(x+1)\cdot f(x+3),$
又 $f(x)>0,$ 故 $f(x+3)=\dfrac{1}{f(x)},$
即 $f(x+6)=f(x),$
所以函数的周期为 6.
由已知可得
当 $x=0$ 时,$f(2)=f(0),f(1)=f(0)\cdot f(2),$
又 $f(x)>0,$
所以 $f(2)=f(0)=2,$ 并且 $f(3)=\dfrac{1}{2},f(4)=\dfrac{1}{4},f(5)=\dfrac{1}{2},f(6)=2,$
所以 $f(2019)+f(2020)=f(3)+f(4)=\dfrac{1}{2}+\dfrac{1}{4}=\dfrac{3}{4}.$ 故选 A.

13.【分析】由函数的奇偶性结合单调性即可比较大小.
【解析】根据题意,$f(x)=x^2-2|x|+2019=f(-x),$ 则函数 $f(x)$ 为偶函数,
则 $a=f(-\log_2 5)=f(\log_2 5),$

当 $x \geqslant 0, f(x) = x^2 - 2x + 2019 = (x-1)^2 + 2018$,在 $(0,1)$ 上为减函数,在 $(1, +\infty)$ 上为增函数.

又由 $1 < 2^{0.8} < 2 < \log_2 5 < \dfrac{5}{2}$,

则 $f(2^{0.8}) < f(\log_2 5) < f\left(\dfrac{5}{2}\right)$.

则有 $b < a < c$.故选 C.

14.【解析】由准偶函数的定义可知,若 $f(x)$ 的图像关于直线 $x = a(a \neq 0)$ 对称,则 $f(x)$ 为准偶函数,即准偶函数的图像存在不是 y 轴的对称轴.选项 A,C 的函数图像无对称轴;选项 B 中的函数图像的对称轴只有直线 $x = 0$;在选项 D 中,$f(x) = \cos(x+1)$ 的图像关于直线 $x = k\pi - 1$, $k \in \mathbf{Z}$ 对称.故选 D.

15.【解析】由题意可知,$-\log_2 m = \log_2 n$,即 $mn = 1$,且 $0 < m < 1 < n$,$f(x)$ 在区间 $[m^2, n]$ 上的最大值为 $f(m^2) = -\log_2 m^2 = 2$,解得 $m = \dfrac{1}{2}, n = 2$,所以 $m + n = \dfrac{5}{2}$.故选 C.

第二节 小题常考专题——函数的图像

例 2.1 变式拓展

1.【解析】解法一（特殊值法）:因为 $f(x) = \dfrac{\sin x + x}{\cos x + x^2}, x \in [-\pi, \pi]$,所以 $f(-\pi) = \dfrac{-\pi}{\pi^2 - 1} < 0$,因此排除 A,B,C 选项.故选 D.

解法二（性质+特值法）:因为 $f(x) = \dfrac{\sin x + x}{\cos x + x^2}$, $x \in [-\pi, \pi]$,

所以 $f(-x) = \dfrac{-\sin x - x}{\cos(-x) + x^2} = -\dfrac{\sin x + x}{\cos x + x^2} = -f(x)$,

所以 $f(x)$ 为 $[-\pi, \pi]$ 上的奇函数,因此排除 A;

又 $f(\pi) = \dfrac{\sin \pi + \pi}{\cos \pi + \pi^2} = \dfrac{\pi}{-1 + \pi^2} > 0$,因此排除 B,C;故选 D.

2.【分析】对于函数图像识别题一般是利用特殊值或函数性质排除不符合条件的选项.

【解析】设 $f(x) = 2x^2 - e^{|x|}$,由 $f(2) = 8 - e^2 \in (0,1)$,可排除 A(小于 0),B(从趋势上超过 1).又当 $x \in (0,2)$ 时,$f'(x) = 4x - e^x$, $f'(0) \cdot f'(1) = -(4-e) < 0$,所以 $f(x)$ 在 $(0,1)$ 上不是单调函数,排除 C.故选 D.

【评注】排除 B 选项的完整论述,当 $x \in (0,2]$ 时,设 $g(x) = f'(x)$,则 $g'(x) = 4 - e^x$.由 $g'(1) > 0$, $g'(2) < 0$,可知存在 $x_0 \in (1,2)$,使得 $g'(x_0) = 0$,且当 $x \in (x_0, 2)$ 时,$g'(x) < 0$,所以 $f'(x)$ 在 $(x_0, 2)$ 上是减函数,即当 $x \in (x_0, 2)$ 时,$f(x)$ 的切线斜率随 x 的增大而减小,排除 B.

例 2.2 变式拓展

1.【解析】A 中,因为 $y = 2^x - x^2 - 1$,当 $x \to -\infty$ 时,函数 $y = 2^x \to 0, y = x^2 + 1 \to +\infty$,所以函数 $y = 2^x - x^2 - 1$ 的值小于 0,所以 A 中的函数不满足条件;

B 中,因为 $y = \sin x$ 是周期函数,且当 $x = k\pi$ ($k \in \mathbf{Z}$)时,$y = \sin x$ 的值为 0,

因此函数 $y = \dfrac{2^x \sin x}{4x + 1}$ 有无穷个零点,所以 B 中的函数不满足条件;

C 中,因为 $y = (x^2 - 2x)e^x = x(x-2)e^x$.当 $x < 0$ 或 $x > 2$ 时,函数值大于 0;当 $0 < x < 2$ 时,函数值小于 0,且当 $x \to +\infty$ 时,$y = (x^2 - 2x)e^x \to +\infty$,C 中的函数满足条件;

D 中,$y = \dfrac{x}{\ln x}$ 的定义域是 $(0,1) \cup (1, +\infty)$,对于函数图像一定不连续,所以 D 中函数不满足条件.故选 C.

2.【解析】由图像得,函数有三个零点:$x = 0, 1, 2$,即 $0, 1, 2$ 是方程 $f(x) = 0$ 的三个根,

则可设 $f(x) = ax(x-1)(x-2)$,

即 $f(x) = ax^3 - 3ax^2 + 2ax = ax^3 + bx^2 + cx + d$.因此 $b = -3a$.

因为当 $x > 2$ 时,$f(x) > 0$,所以 $a > 0, b < 0$.故 $b \in (-\infty, 0)$.故选 A.

例 2.3 变式拓展

1.【解析】对于选项 A,由二次函数 $y = ax^2 + bx$ 图像,得 $0 < -\dfrac{b}{a} < 1$, $\left|-\dfrac{b}{a}\right| \in (0,1)$,故对数函数 $y = $

159

$\log_{\left|\frac{b}{a}\right|} x$ 的图像单调递减,故选项 A 不正确;

对于选项 B,由二次函数 $y=ax^2+bx$ 图像知 $0<-\frac{b}{a}<1$,$\left|\frac{b}{a}\right|\in(0,1)$,故对数函数 $y=\log_{\left|\frac{b}{a}\right|} x$ 的图像单调递减,故选项 B 不正确;

对于选项 C,由二次函数 $y=ax^2+bx$ 图像知 $-\frac{b}{a}<-1,\frac{b}{a}>1,\left|\frac{b}{a}\right|>1$,故对数函数 $y=\log_{\left|\frac{b}{a}\right|} x$ 的图像单调递增,故选项 C 不正确;

对于选项 D,由二次函数 $y=ax^2+bx$ 的图像知,$-1<-\frac{b}{a}<0$,故 $0<\left|\frac{b}{a}\right|<1$,对数函数 $y=\log_{\left|\frac{b}{a}\right|} x$ 的图像单调递减.故选 D.

例 2.4 变式拓展

1.【解析】因为 $y=x|x|=\begin{cases}x^2 & (x\geq 0)\\-x^2 & (x<0)\end{cases}$,分段画出函数图像,为选项 D 中的图像.故选 D.

2.【解析】由 $y=f(x)$ 的图像 $\xrightarrow{\text{关于原点中心对称}}$ $y=-f(-x)$ $\xrightarrow{\text{向右平移两个单位长度}}$ $y=-f(-x+2)$.故选 B.

例 2.5 变式拓展

1.【解析】解法一:设 $t=x-1$,则 $y=f(t)$ 与 $y=f(-t)$ 关于 $t=0$ 对称.

即关于 $x=1$ 对称.故选 D.

解法二:$y=f(x-1)$ 与 $y=f(1-x)$ 的图像分别由 $y=f(x)$ 与 $y=f(-x)$ 的图像同时向右平移一个单位而得,又 $y=f(x)$ 与 $y=f(-x)$ 的图像关于 y 轴对称.

所以 $y=f(x-1)$ 与 $y=f(1-x)$ 的图像关于直线 $x=1$ 对称.故选 D.

2.【解析】$f(2x+1)$ 是奇函数,所以图像关于原点成中心对称,而 $f(2x)$ 的图像是由 $f(2x+1)$ 的图像向右平移 $\frac{1}{2}$ 个单位得到的,故关于点 $\left(\frac{1}{2},0\right)$ 成中心对称.故选 C.

例 2.6 变式拓展

1.【解析】当 $f(x)\geq g(x)$ 时,

$F(x)=\frac{f(x)+g(x)}{2}-\frac{f(x)-g(x)}{2}=g(x)$.

当 $f(x)<g(x)$ 时,

$F(x)=\frac{f(x)+g(x)}{2}+\frac{f(x)-g(x)}{2}=f(x)$.

则 $F(x)=\begin{cases}f(x), f(x)<g(x)\\g(x), f(x)\geq g(x)\end{cases}$,

函数 $F(x)$ 的图像如图 2-19 所示,$F(x)_{\max}=f\left(-\frac{1}{3}\right)=\frac{7}{9}$.

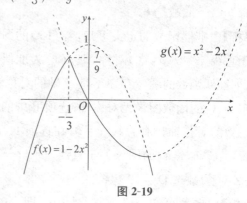

图 2-19

2.【解析】依题意,函数 $f(x)$ 的图像如图 2-20 所示,

所以 $[a,b]=\left[\frac{1}{4},c\right](1\leq c\leq 4)$,

或 $[a,b]=[d,4]\left(\frac{1}{4}\leq d\leq 1\right)$,

所以 $(b-a)_{\max}=4-\frac{1}{4}=\frac{15}{4}$,

$(b-a)_{\min}=1-\frac{1}{4}=\frac{3}{4}$.

所以 $(b-a)_{\max}-(b-a)_{\min}=\frac{15}{4}-\frac{3}{4}=3$.

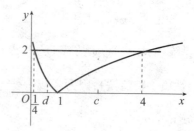

图 2-20

例 2.7 变式拓展

1.【解析】当 $x<-2$ 时,$y=(1-x)f'(x)>0$,得 $f'(x)>0$;

当 $-2<x<1$ 时,$y=(1-x)f'(x)<0$,得 $f'(x)<0$;

当 $1<x<2$ 时,$y=(1-x)f'(x)>0$,得 $f'(x)<0$;

当 $x>2$ 时,$y=(1-x)f'(x)<0$,得 $f'(x)>0$,所以 $f(x)$ 在 $(-\infty,-2)$ 上是增函数,在 $(-2,2)$ 上是减函数,在 $(2,+\infty)$ 上是增函数,所以函数 $f(x)$ 有极大值 $f(-2)$ 和极小值 $f(2)$.故选 D.

2.【解析】当 $x<-2$ 时,$f'(x)<0$;$-2<x<1$ 时,$f'(x)>0$,所以 -2 是函数 $y=f(x)$ 的极小值点,所以①正确;②显然错误;

③由于 $f'(0)>0$,所以 $y=f(x)$ 在 $x=0$ 处切线的斜率大于零,所以③错误;

$y=f(x)$ 在区间 $(-2,2)$ 上,$f'(x)>0$,所以是单调递增函数,所以④正确.所以答案为:①④.

例 2.8 变式拓展

1.【分析】由图像可以看出,函数是先减后增,故根据单调性与导数的对应关系作出选择.

【解析】由题图知,当 $x<1$ 时,导数为负;当 $x>1$ 时,导数为正;当 $x=1$ 时,导数为 0.

对照四个选择项,只有 C 符合这个特征,是正确的.故选 C.

牛刀小试

1.【解析】将 $y=-\dfrac{1}{x}$ 的图像向右平移 1 个单位长度,再向上平移 1 个单位长度,即可得函数 $y=1-\dfrac{1}{x-1}$ 的图像.故选 B.

2.【解析】当 $x>0$ 时,$y=a^x$;当 $x<0$ 时,$y=-a^x$ $(a>1)$.函数 $y=\begin{cases}a^x(x>0)\\-a^x(x<0)\end{cases}$ $(a>1)$ 的图像如选项 B 所示.故选 B.

3.【解析】$y=\lg\dfrac{x+3}{10}=\lg(x+3)-1$,只需把函数 $y=\lg x$ 的图像上所有点向左平移 3 个单位长度,再向下平移 1 个单位长度.故选 C.

4.【解析】若函数有意义,则 $3^x-1\neq 0$,解得 $x\neq 0$,所以定义域为 $\{x|x\neq 0\}$,排除 A;

当 $x<0$ 时,$3^x-1<0$,所以 $f(x)=\dfrac{x^3}{3^x-1}>0$,排除 B;

当 $x\to +\infty$ 时,$f(x)$ 趋向于 0,排除 D.故选 C.

5.【解析】函数 $f(x)$ 为奇函数,应排除 B,C.若函数 $f(x)=x-\dfrac{1}{x}$,则 $x\to +\infty$ 时,$f(x)\to +\infty$,排除 D.

故选 A.

6.【解析】因为函数 $y=\log_a(-x)$ 的定义域为 $(-\infty,0)$,

故函数 $y=\log_a(-x)$ 的图像只能出现在第二、三象限,故排除 B,C.

由 A,D 中,函数 $y=\log_a(-x)$ 均为减函数,故 $a>1$,

此时函数 $y=a^{-x}$ 也为减函数,故排除 D.

故选 A.

7.【解析】与曲线 $y=e^x$ 关于 y 轴对称的曲线为 $y=e^{-x}$,函数 $y=e^{-x}$ 的图像向左平移一个单位长度即可得到函数 $f(x)$ 的图像,即 $f(x)=e^{-(x+1)}=e^{-x-1}$.故选 D.

8.【分析】已知函数解析式研究函数的性质,若函数的图像易作出,则可由函数图像直观得出.

【解析】因为 $f(-x)=-x|x|+2x=-f(x)$,

所以 $f(x)$ 为奇函数.当 $x\geqslant 0$ 时,$f(x)=x^2-2x$,可作出其部分图像,因为奇函数图像关于原点对称,所以函数 $f(x)=x|x|-2x$ 的图像如图 2-21 所示.显然 $f(x)$ 的递减区间是 $(-1,1)$.故选 C.

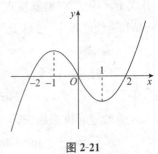

图 2-21

9.【解析】由题图可知,函数在 x_3 处导数为 0,且在其左边导数大于 0,右边导数小于 0,故 x_3 为极大值点.故填 x_3.

10.【解析】设 $P(x,y)$ 为函数 $y=g(x)$ 上任意一点,则点 $P(x,y)$ 关于点 $(1,0)$ 的对称点 $Q(2-x,-y)$ 在 $y=f(x)$ 图像上,

即 $-y=f(2-x)=\ln(x-1)$.

所以 $y=-\ln(x-1)$,即 $g(x)=-\ln(x-1)$.

11.【解析】函数 $f(x)$ 的图像如图 2-22 所示,将 $x\leqslant 0$ 部分的图像关于原点对称后与 $x>0$ 的部分图像有两个交点,故此函数的"友好点对"有 2 对.

图 2-22

12.【解析】原函数在 $x<0$ 时递增,所以其导函数值满足 $f'(x)>0$,排除 B,C;

当 $x>0$ 时,原函数的单调性呈现增、减、增的变化,所以导数值呈正、负、正的变化,所以 A 的图像不满足条件,D 的图像满足条件.故选 D.

13.【解析】解法一(定性分析法):由已知半径为 2 的圆 O 切直线 MN 于点 P,射线 PK 从 PN 出发绕点 P 逆时针方向旋转到 PM.旋转过程中,弓形 PmQ 的面积不断增大,

而且弓形 PmQ 的面积由 0 增大为半圆面积时,增大的速度越来越快.

而由半圆增大为圆时,增大速度越来越慢.

分析四个答案中的图像,可得 D 满足要求.故选 D.

解法二(推演法):半径为 2 的圆 O 切直线 MN 于 P 点,射线 PK 从 PN 出发绕点 P 逆时针方向旋转到 PM.旋转过程中,弓形 PmQ 的面积为 $f(x)=2x-2\sin x$,则 $f'(x)=2-2\cos x\geqslant 0$ 恒成立,故 $f(x)$ 为增函数,四个图像均满足.

又因为在 $x\in[0,\pi]$ 时,$f''(x)=2\sin x\geqslant 0$,故函数 $f(x)$ 递增速度越来越快;

在 $x\in[\pi,2\pi]$ 时,$f''(x)=2\sin x\leqslant 0$,故函数 $f(x)$ 递增速度越来越慢,

此时 D 图像满足要求.故选 D.

14.【分析】考查指数型函数 $y=3^{|x|}$ 的单调性.

【解析】作 $y=3^{|x|}$ 的图像如图 2-23 所示,由于 $y=3^{|x|}(x\in[a,b])$ 的值域为 $[1,9]$,所以 $0\leqslant|x|\leqslant 2$,当 $x=0$ 时,$y=1$,故必有 $0\in[a,b]$,且 $a=-2$ 或 $b=2$.

若 $a=-2$,则 $b\in[0,2]$;若 $b=2$,则 $a\in[-2,0]$,故点 $M(a,b)$ 的轨迹是如图 2-24 所示的线段 AB,BC(其中 $A(-2,0)$,$B(-2,2)$,$C(0,2)$).

而 $a^2+b^2-2a=(\sqrt{(a-1)^2+b^2})^2-1$ 可视为点 $M(a,b)$ 与点 $N(1,0)$ 的距离的平方与 1 的差,结合图像可知,当点 M 运动到点 C 时,a^2+

b^2-2a 取得最小值 4;当点 M 运动到点 B 时,a^2+b^2-2a 取得最大值 12.因此 $a^2+b^2-2a\in[4,12]$.故选 D.

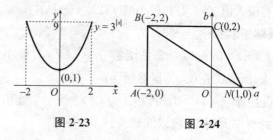

图 2-23　　图 2-24

15.【解析】将 x 换成 $-x$,方程不变,所以图形关于 y 轴对称.

当 $x=0$ 时,代入得 $y^2=1$,所以 $y=\pm 1$,即曲线经过 $(0,1)$,$(0,-1)$;

当 $x>0$ 时,方程变为 $y^2-xy+x^2-1=0$,

所以 $\Delta=x^2-4(x^2-1)\geqslant 0$,解得 $x\in\left(0,\dfrac{2\sqrt{3}}{3}\right]$,

所以 x 只能取整数 1.当 $x=1$ 时,$y^2-y=0$,解得 $y=0$ 或 $y=1$,即曲线经过 $(1,0)$,$(1,1)$.

根据图像对称性可得曲线还经过 $(-1,0)$,$(-1,1)$.

故曲线一共经过 6 个整点,故①正确.

当 $x>0$ 时,由 $x^2+y^2=1+xy$ 得 $x^2+y^2-1=xy\leqslant\dfrac{x^2+y^2}{2}$(当 $x=y$ 时取等号),

所以 $x^2+y^2\leqslant 2$,$\sqrt{x^2+y^2}\leqslant\sqrt{2}$,即曲线 C 上 y 轴右边的点到原点的距离不超过 $\sqrt{2}$.

根据对称性可得:曲线 C 上任意一点到原点的距离都不超过 $\sqrt{2}$,故②正确.

在 x 轴上方图形面积大于矩形面积$=1\times 2=2$,x 轴下方面积大于等腰直角三角形的面积为 $\dfrac{1}{2}\times 2\times 1=1$,因此曲线 C 所围成的"心形"区域的面积大于 $2+1=3$,故③错误.

故选 C.

第三节　小题常考专题——函数与方程

例 3.1 变式拓展

1.【解析】$f(x)$ 是 R 上的奇函数,所以 $f(0)=0$,又 $f(x)$ 是以 3 为周期,$f(2)=0$,

所以 $f(3)=f(0)=0$,$f(5)=f(2)=0$,

$f(-1)=f(2)=f(1)=f(4)=0$,

又 $f(x)$ 是以 3 为周期,所以 $f\left(-\dfrac{3}{2}\right)=f\left(\dfrac{3}{2}\right)$,

又 $f(x)$ 是奇函数,所以 $f\left(-\dfrac{3}{2}\right)+f\left(\dfrac{3}{2}\right)=0$,

所以 $f\left(\dfrac{3}{2}\right)=0$,所以 $f\left(\dfrac{3}{2}\right)=f\left(\dfrac{9}{2}\right)=0$.

由此可见,$f(x)=0$ 在区间 $(0,6)$ 内的解有 7 个,

分别是:$1,\dfrac{3}{2},2,3,4,\dfrac{9}{2},5$.

【评注】若 $f(x)$ 是以 T 为周期的奇函数且其定义域包含 $\pm\dfrac{T}{2}$,则 $f\left(\pm\dfrac{T}{2}\right)=0$.

2.【解析】如图 3-13 所示,由 $g(x)=0$ 得,$f(x)=\log_5|x|$,即求该方程的根的个数,由于 $y=f(x)$ 和 $y=\log_5|x|$ 均为偶函数,故只要研究函数 $y=f(x)$ 和 $y=\log_5|x|$ 在 $(0,+\infty)$ 上的交点情况.作出它们的图像(注意 $x=5$ 时 $\log_5|x|=1$),可得交点为 4 个,从而函数 $g(x)$ 的零点个数为 8 个.故选 D.

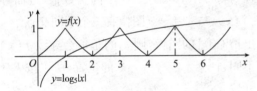

图 3-13

例 3.2 变式拓展

1.【解析】函数 $f(x)$ 的零点即为方程 $xe^x-ax-1=0$ 的根,

因为 $x\ne 0$,所以也为方程 $e^x-\dfrac{1}{x}=a$ 的根,也即为函数 $y=e^x,y=\dfrac{1}{x}+a$ 的图像交点的横坐标,作出两个函数图像可知当 $a>0$ 时,函数 $f(x)$ 有两个零点,当 $a\le 0$ 时,函数 $f(x)$ 有一个零点.选项 A 正确.故选 A.

例 3.3 变式拓展

1.【解析】令 $h(x)=f(x)+g(x)$,

则 $h(x)=\begin{cases}-\ln x,0<x\le 1\\-x^2+\ln x+2,1<x<2\\x^2+\ln x-6,x\ge 2\end{cases}$

当 $1<x<2$ 时,$h'(x)=-2x+\dfrac{1}{x}=\dfrac{1-2x^2}{x}<0$,

故当 $1<x<2$ 时,$h(x)$ 单调递减,且当 $x\to 1$ 时,$h(x)\to 1>0$,$h(\sqrt{e})=-e+\dfrac{1}{2}+2<0$,$h(x)$ 在 $(1,2)$ 上有唯一零点.

当 $x\ge 2$ 时,$h(x)$ 单调递增,且 $h(2)=\ln 2-2<0$,当 $x\to+\infty$ 时,$h(x)\to+\infty$,所以 $h(x)$ 在 $[2,+\infty)$ 上有唯一零点.

在同一坐标系中画出 $y=|h(x)|$ 和 $y=1$ 的图像如图 3-14 所示.

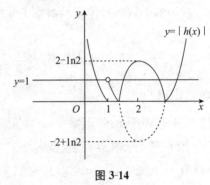

图 3-14

由图像可知 $|f(x)+g(x)|=1$ 的实根个数为 4.

例 3.4 变式拓展

1.【解析】$f'(x)=2x+(a^x-1)\ln a$,$f''(x)=2+a^x\ln^2 a>0$,所以 $f'(x)$ 在 $\mathbf{R}$ 上单调递增.

又 $f'(0)=0$,易得 $f(x)$ 在 $(-\infty,0)$ 上单调递减,在 $(0,+\infty)$ 上单调递增.

又 $g(x)=|f(x)-t|-2$ 有三个零点,所以方程 $f(x)=t\pm 2$ 有三个根,即 $f(x)=t+2$ 有两个根,$f(x)=t-2$ 有一个根,

故 $t-2=f(x)_{\min}=f(0)=1$,所以 $t=3$.

故选 A.

2.【解析】作出函数 $f(x)$ 与 $g(x)$ 的图像如图 3-15 所示,

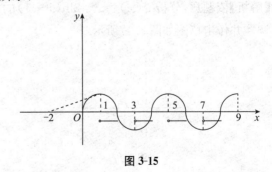

图 3-15

由图可知,函数 $f(x)$ 与 $g(x)=-\dfrac{1}{2}(1<x\leqslant 2,3<x\leqslant 4,5<x\leqslant 6,7<x\leqslant 8)$ 仅有 2 个实数根;要使关于 x 的方程 $f(x)=g(x)$ 有 8 个不同的实数根,则 $f(x)=\sqrt{1-(x-1)^2},x\in(0,2]$ 与 $g(x)=k(x+2),x\in(0,1]$ 的图像有 2 个不同交点.

由 $(1,0)$ 到直线 $kx-y+2k=0$ 的距离为 1,得 $\dfrac{|3k|}{\sqrt{k^2+1}}=1(k>0)$,解得 $k=\dfrac{1}{2\sqrt{2}}=\dfrac{\sqrt{2}}{4}$.

因为两点 $(-2,0),(1,1)$ 连线的斜率 $k=\dfrac{1}{3}$,所以 $\dfrac{1}{3}\leqslant k<\dfrac{\sqrt{2}}{4}$,即 k 的取值范围为 $\left[\dfrac{1}{3},\dfrac{\sqrt{2}}{4}\right)$.

例 3.5 变式拓展

1.【解析】如图 3-16 所示.若函数 $f(x)$ 的图像与直线 $y=x$ 恰有三个公共点,则直线 $y=x$ 与 $y=2(x>m)$ 有一个交点,得 $m<2$,且直线 $y=x$ 与 $y=x^2+4x+2(x\leqslant m)$ 有两个交点,得 $m\geqslant -1$.因此,实数 m 的取值范围是 $[-1,2)$.

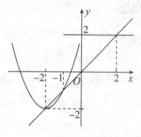

图 3-16

例 3.6 变式拓展

1.【分析】方程等价于:$x^2+2x-2\ln(x+1)=x^2+x+a\Rightarrow a=x-2\ln(x+1)$,即函数 $y=a$ 与 $g(x)=x-2\ln(x+1)$ 的图像恰有两个交点.

【解析】依题意,分析 $g(x)=x-2\ln(x+1)$ 的单调性并作出草图如图 3-17 所示.

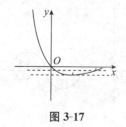

图 3-17

$g'(x)=1-\dfrac{2}{x+1}=\dfrac{x-1}{x+1}$,令 $g'(x)>0$,解得 $x>1$,所以 $g(x)$ 在 $(0,1)$ 上单调递减,在 $(1,2)$ 上单调递增,$g(1)=1-2\ln 2$,$g(0)=0$,$g(2)=2-2\ln 3$,

由图像可得,水平线 $y=a$ 位于 $g(1),g(2)$ 之间时,恰好与 $g(x)$ 有两个不同的交点.

所以 $1-2\ln 2<a\leqslant 2-2\ln 3$.

【评注】(1)本题中的方程为 $x^2+2x-2\ln(x+1)=x^2+x+a$,在构造函数时,进行了 x 与 a 的分离,此法的好处在于一侧函数图像为一条曲线,而含参数的函数图像由于不含 x,所以为一条水平线,便于上下平移,进行数形结合.由此可得:若关于 x 的函数易于作出图像,则优先进行参变分离,所以在本题中将方程转变为 $a=x-2\ln(x+1)$,构造函数 $g(x)=x-2\ln(x+1)$ 并进行数形结合.

(2)在作出函数草图时要注意边界值是否能够取到,数形结合时也要注意 a 能否取到边界值.

2.【解析】函数 $y=|f(x)|+k$ 有三个零点,等价于方程 $|f(x)|=-k$ 有三个不同实数根,进而等价于 $|f(x)|$ 与 $y=-k$ 图像有三个不同交点.

作出 $|f(x)|$ 的图像,则 k 的正负会导致 $f(x)$ 图像不同,且会影响 $y=-k$ 的位置,所以按 $k=0,k>0,k<0$ 进行分类讨论.

当 $k=0$ 时,与条件不符;当 $k>0$ 或 $k<0$ 时,$|f(x)|$ 的图像分别如图 3-18(a)(b)所示,通过图像求出 k 的范围为 $k\leqslant -2$.故选 D.

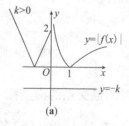 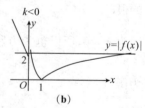

(a) (b)

图 3-18

【评注】(1)本题体现了三类问题之间的联系:即函数的零点⇔方程的根⇔函数图像的交点,运用方程可进行等式的变形进而构造函数进行数形结合,解决这类问题要选择合适的函数,以便于作图,便于求出参数的取值范围为原则.

(2)本题所求 k 在图像中扮演两个角色,一方面决定 $f(x)$ 左侧图像直线的倾斜角,另一方面决定水平线的位置与x轴的关系,所以在作图时要兼顾这两方面,进行数形结合.

例3.7 变式拓展

1.【解析】依题意,函数$y=2^x-a(x<1)$至多有一个零点,若函数$f(x)$恰有两个零点,则有两种情形:

①函数$y=2^x-a,x<1$无零点,函数$f(x)=4(x-a)\cdot(x-3a),x\geqslant1$有两个零点;

②函数$y=2^x-a,x<1$有一个零点,函数$f(x)=4(x-a)(x-3a),x\geqslant1$有一个零点.

当函数$f(x)$满足情形①时,

可得$\begin{cases}2-a\leqslant0\\a\geqslant1\\3a\geqslant1\end{cases}$,解得$a\geqslant2$.

当函数$f(x)$满足情形②时,

可得$\begin{cases}2-a>0\\-a<0\\a<1\\3a\geqslant1\end{cases}$,解得$\frac{1}{3}\leqslant a<1$.

综上可得,若函数$f(x)$恰有两个零点,则实数a的取值范围为$\left[\frac{1}{3},1\right)\cup[2,+\infty)$.

例3.8 变式拓展

1.【解析】由已知得,$f'(x)=e^x-2x-a$,

设$g(x)=f'(x)$,则$g'(x)=e^x-2$.

当$x<\ln2$时,$g'(x)<0$,所以$g(x)$在$(-\infty,\ln2)$单调递减;

当$x>\ln2$时,$g'(x)>0$,所以$g(x)$在$(\ln2,+\infty)$单调递增,

所以当$x=\ln2$时,$g(x)$取得最小值$2-2\ln2-a$.

因为函数$f(x)$有两个极值点,所以函数$f'(x)$有两个零点,

所以$2-2\ln2-a<0$,所以$a>2-2\ln2$,此时$g\left(-\frac{a}{2}\right)=e^{-\frac{a}{2}}>0$,

$g(a+2)=e^{a+2}-3a-4=e^2\cdot e^a-3a-4$,

设$\varphi(x)=e^x-x-1$,易得$\varphi(x)=e^x-x-1$在$(-\infty,0)$上单调递减,在$(0,+\infty)$单调递增,

所以$\varphi(x)\geqslant\varphi(0)=0$,即$e^x\geqslant x+1$,

所以$e^2\cdot e^a-3a-4\geqslant e^2(a+1)-3a-4=$

$(e^2-3)a+(e^2-4)>0$,即$g(a+2)>0$.

综上可得,a的取值范围是$(2-2\ln2,+\infty)$.

例3.9 变式拓展

1.【解析】由$f(-x)=2-f(x)$得,$f(x)$关于$(0,1)$对称,而$y=\frac{x+1}{x}=1+\frac{1}{x}$也关于$(0,1)$对称,所以对于每一组对称点有$x_i+x_i'=0,y_i+y_i'=2$,

所以$\sum_{i=1}^{m}(x_i+y_i)=\sum_{i=1}^{m}x_i+\sum_{i=1}^{m}y_i=0+2\cdot\frac{m}{2}=m$.故选B.

2.【解析】依题意$f(x)$满足$f(x+1)=f(-x+1)$,且$f(x-1)=f(-x-1)$,所以$f(x+2)=f[(x+1)+1]=f(-x+1)=f(-x)$,$f(x-2)=f[(x-1)-1]=f[-(x-1)-1]=f(-x)$,因此$f(x+2)=f(x-2)$,函数$f(x)$的周期为4.函数$f(x)$与$y=\sin\frac{\pi x}{2}$在同一坐标系中的图像如图3-19所示.

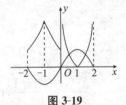

图3-19

易知两图像在区间$[-2,2]$上有两个交点,且两交点的横坐标之和为2,由两函数具有相同的周期性得$g(x)=f(x)-\sin\frac{\pi x}{2}$在区间$[-2018,2018]$上的所有零点依次记为$a_1,a_2,a_3,\cdots,a_{2018}$,且$a_1+a_2,a_3+a_4,\cdots,a_{2017}+a_{2018}$成等差数列,且公差为$4\times2=8$.

故$g(x)$的所有零点之和为$a_1+a_2+\cdots+a_{2018}=1009\times2=2018$.

例3.10 变式拓展

1.【解析】作出函数$f(x)$的图像,如图3-20所示.

由$f(a)=f(b)$得,$|\log_3 a|=|\log_3 b|\Rightarrow-\log_3 a=\log_3 b\Rightarrow ab=1$.

又由$f(c)=f(d)$得,$c+d=2\times5=10$,

所以$abcd=cd=c(10-c)=-c^2+10c$,且$3<c<4$,所以$abcd\in(21,24)$.

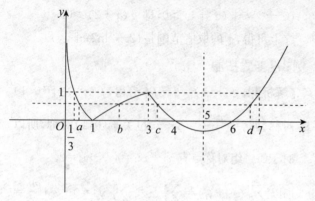

图 3-20

2.【解析】要满足条件对任意非零 x_1，存在唯一 $x_2(x_1 \neq x_2)$，使得 $f(x_1)=f(x_2)$ 成立，则必然有两段函数在 $x=0$ 处联结上，且二次函数只有减区间，即

$$\begin{cases} k(1-a^2)=(3-a)^2 \\ -\dfrac{a^2-4a}{2} \geq 0 \\ k>0 \end{cases} \Rightarrow \begin{cases} k=\dfrac{(3-a)^2}{1-a^2}>0 \\ 0 \leq a \leq 4 \end{cases},$$

所以 $0 \leq a < 1$.

令 $g(a)=\dfrac{(3-a)^2}{1-a^2}$，

则 $g(a)=\dfrac{10-6a}{1-a^2}-1 \ (0 \leq a<1)$，

所以 $g'(a)=\dfrac{-2(a-3)(3a-1)}{(1-a^2)^2}\ (0 \leq a<1)$，

所以 $g(a)$ 在 $\left[0, \dfrac{1}{3}\right]$ 上单调递减，在 $\left(\dfrac{1}{3}, 1\right)$ 上单调递增，即 $k_{\min}=g\left(\dfrac{1}{3}\right)=8$. 故选 D.

例 3.11 变式拓展

1.【解析】当 $a>0$ 时，如图 3-21(a) 所示.
将函数 $y=g(x)$ 的图像 y 轴左侧的部分关于原点 O 对称，
则 $A_1(-x_1, -y_1)$，
易知 $-x_1>x_2$，$-y_1<y_2$，
即 $x_1+x_2<0$，$y_1+y_2>0$，
排除选项 C，D；
当 $a<0$ 时，如图 3-21(b) 所示.
同理，$A_1(-x_1, -y_1)$，
则 $x_2>-x_1$，$y_2<-y_1$，
即 $x_1+x_2>0$，$y_1+y_2<0$.
故选 B.

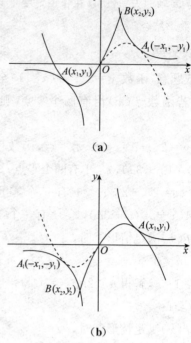

图 3-21

例 3.12 变式拓展

1.【解析】令 $t=f(x)$，$y=f(t)$.
当 $a>0$ 时，函数 $t=f(x)$，$y=f(t)$ 的图像如图 3-22(a)，(b) 所示.
由图 3-22(b) 知，令 $f(t)=0$，得 $t=1$，对应图 3-22(a) 知，若 $f[f(x)]=0$ 有且仅有一个实数解，则 $0<a<1$.

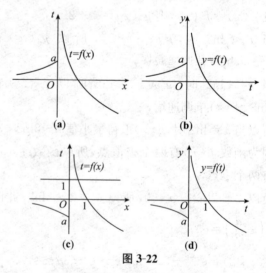

图 3-22

当 $a<0$ 时，函数 $t=f(x)$，$y=f(t)$ 的图像如图 3-22(c)(d) 所示.
由图 3-22(d) 知，令 $f(t)=0$，得 $t=1$，对应图 3-22(c) 知，$f[f(x)]=0$ 有且仅有一个实数解，则实数 $a<0$

满足题意.

综上所述,实数 a 的取值范围是 $(-\infty,0)\cup(0,1)$.故选 A.

2.【解析】令 $f(x)=t$,则方程 $g[f(x)]-a=0(a>0)\Leftrightarrow g(t)=a(a>0)$.函数 $y=g(t)$ 与 $t=f(x)$ 的图像如图3-23(a)和图3-23(b)所示.

当 $a\in(0,1)$ 时,$t_1\in(-4,-3)$,$t_2\in(-3,-2)$,则方程对应 4 个解,排除选项 B;

当 $a=1$ 时,$t_1=-3$,$t_2=\dfrac{1}{2}$,则对应的 x 的值有 5 个,故方程有 5 个解,排除选项 C;

当 $a>1$ 时,$t_1\in\left(0,\dfrac{1}{2}\right)$,$t_2\in\left(\dfrac{1}{2},+\infty\right)$,则对应的 x 的值可能有 4 个,5 个或 6 个,排除选项 D. 故选 A.

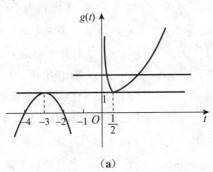

(a)

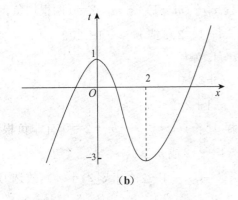

(b)

图 3-23

例 3.13 变式拓展

1.【解析】作出函数 $f(x)$ 的图像,如图3-24所示,令 $t=f(x)\geqslant 0$,原方程变形为 $t^2-(2m+1)t+m^2=0$,若原方程有 7 个不同的实数解,则 $t_1=4$,$t_2\in(0,4)$,则 $16-4(2m+1)+m^2=0$,即 $m^2-8m+12=0$,$m=2$ 或 6.

当 $m=2$ 时,$t^2-5t+4=0$,解得 $t=1$ 或 4,满足题意;
当 $m=6$ 时,$t^2-13t+36=0$,解得 $t=4$ 或 9,不

满足题意.
故 $m=2$.

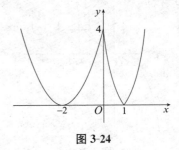

图 3-24

2.【分析】先求函数的导数,由极值点的性质及题意,得出 $f(x)=x_1$ 或 $f(x)=x_2$,再利用数形结合确定这两个方程实数根的个数.

【解析】因为 $f'(x)=3x^2+2ax+b$,函数 $f(x)$ 的两个极值点为 x_1,x_2,所以 $f'(x_1)=0$,$f'(x_2)=0$,所以 x_1,x_2 是方程 $3x^2+2ax+b=0$ 的两根,所以解关于 x 的方程 $3[f(x)]^2+2af(x)+b=0$ 得 $f(x)=x_1$ 或 $f(x)=x_2$.

不妨设 $x_1<x_2$,由题意知函数 $f(x)$ 在 $(-\infty,x_1)$,$(x_2,+\infty)$ 上单调递增,在 (x_1,x_2) 上单调递减.又 $f(x_1)<x_1$,如图 3-25 所示,由数形结合可知 $f(x)=x_1$ 有两个不同实根,$f(x)=x_2$ 有一个实根,所以不同实根的个数为 3.故选 A.

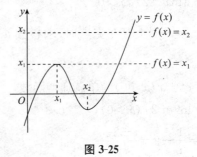

图 3-25

例 3.14 变式拓展

1.【分析】利用等价转化思想将交点问题转化为函数零点问题.

【解析】解法一:令 $g(x)=x^3-2^{2-x}$,则 $g(x)$ 在 R 上为单调递增函数,$g(1)=1-2=-1<0$,$g(2)=8-2^0=7>0$,则 $g(1)g(2)<0$.
所以函数 $g(x)$ 的零点所在的区间为 $(1,2)$.故选 B.

解法二:在同一坐标系中作出两个函数的图像,如图3-26所示,易知 $x_0\in(1,2)$.故选 B.

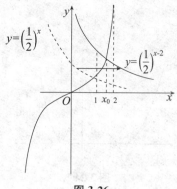

图 3-26

2.【解析】由题意，$f(x)$唯一的零点在区间$(1,3)$，$(1,4)$，$(1,5)$内，可知该函数的唯一零点在区间$(1,3)$内，在其它区间不会存在零点．故 A，B 选项正确；

函数的零点可能在区间$(2,3)$内，也可能在$(1,2)$内，故 C 项不正确；

函数的零点可能在区间$(2,3)$内，也可能在$(1,2)$内，故函数在$(2,4)$内不一定有零点，D 项正确．

故选 C．

例 3.15 变式拓展

1.【解析】问题等价于函数

$g(x)=\begin{cases}e^x+x,x\leqslant 0\\ \ln x-2x,x>0\end{cases}$ 与一条直线 $y=-a$ 在

区间 $\left(-\infty,\dfrac{1}{2}\right]$ 上存在交点时，求参数 a 的取值范围．

$g(x)=e^x+x(x\leqslant 0)$ 为单调递增函数，

$g(x)=\ln x-2x(x>0)$，

$g'(x)=\dfrac{1}{x}-2=\dfrac{1-2x}{x}$．

当 $0<x<\dfrac{1}{2}$ 时，$g'(x)>0$，

所以 $x\in\left(0,\dfrac{1}{2}\right)$ 时，$g(x)$ 单调递增，

$g(x)_{\max}=g\left(\dfrac{1}{2}\right)=-1-\ln 2$．

作出 $g(x)$ 在 $\left(-\infty,\dfrac{1}{2}\right]$ 上的图像如图 3-27 所示，

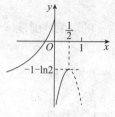

图 3-27

由图像可得，当且仅当 $-a\leqslant 1$ 时，$g(x)$ 的图像与直线 $y=-a$ 在 $\left(-\infty,\dfrac{1}{2}\right]$ 上存在交点，即 $f(x)$ 存在零点，所以当 $a\geqslant-1$ 时，$f(x)$ 在 $\left(-\infty,\dfrac{1}{2}\right]$ 上存在零点．故选 C．

【评注】求一个函数的零点问题，常可转化为方程根的个数或两条曲线的交点问题，利用分析出的函数的单调性、最值等信息得出函数图像的走势，画出草图，再应用数形结合解决．

2.【解析】若 $f(x)$ 在 $[0,+\infty)$ 上有不动点，

则方程 $x^2+mx-m+2=x$ 有非负根，

即方程 $x^2+(m-1)x-m+2=0$ 有非负根，

若方程 $x^2+(m-1)x-m+2=0$ 有根，

则 $\Delta=(m-1)^2-4(-m+2)\geqslant 0$，

解得：$m\leqslant-1-2\sqrt{2}$，或 $m\geqslant-1+2\sqrt{2}$，

若方程 $x^2+(m-1)x-m+2=0$ 两根均负，

则 $\begin{cases}m\leqslant-1-2\sqrt{2}\text{ 或 }m\geqslant-1+2\sqrt{2}\\ m-1>0\\ -m+2>0\end{cases}$，

解得：$-1+2\sqrt{2}\leqslant m<2$，

故方程 $x^2+(m-1)x-m+2=0$ 有非负根时，$m\leqslant-1-2\sqrt{2}$ 或 $m\geqslant 2$，

即 $m\in(-\infty,-1-2\sqrt{2}]$ 或 $[2,+\infty)$，故选 B．

3.【解析】由 $f'(x)=0$，得 $x_1=a$，$x_2=-\dfrac{a+2}{3}$．

又 $f(x)$ 在 $(-1,1)$ 上不单调，则 $f'(x)$ 在 $(-1,1)$ 内有变号零点，

即有 $\begin{cases}-1<a<1\\ a\neq-\dfrac{a+2}{3}\end{cases}$ 或 $\begin{cases}-1<-\dfrac{a+2}{3}<1\\ a\neq-\dfrac{a+2}{3}\end{cases}$，

解得 $\begin{cases}-1<a<1\\ a\neq-\dfrac{1}{2}\end{cases}$ 或 $\begin{cases}-5<a<1\\ a\neq-\dfrac{1}{2}\end{cases}$．

综上所述，a 的取值范围是 $\left(-5,-\dfrac{1}{2}\right)\cup\left(-\dfrac{1}{2},1\right)$.

例 3.16 变式拓展

1.【解析】因为 $f(x)$ 为偶函数，所以 $f(x)=f(|x|)$，故 $f(x)=f\left(\dfrac{x+3}{x+4}\right)$，即 $f(|x|)=f\left(\left|\dfrac{x+3}{x+4}\right|\right)$，

且 $f(x)$ 在 $(0,+\infty)$ 上是单调函数，

所以 $|x|=\left|\dfrac{x+3}{x+4}\right|$.

当 $x=\dfrac{x+3}{x+4}$ 时，即 $x^2+3x-3=0$ 时，$x_1+x_2=-3$；

当 $x+\dfrac{x+3}{x+4}=0$ 时，即 $x^2+5x+3=0$ 时，$x_3+x_4=-5$.

所以所求答案为 -8. 故选 C.

例 3.17 变式拓展

1.【解析】原方程即 $(3x-1)(\sqrt{(3x-1)^2+4}+1)+(2x-3)(\sqrt{(2x-3)^2+4}+1)=0$，

设 $f(t)=t(\sqrt{t^2+4}+1)$，易知 $f(t)$ 是奇函数，

且 $f'(t)=\sqrt{t^2+4}+1+t\left(\dfrac{1}{2}\cdot\dfrac{2t}{\sqrt{t^2+4}}\right)=\sqrt{t^2+4}+1+\dfrac{t^2}{\sqrt{t^2+4}}>0$，函数 $f(t)$ 在 $\mathbf{R}$ 上为单调增函数. 所以原方程即 $f(3x-1)+f(2x-3)=0$，

得 $3x-1+2x-3=0$，即 $x=\dfrac{4}{5}$，所以原方程的解是 $\dfrac{4}{5}$.

牛刀小试

1.【解析】方程 $\lg x-x=0$ 根的个数，即函数 $y=\lg x$ 和 $y=x$ 的图像的交点个数，如图 3-28 所示：

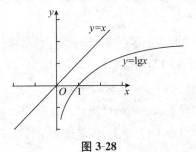

图 3-28

因为函数 $y=\lg x$ 和 $y=x$ 的图像无交点，所以方程 $\lg x-x=0$ 根的个数为 0. 故选 D.

2.【解析】已知函数 $f(x)=\ln(x+1)-\dfrac{2}{x}$.

当 $x>0$ 时，$\ln(x+1)$ 为增函数，$-\dfrac{2}{x}$ 也为增函数，所以 $f(x)$ 在 $(0,+\infty)$ 上为增函数.

又 $f(1)=\ln 2-2<0$，$f(2)=\ln 3-1>0$，

所以当 $x\in(0,1)$ 时，$f(x)<0$；

当 $x\in(2,+\infty)$ 时，$f(x)>0$.

A 项，函数 $f(x)$ 在区间 $(3,4)$ 上恒大于零，故 A 项错误；

B 项，函数 $f(x)$ 在区间 $(2,e)$ 上恒大于零，故 B 项错误；

C 项，$f(1)f(2)<0$，故函数 $f(x)$ 在区间 $(1,2)$ 上有零点，故 C 项正确；

D 项，函数 $f(x)$ 在区间 $(0,1)$ 上恒小于零，故 D 项错误.

故选 C.

3.【解析】令 $f(x)=|x|$，$g(x)=\cos x$，函数 $f(x)$ 与 $g(x)$ 在同一直角坐标系中的图像如图 3-29 所示. 由图像知，函数 $f(x)$ 与 $g(x)$ 有且仅有两个交点，因此方程 $|x|=\cos x$ 在 $(-\infty,+\infty)$ 上有且仅有两个根. 故选 C.

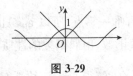

图 3-29

4.【解析】函数 $f(x)$ 的图像如图 3-30 所示，设直线 $y=k(x+1)$ 与 $y=\sqrt{x}$ $(x\geqslant 0)$ 相切于点 $(x_0,\sqrt{x_0})$，则 $k=\dfrac{1}{2\sqrt{x_0}}$，所以切线方程为 $y-\sqrt{x_0}=\dfrac{1}{2\sqrt{x_0}}(x-x_0)$，又直线过点 $(-1,0)$，得 $-\sqrt{x_0}=\dfrac{1}{2\sqrt{x_0}}(-1-x_0)$，解得 $x_0=1$，所以此时切线的斜率为 $\dfrac{1}{2}$. 若直线 $y=k(x+1)$ 与函数图像有 3 个交点，则 $0<k<\dfrac{1}{2}$. 故选 B.

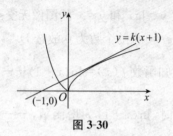

图 3-30

5.【解析】$f'(x)+\dfrac{f(x)}{x}>0 \Rightarrow \dfrac{xf'(x)+f(x)}{x}>0 \Rightarrow$

$\dfrac{(xf(x))'}{x}>0.$ 求 $g(x)$ 的零点个数即为方程

$f(x)+\dfrac{1}{x}=0$ 的根的个数. 由于 $x\neq 0$, 可将方程

化为 $xf(x)+1=0.$

设 $h(x)=xf(x)+1$, 即只需求出 $h(x)$ 的零点

个数.

当 $x>0$ 时, $h'(x)>0$,

即 $h(x)$ 在 $(0,+\infty)$ 上单调递增;

同理可得: $h(x)$ 在 $(-\infty,0)$ 上单调递减,

所以 $h(x)_{\min}=h(0)=1$,

故 $h(x)\geqslant h(0)=1>0$,

所以不存在零点. 故选 A.

6.【解析】$f(x)=x^2-2x+a(e^{x-1}+e^{-x+1})$,

令 $t=x-1$, 则 $g(t)=t^2+a(e^t+e^{-t})-1$,

$g(-t)=t^2+a(e^{-t}+e^t)-1=g(t)$, 函数 $g(t)$

为偶函数.

因为 $f(x)$ 有唯一零点, 所以 $g(t)$ 也有唯一零点.

又 $g(t)$ 为偶函数, 由偶函数的性质知 $g(0)=0$,

因此 $2a-1=0$, 解得 $a=\dfrac{1}{2}.$ 故选 C.

7.【解析】由 $f(x^2-2x+3)=g(x)$ 及 $y=x^2-$

$2x+3$ 的图像关于 $x=1$ 对称知 $g(x)$ 的图像关于

直线 $x=1$ 对称, 又因为 $h(x)=-\sin\dfrac{\pi}{2}x$ 的图像

也关于直线 $x=1$ 对称, $g(x)+\sin\dfrac{\pi}{2}x=0$ 有 5 个

根, 所以 $g(x)$ 与 $h(x)$ 图像有 5 个交点, 所以必有

一个交点横坐标为 1, 另外 4 个交点横坐标的和

为 4, 因此所有根之和为 5. 故选 A.

8.【解析】函数 $f(x)$ 的图像如图 3-31 所示. 若

$f(x)=c$ 恰有三个不同的实数根, 则 x_1+x_2+

$x_3=0.$

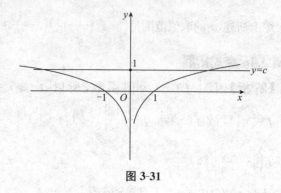

图 3-31

9.【解析】函数 $f(x)=a^x-x^2(a>1)$ 有三个不同的

零点等价于函数 $y=a^x$ 与 $y=x^2$ 图像有三个

交点;

当 $x\leqslant 0$ 时, 函数 $y=a^x$ 与 $y=x^2$ 图像必有一个

交点;

当 $x>0$ 时, 对方程 $a^x=x^2(a>1)$ 两边同时取对

数得 $x\ln a=2\ln x$, 即 $\dfrac{1}{2}\ln a=\dfrac{\ln x}{x}$,

由 $y=\dfrac{\ln x}{x}$ 的图像可知, 当 $0<\dfrac{1}{2}\ln a<\dfrac{1}{e}$, 即 $1<a<$

$e^{\frac{2}{e}}$ 时, 函数 $y=a^x$ 与 $y=x^2$ 的图像有两个交点.

综上可得, 当 $1<a<e^{\frac{2}{e}}$ 时, 函数 $f(x)=a^x-x^2$

$(a>1)$ 有三个不同的零点.

因此, 实数 a 的取值范围为 $(1,e^{\frac{2}{e}}).$

故答案为 $(1,e^{\frac{2}{e}}).$

10.【解析】作出函数 $f(x)$ 的图像如图 3-32 所示.

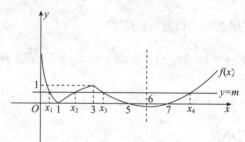

图 3-32

由图像可知, 当 $0<m<1$ 时, 方程 $f(x)=m$ 有

4 个解.

设 $g(x)$ 的 4 个零点 $x_1<x_2<x_3<x_4$, 则 $x_1x_2=1$,

$x_3+x_4=12$, 且 $3<x_3<5$,

所以 $x_1x_2x_3x_4=x_3x_4=x_3(12-x_3)=-x_3^2+$

$12x_3.$ 设 $h(x)=-x^2+12x, x\in(3,5)$,

则 $h(x)$ 在 $(3,5)$ 上单调递增, 又 $h(3)=27$,

$h(5)=35$, 所以 $27<h(x)<35$, 即 $27<$

$x_1x_2x_3x_4 \leq 35$.

故答案为$(0,1),(27,35)$.

11.【解析】依题意令$y_1=a^x(a>1)$,$y_2=-x+4$,$y_3=\log_a x$,函数图像如图 3-33 所示,函数$y_1=a^x(a>1)$与函数$y_2=-x+4$图像的交点的横坐标为m,函数$y_3=\log_a x(a>1)$与函数$y_2=-x+4$的图像交点的横坐标为n,且函数$y_1=a^x(a>1)$与函数$y_3=\log_a x(a>1)$的图像关于直线$y=x$对称,且直线$y=x$与直线$y=-x+4$互相垂直,联立方程$\begin{cases}y=-x+4\\y=x\end{cases}$,解得交点坐标为$(2,2)$,所以$m+n=4(m,n>0)$,$\frac{1}{m}+\frac{1}{n}=\frac{1}{4}\left(\frac{1}{m}+\frac{1}{n}\right)(m+n)=\frac{1}{4}\left(2+\frac{n}{m}+\frac{m}{n}\right)\geq\frac{1}{4}\left(2+2\sqrt{\frac{n}{m}\cdot\frac{m}{n}}\right)=1$(当且仅当"$m=n$"时取"="),但$0<m<n$,因此$\frac{1}{m}+\frac{1}{n}>1$. 即$\frac{1}{m}+\frac{1}{n}$的取值范围是$(1,+\infty)$.

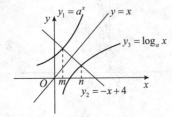

图 3-33

12.【分析】对函数$f(x)$求导,进而得到$f(x)$的值域,进而用换元法$t=f(x)$,则$g(t)=t^2+mt+m-1=0$,由判别式Δ判断出两个根及根所在的范围,进而得到关于m的不等式,求得m的范围.

【解析】因为$f'(x)=\frac{1-x}{e^x}$,令$f'(x)=\frac{1-x}{e^x}=0$,解得$x=1$.

当$x>1$时,$f'(x)<0$,函数$f(x)$单调递减;
当$x<1$时,$f'(x)>0$,函数$f(x)$单调递增.

所以$f(x)_{\max}=f(1)=\frac{1}{e}$.

因此画出函数$f(x)$图像如图 3-34 所示:
(当$x\to+\infty$时$f(x)>0$且$f(x)\to 0$;当$x\to-\infty$时$f(x)\to-\infty$,这里用到了极限的思想).

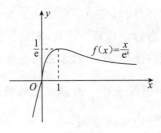

图 3-34

令$f(x)=t$,则方程$[f(x)]^2+mf(x)+m-1=0$恰有 3 个不同的实数解,化为方程$t^2+mt+m-1=0$有两个不同实数根,所以$t\in\left(0,\frac{1}{e}\right)$,所以$m=\frac{1-t^2}{1+t}=1-t$,即$m\in\left(1-\frac{1}{e},1\right)$.

故选 C.

13.【分析】直接研究函数比较麻烦,通过对$f(x)$的结构特征观察,可以利用数形结合思想转化为两个函数$g(x)=xe^x$,$y=mx-m$之间的图像关系来求解,先求出$g(x)$的最小值,根据$y=mx-m$恒过定点$P(1,0)$,可得有关斜率的不等式,即可求出m的范围.

【解析】设$g(x)=xe^x$,$y=mx-m$,由题设原不等式有唯一整数解,即$g(x)=xe^x$在直线$y=mx-m$下方的横坐标为整数的点只有一个.
$g'(x)=(x+1)e^x$,$x\in(-\infty,-1)$时,$g'(x)<0$;$x\in(-1,+\infty)$时,$g'(x)>0$,即$g(x)$在$(-\infty,-1)$上单调递减,在$(-1,+\infty)$上单调递增,故$g(x)_{\min}=g(-1)=-\frac{1}{e}$. 又$y=mx-m$恒过定点$P(1,0)$,结合函数图像如图 3-35 所示,得$k_{PA}\leq m<k_{PB}$,即$\frac{2}{3e^2}\leq m<\frac{1}{2e}$. 故选 C.

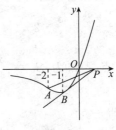

图 3-35

【评注】如果通常涉及的等式、不等式直接研究比较复杂,可根据题中隐藏的其他特征,如拆分

171

后有对称性、过定点、可化曲为直等相关函数,则可考虑拆分成两个函数,利用图像法求解.

14.【分析】将函数 $g(x)$ 的零点问题转化为函数 $y=f(x)$ 和函数 $y=\dfrac{6}{x}$ 图像交点的问题处理,利用数形结合的方法求解,在同一坐标系中画出两函数的图像,结合图像得到两函数交点的横坐标,最后转化为等比数列求和的问题解决.

【解析】由 $g(x)=xf(x)-6=0$ 得 $f(x)=\dfrac{6}{x}$,故函数 $g(x)$ 的零点即为函数 $y=f(x)$ 和函数 $y=\dfrac{6}{x}$ 图像交点的横坐标.

由 $f(x)=\dfrac{1}{2}f\left(\dfrac{x}{2}\right)$ 可得,函数 $y=f(x)$ 是以区间 $(2^{n-1},2^n)$ 为一段,其图像为在水平方向上伸长为原来的 2 倍,同时在竖直方向上缩短为原来的 $\dfrac{1}{2}$.

从而先作出函数 $y=f(x)$ 在区间 $[1,2]$ 上的图像,再依次作出在 $[2,4],[4,8],\cdots,[2^{n-1},2^n]$ 上的图像,如图 3-36 所示.

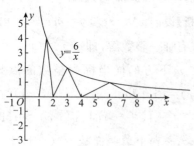

图 3-36

然后再作出函数 $y=\dfrac{6}{x}$ 的图像,结合图像可得两图像的交点在函数 $y=f(x)$ 的极大值的位置,由此可得函数 $g(x)$ 在区间 $(2^{n-1},2^n)$ 上的零点为 $x_n=\dfrac{2^{n-1}+2^n}{2}=\dfrac{3}{4}\cdot 2^n$,

故所有零点之和为 $S_n=\dfrac{3}{4}\cdot\dfrac{2(1-2^n)}{1-2}=\dfrac{3(2^n-1)}{2}$.故选 D.

【评注】(1)本题考查函数图像的应用及函数的零点,考查数形结合在解题中的应用及学生的应用知识解决问题的能力.

(2)应用函数的图像解题的策略

①研究两函数图像的交点个数:在同一坐标系中分别作出两函数的图像,数形结合求解;

②确定方程根的个数:当方程与基本函数有关时,可以通过函数图像来研究方程的根,方程 $f(x)=0$ 的根就是函数 $f(x)$ 图像与 x 轴的交点的横坐标,方程 $f(x)=g(x)$ 的根就是函数 $f(x)$ 与 $g(x)$ 图像交点的横坐标.

15.【解析】由于 A,B 选项拥有相同结构,是一组的,拿出来一起分析.考虑构造函数 $f(x)=e^x+2x$ $(x>0)$,$g(x)=e^x+3x$ $(x>0)$,则条件转化为 $f(a)=g(b)$.由于 $g(x)-f(x)=x>0$,说明在 $x>0$(即 y 轴右半侧)时,$g(x)$ 图像恒在 $f(x)$ 图像上方.接下来,利用导数可以作出 $y=f(x),y=g(x)$ 的草图如图 3-37(a)所示.

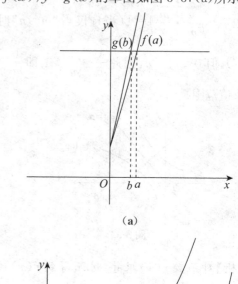

(a)

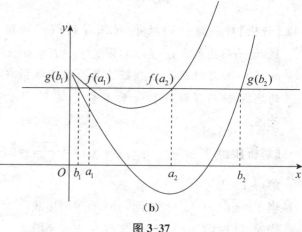

(b)

图 3-37

在图中任意拉一条水平直线,可以很直观地看到分别与 $g(x),f(x)$ 的交点,且有 $b<a$.故 A 选项正确.

同理,构造函数 $f(x)=e^x-2x$,$g(x)=e^x-$

$3x$,问题转化成 $f(a)=g(b)$.

由于 $f(x)-g(x)=x>0$,所以在 y 轴右侧,$y=f(x)$ 图像始终在 $y=g(x)$ 图像的上方.

利用导函数的正负判断原函数的单调性,作出图像如图 3-37(b) 所示,拉一条水平直线,可见 $a_1>b_1$, $a_2<b_2$,所以 a,b 的大小是没法确定的.

故选 A.

【评注】对于 C,D 选项,应该算是本题的亮点,因为很多资料在解析这道题的时候都没有正面说明 C,D 选项的错误性,而我们发展出来的这个方法,很容易看出 C,D 选项的错误.

第四节 小题常考专题——函数与不等式

例4.1 变式拓展

1.【解析】由 $x=\ln\pi>1$,$y=\log_5 2\in(0,1)$,

$z=e^{-\frac{1}{2}}=\frac{1}{\sqrt{e}}>\frac{1}{2}$,

且 $y=\log_5 2<\log_5\sqrt{5}=\frac{1}{2}$,所以 $x>z>y$.

故选 D.

2.【解析】由题意,可知 $a=\log_5 2<1$,

$b=\log_{0.5} 0.2=\log_{\frac{1}{2}}\frac{1}{5}=\log_{2^{-1}} 5^{-1}=\log_2 5>\log_2 4=2$.

$c=0.5^{0.2}<1$,所以 b 最大,a,c 都小于 1.

因为 $a=\log_5 2=\frac{1}{\log_2 5}$,

$c=0.5^{0.2}=\left(\frac{1}{2}\right)^{\frac{1}{5}}=\sqrt[5]{\frac{1}{2}}=\frac{1}{\sqrt[5]{2}}$,

而 $\log_2 5>\log_2 4=2>\sqrt[5]{2}$,

所以 $\frac{1}{\log_2 5}<\left(\frac{1}{2}\right)^{\frac{1}{5}}$,即 $a<c$,所以 $a<c<b$.

故选 A.

例4.2 变式拓展

1.【解析】构造函数 $f(x)=\frac{\ln x}{x}$,

由题意得 $a=3\pi\ln 2$,$b=2\pi\ln 3$,$c=6\ln\pi$,

即 $\frac{a}{6\pi}=\frac{\ln 2}{2}=f(2)$,$\frac{b}{6\pi}=\frac{\ln 4}{4}=f(4)$,$\frac{b}{6\pi}=\frac{\ln 3}{3}=f(3)$,$\frac{c}{6\pi}=\frac{\ln\pi}{\pi}=f(\pi)$.

由函数 $f(x)=\frac{\ln x}{x}$ 的单调性可知,

$f(3)>f(\pi)>f(4)=f(2)$,即 $b>c>a$.

故选 D.

2.【解析】解法一(构造函数法):构造函数 $g(x)=e^{-x}f(x)$,

则 $g'(x)=-e^{-x}f(x)+e^{-x}f'(x)=e^{-x}(f'(x)-f(x))<0$,则 $g(x)$ 单调递减.

所以 $g(-2020)>g(0)$,即 $e^{2020}f(-2020)>f(0)$.

又由 $g(x)$ 单调递减,得 $g(2020)<g(0)$,即 $e^{-2020}f(2020)<f(0)$,

因此 $f(2020)<e^{2020}\cdot f(0)$.故选 D.

解法二(特例法):构造一个特殊函数,令 $f(x)=C$(其中 C 为待定常数),由于构造的这个函数需满足题干的所有条件,又因为 $f'(x)=0<f(x)=C$,得 $C>0$.

故取 $C=1$,即 $f(x)=1$.

所以 $e^{2020}\cdot f(-2020)=e^{2020}>f(0)=1$,$f(2020)=1<e^{2020}\cdot f(0)=e^{2020}$.故选 D.

例4.3 变式拓展

1.【解析】依题意,函数 $f(x)$ 为定义域在 R 上的奇函数,且当 $x\geqslant 0$ 时,$f(x)=x^2+2x$,

则当 $x<0$ 时,$f(-x)=x^2-2x=-f(x)$,

故 $f(x)=-x^2+2x$.

因此 $f(x)=\begin{cases}-x^2+2x, x<0 \\ x^2+2x, x\geqslant 0\end{cases}$,

函数 $f(x)$ 在 R 上单调递增.

所以,不等式 $f(2-a^2)>f(a)$ 等价于 $2-a^2>a$,解得 $-2<a<1$.故选 C.

2.【解析】因为 $f(x)$ 是定义在 R 上的偶函数,

所以 $f(\log_2 a)+f(\log_{\frac{1}{2}} a)=2f(\log_2 a)\leqslant 2f(1)$,即 $f(\log_2 a)\leqslant f(1)$.

又因为 $f(x)$ 在区间 $[0,+\infty)$ 上单调递增,

所以 $f(|\log_2 a|)\leqslant f(1)$,即 $|\log_2 a|\leqslant 1$,

解得 $x\in\left[\frac{1}{2},2\right]$.故选 C.

3.【解析】因为 $f(xy)=f(x)+f(y)$,且 $f(3)=1$,

所以 $2=2f(3)=f(3)+f(3)=f(9)$.

又 $f(a)>f(a-1)+2$,所以

$f(a) > f(a-1) + f(9)$.

再由 $f(xy) = f(x) + f(y)$,

可知 $f(a) > f[9(a-1)]$.

因为 $f(x)$ 是定义在 $(0, +\infty)$ 上的增函数,从而

有 $\begin{cases} a > 0 \\ 9(a-1) > 0 \\ a > 9(a-1) \end{cases}$,解得 $1 < a < \dfrac{9}{8}$.

故所求实数 a 的取值范围是 $\left(1, \dfrac{9}{8}\right)$.

例 4.4 变式拓展

1.【解析】易知 $f(x)$ 的定义域为 $\mathbf{R}$.

因为 $f(-x) = (-x)^3 - 2(-x) + e^{-x} - \dfrac{1}{e^{-x}} = -x^3 + 2x - e^x + \dfrac{1}{e^x} = -f(x)$,所以 $f(x)$ 是奇函数.

又 $f'(x) = 3x^2 - 2 + e^x + \dfrac{1}{e^x} \geq 3x^2 \geq 0$,且 $f'(x) = 0$ 不恒成立,所以 $f(x)$ 在 $\mathbf{R}$ 上单调递增.

因为 $f(a-1) + f(2a^2) \leq 0$,

所以 $f(a-1) \leq -f(2a^2) = f(-2a^2)$,

于是 $a-1 \leq -2a^2$,即 $2a^2 + a - 1 \leq 0$,

解得 $a \in \left[-1, \dfrac{1}{2}\right]$.

2.【解析】解法一（图像法）：

因为 $f(x) = \begin{cases} x+1, x \leq 0 \\ 2^x, x > 0 \end{cases}$,

$f(x) + f\left(x - \dfrac{1}{2}\right) > 1$,即 $f\left(x - \dfrac{1}{2}\right) > 1 - f(x)$.

由图像变换可作出 $y = f\left(x - \dfrac{1}{2}\right)$ 与 $y = 1 - f(x)$ 的图像如图 4-4 所示.

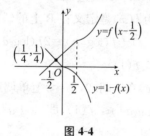

图 4-4

由图可知,满足 $f\left(x - \dfrac{1}{2}\right) > 1 - f(x)$ 的解集为 $\left(-\dfrac{1}{4}, +\infty\right)$.

解法二：利用函数性质求解不等式.

因为函数 $f(x)$ 在 $\mathbf{R}$ 上是增函数,设 $F(x) = f(x) + f\left(x - \dfrac{1}{2}\right)$,所以 $F(x)$ 为 $\mathbf{R}$ 上的增函数,原不等式为 $F(x) > 1$,因为 $F(0) = \dfrac{3}{2} > 1$,$F(-1) < 1$,$F\left(-\dfrac{1}{2}\right) < 1$,$F\left(-\dfrac{1}{4}\right) = 1$,所以原不等式等价于 $F(x) > F\left(-\dfrac{1}{4}\right)$,即 x 的取值范围是 $x > -\dfrac{1}{4}$.

例 4.5 变式拓展

1.【解析】构造函数 $f(x) = x(e^x - e^{-x})$,显然 $f(x)$ 为定义在 $\mathbf{R}$ 上的偶函数.

且当 $x \geq 0$ 时,$f(x)$ 单调递增.

由 $x(e^x - e^{-x}) > (2x-1)(e^{2x-1} - e^{1-2x})$ 可得,

$f(|x|) > f(|2x-1|)$,即 $|x| > |2x-1|$,

即 $x^2 > (2x-1)^2$,解得 $x \in \left(\dfrac{1}{3}, 1\right)$.

故答案为 $\left(\dfrac{1}{3}, 1\right)$.

例 4.6 变式拓展

1.【解析】构造函数 $F(x) = \dfrac{f(x) - 1}{e^x}$,则 $F'(x) = \dfrac{f'(x)e^x - [f(x)-1]e^x}{(e^x)^2} = \dfrac{f'(x) - f(x) + 1}{e^x} > 0$,

所以函数 $F(x)$ 在 $\mathbf{R}$ 上单调递增.又因为 $F(0) = \dfrac{f(0) - 1}{e^0} = 2019 - 1 = 2018$,所以 $f(x) > 2018e^x + 1$ 成立,即 $F(x) > F(0)$ 成立,得 $x > 0$,因此不等式 $f(x) > 2018e^x + 1$ 的解集为 $(0, +\infty)$.故选 B.

【评注】涉及 $f(x) - f'(x) < 1$ 的关系式,要构造分式形式的函数.由 $f(x) > 2018e^x + 1$,可得 $\dfrac{f(x) - 1}{e^x} > 2018$,故构造函数 $F(x) = \dfrac{f(x) - 1}{e^x}$.

例 4.7 变式拓展

1.【解析】$f'(x) = ae^{ax} - 1$.令 $f'(x) = 0$,得 $e^{ax} = \dfrac{1}{a}$.

当 $a < 0$ 时,$f'(x) < 0$,函数 $f(x)$ 在 $\mathbf{R}$ 上单调递减,且 $f(0) = 1$,故当 $x > 0$ 时,$f(x) < 1$,则与题设中对一切 $x \in \mathbf{R}$,$f(x) \geq 1$ 相矛盾.又 $a \neq 0$,故 $a > 0$.

由 $f'(x) = 0$ 得 $x = \dfrac{1}{a} \ln \dfrac{1}{a}$.

当 $x<\dfrac{1}{a}\ln\dfrac{1}{a}$ 时，$f'(x)<0$，$f(x)$ 单调递减；

当 $x>\dfrac{1}{a}\ln\dfrac{1}{a}$ 时，$f'(x)>0$，$f(x)$ 单调递增；

故当 $x=\dfrac{1}{a}\ln\dfrac{1}{a}$ 时，$f(x)$ 取最小值 $f\left(\dfrac{1}{a}\ln\dfrac{1}{a}\right)=\dfrac{1}{a}-\dfrac{1}{a}\ln\dfrac{1}{a}$.

因为对一切 $x\in\mathbf{R}$，$f(x)\geqslant 1$ 恒成立，

所以 $\dfrac{1}{a}-\dfrac{1}{a}\ln\dfrac{1}{a}\geqslant 1(a>0)$　　　　（*）

令 $t=\dfrac{1}{a}$，则 $g(t)=t-t\ln t$，则 $g'(t)=-\ln t$.

当 $0<t<1$ 时，$g'(t)>0$，$g(t)$ 单调递增；

当 $t>1$ 时，$g'(t)<0$，$g(t)$ 单调递减，

故当 $t=1$ 时，$g(t)$ 取最大值 $g(1)=1$.

此时 $\dfrac{1}{a}=1$，即 $a=1$ 时式（*）成立.

综上所述，a 的取值集合为 $\{1\}$.

2.【解析】**解法一（直接构造法）**：构造函数 $g(x)=(x+1)\ln(x+1)-ax(x\geqslant 0)$.

下面求 $g(x)$ 在 $[0,+\infty)$ 上的最小值.

令 $g'(x)=1+\ln(1+x)-a=0\Rightarrow x=\mathrm{e}^{a-1}-1$. 若 $\mathrm{e}^{a-1}-1\leqslant 0$，则 $a\leqslant 1$，此时 $g(x)$ 在 $[0,+\infty)$ 上单调递增.

所以 $g(x)_{\min}=g(0)=0\geqslant 0$ 满足题意.

若 $\mathrm{e}^{a-1}-1>0$，则 $a>1$，当 $x\in(0,\mathrm{e}^{a-1}-1)$ 时，$g'(x)<0$，此时 $g(x)$ 在 $[0,\mathrm{e}^{a-1}-1]$ 上单调递减.

注意到 $g(0)=0$，所以 $g(\mathrm{e}^{a-1}-1)<g(0)=0$，不满足题意.

综上所述，实数 a 的取值范围为 $(-\infty,1]$.

解法二（变形构造法）：原命题等价于 $\ln(x+1)\geqslant\dfrac{ax}{1+x}$，$\forall x\geqslant 0$ 恒成立.

构造函数 $g(x)=\ln(x+1)-\dfrac{ax}{x+1}$，

则 $g'(x)=\dfrac{x-(a-1)}{(x+1)^2}$；

若 $a-1\leqslant 0$，即 $a\leqslant 1$，此时 $g'(x)\geqslant 0$ 恒成立，$g(x)\geqslant g(0)=0$ 满足题意.

若 $a-1>0$，即 $a>1$，此时存在极小值点 $x=a-1$，$g(x)$ 在 $(0,a-1)$ 上单调递减，在 $(a-1,+\infty)$ 上单调递增.

所以 $g(a-1)<g(0)=0$ 不满足恒成立的题意，故舍去.

综上所述，实数 a 的取值范围为 $(-\infty,1]$.

解法三（分离参数）：当 $x=0$ 时，不等式显然成立；

当 $x>0$ 时，$a\leqslant\dfrac{(x+1)\ln(x+1)}{x}$ 对于 $\forall x>0$ 恒成立 $\Leftrightarrow a\leqslant\left[\dfrac{(x+1)\ln(x+1)}{x}\right]_{\min}$.

记 $g(x)=\dfrac{(x+1)\ln(x+1)}{x}$，则

$g'(x)=\dfrac{x(1+\ln(1+x))-(x+1)\ln(x+1)}{x^2}=\dfrac{x-\ln(x+1)}{x^2}$.

设 $h(x)=x-\ln(x+1)$，

则 $h'(x)=1-\dfrac{1}{x+1}=\dfrac{x}{x+1}>0$，

所以 $h(x)>h(0)=0$，即 $g'(x)>0$，所以 $g(x)$ 在 $(0,+\infty)$ 上单调递增，故 $g(x)_{\min}=\lim\limits_{x\to 0}g(x)=\lim\limits_{x\to 0}\dfrac{f(x)}{x}=\lim\limits_{x\to 0}\dfrac{f(x)-f(0)}{x-0}=f'(0)=1$.

故实数 a 的取值范围为 $(-\infty,1]$.

解法四（必要充分法/区间端点法）：构造函数 $g(x)=(x+1)\ln(x+1)-ax$，注意到 $g(0)=0$.

由恒成立的必要条件可得 $g'(0)=1-a\geqslant 0\Rightarrow a\leqslant 1$.

下面证充分性：若 $a\leqslant 1$，可得 $g'(x)=1+\ln(1+x)-a\geqslant\ln(1+x)\geqslant 0$.

所以 $g(x)$ 在 $[0,+\infty)$ 上单调递增，故 $g(x)\geqslant g(0)=0$ 恒成立.

由充分必要性可知，实数 a 的取值范围为 $(-\infty,1]$.

例 4.8 变式拓展

1.【解析】作出函数 $y=|f(x)|$ 的图像，如图 4-5 所示，当 $|f(x)|\geqslant ax$ 时，必有 $k\leqslant a\leqslant 0$，其中 k 是 $y=x^2-2x(x\leqslant 0)$ 在原点处的切线斜率，显然，$k=-2$，所以 a 的取值范围是 $[-2,0]$. 故选 D.

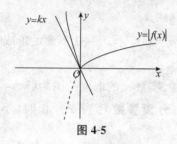

图 4-5

2.【分析】这个式子 $f(x+1)=2f(x)$ 改写为 $f(x)=2f(x-1)$，由此可以看出右移1单位，函数值变为原来两倍的特点，故采用图像法解题才是这道题的突破点.

【解析】如图4-6所示.

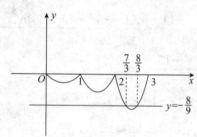

图 4-6

因为 $f(x+1)=2f(x)$，所以 $f(x)=2f(x-1)$，

当 $x\in(0,1]$ 时，$f(x)=x(x-1)\in\left[-\dfrac{1}{4},0\right]$，

当 $x\in(1,2]$ 时，$x-1\in(0,1]$，则 $2f(x-1)=2(x-1)(x-2)\in\left[-\dfrac{1}{2},0\right]$，

当 $x\in(2,3]$ 时，$x-1\in(1,2]$，$f(x)=2f(x-1)=4(x-2)(x-3)\in[-1,0]$，

当 $x\in(2,3]$ 时，由 $4(x-2)(x-3)=-\dfrac{8}{9}$，

解得 $x=\dfrac{7}{3}$ 或 $x=\dfrac{8}{3}$，

若对任意 $x\in(-\infty,m]$，都有 $f(x)\geqslant-\dfrac{8}{9}$，

则 $m\leqslant\dfrac{7}{3}$. 故选 B.

3.【解析】由 $x^2-\log_a x<0$，得 $x^2<\log_a x$.

设 $f_1(x)=x^2$，$f_2(x)=\log_a x$，

要使 $x\in\left(0,\dfrac{1}{2}\right)$ 时，不等式 $x^2<\log_a x$ 恒成立.

只需 $f_1(x)=x^2$ 在 $\left(0,\dfrac{1}{2}\right)$ 上的图像在 $f_2(x)=\log_a x$ 图像的下方即可.

当 $a>1$ 时，显然不成立；

当 $0<a<1$ 时，如图4-7所示，

要使 $x^2<\log_a x$ 在 $x\in\left(0,\dfrac{1}{2}\right)$ 上恒成立，

需 $f_1\left(\dfrac{1}{2}\right)\leqslant f_2\left(\dfrac{1}{2}\right)$，所以有 $\left(\dfrac{1}{2}\right)^2\leqslant\log_a\dfrac{1}{2}$，解得 $a\geqslant\dfrac{1}{16}$，所以 $\dfrac{1}{16}\leqslant a<1$.

故实数 a 的取值范围是 $\left[\dfrac{1}{16},1\right)$.

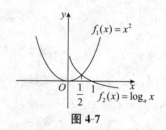

图 4-7

例 4.9 变式拓展

1.【解析】依题意，知二次函数 $f(x)=x^2-2ax+5$ 的对称轴方程 $x=a$，满足 $a\geqslant 2$.

若任意 $x_1,x_2\in[1,a+1]$，

满足 $|f(x_1)-f(x_2)|\leqslant 4$，

则 $|f(x_1)-f(x_2)|_{\max}\leqslant 4$，

即 $f(x)_{\max}-f(x)_{\min}\leqslant 4$，

且 $f(x)_{\min}=f(a)=5-a^2$.

又 $f(x)_{\max}=\{f(1),f(a+1)\}$ 的较大者，且对称轴与区间端点之间的距离满足 $1\leqslant a+1$，故 $f(1)\geqslant f(a+1)$.

因此 $f(x)_{\max}=f(1)=6-2a$，所以 $6-2a-(5-a^2)=a^2-2a+1=(a-1)^2\leqslant 4$，得 $-1\leqslant a\leqslant 3$. 又 $a\geqslant 2$，故实数 a 的取值范围是 $[2,3]$.

2.【解析】解法一：易知 $f(x)\geqslant 0$，由不等式 $f(x)\geqslant\left|\dfrac{x}{2}+a\right|$，得 $-f(x)\leqslant\dfrac{x}{2}+a\leqslant f(x)$，

即 $-f(x)-\dfrac{x}{2}\leqslant a\leqslant f(x)-\dfrac{x}{2}$，

只需要计算 $g(x)=-f(x)-\dfrac{x}{2}$ 在 **R** 上的最大值和 $h(x)=f(x)-\dfrac{x}{2}$ 在 **R** 上的最小值即可.

当 $x\leqslant 1$ 时，$g(x)=-x^2+\dfrac{x}{2}-3=-\left(x-\dfrac{1}{4}\right)^2-\dfrac{47}{16}\leqslant-\dfrac{47}{16}$（当 $x=\dfrac{1}{4}$ 时取等号）.

$h(x)=x^2-\dfrac{3}{2}x+3=\left(x-\dfrac{3}{4}\right)^2+\dfrac{39}{16}\geqslant\dfrac{39}{16}$(当 $x=\dfrac{3}{4}$ 时取等号).

所以 $-\dfrac{47}{16}\leqslant a\leqslant\dfrac{39}{16}$;

当 $x>1$ 时,$g(x)=-\dfrac{3}{2}x-\dfrac{2}{x}=-\left(\dfrac{3}{2}x+\dfrac{2}{x}\right)\leqslant-2\sqrt{3}$(当 $x=\dfrac{2\sqrt{3}}{3}$ 时取等号).

$h(x)=\dfrac{x}{2}+\dfrac{2}{x}\geqslant2\sqrt{\dfrac{x}{2}\times\dfrac{2}{x}}=2$(当 $x=2$ 时取等号),所以 $-2\sqrt{3}\leqslant a\leqslant2$.

综上所述,得 $-\dfrac{47}{16}\leqslant a\leqslant2$.故选 A.

解法二: 分别作出函数 $f(x)=\begin{cases}x^2-x+3,x\leqslant1\\ x+\dfrac{2}{x},x>1\end{cases}$ 和 $y=\left|\dfrac{x}{2}+a\right|$ 的图像,如图 4-8 所示.

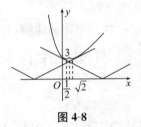

图 4-8

若对于任意 $x\in\mathbf{R}$,$f(x)\geqslant\left|\dfrac{x}{2}+a\right|$ 恒成立,则满足 $x+\dfrac{2}{x}\geqslant\dfrac{x}{2}+a(x>1)$ 且 $x^2-x+3\geqslant-\dfrac{x}{2}-a$($x\leqslant1$)恒成立,即 $a\leqslant\dfrac{x}{2}+\dfrac{2}{x}(x>1)$.

又 $\dfrac{x}{2}+\dfrac{2}{x}\geqslant2\sqrt{\dfrac{x}{2}\times\dfrac{2}{x}}=2$,当且仅当 $\dfrac{x}{2}=\dfrac{2}{x}$ 时,即 $x=2$ 时取等号,所以 $a\leqslant2$.

且 $-a\leqslant x^2-\dfrac{x}{2}+3(x\leqslant1)$,

则 $-a\leqslant\left(x^2-\dfrac{x}{2}+3\right)_{\min}=\dfrac{47}{16}$,即 $a\geqslant-\dfrac{47}{16}$.

综上所述,a 的取值范围为 $\left[-\dfrac{47}{16},2\right]$.故选 A.

例 4.10 变式拓展

1.**【解析】**函数 $f(x)=x-\dfrac{1}{3}\sin2x+a\sin x$ 的导数

为 $f'(x)=1-\dfrac{2}{3}\cos2x+a\cos x$.

由题意可得 $f'(x)\geqslant0$ 恒成立,即为 $1-\dfrac{2}{3}\cos2x+a\cos x\geqslant0$,即有 $\dfrac{5}{3}-\dfrac{4}{3}\cos^2x+a\cos x\geqslant0$.

设 $t=\cos x(-1\leqslant t\leqslant1)$,即有 $5-4t^2+3at\geqslant0$ 恒成立.

当 $t=0$ 时,不等式显然成立;

当 $0<t\leqslant1$ 时,$3a\geqslant4t-\dfrac{5}{t}$,由 $y=4t-\dfrac{5}{t}$ 在 $(0,1]$ 上单调递增,可得 $t=1$ 时,y 取得最大值 -1,可得 $3a\geqslant-1$,即 $a\geqslant-\dfrac{1}{3}$;

当 $-1\leqslant t<0$ 时,$3a\leqslant4t-\dfrac{5}{t}$,由 $y=4t-\dfrac{5}{t}$ 在 $[-1,0)$ 上单调递增,可得 $t=-1$ 时,y 取得最小值 1,可得 $3a\leqslant1$,即 $a\leqslant\dfrac{1}{3}$.

综上可得,a 的范围是 $\left[-\dfrac{1}{3},\dfrac{1}{3}\right]$.故选 C.

牛刀小试

1.**【解析】**(1)由 $a=2^{\frac{4}{3}}=4^{\frac{2}{3}}$,$b=3^{\frac{2}{3}}$,$c=25^{\frac{1}{3}}=5^{\frac{2}{3}}$,且 $y=x^{\frac{2}{3}}$ 在 $(0,+\infty)$ 上单调递增,因此 $c>a>b$.故选 A.

(2)因为函数 $y=\lg x$ 在 $(0,+\infty)$ 上单调递增,又 $1<\mathrm{e}<\sqrt{10}$,所以 $0<\lg\mathrm{e}<\lg\sqrt{10}=\dfrac{1}{2}\Rightarrow(\lg\mathrm{e})^2<\dfrac{1}{2}\lg\mathrm{e}=\lg\sqrt{\mathrm{e}}<\lg\mathrm{e}\Rightarrow b<c<a$.故选 B.

2.**【解析】**因为 $f(x)$ 是定义在 $(0,+\infty)$ 上的增函数,所以 $\begin{cases}x>0\\ 8(x-2)>0\\ x>8(x-2)\end{cases}$,解得 $x\in\left(2,\dfrac{16}{7}\right)$.故选 B.

3.**【分析】**由不等式结构特征构建函数 $f(x)=x\sin x$,$x\in\left[-\dfrac{\pi}{2},\dfrac{\pi}{2}\right]$,探求函数性质,求解不等式.

【解析】构造函数 $f(x)=x\sin x$,$x\in\left[-\dfrac{\pi}{2},\dfrac{\pi}{2}\right]$.

易知函数 $f(x)$ 为偶函数,且当 $x\in\left(0,\dfrac{\pi}{2}\right)$ 时,$f'(x)=\sin x+x\cos x>0$,则函数 $f(x)$ 在 $\left(0,\dfrac{\pi}{2}\right]$ 上

单调递增.

若 $f(\alpha)>f(\beta)$,则 $f(|\alpha|)>f(|\beta|)$.

由 $f(x)$ 在区间 $\left(0,\dfrac{\pi}{2}\right]$ 上单调递增,得 $|\alpha|>|\beta|$,

即 $\alpha^2>\beta^2$.故选 D.

4.【解析】令 $g(x)=\dfrac{f(x)}{e^x}$,

则 $g'(x)=\dfrac{f'(x)-f(x)}{e^x}$.

因为对任意 $x\in\mathbf{R}$ 都有 $f(x)>f'(x)$,所以 $g'(x)<0$,即 $g(x)$ 在 $\mathbf{R}$ 上单调递减.

又 $\ln 2<\ln 3$,所以 $g(\ln 2)>g(\ln 3)$,

即 $\dfrac{f(\ln 2)}{e^{\ln 2}}>\dfrac{f(\ln 3)}{e^{\ln 3}}$,即 $3f(\ln 2)>2f(\ln 3)$.

故选 C.

5.【解析】当 $x=1$ 时,$f(1)=1-2a+2a=1>0$,成立;

当 $x<1$ 时,$f(x)=x^2-2ax+2a\geqslant 0\Leftrightarrow 2a\geqslant\dfrac{x^2}{x-1}$ 恒成立.

令 $g(x)=\dfrac{x^2}{x-1}=-\dfrac{x^2}{1-x}=-\dfrac{(1-x-1)^2}{1-x}=$

$-\dfrac{(1-x)^2-2(1-x)+1}{1-x}=-(1-x)-\dfrac{1}{1-x}+$

$2\leqslant -\left(2\sqrt{(1-x)\cdot\dfrac{1}{1-x}}-2\right)=0$,

所以 $2a\geqslant g(x)_{\max}=0$,即 $a\geqslant 0$.

当 $x>1$ 时,$f(x)=x-a\ln x\geqslant 0\Leftrightarrow a\leqslant\dfrac{x}{\ln x}$ 恒成立.令 $h(x)=\dfrac{x}{\ln x}$,

则 $h'(x)=\dfrac{\ln x-x\cdot\dfrac{1}{x}}{(\ln x)^2}=\dfrac{\ln x-1}{(\ln x)^2}$.

当 $x>e$ 时,$h'(x)>0$,$h(x)$ 递增;

当 $1<x<e$ 时,$h'(x)<0$,$h(x)$ 递减,

所以当 $x=e$ 时,$h(x)$ 取得最小值 $h(e)=e$.

所以 $a\leqslant h(x)_{\min}=e$.

综上,a 的取值范围是 $[0,e]$.故选 C.

6.【解析】由函数的定义域可知:$\begin{cases}3a-2>0\\ a-1>0\end{cases}$,

即 $a>1$.

由解析式可知,函数为单调递增函数.

由 $f(3a-2)>f(a-1)$,得 $3a-2>a-1$,

解得 $a>\dfrac{1}{2}$.

综上,a 的取值范围为 $(1,+\infty)$.

7.【解析】由函数 $f(x)$ 图像(如图 4-9)可知,要满足不等式 $f(1-x^2)>f(2x)$,即 $\begin{cases}1-x^2>0\\ 1-x^2>2x\end{cases}$,

解得 $x\in(-1,\sqrt{2}-1)$.

故答案为 $(-1,\sqrt{2}-1)$.

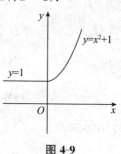

图 4-9

8.【解析】因为 $f(x)$ 是定义在 $\mathbf{R}$ 上的奇函数,

所以 $f(2+3x)<-f(1-x)$,

即 $f(2+3x)<f(x-1)$.

又 $f(x)$ 在 $[0,+\infty)$ 上单调递增,

所以 $2+3x<x-1$,解得 $x\in\left(-\infty,-\dfrac{3}{2}\right)$.

故答案为 $\left(-\infty,-\dfrac{3}{2}\right)$.

9.(1)【分析】对 2018^{2019} 与 2019^{2018} 同时取对数可得,$\ln 2018^{2019}$ 与 $\ln 2019^{2018}$,化简得 $2019\ln 2018$ 与 $2018\ln 2019$,于是可构造函数 $f(x)=x\ln 2018-2018\ln x(x\geqslant 2018)$ 进行比较.

【解析】设 $f(x)=x\ln 2018-2018\ln x(x>2018)$,

则 $f'(x)=\ln 2018-\dfrac{2018}{x}$.

显然 $\ln 2018>1$,$0<\dfrac{2018}{x}<1$,因此 $f'(x)>0$,

故函数 $f(x)=x\ln 2018-2018\ln x$ 在 $(2018,+\infty)$ 上单调递增.

故 $f(2019)>f(2018)=2018\ln 2018-2018\ln 2018=0$,

即 $2019\ln 2018>2018\ln 2019$,故 $2018^{2019}>2019^{2018}$.

故答案为 $>$.

(2)【解析】对 3^π,π^3 取对数得,$\pi\ln 3$,$3\ln\pi$.

即 $\dfrac{\pi\ln 3}{3\ln\pi}=\dfrac{\dfrac{\ln 3}{3}}{\dfrac{\ln\pi}{\pi}}$,又函数 $y=\dfrac{\ln x}{x}$ 在 $(e,+\infty)$ 上单调

递减,所以 $\dfrac{\ln 3}{3} > \dfrac{\ln \pi}{\pi}$,即 $\pi\ln 3 > 3\ln\pi$,所以 $3^\pi > \pi^3$.
同理,由 $y=\dfrac{\ln x}{x}$ 在 $(0,e)$ 上单调递增,在 $(e,+\infty)$
上单调递减,可得 $\dfrac{\ln 3}{3} < \dfrac{\ln e}{e}$,即 $3^e < e^3$.
故答案为 >,>.

10.【解析】由 $f(a)+f(a-1)>2$,得 $f(a)-1+f(a-1)-1>0$,设 $g(x)=f(x)-1=6x^3+9x,x\in\mathbf{R}$,则函数 $g(x)$ 在 $\mathbf{R}$ 上为奇函数,且为单调递增函数.所以有 $g(a)+g(a-1)>0$,所以 $a+a-1>0$,得 $a>\dfrac{1}{2}$,则实数 a 的取值范围是 $\left(\dfrac{1}{2},+\infty\right)$.

11.【解析】由题意 $\dfrac{f(x)}{g(x)}$ 是奇函数,
当 $x<0$ 时,$f'(x)g(x)<f(x)g'(x)$,
$\left(\dfrac{f(x)}{g(x)}\right)'=\dfrac{f'(x)g(x)-f(x)g'(x)}{g^2(x)}<0$,则
$\dfrac{f(x)}{g(x)}$ 在 $(-\infty,0)$ 上为减函数,
在 $(0,+\infty)$ 上也为减函数.又有 $f(-3)=0$,则
$\dfrac{f(-3)}{g(-3)}=0,\dfrac{f(3)}{g(3)}=0$,
可知 $\dfrac{f(x)}{g(x)}<0$ 的解集为 $(-3,0)\cup(3,+\infty)$.
故选 C.

12.【解析】当 $x\geq 0$ 时,$f(x)=\begin{cases}x-3a^2,x\geq 2a^2\\-a^2,a^2<x<2a^2\\-x,0\leq x\leq a^2\end{cases}$

画出图像,再根据 $f(x)$ 是奇函数补全图像,如图 4-10 所示.因为满足对 $\forall x\in\mathbf{R},f(x-1)\leq f(x)$,所以 $6a^2\leq 1$,即 $-\dfrac{\sqrt{6}}{6}\leq a\leq\dfrac{\sqrt{6}}{6}$.故选 B.

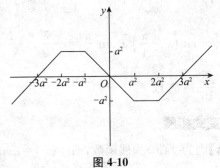

图 4-10

13.【分析】根据已知条件确定 $f'\left(\dfrac{1}{e}\right)=0$,将不等式 $ef(e^x)<f'\left(\dfrac{1}{e}\right)+1$ 转化为 $f(e^x)<f\left(\dfrac{1}{e}\right)$ (预估 $f\left(\dfrac{1}{e}\right)$,下面需明了 $f(x)$ 的单调性).令 $g(x)=f'(x)$,通过已知函数整理得 $\left(\dfrac{f(x)}{x}\right)'=\dfrac{\ln x}{x}$ 和 $\dfrac{f(x)}{x}=g(x)-\ln x$,求导即可求得 $g'(x)=\dfrac{\ln x+1}{x}$,确定函数 $g(x)$ 的最小值为 0,得到函数 $f(x)$ 在定义域上单调递增,利用函数的单调性即可求得不等式解集.

【解析】因为 $f(x)=x(f'(x)-\ln x),f\left(\dfrac{1}{e}\right)=\dfrac{1}{e}$,
所以 $\dfrac{1}{e}=\dfrac{1}{e}\left(f'\left(\dfrac{1}{e}\right)-\ln\dfrac{1}{e}\right)$,即 $f'\left(\dfrac{1}{e}\right)=0$,
所以不等式 $ef(e^x)<f'\left(\dfrac{1}{e}\right)+1$,
转化为 $f(e^x)<f\left(\dfrac{1}{e}\right)$.
令 $g(x)=f'(x)$,将函数整理得,
$\dfrac{xf'(x)-f(x)}{x^2}=\dfrac{\ln x}{x}$,即 $\left(\dfrac{f(x)}{x}\right)'=\dfrac{\ln x}{x}$ ①
又 $\dfrac{f(x)}{x}=f'(x)-\ln x$,
即 $\dfrac{f(x)}{x}=g(x)-\ln x$ ②
将②求导得 $\left(\dfrac{f(x)}{x}\right)'=g'(x)-\dfrac{1}{x}$ ③
由①和③得,$g'(x)=\dfrac{\ln x+1}{x},x\in(0,+\infty)$,
所以当 $x\in\left(0,\dfrac{1}{e}\right)$ 时,$g'(x)<0$;$x\in\left(\dfrac{1}{e},+\infty\right)$ 时,$g'(x)>0$.
所以函数 $g(x)=f'(x)$ 在 $x=\dfrac{1}{e}$ 时取得最小值 $g(x)_{\min}=g\left(\dfrac{1}{e}\right)=f'\left(\dfrac{1}{e}\right)=0$,即 $f'(x)\geq 0$;
所以函数 $f(x)$ 在 $(0,+\infty)$ 上单调递增,因此 $f(e^x)<f(e^{-1})$,即 $e^x<e^{-1}$,解得 $x<-1$.故选 A.

14.【分析】根据题意构造新函数 $h(x)=x(e^x-e^{-x})$，并证明得到函数 $h(x)$ 为偶函数且在 $(0,+\infty)$ 上单调递增，然后将不等式转化为 $h(|x|)>h(|3x-1|)$，再根据 $h(x)$ 的单调性求解即可.

【解析】由题意得，

$g(x)=\dfrac{xe^{2x}-x}{e^x}-(3x-1)(e^{3x-1}-e^{1-3x})=$

$x(e^x-e^{-x})-(3x-1)(e^{3x-1}-e^{1-3x})$，

故由 $g(x)>0$ 得，

$x(e^x-e^{-x})>(3x-1)(e^{3x-1}-e^{1-3x})$.

令 $h(x)=x(e^x-e^{-x})$，则有 $h(x)>h(3x-1)$.

又 $h(-x)=-x(e^{-x}-e^x)=x(e^x-e^{-x})=h(x)$，

所以函数 $h(x)$ 为偶函数.

又当 $x>0$ 时，函数 $h(x)=x(e^x-e^{-x})$ 为增函数，

所以当 $x<0$ 时，函数 $h(x)=x(e^x-e^{-x})$ 为减函数.

不等式 $h(x)>h(3x-1)$ 等价于 $h(|x|)>h(|3x-1|)$，

所以 $|x|>|3x-1|$，

两边平方整理得 $8x^2-6x+1<0$，

解得 $\dfrac{1}{4}<x<\dfrac{1}{2}$.

所以实数 x 的取值范围是 $\left(\dfrac{1}{4},\dfrac{1}{2}\right)$.

故答案为 $\left(\dfrac{1}{4},\dfrac{1}{2}\right)$.

【评注】解答本题注意两点：

(1)通过构造新函数，然后利用新函数的奇偶性和单调性求解不等式.

(2)注意偶函数性质的运用，即偶函数 $f(x)$ 满足 $f(-x)=f(x)=f(|x|)$，可将函数值的大小比较转化成自变量到对称轴的距离的大小比较来求解.

15.【解析】函数 $g(x)=\sqrt{4-x^2}$ 的图像是以坐标原点为圆心，2 为半径的圆在 x 轴及其上方的部分. 由题意可知，对任意 $x_0\in I$，都有 $h(x_0)+g(x_0)=2f(x_0)$，即 $(x_0,f(x_0))$ 是点 $(x_0,h(x_0))$ 和点 $(x_0,g(x_0))$ 连线的中点，又 $h(x)>g(x)$ 恒成立，所以直线 $f(x)=3x+b$ 与半圆 $g(x)=\sqrt{4-x^2}$ 相离且 $b>0$，如图 4-11 所示.

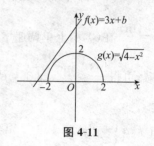

图 4-11

即 $\begin{cases}b>0\\ \dfrac{|b|}{\sqrt{3^2+(-1)^2}}\geq 2\end{cases}$，解得 $b\geq 2\sqrt{10}$.

故实数 b 的取值范围是 $(2\sqrt{10},+\infty)$.

第五节　小题常考专题——三角函数

例 5.1 变式拓展

1.【分析】用已知角 $\dfrac{\pi}{4}+\alpha$ 去表示未知角，即 $\dfrac{3\pi}{4}-\alpha=\pi-\left(\dfrac{\pi}{4}+\alpha\right)$，再利用诱导公式化简即可.

【解析】因为 $\dfrac{3\pi}{4}-\alpha=\pi-\left(\dfrac{\pi}{4}+\alpha\right)$，所以 $\sin\left(\dfrac{3\pi}{4}-\alpha\right)=\sin\left(\pi-\left(\dfrac{\pi}{4}+\alpha\right)\right)=\sin\left(\dfrac{\pi}{4}+\alpha\right)=\dfrac{\sqrt{3}}{2}$. 故选 B.

例 5.2 变式拓展

1.【分析】先求出 $\cos\left(\alpha+\dfrac{\pi}{4}\right)=-\dfrac{3}{5}$，再利用变角求出 $\cos\alpha$ 的值.

【解析】因为 $\dfrac{\pi}{4}<\alpha<\dfrac{3\pi}{4}$，所以 $\dfrac{\pi}{2}<\alpha+\dfrac{\pi}{4}<\pi$，

因为 $\sin\left(\alpha+\dfrac{\pi}{4}\right)=\dfrac{4}{5}$，所以 $\cos\left(\alpha+\dfrac{\pi}{4}\right)=-\dfrac{3}{5}$.

所以 $\cos\alpha=\cos\left[\left(\alpha+\dfrac{\pi}{4}\right)-\dfrac{\pi}{4}\right]=\cos\left(\alpha+\dfrac{\pi}{4}\right)\cdot\cos\dfrac{\pi}{4}+\sin\left(\alpha+\dfrac{\pi}{4}\right)\cdot\sin\dfrac{\pi}{4}=-\dfrac{3}{5}\times\dfrac{\sqrt{2}}{2}+\dfrac{4}{5}\times\dfrac{\sqrt{2}}{2}=\dfrac{\sqrt{2}}{10}$. 故选 D.

例 5.3 变式拓展

1.【解析】因为 $f(x)$ 为偶函数，而 $f(x)=a\sin 2x+2\cos^2 x=a\sin 2x+\cos 2x+1$，所以 $f(-x)=$

$a\sin(-2x)+\cos(-2x)+1=-a\sin 2x+\cos 2x+1=f(x)$,故 $a=0$.

2.【解析】因为 $f(x)$ 在 $x=\dfrac{\pi}{3}$ 处取得最小值,所以直线 $x=\dfrac{\pi}{3}$ 是 $f(x)$ 的一条对称轴.

所以将 $f(x)$ 的函数图像向左平移 $\dfrac{\pi}{3}$ 个单位后关于 y 轴对称,所以 $f\left(x+\dfrac{\pi}{3}\right)$ 是偶函数.

故选 B.

例5.4 变式拓展

1.【分析】把已知函数解析式变形以研究函数的性质,通过 $f(x_1)<f(x_2)$ 结合选项可知,应分析函数的单调性以及奇偶性.

【解析】$f(x)=\sin^4 x+\cos^4 x=(\sin^2 x+\cos^2 x)^2-2\sin^2 x\cos^2 x=1-\dfrac{1}{2}\sin^2 2x=1-\dfrac{1}{2}\cdot\dfrac{1-\cos 4x}{2}$
$=\dfrac{1}{4}\cos 4x+\dfrac{3}{4}$,

故 $f(x_1)<f(x_2)\Leftrightarrow\dfrac{1}{4}\cos 4x_1+\dfrac{3}{4}<\dfrac{1}{4}\cos 4x_2+\dfrac{3}{4}\Leftrightarrow\cos 4x_1<\cos 4x_2\Leftrightarrow\cos|4x_1|<\cos|4x_2|$.

又 $x\in\left[-\dfrac{\pi}{4},\dfrac{\pi}{4}\right]$,可得 $|x|\in\left[0,\dfrac{\pi}{4}\right]$,$\cos|4x|$ 在 $\left[0,\dfrac{\pi}{4}\right]$ 是减函数,

所以 $|4x_1|>|4x_2|\Leftrightarrow|x_1|>|x_2|\Leftrightarrow x_1^2>x_2^2$.

故选 D.

【评注】也可利用导数研究 $f(x)$ 的单调性,因为 $f(x)$ 是偶函数,所以只需研究 $x\in\left[0,\dfrac{\pi}{4}\right]$ 时,$f(x)$ 的单调性即可.

例5.5 变式拓展

1.【解析】因为函数 $f(x)=2\sin\left(2x+\varphi+\dfrac{\pi}{3}\right)$ 是奇函数,

所以 $\varphi+\dfrac{\pi}{3}=k\pi(k\in\mathbf{Z})$,解得 $\varphi=k\pi-\dfrac{\pi}{3}$,故排除选项 D.

又因为 $f(x)$ 在区间 $\left[0,\dfrac{\pi}{4}\right]$ 上是减函数,

所以 $\left[\varphi+\dfrac{\pi}{3},\varphi+\dfrac{5\pi}{6}\right]\subseteq\left[\dfrac{\pi}{2},\dfrac{3\pi}{2}\right]$,

解得 $\dfrac{\pi}{6}\leqslant\varphi\leqslant\dfrac{2\pi}{3}$,即 $\varphi=\dfrac{2\pi}{3}$.

故选 B.

例5.6 变式拓展

1.【解析】由 $f\left(\dfrac{5\pi}{8}\right)=2$,$f\left(\dfrac{11\pi}{8}\right)=0$,易知 $x=\dfrac{5\pi}{8}$ 为 $f(x)=2\sin(\omega x+\varphi)$ 的一条对称轴,点 $\left(\dfrac{11\pi}{8},0\right)$ 为 $f(x)$ 的一个零点,则 $\dfrac{11\pi}{8}-\dfrac{5\pi}{8}=(2k+1)\times\dfrac{T}{4}$,又因为 $T=\dfrac{2\pi}{\omega}$,即 $\omega=\dfrac{2(2k+1)}{3}$,$k\in\mathbf{Z}$.

又 $\omega>0$,且 $f(x)$ 的最小正周期大于 2π,即 $\omega<1$,所以 $\omega=\dfrac{2}{3}$,从而 $\dfrac{5\pi}{8}\times\dfrac{2}{3}+\varphi=2k\pi+\dfrac{\pi}{2}$,$k\in\mathbf{Z}$.又 $|\varphi|<\pi$,所以 $\varphi=\dfrac{\pi}{12}$.故选 A.

例5.7 变式拓展

1.【分析】先将函数化为 $y=A\sin(x+\theta)$ 形式,其中 $\tan\theta=m$,且已知一条对称轴方程,此处三角函数取得最大或最小值,可得 θ,从而解得 m;也可从导数角度考虑,则有 $f'\left(\dfrac{\pi}{6}\right)=0$;或者直接从对称轴的定义出发,$f\left(\dfrac{\pi}{6}+x\right)=f\left(\dfrac{\pi}{6}-x\right)$,得到关于 m 的等式.

【解析】解法一:函数 $f(x)=\sin x+m\cos x=\sqrt{m^2+1}\cdot\sin(x+\theta)$,其中 $\tan\theta=m$,$\theta\in\left(-\dfrac{\pi}{2},\dfrac{\pi}{2}\right)$.

其图像关于直线 $x=\dfrac{\pi}{6}$ 对称,所以 $\theta+\dfrac{\pi}{6}=\pm\dfrac{\pi}{2}$,

解得 $\theta=\dfrac{\pi}{3}$,或 $\theta=-\dfrac{2\pi}{3}\notin\left(-\dfrac{\pi}{2},\dfrac{\pi}{2}\right)$(舍去).

所以 $m=\tan\theta=\sqrt{3}$.

故答案为 $\sqrt{3}$.

解法二:因为 $f'(x)=\cos x-m\sin x$,

由函数 $f(x)=\sin x+m\cos x$ 图像的一条对称轴方程为 $x=\dfrac{\pi}{6}$ 得,$f'\left(\dfrac{\pi}{6}\right)=\cos\dfrac{\pi}{6}-m\sin\dfrac{\pi}{6}=0$,

解得 $m=\sqrt{3}$.

故答案为 $\sqrt{3}$.

解法三:因为 $f(x)=\sin x+m\cos x$ 的一条对称轴方程为 $x=\dfrac{\pi}{6}$,所以 $f\left(\dfrac{\pi}{6}-x\right)=f\left(\dfrac{\pi}{6}+x\right)$ 对任意 $x\in \mathbf{R}$ 恒成立.

所以 $\sin\left(\dfrac{\pi}{6}-x\right)+m\cos\left(\dfrac{\pi}{6}-x\right)=\sin\left(\dfrac{\pi}{6}+x\right)+m\cos\left(\dfrac{\pi}{6}+x\right)$,

即 $\sin\left(\dfrac{\pi}{6}-x\right)-\sin\left(\dfrac{\pi}{6}+x\right)=m\cos\left(\dfrac{\pi}{6}+x\right)-m\cos\left(\dfrac{\pi}{6}-x\right)$,

即 $-2\cos\dfrac{\pi}{6}\sin x=m\left(-2\sin\dfrac{\pi}{6}\sin x\right)$,

即 $(m-\sqrt{3})\sin x=0$,对任意 $x\in \mathbf{R}$ 恒成立.

所以 $m=\sqrt{3}$.故填 $\sqrt{3}$.

例5.8 变式拓展

1.**【解析】** 当 $a=0$ 时,$f(x)=-4\cos\omega x$,

因为存在 $x_1,x_2\in\left[0,\dfrac{\pi}{2}\right](x_1\ne x_2)$,使得 $f(x_1)=f(x_2)=0$,

由 $f(x)$ 的图像可知,$\dfrac{3}{4}\cdot\dfrac{2\pi}{\omega}\leqslant\dfrac{\pi}{2}$,

故 $\omega\geqslant 3$,排除选项 A.

当 $a\ne 0$ 时,$f(x)=a\cos 2\omega x-4\cos\omega x+3a=a(2\cos^2\omega x-1)-4\cos\omega x+3a=2a\cos^2\omega x-4\cos\omega x+2a=2a\left(\cos\omega x-\dfrac{1}{a}\right)^2+2a-\dfrac{2}{a}$.

①当 $a=1$ 时,$f(x)=2(\cos\omega x-1)^2$,$f(x)=0\Leftrightarrow\cos\omega x=1$.

由 $y=\cos\omega x$ 的图像及题意可知 $\dfrac{2\pi}{\omega}\leqslant\dfrac{\pi}{2}$,

所以 $\omega\geqslant 4$.

②当 $a=-1$ 时,$f(x)=-2(\cos\omega x+1)^2$,$f(x)=0\Leftrightarrow\cos\omega x=-1$,

由 $y=\cos\omega x$ 的图像及题意可知 $\dfrac{3}{2}\cdot\dfrac{2\pi}{\omega}\leqslant\dfrac{\pi}{2}$,

所以 $\omega\geqslant 6$.

结合选项可知,ω 的最小值为 6.故选 D.

例5.9 变式拓展

1.**【解析】** 由题意可得,$f(0)=2\sin\varphi=1$,又 $|\varphi|\leqslant\dfrac{\pi}{2}$,所以 $\varphi=\dfrac{\pi}{6}$.

设周期为 T,又 $|MN|=\dfrac{5}{2}$,所以 $\dfrac{T^2}{16}+4=\left(\dfrac{5}{2}\right)^2$,

解得 $T=6$.

又 $T=\dfrac{2\pi}{\omega}=6$,所以 $\omega=\dfrac{\pi}{3}$.

所以 $f(x)=2\sin\left(\dfrac{\pi}{3}x+\dfrac{\pi}{6}\right)$.

所以对称轴为 $\dfrac{\pi}{3}x+\dfrac{\pi}{6}=k\pi+\dfrac{\pi}{2}$,解得 $x=3k+1,k\in\mathbf{Z}$,当 $k=-2$ 时,$x=-5$.

故选 D.

例5.10 变式拓展

1.**【分析】** 由 $f(x)$ 是奇函数,可以求得 φ 的值,然后进行了周期变换,即 x 的系数变为原来的 $\dfrac{1}{2}$,这样可得 $g(x)$ 的解析式,由最小正周期为 2π 可求 ω,由 $g\left(\dfrac{\pi}{4}\right)=\sqrt{2}$ 可以求出 A 的值,进而可知 $f(x)$ 的解析式.

【解析】 因为 $f(x)$ 是奇函数,所以 $\varphi=0$,$f(x)=A\sin\omega x$.

将 $y=f(x)$ 的图像上所有点的横坐标伸长到原来的 2 倍(纵坐标不变),所得图像对应的函数为 $g(x)$,即 $g(x)=A\sin\left(\dfrac{1}{2}\omega x\right)$,

因为 $g(x)$ 的最小正周期为 2π,所以 $\dfrac{2\pi}{\frac{1}{2}\omega}=2\pi$,得 $\omega=2$,

所以 $g(x)=A\sin x,f(x)=A\sin 2x$.

又 $g\left(\dfrac{\pi}{4}\right)=\sqrt{2}$,即 $g\left(\dfrac{\pi}{4}\right)=A\sin\dfrac{\pi}{4}=\dfrac{\sqrt{2}}{2}A=\sqrt{2}$,

可得 $A=2$,

所以 $f(x)=2\sin 2x$,$f\left(\dfrac{3\pi}{8}\right)=2\sin\left(2\times\dfrac{3\pi}{8}\right)=2\sin\dfrac{3\pi}{4}=2\times\dfrac{\sqrt{2}}{2}=\sqrt{2}$.

故选 C.

牛刀小试

1.**【解析】** 因为 $\alpha\in\left(\dfrac{\pi}{2},\pi\right)$ 且 $\sin\alpha=\dfrac{3}{5}$,

所以 $\cos\alpha = -\dfrac{4}{5}, \tan\alpha = -\dfrac{3}{4}$,

所以 $\tan\left(\alpha + \dfrac{\pi}{4}\right) = \dfrac{\tan\alpha + 1}{1 - \tan\alpha} = \dfrac{-\dfrac{3}{4} + 1}{1 + \dfrac{3}{4}} = \dfrac{1}{7}$. 故选 A.

2.【解析】由题得 $\cos\left(\dfrac{2\pi}{3} + 2\alpha\right) = \cos\left[\pi - \left(\dfrac{\pi}{3} - 2\alpha\right)\right] = -\cos\left(\dfrac{\pi}{3} - 2\alpha\right) = -\cos 2\left(\dfrac{\pi}{6} - \alpha\right) = -\left[1 - 2\sin^2\left(\dfrac{\pi}{6} - \alpha\right)\right] = -\left(1 - 2 \times \dfrac{1}{9}\right) = -\dfrac{7}{9}$. 故选 B.

3.【解析】因为 α 为锐角,$\sin\alpha = \dfrac{3}{5}$, 所以 $\cos\alpha = \sqrt{1 - \sin^2\alpha} = \dfrac{4}{5}$.

结合题意可得 $\tan\dfrac{\alpha}{2} = \dfrac{\sin\dfrac{\alpha}{2}}{\cos\dfrac{\alpha}{2}} = \dfrac{2\sin\dfrac{\alpha}{2}\cos\dfrac{\alpha}{2}}{2\cos^2\dfrac{\alpha}{2}} =$

$\dfrac{\sin\alpha}{1 + \cos\alpha} = \dfrac{\dfrac{3}{5}}{1 + \dfrac{4}{5}} = \dfrac{1}{3}$. 故选 A.

4.【解析】化简函数 $y = 2\cos x(\sin x + \cos x) - 1 = 2\sin x \cos x + 2\cos^2 x - 1 = \sin 2x + \cos 2x = \sqrt{2}\sin\left(2x + \dfrac{\pi}{4}\right)$, 向左平移 φ 个单位可得 $y = \sqrt{2}\sin\left(2x + 2\varphi + \dfrac{\pi}{4}\right)$.

因为 $y = \sqrt{2}\sin\left(2x + 2\varphi + \dfrac{\pi}{4}\right)$ 是偶函数,

所以 $2\varphi + \dfrac{\pi}{4} = \dfrac{\pi}{2} + k\pi, k \in \mathbf{Z}, \varphi = \dfrac{k\pi}{2} + \dfrac{\pi}{8}$.

由 $k = 0$ 可得 φ 的最小正值是 $\dfrac{\pi}{8}$. 故选 A.

5.【分析】根据辅助角公式化简 $f(x) = \sqrt{1 + a^2} \cdot \sin(x + \alpha)$, 代入对称轴即可求得 $a = \sqrt{3}$. 代入 $g(x)$ 中,利用倍角公式和正弦差角公式合并化简,进而求得最大值.

【解析】$f(x) = \sin x + a\cos x = \sqrt{1 + a^2}\sin(x + \alpha)$ $(a \in \mathbf{R})$. 因为 $f(x)$ 的对称轴是 $x = \dfrac{\pi}{6}$,

代入 $f(x)$ 得 $\dfrac{1}{2} + a \times \dfrac{\sqrt{3}}{2} = \sqrt{1 + a^2}$, 解得 $a = \sqrt{3}$.

所以 $g(x) = 2\sin x(\sin x + \sqrt{3}\cos x) = 2\sin^2 x + 2\sqrt{3}\sin x \cos x = 1 - \cos 2x + \sqrt{3}\sin 2x = 2\sin\left(2x - \dfrac{\pi}{6}\right) + 1$, 所以最大值为 3.

故选 C.

6.【解析】由题意得 $f\left(\dfrac{\pi}{2}\right) = \sin(\pi + \varphi) = -\sin\varphi > f(0) = \sin\varphi$, 故 $\sin\varphi < 0$.

由于 $f(x) \leqslant \left|f\left(\dfrac{\pi}{6}\right)\right|$, 即 $f\left(\dfrac{\pi}{6}\right) = \pm 1$,

所以 $\dfrac{\pi}{3} + \varphi = k\pi + \dfrac{\pi}{2}(k \in \mathbf{Z})$.

令 $k = -1$, 求得 $\varphi = -\dfrac{5\pi}{6}$.

所以 $2x - \dfrac{5\pi}{6} \in \left[2k\pi - \dfrac{\pi}{2}, 2k\pi + \dfrac{\pi}{2}\right](k \in \mathbf{Z})$,

解得 $x \in \left[k\pi + \dfrac{\pi}{6}, k\pi + \dfrac{2\pi}{3}\right](k \in \mathbf{Z})$.

故选 C.

7.【解析】$f(-x) = \sin|-x| + |\sin(-x)| = \sin|x| + |\sin x| = f(x)$, 则函数 $f(x)$ 是偶函数,故①正确;

当 $x \in \left(\dfrac{\pi}{2}, \pi\right)$ 时,$\sin|x| = \sin x$, $|\sin x| = \sin x$, 则 $f(x) = \sin x + \sin x = 2\sin x$ 为减函数,故②错误;

当 $0 \leqslant x \leqslant \pi, f(x) = \sin|x| + |\sin x| = \sin x + \sin x = 2\sin x$,

由 $f(x) = 0$ 得 $2\sin x = 0$, 得 $x = 0$ 或 $x = \pi$,

由 $f(x)$ 是偶函数,得在 $[-\pi, 0)$ 上还有一个零点 $x = -\pi$, 即函数 $f(x)$ 在 $[-\pi, \pi]$ 上有 3 个零点,故③错误;

当 $\sin|x| = 1, |\sin x| = 1$ 时,$f(x)$ 取得最大值 2, 故④正确.

故正确的结论是①④. 故选 C.

8.【解析】函数 $f(x) = \sin\dfrac{\pi}{2}x$ 的周期为 $T = \dfrac{2\pi}{\omega} = \dfrac{2\pi}{\dfrac{\pi}{2}} = 4$, 且 $f(1) = \sin\dfrac{\pi}{2} = 1, f(2) = \sin\pi = 0$,

$f(3) = \sin\dfrac{3\pi}{2} = -1, f(4) = \sin 2\pi = 0$,

所以 $f(1) + f(2) + f(3) + f(4) = 0$.

183

所以 $f(1)+f(2)+f(3)+\cdots+f(2017)+f(2018)+f(2019)=504\times[f(1)+f(2)+f(3)+f(4)]+f(2017)+f(2018)+f(2019)=0+1+0+(-1)=0$.

故答案为 0.

9.【分析】根据 $\cos\alpha+\cos\beta=\dfrac{2}{3}$，$\sin\alpha+\sin\beta=\dfrac{1}{3}$，两式平方后相加即可求得 $\cos(\alpha-\beta)$.

【解析】因为 $\cos\alpha+\cos\beta=\dfrac{2}{3}$ ①

$\sin\alpha+\sin\beta=\dfrac{1}{3}$ ②

所以 ①² + ②² 得 $2+2\cos(\alpha-\beta)=\dfrac{5}{9}$，

所以 $\cos(\alpha-\beta)=-\dfrac{13}{18}$. 故答案为 $-\dfrac{13}{18}$.

10.【解析】因为 $f(x)=-\dfrac{1}{3}+\sin x$，$x_1,x_2$ 是 $f(x)$ 在 $[0,\pi]$ 上的相异零点，所以 $x_1+x_2=\pi$.

不妨设 $0<x_1<\dfrac{\pi}{2}<x_2<\pi$，则 $\sin x_1=\dfrac{1}{3}$，$\cos x_1=\dfrac{2\sqrt{2}}{3}$，$\sin x_2=\dfrac{1}{3}$，$\cos x_2=-\dfrac{2\sqrt{2}}{3}$.

所以 $\cos(x_1-x_2)=\cos x_1\cos x_2+\sin x_1\sin x_2=-\dfrac{8}{9}+\dfrac{1}{9}=-\dfrac{7}{9}$.

故答案为 $-\dfrac{7}{9}$.

11.【解析】A 选项，$f(x)=\cos x\cdot\sin 2x=\cos x\cdot 2\sin x\cos x=2\sin x\cos^2 x=2\sin x(1-\sin^2 x)=2\sin x-2\sin^3 x$，令 $t=\sin x$，则 $t\in[-1,1]$.

令 $g(t)=2t-2t^3$，则 $g'(t)=2-6t^2$.

令 $g'(t)=0$，得 $t=\pm\dfrac{\sqrt{3}}{3}$.

所以 $g(t)$ 在区间 $\left[-1,-\dfrac{\sqrt{3}}{3}\right]$ 上递减，在区间 $\left[-\dfrac{\sqrt{3}}{3},\dfrac{\sqrt{3}}{3}\right]$ 上递增，在 $\left[\dfrac{\sqrt{3}}{3},1\right]$ 上递减，

所以当 $t=\dfrac{\sqrt{3}}{3}$ 时有极大值 $g\left(\dfrac{\sqrt{3}}{3}\right)=\dfrac{4\sqrt{3}}{9}$，

又 $g(-1)=0$，所以最大值为 $\dfrac{4\sqrt{3}}{9}$，A 选项正确.

B 选项，因为 $f\left(\dfrac{3\pi}{4}+x\right)=\cos\left(\dfrac{3\pi}{4}+x\right)\cdot\sin 2\left(\dfrac{3\pi}{4}+x\right)=-\cos\left(\dfrac{3\pi}{4}+x\right)\cos 2x$，

$f\left(\dfrac{3\pi}{4}-x\right)=\cos\left(\dfrac{3\pi}{4}-x\right)\cdot\sin 2\left(\dfrac{3\pi}{4}-x\right)=-\cos\left(\dfrac{3\pi}{4}-x\right)\cos 2x$，

故 $f\left(\dfrac{3\pi}{4}+x\right)\neq f\left(\dfrac{3\pi}{4}-x\right)$，B 选项错误.

C 选项，$f(-x)=\cos(-x)\cdot\sin(-2x)=-\cos x\sin 2x=-f(x)$，故函数 $f(x)$ 为奇函数.

$f(x+2\pi)=\cos(x+2\pi)\cdot\sin 2(x+2\pi)=\cos x\cdot\sin 2x$，故 $f(x)$ 为周期函数，C 选项正确.

D 选项，$f(x)+f(2\pi-x)=\cos x\cdot\sin 2x+\cos(2\pi-x)\cdot\sin 2(2\pi-x)=\cos x\cdot\sin 2x-\cos x\sin 2x=0$，即 $f(2\pi-x)=-f(x)$，

故图像关于点 $(\pi,0)$ 成中心对称，D 正确.

故选 B.

12.【解析】当 $x\in[0,2\pi]$ 时，$\omega x+\dfrac{\pi}{5}\in\left[\dfrac{\pi}{5},2\pi\omega+\dfrac{\pi}{5}\right]$，

因为 $f(x)$ 在 $[0,2\pi]$ 有且仅有 5 个零点，所以 $5\pi\leqslant 2\pi\omega+\dfrac{\pi}{5}<6\pi$，

所以 $\dfrac{12}{5}\leqslant\omega<\dfrac{29}{10}$，故 ④ 正确.

因此由选项可知只需判断 ③ 是否正确即可得到答案.

下面判断 ③ 是否正确，

当 $x\in\left(0,\dfrac{\pi}{10}\right)$ 时，$\omega x+\dfrac{\pi}{5}\in\left(\dfrac{\pi}{5},\dfrac{(\omega+2)\pi}{10}\right)$，

若 $f(x)$ 在 $\left(0,\dfrac{\pi}{10}\right)$ 单调递增，

则 $\dfrac{(\omega+2)\pi}{10}<\dfrac{\pi}{2}$，即 $\omega<3$，因为 $\dfrac{12}{5}\leqslant\omega<\dfrac{29}{10}$，故 ③ 正确.

故选 D.

13.【解析】由题意，函数 $f(-x)=-f(x)$，$f(x)=f(2-x)$，则 $-f(-x)=f(2-x)$，可得 $f(x+4)=f(x)$，即函数的周期为 4，

且 $y=f(x)$ 的图像关于直线 $x=1$ 对称.

$g(x)=|\cos(\pi x)|-f(x)$ 在区间 $\left[-\dfrac{5}{2},\dfrac{9}{2}\right]$ 上

的零点,即方程 $|\cos(\pi x)|=f(x)$ 的根.

分别画出 $y=|\cos(\pi x)|$ 与 $y=f(x)$ 的函数图像,因为两个函数的图像都关于直线 $x=1$ 对称,

所以方程 $|\cos(\pi x)|=f(x)$ 的根关于直线 $x=1$ 对称,由图像可知交点个数为 6 个,可得所有零点的和为 6.故选 A.

14.【解析】$f(x)=\cos\left(\dfrac{\pi}{4}-\omega x\right)=\cos\left(\omega x-\dfrac{\pi}{4}\right)$,

若函数 $f(x)$ 在 $\left(\dfrac{\pi}{2},\pi\right)$ 上单调递减,

则 $T=\dfrac{2\pi}{\omega}\geqslant 2\left(\pi-\dfrac{\pi}{2}\right)=\pi$,所以 $0<\omega\leqslant 2$.

若 $\dfrac{\pi}{2}<x<\pi$,则 $\dfrac{\pi}{2}\omega<\omega x<\omega\pi$,

所以 $\dfrac{\pi}{2}\omega-\dfrac{\pi}{4}<\omega x-\dfrac{\pi}{4}<\omega\pi-\dfrac{\pi}{4}$.

因为 $f(x)$ 在 $\left(\dfrac{\pi}{2},\pi\right)$ 上单调递减,所以有

$\begin{cases}\dfrac{\pi}{2}\omega-\dfrac{\pi}{4}\geqslant 2k\pi,k\in\mathbf{Z}\\ \omega\pi-\dfrac{\pi}{4}\leqslant 2k\pi+\pi,k\in\mathbf{Z}\end{cases}$,得 $\begin{cases}\omega\geqslant 4k+\dfrac{1}{2}\\ \omega\leqslant 2k+\dfrac{5}{4}\end{cases},k\in\mathbf{Z}$.

又 $0<\omega\leqslant 2$,令 $k=0$,可得 $\dfrac{1}{2}\leqslant\omega\leqslant\dfrac{5}{4}$.

故答案为 $\left[\dfrac{1}{2},\dfrac{5}{4}\right]$.

15.【解析】由三角函数的最大值可知 $A=2$,

不妨设 $\dfrac{x_1+x_2}{2}=m$,则 $x_1+x_2=2m$.

由三角函数的性质可知:$2m+\varphi=2k\pi+\dfrac{\pi}{2}(k\in\mathbf{Z})$,

则 $f(x_1+x_2)=2\sin[2(x_1+x_2)+\varphi]=2\sin(2\times 2m+\varphi)=2\sin[2(2m+\varphi)-\varphi]=2\sin\left[2\times\left(2k\pi+\dfrac{\pi}{2}\right)-\varphi\right]=2\sin(4k\pi+\pi-\varphi)=2\sin\varphi=\sqrt{2}$,则 $\sin\varphi=\dfrac{\sqrt{2}}{2}$,结合 $|\varphi|\leqslant\dfrac{\pi}{2}$,

故 $\varphi=\dfrac{\pi}{4}$.

故答案为 $\dfrac{\pi}{4}$.

第六节 小题常考专题——解三角形的综合应用

例 6.1 变式拓展

1.【解析】因为 $\cos A=\dfrac{4}{5},\cos C=\dfrac{5}{13}$,

所以 $\sin A=\dfrac{3}{5},\sin C=\dfrac{12}{13}$,

$\sin B=\sin(A+C)=\sin A\cos C+\cos A\sin C=\dfrac{63}{65}$,

由正弦定理得,$\dfrac{b}{\sin B}=\dfrac{a}{\sin A}$,

解得 $b=\dfrac{21}{13}$.

2.【解析】如图 6-7 所示,在 $\mathrm{Rt}\triangle ABC$ 中,$AB=4$,$BC=3,AC=5,\sin C=\dfrac{4}{5}$,

在 $\triangle BCD$ 中,$\dfrac{BD}{\sin C}=\dfrac{BC}{\sin\angle BDC}$,

可得 $BD=\dfrac{12\sqrt{2}}{5}$;

$\sin\angle CBD=\sin(135°-C)=\dfrac{\sqrt{2}}{2}(\cos C+\sin C)=$

$\dfrac{\sqrt{2}}{2}\times\left(\dfrac{3}{5}+\dfrac{4}{5}\right)=\dfrac{7\sqrt{2}}{10}$,

所以 $\cos\angle ABD=\cos(90°-\angle CBD)=\sin\angle CBD=\dfrac{7\sqrt{2}}{10}$.

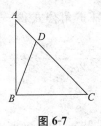

图 6-7

例 6.2 变式拓展

1.【解析】由正弦定理得,$2\sin A(\sin A\cos C+\sin C\cos A)=\sqrt{3}\sin A$,化简得 $\sin(A+C)=\dfrac{\sqrt{3}}{2}$,

因此 $\angle B=\dfrac{\pi}{3}$,又因 $\triangle ABC$ 是锐角三角形,

所以 $\begin{cases} 0 < \angle A = \dfrac{2\pi}{3} - \angle C < \dfrac{\pi}{2} \\ 0 < \angle C < \dfrac{\pi}{2} \end{cases}$，所以 $\dfrac{\pi}{6} < \angle C < \dfrac{\pi}{2}$，

故 $\dfrac{1}{2} < \sin C < 1$.

故 $\dfrac{c}{b} = \dfrac{\sin C}{\sin B} = \dfrac{2\sqrt{3}}{3}\sin C \in \left(\dfrac{\sqrt{3}}{3}, \dfrac{2\sqrt{3}}{3}\right)$.故选 B.

例 6.3 变式拓展

1.【解析】$\cos C = 2\cos^2\dfrac{C}{2} - 1 = \dfrac{2}{5} - 1 = -\dfrac{3}{5}$，在 $\triangle ABC$ 中，由余弦定理得 $AB^2 = AC^2 + BC^2 - 2AC \cdot BC \cdot \cos C = 25 + 1 - 2 \times 5 \times 1 \times \left(-\dfrac{3}{5}\right) = 32$，所以 $AB = 4\sqrt{2}$.

故选 A.

例 6.4 变式拓展

1.【解析】因为 $S = \dfrac{1}{2}ab\sin C = \dfrac{a^2+b^2-c^2}{4} = \dfrac{1}{4} \times 2ab \times \dfrac{a^2+b^2-c^2}{2ab} = \dfrac{1}{2}ab\cos C$，所以 $\sin C = \cos C$，$\angle C = \dfrac{\pi}{4}$.故选 C.

例 6.5 变式拓展

1.【解析】条件变形为 $\dfrac{1+\cos A}{2} = \dfrac{b+c}{2c}$.

解法一：由降幂扩角公式得 $\dfrac{1+\cos A}{2} = \dfrac{b+c}{2c} \Rightarrow \cos A = \dfrac{b}{c} = \dfrac{b^2+c^2-a^2}{2bc} \Rightarrow 2b^2 = b^2 + c^2 - a^2 \Rightarrow b^2 + a^2 = c^2$.故选 A.

解法二：同解法一得 $\cos A = \dfrac{b}{c} = \dfrac{\sin B}{\sin C}$，故 $\cos A \sin C = \sin B = \sin(A+C)$，即 $\sin A\cos C + \cos A\sin C = \cos A\sin C$，

故 $\cos C = 0$，$\angle C \in (0,\pi)$，得 $\angle C = \dfrac{\pi}{2}$.故选 A.

例 6.6 变式拓展

1.【解析】设 $\triangle ABC$ 中 BC 边上的高为 h，

则有 $\dfrac{S_{\triangle ABD}}{S_{\triangle ADC}} = \dfrac{\dfrac{1}{2}AB \cdot AD \cdot \sin\angle BAD}{\dfrac{1}{2}AC \cdot AD \cdot \sin\angle CAD} = \dfrac{\dfrac{1}{2} \cdot BD \cdot h}{\dfrac{1}{2} \cdot CD \cdot h}$，整理得 $\dfrac{AB}{AC} = \dfrac{BD}{CD} = 2$.

设 $BD = 2CD = 2x$，

在 $\triangle ABD$，$\triangle ADC$ 中分别由余弦定理得，

$\dfrac{AB^2 + AD^2 - BD^2}{2 \cdot AB \cdot AD} = \dfrac{AC^2 + AD^2 - CD^2}{2 \cdot AC \cdot AD}$，

即 $\dfrac{2^2 + \left(\dfrac{2\sqrt{3}}{3}\right)^2 - 4x^2}{2 \times 2 \times \dfrac{2\sqrt{3}}{3}} = \dfrac{1^2 + \left(\dfrac{2\sqrt{3}}{3}\right)^2 - x^2}{2 \times 1 \times \dfrac{2\sqrt{3}}{3}}$，

解得 $x = \dfrac{\sqrt{3}}{3}$.

在 $\triangle ADC$ 中由余弦定理得，

$\cos C = \dfrac{\left(\dfrac{\sqrt{3}}{3}\right)^2 + 1^2 - \left(\dfrac{2\sqrt{3}}{3}\right)^2}{2 \times \dfrac{\sqrt{3}}{3} \times 1} = 0$.

又 $0 < \angle C < \pi$，所以 $\angle C = \dfrac{\pi}{2}$.故答案为 $\dfrac{\pi}{2}$.

例 6.7 变式拓展

1.【解析】如图 6-8 所示，设 $BC = 1$，则 $AB = AD = \sqrt{3}$，延长 BC 到 E，使 $BE = 3BC$，所以 $CE = 2$，联结 DE.

设 $\angle CAD = \alpha$，$\angle ACB = \beta$，则 $\alpha + \beta = \dfrac{5\pi}{6}$，依题意 $3\overrightarrow{AP} = 3\overrightarrow{BC} - \overrightarrow{BD} = 2\overrightarrow{BC} + (\overrightarrow{BC} - \overrightarrow{BD}) = 2\overrightarrow{BC} + \overrightarrow{DC} = \overrightarrow{CE} + \overrightarrow{DC} = \overrightarrow{DE}$，所以 $AC // DE$，

所以 $\dfrac{BP}{PD} = \dfrac{BC}{CE} = \dfrac{1}{2}$，由正弦定理得 $\begin{cases} \dfrac{PD}{\sin\alpha} = \dfrac{AD}{\sin\theta} \\ \dfrac{BP}{\sin\beta} = \dfrac{BC}{\sin\theta} \end{cases}$，

两式相除得 $\dfrac{2}{\sin\alpha} = \dfrac{\sqrt{3}}{\sin\beta}$，

所以 $2\sin\left(\dfrac{5\pi}{6} - \alpha\right) = \sqrt{3}\sin\alpha$，所以 $\alpha = \dfrac{\pi}{2}$，$\beta = \dfrac{\pi}{3}$.

在 $\triangle ABC$ 中，由余弦定理得 $3 = 1 + AC^2 - 2AC\cos\dfrac{\pi}{3}$，解得 $AC = 2$.

在 Rt△ACD 中 $CD=\sqrt{3+4}=\sqrt{7}$,

故 $\dfrac{CD}{AB}=\dfrac{\sqrt{7}}{\sqrt{3}}=\dfrac{\sqrt{21}}{3}$.

故选 A.

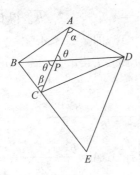

图 6-8

牛刀小试

1.【解析】因为 $\angle A=\dfrac{5\pi}{12}$, $\angle B=\dfrac{\pi}{4}$, $AB=6\sqrt{2}$, 所以 $\angle C=\dfrac{\pi}{3}$,

则由正弦定理可得 $\dfrac{AB}{\sin C}=\dfrac{AC}{\sin B}$, 所以 $AC=\dfrac{6\sqrt{2}\times\dfrac{\sqrt{2}}{2}}{\dfrac{\sqrt{3}}{2}}=4\sqrt{3}$. 故选 D.

2.【解析】由余弦定理得 $a^2=b^2+c^2-2bc\cos A$,

又 $S=\dfrac{1}{2}bc\sin A$, 因此 $S=a^2-(b-c)^2=b^2-c^2+2bc=2bc-2bc\cos A=\dfrac{1}{2}bc\sin A$,

所以 $\sin A=4(1-\cos A)$, 两边平方得 $16(1-\cos A)^2+\cos^2 A=1$, 解得 $\cos A=\dfrac{15}{17}$ 或 1(舍). 故选 B.

3.【解析】因为 $\cos C=\dfrac{a^2+b^2-c^2}{2ab}\geqslant\dfrac{c^2}{a^2+b^2}\geqslant\dfrac{c^2}{2c^2}=\dfrac{1}{2}$ (当且仅当 $a=b$ 时取"="号), 所以 $\cos C$ 的最小值为 $\dfrac{1}{2}$. 故选 C.

4.【解析】(边化角) 已知等式可变化为 $\dfrac{a^2+c^2-b^2}{2ac}\cdot\tan B=\dfrac{\sqrt{3}}{2}$,

则 $\cos B\cdot\dfrac{\sin B}{\cos B}=\dfrac{\sqrt{3}}{2}$, 得 $\sin B=\dfrac{\sqrt{3}}{2}$, $\angle B\in(0,\pi)$,

所以 $\angle B=\dfrac{\pi}{3}$ 或 $\dfrac{2\pi}{3}$. 故选 D.

5.【解析】解法一: 角化边得 $\dfrac{c}{2R}=2\cdot\dfrac{b^2+c^2-a^2}{2bc}\cdot\dfrac{b}{2R}\Rightarrow c^2=b^2+c^2-a^2\Rightarrow b=a$,

则三角形为等腰三角形. 故选 A.

解法二: 因为 $\sin C=\sin(A+B)$,

所以 $\sin A\cos B+\cos A\sin B=2\cos A\sin B\Rightarrow\sin A\cos B-\cos A\sin B=0$, $\sin(A-B)=0$,

$\angle A-\angle B=k\pi(k\in\mathbf{Z})$, $\angle A,\angle B\in(0,\pi)\Rightarrow k=0\Rightarrow\angle A=\angle B$,

则三角形为等腰三角形. 故选 A.

6.【解析】依题意, 得 $\dfrac{\pi}{3}<\angle A<\dfrac{\pi}{2}$, 即 $\dfrac{\pi}{3}<\pi-(\angle B+\angle C)<\dfrac{\pi}{2}$, 得 $\dfrac{\pi}{2}<\angle B+\angle C<\dfrac{2\pi}{3}$, 且 $\angle B+\angle C<2\angle B$, 因此 $2\angle B>\dfrac{\pi}{2}$, 得 $\angle B>\dfrac{\pi}{4}$ 且 $\angle B\in\left(0,\dfrac{\pi}{2}\right)$, 因此 $\angle B\in\left(\dfrac{\pi}{4},\dfrac{\pi}{2}\right)$, 所以 $\cos B$ 的取值范围为 $\left(0,\dfrac{\sqrt{2}}{2}\right)$. 故选 A.

7.【解析】因为 $b\sin A+a\cos B=0$, 所以由正弦定理, 可得 $\sin A\sin B+\sin A\cos B=0$,

因为 $\angle A\in(0,\pi)$, $\sin A>0$,

所以 $\sin B+\cos B=0$,

可得 $\tan B=-1$,

因为 $\angle B\in(0,\pi)$, 所以 $\angle B=\dfrac{3\pi}{4}$.

8.【分析】解决的关键在于处理两向量的数量积, 两向量的数量积除了可以用坐标法来表示, 还可以直接使用向量的数量积公式.

【解析】设角 A,B,C 所对应的边分别为 a,b,c. 由 $\overrightarrow{AB}\cdot\overrightarrow{AC}=\tan A$, 得 $cb\cos A=\tan A$,

从而 $bc=\dfrac{\tan A}{\cos A}$. 又 $\angle A=\dfrac{\pi}{6}$,

故 $S_{\triangle ABC}=\dfrac{1}{2}bc\sin A=\dfrac{1}{2}\times\dfrac{\tan A}{\cos A}\cdot\sin A=$

$\dfrac{\tan^2 A}{2}=\dfrac{1}{6}.$

9.【解析】因为 $0<\angle A<\pi$,

所以 $\sin A=\sqrt{1-\cos^2 A}=\dfrac{\sqrt{15}}{4}.$

又 $S_{\triangle ABC}=\dfrac{1}{2}bc\sin A=\dfrac{\sqrt{15}}{8}bc=3\sqrt{15}$,

所以 $bc=24$,

联立 $\begin{cases}b-c=2\\bc=24\end{cases}$,解得 $b=6,c=4.$

由余弦定理得 $a^2=b^2+c^2-2bc\cos A=6^2+4^2-2\times 6\times 4\times\left(-\dfrac{1}{4}\right)=64$,所以 $a=8.$

10.【解析】因为 $\angle A+\angle B+\angle C=\pi,\angle A-\angle C=\dfrac{\pi}{2}$,

所以 $\angle A=\dfrac{\pi}{2}+\angle C,\angle B=\dfrac{\pi}{2}-2\angle C.$

同取正弦值得,$\sin A=\sin\left(\dfrac{\pi}{2}+C\right)=\cos C$,

$\sin B=\sin\left(\dfrac{\pi}{2}-2C\right)=\cos 2C.$

因为 a,b,c 成等差数列,所以 $2b=a+c.$

由正弦定理,边化角 $2\cos 2C=\cos C+\sin C.$

根据倍角公式展开 $2(\cos C+\sin C)(\cos C-\sin C)=\cos C+\sin C$,化简得 $\cos C-\sin C=\dfrac{1}{2}$,

等式两边同时平方得 $(\cos C-\sin C)^2=\dfrac{1}{4}.$

化简 $2\sin C\cos C=\dfrac{3}{4}$,即 $\sin 2C=\dfrac{3}{4}.$

而 $\cos B=\cos\left(\dfrac{\pi}{2}-2C\right)=\sin 2C=\dfrac{3}{4}.$

故答案为 $\dfrac{3}{4}.$

11.【解析】因为 $\sin A+\cos\left(A+\dfrac{\pi}{6}\right)=\dfrac{\sqrt{3}}{2}$,

所以 $\sin A+\dfrac{\sqrt{3}}{2}\cos A-\dfrac{1}{2}\sin A=\dfrac{\sqrt{3}}{2}$,

化简得,$\sin\left(A+\dfrac{\pi}{3}\right)=\dfrac{\sqrt{3}}{2}.$

因为 $\angle A\in(0,\pi),\angle A+\dfrac{\pi}{3}\in\left(\dfrac{\pi}{3},\dfrac{4\pi}{3}\right)$,

所以 $\angle A+\dfrac{\pi}{3}=\dfrac{2\pi}{3}$,解得 $\angle A=\dfrac{\pi}{3}.$

因为 $b+c=4$,所以由余弦定理可得 $a^2=b^2+c^2-2bc\cos A=(b+c)^2-2bc-bc=16-3bc.$

因为由 $b+c=4,b+c\geqslant 2\sqrt{bc}$,得 $0<bc\leqslant 4$,

所以 $4\leqslant a^2<16$,即 $2\leqslant a<4.$

所以 $\triangle ABC$ 周长 $L=a+b+c=a+4\in[6,8).$

故选 A.

12.【解析】因为 $\dfrac{b}{c}+\dfrac{c}{b}=\dfrac{b^2+c^2}{bc}$,

由余弦定理有 $\cos A=\dfrac{b^2+c^2-a^2}{2bc}$ ①

又由面积公式有 $S=\dfrac{1}{2}a\times\dfrac{\sqrt{3}}{6}a=\dfrac{1}{2}bc\sin A$,

即 $a^2=2\sqrt{3}bc\sin A$ ②

将②代入①得:$b^2+c^2=2bc(\cos A+\sqrt{3}\sin A)$,

所以 $\dfrac{b}{c}+\dfrac{c}{b}=2(\cos A+\sqrt{3}\sin A)=4\sin\left(A+\dfrac{\pi}{6}\right)$,

当 $\angle A=\dfrac{\pi}{3}$ 时取得最大值 4.故选 D.

13.【解析】如图 6-9 所示,由正弦定理可得

$\dfrac{AB}{\sin\angle ADB}=\dfrac{AD}{\sin B}$,即 $\dfrac{\sqrt{2}}{\sin\angle ADB}=\dfrac{\sqrt{3}}{\sin B}$,

故 $\sin\angle ADB=\dfrac{\sqrt{2}}{2}$,即 $\angle ADB=45°.$

在 $\triangle ABD$ 中,知 $\angle B=120°$,所以 $\angle BAD=15°.$

由于 AD 是 $\angle BAC$ 的角平分线,故 $\angle BAC=2\angle BAD=30°.$

在 $\triangle ABC$ 中,$\angle B=120°,\angle BAC=30°$,

得 $\angle C=30°.$

在 $\triangle ABC$ 中,由正弦定理得 $\dfrac{AC}{\sin B}=\dfrac{AB}{\sin C}$,

即 $\dfrac{AC}{\sin 120°}=\dfrac{\sqrt{2}}{\sin 30°}$,解得 $AC=\sqrt{6}.$

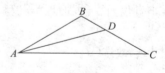

图 6-9

14.【解析】由 $\cos\angle DAC=\dfrac{3\sqrt{10}}{10},\cos C=\dfrac{2\sqrt{5}}{5}$,可得

188

$\sin \angle DAC = \dfrac{\sqrt{10}}{10}, \sin C = \dfrac{\sqrt{5}}{5}.$

$\cos \angle ADC = -\cos(C+\angle DAC) = -\cos C \cdot$

$\cos \angle DAC + \sin C \cdot \sin \angle DAC,$

解得 $\cos \angle ADC = -\dfrac{\sqrt{2}}{2}.$

所以 $\angle ADC = \dfrac{3\pi}{4}, \angle ADB = \dfrac{\pi}{4}.$

设 $DC = x,$ 则 $BD = 2x,$

由正弦定理可得 $AD = \dfrac{CD \cdot \sin C}{\sin \angle DAC} = \sqrt{2}x.$

由余弦定理得:$AB^2 = BD^2 + AD^2 - 2BD \cdot$

$AD \cdot \cos \angle ADB.$

代入数值得 $2 = 4x^2 + 2x^2 - 4\sqrt{2}x^2 \cdot \dfrac{\sqrt{2}}{2},$

解得 $x = 1.$

在 $\triangle ACD$ 中,由正弦定理得 $AC = \dfrac{\sqrt{2}\sin \angle ADC}{\sin C} = \sqrt{5}.$

故答案为 $\sqrt{5}.$

15.【解析】如图 6-10 所示,在 $\triangle ABD$ 中,由正弦定理,得 $\dfrac{AD}{\sin \angle ABD} = \dfrac{BD}{\sin A},$ 即 $\dfrac{AD}{\sin 60°} = \dfrac{1}{\sin A},$ 所以 $AD = \dfrac{\sqrt{3}}{2\sin A}.$ 同理 $CD = \dfrac{\sqrt{3}}{2\sin C}.$ 所以 $b = AD + CD = \dfrac{\sqrt{3}}{2}\left(\dfrac{1}{\sin A} + \dfrac{1}{\sin C}\right).$

在 $\triangle ABC$ 中,$\dfrac{b}{\sin 120°} = \dfrac{a}{\sin A} = \dfrac{c}{\sin C},$

则 $\dfrac{1}{\sin A} + \dfrac{1}{\sin C} = \dfrac{a}{\sin A} + \dfrac{c}{\sin C},$

所以 $a = 1 + \dfrac{\sin A}{\sin C}, c = 1 + \dfrac{\sin C}{\sin A},$

所以 $4a + c = 4 + \dfrac{4\sin A}{\sin C} + 1 + \dfrac{\sin C}{\sin A} = 5 +$

$\dfrac{4\sin A}{\sin C} + \dfrac{\sin C}{\sin A} \geqslant 5 + 2\sqrt{\dfrac{4\sin A}{\sin C} \cdot \dfrac{\sin C}{\sin A}} = 9,$ 当且仅当 $4\sin^2 A = \sin^2 C,$ 即 $2\sin A = \sin C = \sin(60° - A) = \dfrac{\sqrt{3}}{2}\cos A - \dfrac{1}{2}\sin A,$ 即 $\tan A = \dfrac{\sqrt{3}}{5}$ 时,取"=".

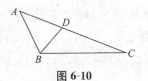

图 6-10

第七节 小题常考专题——平面向量

例 7.1 变式拓展

1.【分析】注意到 M 是 CD 边的中点,平行四边形的对边平行,通过比例可得到 BN 与 BD 的关系.

【解析】 $AB \parallel CD \Rightarrow \triangle DNM \sim \triangle BNA \Rightarrow \overrightarrow{BN} = \dfrac{2}{3}\overrightarrow{BD}$ 且 $\overrightarrow{CN} = \overrightarrow{BN} - \overrightarrow{BC},$

故 $\overrightarrow{CN} = \dfrac{2}{3}\overrightarrow{BD} - \overrightarrow{BC} = \dfrac{2}{3}(\overrightarrow{BA} + \overrightarrow{BC}) - \overrightarrow{BC} = \dfrac{2}{3}\overrightarrow{BA} - \dfrac{1}{3}\overrightarrow{BC}.$ 故选 B.

【评注】几何图形中的向量运算,应注意结合几何图形本身的性质求解.

例 7.2 变式拓展

1.【解析】由已知得,$\overrightarrow{AB} = \dfrac{1}{\lambda}\overrightarrow{AE}, \overrightarrow{AC} = \dfrac{1}{\mu}\overrightarrow{AF},$

因为 $\overrightarrow{AG} = \dfrac{2}{3}\left[\dfrac{1}{2}(\overrightarrow{AB} + \overrightarrow{AC})\right] = \dfrac{1}{3}(\overrightarrow{AB} + \overrightarrow{AC}),$

所以 $\overrightarrow{AG} = \dfrac{1}{3\lambda}\overrightarrow{AE} + \dfrac{1}{3\mu}\overrightarrow{AF}.$

由 G,E,F 三点共线可知:$1 = \dfrac{1}{3\lambda} + \dfrac{1}{3\mu},$

即 $\dfrac{1}{\lambda} + \dfrac{1}{\mu} = 3.$ 故答案为 3.

2.【解析】$\overrightarrow{AD} = \overrightarrow{AB} + \overrightarrow{BD} = \overrightarrow{AB} + \dfrac{1}{3}\overrightarrow{BC} = \overrightarrow{AB} +$

$\dfrac{1}{3}(\overrightarrow{BA} + \overrightarrow{AC}) = \dfrac{2}{3}\overrightarrow{AB} + \dfrac{1}{3}\overrightarrow{AC}.$

又 $\overrightarrow{AB} = \dfrac{1}{m}\overrightarrow{AM}, \overrightarrow{AC} = \dfrac{1}{n}\overrightarrow{AN},$ 代入上式得,

$\overrightarrow{AD} = \dfrac{2}{3m}\overrightarrow{AM} + \dfrac{1}{3n}\overrightarrow{AN}.$

由 D,M,N 三点共线,可知

$1 = \dfrac{2}{3m} + \dfrac{1}{3n} \Rightarrow \dfrac{2}{m} + \dfrac{1}{n} = 3.$ 故选 D.

例 7.3 变式拓展

1.【解析】$\overrightarrow{OC} = 2x\overrightarrow{OA} + y\overrightarrow{OB} = x(2\overrightarrow{OA}) + y\overrightarrow{OB}.$

延长 OA 至 $OA_1,$ 使 $\overrightarrow{OA} = \dfrac{1}{2}\overrightarrow{OA_1},$ 则 $2\overrightarrow{OA} = \overrightarrow{OA_1},$ 联结 $BA_1,$ 延长 OC 交 BA_1 于点 $D,$ 如图 7-19 所示.

则 $x(2\overrightarrow{OA})+y\overrightarrow{OB}=x\overrightarrow{OA_1}+y\overrightarrow{OB}=\overrightarrow{OC}=t\overrightarrow{OD}$.

因为 A_1,B,D 三点共线,故 $t=x+y$.

又 $t=\dfrac{|\overrightarrow{OC}|}{|\overrightarrow{OD}|}=\dfrac{1}{|\overrightarrow{OD}|}$,要使 t 最大,

即 $|\overrightarrow{OD}|$ 最小,且 $|\overrightarrow{OD}|_{\min}=\dfrac{1\times 2}{\sqrt{5}}=\dfrac{2\sqrt{5}}{5}$,

所以 $t_{\max}=\dfrac{|\overrightarrow{OC}|}{|\overrightarrow{OD}|_{\min}}=\dfrac{\sqrt{5}}{2}$.

故答案为 $\dfrac{\sqrt{5}}{2}$.

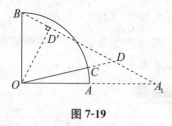

图 7-19

【评注】通过条件,主动构造所需要的表达式,是处理数学问题的一种基本思路.

例 7.4 变式拓展

1.【解析】如图 7-20 所示,以 BD 中点 O 为原点,BD 所在直线为 x 轴,BD 垂直平分线为 y 轴,建立平面直角坐标系,则 $A\left(0,-\dfrac{1}{2}\right)$,$B\left(\dfrac{\sqrt{3}}{2},0\right)$,$C\left(0,\dfrac{3}{2}\right)$,$D\left(-\dfrac{\sqrt{3}}{2},0\right)$,

由于点 E 在 CD 上,则 $\overrightarrow{DE}=\lambda\overrightarrow{DC}(0\leqslant\lambda\leqslant 1)$,设 $E(x,y)$,

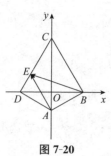

图 7-20

则 $\left(x+\dfrac{\sqrt{3}}{2},y\right)=\lambda\left(\dfrac{\sqrt{3}}{2},\dfrac{3}{2}\right)$,即 $\begin{cases}x+\dfrac{\sqrt{3}}{2}=\dfrac{\sqrt{3}}{2}\lambda\\y=\dfrac{3}{2}\lambda\end{cases}$,

据此可得 $E\left(\dfrac{\sqrt{3}}{2}\lambda-\dfrac{\sqrt{3}}{2},\dfrac{3}{2}\lambda\right)$,

且 $\overrightarrow{AE}=\left(\dfrac{\sqrt{3}}{2}\lambda-\dfrac{\sqrt{3}}{2},\dfrac{3}{2}\lambda+\dfrac{1}{2}\right)$,$\overrightarrow{BE}=\left(\dfrac{\sqrt{3}}{2}\lambda-\sqrt{3},\dfrac{3}{2}\lambda\right)$,

则 $\overrightarrow{AE}\cdot\overrightarrow{BE}=\left(\dfrac{\sqrt{3}}{2}\lambda-\dfrac{\sqrt{3}}{2}\right)\left(\dfrac{\sqrt{3}}{2}\lambda-\sqrt{3}\right)+\dfrac{3}{2}\lambda\left(\dfrac{3}{2}\lambda+\dfrac{1}{2}\right)$,

整理,得 $\overrightarrow{AE}\cdot\overrightarrow{BE}=\dfrac{3}{4}(4\lambda^2-2\lambda+2)$ $(0\leqslant\lambda\leqslant 1)$,

结合二次函数的性质可知,当 $\lambda=\dfrac{1}{4}$ 时,$\overrightarrow{AE}\cdot\overrightarrow{BE}$ 取得最小值 $\dfrac{21}{16}$.故选 A.

例 7.5 变式拓展

1.【分析】将已知条件平方,再结合 $|e|=1$,转化成关于 t 的一元二次不等式 $t^2-2\boldsymbol{a}\cdot\boldsymbol{e}t-2\boldsymbol{a}\cdot\boldsymbol{e}-1\geqslant 0$,转化成研究一元二次不等式恒成立的问题.

【解析】由 $|\boldsymbol{a}+\boldsymbol{e}|\leqslant|\boldsymbol{a}-t\boldsymbol{e}|$ 得 $|\boldsymbol{a}+\boldsymbol{e}|^2\leqslant|\boldsymbol{a}-t\boldsymbol{e}|^2$,整理可得 $\boldsymbol{a}^2+\boldsymbol{e}^2+2\boldsymbol{a}\cdot\boldsymbol{e}\leqslant\boldsymbol{a}^2+t^2\boldsymbol{e}^2-2t\boldsymbol{a}\cdot\boldsymbol{e}$.

因为 $|\boldsymbol{e}|=1$,所以 $t^2-2\boldsymbol{a}\cdot\boldsymbol{e}t-2\boldsymbol{a}\cdot\boldsymbol{e}-1\geqslant 0$,

因为对 $\forall t\in\mathbf{R}$,$|\boldsymbol{a}+\boldsymbol{e}|\leqslant|\boldsymbol{a}-t\boldsymbol{e}|$,

所以对 $\forall t\in\mathbf{R}$,$t^2-2\boldsymbol{a}\cdot\boldsymbol{e}t-2\boldsymbol{a}\cdot\boldsymbol{e}-1\geqslant 0$ 恒成立.

所以 $\Delta=(-2\boldsymbol{a}\cdot\boldsymbol{e})^2-4(-2\boldsymbol{a}\cdot\boldsymbol{e}-1)\leqslant 0$,即 $(\boldsymbol{a}\cdot\boldsymbol{e}+1)^2\leqslant 0$,所以 $\boldsymbol{a}\cdot\boldsymbol{e}+1=0$.

因为 $|\boldsymbol{e}|=1$,所以 $\boldsymbol{a}\cdot\boldsymbol{e}+\boldsymbol{e}^2=0$,故 $\boldsymbol{e}\cdot(\boldsymbol{a}+\boldsymbol{e})=0$,因此 $\boldsymbol{e}\perp(\boldsymbol{a}+\boldsymbol{e})$.

故选 C.

例 7.6 变式拓展

1.【分析】注意到 $\overrightarrow{AN}$ 的长度固定,所以考虑利用向量投影模型处理,往 $\overrightarrow{AN}$ 上投影.

【解析】由平面向量数量积的几何定义可知,$\overrightarrow{AM}\cdot\overrightarrow{AN}$ 的值为 $|\overrightarrow{AN}|$ 乘以 $\overrightarrow{AM}$ 在 $\overrightarrow{AN}$ 上的投影,而 $|\overrightarrow{AN}|$ 是定值,故要使 $\overrightarrow{AM}\cdot\overrightarrow{AN}$ 最大,只需使 $\overrightarrow{AM}$ 在 $\overrightarrow{AN}$ 上的投影最长即可.

由几何知识可知,当点 M 运动到点 C 的时候,$\overrightarrow{AM}$ 在 $\overrightarrow{AN}$ 上的投影最长,此时 $\overrightarrow{AM}\cdot\overrightarrow{AN}$ 达到最大.下面求解该最大值.

以 A 为坐标原点,建立如图 7-21 所示的直角坐标系,由题意得,$A(0,0)$,$N(1,2)$,$C(2,2)$,可得 $\overrightarrow{AN}=(1,2)$,$\overrightarrow{AC}=(2,2)$,所以 $\overrightarrow{AN}\cdot\overrightarrow{AC}=6$.故答案为 6.

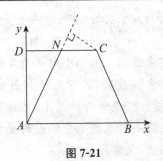

图 7-21

【评注】利用向量投影模型找到最大值,再利用直角坐标系去计算,这种先找后算的解题策略,充分体现了数形结合的思想方法.

例 7.7 变式拓展

1.【分析】由所求的向量形式和 $|\overrightarrow{AB}|$ 为定值,考虑使用极化恒等式.

【解析】如图 7-22 所示,取 AB 的中点 M,由极化恒等式可得 $\overrightarrow{PA}\cdot\overrightarrow{PB}=|\overrightarrow{PM}|^2-\dfrac{1}{4}|\overrightarrow{AB}|^2$,因为 $|\overrightarrow{AB}|$ 为定值 $2\sqrt{3}$,所以 $\overrightarrow{PA}\cdot\overrightarrow{PB}=|\overrightarrow{PM}|^2-3$.故只需要考虑 $|\overrightarrow{PM}|$ 的最值即可.

由几何知识可知 $|\overrightarrow{PM}|_{max}=r+d=2+1=3$,$|\overrightarrow{PM}|_{min}=r-d=2-1=1$.其中 $r=2$ 表示外接圆的半径,$d=r\sin30°=\dfrac{1}{2}r=1$ 表示圆心到 AB 的距离.

所以 $\overrightarrow{PA}\cdot\overrightarrow{PB}$ 的取值范围是 $[-2,6]$.

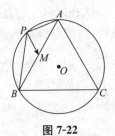

图 7-22

2.【解析】根据题意作图,如图 7-23 所示.记 OF 的中点为 $M\left(-\dfrac{1}{2},0\right)$,由极化恒等式,$\overrightarrow{OP}\cdot\overrightarrow{FP}=\overrightarrow{PO}\cdot\overrightarrow{PF}=|\overrightarrow{PM}|^2-\dfrac{1}{4}|\overrightarrow{OF}|^2$,因为 $|\overrightarrow{OF}|$ 是一个定值,所以只需求 $|\overrightarrow{PM}|$ 的最大值.

设 $P(x_0,y_0)$,其中 $\dfrac{x_0^2}{4}+\dfrac{y_0^2}{3}=1$,$x_0\in[-2,2]$,$|\overrightarrow{PM}|^2=\left(x_0+\dfrac{1}{2}\right)^2+y_0^2=\dfrac{1}{4}[(x_0+2)^2+9]\leqslant\dfrac{25}{4}$.

因此 $\overrightarrow{OP}\cdot\overrightarrow{FP}=\overrightarrow{PO}\cdot\overrightarrow{PF}=|\overrightarrow{PM}|^2-\dfrac{1}{4}|\overrightarrow{OF}|^2\leqslant\dfrac{25}{4}-\dfrac{1}{4}=6$.故选 C.

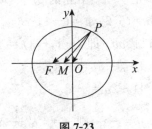

图 7-23

牛刀小试

1.【解析】因为 $x^2\overrightarrow{OA}+x\overrightarrow{OB}+\overrightarrow{BC}=\mathbf{0}$,即 $x^2\overrightarrow{OA}+x\overrightarrow{OB}+\overrightarrow{OC}-\overrightarrow{OB}=\mathbf{0}$,

所以 $-x^2\overrightarrow{OA}+(1-x)\overrightarrow{OB}=\overrightarrow{OC}$,

因为 A,B,C 三点共线,

所以 $-x^2-x+1=1$,解得 $x=0$ 或 -1.

当 $x=0$ 时,$x^2\overrightarrow{OA}+x\overrightarrow{OB}+\overrightarrow{BC}=\mathbf{0}$ 等价于 $\overrightarrow{BC}=\mathbf{0}$,不合题意.故选 A.

2.【解析】因为 $(\mathbf{a}-\mathbf{b})\perp\mathbf{b}$,所以 $(\mathbf{a}-\mathbf{b})\cdot\mathbf{b}=\mathbf{a}\cdot\mathbf{b}-\mathbf{b}^2=|\mathbf{a}|\cdot|\mathbf{b}|\cos\langle\mathbf{a},\mathbf{b}\rangle-\mathbf{b}^2=0$,

所以 $\cos\langle\mathbf{a},\mathbf{b}\rangle=\dfrac{|\mathbf{b}|^2}{|\mathbf{a}|\cdot|\mathbf{b}|}=\dfrac{|\mathbf{b}|^2}{2|\mathbf{b}|^2}=\dfrac{1}{2}$.

又因为 $\langle\mathbf{a},\mathbf{b}\rangle\in[0,\pi]$,所以 $\langle\mathbf{a},\mathbf{b}\rangle=\dfrac{\pi}{3}$.

故选 B.

3.【解析】由图可知 x,y 均为正,设 $\overrightarrow{AD}=m\overrightarrow{AB}+n\overrightarrow{AC}$,$\overrightarrow{AE}=\lambda\overrightarrow{AB}+\mu\overrightarrow{AC}$,

因为 B,D,E,C 共线,所以 $m+n=1,\lambda+\mu=1$,

因为 $\overrightarrow{AD}+\overrightarrow{AE}=x\overrightarrow{AB}+y\overrightarrow{AC}=(m+\lambda)\overrightarrow{AB}+(n+\mu)\overrightarrow{AC}$,

则 $x+y=m+n+\lambda+\mu=2$,

所以 $\dfrac{1}{x}+\dfrac{4}{y}=\dfrac{1}{2}\left(\dfrac{1}{x}+\dfrac{4}{y}\right)(x+y)=\dfrac{1}{2}\left(5+\dfrac{y}{x}+\dfrac{4x}{y}\right)\geqslant\dfrac{1}{2}\left(5+2\sqrt{\dfrac{y}{x}\cdot\dfrac{4x}{y}}\right)=\dfrac{9}{2}$(当且仅当 $2x=y$ 时等号成立),

所以 $\dfrac{1}{x}+\dfrac{4}{y}$ 的最小值为 $\dfrac{9}{2}$.故选 D.

4.【分析】方法一:建立平面直角坐标系,转化为向量的坐标运算求解;方法二:采用向量加法的三角形法则求解.

【解析】解法一：以向量 a 的终点为原点，过该点的水平和竖直的网格线所在直线为 x 轴、y 轴建立平面直角坐标系，

设一个小正方形网格的边长为 1，则 $a=(-1,1)$，$b=(6,2)$，$c=(-1,-3)$.

由 $c=\lambda a+\mu b$，即 $(-1,-3)=\lambda(-1,1)+\mu(6,2)$，得 $\begin{cases}-\lambda+6\mu=-1\\\lambda+2\mu=-3\end{cases}$，

故 $\lambda=-2$，$\mu=-\dfrac{1}{2}$，则 $\dfrac{\lambda}{\mu}=4$. 故选 A.

解法二：如图 7-24，将向量 c 延长，将向量 a 反向延长，使得它们相交，则由网格可直观看出：

$2c=-b-4a$，即 $c=-2a-\dfrac{1}{2}b$，

又因为 $c=\lambda a+\mu b$，

所以 $\lambda=-2$，$\mu=-\dfrac{1}{2}$，则 $\dfrac{\lambda}{\mu}=4$.

故选 A.

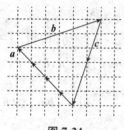

图 7-24

5.【解析】如图 7-25 所示，延长 AO 交 $\triangle ABC$ 的外接圆于点 N，联结 BN，CN.

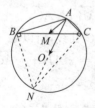

图 7-25

因为 M 为边 BC 的中点，所以 $\overrightarrow{AM}=\dfrac{1}{2}(\overrightarrow{AB}+\overrightarrow{AC})$，且 $\angle ABN=\angle ACN=\dfrac{\pi}{2}$，

所以 $\overrightarrow{AM}\cdot\overrightarrow{AO}=\dfrac{1}{4}(\overrightarrow{AB}+\overrightarrow{AC})\cdot\overrightarrow{AN}=\dfrac{1}{4}(\overrightarrow{AB}\cdot\overrightarrow{AN}+\overrightarrow{AC}\cdot\overrightarrow{AN})=\dfrac{1}{4}(|\overrightarrow{AB}|^2+|\overrightarrow{AC}|^2)=5$.

故选 B.

【评注】因为 $\overrightarrow{AN}$ 在 $\overrightarrow{AB}$ 上的投影就是 $|\overrightarrow{AB}|$，所以 $\overrightarrow{AB}\cdot\overrightarrow{AN}=|\overrightarrow{AB}|^2$. 同理可得，$\overrightarrow{AC}\cdot\overrightarrow{AN}=|\overrightarrow{AC}|^2$.

6.【分析】首先根据从同一个起点出发的三个向量，当三个终点共线时，其中一个用另两个来表示，系数和等于 1，设出两种关系，之后转化，利用一个向量在同一组基底下分解出的坐标是相等的，得到方程组，求解代入得结果.

【解析】如图 7-26 所示，由题意得 $\overrightarrow{AP}=\lambda\overrightarrow{AB}+(1-\lambda)\overrightarrow{AN}=\lambda\overrightarrow{AB}+(1-\lambda)n\overrightarrow{AC}$，$\overrightarrow{AP}=\mu\overrightarrow{AC}+(1-\mu)\overrightarrow{AM}=\mu\overrightarrow{AC}+(1-\mu)m\overrightarrow{AB}$，

根据一个向量在同一组基底下分解出的坐标是相等的，得到 $\begin{cases}\mu=(1-\lambda)n\\\lambda=(1-\mu)m\end{cases}$，解得 $\begin{cases}\lambda=\dfrac{mn-m}{mn-1}\\\mu=\dfrac{mn-n}{mn-1}\end{cases}$，

代入可得 $\overrightarrow{AP}=\dfrac{mn-m}{mn-1}\overrightarrow{AB}+\dfrac{mn-n}{mn-1}\overrightarrow{AC}$. 故选 A.

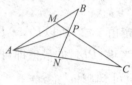

图 7-26

7.【解析】如图 7-27 所示，因为 $\overrightarrow{AB}\cdot\overrightarrow{BC}=0$，所以 $BA\perp BC$，所以 $\angle ABC=90°$.

因为 $\overrightarrow{AD}\cdot\overrightarrow{DC}=0$，所以 $DA\perp DC$，所以 $\angle ADC=90°$.

所以点 A，B，C，D 在以 AC 为直径的圆上，

所以 $|\overrightarrow{BD}|$ 的最大值就是该圆的直径 $|\overrightarrow{AC}|$.

因为 $|\overrightarrow{AB}|=|\overrightarrow{BC}|=1$，所以 $|\overrightarrow{AC}|=\sqrt{1^2+1^2}=\sqrt{2}$，即 $|\overrightarrow{BD}|_{max}=\sqrt{2}$. 故选 A.

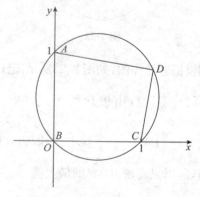

图 7-27

8.【解析】$\overrightarrow{AO}\cdot\overrightarrow{AG}=\overrightarrow{AO}\cdot\dfrac{2}{3}\times\dfrac{1}{2}(\overrightarrow{AB}+\overrightarrow{AC})=$

$\frac{1}{3}(\frac{1}{2}|\overrightarrow{AB}|^2+\frac{1}{2}|\overrightarrow{AC}|^2)=\frac{50}{3}$. 故答案为 $\frac{50}{3}$.

9.【解析】由题意,抛物线焦点 $(1,0)$,故 $x_A=x_B=1$,代入抛物线方程解得 $y_A=2$,$y_B=-2$(假设 A 在 B 上方),故 $\overrightarrow{OA}=(1,2)$,$\overrightarrow{OB}=(1,-2)$,所以 $\overrightarrow{OM}=\lambda(1,2)+(\lambda-2)(1,-2)=(2\lambda-2,4)$,即 $M(2\lambda-2,4)$,代入抛物线方程 $4^2=4\times(2\lambda-2)$,解得 $\lambda=3$.

10.【解析】由题意得 $\overrightarrow{BA}\cdot\overrightarrow{CA}=4=\overrightarrow{AB}\cdot\overrightarrow{AC}$,$\overrightarrow{BF}\cdot\overrightarrow{CF}=-1$,$\overrightarrow{FB}\cdot\overrightarrow{FC}=-1$.

由极化恒等式得,

$\overrightarrow{AB}\cdot\overrightarrow{AC}=\overrightarrow{AD}^2-\frac{1}{4}\overrightarrow{BC}^2=4$ ①

且 $\overrightarrow{FB}\cdot\overrightarrow{FC}=\overrightarrow{FD}^2-\frac{1}{4}\overrightarrow{BC}^2=-1$ ②

则 $\overrightarrow{BE}\cdot\overrightarrow{CE}=\overrightarrow{EB}\cdot\overrightarrow{EC}=\overrightarrow{ED}^2-\frac{1}{4}\overrightarrow{BC}^2$ ③

又 $\overrightarrow{AD}=3\overrightarrow{FD}=\frac{3}{2}\overrightarrow{ED}$,

故①-②,得 $\overrightarrow{AD}^2-\overrightarrow{FD}^2=5=8\overrightarrow{FD}^2$,

所以 $\overrightarrow{FD}^2=\frac{5}{8}$,$\overrightarrow{BC}^2=\frac{13}{2}$,

因此 $\overrightarrow{BE}\cdot\overrightarrow{CE}=\overrightarrow{ED}^2-\frac{1}{4}\overrightarrow{BC}^2=4\overrightarrow{FD}^2-\frac{1}{4}\overrightarrow{BC}^2=\frac{5}{2}-\frac{13}{8}=\frac{7}{8}$. 故答案为 $\frac{7}{8}$.

11.【分析】由于条件中 $\overrightarrow{PB},\overrightarrow{PC}$ 都是动态变化的,而 $|\overrightarrow{BC}|$ 是固定的,考虑极化恒等式,转化成单变量形式.

【解析】设 BC 的中点为 M,如图7-28所示,则 $\overrightarrow{PB}\cdot\overrightarrow{PC}=|\overrightarrow{PM}|^2-\frac{1}{4}|\overrightarrow{BC}|^2$.

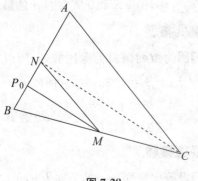

图 7-28

因为对于边 AB 上任一点 P,恒有 $\overrightarrow{PB}\cdot\overrightarrow{PC}\geqslant$ $\overrightarrow{P_0B}\cdot\overrightarrow{P_0C}$,说明 P_0 为使得 $\overrightarrow{PB}\cdot\overrightarrow{PC}$ 最小的点 P,即 $|\overrightarrow{PM}|$ 最小,故 $\overrightarrow{P_0M}\perp\overrightarrow{AB}$.

设 AB 的中点为 N,联结 CN. 易知 MP_0 为 $\triangle BCN$ 的中位线,所以 $CN\perp AB$.

由三线合一可知,$\triangle ABC$ 为等腰三角形,且 $AC=BC$. 故选 D.

12.【解析】因为 $\overrightarrow{BC}\cdot\overrightarrow{CA}=\overrightarrow{CA}\cdot\overrightarrow{AB}\Leftrightarrow\overrightarrow{CA}\cdot(\overrightarrow{BC}-\overrightarrow{AB})=0\Leftrightarrow\overrightarrow{CA}\cdot(\overrightarrow{BC}+\overrightarrow{BA})=0$.

如图7-29所示,设 AC 的中点为 D,则 $\overrightarrow{CA}\cdot 2\overrightarrow{BD}=0$,所以 $BD\perp AC$,所以 $BA=BC$.

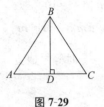

图 7-29

又 $|\overrightarrow{BA}+\overrightarrow{BC}|=2$,所以 $2|\overrightarrow{BD}|=2$,即 $|\overrightarrow{BD}|=1$,由极化恒等式得,$\overrightarrow{BA}\cdot\overrightarrow{BC}=|\overrightarrow{BD}|^2-\frac{1}{4}|\overrightarrow{AC}|^2=1-\frac{1}{4}|\overrightarrow{AC}|^2$,而 $|\overrightarrow{AC}|=2|\overrightarrow{AD}|=2\cdot|\overrightarrow{BD}|\cdot\tan\frac{\angle ABC}{2}=2\tan\frac{\angle ABC}{2}$.

因为 $\angle ABC\in[\frac{\pi}{3},\frac{2\pi}{3}]$,所以 $\frac{\angle ABC}{2}\in[\frac{\pi}{6},\frac{\pi}{3}]$,所以 $\tan\frac{\angle ABC}{2}\in[\frac{\sqrt{3}}{3},\sqrt{3}]$,所以 $|\overrightarrow{AC}|\in[\frac{2\sqrt{3}}{3},2\sqrt{3}]$,所以 $\frac{1}{4}|\overrightarrow{AC}|^2\in[\frac{1}{3},3]$,所以 $\overrightarrow{BA}\cdot\overrightarrow{BC}\in[-2,\frac{2}{3}]$. 故选 D.

13.【解析】解法一:由题意设 $|\boldsymbol{n}|=t$,则 $t>0$,

若 $|\boldsymbol{m}+2\boldsymbol{n}|=3$,

则 $|\boldsymbol{m}+2\boldsymbol{n}|^2=9\Rightarrow(\boldsymbol{m}+2\boldsymbol{n})^2=\boldsymbol{m}^2+4\boldsymbol{m}\cdot\boldsymbol{n}+4\boldsymbol{n}^2=1+4(\boldsymbol{m}\cdot\boldsymbol{n}+t^2)=9$,

变形得 $\boldsymbol{m}\cdot\boldsymbol{n}=2-t^2$,$|\boldsymbol{m}+\boldsymbol{n}|^2=\boldsymbol{m}^2+2\boldsymbol{m}\cdot\boldsymbol{n}+\boldsymbol{n}^2=5-t^2$,则 $|\boldsymbol{m}+\boldsymbol{n}|+|\boldsymbol{n}|=\sqrt{5-t^2}+t$.

又由 $(|\boldsymbol{m}+\boldsymbol{n}|+|\boldsymbol{n}|)^2=(5-t^2)+t^2+2\sqrt{(5-t^2)\times t^2}=5+2\sqrt{(5-t^2)\times t^2}\leqslant 10$,当且仅当 $t=\frac{\sqrt{10}}{2}$ 时符号成立.

即 $|\boldsymbol{m}+\boldsymbol{n}|+|\boldsymbol{n}|\leqslant\sqrt{10}$,

所以$|m+n|+|n|$的最大值为$\sqrt{10}$.
故答案为$\sqrt{10}$.

解法二：设$m+2n=a$，则$|a|=3$，$n=\dfrac{a-m}{2}$，

$m+n=\dfrac{a+m}{2}$，

所以$|m+n|+|n|=\dfrac{|a+m|}{2}+\dfrac{|a-m|}{2}=$

$\dfrac{|a+m|+|a-m|}{2}\leqslant\sqrt{\dfrac{|a+m|^2+|a-m|^2}{2}}=$

$\sqrt{|a|^2+|m|^2}=\sqrt{10}$.

当且仅当$|a+m|=|a-m|$，

即$m\cdot n=-\dfrac{1}{2}$时等号成立.

故填$\sqrt{10}$.

14.【解析】设$\overrightarrow{AO}=\lambda\overrightarrow{AD}=\dfrac{\lambda}{2}(\overrightarrow{AB}+\overrightarrow{AC})$，

$\overrightarrow{AO}=\overrightarrow{AE}+\overrightarrow{EO}=\overrightarrow{AE}+\mu\overrightarrow{EC}=\overrightarrow{AE}+\mu(\overrightarrow{AC}-$

$\overrightarrow{AE})=(1-\mu)\overrightarrow{AE}+\mu\overrightarrow{AC}=\dfrac{1-\mu}{3}\overrightarrow{AB}+\mu\overrightarrow{AC}$，

所以$\begin{cases}\dfrac{\lambda}{2}=\dfrac{1-\mu}{3}\\ \dfrac{\lambda}{2}=\mu\end{cases}$，解得$\begin{cases}\lambda=\dfrac{1}{2}\\ \mu=\dfrac{1}{4}\end{cases}$，

所以$\overrightarrow{AO}=\dfrac{1}{2}\overrightarrow{AD}=\dfrac{1}{4}(\overrightarrow{AB}+\overrightarrow{AC})$，

$\overrightarrow{EC}=\overrightarrow{AC}-\overrightarrow{AE}=-\dfrac{1}{3}\overrightarrow{AB}+\overrightarrow{AC}$，

$6\overrightarrow{AO}\cdot\overrightarrow{EC}=6\times\dfrac{1}{4}(\overrightarrow{AB}+\overrightarrow{AC})\cdot\left(-\dfrac{1}{3}\overrightarrow{AB}+\right.$

$\left.\overrightarrow{AC}\right)=\dfrac{3}{2}\left(-\dfrac{1}{3}\overrightarrow{AB}^2+\dfrac{2}{3}\overrightarrow{AB}\cdot\overrightarrow{AC}+\overrightarrow{AC}^2\right)$

$=-\dfrac{1}{2}\overrightarrow{AB}^2+\overrightarrow{AB}\cdot\overrightarrow{AC}+\dfrac{3}{2}\overrightarrow{AC}^2$，

因为$\overrightarrow{AB}\cdot\overrightarrow{AC}=-\dfrac{1}{2}\overrightarrow{AB}^2+\overrightarrow{AB}\cdot\overrightarrow{AC}+\dfrac{3}{2}\overrightarrow{AC}^2$，

所以$\dfrac{1}{2}\overrightarrow{AB}^2=\dfrac{3}{2}\overrightarrow{AC}^2$，所以$\dfrac{\overrightarrow{AB}^2}{\overrightarrow{AC}^2}=\dfrac{AB^2}{AC^2}=3$，

所以$\dfrac{AB}{AC}=\sqrt{3}$.故填$\sqrt{3}$.

15.【解析】根据题意作图，如图7-30所示.设AC的中点为M，由极化恒等式，$\overrightarrow{PA}\cdot\overrightarrow{PC}=|\overrightarrow{PM}|^2-$

$\dfrac{1}{4}|\overrightarrow{AC}|^2=|\overrightarrow{PM}|^2-\dfrac{1}{2}$.

设点M在平面$A_1B_1C_1D_1$上的投影为点M_1，由勾股定理可知$|PM|^2=|MM_1|^2+|PM_1|^2=1+|PM_1|^2$，其中$|PM_1|\in\left[0,\dfrac{\sqrt{2}}{2}\right]$，故$|PM|^2\in\left[1,\dfrac{3}{2}\right]$.

所以$\overrightarrow{PA}\cdot\overrightarrow{PC}\in\left[\dfrac{1}{2},1\right]$.故答案为$\left[\dfrac{1}{2},1\right]$.

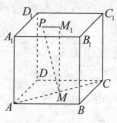

图7-30

第八节 小题常考专题——等差、等比数列基本量的求解

例8.1 变式拓展

1.【解析】设等差数列$\{a_n\}$的公差为d，则
由$a_1\neq 0$，$a_2=3a_1$可得，$d=2a_1$，

所以$\dfrac{S_{10}}{S_5}=\dfrac{\dfrac{10(a_1+a_{10})}{2}}{\dfrac{5(a_1+a_5)}{2}}=\dfrac{5(a_1+a_{10})}{5a_3}=\dfrac{2a_1+9d}{a_1+2d}=$

$\dfrac{20a_1}{5a_1}=4$.

例8.2 变式拓展

1.【解析】可得$a_1,a_2,a_3,a_4<0$，$a_5>0$，且$a_5>|a_4|=-a_4$，知$a_4+a_5>0$，

故$S_8=\dfrac{(a_1+a_8)\times 8}{2}=4(a_1+a_8)=4(a_4+a_5)>0$，

$S_7=7a_4<0$，所以$S_n>0$成立的n的最小值为8.

例8.3 变式拓展

1.【解析】因为数列$\{a_n\}$为等比数列，所以可设公比为q，又$S_5-S_4=-2a_4=a_5$，所以$q=-2$，

所以$\dfrac{S_5}{S_4}=\dfrac{1-q^5}{1-q^4}=\dfrac{1+32}{1-16}=-\dfrac{33}{15}$.故选A.

例8.4 变式拓展

1.【解析】设等比数列$\{a_n\}$的公比为q，

得$S_3=\dfrac{1}{q}+1+q(q\neq 0)$，

若 $q>0$ 时，则 $S_3=\dfrac{1}{q}+1+q\geqslant 1+2\sqrt{q\cdot\dfrac{1}{q}}=$ 3，当且仅当 $q=1$ 时取"=".

当 $q<0$ 时，则 $S_3=1-\left(-q-\dfrac{1}{q}\right)\leqslant 1-$ $2\sqrt{(-q)\dfrac{1}{-q}}=-1$，当且仅当 $q=-1$ 时取"="，因此 $S_3\leqslant -1$ 或 $S_3\geqslant 3$，故选 D．

例 8.5 变式拓展

1．【分析】根据已知条件中的 a_3,a_4,a_8 成等比数列，可以找出 a_1 和 d 的关系，将 a_1d,dS_4 都用公差 d 表示出来，即可判断符号．

【解析】因为等差数列 $\{a_n\}$ 中 a_3,a_4,a_8 成等比数列，所以 $(a_1+3d)^2=(a_1+2d)(a_1+7d)$，

得 $a_1=-\dfrac{5}{3}d$.

所以 $S_4=2(a_1+a_4)=2(a_1+a_1+3d)=-\dfrac{2}{3}d$.

所以 $a_1d=-\dfrac{5}{3}d^2<0,dS_4=-\dfrac{2}{3}d^2<0$.

故选 B．

例 8.6 变式拓展

1．【解析】因为 $2na_n=(n-1)a_{n-1}+(n+1)a_{n+1}$，所以数列 $\{na_n\}$ 是以 $a_1=1$ 为首项，$2a_2-a_1=5$ 为公差的等差数列，所以 $20a_{20}=1+5\times 19=96$，故 $a_{20}=\dfrac{96}{20}=\dfrac{24}{5}$.

故选 D．

牛刀小试

1．【解析】设等差数列的公差为 d，由 a_2,a_3,a_6 成等比数列，可知 $a_3^2=a_2a_6$，故可得 $(1+2d)^2=(1+d)(1+5d)$，化简得 $d^2+2d=0$，公差不为 0，所以 $d=-2$.

故 $S_6=6a_1+\dfrac{6\times(6-1)}{2}\times(-2)=-24$.

故选 A．

2．【解析】由 $3S_3=S_2+S_4$，得 $3S_3=S_3-a_3+S_3+a_4$，即 $S_3=a_4-a_3$，所以 $3a_1+\dfrac{3\times 2}{2}d=d$，而 $a_1=2$，所以 $d=-3$，所以 $a_5=2+4\times(-3)=-10$.

故选 B．

3．【解析】设等差数列 $\{a_n\}$ 的公差为 d，由 $S_4=0$，$a_5=5$，

得 $\begin{cases}4a_1+6d=0\\a_1+4d=5\end{cases}$，解得 $\begin{cases}a_1=-3\\d=2\end{cases}$，

所以 $a_n=2n-5,S_n=n^2-4n$.故选 A．

4．【解析】设等比数列 $\{a_n\}$ 的公比为 $q(q>0)$，则由前 4 项和为 40，且 $a_5=8a_3+9a_1$，有

$\begin{cases}\dfrac{a_1(1-q^4)}{1-q}=40\\a_1q^4=8a_1q^2+9a_1\end{cases}$，解得 $\begin{cases}a_1=1\\q=3\end{cases}$.

所以 $a_3=3^2=9$.故选 C．

5．【解析】由题意，设等比数列的公比为 q，由 $a_2a_3=2a_1$，且 a_4 与 $2a_7$ 的等差中项为 $\dfrac{5}{4}$，可得

$\begin{cases}a_1q^3+2a_1q^6=\dfrac{5}{2}\\a_1\cdot a_1q^2=2a_1\end{cases}$，解得 $q=\dfrac{1}{2},a_1=16$，所以

$S_5=\dfrac{a_1(1-q^5)}{1-q}=\dfrac{16\left[1-\left(\dfrac{1}{2}\right)^5\right]}{1-\dfrac{1}{2}}=31$.

故选 C．

6．【解析】设等差数列 $\{a_n\}$ 的公差为 d，因为 $a_2=7$，$a_4=3$，所以 $\begin{cases}a_1+d=7\\a_1+3d=3\end{cases}$，解得 $d=-2,a_1=9$，所以 $a_n=9-2(n-1)=-2n+11$，所以数列 $\{a_n\}$ 是递减数列，$S_n=10n-n^2$，令 $S_n>0$，解得 $0<n<10$.所以使得 $S_n>0$ 最大的自然数 n 是 9．

故选 A．

7．【解析】解法一：由 $S_4+S_6-2S_5=S_4-S_5+S_6-S_5=a_6-a_5=d$，可知当 $d>0$，则 $S_4+S_6-2S_5>0$，即 $S_4+S_6>2S_5$，反之，$S_4+S_6>2S_5\Rightarrow d>0$，故为充要条件．故选 C．

解法二：由 $S_4+S_6-2S_5=(S_6-S_5)-(S_5-S_4)=a_6-a_5=d$，即 $S_4+S_6-2S_5=d$ 可知，以下步骤同解法一．

8．【解析】a_1,a_3,a_4-a_1 成等差数列，即 $2a_3=a_1+a_4-a_1=a_4$，则 $q=2$.

所以 $S_n=\dfrac{a_1(1-2^n)}{1-2}=a_1(2^n-1)$，

$S_{n+1}=a_1(2^{n+1}-1),q^2S_n=4a_1(2^n-1)$.

当 $a_1>0,n\geqslant 1$ 时，$S_{n+1}-q^2S_n=a_1(2^{n+1}-1)-$

$4a_1(2^n-1)=a_1(3-2^{n+1})<0$,所以 $S_{n+1}<q^2S_n$.故选 B.

9.【解析】设等差数列 $\{a_n\}$ 的公差和等比数列 $\{b_n\}$ 的公比分别为 d 和 q,$-1+3d=-q^3=8$,求得 $q=-2,d=3$,那么 $\dfrac{a_2}{b_2}=\dfrac{-1+3}{2}=1$.故答案为 1.

10.【解析】由题意,得 $\begin{cases}a_2=a_1+d=-3\\S_5=5a_1+10d=-10\end{cases}$,解得 $\begin{cases}a_1=-4\\d=1\end{cases}$.

所以 $a_5=a_1+4d=0$.

因为 $\{a_n\}$ 是一个递增数列,且 $a_5=0$,

所以 S_n 的最小值为 S_4 或 S_5,$S_4=S_5=(-4)\times 4+\dfrac{4\times 3}{2}\times 1=-10$.

11.【解析】由题意,不妨设 $a_6=9t,a_5=11t$,则公差 $d=-2t$,其中 $t>0$(因为 S_n 有最大值,所以 $d<0$),因此 $a_{10}=t>0,a_{11}=-t<0$,即当 $n=10$ 时,S_n 取得最大值.故选 B.

12.【解析】依题意,设 $\alpha=a_1a_4=a_1^2q^3$,则 $\sin\alpha=\dfrac{2}{5}$,而 $a_2a_5=a_1^2q^5=a_1^2q^3q^2=2\alpha$,所以 $\cos(a_2a_5)=\cos 2\alpha=1-2\sin^2\alpha=1-2\times\left(\dfrac{2}{5}\right)^2=\dfrac{17}{25}$.故选 B.

13.【解析】设等比数列的公比为 q,

由 $\begin{cases}a_1+a_3=10\\a_2+a_4=5\end{cases}$ 得,$\begin{cases}a_1(1+q^2)=10\\a_1q(1+q^2)=5\end{cases}$,

解得 $\begin{cases}a_1=8\\q=\dfrac{1}{2}\end{cases}$.

故 $a_1a_2\cdots a_n=a_1^nq^{1+2+\cdots+(n-1)}=8^n\times\left(\dfrac{1}{2}\right)^{\frac{n(n-1)}{2}}=2^{-\frac{1}{2}n^2+\frac{7}{2}n}$,于是当 $n=3$ 或 4 时,$a_1a_2\cdots a_n$ 取得最大值 $2^6=64$.故答案为 64.

14.【解析】由 $a_n-2a_{n-1}=\dfrac{2a_{n-1}}{n}+n+1$,得 $\dfrac{a_n}{n+1}=\dfrac{2a_{n-1}}{n}+1$,所以 $\dfrac{a_n}{n+1}+1=2\left(\dfrac{a_{n-1}}{n}+1\right)$,

又 $\dfrac{a_1}{2}+1=4$,所以 $\left\{\dfrac{a_n}{n+1}+1\right\}$ 是等比数列,

所以 $\dfrac{a_n}{n+1}+1=4\times 2^{n-1}=2^{n+1}$,

即 $a_n=(n+1)(2^{n+1}-1)$.

故答案为 $(n+1)(2^{n+1}-1)$.

15.【解析】依题意,等差数列 $\{a_n\}$ 的前 n 项和 $S_n=na_1+\dfrac{n(n-1)}{2}d$,则 $S_5=5a_1+10d,S_6=6a_1+15d$,

所以 $S_5S_6+15=0$,所以 $(5a_1+10d)(6a_1+15d)+15=0$,即 $(a_1+2d)(2a_1+5d)+1=0$,

亦即 $2a_1^2+9a_1d+10d^2+1=0$(构建以 a_1 为变量的一元二次方程),

则 $\Delta=(9d)^2-4\times 2(10d^2+1)\geq 0$,即 $d^2\geq 8$,得 $d\geq 2\sqrt{2}$ 或 $d\leq -2\sqrt{2}$.

所以 d 的取值范围是 $(-\infty,-2\sqrt{2}]\cup[2\sqrt{2},+\infty)$.

第九节　小题常考专题——数列的拓展应用

例 9.1 变式拓展

1.【解析】根据题意可得每个孩子所得棉花的斤数构成一个等差数列 $\{a_n\}$,其中 $d=17,n=8$,$S_8=996$,所以 $8a_1+\dfrac{8\times 7}{2}\times 17=996$,解得 $a_1=65$.

由等差数列通项公式得 $a_5=65+(5-1)\times 17=133$.故选 C.

例 9.2 变式拓展

1.【解析】因为等比数列 $\{a_n\}$ 中,对任意正整数 n,$a_1+a_2+a_3+\cdots+a_n=2^n+m$,

所以 $a_1=2+m,a_1+a_2=4+m,a_1+a_2+a_3=8+m$,因此 $a_1=2+m,a_2=2,a_3=4$,

所以 $m=-1,a_1=1$.

所以 $a_1^2=1,a_2^2=4,a_3^2=16$.

所以 $\{a_n^2\}$ 是首项为 1,公比为 4 的等比数列.

所以 $a_1^2+a_2^2+\cdots+a_n^2=\dfrac{1-4^n}{1-4}=\dfrac{1}{3}(4^n-1)=\dfrac{1}{3}(4^n+m)$.

故选 A.

【评注】当等比数列公比 q 不为 1 时,前 n 项和公式的结构为 $S_n=\dfrac{a_1(1-q^n)}{1-q}=\dfrac{a_1}{1-q}(1-q^n)=A(1-q^n)=-A(q^n-1)=B(q^n-1)$,由此可以快速得 $m=-1$.

例 9.3 变式拓展

1.【解析】在等差数列 $\{a_n\}$ 中,$a_3+a_9=2a_6=12$,所

以 $a_6=6$,所以 $a_1+5d=6$,所以 $a_1=6-5d$.

因为 S_9 是 S_n 的最大值,所以 $\begin{cases} a_9 \geq 0 \\ a_{10} \leq 0 \end{cases}$,

所以 $\begin{cases} a_1+8d \geq 0 \Leftrightarrow 6+3d \geq 0 \Leftrightarrow d \geq -2 \\ a_1+9d \leq 0 \Leftrightarrow 6+4d \leq 0 \Leftrightarrow d \leq -\dfrac{3}{2} \end{cases}$,

所以 $-2 \leq d \leq -\dfrac{3}{2}$,

所以,由几何概型的知识可知,S_9 是 S_n 的最大值的概率 $P=\dfrac{-\dfrac{3}{2}-(-2)}{0-(-2)}=\dfrac{1}{4}$.故填 $\dfrac{1}{4}$.

例9.4 变式拓展

1.【解析】因为 $P(a_n,a_{n+1})$ 在直线 $x-y+1=0$ 上,

所以 $a_n-a_{n+1}+1=0$,即 $a_{n+1}-a_n=1$.

又 $a_1=1$,所以 $\{a_n\}$ 是以1为首项,1为公差的等差数列,所以 $a_n=n$,

所以 $f(n)=\dfrac{1}{n+1}+\dfrac{1}{n+2}+\dfrac{1}{n+3}+\cdots+\dfrac{1}{n+n}$,

又 $f(n+1)=\dfrac{1}{n+2}+\dfrac{1}{n+3}+\cdots+\dfrac{1}{n+n}+\dfrac{1}{n+1+n}+\dfrac{1}{n+1+n+1}$,

所以 $f(n+1)-f(n)=\dfrac{1}{2n+1}+\dfrac{1}{2n+2}-\dfrac{1}{n+1}=\dfrac{1}{2n+1}-\dfrac{1}{2n+2}>0$,

所以 $f(n+1)>f(n)$,

所以 $f(n)(n \in \mathbf{N}^*$ 且 $n \geq 2)$ 是增函数.

所以 $f(n)_{\min}=f(2)=\dfrac{1}{3}+\dfrac{1}{4}=\dfrac{7}{12}$.

故填 $\dfrac{7}{12}$.

例9.5 变式拓展

1.【分析】本题将数列与函数结合,其解题思路是研究函数的性质(单调性、奇偶性)与数列的性质.

【解析】由 $f(x)=2x-\cos x$,得 $f\left(x+\dfrac{\pi}{2}\right)=2\left(x+\dfrac{\pi}{2}\right)-\cos\left(x+\dfrac{\pi}{2}\right)=2x+\sin x+\pi$.令 $g(x)=2x+\sin x$,则 $g(x)$ 在 $\mathbf{R}$ 上为单调递增的奇函数.

由 $f(a_1)+f(a_2)+\cdots+f(a_5)=5\pi$,得

$g\left(a_1-\dfrac{\pi}{2}\right)+\pi+g\left(a_2-\dfrac{\pi}{2}\right)+\pi+\cdots+g\left(a_5-\dfrac{\pi}{2}\right)+\pi=5\pi$,则 $g\left(a_1-\dfrac{\pi}{2}\right)+g\left(a_2-\dfrac{\pi}{2}\right)+\cdots+g\left(a_5-\dfrac{\pi}{2}\right)=0$.

设 $b_n=a_n-\dfrac{\pi}{2}$,则 $\{b_n\}$ 也为等差数列,

且 $g(b_1)+g(b_2)+\cdots+g(b_5)=0$ ①

下证 $b_3=0$.利用反证法证明:

若 $b_3>0$ 时,则 $b_1+b_5=2b_3>0,b_2+b_4=2b_3>0$,

故 $b_1>-b_5,b_2>-b_4$.又 $g(x)$ 是 $\mathbf{R}$ 上的单调递增的奇函数,所以 $g(b_3)>g(0)=0$, $g(-b_4)=-g(b_4)$, $g(b_1)>g(-b_5)=-g(b_5)$,所以 $g(b_1)+g(b_2)+\cdots+g(b_5)>0$ 与式①矛盾.故 $b_3>0$ 不成立.

若 $b_3<0$ 时,同理,有 $g(b_1)+g(b_2)+\cdots+g(b_5)<0$,与式①矛盾.

综上可得,$b_3=0$,则 $a_3=\dfrac{\pi}{2}$.又 $\{a_n\}$ 是公差为 $\dfrac{\pi}{8}$ 的等差数列,所以 $a_1=\dfrac{\pi}{4}$, $a_2=\dfrac{3\pi}{8}$, $a_3=\dfrac{\pi}{2}$, $a_4=\dfrac{5\pi}{8}$, $a_5=\dfrac{3\pi}{4}$.因此 $[f(a_3)]^2-a_1a_5=\left[f\left(\dfrac{\pi}{2}\right)\right]^2-\dfrac{3\pi^2}{16}=\dfrac{13\pi^2}{16}$.故选D.

牛刀小试

1.【解析】由题意可得 $S_n=\dfrac{(a_1+a_n)n}{2}=n(n+2)$,

所以 $\dfrac{S_n}{n}=n+2$,可得 $\left\{\dfrac{S_n}{n}\right\}$ 是首项为3,公差为1的等差数列.则 $\left\{\dfrac{S_n}{n}\right\}$ 的前10项和为 $10 \times 3+\dfrac{10 \times 9}{2}=75$.故选C.

2.【解析】设第一天织布 a_1 尺,从第二天起每天比第一天多织 d 尺,

由已知,得 $\begin{cases} 7a_1+21d=28 \\ a_1+d+a_1+4d+a_1+7d=15 \end{cases}$,

解得 $a_1=1,d=1$,

故第十日所织尺数为 $a_{10}=a_1+9d=10$.故选B.

3.【解析】由等差数列的性质知 $S_4,S_8-S_4,S_{12}-$

$S_8, S_{16}-S_{12}$ 成等差数列,令 $S_4=k, S_8=3k$,则 $S_8-S_4=2k, S_{12}-S_8=3k, S_{16}-S_{12}=4k$,则 $S_{16}=10k$,所以 $\dfrac{S_8}{S_{16}}=\dfrac{3}{10}$.故选 A.

4.【解析】根据等差数列的性质,有 $\dfrac{S_{15}}{S_{13}}=\dfrac{a_1+a_{15}}{a_1+a_{13}}\cdot\dfrac{15}{13}=\dfrac{a_8}{a_7}\cdot\dfrac{15}{13}=3$.故选 C.

5.【解析】$\dfrac{a_n}{b_n}=\dfrac{(2n-1)a_n}{(2n-1)b_n}=\dfrac{A_{2n-1}}{B_{2n-1}}=\dfrac{7(2n-1)+45}{(2n-1)+3}$
$=\dfrac{14n+38}{2n+2}=\dfrac{7n+19}{n+1}=7+\dfrac{12}{n+1}$,因此 $n+1=2,3,4,6,12$,故 $n=1,2,3,5,11$,共 5 个数.故选 D.

6.【解析】由题意可知,$c, \#c, d, \#d, e, \cdots, a_1, \#a, b_1, c_1$ 成公比为 $2^{\frac{1}{12}}$ 的等比数列,从右向左成公比为 $2^{-\frac{1}{12}}$ 的等比数列.
设 $220\sqrt{2}$ Hz 的音是第 n 项,则 $a_1\cdot(2^{-\frac{1}{12}})^{n-1}=440(2^{-\frac{1}{12}})^{n-1}=220\sqrt{2}$,解得 $n=7$.
从 a_1 开始,向左数第 7 项,是"$\#d$"音.故选 D.

7.【解析】解法一:因为在等差数列 $\{a_n\}$ 中,$a_1+\dfrac{1}{2}\times 2015d=a_1+\dfrac{1}{2}\times 2014d+\dfrac{1}{2}$,解得 $d=1$,故 $a_n=n$,
从而 $b_n=\lg\dfrac{a_{n+1}}{a_n}=\lg\left(\dfrac{n+1}{n}\right)=\lg(1+n)-\lg n$,
所以 $T_{99}=b_1+b_2+b_3+\cdots+b_{99}=(\lg 2-\lg 1)+(\lg 3-\lg 2)+\cdots+(\lg 100-\lg 99)=\lg 100=2$.
故选 B.

解法二:在等差数列 $\{a_n\}$ 中,$\dfrac{S_{2016}}{2016}=\dfrac{S_{2015}}{2015}+\dfrac{1}{2}$,则 $\left\{\dfrac{S_n}{n}\right\}$ 是以 $\dfrac{S_1}{1}=\dfrac{a_1}{1}=1$ 为首项,$\dfrac{1}{2}$ 为公差的等差数列,故 $\dfrac{S_n}{n}=1+\dfrac{1}{2}(n-1)=\dfrac{1}{2}(n+1)$,$S_n=\dfrac{1}{2}n(n+1)$,当 $n\geqslant 2$ 时,$a_n=S_n-S_{n-1}=\dfrac{1}{2}n(n+1)-\dfrac{1}{2}(n-1)n=n, a_1$ 也满足上式,所以 $a_n=n(n\geqslant 1)$,下同解法一.
故选 B.

8.【解析】设等差数列前 n 项和为 $S_n=An^2+Bn$,则 $\dfrac{S_n}{n}=An+B$,所以 $\left\{\dfrac{S_n}{n}\right\}$ 成等差数列.

因为 $\dfrac{S_1}{1}=\dfrac{a_1}{1}=-2015$,所以 $\left\{\dfrac{S_n}{n}\right\}$ 是以 -2015 为首项,公差为 1 的等差数列.
所以 $\dfrac{S_{2019}}{2019}=-2015+2018\times 1=3$,
所以 $S_{2019}=6057$.故答案为 6057.

9.【解析】解法一:由题意可知,$\dfrac{a_1}{b_1}=1$,不妨设 $b_1=t(t\neq 0)$,$\{a_n\},\{b_n\}$ 的公比分别为 q, p,易知 $p\neq 1, q\neq 1$,则 $\dfrac{S_2}{T_2}=\dfrac{t+tq}{t+tp}=\dfrac{1+q}{1+p}=\dfrac{10}{4}=\dfrac{5}{2}$,
$\dfrac{S_3}{T_3}=\dfrac{t+tq+tq^2}{t+tp+tp^2}=\dfrac{1+q+q^2}{1+p+p^2}=\dfrac{28}{4}=7$,
由上述两式可解得 $\begin{cases}p=1\\q=4\end{cases}$(舍去)或 $\begin{cases}p=3\\q=9\end{cases}$,
所以 $\dfrac{a_3}{b_3}=\dfrac{tq^2}{tp^2}=\dfrac{81}{9}=9$.故答案为 9.

解法二(利用结构特征解题):$\dfrac{S_n}{T_n}=\dfrac{3^n+1}{4}=$
$\dfrac{(3^n+1)(3^n-1)}{4(3^n-1)}=\dfrac{9^n-1}{4(3^n-1)}=\dfrac{k(9^n-1)}{4k(3^n-1)}$,
故可设 $S_n=k(9^n-1), T_n=4k(3^n-1)$,
所以 $\dfrac{a_3}{b_3}=\dfrac{S_3-S_2}{T_3-T_2}=\dfrac{k(9^3-1)-k(9^2-1)}{4k(3^3-1)-4k(3^2-1)}=\dfrac{k(9^3-9^2)}{4k(3^3-3^2)}=9$.故答案为 9.

10.【解析】设 $\{a_n\}$ 的公比为 q,则有 $a_6+a_7=3\Rightarrow a_5q+a_5q^2=3$,所以 $\dfrac{1}{2}q+\dfrac{1}{2}q^2=3$ 解得 $q=-3$(舍)或 $q=2$,即 $a_n=a_5q^{n-5}=2^{n-6}$,
所以 $a_1+a_2+\cdots+a_n=\dfrac{a_1(2^n-1)}{2-1}=\dfrac{1}{32}(2^n-1)$,
$a_1\cdot a_2\cdot\cdots\cdot a_n=2^{-5+(-4)+\cdots+(n-6)}=2^{\frac{n(n-11)}{2}}$,
所以所解不等式为 $\dfrac{1}{32}(2^n-1)>2^{\frac{n(n-11)}{2}}$,即 $2^n-1>2^{\frac{n^2-11n}{2}+5}$,
所以 $2^n>2^{\frac{n^2-11n+10}{2}}\Leftrightarrow n>\dfrac{n^2-11n+10}{2}\Leftrightarrow n^2-13n+10<0$,
解得 $0<n<\dfrac{13+\sqrt{129}}{2}$,又 $n\in\mathbf{N}^*$,即 n 的最大值为 12.

11.【解析】设三角形的三边分别为 a, aq, aq^2.

①当 $q\geqslant 1$ 时,由 $a+aq>aq^2$,
解得 $1\leqslant q<\dfrac{1+\sqrt{5}}{2}$;

②当 $0<q<1$ 时,由 $aq+aq^2>a$,解得 $\dfrac{\sqrt{5}-1}{2}<q<1$.

综合①②,得 q 的取值范围是 $\dfrac{\sqrt{5}-1}{2}<q<\dfrac{1+\sqrt{5}}{2}$. 故选 D.

12.【解析】函数 $y=f(x)$ 为定义域 R 上的奇函数,
则 $f(-x)=-f(x)$,关于点 $(0,0)$ 中心对称,
那么 $y=f(x-5)$ 关于点 $(5,0)$ 中心对称,
由等差中项的性质和对称性可知 $\dfrac{a_1-5+a_9-5}{2}=a_5-5$.
由已知 $g(a_1)+g(a_2)+\cdots+g(a_9)=45$,
所以 $f(a_1-5)+a_1+f(a_2-5)+a_2+\cdots+f(a_9-5)+a_9=45$,
则 $f(a_1-5)+(a_1-5)+f(a_2-5)+(a_2-5)+\cdots+f(a_9-5)+(a_9-5)=0$.
令 $h(x)=f(x)+x$,则 $h(x)$ 为奇函数,且单调递增.
则 $h(a_1-5)+h(a_2-5)+\cdots+h(a_9-5)=0$.
所以 $h(a_5-5)=0$,由于 $h(x)$ 为奇函数且单调递增,
所以 $a_5-5=0,a_5=5$.
故 $a_1+a_2+\cdots+a_9=9a_5=45$.
故选 A.

13.【解析】令 $f(x)=x-\ln x-1$,则 $f'(x)=1-\dfrac{1}{x}$,
令 $f'(x)=0$,得 $x=1$,
所以当 $x>1$ 时,$f'(x)>0$;当 $0<x<1$ 时,$f'(x)<0$.
因此 $f(x)\geqslant f(1)=0$,所以 $x\geqslant \ln x+1$.
若公比 $q>0$,则 $a_1+a_2+a_3+a_4>a_1+a_2+a_3>\ln(a_1+a_2+a_3)$,不合题意;
若公比 $q\leqslant -1$,则 $a_1+a_2+a_3+a_4=a_1(1+q)(1+q^2)\leqslant 0$,
但 $\ln(a_1+a_2+a_3)=\ln[a_1(1+q+q^2)]>\ln a_1>0$,
即 $a_1+a_2+a_3+a_4\leqslant 0<\ln(a_1+a_2+a_3)$,不合题意;

因此 $-1<q<0,q^2\in(0,1)$,所以 $a_1>a_1q^2=a_3,a_2<a_2q^2=a_4<0$. 故选 B.

14.【解析】令 $a_n=\dfrac{1}{n+1}+\dfrac{1}{n+2}+\cdots+\dfrac{1}{2n+1}$,
因为 $a_{n+1}-a_n=\dfrac{1}{2n+2}+\dfrac{1}{2n+3}-\dfrac{1}{n+1}=\dfrac{1}{2n+3}-\dfrac{1}{2n+2}<0$,

所以 $\{a_n\}$ 单调递减,其最大项为 $a_1=\dfrac{1}{2}+\dfrac{1}{3}=\dfrac{5}{6}$,

所以 $\dfrac{5}{6}<a-2012\dfrac{1}{3}$,得 $a>2013\dfrac{1}{6}$,又 $a\in \mathbf{N}^*$,
因此 $a_{\min}=2014$.

15.【解析】因为 $f(x)=\sin x+\tan x$ 在 $\left(-\dfrac{\pi}{2},\dfrac{\pi}{2}\right)$ 上
是单调递增的奇函数且 $f(0)=0$,
又 $\{a_n\}$ 为等差数列且 $d\neq 0$,
若 $a_{1010}>0$,则 $a_1+a_{2019}=a_2+a_{2018}=\cdots=2a_{1010}>0$,
所以 $f(a_1)+f(a_{2019})>0,f(a_2)+f(a_{2018})>0,\cdots,f(a_{1010})>0$
若 $a_{1010}<0$,则 $a_1+a_{2019}=a_2+a_{2018}=\cdots=2a_{1010}<0$,
所以 $f(a_1)+f(a_{2019})<0,f(a_2)+f(a_{2018})<0,\cdots,f(a_{1010})<0$,
这均与题设矛盾,所以 $a_{1010}=0$.
因此当 $k=1010$ 时,$f(a_{1010})=0$,所以 $k=1010$.

第十节 小题常考专题——不等式

例 10.1 变式拓展

1.【解析】可行域如图 10-9 所示.由 $\begin{cases}x-2y=0\\x+2y-2=0\end{cases}$,

得 $\begin{cases}x=1\\y=\dfrac{1}{2}\end{cases}$,即当直线 $z=x+y$ 经过 $C\left(1,\dfrac{1}{2}\right)$ 时,

z 取最大值为 $\dfrac{3}{2}$.

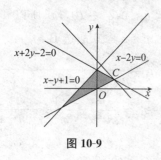

图 10-9

2.【解析】不等式可转化为 $\begin{cases} y \geqslant x+1 \\ y \leqslant 2x \end{cases}$，即 $\begin{cases} y \geqslant x+1 \\ y \leqslant 2x \\ x \geqslant 1 \end{cases}$，所以满足条件的 x,y 在平面直角坐标系中的可行域如图 10-10 所示.

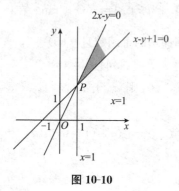

图 10-10

令 $2y-x=z$，$y=\dfrac{1}{2}x+\dfrac{1}{2}z$，由图像可知，当 $z=2y-x$ 过点 $P(1,2)$ 时，取最小值，此时 $z=2\times 2-1=3$，所以 $2y-x$ 的最小值为 3.

例 10.2 变式拓展

1.【解析】由题意得可行域如图 10-11 所示.

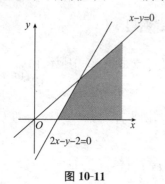

图 10-11

目标函数 $z=\dfrac{y-1}{x+1}$ 可看成是可行域内的点到定点 $(-1,1)$ 的连线的斜率，由图可知，点 $(-1,1)$ 与点 $(1,$

$0)$ 连线的斜率为最小值，最大值趋近于 1，但永远达不到，故 $-\dfrac{1}{2}\leqslant z<1$. 故选 D.

例 10.3 变式拓展

1.【解析】在平面直角坐标系中作出可行域如图 10-12 所示.

x^2+y^2 的含义为可行域内的点到原点距离的平方. 可以看出图中 A 点距离原点最近，此时原点到直线 $2x+y-2=0$ 的距离 $d=\dfrac{|-2|}{\sqrt{4+1}}=\dfrac{2\sqrt{5}}{5}$，则 $(x^2+y^2)_{\min}=\dfrac{4}{5}$；图中 B 点距离原点最远，B 点为 $x-2y+4=0$ 与 $3x-y-3=0$ 交点，解得 $B(2,3)$，则 $(x^2+y^2)_{\max}=13$. 所以 x^2+y^2 的取值范围是 $\left[\dfrac{4}{5},13\right]$.

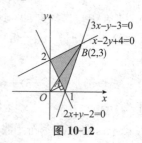

图 10-12

例 10.4 变式拓展

1.【解析】画出约束条件下的可行域，如图 10-13 所示. 令 $z=0$，画出直线 $y=ax$.

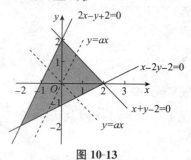

图 10-13

当 $a<0$ 时，要使 $z=y-ax$ 取得最大值的最优解不唯一，则必须使得直线 $y=ax$ 与 $x+y-2=0$ 平行，此时 $a=-1$；

当 $a>0$ 时，则直线 $y=ax$ 与 $2x-y+2=0$ 平行，此时 $a=2$.

故选 D.

例 10.5 变式拓展

1.【解析】不等式组表示的平面区域如图 10-14 阴影

部分所示,4个顶点分别为$(0,0),(0,2),(1,4)$,$\left(\dfrac{1}{2},0\right)$,易见目标函数$z=abx+y$在$(1,4)$取得最大值8,所以$8=ab+4\Rightarrow ab=4$,所以$a+b\geqslant 2\sqrt{ab}=4$,当且仅当$a=b=2$时等号成立,所以$a+b$的最小值是4.

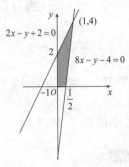

图 10-14

例 10.6 变式拓展

1.【解析】在平面直角坐标系中,画出不等式组所表示的平面区域,如图10-15所示.

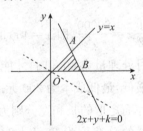

图 10-15

由$z=x+3y$,对目标函数进行变形可得$y=-\dfrac{1}{3}x+\dfrac{1}{3}z$.

通过平移直线$y=-\dfrac{1}{3}x$,可知该直线经过区域中的点A时,截距最大.

由$\begin{cases}y=x\\2x+y+k=0\end{cases}$,可得$x=y=-\dfrac{k}{3}$,

所以点A的坐标为$\left(-\dfrac{k}{3},-\dfrac{k}{3}\right)$,则$z$的最大值为$-\dfrac{k}{3}+3\left(-\dfrac{k}{3}\right)=-\dfrac{4k}{3}$.

令$-\dfrac{4k}{3}=8$,可得$k=-6$,即实数k的值为-6.

例 10.7 变式拓展

1.【解析】设生产产品A,B的件数分别为x,y,获得利润为z元,

则x,y满足约束条件$\begin{cases}x,y\in\mathbf{N}\\1.5x+0.5y\leqslant 150\\x+0.3y\leqslant 90\\5x+3y\leqslant 600\end{cases}$,

目标函数为$z=2100x+900y=300\cdot(7x+3y)$,画出满足不等式组的可行域,如图10-16所示.

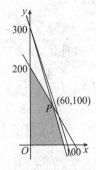

图 10-16

联立$\begin{cases}5x+3y=600\\x+0.3y=90\end{cases}$,得$\begin{cases}x=60\\y=100\end{cases}$,即$P(60,100)$.

移动目标函数$y=-\dfrac{7}{3}x+\dfrac{z}{900}$,可得到当其经过点$P(60,100)$时,$z$有最大值216000.

例 10.8 变式拓展

1.【解析】令$\cos x=t$,由$x\in\left(-\dfrac{\pi}{2},\dfrac{\pi}{2}\right)$,得$t\in(0,1]$,此时$y=t+\dfrac{3}{t}$在$(0,1]$上单调递减,所以当$t=1$,即$x=0$时,$y_{\min}=1+\dfrac{3}{1}=4$.

例 10.9 变式拓展

1.【解析】令$t=x+1\left(t\in\left[\dfrac{3}{2},+\infty\right)\right)$,则函数$y=\dfrac{(t-1)^2+3}{t}=\dfrac{t^2-2t+4}{t}=t+\dfrac{4}{t}-2\geqslant 2\sqrt{4}-2=2$,当且仅当$t=\dfrac{4}{t}$,即$t=2$时取等号,此时$x=1$. 故函数的值域为$[2,+\infty)$.

2.【解析】$y=\dfrac{x^2+3}{\sqrt{x^2+1}}=\dfrac{x^2+1+2}{\sqrt{x^2+1}}=\sqrt{x^2+1}+\dfrac{2}{\sqrt{x^2+1}}$.

令$t=\sqrt{x^2+1}(t\geqslant 1)$,则$y=t+\dfrac{2}{t}\geqslant 2\sqrt{2}$,当且

201

仅当 $t=\sqrt{2}$,即 $x=\pm 1$ 时取等号.故 $y_{\min}=2\sqrt{2}$.

例 10.10 变式拓展

1.【解析】因为 $0<x<2$,所以 $8-3x>0$,故 $\sqrt{6x(8-3x)}=\sqrt{2}\sqrt{3x(8-3x)}\leqslant\sqrt{2}\times\dfrac{3x+8-3x}{2}=4\sqrt{2}$.

当且仅当 $3x=8-3x$,即 $x=\dfrac{4}{3}$ 时等号成立.

例 10.11 变式拓展

1.【解析】由 $\log_4(3a+4b)=\log_2\sqrt{ab}$,可得 $3a+4b=ab$,且 $a>0,b>0$,

则 $\dfrac{3a+4b}{ab}=1$,即 $\dfrac{3}{b}+\dfrac{4}{a}=1$,

所以 $a+b=(a+b)\left(\dfrac{3}{b}+\dfrac{4}{a}\right)=7+\dfrac{3a}{b}+\dfrac{4b}{a}\geqslant 7+2\sqrt{\dfrac{3a}{b}\cdot\dfrac{4b}{a}}=7+4\sqrt{3}$,当且仅当 $\sqrt{3}a=2b$ 时等号成立.故选 D.

例 10.12 变式拓展

1.【解析】因为 $x>0,y>0,x+y+\sqrt{xy}=2$,所以 $2-(x+y)=\sqrt{xy}\leqslant\dfrac{x+y}{2}$,所以 $\dfrac{3}{2}(x+y)\geqslant 2$,所以 $x+y\geqslant\dfrac{4}{3}$.又 $x+y<x+y+\sqrt{xy}=2$,故 $x+y$ 的取值范围是 $\left[\dfrac{4}{3},2\right)$.

2.【解析】因为 $x+2y=8-2xy,2xy\leqslant\left(\dfrac{x+2y}{2}\right)^2$,设 $z=x+2y$,所以 $z\geqslant 8-\left(\dfrac{z}{2}\right)^2$,即 $z^2+4z-32\geqslant 0$,解得 $z\geqslant 4$ 或 $z\leqslant-8$.又 $x>0,y>0$,所以 $z=x+2y>0$,所以 $z\geqslant 4$,即 $x+2y$ 的最小值是 4.故选 B.

例 10.13 变式拓展

1.【分析】对于 $a>0,b>0,a+\dfrac{1}{a},b+\dfrac{1}{b}$ 均可用基本不等式. $a+\dfrac{1}{a}\geqslant 2$(当且仅当 $a=1$ 时取等号), $b+\dfrac{1}{b}\geqslant 2$(当且仅当 $b=1$ 时取等号),但是此时 $a+b=2$ 与 $a+b=4$ 相矛盾,故此题要利用基本不等式的变形形式求解.

【解析】由 $a+b=4$,知 $ab\leqslant\left(\dfrac{a+b}{2}\right)^2=4$,

所以 $\left(a+\dfrac{1}{a}\right)^2+\left(b+\dfrac{1}{b}\right)^2\geqslant\dfrac{\left(a+\dfrac{1}{a}+b+\dfrac{1}{b}\right)^2}{2}=\dfrac{\left(4+\dfrac{4}{ab}\right)^2}{2}\geqslant\dfrac{\left(4+\dfrac{4}{4}\right)^2}{2}=\dfrac{25}{2}$,当且仅当 $a+\dfrac{1}{a}=b+\dfrac{1}{b}$,

且 $a=b$ 时取等号,此时 $a=b=2$.故 $\left(a+\dfrac{1}{a}\right)^2+\left(b+\dfrac{1}{b}\right)^2$ 的最小值是 $\dfrac{25}{2}$.故选 D.

例 10.14 变式拓展

1.【解析】由题意可知,二氧化碳每吨的平均处理成本为

$\dfrac{y}{x}=\dfrac{1}{2}x+\dfrac{80000}{x}-200\geqslant 2\sqrt{\dfrac{1}{2}x\cdot\dfrac{80000}{x}}-200=200$,

当且仅当 $\dfrac{1}{2}x=\dfrac{80000}{x}$,即 $x=400$ 时等号成立,故该单位月处理量为 400t 时,才能使每吨的平均处理成本最低,最低成本为 200 元.

2.【解析】设底面矩形的长和宽分别为 a m,b m,则 $ab=4$.容器的总造价为 $20ab+2(a+b)\times 10=80+20(a+b)\geqslant 80+40\sqrt{ab}=160$(元)(当且仅当 $a=b$ 时等号成立).故选 C.

牛刀小试

1.【解析】$\sqrt{(3-a)(a+6)}\leqslant\dfrac{3-a+a+6}{2}=\dfrac{9}{2}$,当且仅当 $3-a=a+6$,即 $a=-\dfrac{3}{2}$ 时取到最小值 $\dfrac{9}{2}$.故选 B.

2.【解析】作出可行域如图 10-17 所示,目标函数 $z=2x+y$ 在点 $A(3,2)$ 处取得最大值,最大值为 8.故选 C.

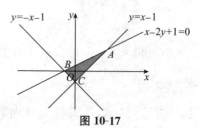

图 10-17

3.【解析】令 $2x-4=t\in[1,+\infty)$,则 $x=\dfrac{t+4}{2}$,所以 $f(x)=\dfrac{\left(\dfrac{t+4}{2}\right)^2-4\cdot\dfrac{t+4}{2}+5}{t}=\dfrac{\dfrac{1}{4}(t^2+4)}{t}=\dfrac{1}{4}\left(t+\dfrac{4}{t}\right)\geqslant\dfrac{1}{2}\sqrt{t\cdot\dfrac{4}{t}}=1$,当且仅当 $t=\dfrac{4}{t}$,即 $t=2$ 时取等号,所以 $f(x)$ 的最小值是 1.故选 D.

4.【解析】如图 10-18 所示,设点 $C(a,b)$ $(a>0,b>0)$.由 $A(1,1),B(1,3)$,及 $\triangle ABC$ 为正三角形可得 $AB=AC=BC=2$,
即 $(a-1)^2+(b-1)^2=(a-1)^2+(b-3)^2=4$,
所以 $b=2,a=1+\sqrt{3}$,即 $C(1+\sqrt{3},2)$,
则此时直线 AB 的方程为 $x=1$,AC 的方程为 $y-1=\dfrac{\sqrt{3}}{3}(x-1)$,直线 BC 的方程为 $y-3=-\dfrac{\sqrt{3}}{3}(x-1)$.当直线 $x-y+z=0$ 经过点 $A(1,1)$ 时,$z=0$,经过点 $B(1,3)$ 时,$z=2$,经过点 $C(1+\sqrt{3},2)$ 时,$z=1-\sqrt{3}$,
所以 $z_{\max}=2,z_{\min}=1-\sqrt{3}$.
即 $z=-x+y$ 的取值范围是 $(1-\sqrt{3},2)$.
故选 A.

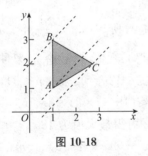

图 10-18

5.【解析】由 $a^x=b^y=3$,可得 $x=\log_a 3,y=\log_b 3$,
所以 $\dfrac{1}{x}+\dfrac{1}{y}=\dfrac{1}{\log_a 3}+\dfrac{1}{\log_b 3}=\log_3(ab)\leqslant\log_3\left(\dfrac{a+b}{2}\right)^2=1$.故选 C.

6.【解析】作出不等式对应的平面区域,如图 10-19 阴影部分所示.
当 $a=0$ 时,显然成立;
当 $a>0$ 时,直线 $ax+2y-z=0$ 的斜率 $k=-\dfrac{a}{2}>k_{AC}=-1,a<2$;

当 $a<0$ 时,$k=-\dfrac{a}{2}<k_{AB}=2,a>-4$.
综上所述,可得 $-4<a<2$.故选 B.

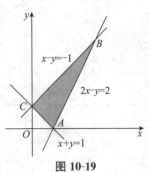

图 10-19

7.【解析】由 $z=\dfrac{x}{a}+\dfrac{y}{b}$ $(a>0,b>0)$ 得 $y=-\dfrac{b}{a}x+bz$,作出可行域如图 10-20 所示.

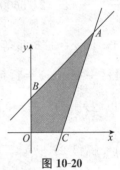

图 10-20

因为 $a>0,b>0$,所以直线 $y=-\dfrac{b}{a}x+bz$ 的斜率为负,且截距最大时,z 也最大.
平移直线 $y=-\dfrac{b}{a}x+bz$,由图像可知当 $y=-\dfrac{b}{a}x+bz$ 经过点 A 时,直线的截距最大,此时 z 也最大.由 $\begin{cases}3x-y-6=0\\x-y+2=0\end{cases}$,解得 $\begin{cases}x=4\\y=6\end{cases}$,即 $A(4,6)$.
此时 $z=\dfrac{4}{a}+\dfrac{6}{b}=2$ 即 $\dfrac{2}{a}+\dfrac{3}{b}=1$,则 $\dfrac{a}{3}+\dfrac{b}{2}=\left(\dfrac{a}{3}+\dfrac{b}{2}\right)\left(\dfrac{2}{a}+\dfrac{3}{b}\right)=\dfrac{2}{3}+\dfrac{b}{a}+\dfrac{a}{b}+\dfrac{3}{2}\geqslant\dfrac{13}{6}+2\sqrt{\dfrac{b}{a}\cdot\dfrac{a}{b}}=\dfrac{25}{6}$,当且仅当 $\dfrac{b}{a}=\dfrac{a}{b}$ 时取"=".
故选 A.

8.【解析】不等式组表示的平面区域如图 10-21 所示,由 $z=x+2y$ 得 $y=-\dfrac{x}{2}+\dfrac{z}{2}$,平移直线 $y=-\dfrac{x}{2}+\dfrac{z}{2}$,在点 M 处,z 取得最小值.由

$\begin{cases} x-y=9 \\ 2x+y=3 \end{cases}$ 得 $\begin{cases} x=4 \\ y=-5 \end{cases}$，此时 $z=4+2\times(-5)=-6$.

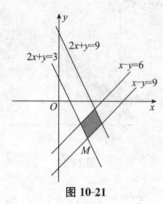

图 10-21

9.【解析】一年的总运费与总存储费用之和为 $6\times\dfrac{600}{x}+4x=\dfrac{3600}{x}+4x\geqslant 2\sqrt{3600\times 4}=240$，当且仅当 $\dfrac{3600}{x}=4x$，即 $x=30$ 时取等号.故填 30.

10.【解析】由 $4x^2+y^2+xy=1$，可得 $(2x+y)^2-3xy=1$. 所以 $(2x+y)^2-1=3xy=\dfrac{3}{2}(2x)y\leqslant\dfrac{3}{2}\left(\dfrac{2x+y}{2}\right)^2$，解得 $2x+y\leqslant\dfrac{2\sqrt{10}}{5}$（当且仅当 $2x=y$ 时等号成立），则 $2x+y$ 的最大值是 $\dfrac{2\sqrt{10}}{5}$.

11.【分析】函数 $z=x+my$ 有无穷多个最小值 $\Leftrightarrow$ 直线 $z=x+my$ 与可行域的一条边界重合.

【解析】先作出以 $A(1,3),B(5,2),C(3,1)$ 为顶点的三角形内部和边界组成的平面区域 D.如图 10-22 所示，

由目标函数 $z=x+my$ 得 $y=-\dfrac{1}{m}x+\dfrac{z}{m}$.

①当 $l:y=-\dfrac{1}{m}x+\dfrac{z}{m}$ 与直线 AB 重合时，$-\dfrac{1}{m}=-\dfrac{1}{4}$，所以 $m=4$.

此时目标函数的最小值在 $C(3,1)$ 处取得，与题意不符，故舍去.

②当直线 $l:y=-\dfrac{1}{m}x+\dfrac{z}{m}$ 与直线 BC 重合时，$-\dfrac{1}{m}=\dfrac{1}{2}$，所以 $m=-2$.

此时目标函数最小值在 $A(1,3)$ 处取得，与题意不符，故舍去.

③当直线 $l:y=-\dfrac{1}{m}x+\dfrac{z}{m}$ 与直线 AC 重合时，$-\dfrac{1}{m}=-1$，所以 $m=1$.

目标函数在无穷多个点处取得最小值，满足题意.故选 C.

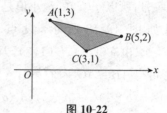

图 10-22

12.【解析】当 $m=2$ 时，易得 $n-8<0,n<8$，此时 $mn<16$.

当 $m\neq 2$ 时，抛物线的对称轴为 $x=-\dfrac{n-8}{m-2}$.据题意：

①当 $m>2$ 时，$-\dfrac{n-8}{m-2}\geqslant 2$，即 $2m+n\leqslant 12$. 因为 $\sqrt{2m\cdot n}\leqslant\dfrac{2m+n}{2}\leqslant 6$，所以 $mn\leqslant 18$. 由 $2m=n$ 且 $2m+n=12$ 得 $m=3,n=6$.

②当 $m<2$ 时，抛物线开口向下，据题意：$-\dfrac{n-8}{m-2}\leqslant\dfrac{1}{2}$，$m+2n\leqslant 18$，因为 $\sqrt{2n\cdot m}\leqslant\dfrac{2n+m}{2}\leqslant 9$，所以 $mn\leqslant\dfrac{81}{2}$. 由 $2n=m$ 且 $2n+m=18$ 得 $m=9>2$，故舍去.要使 mn 取得最大值，应有 $m+2n=18(8<n<9)$，此时 $mn=(18-2n)n<(18-2\times 8)\times 8=16$.

综合①②可得最大值为 18.

13.【解析】$x^2+mx+4<0\Leftrightarrow-mx>x^2+4$，因为 $x\in(1,2)$，所以 $-m>x+\dfrac{4}{x}$，而 $y=x+\dfrac{4}{x}$ 在 $(1,2)$ 上单调递减，所以 $y<1+\dfrac{4}{1}=5$，所以 $-m\geqslant 5,m\leqslant-5$，故取值范围是 $(-\infty,-5]$.

14.【解析】由线性约束条件，可得可行域如图 10-23 所示. $\omega=\dfrac{y+1}{x+y+2}=\dfrac{1}{\dfrac{x+y+2}{y+1}}=\dfrac{1}{\dfrac{x+1}{y+1}+1}=\dfrac{1}{\dfrac{1}{\dfrac{y+1}{x+1}}+1}$，其中 $\dfrac{y+1}{x+1}$ 可以看作可行域内的点 $(x,$

y)与点 $P(-1,-1)$ 的连线的斜率,由图可知, $\left(\dfrac{y+1}{x+1}\right)_{\max}=k_{PA}=3,\left(\dfrac{y+1}{x+1}\right)_{\min}=k_{PB}=\dfrac{1}{3}$,

所以 $\omega_{\min}=\dfrac{1}{\dfrac{1}{3}+1}=\dfrac{1}{4},\omega_{\max}=\dfrac{1}{\dfrac{1}{3}+1}=\dfrac{3}{4}$.

即 ω 的取值范围是 $\left[\dfrac{1}{4},\dfrac{3}{4}\right]$.

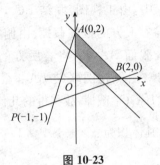

图 10-23

15.【解析】依题意 $\begin{cases} 4\leqslant\dfrac{50}{x}\leqslant20, \\ 30\leqslant\dfrac{300}{y}\leqslant100, \\ 9\leqslant x+y\leqslant14, \\ x>0,y>0 \end{cases}$

求 $p=131-2x-3y$ 的最小值.如图 10-24 所示,作出可行域.平移直线 $2x+3y=0$,当直线经过点 $(4,10)$ 时,p 取得最小值 93.故当 $v=12.5$,$w=30$ 时所需经费最少,此时所需要的经费为 93 元.

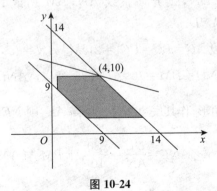

图 10-24

第十一节 小题常考专题——空间线面位置关系、三视图与空间角

例 11.1 变式拓展

1.【解析】借助长方体模型.

如图 11-32 所示,取平面 AC 为 α,对于选项 A,取 A_1D_1 为 m,A_1B_1 为 n,则 $m/\!/\alpha$,$n/\!/\alpha$,但 m 与 n 相交,排除 A.

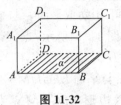

图 11-32

对于选项 C,取 AA_1 为 m,AB 为 n,则 $m\perp\alpha$,$m\perp n$,但 $n\subset\alpha$,排除 C.

对于选项 D,取 A_1B_1 为 m,B_1C_1 为 n,则 $m/\!/\alpha$,$m\perp n$,但 $n/\!/\alpha$,排除 D.

故选 B.

例 11.2 变式拓展

1.【解析】如图 11-33 所示,在空间四边形 $ABCD$ 的边 AB,BC,CD,DA 上分别取点 E,F,G,H.若 $EF\cap HG=P$,则点 $P\in EF\subset$ 平面 ABC,且点 $P\in HG\subset$ 平面 ADC.

又平面 $ABC\cap$ 平面 $ADC=AC$,根据公理 3,知点 $P\in AC$.故选 B.

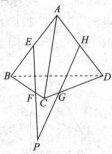

图 11-33

例 11.3 变式拓展

1.【解析】对于命题①,若直线 $SA\perp$ 平面 SBC,则直线 SA 与平面 SBC 内每一条直线均垂直,则 $SA\perp SB$,即 $\triangle SAB$ 为直角三角形,AB 为斜边,而由题可得 $SA=AB$,即 Rt$\triangle SAB$ 中斜边 AB 与直角边 SA 相等,矛盾,所以命题①不正确;对于命题②,因为 SA 与平面 SBC 相交,所以平面 SBC 内的直线与 SA 相交或异面,所以命题②不正确;对于命题③,取线段 AB 上一点 F,使得 $AF=EC$,则 $EC\underline{\!/\!/\!}AF$,则四边形 $AECF$ 为平行四边形,故 $CF/\!/AE$,由线面平行的判定定理可

得 $CF \parallel$ 平面 SAE,所以命题③正确.故选 B.

例 11.4 变式拓展

1.【解析】依题意,由正方体的特殊性,取一种特殊情况分析即可.不妨取平面 α 与平面 AB_1C 平行这种情况.如图 11-34 所示,点 E,F,G,H,M,N 分别为棱 $A_1B_1,B_1C_1,C_1C,CD,AD,AA_1$ 的中点,则平面 α 与平面 $EFGHMN$ 重合时,其截面面积最大,六边形 $EFGHMN$ 为正六边形,且 $EF=\dfrac{\sqrt{2}}{2}$,所以其面积为 $6\times\dfrac{1}{2}\times\dfrac{\sqrt{2}}{2}\times\dfrac{\sqrt{2}}{2}\times\dfrac{\sqrt{3}}{2}=\dfrac{3\sqrt{3}}{4}$.故选 A.

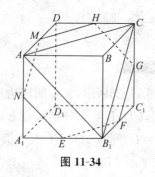

图 11-34

例 11.5 变式拓展

1.【分析】由"垂点法"把点 C 投影到面 $A'ABB'$ 上.
【解析】由"垂点法"把点 C 投影到面 $A'ABB'$ 上,得正视图,如图 11-35 所示(因为 $AA'<BB'<CC'$).故选 D.

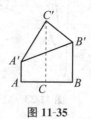

图 11-35

例 11.6 变式拓展

1.【解析】由三视图可知,该四棱锥 $P-ABCD$ 的顶点 P 在底面上的投影在底面直角梯形的顶点 D 处.如图 11-36 所示,将点 D 提起 2 个单位的高度即可,即 $PD\perp$ 平面 $ABCD$.

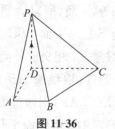

图 11-36

在四棱锥 $P-ABCD$ 中, $PD=2,AD=2,CD=2,AB=1$,
由勾股定理可知 $PA=2\sqrt{2},PC=2\sqrt{2},PB=3,BC=\sqrt{5}$,则在四棱锥中,直角三角形有 $\triangle PAD,\triangle PCD,\triangle PAB$ 共三个.故选 C.

例 11.7 变式拓展

1.【解析】如图 11-37 所示,在正方体 $ABCD-A_1B_1C_1D_1$ 中,由正视图,联结 BC_1,AD_1,截面 ABC_1D_1 将右上方的棱柱截掉;由俯视图,联结 AC,A_1C_1,截面 AA_1C 将右后方的棱锥 $D_1-AA_1C_1$ 截掉;由侧视图联结 BA_1,截面 BA_1C_1 将棱锥 $B_1-BA_1C_1$ 截掉,故截得的几何体为棱锥 C_1-BAA_1,其体积为 $\dfrac{1}{3}\times\dfrac{1}{2}\times1^2\times1=\dfrac{1}{6}$.

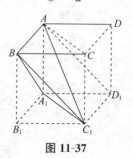

图 11-37

例 11.8 变式拓展

1.【解析】解法一(几何法):如图 11-38 所示,在直三棱柱中,取 BC 的中点 D,联结 AD,MN,ND.
由于 M,N 分别是 A_1B_1,A_1C_1 的中点,易证 $BM\parallel DN$,则异面直线 AN,BM 所成的角就是 $\angle AND$.
不妨设 $AC=BC=CC_1=2$,易得 $AN=\sqrt{5},AB=2\sqrt{2},ND=BM=\sqrt{6},AD=\sqrt{5}$.所以 $\triangle AND$ 为等腰三角形,作其底边 ND 上的高 AE,则 $NE=\dfrac{\sqrt{6}}{2}$,所以 $\cos\angle ANE=\dfrac{NE}{AN}=\dfrac{\sqrt{30}}{10}$.即 BM 与 AN 所成角的余弦值为 $\dfrac{\sqrt{30}}{10}$.故选 C.

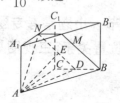

图 11-38

解法二(向量法): 以 C 为原点,根据题意,建立如图 11-39 所示的直角坐标系 $C\text{-}xyz$.不妨设 $AC=CC_1=BC=2$,

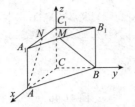

图 11-39

则可知 $A(2,0,0)$,$B(0,2,0)$,$N(1,0,2)$,$M(1,1,2)$.

所以 $\overrightarrow{AN}=(-1,0,2)$,$\overrightarrow{BM}=(1,-1,2)$.

设异面直线 AN,BM 所成角是 α,则有 $\cos\alpha = \dfrac{|\overrightarrow{AN}\cdot\overrightarrow{BM}|}{|\overrightarrow{AN}||\overrightarrow{BM}|}=\dfrac{\sqrt{30}}{10}$,即 BM 与 AN 所成角的余弦值为 $\dfrac{\sqrt{30}}{10}$.故选 C.

例 11.9 变式拓展

1.**【解析】** **解法一:** 如图 11-40 所示,联结 B_1D,可由 $B_1D\perp CD_1$,$B_1D\perp AC$,$AC\cap CD_1=C$,得 $B_1D\perp$ 平面 ACD_1.设直线 B_1D 与平面 ACD_1 相交于点 O,联结 OD_1,由 $BB_1\parallel DD_1$,可得 BB_1 与平面 ACD_1 所成角为 $\angle DD_1O$.

设正方体的棱长为 a,则 $B_1D=\sqrt{3}a$,$OD=\dfrac{B_1D}{3}=\dfrac{\sqrt{3}}{3}a$,所以 $\sin\angle DD_1O=\dfrac{OD}{DD_1}=\dfrac{\sqrt{3}}{3}$,所以 $\cos\angle DD_1O=\dfrac{\sqrt{6}}{3}$.故选 D.

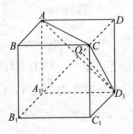

图 11-40

解法二: 由解法一知,BB_1 与平面 ACD_1 所成角即为直线 DD_1 与平面 ACD_1 所成的角,并设其角的大小为 θ,点 D 到平面 ACD_1 的距离为 d,正方体的棱长为 a,则 $\sin\theta=\dfrac{d}{DD_1}$.根据等体积法

知 $V_{D_1\text{-}ACD}=V_{D\text{-}ACD_1}$,得 $\dfrac{1}{3}S_{\triangle ACD}\cdot DD_1=\dfrac{1}{3}S_{\triangle ACD_1}\cdot d$,故 $d=\dfrac{S_{\triangle ACD}\cdot DD_1}{S_{\triangle ACD_1}}=\dfrac{\dfrac{1}{2}a^2\cdot a}{\dfrac{\sqrt{3}}{4}(\sqrt{2}a)^2}=\dfrac{\sqrt{3}}{3}a$,得 $\sin\theta=\dfrac{d}{DD_1}=\dfrac{\sqrt{3}}{3}$,所以 $\cos\theta=\dfrac{\sqrt{6}}{3}$.故选 D.

例 11.10 变式拓展

1.**【解析】** 如图 11-41 所示,由已知可得:$\overrightarrow{AB}\cdot\overrightarrow{AC}=0$,$\overrightarrow{AB}\cdot\overrightarrow{BD}=0$,$\overrightarrow{CD}=\overrightarrow{CA}+\overrightarrow{AB}+\overrightarrow{BD}$,所以 $|\overrightarrow{CD}|^2=|\overrightarrow{CA}+\overrightarrow{AB}+\overrightarrow{BD}|^2=|\overrightarrow{CA}|^2+|\overrightarrow{AB}|^2+|\overrightarrow{BD}|^2+2\overrightarrow{CA}\cdot\overrightarrow{AB}+2\overrightarrow{CA}\cdot\overrightarrow{BD}+2\overrightarrow{AB}\cdot\overrightarrow{BD}=3^2+2^2+4^2+2\times 3\times 4\cos\langle\overrightarrow{CA},\overrightarrow{BD}\rangle=17$.

所以 $\cos\langle\overrightarrow{CA},\overrightarrow{BD}\rangle=-\dfrac{1}{2}$,即 $\langle\overrightarrow{CA},\overrightarrow{BD}\rangle=120°$.

所以二面角的大小为 $60°$,故选 B.

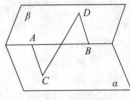

图 11-41

牛刀小试

1.**【解析】** 如图 11-42 所示,在正方体 $ABCD\text{-}A_1B_1C_1D_1$ 中,令平面 $ABCD$ 为平面 α,B_1C_1 为直线 a,则直线 $a\parallel$ 平面 α.若直线 A_1B_1 为直线 b,则 $b\parallel\alpha$;若直线 AB 为直线 b,则 $b\subset\alpha$;若直线 BB_1 为直线 b,则 b 与 α 相交.故选 D.

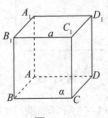

图 11-42

2.**【解析】** 如图 11-43 所示,在正方体 $ABCD\text{-}A_1B_1C_1D_1$ 中,取 l_1 为 BC,l_2 为 CC_1,l_3 为 C_1D_1.满足 $l_1\perp l_2$,$l_2\perp l_3$.若取 l_4 为 A_1D_1,则有 $l_1\parallel l_4$;若取 l_4 为 DD_1,则有 $l_1\perp l_4$.因此 l_1 与 l_4 的位置关系不确定,故选 D.

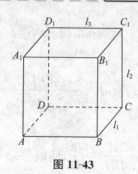

图 11-43

3.【解析】假设直线 l 与 l_1,l_2 都不相交,则由题可得 $l//l_1,l//l_2$,所以 $l_1//l_2$,这与直线 l_1 和 l_2 是异面直线相矛盾,故假设不成立,所以 l 至少与 l_1,l_2 中的一条相交.故选 A.

4.【解析】根据俯视图和侧视图可知,该几何体的直观图如图 11-44 所示,据此可知该几何体的正视图为选项 C.
故选 C.

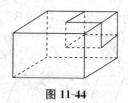

图 11-44

5.【解析】如图 11-45 所示,题中的三棱锥即长、宽、高分别为 2,1,1 的长方体中的四面体 $ABCD$,所以其体积为 $V=\frac{1}{3}S_{\triangle BCD}\cdot h=\frac{1}{3}\left(\frac{1}{2}\times 1\times 1\right)\times 1=\frac{1}{6}$.故选 A.

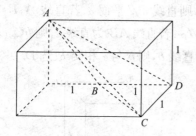

图 11-45

6.【解析】如图 11-46 所示,取 BC 中点 F,联结 FC_1,FD,则 $\angle DC_1F$ 为异面直线 DC_1 与 BE 所成角.设正方体的棱长为 2,所以 $C_1F=\sqrt{5}$,$C_1D=2\sqrt{2}$,$DF=\sqrt{5}$,
所以 $\cos\angle DC_1F=\frac{C_1F^2+C_1D^2-DF^2}{2C_1F\cdot C_1D}=\frac{\sqrt{10}}{5}$.
故选 B.

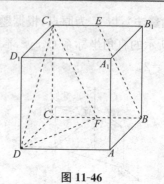

图 11-46

7.【解析】该几何体可视为一个完整的圆柱减去一个高为 6 的圆柱的一半,如图 11-47 所示.
$V=V_{总}-\frac{1}{2}V_{上}=\pi\cdot 3^2\cdot 10-\frac{1}{2}\cdot\pi\cdot 3^2\cdot 6=63\pi$.故选 B.

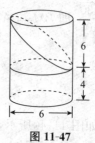

图 11-47

8.【解析】由三视图可画出立体图,如图 11-48 所示,该多面体只有两个相同的梯形的面,$S_{梯}=(2+4)\times 2\div 2=6$,$2S_{梯}=6\times 2=12$.故选 B.

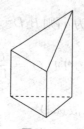

图 11-48

9.【解析】如图 11-49 所示,当选择 B,D,A_1,C_1 这四个顶点时,满足①;当选择 B,D,A,B_1 这四个顶点时,满足②;当选择 B,D,A,A_1 这四个顶点时,满足③.因此正确的结论是①②③.

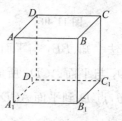

图 11-49

10.【解析】没有公共点的两条直线或平行或异面,故①错;命题②错,因为此时两直线有可能相交;命题③正确,因为若直线 a 和 b 异面,$c//a$,则 c 与 b 不可能平行,用反证法证明如下:若 $c//b$,又 $c//a$,则 $a//b$,这与 a,b 异面矛盾,故 c 不平行于 b;命题④也正确,若 c 与两条直线 a,b 都相交,由公理3的推论可知,a,c 可确定一个平面,b,c 也可确定一个平面,这样,a,b,c 共确定两个平面.故不正确的是①②.

11.【分析】直线在平面内的射影,是垂足与斜足的连线,故需要作很多垂线,这对正方体而言,有着得天独厚的优势,所以本题宜用正方体模型进行求解.
【解析】借助正方体模型.如图 11-50 所示.

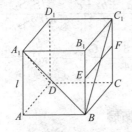

图 11-50

取平面 AC 为平面 α,对于①,取 A_1D 为 m,A_1B 为 n,则其在平面 α 内的射影 AD 为 m_1,AB 为 n_1,显然 $m_1 \perp n_1$,但 m 与 n 不垂直(m 与 n 的夹角是 60°),①错;

对于②,取 A_1D 为 m,BC_1 为 n,则 AD 为 m_1,BC 为 n_1,于是有 $m \perp n$,但此时 $m_1 // n_1$,②错;

对于③,设 BB_1 的中点为 E,CC_1 的中点为 F,取 A_1B_1 为 m,EF 为 n,则 AB 为 m_1,BC 为 n_1,此时有 m_1 与 n_1 相交,但 m 与 n 异面,故③错;

对于④,取 A_1D_1 为 m,BC_1 为 n,则 AD 为 m_1,BC 为 n_1,此时有 $m_1 // n_1$,但 m 与 n 异面,故④错.

故选 D.

【评注】空间线面位置关系,以平行、垂直、相交、异面为主,而不论以上哪一种位置关系,都可在长方体或正方体模型中得到轻松构建,所以我们在解决空间线面位置关系的问题时,要多采用此种方法,以"题型+模型"的理念,多观察、多思考,以达到熟能生巧,降低难度,秒杀破题之功效.

12.【解析】如图 11-51(a) 所示,因为点 M 不在 B_1C_1 上,所以由 B_1C_1 与点 M 可确定唯一平面 B_1C_1M,设此平面与 AA_1 交点为 N,则点 N 为 AA_1 中点,在平面 ABB_1A_1 内,B_1N 与 BA 必相交,设交点为 Q,则 QM 与 B_1C_1 一定不平行,所以 QM 与 AB,B_1C_1 都相交,由作法知,这样的直线 QM 有且仅有一条,所以①真;因为 $AB // A_1B_1$,A_1B_1 与 B_1C_1 相交确定一个平面 $A_1B_1C_1D_1$,且过点 M 作平面 $A_1B_1C_1D_1$ 的垂线唯一,所以过点 M 与 AB,B_1C_1 都垂直的直线唯一,所以②真;如图 11-51(b) 所示过点 M 作 $ME // DC$,交 CC_1 于点 E,因为 $DC // AB$,所以 $ME // AB$;过点 M 作 $MF // A_1D_1$,交 AA_1 于点 F,因为 $A_1D_1 // B_1C_1$,所以 $MF // B_1C_1$,所以 AB 与 B_1C_1 都与平面 MEF 平行,由作法知,这样的平面 MEF 有且仅有一个,故④真.故选 C.

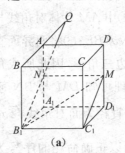 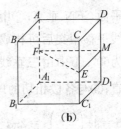

(a) (b)

图 11-51

13.【解析】由三视图可知该几何体是一个直三棱柱,如图 11-52 所示,由题意得,当打磨成球的大圆恰好与三棱柱底面直角三角形的内切圆相同时,该球的半径最大.故其半径为 $R = \dfrac{1}{2} \times (6+8-10) = 2$.故选 B.

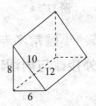

图 11-52

14.如图 11-53 所示,$DE \perp$ 平面 ADC,所以 $\angle ADC$ 为二面角 A-DE-B 的平面角,即 $\angle ADC = 60°$.

又 $AD=DC$，所以 $\triangle ADC$ 为正三角形. 因为 $DE\perp$ 平面 ADC，$DE\subset$ 平面 $BCDE$，所以平面 $ADC\perp$ 平面 $BCDE$. 过点 A 作 $AF\perp DC$ 于点 F，则 $AF\perp$ 平面 $BCDE$，所以 $\angle ABF$ 为 AB 与平面 $BCDE$ 所成的角.

设 $AD=1$，在 $\text{Rt}\triangle AFB$ 中，$AF=\dfrac{\sqrt{3}}{2}$，

$BF=\dfrac{\sqrt{17}}{2}$，

$\tan\angle ABF=\dfrac{AF}{BF}=\dfrac{\sqrt{51}}{17}$.

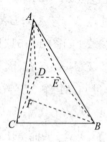

图 11-53

15.【解析】以正方形 $ABCD$ 为底面还原成正方体的直观图如图 11-54 所示. ①中 AM 为体对角线与平面 CFN 垂直；②中 $CN/\!/BE$；③将两异面直线平移相交后可构成等边三角形，因此所成角为 $60°$；④中由三垂线定理可知 DM 与 BN 垂直；⑤与各棱相切的球的直径为面对角线 $\sqrt{2}a$，$S=4\pi\left(\dfrac{\sqrt{2}a}{2}\right)^2=2\pi a^2$，所以正确命题的序号为①③④.

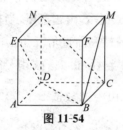

图 11-54

第十二节　小题常考专题——空间几何体的外接球与内切球及最值问题

例 12.1 变式拓展

1.【解析】如图 12-14 所示，由题可知球心在圆柱体的中心，圆柱体上下底面圆半径 $r=\sqrt{1^2-\left(\dfrac{1}{2}\right)^2}=\dfrac{\sqrt{3}}{2}$，则圆柱体体积 $V=\pi r^2h=\dfrac{3\pi}{4}$. 故选 B.

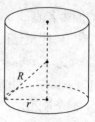

图 12-14

例 12.2 变式拓展

1.【解析】设 $AB=a$，$AC=b$，$AD=c$，则因为 $ab=2S_1$，$bc=2S_2$，$ac=2S_3$，

所以 $a^2=\dfrac{2S_1S_3}{S_2}$，$b^2=\dfrac{2S_1S_2}{S_3}$，$c^2=\dfrac{2S_2S_3}{S_1}$，

所以 $R=\dfrac{\sqrt{a^2+b^2+c^2}}{2}=\sqrt{\dfrac{S_1S_3}{2S_2}+\dfrac{S_1S_2}{2S_3}+\dfrac{S_2S_3}{2S_1}}=\sqrt{\dfrac{2}{4}+\dfrac{1}{4}+\dfrac{3}{4}}=\dfrac{\sqrt{6}}{2}$，$V=\dfrac{4}{3}\pi R^3=\dfrac{4}{3}\pi\left(\dfrac{\sqrt{6}}{2}\right)^3=\sqrt{6}\pi$.

故选 A.

例 12.3 变式拓展

1.【解析】将四面体 $A\text{-}BCD$ "补形"为一个长方体，从而可得到一个长、宽、高分别为 a，b，c 的长方体，并且 $a^2+b^2=25$，$a^2+c^2=34$，$b^2+c^2=41$，设球半径为 R，则有 $(2R)^2=a^2+b^2+c^2=50$，所以 $4R^2=50$，所以球的表面积为 $S=4\pi R^2=50\pi$.

故选 A.

例 12.4 变式拓展

1.【解析】由题意，如图 12-15 所示，PC 为直径，O 为 PC 的中点，且 $PA=AC$，$PB=BC$，得 $\triangle APC$，$\triangle BPC$ 均为等腰直角三角形，联结 OA，OB，故 $AO\perp PC$，$BO\perp PC$.

又平面 $PCA\perp$ 平面 PCB，平面 $PCA\cap$ 平面 $PCB=PC$，$OA\subset$ 平面 PCA，得 $OA\perp$ 平面 PBC，设球的半径为 R，因此 $V_{P\text{-}ABC}=\dfrac{1}{3}S_{\triangle OAB}\cdot PC=\dfrac{1}{3}\times\dfrac{1}{2}\cdot R^2\cdot 2R=\dfrac{R^3}{3}=9$，得 $R=3$，所以 $S_{球}=4\pi R^2=36\pi$.

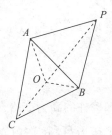

图 12-15

例 12.5 变式拓展

1.【解析】如图 12-16 所示,由题意可知三棱锥的四个面全等,且每一个面的面积均为 $\frac{1}{2}\times 6\times 4=12$.

设三棱锥的内切球的半径为 r,则三棱锥的体积 $V=\frac{1}{3}S_{\triangle ABC}\cdot r\cdot 4=16r$,

取 CD 的中点 O,联结 AO,BO,则 $CD\perp$ 平面 AOB,

$AO=BO=4$,$S_{\triangle AOB}=\frac{1}{2}\times 6\times \sqrt{7}=3\sqrt{7}$,

所以 $V_{A-BCD}=2V_{C-AOB}=2\times \frac{1}{3}\times 3\sqrt{7}\times 3=6\sqrt{7}$,

所以 $16r=6\sqrt{7}$,解得 $r=\frac{3\sqrt{7}}{8}$.

所以内切球的表面积为 $S=4\pi r^2=\frac{63\pi}{16}$.

故答案为 $\frac{63\pi}{16}$.

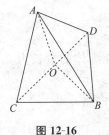

图 12-16

例 12.6 变式拓展

1.【解析】过圆锥的旋转轴作轴截面,得截面 $\triangle ABC$ 及其内切圆 $\odot O_1$ 和外接圆 $\odot O_2$,且两圆同圆心,即 $\triangle ABC$ 的内心与外心重合,易得 $\triangle ABC$ 为正三角形,由题意知 $\odot O_1$ 的半径为 $r=1$,则 $\triangle ABC$ 的边长为 $2\sqrt{3}$,圆锥的底面半径为 $\sqrt{3}$,高为 3,故 $V=\frac{1}{3}\times \pi\times 3\times 3=3\pi$.

例 12.7 变式拓展

1.【分析】M 为定点,P,Q 为动点,PQ 为平面内外一点与平面内一点的连线长,故 PQ 的最小值为点 P 到平面 $ABCD$ 的距离,进而将问题转化为动点 P 到一定点 M 的距离与到定直线的距离之和.

【解析】如图 12-17 所示,联结 AC,过点 P 作 $PQ_0\perp AC$,垂足为 Q_0,则 $PQ\geqslant PQ_0$.

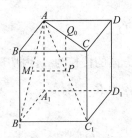

图 12-17

即 $MP+PQ$ 的最小值即为 $MP+PQ_0$ 的最小值,且动点 P 为关键点,将 $\triangle AB_1C_1$ 沿 AC_1 翻折至与 $\triangle ACC_1$ 共面,如图 12-18 所示.

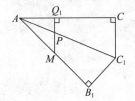

图 12-18

在四边形 AB_1C_1C 中,由题意可知,$\angle B_1AC=60°$,$\angle C=\angle B_1=90°$,$AB_1=\sqrt{3}$.

当 $MP\perp AC$ 时,设垂足为 Q_1,

则 $MP+PQ_0\geqslant MQ_1=\frac{3}{4}$.

即 $MP+PQ$ 的最小值为 $\frac{3}{4}$.故选 C.

【评注】本题经过两步转化,首先将点到面的距离转化为点到线的距离,再将空间动态问题转化到平面内,确定点到线的距离.

例 12.8 变式拓展

1.【解析】设 $BD=x(0<x<3)$,$AD=CD=3-x$,

$V_{A-BCD}=\frac{1}{3}\cdot\frac{1}{2}x\cdot(3-x)^2=\frac{1}{12}\cdot 2x\cdot(3-x)\cdot(3-x)\leqslant\frac{1}{12}\cdot\left(\frac{6}{3}\right)^3=\frac{2}{3}$.

当且仅当 $2x=3-x$,即 $x=1$ 时取等号.

故当 $BD=1$ 时,三棱锥 A-BCD 的体积取得最大值.故答案为1.

牛刀小试

1.【解析】设正方体的棱长为 a,外接球半径为 R.

则 $\begin{cases} \dfrac{4\pi R^3}{3}=\dfrac{32\pi}{3} \\ 2R=\sqrt{3}a \end{cases}$,解得 $\begin{cases} R=2 \\ a=\dfrac{4\sqrt{3}}{3} \end{cases}$,即正方体的棱长

为 $\dfrac{4\sqrt{3}}{3}$.故选 D.

2.【解析】设正方体的棱长为 a,内切球的半径为 r,外接球的半径为 R,则有 $a=2r$,$\sqrt{3}a=2R$,所以 $\dfrac{r}{R}=\dfrac{a}{\sqrt{3}a}=\dfrac{1}{\sqrt{3}}$,所以 $\dfrac{V_{内切球}}{V_{外接球}}=\dfrac{\frac{4}{3}\pi r^3}{\frac{4}{3}\pi R^3}=\left(\dfrac{r}{R}\right)^3=\left(\dfrac{1}{\sqrt{3}}\right)^3=\dfrac{1}{3\sqrt{3}}$.故选 C.

3.【解析】设正三棱锥的底面边长为 a,高为 h,由题意知 $\begin{cases} \dfrac{a}{\sin\frac{\pi}{3}}=2 \\ h=1 \\ V=\dfrac{1}{3}\times\dfrac{\sqrt{3}}{4}a^2 h \end{cases} \Rightarrow \begin{cases} a=\sqrt{3} \\ V=\dfrac{\sqrt{3}}{4} \end{cases}$.故选 C.

4.【解析】如图 12-19 所示,四面体 S-ABC 是棱长为 1,1,$\sqrt{2}$ 的长方体的一部分,它们有相同的外接球球心及半径,则外接球半径为 $\dfrac{\sqrt{1^2+1^2+(\sqrt{2})^2}}{2}=1$,所以球表面积为 4π.故选 A.

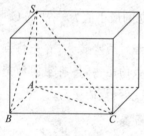

图 12-19

5.【解析】球半径 $r=\sqrt{1^2+(\sqrt{2})^2}=\sqrt{3}$,所以球的体积为 $\dfrac{4}{3}\pi\times(\sqrt{3})^3=4\sqrt{3}\pi$.故选 B.

6.【解析】设正方体的棱长为 a,则外接球的半径为 $R=\dfrac{\sqrt{3}}{2}a$.因为 $\dfrac{4\pi}{3}R^3=\dfrac{4\pi}{3}$,所以 $R=1$,所以 $a=\dfrac{2\sqrt{3}}{3}$.故选 D.

7.【解析】由题意知棱柱的高为 $2\sqrt{3}$ cm,底面正三角形的内切圆的半径为 $\sqrt{3}$ cm,所以底面正三角形的边长为 6 cm,正三棱柱的底面面积为 $9\sqrt{3}$ cm²,所以此三棱柱的体积 $V=9\sqrt{3}\times 2\sqrt{3}=54$(cm³).故选 B.

8.【解析】如图 12-20 所示,设截面圆的半径为 r,球的半径为 R,因为 $AH:HB=1:2$,所以 $AH=\dfrac{2R}{3}$,$OH=OA-AH=\dfrac{R}{3}$.由勾股定理,得 $R^2=r^2+OH^2$,又因为 $\pi r^2=\pi$,所以 $r=1$,故 $R^2=1+\left(\dfrac{R}{3}\right)^2$,$R^2=\dfrac{9}{8}$,所以 $S=4\pi R^2=\dfrac{9\pi}{2}$.

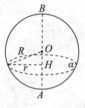

图 12-20

9.【解析】易知 DA,AB,BC 位于一个棱长为 $\sqrt{2}$ 的正方体上,故球 O 半径为 $R=\dfrac{\sqrt{3}}{2}\times\sqrt{2}=\dfrac{\sqrt{6}}{2}$,$V=\dfrac{4}{3}\pi R^3=\dfrac{4}{3}\pi\left(\dfrac{\sqrt{6}}{2}\right)^3=\sqrt{6}\pi$.

10.【解析】设正四面体的棱长为 a,则正四面体表面积为 $S_1=4\cdot\dfrac{\sqrt{3}}{4}\cdot a^2=\sqrt{3}a^2$,其内切球半径为正四面体高的 $\dfrac{1}{4}$,即 $r=\dfrac{1}{4}\cdot\dfrac{\sqrt{6}}{3}a=\dfrac{\sqrt{6}}{12}a$,因此内切球表面积为 $S_2=4\pi r^2=\dfrac{\pi a^2}{6}$,则 $\dfrac{S_1}{S_2}=\dfrac{\sqrt{3}a^2}{\frac{\pi}{6}a^2}=\dfrac{6\sqrt{3}}{\pi}$.

11.【解析】设球 O 的半径为 R,正三角形 ABC 的外接圆的半径为 r,由正弦定理可得 $\dfrac{1}{\sin\frac{\pi}{3}}=2r$,

则 $r=\frac{\sqrt{3}}{3}$,则点 O 到平面 ABC 的距离 $d=\sqrt{R^2-r^2}=\frac{\sqrt{6}}{3}$.

又 SC 为球 O 的直径,故点 S 到平面 ABC 的距离为 $2d=\frac{2\sqrt{6}}{3}$,

所以 $V_{S\text{-}ABC}=\frac{1}{3}S_{\triangle ABC}\cdot 2d=\frac{1}{3}\times\frac{\sqrt{3}}{4}\times 1^2\times\frac{2\sqrt{6}}{3}=\frac{\sqrt{2}}{6}$.

故选 A.

12.【解析】根据题意,如图 12-21 所示,当点 C 位于垂直于面 AOB 的直径端点时,三棱锥 $O\text{-}ABC$ 的体积最大,则可设球 O 的半径为 R,此时 $V_{O\text{-}ABC}=V_{C\text{-}AOB}=\frac{1}{3}\times\frac{1}{2}R^2\times R=\frac{1}{6}R^3=36$,故 $R=6$,则球 O 的表面积为 $S=4\pi R^2=144\pi$.故选 C.

图 12-21

13.【解析】由 $PA=PB=PC$ 及 $\triangle ABC$ 是边长为 2 的正三角形可知,三棱锥 $P\text{-}ABC$ 为正三棱锥,则顶点 P 在底面的射影 O_1 为底面三角形的中心.

如图 12-22 所示,联结 BO_1 并延长,交 AC 于 G,则 $AC\perp BG$,又 $PO_1\perp AC$,$PO_1\cap BG=O_1$,可得 $AC\perp$ 平面 PBG,则 $PB\perp AC$.

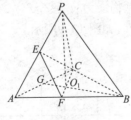

图 12-22

因为 E,F 分别是 PA,AB 的中点,所以 $EF\parallel PB$. 又 $\angle CEF=90°$,即 $EF\perp CE$. 所以 $PB\perp CE$,又 $AC\cap CE=C$,所以 $PB\perp$ 平面 PAC.

所以 $PB\perp PA$,$PB\perp PC$.

又因为 $PA=PB=PC$,$\triangle ABC$ 是正三角形,所以 $\triangle PAC\cong\triangle PBC\cong\triangle PAB$,故 $PA\perp PC$,所以正三棱锥 $P\text{-}ABC$ 的三条侧棱两两互相垂直.

把三棱锥补形为正方体,则正方体外接球即为三棱锥的外接球,其直径为正方体的体对角线的长度,即 $2R=\sqrt{PA^2+PB^2+PC^2}=\sqrt{6}$,$R=\frac{\sqrt{6}}{2}$,

则球 O 的体积为 $\frac{4}{3}\pi\times\left(\frac{\sqrt{6}}{2}\right)^3=\sqrt{6}\pi$.故选 D.

14.【解析】设 $\triangle ABC$ 的中心为 O_1,则 $OO_1\perp$ 平面 ABC. 当 O_1,O,D 三点共线时,$DO_1\perp$ 平面 ABC,三棱锥 $D\text{-}ABC$ 的体积最大,此时 $DO_1=DO+OO_1$. 由 $S_{\triangle ABC}=9\sqrt{3}$ 得,$AB=BC=AC=6$,$AO_1=6\times\frac{\sqrt{3}}{3}=2\sqrt{3}$. 则 $OO_1=\sqrt{R^2-AO_1^2}=2$,

故 $DO_1=6$. 所以 $(V_{D\text{-}ABC})_{\max}=\frac{1}{3}\times 9\sqrt{3}\times 6=18\sqrt{3}$.故选 B.

15.【解析】如图 12-23(1) 所示,假设在直三棱柱 $ABC\text{-}A_1B_1C_1$ 中,有一个球与平面 ABB_1A_1,平面 BCC_1B_1,平面 AA_1C_1C 相切,其俯视图如图 12-23(2) 所示.设其球的半径为 r,

则 $r=\dfrac{S_{\triangle ABC}}{\frac{1}{2}C_{\triangle ABC}}=\dfrac{\frac{1}{2}\times 6\times 8}{\frac{1}{2}\times(6+8+10)}=2$ 且 $2r\leqslant AA_1=3$,得 $r\leqslant\frac{3}{2}$.

因此,直三棱柱内球的半径的最大值为 $\frac{3}{2}$,

则 $V_{\max}=\frac{4}{3}\pi r^3=\frac{4}{3}\pi\left(\frac{3}{2}\right)^3=\frac{9\pi}{2}$.故选 B.

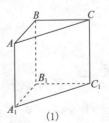 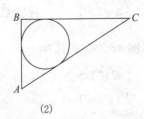

图 12-23

第十三节　小题常考专题——直线与圆的方程、圆锥曲线的定义与方程

例13.1 变式拓展

1.【解析】解法一：设直线 l 在 x 轴，y 轴上的截距均为 a.由题意得 $M(3,2)$.

若 $a=0$，即 l 过点 $(0,0)$ 和 $(3,2)$，所以直线 l 的方程为 $y=\dfrac{2}{3}x$，即 $2x-3y=0$.

若 $a\neq 0$，设直线 l 的方程为 $\dfrac{x}{a}+\dfrac{y}{a}=1$，

因为直线 l 过点 $M(3,2)$，所以 $\dfrac{3}{a}+\dfrac{2}{a}=1$，

所以 $a=5$，此时直线 l 的方程为 $\dfrac{x}{5}+\dfrac{y}{5}=1$，即 $x+y-5=0$.

综上，直线 l 的方程为 $2x-3y=0$ 或 $x+y-5=0$.

解法二：易知 $M(3,2)$，由题意知所求直线 l 的斜率 k 存在且 $k\neq 0$，则直线 l 的方程为 $y-2=k(x-3)$.令 $y=0$，得 $x=3-\dfrac{2}{k}$；令 $x=0$，得 $y=2-3k$.所以 $3-\dfrac{2}{k}=2-3k$，解得 $k=-1$ 或 $k=\dfrac{2}{3}$.所以直线 l 的方程为 $y-2=-(x-3)$ 或 $y-2=\dfrac{2}{3}(x-3)$，即 $x+y-5=0$ 或 $2x-3y=0$.

例13.2 变式拓展

1.【解析】由已知圆心在 y 轴上，且被 x 轴所分劣弧所对圆心角为 $\dfrac{2}{3}\pi$.设圆心 $(0,a)$，半径为 r，则 $r\sin\dfrac{\pi}{3}=1$，$r\cos\dfrac{\pi}{3}=|a|$，解得 $r=\dfrac{2}{\sqrt{3}}$，即 $r^2=\dfrac{4}{3}$，$|a|=\dfrac{\sqrt{3}}{3}$，即 $a=\pm\dfrac{\sqrt{3}}{3}$，故圆 C 的方程为 $x^2+\left(y\pm\dfrac{\sqrt{3}}{3}\right)^2=\dfrac{4}{3}$.故选 C.

例13.3 变式拓展

1.【解析】将曲线方程 $x=\sqrt{1-y^2}$ 变形为 $x^2+y^2=1(x\geqslant 0)$，当直线 $y=x+b$ 与曲线 $x^2+y^2=1$ 相切时，满足 $\dfrac{|0-0+b|}{\sqrt{2}}=1$，整理可得 $|b|=\sqrt{2}$，即 $b=\pm\sqrt{2}$.如图13-8所示，可得当 $b=-\sqrt{2}$ 或 $-1<b\leqslant 1$ 时，直线 $y=x+b$ 与曲线 $x=\sqrt{1-y^2}$ 有且仅有一个公共点.故选 B.

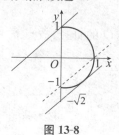

图 13-8

例13.4 变式拓展

1.【解析】圆 $(x-4)^2+y^2=9$，表示以 $(4,0)$ 为圆心，半径等于 3 的圆.

圆 $x^2+(y-3)^2=4$，表示以 $(0,3)$ 为圆心，半径等于 2 的圆.

两圆的圆心距等于 $\sqrt{4^2+3^2}=5=2+3$，两圆相外切，故两圆的公切线的条数为 3.

故选 C.

例13.5 变式拓展

1.【解析】因为抛物线上点 A 到焦点 F 的距离等于点 A 到准线的距离，即 $|AF|=|AF|-2+\dfrac{p}{2}$，解得 $p=4$，所以抛物线的标准方程为 $y^2=8x$.

例13.6 变式拓展

1.【解析】由已知可得，圆 C：$(x-3)^2+y^2=4$，$c=3$，双曲线的渐近线为 $bx\pm ay=0$，根据题意，有 $\dfrac{|bc|}{\sqrt{a^2+b^2}}=b=r=2$，所以 $a^2=5$.故选 A.

例13.7 变式拓展

1.【分析】以开口向右的抛物线为例来解答，其他开口同理.

【解析】设抛物线为 $y^2=2px(p>0)$，圆的方程为 $x^2+y^2=r^2$，如图13-9所示.

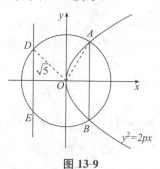

图 13-9

由题意,可设 $A(x_0, 2\sqrt{2})$, $D\left(-\frac{p}{2}, \sqrt{5}\right)$.

因为点 $A(x_0, 2\sqrt{2})$ 在抛物线 $y^2=2px$ 上,所以 $8=2px_0$,即 $x_0=\frac{4}{p}$ ①

又 $|AO|^2=|DO|^2=r^2$,所以 $x_0^2+8=\frac{p^2}{4}+5$ ②

联立式①②,解得 $p=4$,即 C 的焦点到准线的距离为 4.

故选 B.

例 13.8 变式拓展

1.【解析】依题意,设 $|AB|=|AF_2|=|BF_2|=m$, $|AF_1|=n$,根据双曲线的定义,可得 $m-n=m+n-m=2a$,所以 $n=2a$, $m=4a$,又 $|F_1F_2|=2c$, $\angle F_1BF_2=60°$.

在 $\triangle BF_1F_2$ 中,由余弦定理得,$(2c)^2=(6a)^2+(4a)^2-2\times 6a\cdot 4a\cdot\cos 60°$,整理得 $c^2=7a^2$,即 $c=\sqrt{7}a$,所以 $a^2+24=7a^2$,解得 $a=2$,$|AF_1|=4$,$|AF_2|=8$,而 $\angle F_1AF_2=120°$,所以 $\triangle AF_1F_2$ 的面积为 $\frac{1}{2}\times 4\times 8\times\sin 120°=8\sqrt{3}$. 故选 C.

例 13.9 变式拓展

1.【解析】因为椭圆 $\frac{x^2}{25}+\frac{y^2}{16}=1$ 的左右焦点分别为 F_1, F_2,过焦点 F_1 的直线交椭圆于 $A(x_1, y_1)$, $B(x_2, y_2)$ 两点,$\triangle ABF_2$ 的内切圆的面积为 π,所以 $\triangle ABF_2$ 内切圆半径 $r=1$.

$\triangle ABF_2$ 面积 $S=\frac{1}{2}\times 1\times(|AB|+|AF_2|+|BF_2|)=2a=10$,

$\triangle ABF_2$ 面积 $=\frac{1}{2}|y_1-y_2|\times 2c=\frac{1}{2}|y_1-y_2|\times 2\times 3=10$,

所以 $|y_1-y_2|=\frac{10}{3}$.

故选 B.

例 13.10 变式拓展

1.【解析】如图 13-10 所示,设线段 MN 的中点为 P,由题知 P 为椭圆上一点,联结 PF_1, PF_2,则 $|AN|+|BN|=2|PF_1|+2|PF_2|=4a=8$. 故选 B.

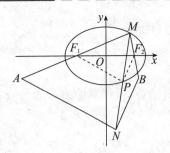

图 13-10

例 13.11 变式拓展

1.【解析】由 $y^2=8x$,得 $p=4$,焦点为 $F(2,0)$,准线 $l: x=-2$. 如图 13-11 所示,由 M 为 FN 的中点,故易知线段 BM 为梯形 $AFNC$ 的中位线.

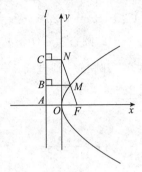

图 13-11

因为 $|CN|=2, |AF|=4$,所以 $|MB|=3$.

又由抛物线的定义知 $|MB|=|MF|=3$,且 $|MN|=|MF|=3$,

所以 $|NF|=|NM|+|MF|=6$.

故答案为 6.

牛刀小试

1.【解析】由题意可得 $3p-p=\left(\frac{p}{2}\right)^2$,解得 $p=8$. 故选 D.

2.【解析】依题意,$\triangle ABF_2$ 的周长为 $|AB|+|AF_2|+|BF_2|=20$,又 $|AB|=4$,所以 $|AF_2|+|BF_2|=16$. 据双曲线的定义知 $|AF_2|+|BF_2|-|AB|=4a=16-4=12$,得 $a=3, m=9$. 故选 B.

3.【解析】因为 $P(\cos\theta, \sin\theta)$,所以 P 点的轨迹是圆.

直线 $x-my-2=0$ 恒过 $(2,0)$ 点.

转化为圆心到直线的距离加上半径取到最大值,

所以答案为 3. 故选 C.

4.【解析】由题意知,$|CA|+|CB|=10-|AB|=10-4=6>|AB|$,故动点 C 的轨迹是以 A, B 为焦点,长轴长为 6 的椭圆(除去左、右顶点),$2a=$

6，即 $a=3$，$c=2$，则 $b^2=a^2-c^2=5$，则 C 的轨迹方程为 $\dfrac{x^2}{9}+\dfrac{y^2}{5}=1(y\neq 0)$．

5．【解析】由题意，设椭圆的方程为 $\dfrac{x^2}{a^2}+\dfrac{y^2}{b^2}=1(a>b>0)$，则有 $\begin{cases}a^2-b^2=4\\ \dfrac{2b^2}{a}=\dfrac{10}{3}\end{cases}$，解得 $\begin{cases}a=3\\ b=\sqrt{5}\end{cases}$．

所以该椭圆的标准方程是 $\dfrac{x^2}{9}+\dfrac{y^2}{5}=1$．

【评注】由已知可以得出椭圆过点 $P\left(2,\dfrac{5}{3}\right)$，由 $2a=|PF_1|+|PF_2|$，解得 a，也可得出答案．

6．【解析】圆 $C:x^2+y^2-2ay-2=0$，即 $C:x^2+(y-a)^2=a^2+2$，圆心为 $C(0,a)$，

由 $|AB|=2\sqrt{3}$，圆心 C 到直线 $y=x+2a$ 的距离为 $\dfrac{|0-a+2a|}{\sqrt{2}}$，

所以得 $\left(\dfrac{2\sqrt{3}}{2}\right)^2+\left(\dfrac{|0-a+2a|}{\sqrt{2}}\right)^2=a^2+2$，则 $a^2=2$，所以圆的面积为 $\pi(a^2+2)=4\pi$．

7．【解析】设 A 关于 l 的对称点为 $A'(a,b)$，$A'A\perp l$，且 $A'A$ 的中点在 l 上，

所以 $\begin{cases}2\cdot\dfrac{a-2}{2}-\dfrac{b+4}{2}-7=0\\ \dfrac{b-4}{a+2}\cdot 2=-1\end{cases}$，解得 $\begin{cases}a=10\\ b=-2\end{cases}$，

即 $A'(10,-2)$．所以反射光线所在直线 $A'B$ 的方程为

$y+2=\dfrac{8+2}{5-10}(x-10)$，化简得 $2x+y-18=0$．

即反射光线所在直线方程为 $2x+y-18=0$．

8．【解析】解法一：因为 $\overrightarrow{FP}=4\overrightarrow{FQ}$，所以点 Q 在线段 PF 上，如图 13-12 所示，过 Q 作 $QM\perp l$，垂足为点 M，由抛物线定义知 $|QF|=|QM|$．
设抛物线的准线 l 与 x 轴的交点为 N，则 $|FN|=4$．
又易知 $\triangle PQM\sim\triangle PFN$，
则 $\dfrac{|QM|}{|FN|}=\dfrac{|PQ|}{|PF|}=\dfrac{3}{4}$，
即 $\dfrac{|QM|}{4}=\dfrac{3}{4}$．所以 $|QM|=3$，即 $|QF|=3$．故选 B.

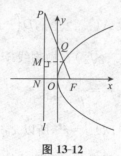

图 13-12

解法二（代数法）：由题意可得 $F(2,0)$，$P(-2,y_P)$，设 $Q(x,y)$，由 $\overrightarrow{FP}=4\overrightarrow{FQ}$，得 $(-4,y_P)=4(x-2,y)$，则 $\begin{cases}-4=4(x-2)\\ y_P=4y\end{cases}$，解得 $\begin{cases}x=1\\ y_P=4y\end{cases}$．

把 $x=1$ 代入 $y^2=8x$，得 $y=2\sqrt{2}$ 或 $y=-2\sqrt{2}$（舍），

所以 $Q(1,2\sqrt{2})$，$|QF|=\sqrt{(2-1)^2+(0-2\sqrt{2})^2}=3$．
故选 B.

9．【解析】由题意可知，如图 13-13 所示，$\angle MFx=60°$，由抛物线的定义得 $MF=MN$，所以 $\triangle MNF$ 为等边三角形，在三角形 NFH 中，$FH=2$，$\dfrac{FH}{NF}=\cos60°$，得 $NF=4$，所以 M 到 NF 的距离为等边三角形 $\triangle MNF$ 中 NF 边上的高，易知为 $\dfrac{\sqrt{3}}{2}NF=2\sqrt{3}$．故选 C.

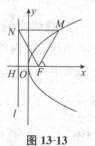

图 13-13

10．【解析】因为双曲线 $x^2-\dfrac{y^2}{b^2}=1(b>0)$ 经过点 $(3,4)$，

所以 $3^2-\dfrac{16}{b^2}=1$，解得 $b^2=2$，即 $b=\sqrt{2}$．

又 $a=1$，所以该双曲线的渐近线方程是 $y=\pm\sqrt{2}x$．

11．【解析】因为直线 $(m+1)x+(n+1)y-2=0$ 与圆 $(x-1)^2+(y-1)^2=1$ 相切，所以圆心 $(1,1)$ 到直线的距离为 $d=\dfrac{|(m+1)+(n+1)-2|}{\sqrt{(m+1)^2+(n+1)^2}}=$

1,所以 $m+n+1=mn\leqslant\left(\dfrac{m+n}{2}\right)^2$,设 $t=m+n$,则 $\dfrac{1}{4}t^2\geqslant t+1$,解得 $t\in(-\infty,2-2\sqrt{2}]\cup[2+2\sqrt{2},+\infty)$.故选 D.

12.【解析】设 AB 的中点为 D,则 $OD\perp AB$,

因为 $|\overrightarrow{OA}+\overrightarrow{OB}|\geqslant\dfrac{\sqrt{3}}{3}|\overrightarrow{AB}|$,

所以 $|2\overrightarrow{OD}|\geqslant\dfrac{\sqrt{3}}{3}|\overrightarrow{AB}|$,所以 $|\overrightarrow{AB}|\leqslant 2\sqrt{3}|\overrightarrow{OD}|$,因为 $|\overrightarrow{OD}|^2+\dfrac{1}{4}|\overrightarrow{AB}|^2=4$,所以 $|\overrightarrow{OD}|^2\geqslant 1$,因为直线 $x+y-k=0(k>0)$ 与圆 $x^2+y^2=4$ 交于不同的两点,所以 $|\overrightarrow{OD}|^2<4$,

所以 $1\leqslant|\overrightarrow{OD}|^2<4$,即 $1\leqslant\left(\dfrac{|-k|}{\sqrt{2}}\right)^2<4$,解得 $\sqrt{2}\leqslant k<2\sqrt{2}$.故选 C.

13.【解析】如图 13-14 所示,设 $|BF_2|=x$,则 $|AF_2|=2x$,所以 $|BF_1|=|AB|=3x$.

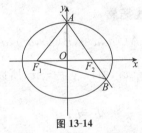

图 13-14

由椭圆定义 $|BF_1|+|BF_2|=2a$,即 $4x=2a$.又 $|AF_1|+|AF_2|=2a=4x$,$|AF_2|=2x$,所以 $|AF_1|=2x$.

因此点 A 为椭圆的上顶点,设其坐标为 $(0,b)$.

由 $|AF_2|=2|BF_2|$ 可得点 B 的坐标为 $\left(\dfrac{3}{2},-\dfrac{b}{2}\right)$.

因为点 B 在椭圆 $\dfrac{x^2}{a^2}+\dfrac{y^2}{b^2}=1(a>b>0)$ 上,所以 $\dfrac{9}{4a^2}+\dfrac{1}{4}=1$.

解得 $a^2=3$.又 $c=1$,所以 $b^2=2$.所以椭圆方程为 $\dfrac{x^2}{3}+\dfrac{y^2}{2}=1$.故选 B.

14.【解析】设 $M(m,n),m>0,n>0$,椭圆 $C:\dfrac{x^2}{36}+\dfrac{y^2}{20}=1$ 的 $a=6,b=2\sqrt{5},c=4,e=\dfrac{c}{a}=\dfrac{2}{3}$,由 M 为 C 上一点且在第一象限,可得 $|MF_1|>|MF_2|$,

$\triangle MF_1F_2$ 为等腰三角形,可得 $|MF_1|=2c$ 或 $|MF_2|=2c$,

即有 $6+\dfrac{2}{3}m=8$,即 $m=3,n=\sqrt{15}$;

$6-\dfrac{2}{3}m=8$,即 $m=-3<0$,舍去.

可得 $M(3,\sqrt{15})$.

15.【解析】设双曲线的右焦点坐标为 $F(c,0)(c>0)$,则 $x_A=x_B=c$.

由 $\dfrac{c^2}{a^2}-\dfrac{y^2}{b^2}=1$ 可得,$y=\pm\dfrac{b^2}{a}$.

不妨设 $A\left(c,\dfrac{b^2}{a}\right),B\left(c,-\dfrac{b^2}{a}\right)$,

双曲线的一条渐近线方程为 $bx-ay=0$,

据此可得 $d_1=\dfrac{|bc-b^2|}{\sqrt{a^2+b^2}}=\dfrac{bc-b^2}{c}$,

$d_2=\dfrac{|bc+b^2|}{\sqrt{a^2+b^2}}=\dfrac{bc+b^2}{c}$,

则 $d_1+d_2=\dfrac{2bc}{c}=2b=6$,则 $b=3,b^2=9$.

双曲线的离心率 $e=\dfrac{c}{a}=\sqrt{1+\dfrac{b^2}{a^2}}=\sqrt{1+\dfrac{9}{a^2}}=2$,

据此可得 $a^2=3$,则双曲线的方程为 $\dfrac{x^2}{3}-\dfrac{y^2}{9}=1$.

故选 C.

第十四节 小题常考专题——圆锥曲线的离心率的计算、中点弦及切线问题

例 14.1 变式拓展

1.【解析】以线段 A_1A_2 为直径的圆的圆心为坐标原点 $(0,0)$,半径为 $r=a$,圆的方程为 $x^2+y^2=a^2$.

又直线 $bx-ay+2ab=0$ 与圆相切,

故圆心到直线的距离等于半径,即 $d=\dfrac{|2ab|}{\sqrt{a^2+b^2}}=a$,

整理可得 $a^2=3b^2$,因为 $b^2=a^2-c^2$,所以 $a^2=3(a^2-c^2),2a^2=3c^2$,

从而 $e^2=\dfrac{c^2}{a^2}=\dfrac{2}{3}$,即 $e=\dfrac{c}{a}=\sqrt{\dfrac{2}{3}}=\dfrac{\sqrt{6}}{3}$.故选 A.

例 14.2 变式拓展

1.【解析】由题意知,$F_1(-c,0),F_2(c,0),A(-a,0)$,

直线 AP 的方程为 $y=\dfrac{\sqrt{3}}{6}(x+a)$,因为 $\triangle PF_1F_2$ 为等腰三角形,$\angle F_1F_2P=120°$,所以 $|PF_2|=|F_1F_2|=2c$,$\angle PF_2x=60°$.

设点 P 的坐标为 (x_0,y_0),

则 $x_0=c+2c\cdot\cos 60°=2c$,$y_0=2c\cdot\sin 60°=\sqrt{3}c$,

将 $P(2c,\sqrt{3}c)$ 代入 $y=\dfrac{\sqrt{3}}{6}(x+a)$ 得,$\sqrt{3}c=\dfrac{\sqrt{3}}{6}(2c+a)$,所以 $a=4c$,所以椭圆 C 的离心率

$e=\dfrac{c}{a}=\dfrac{1}{4}$.故选 D.

例 14.3 变式拓展

1.【解析】 依题意,$F(c,0),B(0,b)$,
则直线 BF 的方程为 $bx+cy-bc=0$.

因为在线段 BF 上(不含端点)存在不同的两点 $P_i(i=1,2)$,使得 $\triangle P_iA_1A_2$ 构成以线段 A_1A_2 为斜边的直角三角形,

所以 $\dfrac{bc}{\sqrt{b^2+c^2}}<a$,所以 $\dfrac{b^2c^2}{b^2+c^2}<a^2$,

可得 $e^4-3e^2+1<0$,又 $e>1$,所以 $e<\dfrac{\sqrt{5}+1}{2}$;

另一方面,因为 $a<b$,所以可得 $a^2<b^2$,$a^2<c^2-a^2$,解得 $e>\sqrt{2}$,综上 $\sqrt{2}<e<\dfrac{\sqrt{5}+1}{2}$.故选 B.

例 14.4 变式拓展

1.【解析】 当 $|PF_1|=3|PF_2|$ 时,$|PF_1|+|PF_2|=4|PF_2|=2a$,故 $|PF_2|=\dfrac{a}{2}$,$|PF_1|=\dfrac{3a}{2}$,$|PF_1|-|PF_2|\leqslant|F_1F_2|$,即 $a\leqslant 2c$,故 $e\in\left[\dfrac{1}{2},1\right)$.经验证只有选项 D 符合.故选 D.

例 14.5 变式拓展

1.【解析】 设双曲线 $E:\dfrac{x^2}{a^2}-\dfrac{y^2}{b^2}=1$,$A(x_1,y_1)$,$B(x_2,y_2)$.因为 $\overrightarrow{ON}=\dfrac{1}{2}(\overrightarrow{OA}+\overrightarrow{OB})$,所以 N 为线段 AB 中点,又点 N 的坐标为 $(-12,-15)$,则 $x_1+x_2=-24$,$y_1+y_2=-30$,因为点 A,B 在双曲线 E 上,所以 $\begin{cases}\dfrac{x_1^2}{a^2}-\dfrac{y_1^2}{b^2}=1\\\dfrac{x_2^2}{a^2}-\dfrac{y_2^2}{b^2}=1\end{cases}$

两式相减并整理得 $\dfrac{y_1+y_2}{x_1+x_2}\cdot\dfrac{y_1-y_2}{x_1-x_2}=\dfrac{b^2}{a^2}$.

由已知条件易得直线 l 的斜率 $k_{AB}=\dfrac{y_1-y_2}{x_1-x_2}=k_{FN}=1$,从而 $\dfrac{b^2}{a^2}=\dfrac{5}{4}$,

又 $a^2+b^2=9$,解得 $a^2=4,b^2=5$.故双曲线 E 的方程为 $\dfrac{x^2}{4}-\dfrac{y^2}{5}=1$.故填 $\dfrac{x^2}{4}-\dfrac{y^2}{5}=1$.

2.【解析】 由 $F(1,0)$,知抛物线 C 的方程为 $y^2=4x$,设 $A(x_1,y_1),B(x_2,y_2)$,

则有 $y_1^2=4x_1$,$y_2^2=4x_2$,两式相减有 $(y_1+y_2)\cdot(y_1-y_2)=4(x_1-x_2)$,

所以 $\dfrac{y_1-y_2}{x_1-x_2}=\dfrac{4}{y_1+y_2}$,而 $y_1+y_2=4$,

所以 $k_{AB}=\dfrac{y_1-y_2}{x_1-x_2}=1$.

故直线 l 的方程为 $y-2=x-2$,即 $y=x$.故填 $y=x$.

例 14.6 变式拓展

1.【解析】 设 $A(2a,a^2),B(2b,b^2)$,$a\neq b$,

因为 $y=\dfrac{1}{4}x^2$,所以 $y'=\dfrac{1}{2}x$,所以 $k_{PA}=\dfrac{1}{2}\times 2a=a$,$k_{PB}=\dfrac{1}{2}\times 2b=b$,

所以切线 PA 的方程为 $y-a^2=a(x-2a)$,即 $ax-y-a^2=0$;

切线 PB 的方程为 $y-b^2=b(x-2b)$,即 $bx-y-b^2=0$.

联立切线 PA,PB 的方程解之得 $x=a+b$,$y=ab$,

所以 $P(a+b,ab)$.

所以 $\overrightarrow{PA}\cdot\overrightarrow{PB}=(a-b,a^2-ab)\cdot(b-a,b^2-ab)=(a-b)(b-a)+(a^2-ab)(b^2-ab)=(a-b)(b-a)(ab+1)=0$.

因为 $a\neq b$,所以 $ab=-1$.

所以 $k_{OA}\cdot k_{OB}=\dfrac{a^2}{2a}\cdot\dfrac{b^2}{2b}=\dfrac{ab}{4}=-\dfrac{1}{4}$.

故选 A.

牛刀小试

1.【分析】 注意到 $\triangle AF_1F_2$,$\triangle BF_1F_2$ 为焦点三角

形,可结合双曲线定义,以及△ABF_2为等边三角形进行转化求解.

【解析】根据双曲线的定义,可得$|BF_1|-|BF_2|=2a$,因为△ABF_2为等边三角形,即$|BF_2|=|AB|$,则$|BF_1|-|BF_2|=|BF_1|-|AB|=|AF_1|=2a$,又$|AF_2|-|AF_1|=2a$,所以$|AF_2|=4a$.在△$AF_1F_2$中,由余弦定理得$|F_1F_2|^2=|AF_1|^2+|AF_2|^2-2|AF_1|\cdot|AF_2|\cos120°$,即$4c^2=4a^2+16a^2-2\times 2a\times 4a\times\left(-\dfrac{1}{2}\right)=28a^2$,解得$c=\sqrt{7}a$,所以离心率$e=\dfrac{c}{a}=\sqrt{7}$.

故选C.

2.【分析】注意到△F_1MF_2为焦点三角形,且根据直线的斜率和已知条件,可得到△F_1MF_2的角的情况,进而分析出边的情况,注意到$|MF_1|$,$|MF_2|$的和为定值,再结合离心率的定义求解.

【解析】如图14-4所示,由直线$y=\sqrt{3}(x+c)$,知$\angle MF_1F_2=60°$,又$\angle MF_1F_2=2\angle MF_2F_1$,所以$\angle MF_2F_1=30°$,$\angle F_1MF_2=90°$,$|MF_1|=\dfrac{1}{2}|F_1F_2|=c$,$|MF_2|=\sqrt{3}c$,故$|MF_1|+|MF_2|=2a=c+\sqrt{3}c$,因此$e=\dfrac{c}{a}=\dfrac{2}{1+\sqrt{3}}=\sqrt{3}-1$.

故选B.

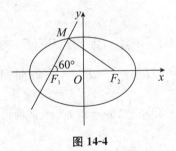

图14-4

3.【解析】因为$\angle BAO+\angle BFO=90°$,所以$\tan\angle BAO\cdot\tan\angle BFO=1$,即$\dfrac{b}{a}\cdot\dfrac{b}{c}=1$,得$b^2=ac$.又$a^2=b^2+c^2$,故$a^2-c^2=ac$,即$c^2+ac-a^2=0$.由$e=\dfrac{c}{a}$可得,$e^2+e-1=0$,解得$e=\dfrac{\sqrt{5}-1}{2}$或$\dfrac{-1-\sqrt{5}}{2}$(舍去),所以$e=\dfrac{\sqrt{5}-1}{2}$.

4.【解析】由几何关系可得,双曲线$\dfrac{x^2}{a^2}-\dfrac{y^2}{b^2}=1(a>0,b>0)$的渐近线为$bx\pm ay=0$,圆心$(2,0)$到渐近线距离为$d=\sqrt{2^2-1^2}=\sqrt{3}$,而圆心$(2,0)$到渐近线$bx+ay=0$的距离$d=\dfrac{|2b+a\times 0|}{\sqrt{a^2+b^2}}=\dfrac{2b}{c}=\sqrt{3}$,可得$\dfrac{4(c^2-a^2)}{c^2}=3$,整理可得$c^2=4a^2$,双曲线的离心率$e=\sqrt{\dfrac{c^2}{a^2}}=\sqrt{4}=2$.故选A.

5.【分析】这里提供的条件是一个经典的等价转换模型,即$\overrightarrow{MF_1}\cdot\overrightarrow{MF_2}=0\Leftrightarrow M$在以$F_1F_2$为直径的圆上$\Leftrightarrow|MF_1|^2+|MF_2|^2=|F_1F_2|^2$.

【解析】由分析知只需满足$c<b$,故$c^2<b^2=a^2-c^2$,即$e^2=\dfrac{c^2}{a^2}<\dfrac{1}{2}$,从而$0<e<\dfrac{\sqrt{2}}{2}$.故选C.

6.【解析】依题意,设弦所在直线l与椭圆相交于$P(x_1,y_1),Q(x_2,y_2)$,由中点弦的斜率公式,得

$k_{OA}\cdot k_{PQ}=-\dfrac{b^2}{a^2}=-\dfrac{1}{4}$, $k_{PQ}=\dfrac{-\dfrac{1}{4}}{\dfrac{1}{2}}=-\dfrac{1}{2}$,

所以直线PQ所在的方程为$y-2=-\dfrac{1}{2}(x-4)$,即$x+2y-8=0$.故选D.

7.【解析】由$y=x+2$,得$x=y-2$,代入$y^2=2px$,得$y^2-2py+4p=0$,

因为抛物线$y^2=2px(p>0)$与直线$y=x+2$相切,

所以$\Delta=(2p)^2-4\times 4p=0$,解得$p=4$.

8.【解析】由题意可得:$F(0,1),E(0,3)$,

由$x^2=4y$可得$y=\dfrac{1}{4}x^2,y'=\dfrac{1}{2}x$,

所以直线l的斜率为$y'|_{x=x_0}=\dfrac{1}{2}x_0$,直线$ME$的斜率为$\dfrac{y_0-3}{x_0}$.

因为切线$l\perp ME$,所以$\dfrac{x_0}{2}\cdot\dfrac{y_0-3}{x_0}=-1$.结合$x_0^2=4y_0$.

解得$x_0=\pm 2$,

由于对称性,不妨设$M(2,1)$,则直线l的方程为$y-1=x-2$,即$y=x-1$.

219

所以直线 l 在 y 轴的截距为 -1.

9.【解析】双曲线的一个焦点为 $F(0,1)$,所以 $p=2$.

设点 $A\left(x_1,\dfrac{x_1^2}{4}\right)$,

故抛物线在点 A 处切线的斜率为 $k=\dfrac{x_1}{2}$,切线方程为 $y=\dfrac{x_1}{2}(x-x_1)+\dfrac{x_1^2}{4}=\dfrac{x_1}{2}x-\dfrac{x_1^2}{4}$,

所以 $M\left(\dfrac{x_1}{2},0\right),N\left(0,-\dfrac{x_1^2}{4}\right)$,所以 $S_{\triangle OMN}=\dfrac{1}{2}\cdot\dfrac{|x_1^3|}{8}=4$,故 $x_1=\pm 4$,

$|AF|=\dfrac{x_1^2}{4}+\dfrac{p}{2}=4+1=5$,故选 C.

10.【解析】依题意,$A(-2,0)$,$B(0,-2)$,

设与直线 $x+y+2=0$ 平行且与抛物线相切的直线 l 方程为:$x+y+t=0$,

联立直线 l 与抛物线方程,消去 x 得:$y^2+4y+4t=0$,

则 $\Delta=16-16t=0$,即 $t=1$,

因为直线 $x+y+2=0$ 与直线 l 之间的距离 $d=\dfrac{|2-1|}{\sqrt{2}}=\dfrac{\sqrt{2}}{2}$,

所以 $S_{\min}=\dfrac{1}{2}|AB|d=\dfrac{1}{2}\times 2\sqrt{2}\times\dfrac{\sqrt{2}}{2}=1$.

11.【解析】根据题意,作出图像,如图 14-5 所示.

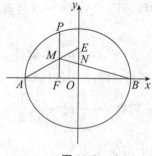

图 14-5

设点 N 为 OE 的中点,所以 $\dfrac{|ON|}{|MF|}=\dfrac{a}{a+c}=\dfrac{\frac{1}{2}|OE|}{|MF|}$. 又 $\dfrac{|OE|}{|MF|}=\dfrac{a}{a-c}$,所以 $\dfrac{1}{2}\cdot\dfrac{a}{a-c}=\dfrac{a}{a+c}$,

得 $a=3c$,即 $e=\dfrac{c}{a}=\dfrac{1}{3}$.故选 A.

12.【解析】根据题意作图,如图 14-6 所示.

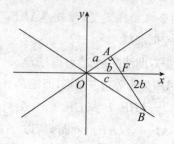

图 14-6

由 $|AF|=b$ 及 $2\overrightarrow{AF}=\overrightarrow{FB}$,得 $|BF|=2b$,故 $|AB|=3b$. 在 $\mathrm{Rt}\triangle AOF$ 中,由 $|OF|=c$,$|AF|=b$ 可得 $|OA|=a$. 又因为 x 轴是 $\angle AOB$ 的角平分线,由角平分线性质,得 $\dfrac{|OA|}{|OB|}=\dfrac{|FA|}{|FB|}$,结合 $|OA|=a$,得 $|OB|=2a$. 因此在 $\mathrm{Rt}\triangle AOB$ 中由勾股定理得 $(2a)^2=a^2+(3b)^2$,即 $a^2=3b^2=3(c^2-a^2)$,故 $e^2=\dfrac{4}{3}$,解得 $e=\dfrac{2\sqrt{3}}{3}$.故选 A.

13.【解析】如图 14-7 所示,点 G 为三角形的重心,点 I 为三角形的内心.

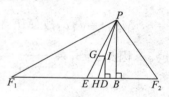

图 14-7

由题知 $GI\parallel F_1F_2$,因此 $\triangle PF_1F_2$ 的内切圆半径为 $r=|ID|=\dfrac{1}{3}|PB|$,由等面积法得 $S=\dfrac{1}{2}\cdot 2c\cdot 3r=\dfrac{1}{2}(2a+2c)\cdot r$,整理得 $a=2c$,故 $e=\dfrac{c}{a}=\dfrac{1}{2}$.故选 A.

【评注】也可由角平分线性质得 $\dfrac{|PF_1|}{|F_1H|}=\dfrac{|PI|}{|IH|}$,$\dfrac{|PF_2|}{|F_2H|}=\dfrac{|PI|}{|IH|}$,所以 $\dfrac{|PF_1|+|PF_2|}{|F_1H|+|F_2H|}=\dfrac{a}{c}=\dfrac{|PI|}{|IH|}$. 又因 $\overrightarrow{IG}=\lambda\overrightarrow{F_1F_2}$,所以 $\dfrac{|PG|}{|GE|}=\dfrac{|PI|}{|IH|}=2$,因此 $e=\dfrac{c}{a}=\dfrac{1}{2}$.另外,不妨考虑 P 为上顶点(特殊值法)进行求解.当点 P 为椭圆短轴端点时,不妨设 $P(0,b)$,则 $\overrightarrow{IG}=\mathbf{0}$,也即点 I 与点 G 重

合,此时内切圆的半径为 $\dfrac{b}{3}$,于是 $\dfrac{1}{2} \cdot 2c \cdot b = \dfrac{1}{2}(a+a+2c) \cdot \dfrac{b}{3}$,解得 $a=2c$.

14.【解析】由题意,抛物线 $C:x^2=\dfrac{1}{2}y$,得焦点坐标为 $F\left(0,\dfrac{1}{8}\right)$,

设点 $P(x_0,y_0)$,由 $x^2=\dfrac{1}{2}y$,即 $y=2x^2$,得 $y'=4x$,所以切线的斜率 $k=4x_0$,

所以 P 点处的切线方程为 $y-y_0=4x_0(x-x_0)$,即 $y=4x_0 x-4x_0^2+y_0=4x_0 x-2x_0^2$,

令 $x=0$,得 $y=-2x_0^2$,可得 $Q(0,-2x_0^2)$,

又由抛物线的定义,可得 $|PF|=\left|y_0+\dfrac{1}{8}\right|=y_0+\dfrac{1}{8}(y_0>0)$,

又由 $2|OQ|=|PF|$,得 $4x_0^2=y_0+\dfrac{1}{8}$,即 $4x_0^2=2x_0^2+\dfrac{1}{8}$,解得 $x_0^2=\dfrac{1}{16}$,即 $x_0=\pm\dfrac{1}{4}$,

故选 D.

15.【解析】如图 14-8 所示,因为 $\overrightarrow{F_1 A}=\overrightarrow{AB}$,所以 A 为 $F_1 B$ 的中点.

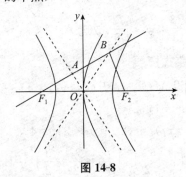

图 14-8

又 O 为 $F_1 F_2$ 的中点,

所以 $AO \parallel BF_2$,$|AO|=\dfrac{1}{2}|BF_2|$.

因为 $\overrightarrow{F_1 B} \cdot \overrightarrow{F_2 B}=0$,

所以 $\angle F_1 B F_2=90°$,

且 O 为 $F_1 F_2$ 的中点,

所以 $|OB|=\dfrac{1}{2}|F_1 F_2|=|OF_2|=c$.

由 $AO \parallel BF_2$ 得 $\angle BOF_2=\angle AOF_1$,

所以 $|OB|=|BF_2|$,

因此 $\triangle OBF_2$ 为等边三角形,$\angle BOF_2=60°$,

即渐近线的斜率为 $\sqrt{3}$,即 $\dfrac{b}{a}=\sqrt{3}$,

所以 $e=\sqrt{1+\dfrac{b^2}{a^2}}=2$.

第十五节 小题常考专题——解析几何中的最值问题

例 15.1 变式拓展

1.【解析】由题意作出图形如图 15-5 所示.可知点 $F(3,0)$,则另一焦点 $F_1(-3,0)$,由双曲线的定义应有 $|PF|=|PF_1|+2a=|PF_1|+2$,所以 $\triangle APF$ 的周长为 $|AF|+|AP|+|PF_1|+2$.根据线段的性质,应有 $|AP|+|PF_1| \geqslant |AF_1|$,故当点 P 位于点 P_1 位置时,$\triangle APF$ 的周长最小.因为 AF_1 的方程为 $y=2\sqrt{6}(x+3)$,将其代入双曲线方程解得 P_1 的坐标为 $(-2,2\sqrt{6})$,求得 $\triangle APF$ 周长最小时,$\dfrac{|AP|}{|AF_1|}=\dfrac{2}{3}$,则此时 $\triangle APF$ 的面积为 $\triangle AF_1 F$ 面积的 $\dfrac{2}{3}$,为 $12\sqrt{6}$.

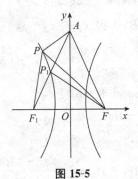

图 15-5

例 15.2 变式拓展

1.【解析】根据题意抛物线的准线:$x=-1$,焦点 $F(1,0)$,

$|PA|+|PB|=|PA|+|PF|-1 \geqslant |AF|-1 = \sqrt{2^2+4^2}-1=2\sqrt{5}-1$.故选 D.

例 15.3 变式拓展

1.【分析】易知点 P 在圆 $x^2+y^2=4$ 内,画图分析可知当 OP 与过点 P 的直线垂直时,$|S_1-S_2|$ 最大,即可求出结果.

【解析】因为点 P 坐标满足 $x^2+y^2 \leqslant 4$,所以点 P 在圆 $x^2+y^2=4$ 内,

因此当 OP 与过点 P 直线垂直时,$|S_1-S_2|$ 最大,

此时直线 OP 的斜率为 $k_{OP}=\dfrac{1-0}{1-0}=1$，

所以直线 l 的斜率为 $k=-1$，

因此直线 l 的方程是 $y-1=-(x-1)$，

整理得 $x+y-2=0$.

故选 A.

例 15.4 变式拓展

1.【解析】圆 $C_1:x^2+y^2-8x-4y+11=0$，即 $(x-4)^2+(y-2)^2=9$，圆心为 $C_1(4,2)$，半径 $r_1=3$；圆 $C_2:x^2+y^2+4x+2y+1=0$，即 $(x+2)^2+(y+1)^2=4$，圆心为 $C_2(-2,-1)$，半径 $r_2=2$，圆心距 $d=\sqrt{(4+2)^2+(2+1)^2}=3\sqrt{5}>3+2=5$，两圆相离，所以 $|PQ|$ 的最小值为 $|C_1C_2|-(r_1+r_2)=3\sqrt{5}-5$. 故选 C.

例 15.5 变式拓展

1.【解析】设直线 AB 的方程为 $x=my+t$，

代入抛物线方程可得 $x^2-(4m^2+2t)x+t^2=0$，

设 $A(x_1,y_1),B(x_2,y_2)$，

所以 $x_1+x_2=4m^2+2t, x_1x_2=t^2$.

由 $\overrightarrow{AQ}=2\overrightarrow{QB}$，可得 $x_1+2x_2=6$，

联立方程 $\begin{cases}x_1+x_2=4m^2+2t\\x_1+2x_2=6\end{cases}$，

可得 $\begin{cases}x_1=8m^2+4t-6\\x_2=6-4m^2-2t\end{cases}$，

又 $x_1x_2=t^2$，

所以 $8m^4+(8t-18)m^2+\dfrac{9t^2-36t+36}{4}=0$，

此时 $\Delta\geqslant 0$，即 $\Delta=(8t-18)^2-4\times 8\times \dfrac{9t^2-36t+36}{4}\geqslant 0$，

则 $-8t^2+36\geqslant 0$，即 $t\leqslant \dfrac{3}{2}\sqrt{2}$，

即 t 的最大值为 $\dfrac{3}{2}\sqrt{2}$.

故选 D.

例 15.6 变式拓展

1.【分析】设出直线 l_1 的斜率，得到 l_2 的斜率，写出直线 l_1,l_2 的方程，联立直线方程和抛物线方程，根据弦长公式求得 $|AB|,|MN|$ 的值，进而求得最小值.

【解析】抛物线的焦点坐标为 $F(1,0)$，依题意可知

l_1,l_2 斜率存在且不为零，设直线 l_1 的斜率为 k，则直线 l_2 的斜率为 $-\dfrac{1}{k}$，所以 $l_1:y=k(x-1)$，$l_2:y=-\dfrac{1}{k}(x-1)$.

联立 $\begin{cases}y=k(x-1)\\y^2=4x\end{cases}$，有 $k^2x^2-(2k^2+4)x+k^2=0$，

$x_1+x_2=\dfrac{2k^2+4}{k^2}=2+\dfrac{4}{k^2}$，故 $|AB|=x_1+x_2+2=4+\dfrac{4}{k^2}$.

同理可求得 $|MN|=4+4k^2$.

故 $|AB|+|MN|=8+4k^2+\dfrac{4}{k^2}\geqslant 8+2\sqrt{4k^2\cdot\dfrac{4}{k^2}}=8+8=16$，当且仅当 $4k^2=\dfrac{4}{k^2}$，$k=\pm 1$ 时，等号成立，故最小值为 16. 故选 B.

例 15.7 变式拓展

1.【解析】由题可得 $F_1(-\sqrt{3},0),F_2(\sqrt{3},0)$，

且 $\dfrac{x_0^2}{2}-y_0^2=1$，即 $x_0^2=2+2y_0^2$，

所以 $\overrightarrow{MF_1}\cdot\overrightarrow{MF_2}=(-\sqrt{3}-x_0,-y_0)\cdot(\sqrt{3}-x_0,-y_0)=x_0^2+y_0^2-3=3y_0^2-1<0$，

解得 $-\dfrac{\sqrt{3}}{3}<y_0<\dfrac{\sqrt{3}}{3}$. 故选 A.

例 15.8 变式拓展

1.【解析】设 $M(x,y),P(x_1,y_1)$，

则 $Q(2x-x_1,2y-y_1)$，

则 $(2x-x_1)^2+(2y-y_1-3)^2=4$，

可化为 $\left(x-\dfrac{x_1}{2}\right)^2+\left(y-\dfrac{y_1}{2}-\dfrac{3}{2}\right)^2=1$.

设 $C\left(\dfrac{x_1}{2},\dfrac{y_1}{2}+\dfrac{3}{2}\right)$，即点 M 在以 C 为圆心，1 为半径的圆上，则 $|OM|\geqslant|OC|-1$，

又 $|OC|^2=\dfrac{x_1^2}{4}+\dfrac{(y_1+3)^2}{4}=\dfrac{3y_1^2+6y_1+11}{4}=\dfrac{3(y_1+1)^2+8}{4}\geqslant 2$，

则 $|OC|\geqslant\sqrt{2}$，$|OM|\geqslant\sqrt{2}-1$，即线段 OM 的长的最小值为 $\sqrt{2}-1$.

牛刀小试

1.【解析】两圆心 $C(-3,0),D(3,0)$ 恰为椭圆的焦

点,所以$|PC|+|PD|=10$,无论点P位于椭圆上的何处,均有$|PM|+|PN|$的最小值为$10-1-2=7$.故选B.

2.【解析】如图15-6所示,因为$l_2:x=-1$是抛物线$y^2=4x$的准线,所以点P到l_2的距离等于$|PF|$(F为焦点),作$PG\perp l_1$,则点P到l_1的距离为$|PG|$.

当P,F,G三点共线时,$|PF|+|PG|$最小,即$d=\dfrac{|4\times 1-3\times 0+6|}{\sqrt{4^2+3^2}}=2$.故选B.

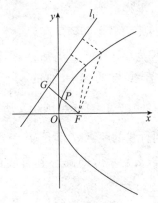

图 15-6

3.【解析】$\triangle APF$的周长$=|AF|+|AP|+|PF|=|AF|+2a-|PF'|+|AP|$.要使周长最大,即$|AP|-|PF'|$最大,如图15-7所示,当$A,P,F'$三点共线时取到.又$A(0,2\sqrt{3}),c=2$,直线$AP$的倾斜角为$\dfrac{\pi}{3}$,$\angle PF'F=\dfrac{2\pi}{3}$,

由余弦定理得$(6-|PF'|)^2=|PF'|^2+16+4|PF'|$,

解得$|PF'|=\dfrac{5}{4}$,

$S_{\triangle PF'F}=\dfrac{1}{2}|PF'||FF'|\sin\dfrac{2\pi}{3}=\dfrac{5\sqrt{3}}{4}$,

$S_{\triangle AF'F}=\dfrac{1}{2}\times 2\sqrt{3}\times 4=4\sqrt{3}$,

$S_{\triangle APF}=\dfrac{5\sqrt{3}}{4}+4\sqrt{3}=\dfrac{21\sqrt{3}}{4}$.

故选B.

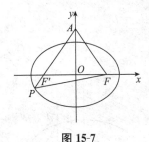

图 15-7

4.【解析】点P在椭圆$C_1:\dfrac{x^2}{4}+\dfrac{y^2}{3}=1$上,$C_1$的右焦点为$F(1,0)$,左焦点$E(-1,0)$,如图15-8所示:

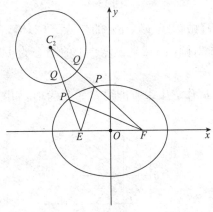

图 15-8

圆$C_2:x^2+y^2+6x-8y+21=0$,化为标准方程即$(x+3)^2+(y-4)^2=4$,圆心坐标$(-3,4)$,半径为2.

由椭圆的定义可得$|PE|+|PF|=2a=4$,$|PF|=4-|PE|$,

则$|PQ|-|PF|=|PQ|+|PE|-4$,

由题意可得当点C_2,P,Q,E共线且点Q在点P,C_2之间时,$|PQ|-|PF|$取最小值,且最小值为$(|PQ|-|PF|)_{\min}=(|PQ|+|PE|-4)_{\min}=|C_2E|-2-4=\sqrt{(-3+1)^2+(4-0)^2}-6=2\sqrt{5}-6$.

故选D.

5.【解析】如图15-9所示,设F'为椭圆的右焦点,$\triangle FAB$的周长$l_{\triangle FAB}=|AF|+|BF|+|AB|\leqslant |AF|+|BF|+|AF'|+|BF'|=(|AF|+|AF'|)+(|BF|+|BF'|)=4a$,当且仅当$A,B,F'$三点共线,即$x=c$时,$\triangle FAB$的周长取得最大值$4a$.又知$S_{\triangle FAB}=ab$,且$S_{\triangle FAB}=2\times\dfrac{1}{2}\times 2c\times\dfrac{b^2}{a}=\dfrac{2b^2c}{a}$,则$ab=\dfrac{2b^2c}{a}$.

所以 $a^2=2bc=b^2+c^2$,
故 $b=c$, $e=\dfrac{c}{a}=\dfrac{\sqrt{2}}{2}$.

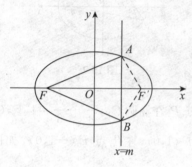

图 15-9

6.【解析】抛物线 $y^2=8x$ 的焦点 $F(2,0)$,准线 l: $x=-2$,圆 $(x-2)^2+y^2=1$ 的圆心为 $F(2,0)$,半径 $r=1$,
过点 P 作 PB 垂直准线 l,垂足为 B,如图 15-10 所示.

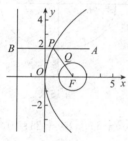

图 15-10

由抛物线的定义可知 $|PB|=|PF|$,则 $|PA|+|PQ|\geqslant|PA|+|PF|-r=|PA|+|PB|-1$,
所以当 A,P,B 三点共线时,$|PA|+|PB|$ 取最小值 $3+2=5$,
所以 $|PA|+|PQ|\geqslant|PA|+|PB|-1=5-1=4$.
即有 $|PA|+|PQ|$ 取得最小值 4.故选 B.

7.【解析】由题意得两圆相外切,两圆的标准方程分别为 $(x+2a)^2+y^2=4$,$x^2+(y-b)^2=1$,圆心分别为 $(-2a,0)$,$(0,b)$,半径分别为 2 和 1,
所以 $\sqrt{4a^2+b^2}=3$,所以 $4a^2+b^2=9$,
所以 $\dfrac{1}{a^2}+\dfrac{1}{b^2}=\left(\dfrac{1}{a^2}+\dfrac{1}{b^2}\right)\times\dfrac{4a^2+b^2}{9}=\dfrac{5}{9}+\dfrac{b^2}{9a^2}+\dfrac{4a^2}{9b^2}\geqslant\dfrac{5}{9}+\dfrac{4}{9}=1$,当且仅当 $\dfrac{b^2}{9a^2}=\dfrac{4a^2}{9b^2}$ 时等号成立.所以 $\dfrac{1}{a^2}+\dfrac{1}{b^2}$ 的最小值为 1.
故选 B.

8.【解析】将 $x=3$ 代入抛物线方程 $y^2=2x$,得 $y=\pm\sqrt{6}$,因为 $\sqrt{6}>2$,故点 A 在抛物线内部.
设抛物线上的点 P 到准线 l: $x=-\dfrac{1}{2}$ 的距离为 d,由定义知 $|PA|+|PF|=|PA|+d$,所以当 $PA\perp l$ 时,$|PA|+d$ 最小,最小值为 $\dfrac{7}{2}$.

9.【解析】动直线 $mx-y-2m-1=0$,
整理得 $m(x-2)-(y+1)=0$,
则 l 经过定点 $M(2,-1)$,故满足题意的圆与 l 切于 M 时,半径最大,
从而 $r=\sqrt{(2-1)^2+(-1-0)^2}=\sqrt{2}$,
故标准方程为 $(x-1)^2+y^2=2$.

10.【解析】直线与两坐标轴的交点坐标为 $A\left(\dfrac{1}{m},0\right)$,$B\left(0,\dfrac{1}{n}\right)$,直线与圆相交所得的弦长为 2,圆心到直线的距离 d 满足 $d^2=r^2-1^2=4-1=3$,所以 $d=\sqrt{3}$,即圆心到直线的距离 $d=\dfrac{|-1|}{\sqrt{m^2+n^2}}=\sqrt{3}$,所以 $m^2+n^2=\dfrac{1}{3}$.三角形的面积为 $S=\dfrac{1}{2}\left|\dfrac{1}{m}\right|\left|\dfrac{1}{n}\right|=\dfrac{1}{2|mn|}$,又已知 $S=\dfrac{1}{2|mn|}\geqslant\dfrac{1}{m^2+n^2}=3$,当且仅当 $|m|=|n|=\dfrac{\sqrt{6}}{6}$ 时取等号,所以最小值为 3.

11.【解析】记圆 C_1 的圆心 $C_1(0,4)$,
则 $\overrightarrow{PE}=\overrightarrow{PC_1}+\overrightarrow{C_1E}$,$\overrightarrow{PF}=\overrightarrow{PC_1}+\overrightarrow{C_1F}$,所以
$\overrightarrow{PE}\cdot\overrightarrow{PF}=(\overrightarrow{PC_1}+\overrightarrow{C_1E})\cdot(\overrightarrow{PC_1}+\overrightarrow{C_1F})=|\overrightarrow{PC_1}|^2+(\overrightarrow{C_1E}+\overrightarrow{C_1F})\cdot\overrightarrow{PC_1}+\overrightarrow{C_1E}\cdot\overrightarrow{C_1F}=|\overrightarrow{PC_1}|^2-1$.设 $P\left(x,\dfrac{x^2}{2}\right)$,$|\overrightarrow{PC_1}|^2=x^2+\left(\dfrac{x^2}{2}-4\right)^2=x^2+\dfrac{x^4}{4}+16-4x^2=\dfrac{x^4}{4}-3x^2+16=\dfrac{1}{4}(x^4-12x^2+64)=\dfrac{1}{4}(x^2-6)^2+7\geqslant 7$(当且仅当 $x^2=6$,
即 $x=\pm\sqrt{6}$ 时取"="),故 $(\overrightarrow{PE}\cdot\overrightarrow{PF})_{\min}=6$.
故选 B.

12.【解析】设 $A(x_1,y_1)$,$B(x_2,y_2)$,且 $y_1>0>y_2$,由 $\overrightarrow{OA}\cdot\overrightarrow{OB}=2$,得 $x_1x_2+y_1y_2=2$.
又 $y_1^2=x_1$,$y_2^2=x_2$,则 $y_1^2y_2^2+y_1y_2=2$,解得 $y_1y_2=-2$ 或 $y_1y_2=1$(舍去).

设 AB 所在的直线方程为 $x=ty+m$,联立直线方程与抛物线方程 $\begin{cases} x=ty+m \\ y^2=x \end{cases}$,

消去 x 得 $y^2-ty-m=0$,所以 $\begin{cases} \Delta=t^2+4m>0 \\ y_1+y_2=t \\ y_1y_2=-m \end{cases}$,

所以 $m=2$,故直线 AB 过定点 $(2,0)$.

因此 $S_{\triangle ABO}+S_{\triangle AFO}=\dfrac{1}{2}\times 2\times |y_1-y_2|+\dfrac{1}{2}\times$

$\dfrac{1}{4}y_1=\dfrac{9}{8}y_1-y_2=\dfrac{9y_1}{8}+\dfrac{2}{y_1}\geq 2\sqrt{\dfrac{9y_1}{8}\cdot\dfrac{2}{y_1}}=3$

(当且仅当 $y_1=\dfrac{4}{3}$ 时取"$=$"),所以 $\triangle ABO$ 与 $\triangle AFO$ 的面积之和的最小值是 3. 故选 B.

13.【解析】如图 15-11 所示,根据抛物线的定义知 $|PF|=d+\dfrac{p}{2}$,圆的圆心为 $C(2,-1)$,$r=1$,那么 $d+|PP_1|=|PF|-\dfrac{p}{2}+|PC|-1\geq |FC|-\dfrac{p}{2}-1$,

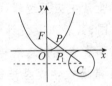

图 15-11

当且仅当点 F,P,P_1,C 四点共线时,可取等号.

由题可知 $|FC|-\dfrac{p}{2}-1=2\sqrt{2}-2$,解得 $p=2$.

由 $F(0,1),C(2,-1)$,得直线 FC 的方程为 $y=-x+1$,

与 $x^2=4y$ 联立,解得 $x_P=2\sqrt{2}-2$(舍去负值),

所以 $\triangle FOP$ 的面积 $S=\dfrac{1}{2}|OF|x_P=\dfrac{1}{2}\times 1\times (2\sqrt{2}-2)=\sqrt{2}-1$. 故选 C.

14.【解析】设点 $P(x_0,y_0)$,由于点 P 是抛物线 $x^2=8y$ 上任意一点,则 $x_0^2=8y_0(y_0\geq 0)$.

因为点 $A(0,3)$,则 $|PA|^2=x_0^2+(y_0-3)^2=8y_0+(y_0-3)^2=y_0^2+2y_0+9$.

由于点 Q 是圆 $x^2+(y-2)^2=1$ 上任意一点,所以要使 $\dfrac{|PA|^2}{|PQ|}$ 的值最小,则 $|PQ|$ 的值要最大,即点 P 到圆心的距离加上半径为 $|PQ|$ 的

最大值,则 $|PQ|_{max}=\sqrt{x_0^2+(y_0-2)^2}+1=\sqrt{8y_0+(y_0-2)^2}+1=y_0+3$,

所以 $\dfrac{|PA|^2}{|PQ|}\geq \dfrac{y_0^2+2y_0+9}{y_0+3}=\dfrac{(y_0+3)^2-4(y_0+3)+12}{y_0+3}=$

$(y_0+3)+\dfrac{12}{y_0+3}-4$,

因为 $(y_0+3)+\dfrac{12}{y_0+3}\geq 2\sqrt{(y_0+3)\cdot \dfrac{12}{y_0+3}}=$

$4\sqrt{3}$,当且仅当 $y_0+3=\dfrac{12}{y_0+3}$,即 $y_0=2\sqrt{3}-3$

时取等号,所以 $\dfrac{|PA|^2}{|PQ|}$ 的最小值为 $4\sqrt{3}-4$.

故选 A.

15.【解析】过 P 作抛物线准线的垂线,垂足为 M,由抛物线的定义得 $|PB|=|PM|$.

因为 $|PA|=m|PB|$,所以 $|PA|=m|PM|$,

设 $\angle PAM=\alpha$,则 $m=\dfrac{1}{\sin\alpha}$,

当 m 取得最大值时,$\sin\alpha$ 取得最小值,此时直线 PA 与抛物线相切.

设 $P(x_0,y_0)$,由 $x^2=4y$ 得 $y'=\dfrac{1}{2}x$,

所以过点 P 的切线方程是 $y-y_0=\dfrac{1}{2}x_0(x-x_0)$,

此切线过点 $A(0,-1)$,

所以 $-1-y_0=\dfrac{1}{2}x_0(0-x_0)$,解得 $x_0=\pm 2$,

所以 $P(\pm 2,1)$

由双曲线的定义得实轴长

$2a=||PA|-|PB||=2(\sqrt{2}-1)$,

又双曲线的焦距 $2c=2$,

所以双曲线的离心率为 $e=\dfrac{2c}{2a}=\dfrac{2}{2(\sqrt{2}-1)}=\sqrt{2}+1$.

故选 D.

第十六节 小题常考专题——其他若干问题

例 16.1 变式拓展

1.【解析】解法一:因为 $A=\{x|1<x<3\}$,$B=\left\{x\left|x>\dfrac{3}{2}\right.\right\}$,集合 A,B 在数轴上的表示如图 16-19 所示,所以 $A\cap B=\left\{x\left|\dfrac{3}{2}<x<3\right.\right\}$. 故选 D.

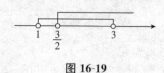

图 16-19

解法二：亦可以取特殊值 0 和 2 代入检验得答案 D.

例 16.2 变式拓展

1.【解析】因为 $A\cap B$ 有 4 个子集，所以 $A\cap B$ 中有 2 个不同的元素，所以 $a\in A$，
所以 $a^2-3a<0$，解得 $0<a<3$ 且 $a\neq 1$，即实数 a 的取值范围是 $(0,1)\cup(1,3)$. 故选 B.

例 16.3 变式拓展

1.【解析】解法一：由题设可得 $z=\dfrac{1+2i}{1+i}=\dfrac{(1+2i)(1-i)}{2}=\dfrac{3+i}{2}$，根据共轭复数的概念可知 $\bar{z}=\dfrac{3}{2}-\dfrac{1}{2}i$，从而 $|\bar{z}|=\dfrac{\sqrt{10}}{2}$. 故选 C.

解法二：由题设可得 $z=\dfrac{1+2i}{1+i}$，则 $|\bar{z}|=|z|=\left|\dfrac{1+2i}{1+i}\right|=\dfrac{|1+2i|}{|1+i|}=\dfrac{\sqrt{5}}{\sqrt{2}}=\dfrac{\sqrt{10}}{2}$. 故选 C.

例 16.4 变式拓展

1.【解析】由 $z=-3+2i$，知 $\bar{z}=-3-2i$，在复平面对应的点为 $(-3,-2)$，在第三象限. 故选 C.

例 16.5 变式拓展

1.【解析】由题意，乙、丁两人的观点是一致的，因此乙、丁两人的供词应该是同真或同假；假设乙、丁两人说的是真话，则丙是罪犯，甲说假话，推出乙、丙、丁三人不是罪犯，两个结论矛盾. 所以乙、丁两人说的是假话，而甲、丙两人说的是真话，由此可以断定乙是罪犯. 故填乙.

2.【分析】借助集合中的图表信息，并利用题目中相关的实际生活问题的数据信息，转化为求集合中的元素个数的问题，借助集合的运算与关系，以及实际情况来进行推理与分析，达到逻辑推理与应用的目的.

【解析】通过作图分析，如图 16-20 所示，A,B,C 分别表示第一天、第二天、第三天售出的商品种数所构成的集合.

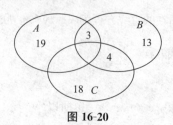

图 16-20

(1)由于前两天都售出的商品共有 3 种，那么第一天售出但第二天未售出的商品共有 $19-3=16$ 种.

(2)要使得这三天售出的商品种数最少，应该使这三天都售出的商品种数尽可能地多，结合条件可知有 3 种（由于 A 与 B 的公共部分为 3，B 与 C 的公共部分为 4，只能取 3）；同时，第一天与第三天都售出的商品种数尽可能地多，结合条件可知，最多为 17 种（C 中与 B 没有公共的部分有 $18-4=14$，A 中与 B 没有公共的部分有 $19-3=16$，则取 14，同时加上这三天都售出的商品 3 件，共有 $14+3=17$），这样这三天都售出的商品种数最少，最少为 $19+(13-3)=29$ 种.
故填答案：①16；②29.

【评注】在实际生活中应用逻辑推理时，经常借助集合的 Venn 图、数轴以及统计的图表、树状图、表格等相应的图表直观信息来转化，把题目中的实际生活问题借助数学模型进行直观转化与处理，结合实际情况加以合理分析，再通过反馈来解决实际应用问题.

3.【分析】先设出相应的男学生人数为 x，女学生人数为 y，教师人数为 z，结合题中的已知条件建立不等式以及相关参数的取值范围，结合 $z=4$，利用自然数的性质来确定女学生人数的最大值；结合题目条件得到 $2z-z\geq 3$，并结合条件确定 z 的最小值，再利用自然数的性质与不等式的关系来确定此时 x,y 的值，进而确定该小组人数的最小值.

【解析】设男学生人数为 x，女学生人数为 y，教师人数为 z. 根据题目中的三个已知条件可得：$2z>x>y>z$，且 $x,y,z\in \mathbf{N}^*$.

(1)由于 $z=4$，则 $8>x>y>4$，要使得女学生人数最大，即 y 取得最大值，只能是 $x=7,y=6$，此时 $y_{max}=6$；

(2)由于 $2z>x>y>z$，且 $x,y,z\in \mathbf{N}^*$，那么必有 $2z-z\geq 3$，解得 $z\geq 3$，要使得该小组人数最

小,则 z 取最小值 $z_{\min}=3$,此时有 $6>x>y>3$,可得 $x=5,y=4$,此时 $x+y+z=5+4+3=12$. 因此该兴趣小组人数的最小值为 12 人.

故填:①6;②12.

【评注】通过实际生活问题的相关信息建立相应的数学模型,结合题目信息与数学知识之间的联系加以逻辑推理,可以转化为相应的函数关系式、不等式(组)、方程以及其他相关的数学问题,再利用对应的数学模型来解决,同时要注意到数学知识与实际生活问题之间的关联与差异.总之,在综合推理过程中,要注意综合信息、数字、模型等诸多条件的限制,通过综合与处理,进而达到合理应用逻辑推理来正确解题的目的.其实,逻辑推理作为一种重要的数学核心素养,是学生在实际的数学学习过程中形成的一种重要的思维方式和推理方法,并能有效地用来解决数学的相关问题,特别在解决高考数学题时,逻辑推理起着越来越重要的作用,在选择题、填空题中往往发挥着奇特功效,可以大大提高解题速度,综合提升数学解题能力.逻辑推理在我们的终生学习中更具有特殊的功能,其贵在提出和论证相关的数学命题,在掌握逻辑推理的基本形式的基础上,理解事物之间的关联,掌握知识结构,同时形成重论据、有条理、合乎逻辑的思维品质和理性精神,增强交流能力.

例 16.6 变式拓展

1.【解析】依题意:当没有一个数字是偶数时,从 1,3,5,7,9 这五个数字中任取四个数,再进行全排列得无重复数字的四位数有 $A_5^4=120$ 个(或 $C_5^4 A_4^4=120$ 个);在 9 个数字中任意选取 4 个数字组成无重复的四位数有 $A_9^4=3024$ 个,故至少有一个数字是偶数的个数为 $3024-120=2904$.

例 16.7 变式拓展

1.【解析】解法一:考虑特殊位置,先排礼仪和司机两项工作,有 A_3^2 种,再排前两项工作,有 A_3^2 种,所以共有 $A_3^2 A_3^2=36$(种).故选 C.

解法二:考虑特殊元素,分两种情况:①小张和小赵均被选派,有 $A_2^2 A_3^2$ 种;
②小赵和小张之一被选派,有 $C_2^1 C_2^1 A_3^3$ 种.
所以共有 $A_2^2 A_3^2+C_2^1 C_2^1 A_3^3=36$(种).故选 C.

例 16.8 变式拓展

1.【分析】先保证每个男生右邻是女生,然后再与余下的女生一起排列.

【解析】从 10 名女生中选 5 名站在男生右边有 $C_{10}^5 A_5^5$ 种,将这相邻的男生女生视为一个大元素,与余下的 5 名女生共 10 个元素全排列,所以共有 $A_{10}^5 A_{10}^{10}$ 种排法.

【评注】男生和右邻女生捆绑成一个元素,相邻问题捆绑法.

例 16.9 变式拓展

1.【解析】解法一(插空法):站队方法有以下 3 种情况:①两位 A 学校老师中没有 B 学校老师,只能为 $BACAB$,有 $A_2^2 A_2^2=4$ 种站法;
②两位 A 学校老师中有 1 位 B 学校老师,有 $A_2^2 A_2^2 A_2^2 C_2^1=40$ 种站法;
③两位 A 学校老师中有 2 位 B 学校老师,只能为 $ABCBA$,有 $A_2^2 A_2^2=4$ 种站法.
所以共有 $4+40+4=48$ 种站法.

解法二(间接法):不考虑特殊条件,5 位老师的站队方法有 $A_5^5=120$ 种,其中不符合要求的情况为 A 学校老师相邻或 B 学校老师相邻.A 学校老师相邻、B 学校老师相邻均有 $A_2^2 A_4^4=48$ 种站法,上述两种情况中 A,B 学校老师相邻重复,有 $A_2^2 A_2^2 A_3^3=24$ 种站法,所以 A,B 学校老师都不相邻的站队方法共有 $A_5^5-2A_2^2 A_4^4+A_2^2 A_2^2 A_3^3=48$ 种不同的站队方法.

例 16.10 变式拓展

1.【解析】解法一:考虑甲、乙定序,故排余下的 5 人即可,有 $A_7^5=2520$ 种.

解法二:整体考虑,甲在乙的左边占一半,有 $\frac{1}{2}A_7^7=2520$ 种.

解法三:先排甲乙,再排余下 5 人,有 $C_7^2 A_5^5=2520$ 种.

2.【解析】中间的人最高,然后左右两边的 3 个人都是从高到低排列,有 $C_6^3=20$ 种.

例 16.11 变式拓展

1.【解析】对数字 0 分类讨论:(1)若 0 被选到,则 0 只能排在个位上,故有 $C_9^2=36$ 个;
(2)若 0 没被选到,则所选三个数字是非零的,故有 $2C_9^3=168$ 个.
所以一共有 $36+168=204$ 个严格单调数.

例 16.12 变式拓展

1.【解析】$\left(\frac{x}{2}+\frac{1}{x}+\sqrt{2}\right)^5=\left(\sqrt{\frac{x}{2}}+\sqrt{\frac{1}{x}}\right)^{10}$，所以

$$T_{r+1}=C_{10}^{r}\left(\sqrt{\frac{x}{2}}\right)^{10-r}\left(\sqrt{\frac{1}{x}}\right)^{r}=C_{10}^{r}2^{\frac{r-10}{2}}x^{5-r},$$

所以常数项为 $T_6=C_{10}^{5}2^{-\frac{5}{2}}=\frac{63\sqrt{2}}{2}$.

2.【解析】$\left(x+\frac{1}{x^3}\right)^n$ 的展开式通项是

$$T_{r+1}=C_n^r x^{n-r}\left(\frac{1}{x^3}\right)^r=C_n^r x^{n-4r},$$

由题意知 $n-4r\neq 0,-1,-2$，且 $2\leqslant n\leqslant 8$，可得 $n\neq 4,8,3,7,2,6$.故 $n=5$.

3.【解析】所求的系数为 $2\times 3\times 4\times 5+1\times 3\times 4\times 5+1\times 2\times 4\times 5+1\times 2\times 3\times 5+1\times 2\times 3\times 4=274$.故选 D.

例 16.13 变式拓展

1.【解析】由题意知 $a_n=2^n$ 成等比数列.令 $x=1$，则 $b_n=\left(\frac{1}{2}\right)^n$ 也成等比数列，

所以$\frac{a_1+a_2+\cdots+a_n}{b_1+b_2+\cdots+b_n}=2^{n+1}$.故选 C.

例 16.14 变式拓展

1.【解析】由题意可作出韦恩图如图 16-21所示：

所以该学校阅读过《西游记》的学生人数为 70 人，则该学校阅读过《西游记》的学生人数与该学校学生总数比值的估计值为：$\frac{70}{100}=0.7$.故选 C.

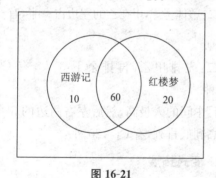

图 16-21

例 16.15 变式拓展

1.【解析】依题意，$x+y$ 的所有结果如表 16-5 所示：

表 16-5

	1	2	3	4	5	6
1	2	3	4	5	6	7
2	3	4	5	6	7	8
3	4	5	6	7	8	9
4	5	6	7	8	9	10
5	6	7	8	9	10	11
6	7	8	9	10	11	12

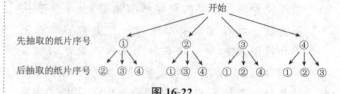

从上表中可看出，基本事件数共 36 个，其中和为 5 的结果出现 4 次，所以所求概率 $P=\frac{4}{36}=\frac{1}{9}$.

2.【解析】根据抽取情况得树状图如图 16-22所示.

图 16-22

所有可能出现的结果为(①②)，(①③)，(①④)，(②①)，(②③)，(②④)，(③①)，(③②)，(③④)，(④①)，(④②)，(④③).

由树状图可以看出，抽取的两张纸片上的等式可能出现的结果有 12 种，它们出现的可能性相等，不能构成等腰三角形的结果有 4 种，分别是(①③)，(②④)，(③①)，(④②).

所以使$\triangle BEC$ 不能构成等腰三角形的概率为 $P=\frac{4}{12}=\frac{1}{3}$.

例 16.16 变式拓展

1.【解析】从 3 名男同学和 2 名女同学中任选 2 名同学参加志愿者服务，基本事件总数 $n=C_5^2=10$.

选出的 2 名同学中至少有 1 名女同学包含的基本事件个数 $m=C_3^1C_2^1+C_2^2=7$，

所以选出的 2 名同学中至少有 1 名女同学的概率是 $P=\frac{m}{n}=\frac{7}{10}$.

例 16.17 变式拓展

1.【解析】将一颗骰子先后抛掷 2 次，此问题中含有 36 个等可能性基本事件.记“两数中至少有一个奇数”为事件 B，则事件 B 与“两数均为偶数”互为对立事件，而两数均为偶数的结果有(2,2)，(2,4)，(2,6)，(4,2)，(4,4)，(4,6)，(6,2)，(6,

4),(6,6),共9种,所以 $P(B)=1-\dfrac{9}{36}=\dfrac{3}{4}$,即两数中至少有一个奇数的概率为 $\dfrac{3}{4}$.

2.【解析】(理科)(1)"B_1 和 C_1 不全被选中"包括"选 B_1 不选 C_1""选 C_1 不选 B_1""B_1 和 C_1 都不选"这三个事件,分别记作事件 A,B,C,则 A,B,C 彼此互斥,且有 $P(A)=\dfrac{C_3^1}{C_3^1C_3^1C_2^1}=\dfrac{1}{6}$,$P(B)=\dfrac{C_3^1C_2^1}{C_3^1C_3^1C_2^1}=\dfrac{1}{3}$,$P(C)=\dfrac{C_3^1C_2^1}{C_3^1C_3^1C_2^1}=\dfrac{1}{3}$,用 N 表示这一事件,所以有 $P(N)=P(A+B+C)=P(A)+P(B)+P(C)=\dfrac{5}{6}$,

即 B_1 和 C_1 不全被选中的概率为 $\dfrac{5}{6}$.

(2)设通晓日语、俄语和韩语的志愿者至少各有1名为事件 A,选出的 4 名志愿者中没有通晓日语的志愿者、没有通晓俄语的志愿者、没有通晓韩语的志愿者,分别为事件 B,C,D,则 B,C,D 互斥,且 $\overline{A}=B\cup C\cup D$,所以 $P(\overline{A})=P(B)+P(C)+P(D)=\dfrac{C_5^4}{C_8^4}+\dfrac{C_5^4}{C_8^4}+\dfrac{C_6^4}{C_8^4}=\dfrac{5}{14}$,

所以 $P(A)=1-P(\overline{A})=1-\dfrac{5}{14}=\dfrac{9}{14}$.

例 16.18 变式拓展

1.【解析】记"甲第 i 次射击,击中目标"为事件 A_i,"乙第 j 次射击,击中目标"为事件 B_j,则 A_i,B_j 相互独立,且 $P(A_i)=p,P(B_j)=q$.

(1)"前 2 次射击中两人都没有击中目标"为事件 $\overline{A_1}\overline{B_1}$,由 $\overline{A_1},\overline{B_1}$ 相互独立可得 $P(\overline{A_1}\overline{B_1})=P(\overline{A_1})\cdot P(\overline{B_1})=(1-P(A_1))(1-P(B_1))=(1-p)(1-q)$.

(2)"前 3 次射击中恰有 1 次击中目标"包括两种情况:一种是甲击中 1 次,乙未击中(即 $A_1\overline{B_1}\overline{A_2}+\overline{A_1}\overline{B_1}A_2$),另一种是甲未击中,乙击中 1 次(即 $\overline{A_1}B_1\overline{A_2}$).由 $A_1\overline{B_1}\overline{A_2}$,$\overline{A_1}\overline{B_1}A_2$,$\overline{A_1}B_1\overline{A_2}$ 互斥,可得所求概率为 $P(A_1\overline{B_1}\overline{A_2}+\overline{A_1}\overline{B_1}A_2+\overline{A_1}B_1\overline{A_2})=P(A_1)P(\overline{B_1})P(\overline{A_2})+P(\overline{A_1})P(\overline{B_1})P(A_2)+P(\overline{A_1})P(B_1)P(\overline{A_2})=2p(1-p)(1-q)+(1-p)^2q=(1-p)(2p+q-3pq)$.

(3)"前 4 次射击中至少有一人击中目标"的对立事件为"前 4 次射击中一次也没有击中","前 4 次射

击中一次也没有击中"为事件 $\overline{A_1}\overline{B_1}\overline{A_2}\overline{B_2}$,所以所求概率为 $1-P(\overline{A_1}\overline{B_1}\overline{A_2}\overline{B_2})=1-(1-p)^2(1-q)^2$.

(4)"前 5 次射击中恰好击中 3 次且没有连续击中目标"为事件 $A_1\overline{B_1}A_2\overline{B_2}A_3$,所以所求概率为 $P(A_1\overline{B_1}A_2\overline{B_2}A_3)=P(A_1)P(\overline{B_1})P(A_2)P(\overline{B_2})\cdot P(A_3)=p^3(1-q)^2$.

例 16.19 变式拓展

1.【解析】设 A 表示事件"从甲袋取出又放入乙袋中的球是白球",则 $\overline{A}$ 表示事件"从甲袋中取出放入乙袋中的球是红球".B 表示事件"最后从乙袋中取出的球是白球".

所以 $P(A)=\dfrac{2}{6}=\dfrac{1}{3}$,$P(\overline{A})=\dfrac{4}{6}=\dfrac{2}{3}$,

$P(B|A)=\dfrac{2}{4}=\dfrac{1}{2}$,$P(B|\overline{A})=\dfrac{1}{4}$.

$P(B)=P(AB)+P(\overline{A}B)=P(A)P(B|A)+P(\overline{A})P(B|\overline{A})=\dfrac{1}{3}\times\dfrac{1}{2}+\dfrac{2}{3}\times\dfrac{1}{4}=\dfrac{1}{3}$.

例 16.20 变式拓展

1.【解析】由题图可知,2014年8月到9月的月接待游客量在减少,则 A 选项错误.故选 A.

2.【解析】观察一年中月平均最高气温和平均最低气温的雷达图,不难得知各月的平均最低气温都在 0℃ 以上,故选项 A 正确;七月的平均温差比一月的平均温差大,故选项 B 正确;三月和十一月的平均最高气温基本相同,都在 10℃,故选项 C 正确;平均最高气温高于 20℃ 的月份为七月和八月,选项 D 错误.故选 D.

3.【解析】从条形统计图可以看出移动游戏用户数量并没有一直在增加,故①错误;
从折线图中可以看出,对于移动游戏用户数量增长率与 PC 游戏用户数量增长率,移动游戏用户数量增长率的波动小,故其方差小,故③错误;
认真读图可得②④的说法是正确的.错误说法的个数为 2. 故选 B.

例 16.21 变式拓展

1.【解析】因为不同年龄段客户对服务评价有较大差异,分层明显,所以应该使用分层抽样.

2.【解析】根据题意,可知样本中参与跑步的人数为 $200\times\dfrac{3}{5}=120$,所以从高二年级参与跑步的学生

中应抽取的人数为 $120 \times \dfrac{3}{2+3+5} = 36$.

例 16.22 变式拓展

1.【解析】一组数据 $6,7,8,8,9,10$ 的平均数为 $\bar{x} = \dfrac{1}{6}(6+7+8+8+9+10) = 8$,

所以该组数据的方差为 $s^2 = \dfrac{1}{6}[(6-8)^2 + (7-8)^2 + (8-8)^2 + (8-8)^2 + (9-8)^2 + (10-8)^2] = \dfrac{5}{3}$.

2.【解析】由题图可得,甲组中位数为 65,故 $y = 5$,

因为 $\bar{x}_乙 = \dfrac{59+61+67+60+y+78}{5} = 66$,

所以 $\bar{x}_甲 = \dfrac{56+62+65+74+70+x}{5} = 66$,

解得 $x = 3$.
故选 A.

例 16.23 变式拓展

1.【解析】由程序框图可知,$S = 0 + 2 \times 1 + 2 \times 2 + \cdots + 2 \times 50 = 2 \times (1 + 2 + \cdots + 50) = 2 \times \dfrac{50(50+1)}{2} = 51 \times 50 = 2550$. 故选 C.

例 16.24 变式拓展

1.【解析】(1) 产生"$n = 2$"的条件为"$P > 0$";

产生"$n = 3$"的条件为"$P > \dfrac{1}{2}$";

产生"$n = 4$"的条件为"$P > \dfrac{3}{4}$";

产生"$n = 5$"的条件为"$P > \dfrac{7}{8}$".

输出"$n = 4$"的条件为产生"$n = 4$",而不产生"$n = 5$"的条件,即 $\dfrac{3}{4} < P \leqslant \dfrac{7}{8}$.

故输入 P 的取值范围为 $(0.75, 0.875]$.
故选 B.

(2) 由 (1) 得,若输出 $n = 4$,则 $P \in (0.75, 0.875]$,只有 C 选项满足. 故选 C.

例 16.25 变式拓展

1.【解析】设圆锥底面半径为 r,则米堆底面弧度为 $\dfrac{1}{4} \times 2 \times 3r = 8$,解得 $r = \dfrac{16}{3}$,所以米堆的体积为 $\dfrac{1}{4} \times \dfrac{1}{3} \times 3 \times \left(\dfrac{16}{3}\right)^2 \times 5 = \dfrac{320}{9}$ 立方尺,故堆放的米

约为 $\dfrac{320}{9} \div 1.62 \approx 22$ 斛. 故选 B.

【评注】本例取材《九章算术》卷第五《商功》. 这个问题源于生活中谷物储存,与立体几何体积求解的基础知识结合起来. 这样设计可以让学生体会到我们古代数学的优秀传统——数学要关注生产生活等社会问题,引导学生了解数学文化,体会数学知识在认识世界中的工具作用,体现了数学文化"以数化人"的功能.

例 16.26 变式拓展

1.【解析】设太阳的星等是 m_1,天狼星的星等是 m_2,则 $m_1 = -26.7$,$m_2 = -1.45$.

由题意可得,$m_2 - m_1 = \dfrac{5}{2} \lg \dfrac{E_1}{E_2}$,

即 $\dfrac{5}{2} \lg \dfrac{E_1}{E_2} = -1.45 - (-26.7) = 25.25$,

所以 $\lg \dfrac{E_1}{E_2} = 10.1$,则 $\dfrac{E_1}{E_2} = 10^{10.1}$. 故选 A.

牛刀小试

1.【解析】设集合 $A = \{-1, 1, 2, 3, 5\}$,$C = \{x \in \mathbf{R} | 1 \leqslant x < 3\}$,则 $A \cap C = \{1, 2\}$.
又 $B = \{2, 3, 4\}$,所以 $\{A \cap C\} \cup B = \{1, 2\} \cup \{2, 3, 4\} = \{1, 2, 3, 4\}$. 故选 D.

2.【解析】因为 $z = \dfrac{1-i}{1+i} + 2i = \dfrac{(1-i)^2}{(1+i)(1-i)} + 2i = -i + 2i = i$,所以 $|z| = 1$. 故选 C.

3.【解析】(理科) 由题意知,程序 A 只能出现在第一步或最后一步,所以从第一个位置和最后一个位置选一个位置排 A,有 2 种方法.

因为程序 B 和 C 实施时必须相邻,把 B 和 C 看做一个元素,与除 A 以外的 3 个元素排列,注意 B 和 C 之间还有一个排列,所以有 $A_4^4 A_2^2 = 48$ 种结果. 根据分步计数原理知共有 $2 \times 48 = 96$ 种结果.

故选 C.

(文科) 系统抽样的抽取间隔为 $\dfrac{24}{4} = 6$. 设抽到的最小编号为 x,则 $x + (6+x) + (12+x) + (18+x) = 48$,所以 $x = 3$. 故选 B.

4.【解析】(理科)$(1+2x^2)(1+x)^4$ 的展开式中 x^3 的系数为 $1 \times C_4^3 \times 1 + 2 \times C_4^1 \times 1^3 = 12$. 故选 A.

(文科) 只需考虑分组即可,分组 (只考虑第一个花坛中的两种花) 情况为 (红,黄),(红,白),(红,

紫),(黄,白),(黄,紫),(白,紫),共 6 种情况,其中符合题意的情况有 4 种,因此红色和紫色的花不在同一花坛的概率为 $\frac{2}{3}$.故选 C.

5.【解析】①甲同学的成绩折线图具有较好的对称性,最高 130 分,平均成绩为低于 130 分,①错误;②根据甲同学成绩折线图提供的数据进行统计,估计该同学平均成绩在区间 $[110,120]$ 内,②正确;③乙同学的数学成绩与考试次号具有比较明显的线性相关性,且为正相关,③正确;④乙同学在这连续九次测验中的最高分大于 130 分,最低分低于 90 分,最高分与最低分的差超过 40 分,故④正确.故选 C.

6.【解析】(理科)有两种出场方案:
①中锋 1 人,后卫 1 人,有 $C_2^1 C_2^1 C_4^3 = 16$(种)出场阵容;
②中锋 1 人,后卫 2 人,有 $C_2^1 C_2^2 C_4^2 = 12$(种)出场阵容.共计 28 种.故选 B.
(文科)由题意,可把三人的预测简写如下:
甲:甲>乙.
乙:丙>乙且丙>甲.
丙:丙>乙.
因为只有一个人预测正确,
如果乙预测正确,则丙预测正确,不符合题意.
如果丙预测正确,即丙>乙,
且甲、乙预测不正确,则有甲>丙,乙>甲,所以乙>丙.
这两个结论是矛盾的,所以丙预测不正确.
那么只有甲预测正确,乙、丙预测不正确,
则有甲>乙,乙>丙.
故选 A.

7.【解析】(理科)记甲值 2 天班为事件 A,甲值 3 天班为事件 B,每人至少值一天班记为事件 Ω.
$m(\Omega) = \frac{C_6^3 C_3^2 C_1^1}{A_3^3} \cdot A_4^4 + \frac{C_6^2 C_4^2 C_2^1}{A_2^2 A_2^2} \cdot A_4^4 = 480 + 1080 = 1560$,
$m(A) = C_6^2 \cdot \frac{C_4^2 C_2^1}{A_2^2} \cdot A_3^3 = 540$,
$m(B) = C_6^3 \cdot \frac{C_3^2 C_1^1}{A_2^2} \cdot A_3^3 = 120$,
$P(A+B) = \frac{m(A)+m(B)}{m(\Omega)} = \frac{660}{1560} = \frac{11}{26}$.故选 A.
(文科)设自然风光类的 3 个景点为 A_1, A_2, A_3,

文物古迹类的 2 个景点为 B_1, B_2,则任选 2 个的基本事件有:$A_1A_2, A_1A_3, A_1B_1, A_1B_2, A_2A_3, A_2B_1, A_2B_2, A_3B_1, A_3B_2, B_1B_2$,共 10 个,其中 $A_1B_1, A_1B_2, A_2B_1, A_2B_2, A_3B_1, A_3B_2$ 为两类景点都被选上的情况,共 6 个,所以所求概率为 $P = \frac{6}{10} = \frac{3}{5}$.故选 D.

8.【解析】(理科)由题意得 $E(X) = 0 \times \frac{1}{3} + a \times \frac{1}{3} + 1 \times \frac{1}{3} = \frac{a+1}{3}$,所以 $D(X) = \left(\frac{a+1}{3}\right)^2 \times \frac{1}{3} + \left(a - \frac{a+1}{3}\right)^2 \times \frac{1}{3} + \left(1 - \frac{a+1}{3}\right)^2 \times \frac{1}{3} = \frac{1}{27}[(a+1)^2 + (2a-1)^2 + (a-2)^2] = \frac{2}{9}(a^2 - a + 1) = \frac{2}{9}\left(a - \frac{1}{2}\right)^2 + \frac{1}{6}$.
因为 $0 < a < 1$,所以 $D(X)$ 先减小后增大,故选 D.
(文科)由题意知 $\frac{87+94+90+91+90+90+x+91}{7} = 91$,解得 $x = 4$.所以 $s^2 = \frac{1}{7}[(87-91)^2 + (94-91)^2 + (90-91)^2 + (91-91)^2 + (90-91)^2 + (94-91)^2 + (91-91)^2] = \frac{1}{7}(16+9+1+0+1+9+0) = \frac{36}{7}$.故选 B.

9.【解析】(1)模拟程序的运行,可得,$A = \frac{1}{2}, k = 1$

满足条件 $k \leq 2$,执行循环体,$A = \frac{1}{2 + \frac{1}{2}}, k = 2$;

满足条件 $k \leq 2$,执行循环体,$A = \frac{1}{2 + \frac{1}{2 + \frac{1}{2}}}$,

$k = 3$;

此时,不满足条件 $k \leq 2$,退出循环,输出 A 的值为 $A = \frac{1}{2 + \frac{1}{2 + \frac{1}{2}}}$,

因此观察 A 的取值规律可知图中空白框中应填入 $A = \frac{1}{2 + A}$.
故选 A.

(2)将程序框图所执行的程序进行计算,如表 16-6 所示.

表 16-6

步骤	S	k	k≤n?
第 1 次	0	1	是
第 2 次	$S=0+2^1+1$	2	是
第 3 次	$S=0+2^1+1+2^2+2$	3	是
第 4 次	$S=0+2^1+1+2^2+2+2^3+3$	4	是
⋮	⋮	⋮	是
第 9 次	$S=0+2^1+1+2^2+2+\cdots+2^8+8$	9	是
第 10 次	$S=0+2^1+1+2^2+2+\cdots+2^9+9$	10	否

所以 $S=2^1+2^2+2^3+\cdots+2^9+1+2+3+\cdots+9=\dfrac{2\times(1-2^9)}{1-2}+\dfrac{(1+9)\times 9}{2}=1067$,即输出 S 的值为 1067.

10.【解析】根据题意,若员工甲猜对了 2 号盒里是 C,则员工乙猜对了 3 号盒里是 B,员工丙猜对了 1 号盒里是 B,这与推导出的 3 号盒里是 B 相矛盾.

所以 4 号盒里是 B,则员工乙猜对了 2 号盒里是 D,员工丙猜对了 3 号盒里是 C,员工丁猜对了 1 号盒里是 A. 综上所述,1 号盒里装的是奖品 A.

11.【解析】因为函数 $y=\ln x$,$y=e^x$ 的图像上任何一点的切线的斜率都是正数;

函数 $y=x^3$ 的图像上任何一点的切线的斜率都是非负数. 在这三个函数的图像上都不可能存在这样的两点,使得在这两点处的切线互相垂直,即不具有 T 性质. 利用排除法. 故选 A.

12.【解析】由题意,设圆池直径为 m,方田边长为 $(40+m)$. 方田面积减去水池面积为 13.75 亩,

所以 $(40+m)^2-\left(\dfrac{m}{2}\right)^2\pi=13.75\times 240$,

解得 $m=20$.

即圆池直径 20 步,那么,方田边长为 $40+20=60$ 步. 故选 B.

【评注】我国古代数学家李冶的《测圆海镜》是天元术的代表作,而《益古演段》则是一本普及天元术的著作. 李冶善于用传统的出入相补原理及各种等量关系来减少题目中的未知数个数,化

多元问题为一元问题,且在解方程时采用了设辅助未知数的新方法,以简化运算. 本题主要考查对题意的理解和关系式的建立,搞清楚水池的边缘与方田四边之间的面积关系是关键.

13.【解析】(理科)(1)八种卦象分别是:
☰ ☱ ☲ ☳ ☴ ☵ ☶ ☷

(2)上卦有 8 种选择,下卦也有 8 种选择,所以可以组成 64 种卦象.

卦象由从上到下排列的 6 个"爻"组成,若"阳爻"和"阴爻"个数相等,则其中 3 个"阳爻",3 个"阴爻",所以可以组成 $C_6^3 C_3^3=20$ 种卦象.

若"阳爻"和"阴爻"个数比为 2∶1,则其中 4 个"阳爻",2 个"阴爻",所以可以组成 $C_6^4 C_2^2=15$ 种卦象.

故填 64,20,15.

(文科)按其爵级高低依次递减相同的量来分配,故该数列是以公差为 d 的等差数列. 设簪褭得 a,则大夫、不更、簪褭、上造、公士凡所得的数量和为 $a-2d+a-d+a+a+d+a+2d=500$,解得 $a=100$,

则不更、簪褭、上造可得 $a-d+a+a+d=3a=300$. 故选 B.

14.【分析】从 C 说的内容入手来分析 C 的卡片上的数字的可能性,结合 B 说的内容即可判定 B 的卡片上的数字,再结合 A 说的内容即可准确推理与分析出 A 的卡片上的数字.

【解析】根据题目中 C 说的"我的卡片上的数字之和不是 5"可知,C 的卡片上的数字不是写有 2 和 3,那么 C 的卡片上数字可能是:1 和 2,1 和 3. 由 B 说的"我与 C 的卡片上相同的数字不是 1"可知,B 的卡片上的数字是 2 和 3. 再由 A 说的"我与 B 相同的数字不是 2"可知,A 的卡片上的数字是 1 和 3.

故填答案:1 和 3.

【评注】通过对题目中的数字的推理,结合数字之间的关联来解决实际生活中的应用问题,往往是数学中逻辑推理最常见的类型之一. 通过数字之间的联系、运算等加以巧妙地设置问题,利用数学知识的推理、运算、分析来化归与转化,进而达到正确运用逻辑推理来解决实际问题的目的.

15.【解析】二元码在通讯过程中仅在第 k 位发生码元错误后变成了 1101101,说明在 $x_1=1$,$x_2=$

$1,x_3=0,x_4=1,x_5=1,x_6=0,x_7=1$ 中仅有一个等式错误.根据⊕定义可得 $x_2\oplus x_3\oplus x_6\oplus x_7=1\oplus 0\oplus 0\oplus 1=0$,所以 $x_2=1,x_3=0,x_6=0,x_7=1$ 是正确的.又因为 $x_4\oplus x_5\oplus x_6\oplus x_7=1\oplus 1\oplus 0\oplus 1=1\ne 0,x_1\oplus x_3\oplus x_5\oplus x_7=1\oplus 0\oplus 1\oplus 1=1\ne 0$.因为条件中要求仅在第 k 位发生码元错误,故只有 x_5 错误,即 $k=5$.

第二部分

一、小题模考基础卷

小题模考基础卷(一)

答案部分

一、选择题

题号	1	2	3	4	5	6	7	8	9	10	11	12
答案	A	B	D	D	C	B	D	A	D	D	A	D

二、填空题

13.0.02 14.(理科)960 (文科)$3x+y-2=0$
15.$n\cdot 2^{n-1}(n\in\mathbf{N}^*)$ 16.$4\sqrt{3}+4$

解析部分

1.【解析】因为 $0\in B,1\in B$,所以 $A\cap B=\{0,1\}$.故选 A.

2.【解析】$z=\dfrac{2i}{1+i}=\dfrac{2i(1-i)}{(1+i)(1-i)}=\dfrac{-2i^2+2i}{1-i^2}=\dfrac{2+2i}{2}=1+i$,其共轭复数为 $1-i$.故选 B.

3.【解析】命题 $p:\forall x\in\mathbf{N},e^x>x+1$ 的否定形式是特称命题;
所以 $\neg p:"\exists x_0\in\mathbf{N},e^{x_0}\leqslant x_0+1"$.
故选 D.

4.【解析】若 $l//\alpha,\alpha\perp\beta$,则 $l\subset\beta$ 或 $l//\beta$ 或 $l\cap\beta=B$ (可能垂直,也可能不垂直).故 A 错;
若 $l\perp\alpha,\alpha\perp\beta$,则 $l\subset\beta$ 或 $l//\beta$.故 B 错;
若 $l//\alpha,\alpha//\beta$,则 $l\subset\beta$ 或 $l//\beta$,故 C 错;
由直线与平面垂直的判定定理知,若 $l\perp\alpha$,且 $\alpha//\beta$,则 $l\perp\beta$.故 D 正确.故选 D.

5.【解析】由 $\sin\alpha=-\sqrt{3}\cos\alpha$,得 $\tan\alpha=-\sqrt{3}$,

所以 $\tan 2\alpha=\dfrac{2\tan\alpha}{1-\tan^2\alpha}=\dfrac{-2\sqrt{3}}{1-(-\sqrt{3})^2}=\sqrt{3}$.故选 C.

6.【解析】$x=-1,n=5,s=6,i=4\xrightarrow{\text{是}}s=-1,i=3\xrightarrow{\text{是}}s=5,i=2\xrightarrow{\text{是}}s=-2,i=1\xrightarrow{\text{是}}s=4,i=0\xrightarrow{\text{是}}s=-3,i=-1\xrightarrow{\text{否}}s=-3$.故选 B.

7.【解析】如图 L2-43 所示,联结 A_1C_1 交 D_1B_1 于 O,联结 OB,则有 $A_1C_1\perp D_1B_1,A_1C_1\perp BB_1$,又 $D_1B_1\cap BB_1=B_1$,所以 $A_1C_1\perp$ 平面 BDD_1B_1,所以 $\angle C_1BO$ 为直线 C_1B 与平面 B_1D_1DB 所成的角,且 $A_1C_1\perp OB,OC_1=\sqrt{2},BC_1=\sqrt{5}$,所以 $\sin\angle C_1BO=\dfrac{OC_1}{BC_1}=\dfrac{\sqrt{10}}{5}$.故选 D.

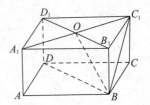

图 L2-43

8.【解析】由题意,可知 $a=\log_5 2<1,b=\log_{0.5}0.2>\log_{0.5}0.5=1,c=0.5^{0.2}<1$.现比较 a 和 c:
$a=\log_5 2<\log_5\sqrt{5}=\dfrac{1}{2}$,故 $a\in\left(0,\dfrac{1}{2}\right)$.
$c=0.5^{0.2}>0.5^1=\dfrac{1}{2}$,故 $c\in\left(\dfrac{1}{2},1\right)$.
所以 $a<c<b$.故选 A.

9.【解析】因为 $AB//CD$,所以 $\dfrac{DF}{AB}=\dfrac{DE}{EB}=\dfrac{1}{3}$,所以 $\overrightarrow{DF}=\dfrac{1}{3}\overrightarrow{AB},\overrightarrow{AF}=\overrightarrow{AD}+\overrightarrow{DF}=\overrightarrow{AD}+\dfrac{1}{3}\overrightarrow{AB}$,在平行四边形 $ABCD$ 中,$\overrightarrow{AB}+\overrightarrow{AD}=\overrightarrow{AC},\overrightarrow{AD}-\overrightarrow{AB}=\overrightarrow{BD}$,联立可得 $\overrightarrow{AB}=\dfrac{1}{2}(\overrightarrow{AC}-\overrightarrow{BD}),\overrightarrow{AD}=\dfrac{1}{2}(\overrightarrow{AC}+\overrightarrow{BD})$,代入 $\overrightarrow{AF}=\overrightarrow{AD}+\dfrac{1}{3}\overrightarrow{AB}$,得 $\overrightarrow{AF}=\dfrac{2}{3}\overrightarrow{AC}+\dfrac{1}{3}\overrightarrow{BD}$.故选 D.

10.【解析】由 $f(x+5)=f(x-3)$,
可得 $f(x+8)=f(x)$,
所以 $f(x)$ 的周期为 8.
又 $x\in[0,4)$ 时,$f(x)=\log_2(x+2)$,且 $f(x)$ 是 $\mathbf{R}$ 上的偶函数.
所以 $f(766)=f(-2+96\times 8)=f(-2)=$

$f(2)=\log_2 4=2.$
故选 D.

11.【解析】$y=f(x)=\sqrt{3}\sin x\cos x+\sin^2 x=$
$\dfrac{\sqrt{3}}{2}\sin 2x+\dfrac{1-\cos 2x}{2}=\sin\left(2x-\dfrac{\pi}{6}\right)+\dfrac{1}{2}$
$\xrightarrow{\text{纵坐标不变,横坐标变为原来的2倍}} y=\sin\left(x-\dfrac{\pi}{6}\right)+\dfrac{1}{2}\xrightarrow{\text{沿}x\text{轴向右平移}\dfrac{\pi}{6}\text{个单位长度}} y=\sin\left(x-\dfrac{\pi}{3}\right)+\dfrac{1}{2}.$ 令 $-\dfrac{\pi}{2}+2k\pi\leqslant x-\dfrac{\pi}{3}\leqslant\dfrac{\pi}{2}+2k\pi,k\in\mathbf{Z},$ 解得 $-\dfrac{\pi}{6}+2k\pi\leqslant x\leqslant\dfrac{5\pi}{6}+2k\pi,k\in\mathbf{Z}.$ 故单调递增区间为 $\left[-\dfrac{\pi}{6}+2k\pi,\dfrac{5\pi}{6}+2k\pi\right],k\in\mathbf{Z}.$
令 $k=0,$ 得 $g(x)$ 的一个单调递增区间为 $\left[-\dfrac{\pi}{6},\dfrac{5\pi}{6}\right].$ 故选 A.

12.【解析】如图 L2-44 所示,由 $|AF|=\sqrt{5+4}=3,$ $\triangle APF$ 的周长的最小值为 8,
可得 $|PA|+|PF|$ 的最小值为 5,设 F' 为双曲线的右焦点,可得 $|PF|=|PF'|+2a,$
当 A,P,F' 三点共线时,$|PA|+|PF'|$ 取得最小值,且为 $|AF'|=3,$
即有 $3+2a=5,$ 即 $a=1,c=\sqrt{5},$
可得 $e=\dfrac{c}{a}=\sqrt{5}.$
故选 D.

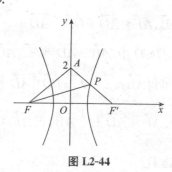

图 L2-44

13.【解析】数据的平均数 $\bar{x}=\dfrac{1}{5}(0.7+1+0.8+0.9+1.1)=0.9,$
方差 $s^2=\dfrac{1}{5}[(x_1-\bar{x})^2+(x_2-\bar{x})^2+(x_3-\bar{x})^2+(x_4-\bar{x})^2+(x_5-\bar{x})^2]=\dfrac{1}{5}(0.04+0.01+0.01+$

$0.04)=0.02.$

14.(理科)【解析】解法一:因为甲、乙两人相邻,丙、丁两人不相邻,可将甲、乙两人"捆绑"成一个整体,与剩下的 A,B,C 三人排列,再将丙、丁二人插空,如图 L2-45 所示.

___甲、乙___ A ___ B ___ C

图 L2-45

所以不同的排法总数为 $A_4^4 A_2^2 A_5^2=960.$ 故填 960.

解法二: 甲、乙始终相邻,可看成一个整体,然后将甲、乙两人交换位置.同样丙、丁也作同样处理,把丙、丁相邻的排列减掉,得 $(A_6^6-2A_5^5)\times 2=960.$

(文科)【解析】由 $f(x)=(x+a)\ln x,$
得 $f'(x)=\ln x+\dfrac{a}{x}+1.$
所以 $f'(1)=a+1=0,$ 即 $a=-1.$
由 $y=ax^3=-x^3,$ 得 $y'=-3x^2,$
得 $y'|_{x=1}=-3,$ 所以曲线 $y=ax^3$ 在点 $(1,-1)$ 处的切线方程为 $y+1=-3(x-1),$
即 $3x+y-2=0.$

15.【解析】当 $n\geqslant 2$ 时,$S_{n-1}=2a_{n-1}-2^{n-1}+1,$ 与 $S_n=2a_n-2^n+1$ 联立,得 $\begin{cases}S_n=2a_n-2^n+1\\ S_{n-1}=2a_{n-1}-2^{n-1}+1\end{cases},$
可得 $a_n=2a_n-2a_{n-1}-2^{n-1},$
化简得 $a_n=2a_{n-1}+2^{n-1},$
两边同时除以 $2^n,$ 得 $\dfrac{a_n}{2^n}=\dfrac{a_{n-1}}{2^{n-1}}+\dfrac{1}{2}(n\geqslant 2).$
又 $a_1=S_1=2a_1-2+1,$ 解得 $a_1=1,a_1+a_2=S_2=2a_2-4+1,$ 解得 $a_2=4.$
满足 $\dfrac{a_2}{2^2}=\dfrac{a_1}{2}+\dfrac{1}{2}.$
故 $\left\{\dfrac{a_n}{2^n}\right\}$ 是以 $\dfrac{1}{2}$ 为首项,$\dfrac{1}{2}$ 为公差的等差数列,即
$\dfrac{a_n}{2^n}=\dfrac{1}{2}+(n-1)\times\dfrac{1}{2}=\dfrac{n}{2},a_n=n\cdot 2^{n-1}(n\in\mathbf{N}^*).$

16.【解析】由 $\cos B=\dfrac{1}{3},b=4,S_{\triangle ABC}=4\sqrt{2},$
得 $\sin B=\sqrt{1-\cos^2 B}=\dfrac{2\sqrt{2}}{3},$
$4\sqrt{2}=\dfrac{1}{2}ac\sin B=\dfrac{1}{2}\times a\times c\times\dfrac{2\sqrt{2}}{3},$
解得 $ac=12$

由余弦定理 $b^2=a^2+c^2-2ac\cos B$,

可得 $16=a^2+c^2-2\times 12\times\dfrac{1}{3}$,

可得 $a^2+c^2=24$ ②

联立①②可得 $a=c=2\sqrt{3}$,

所以 △ABC 的周长为 $a+b+c=4\sqrt{3}+4$.

小题模考基础卷(二)

答案部分

一、选择题

题号	1	2	3	4	5	6	7	8	9	10	11	12
答案	D	D	C	A	C	A	C	A	D	D	D	B

二、填空题

13.(理科)−10 (文科)−80 14. $\dfrac{4}{5}$

15. $\dfrac{8}{5}$ 16. $2\sqrt{2}$

解析部分

1.【解析】集合 $M=\{x\mid -1<x<2\}$,集合 $N=\{x\mid y=\sqrt{x-1}\}=\{x\mid x-1\geq 0\}=\{x\mid x\geq 1\}$,
则 $M\cup N=\{x\mid x>-1\}=(-1,+\infty)$.
故选 D.

2.【解析】由 $\mathrm{i}\cdot z=2+\mathrm{i}$,得 $z=\dfrac{2+\mathrm{i}}{\mathrm{i}}=\dfrac{(2+\mathrm{i})(-\mathrm{i})}{-\mathrm{i}^2}=1-2\mathrm{i}$,
所以复数 z 对应的点的坐标为 $(1,-2)$,位于第四象限.
故选 D.

3.【解析】解法一:因为 $\boldsymbol{a}\perp(\boldsymbol{a}-\boldsymbol{b})$,
所以 $\boldsymbol{a}\cdot(\boldsymbol{a}-\boldsymbol{b})=0$,
即 $\boldsymbol{a}\cdot\boldsymbol{a}-\boldsymbol{a}\cdot\boldsymbol{b}=|\boldsymbol{a}|^2-|\boldsymbol{a}|\cdot|\boldsymbol{b}|\cos\langle\boldsymbol{a},\boldsymbol{b}\rangle=0$,所以 $\cos\langle\boldsymbol{a},\boldsymbol{b}\rangle=\dfrac{|\boldsymbol{a}|^2}{|\boldsymbol{a}|\cdot|\boldsymbol{b}|}=\dfrac{\sqrt{3}}{2}$,

又 $\langle\boldsymbol{a},\boldsymbol{b}\rangle\in[0,\pi]$,故 $\boldsymbol{a}$ 与 $\boldsymbol{b}$ 的夹角为 $\dfrac{\pi}{6}$.故选 C.

解法二:因为 $\boldsymbol{a}\perp(\boldsymbol{a}-\boldsymbol{b})$,所以利用三角形法则不难得出,向量 $\boldsymbol{a},\boldsymbol{b},\boldsymbol{a}-\boldsymbol{b}$ 构成直角三角形,且 $\boldsymbol{a},\boldsymbol{b}$ 的夹角必定为锐角.故选 C.

4.【解析】设 $\alpha\cap\beta=l$. 因为 $m\perp\alpha$,设 $m\cap\alpha=A$,在平面 α 内过点 A 作 $m'\perp l$,则有 $m'\perp\beta$. 又 $n\subset\beta$,

所以 $m'/\!/n$. 又 $m\perp m'$,所以 $m\perp n$. 故选 A.

5.【解析】设等比数列 $\{a_n\}$ 的公比为 $q(q>0)$,则由前 4 项和为 15,且 $a_5=3a_3+4a_1$,有

$\begin{cases}\dfrac{a_1(1-q^4)}{1-q}=15\\ a_1q^4=3a_1q^2+4a_1\end{cases}$,解得 $\begin{cases}a_1=1\\ q=2\end{cases}$.

所以 $a_3=2^2=4$.
故选 C.

6.【解析】双曲线 $\dfrac{x^2}{a^2}-\dfrac{y^2}{b^2}=1(a>0,b>0)$ 的渐近线方程为 $y=\pm\dfrac{b}{a}x$,

由题意可得 $\dfrac{\sqrt{2}b}{a}=\sqrt{6}$,即 $b=\sqrt{3}a$,

即有双曲线的离心率 $e=\dfrac{c}{a}=\sqrt{1+\dfrac{b^2}{a^2}}=\sqrt{1+3}=2$.

故选 A.

7.【解析】取 $a=0,b=-1$,
则 $\ln(a-b)=\ln 1=0$,排除选项 A;
$3^a=3^0=1>3^b=3^{-1}=\dfrac{1}{3}$,排除选项 B;
$|a|=0<|-1|=1=|b|$,排除选项 D;
函数 $f(x)=x^3$ 在 $\mathbf{R}$ 上单调递增,由 $a>b$ 可得 $a^3>b^3$,所以 $a^3-b^3>0$,选项 C 正确.
故选 C.

8.【解析】由于图形关于原点成中心对称,关于坐标轴成轴对称,可知黑色部分图形构成四分之一个圆,由几何概型,可得 $P=\dfrac{1}{4}$.故选 A.

9.【解析】易知当 $x>1$ 或 $x<-1$ 时,$y>0$,故排除 A,B;又当 $x\to 0$ 时,函数 $y=\dfrac{x^2\ln|x|}{|x|}$ 的值也趋近于 0,故排除 C.故选 D.

10.【解析】如图 L2-46 所示,该几何体是由一个三棱锥和半个圆锥拼接而成的组合体.

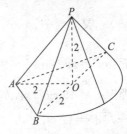

图 L2-46

$S_{\triangle ABC}=\dfrac{1}{2}\times 4\times 2=4$,

$S_{半圆} = \frac{1}{2} \times \pi \times 2^2 = 2\pi$,

$V = V_{三棱锥} + V_{半圆锥} = \frac{1}{3} \times 4 \times 2 + \frac{1}{3} \times 2\pi \times 2 = \frac{8+4\pi}{3}$. 故选 D.

11.【解析】由函数 $f(x) = \cos\left(x + \frac{\pi}{6}\right)$ 知,

选项 A, 由余弦函数的周期性得 $f(x)$ 的一个周期为 2π, 故 A 正确;

选项 B, 函数 $f(x) = \cos\left(x + \frac{\pi}{6}\right)$ 的对称轴满足条件 $x + \frac{\pi}{6} = k\pi$, 即 $x = k\pi - \frac{\pi}{6}, k \in \mathbf{Z}$,

所以 $y = f(x)$ 的图像关于直线 $x = -\frac{\pi}{6}$ 对称, 故 B 正确;

选项 C, $f\left(x + \frac{\pi}{3}\right) = \cos\left(x + \frac{\pi}{2}\right) = -\sin\pi$,

$-\sin\pi = 0$,

所以 $f\left(x + \frac{\pi}{3}\right)$ 的一个零点为 π, 故 C 正确;

选项 D, 令 $2k\pi \leqslant x + \frac{\pi}{6} \leqslant 2k\pi + \pi, k \in \mathbf{Z}$, 解得 $-\frac{\pi}{6} + 2k\pi \leqslant x \leqslant \frac{5}{6}\pi + 2k\pi, k \in \mathbf{Z}$, 显然 $f(x)$ 在 $\left(\frac{2}{3}\pi, \pi\right)$ 上不是单调递减, 故 D 错误.

故选 D.

12.【分析】三角形如果已知两边及其夹角可以直接求面积, 一般是已知哪一个角就使用哪一个公式, 否则先用正、余弦定理求出需要的边或角, 再套用公式计算.

【解析】由题意得, 因为 $b = 4\sqrt{3}\sin B$, 由三角形的正弦定理得 $2R\sin B = 4\sqrt{3}\sin B$,

解得 $2R = 4\sqrt{3}$, 又 $C = \frac{\pi}{6}$,

所以 $c = 2R\sin C = 4\sqrt{3}\sin\frac{\pi}{6} = 2\sqrt{3}$.

由余弦定理知 $c^2 = a^2 + b^2 - 2ab\cos C$,

即 $a^2 + b^2 - \sqrt{3}ab = 12$.

由基本不等式, $a^2 + b^2 - \sqrt{3}ab \geqslant (2-\sqrt{3})ab$, 即 $ab \leqslant \frac{12}{2-\sqrt{3}}$, 当且仅当 $a=b$ 时等号成立.

而 $S = \frac{1}{2}ab\sin C \leqslant \frac{1}{2} \times \frac{12}{2-\sqrt{3}} \times \frac{1}{2} = 6 + 3\sqrt{3}$.

故选 B.

13.(理科)【解析】因为 $\left(x\sqrt{x} - \frac{1}{x}\right)^5$ 的通项公式为

$T_{r+1} = C_5^r x^{\frac{3}{2}(5-r)} \left(-\frac{1}{x}\right)^r = (-1)^r C_5^r x^{\frac{3}{2}(5-r)-r}$,

由题设可得 $\frac{3}{2}(5-r) - r = 0 \Rightarrow r = 3$,

故常数项为 $T_4 = (-1)^3 C_5^3 = -10$.

(文科)【解析】设 $\{a_n\}$ 的公差为 d, 则 $\begin{cases} a_1 + d = -1 \\ a_1 + 4d = -7 \end{cases}$, 解得 $\begin{cases} a_1 = 1 \\ d = -2 \end{cases}$, 前 10 项和 $S_{10} = 10 + \frac{10 \times 9}{2} \times (-2) = -80$.

14.【解析】由题意可知, $B_1D \perp A_1C_1, B_1D \perp CC_1$, 又 $A_1C_1 \cap CC_1 = C_1$, 从而 $B_1D \perp$ 平面 ACC_1A_1. 又 $B_1D \subset$ 平面 B_1DC, 所以平面 $B_1DC \perp$ 平面 ACC_1A_1, 且交线为 DC, 所以 $\angle ADC$ 为 AD 与平面 B_1DC 所成角. 设棱长为 1, 则 $AD = DC = \frac{\sqrt{5}}{2}$, 由余弦定理得 $\cos \angle ADC = \frac{\left(\frac{\sqrt{5}}{2}\right)^2 + \left(\frac{\sqrt{5}}{2}\right)^2 - 1^2}{2 \times \frac{\sqrt{5}}{2} \times \frac{\sqrt{5}}{2}} = \frac{3}{5}$, 所以 $\sin \angle ADC = \frac{4}{5}$.

15.【解析】由 $\tan\theta = \frac{3}{4}$,

得 $\sin 2\theta + \cos^2\theta = \frac{2\sin\theta\cos\theta + \cos^2\theta}{\sin^2\theta + \cos^2\theta} = \frac{2\tan\theta + 1}{\tan^2\theta + 1} = \frac{2 \times \frac{3}{4} + 1}{\left(\frac{3}{4}\right)^2 + 1} = \frac{8}{5}$.

16.【解析】由题意可得 $F\left(\frac{p}{2}, 0\right), A\left(-\frac{p}{2}, 0\right)$,

$P\left(\frac{p}{2}, \pm p\right)$, 所以 $|AF| = |PF| = p$,

所以 $\triangle AFP$ 是等腰直角三角形, 因此以 AF 为直径的圆截直线 AP 所得的弦长为 $\frac{\sqrt{2}}{2}|AF| = \frac{\sqrt{2}p}{2} = 2$, 得 $p = 2\sqrt{2}$.

小题模考基础卷(三)

答案部分

一、选择题

题号	1	2	3	4	5	6	7	8	9	10	11	12
答案	A	D	B	D	A	C	A	D	C	C	A	B

二、填空题

13. 200 14.(理科)28 (文科)-2
15. $3x-y-2=0$ 16. 3

解析部分

1.【解析】因为 $x^2+x-6\leqslant 0$,所以 $-3\leqslant x\leqslant 2$,所以 $M=\{x|-3\leqslant x\leqslant 2\}$,
所以 $M\cap N=\{x|0<x\leqslant 2\}=(0,2]$.故选 A.

2.【解析】解法一: 由 $iz=|2-i|+i$ 得 $z=\dfrac{\sqrt{5}+i}{i}=1-\sqrt{5}i$,所以复数 z 在复平面内对应的点为 $(1,-\sqrt{5})$,位于第四象限.故选 D.

解法二: 设 $z=a+bi(a,b\in\mathbb{R})$,由 $iz=|2-i|+i$ 可得 $-b+ai=\sqrt{5}+i$,所以 $a=1,b=-\sqrt{5}$,即 $1-\sqrt{5}i$,所以复数 z 在复平面内对应的点为 $(1,-\sqrt{5})$,位于第四象限.故选 D.

3.【解析】对于 A,α 内有无数条直线与 β 平行,α 与 β 相交或 $\alpha // \beta$;
对于 B,α 内有两条相交直线与 β 平行,则 $\alpha // \beta$;
对于 C,α,β 平行于同一条直线,α 与 β 相交或 $\alpha // \beta$;
对于 D,α,β 垂直于同一平面,α 与 β 相交或 $\alpha // \beta$.
故选 B.

4.【解析】解法一(通解): 设等差数列 $\{a_n\}$ 的公差为 d,则 $\begin{cases}7a_1+\dfrac{7\times 6}{2}d=14 \\ a_1+10d=9\end{cases}$,解得 $\begin{cases}a_1=-1 \\ d=1\end{cases}$.
所以 $a_{2020}=-1+2019=2018$.故选 D.

解法二(优解): 设等差数列 $\{a_n\}$ 的公差为 d,则 $14=\dfrac{7(a_1+a_7)}{2}$,即 $a_1+a_7=4$,所以 $2a_4=4$,即 $a_4=2$,又 $a_{11}=a_4+7d=9$,所以 $d=1$,$a_{2020}=a_4+2016=2+2016=2018$.故选 D.

5.【解析】解法一:因为 G 是 $\triangle ABC$ 外接圆圆心,且 $\triangle ABC$ 是边长为 2 的等边三角形,如图 L2-47 所示,D 为 BC 的中点,则 $\overrightarrow{AG}=\dfrac{2}{3}\overrightarrow{AD}$,
所以 $\overrightarrow{AB}\cdot\overrightarrow{AG}=\overrightarrow{AB}\cdot\dfrac{2}{3}\overrightarrow{AD}=\dfrac{2}{3}\overrightarrow{AB}\cdot\overrightarrow{AD}=\dfrac{2}{3}|\overrightarrow{AB}||\overrightarrow{AD}|\cos\angle BAD=\dfrac{2}{3}|\overrightarrow{AD}|^2=\dfrac{2}{3}\times\left(2\times\dfrac{\sqrt{3}}{2}\right)^2=2$.
故选 A.

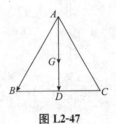

图 L2-47

解法二: 同解法一,有 $\overrightarrow{AG}=\dfrac{2}{3}\overrightarrow{AD}$,而 $\overrightarrow{AD}=\dfrac{1}{2}(\overrightarrow{AB}+\overrightarrow{AC})$,所以 $\overrightarrow{AG}=\dfrac{1}{3}(\overrightarrow{AB}+\overrightarrow{AC})$,
所以 $\overrightarrow{AB}\cdot\overrightarrow{AG}=\dfrac{1}{3}\overrightarrow{AB}\cdot(\overrightarrow{AB}+\overrightarrow{AC})=\dfrac{1}{3}(\overrightarrow{AB}^2+\overrightarrow{AB}\cdot\overrightarrow{AC})=\dfrac{1}{3}\left(2^2+2\times 2\times\dfrac{1}{2}\right)=2$.
故选 A.

6.【解析】由题图可知,AQI 不大于 100 的日期有 6 日到 11 日,共 6 天,所以 A 正确;AQI 最小的一天为 9 日,所以 B 正确;从图中可以看到 4 日到 9 日 AQI 越来越小,所以 D 正确.中位数为 $\dfrac{95+104}{2}=99.5$,C 错.故选 C.

7.【解析】解法一(直接法): 根据椭圆定义,设 $\angle F_1PF_2=\theta$,根据余弦定理得 $|F_1F_2|^2=|PF_1|^2+|PF_2|^2-2|PF_1|\cdot|PF_2|\cos\theta$,即 $12=|PF_1|^2+|PF_2|^2-2|PF_1|\cdot|PF_2|\cos\theta$,
已知 $|\overrightarrow{PF_1}+\overrightarrow{PF_2}|=2\sqrt{3}$,即 $12=|PF_1|^2+|PF_2|^2+2|PF_1|\cdot|PF_2|\cos\theta$,
两式相减得 $4|PF_1|\cdot|PF_2|\cos\theta=0$,即 $\cos\theta=0$,即 $\theta=\dfrac{\pi}{2}$.故选 A.

解法二(定性分析法): 椭圆的焦距为 $2\sqrt{3}$,$\overrightarrow{PF_1}+\overrightarrow{PF_2}=2\overrightarrow{PO}$,所以 $|\overrightarrow{PO}|=\sqrt{3}=\dfrac{1}{2}|F_1F_2|$,可知

点 P 在以 F_1F_2 为直径的圆上,所以 $\angle F_1PF_2=\dfrac{\pi}{2}$.故选 A.

8.【解析】由题意可知,程序框图是 S 关于 t 的分段函数 $S=\begin{cases}t+3,t\in(-\infty,0)\\t^2-2t+1,t\in[0,+\infty)\end{cases}$,由于 $t\in[-2,1]$,则由如图 L2-48 所示的图像可知 $S\in[0,3)$.故选 D.

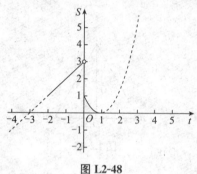

图 L2-48

9.【解析】如图 L2-49 所示,当点 B 位于 $\overgroup{B_1AB_2}$ 上时,满足 $AB\leqslant\sqrt{3}$,其中 $AB_1=AB_2=\sqrt{3}$.取 AB_1 中点 D,联结 OD,则 $OD\perp AB$,$AD=\dfrac{\sqrt{3}}{2}$,可知在 Rt $\triangle AOD$ 中 $\angle AOD=\dfrac{\pi}{3}$,则 $\angle AOB_1=\dfrac{2\pi}{3}$,劣弧 $\overgroup{AB_1}$ 的长度 $l_1=\dfrac{2\pi}{3}$,同理劣弧 $\overgroup{AB_2}$ 的长度 $l_2=\dfrac{2\pi}{3}$.则 $\overgroup{B_1AB_2}$ 的长度 $l=\dfrac{4\pi}{3}$.因为圆 O 的周长为 2π,所以由几何概型概率公式得所求概率为 $P=\dfrac{\dfrac{4\pi}{3}}{2\pi}=\dfrac{2}{3}$.故选 C.

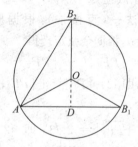

图 L2-49

10.【解析】由三视图知,该几何体是如图 L2-50 所示的正四棱锥 $P-ABCD$,图中正方体的棱长为 4,设外接球球心为 O,球半径为 R,则有 $(2\sqrt{2}-R)^2+(2\sqrt{3})^2=R^2$,解得 $R=\dfrac{5\sqrt{2}}{2}$,$R^2=\dfrac{25}{2}$,所以球

表面积为 $4\pi R^2=50\pi$.故选 C.

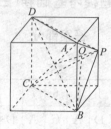

图 L2-50

11.【解析】由定义知,$|MF_1|-|MF_2|=2a$,又 $\triangle F_1MN$ 是等边三角形,所以 $|MF_2|=\dfrac{1}{2}|MF_1|$,$|F_1F_2|=\dfrac{\sqrt{3}}{2}|MF_1|$.联立有 $\begin{cases}\dfrac{1}{2}|MF_1|=2a\\\dfrac{\sqrt{3}}{2}|MF_1|=2c\end{cases}$,得 $\dfrac{c}{a}=\sqrt{3}$,$c^2=3a^2$,又 $a^2+b^2=c^2$,所以 $b^2=2a^2$.双曲线的渐近线方程为 $y=\pm\dfrac{b}{a}x$,故双曲线的渐近线方程为 $y=\pm\sqrt{2}x$.故选 A.

12.【解析】$g(x)=0$ 等价于 $f(x)+x=0$,即 $f(x)=-x$,
所以 $g(x)$ 有且仅有一个零点等价于函数 $y=f(x)$ 与函数 $y=-x$ 的图像有且仅有一个交点,在同一坐标系中作出函数 $y=f(x)$ 与函数 $y=-x$ 的图像如图 L2-51 所示,

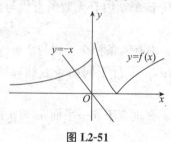

图 L2-51

可知 $e^0+a\geqslant 0,a\geqslant -1$.故选 B.

13.【解析】不等式组表示的可行域如图 L2-52 中阴影部分(含边界)所示,
由 $z=60x+20y$ 得 $y=-3x+\dfrac{z}{20}$,表示斜率为 -3、且随 z 变化的一族平行直线,$\dfrac{z}{20}$ 是直线的纵截距.当 $\dfrac{z}{20}$ 最大时,z 的值最大.显然,当直线过点 $A(2,4)$ 时,$\dfrac{z}{20}$ 取得最大值,$z_{\max}=60\times 2+$

$20\times 4=200$.

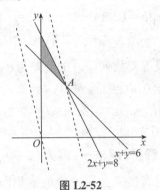

图 L2-52

14.(理科)【解析】此二项式的展开式的通项 $T_{r+1}=$
$C_8^r(2x)^{8-r}\cdot\left(-\dfrac{1}{8x^3}\right)^r=C_8^r\cdot 2^{8-r}\cdot\left(-\dfrac{1}{8}\right)^r\cdot$
$x^{8-r}\cdot\left(\dfrac{1}{x^3}\right)^r=C_8^r\cdot(-1)^r 2^{8-4r}\cdot x^{8-4r}$.

故当 $8-4r=0$，即 $r=2$ 时，T_3 为常数项，
此时 $T_3=C_8^2\cdot(-1)^2 2^0=28$.

（文科）【解析】因为 $\boldsymbol{a}-\boldsymbol{b}=(3,k+1)$,
所以 $3(k+1)=-3$，所以 $k=-2$.

15.【解析】因为曲线 $C:f(x)=\ln x+x^2$,
所以 $f'(x)=\dfrac{1+2x^2}{x}$，$f'(1)=3$,
而 $f(1)=1$，所以过曲线 $C:f(x)=\ln x+x^2$ 上
点 $(1,1)$ 处的切线方程为 $y-1=3(x-1)$，即
$3x-y-2=0$.

16.【解析】$f(x)=\sqrt{3}\sin 2x+\sin\left(\dfrac{\pi}{2}+2x\right)=$
$\sqrt{3}\sin 2x+\cos 2x=2\sin\left(2x+\dfrac{\pi}{6}\right)$,
当 $x\in\left[0,\dfrac{\pi}{2}\right]$ 时，$2x+\dfrac{\pi}{6}\in\left[\dfrac{\pi}{6},\dfrac{7\pi}{6}\right]$，故
$\sin\left(2x+\dfrac{\pi}{6}\right)\in\left[-\dfrac{1}{2},1\right]$，即函数 $f(x)$ 的值域
为 $[-1,2]$，最大值与最小值之差为 3.

小题模考基础卷（四）

答案部分

一、选择题

题号	1	2	3	4	5	6	7	8	9	10	11	12
答案	B	A	B	D	C	D	D	C	D	A	B	B

二、填空题

13. 5　14. 4　15.(理科)28　(文科)-1　16. $\dfrac{5}{3}$

解析部分

1.【解析】解不等式 $4+3x-x^2>0$，可得 $A=\{x\mid -1<x<4\}$，由函数 $y=2^x+1$ 的值域可得 $B=\{y\mid y>1\}$，故 $A\cap B=\{x\mid 1<x<4\}$. 故选 B.

2.【解析】由 $(1+i)z=2-i$，得 $z=\dfrac{2-i}{1+i}=\dfrac{(2-i)(1-i)}{(1+i)(1-i)}=$
$\dfrac{1-3i}{2}=\dfrac{1}{2}-\dfrac{3}{2}i$，由共轭复数的概念，得 $\bar{z}=\dfrac{1}{2}+\dfrac{3}{2}i$.
故选 A.

3.【解析】由 $x^2-5x<0$，可得 $0<x<5$，由 $|x-1|<1$，得 $0<x<2$,
因为 $0<x<5$ 不能推出 $0<x<2$，但 $0<x<2$ 可以推出 $0<x<5$,
所以 $0<x<5$ 是 $0<x<2$ 的必要不充分条件，即 $x^2-5x<0$ 是 $|x-1|<1$ 的必要不充分条件.
故选 B.

4.【解析】函数 $y=\ln(1+x^2)$ 的定义域为 $\mathbf{R}$，$f(0)=0$，故排除 A,C；
又 $f(-x)=\ln(1+x^2)=f(x)$，所以 $y=f(x)$ 是偶函数，排除 B.
故选 D.

5.【解析】①甲同学的成绩折线图具有较好的对称性，最高 130 分，平均成绩低于 130 分，①错误；②根据甲同学成绩折线图提供的数据进行统计，估计该同学平均成绩在区间 $[110,120]$ 内，②正确；③乙同学的数学成绩与考试次号具有比较明显的线性相关性，且为正相关，③正确；④乙同学在这连续九次测验中的最高分高于 130 分，最低分低于 90 分，最高分与最低分的差超过 40 分，故④正确. 故选 C.

6.【解析】抛物线 $y^2=4x$ 的焦点为 $(1,0)$，双曲线 $x^2-\dfrac{y^2}{3}=1$ 的一条渐近线为 $x-\dfrac{y}{\sqrt{3}}=0$，即 $\sqrt{3}x-$
$y=0$，所以所求距离为 $\dfrac{\sqrt{3}}{2}$. 故选 D.

【评注】根据双曲线和抛物线方程与几何性质，找到基本量结合它们之间的关系，注意点到直线的距离公式的使用. 也可以利用直角三角形知识求解，渐近线 $\sqrt{3}x-y=0$ 与 x 轴正半轴夹角为 $\dfrac{\pi}{3}$,
所以 $d=1\cdot\sin\dfrac{\pi}{3}=\dfrac{\sqrt{3}}{2}$.

7.【解析】因为 $a=3^{0.7}>3^0=1$，$0<b=0.7^{2019}<$

$0.7^0=1, c=\log_{2018}\dfrac{1}{2017}<\log_{2018}1=0$,

所以 $a>b>c$. 故选 C.

8. **【解析】**输入 $x=2.4$, 则 $y=2.4, x=[2.4]-1=1>0$, 所以 $x=\dfrac{y}{2}=1.2$; $y=1.2, x=[1.2]-1=0$, 所以 $x=\dfrac{y}{2}=0.6$; $y=0.6, x=[0.6]-1=-1<0$, 则 $z=x+y=-1+0.6=-0.4$. 故选 D.

9. **【解析】**对于选项 B, 由于 $AB\parallel MQ$, 结合线面平行判定定理, 可知 $AB\parallel$ 平面 MNQ;

对于选项 C, 由于 $AB\parallel MQ$, 结合线面平行判定定理, 可知 $AB\parallel$ 平面 MNQ;

对于选项 D, 由于 $AB\parallel NQ$, 结合线面平行判定定理, 可知 $AB\parallel$ 平面 MNQ;

所以选项 A 满足题意. 故选 A.

10. **【解析】**由题意可得, 13 个音之间的频率构成等比数列, 则构造等比数列 $\{a_n\}$, 设公比为 q, 则可得 $a_{13}=a_1q^{12}$, 且 $a_{13}=2a_1$ 所以 $q=\sqrt[12]{2}$, 所以 $\dfrac{f_2}{f_1}=\dfrac{a_7}{a_3}=q^4=(\sqrt[12]{2})^4=\sqrt[3]{2}$. 故选 A.

11. **【解析】**将函数 $y=\sin\left(2x+\dfrac{2\pi}{3}\right)$ 的图像向左平移 $\varphi(\varphi>0)$ 个单位, 所得图像对应的函数为 $y=\sin\left[2(x+\varphi)+\dfrac{2\pi}{3}\right]$. 又其为奇函数, 得 $2\varphi+\dfrac{2\pi}{3}=k\pi(k\in\mathbf{Z})$, $\varphi=\dfrac{k\pi}{2}-\dfrac{\pi}{3}(k\in\mathbf{Z})$, 又 $\varphi>0$, 当 $k=1$ 时, φ 的最小值为 $\dfrac{\pi}{6}$. 故选 B.

12. **【解析】**设正六边形的边长为 a, 则其面积 $S=6\times\dfrac{\sqrt{3}}{4}a^2=\dfrac{3\sqrt{3}}{2}a^2$,

由题意得 $\dfrac{3\sqrt{3}}{2}a^2=\dfrac{3\sqrt{3}}{2}$, 所以 $a=1$.

由于正六边形的中心到顶点的距离为 1, 所以球的半径为 $R=\sqrt{(2\sqrt{2})^2+1}=3$,

所以 $\dfrac{V}{S}=\dfrac{\frac{4}{3}\pi R^3}{4\pi R^2}=\dfrac{1}{3}R=\dfrac{1}{3}\times 3=1$. 故选 B.

13. **【解析】**由向量 $\boldsymbol{a}=(x,y), \boldsymbol{b}=(-1,2)$, 且 $\boldsymbol{a}+\boldsymbol{b}=(1,3)$, 则 $\boldsymbol{a}+\boldsymbol{b}=(x-1,y+2)=(1,3)$,

解得 $x=2, y=1$, 所以 $\boldsymbol{a}=(2,1), \boldsymbol{b}=(-1,2)$,

所以 $\boldsymbol{a}-2\boldsymbol{b}=(2,1)-2(-1,2)=(4,-3)$,

所以 $|\boldsymbol{a}-2\boldsymbol{b}|=\sqrt{4^2+(-3)^2}=5$.

14. **【解析】**设等差数列 $\{a_n\}$ 的公差为 d, 则由 $a_1\neq 0, a_2=3a_1$ 可得 $d=2a_1$,

$\dfrac{S_{10}}{S_5}=\dfrac{10(a_1+a_{10})}{5(a_1+a_5)}=\dfrac{2(2a_1+9d)}{2a_1+4d}=\dfrac{2(2a_1+18a_1)}{2a_1+8a_1}=4$.

15. **(理科)【解析】解法一：** 因为 $(x+2\sqrt{x}+1)^4$ 表示 4 个因式 $(x+2\sqrt{x}+1)$ 的乘积, x^3 的系数可以是：从 4 个因式中选三个因式提供 x, 另一个因式提供 1, 也可以是从 4 个因式中选两个因式提供 x, 其余的两个提供 $2\sqrt{x}$, 可得 x^3 的系数, 故 x^3 的系数为 $C_4^3+C_4^2\cdot 2^2=28$.

解法二： 因为 $(x+2\sqrt{x}+1)^4=\left[(\sqrt{x}+1)^2\right]^4=(\sqrt{x}+1)^8$, 所以 $T_{r+1}=C_8^r x^{\frac{8-r}{2}}$.

令 $\dfrac{8-r}{2}=3$, 得 $r=2$.

所以 $T_3=C_8^2 x^3=28x^3$, 即 x^3 的系数是 28.

(文科)【解析】 $f(x)=\sqrt{3}\sin x+\cos x+1=2\sin\left(x+\dfrac{\pi}{6}\right)+1\geqslant -1$, 即最小值为 -1.

16. **【解析】**如图 L2-53 所示, 设直线 PF_1 与圆 $x^2+y^2=a^2$ 相切于点 M, 则 $|OM|=a, OM\perp PF_1$, 取 PF_1 的中点 N, 联结 NF_2, 由于 $|PF_2|=|F_1F_2|=2c$, 则 $NF_2\perp PF_1, |NP|=|NF_1|$, $OM\parallel NF_2$, 且 M 是 NF_1 的中点. 由 $|NF_2|=2|OM|=2a$, 则 $|NP|=2b$, 即有 $|PF_1|=4b$,

由双曲线的定义可得 $|PF_1|-|PF_2|=2a$, 即 $4b-2c=2a$, 即 $2b=c+a, 4b^2=(c+a)^2$,

即 $4(c^2-a^2)=(c+a)^2, 4(c-a)=c+a$, 即 $3c=5a$, 则 $e=\dfrac{5}{3}$.

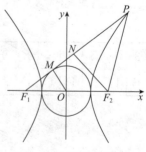

图 L2-53

小题模考基础卷（五）

答案部分

一、选择题

题号	1	2	3	4	5	6(理科)	6(文科)	7	8	9	10	11	12
答案	D	D	C	C	A	C	C	A	B	A	B	A	A

二、填空题

13. $-\sqrt{5}$ 14. 1   15. $2x-y-1=0$ 16. $\dfrac{\sqrt{10}}{10}$

解析部分

1.【解析】解法一：首先计算分母 $1-|\bar{z}|^2$，由 $z=1-2i$ 得其共轭复数 $\bar{z}=1+2i$，则 $|\bar{z}|^2=\sqrt{1^2+2^2}=\sqrt{5}$，所以 $\dfrac{4i}{1-|\bar{z}|^2}=\dfrac{4i}{1-5}=-i$.故选 D.

解法二：根据 $|\bar{z}|^2$ 为实数，从而 $1-|\bar{z}|^2$ 也为实数，所以 $\dfrac{4i}{1-|\bar{z}|^2}$ 是纯虚数，故排除选项 A 和 B，又 $|\bar{z}|>1$，则 $1-|\bar{z}|^2<0$，排除选项 C.故选 D.

2.【解析】依题意，$M=\{x|0<x<4\}$，$M\cap N=\{1,2,3\}$.故选 D.

3.【解析】因为 $\{a_n\}$ 为等比数列，且 $a_1+a_3=5$，$a_2=2$，则 $a_1a_3=a_2^2=4$，则 $\begin{cases}a_1=1\\a_3=4\end{cases}$ 或 $\begin{cases}a_1=4\\a_3=1\end{cases}$，又数列 $\{a_n\}$ 单调递增，因此 $a_1=1$，$a_3=4$，所以等比数列 $\{a_n\}$ 的公比 $q=2$，故 $S_6=\dfrac{a_1(1-q^6)}{1-q}=\dfrac{1-2^6}{1-2}=63$.故选 C.

4.【解析】由题意得喜欢数学学科的男、女同学人数比为 $0.6:0.2=3:1$，按分层抽样的方式抽取 40 人，则抽取的男生人数为 $40\times\dfrac{3}{3+1}=30$.故选 C.

5.【解析】根据函数表达式可知函数 $f(x)$ 的定义域为 $\mathbf{R}$，且任意 $x\in\mathbf{R}$ 有 $f(-x)=-x\cos\left(-\dfrac{\pi}{2}x\right)=-x\cos\left(\dfrac{\pi}{2}x\right)=-f(x)$，因此函数为奇函数，其图像关于原点对称，故排除 C 项；又当 $x\in(0,1)$ 时，$f(x)=x\cos\left(\dfrac{\pi}{2}x\right)>0$，因此排除 B 项；由 $f(2)=2\cos\left(\dfrac{\pi}{2}\times 2\right)=-2$，D 项不满足，排除 D 项.故选 A.

6.(理科)【解析】根据题意，从 2 名女教师和 4 名男教师中任选 3 人，有 $C_6^3=20$ 种选法，其中没有女教师，即全部为男教师的选法有 $C_4^3=4$ 种，则至少有 1 名女教师要参加这项工作的选法有 $20-4=16$ 种.故选 C.

(文科)【解析】因为从 1000 名学生中抽取一个容量为 100 的样本，所以系统抽样的分段间隔为 $\dfrac{1000}{100}=10$，因为 46 号学生被抽到，则根据系统抽样的性质可知，第一组随机抽取的一个号码为 6，以后每个号码都比前一个号码增加 10，所有号码数构成以 6 为首项，公差为 10 的等差数列 $\{a_n\}$，则 $a_n=6+10(n-1)=10n-4$，结合选项可得，当 $n=62$ 时，$a_{62}=616$，即在第 62 组抽到 616.故选 C.

7.【解析】设 $m\subset\alpha$，且 $m//l$，由 $l\perp\beta$，则 $m\perp\beta$，由面面垂直的判定定理，可得 $\alpha\perp\beta$.选项 A 正确；若 $\alpha\perp\beta$，$l\perp\alpha$，则 $l//\beta$ 或 $l\subset\beta$.选项 B 错误；若 $\alpha,l//\beta,\alpha$ 与 β 的关系不能确定.选项 C 错误；若 $\alpha\perp\beta$，$l//\alpha$，l 与 β 的关系不能确定.选项 D 错误.故选 A.

8.【解析】按照框图模拟程序执行过程：
输入 $a=2$，$s=0\times 2+2=2$，$k=1$，不满足◇中条件，继续循环；
输入 $a=2$，$s=2\times 2+2=6$，$k=2$，不满足◇中条件，继续循环；
输入 $a=5$，$s=6\times 2+5=17$，$k=3$，满足◇中条件，输出 $s=17$.因此 $k=2$ 不满足◇中条件，$k=3$ 满足◇中条件，而 $n=2$，所以◇中条件为" $k>n$?".故选 B.

9.【解析】a,b,c 成等比数列，所以 $b^2=ac$，所以 $a^2+b^2=a^2+ac=ab$，由余弦定理可知 $\cos C=\dfrac{a^2+b^2-c^2}{2ab}=\dfrac{1}{2}$，又 $0<C<\pi$，所以 $C=\dfrac{\pi}{3}$.故选 A.

10.【解析】由题意知以 F_1F_2 为直径的圆的方程为 $x^2+y^2=c^2$.
因为直线 $ax+by+2ac=0$ 与圆 $x^2+y^2=c^2$ 相切，所以 $\dfrac{|0+0+2ac|}{\sqrt{a^2+b^2}}=c$，所以 $2a=c$，

则 $e=\dfrac{c}{a}=2$. 故选 B.

11.【解析】因为 $\triangle ABC$ 的内角 A,B,C 的对边分别为 a,b,c.

利用正弦定理将角化为边可得 $a^2-b^2=4c^2$ ①

由余弦定理可得 $\cos A=\dfrac{b^2+c^2-a^2}{2bc}=-\dfrac{1}{4}$ ②

由①②得 $\cos A=\dfrac{b^2+c^2-(b^2+4c^2)}{2bc}=-\dfrac{1}{4}$,

化简得 $b=6c$, 即 $\dfrac{b}{c}=6$. 故选 A.

12.【解析】函数 $f(x)=2x+\dfrac{1}{2}\sin 2x+a\cos x=2x+\sin x\cdot\cos x+a\cos x$,

$f'(x)=3-2\sin^2 x-a\sin x$,

由题意可得 $f'(x)\geqslant 0$ 恒成立,

即为 $3-2\sin^2 x-a\sin x\geqslant 0$,

设 $t=\sin x(-1\leqslant t\leqslant 1)$, 即有 $g(t)=2t^2+at-3\leqslant 0$ 在 $t\in[-1,1]$ 上恒成立.

因为 $y=g(t)$ 是开口向上的二次函数, 且过 $(0,-3)$, 由函数图像可知, 有 $\begin{cases}g(-1)\leqslant 0\\g(1)\leqslant 0\end{cases}$,

解得 $\begin{cases}a\geqslant -1\\a\leqslant 1\end{cases}$.

综上可得, a 的取值范围是 $[-1,1]$.

故选 A.

13.【解析】由向量模的公式可得 $|\boldsymbol{a}|=2\sqrt{5}$, 再由向量投影的概念可得 $\boldsymbol{a}$ 在 $\boldsymbol{b}$ 上的投影为 $|\boldsymbol{a}|\cos 120°=2\sqrt{5}\times\left(-\dfrac{1}{2}\right)=-\sqrt{5}$.

14.【解析】作出不等式组 $\begin{cases}x-1\geqslant 0\\x-y-1\leqslant 0\\2x+y-5\leqslant 0\end{cases}$ 表示的平面区域, 得到如图 L2-54 所示的 $\triangle ABC$ 及其内部即阴影区域. 其中 $A(1,0),B(1,3),C(2,1)$.

设 $P(x,y)$ 为阴影区域内部的一点, 可得 $z=\dfrac{y}{x+2}$ 表示直线 QP 的斜率, 其中 $Q(-2,0)$.

所以运动点 P, 可得当点 P 与 B 重合时, $z=\dfrac{3}{1+2}=1$, 此时 z 达到最大值.

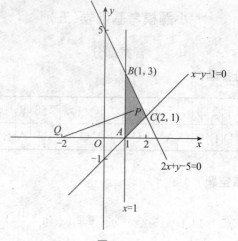

图 L2-54

15.【解析】设 $A(x_1,y_1),B(x_2,y_2)$,

代入抛物线方程得 $y_1^2=4x_1$ ①

$y_2^2=4x_2$ ②

①-②整理得 $k=\dfrac{y_1-y_2}{x_1-x_2}=\dfrac{4}{y_1+y_2}=2$,

则弦 AB 所在直线方程为 $y-1=2(x-1)$,

整理得 $2x-y-1=0$.

故 AB 所在直线方程为 $2x-y-1=0$.

16.【解析】对几何体细心观察. 正三棱锥 $B-ANC$ 的三条侧棱两两垂直, 它分明是正方体的一角, 从这个视角出发, 又联系到 $MD\perp$ 平面 $ABCD$, $ABCD$ 又恰好是正方形(正方体的一个面), 如此分析, 应当想到已知几何体是正方体的一部分, 于是"补全"正方体是合乎情理的.

补全正方体如图 L2-55 所示, 联结 BQ, 易知 $BQ/\!/AM$, 设 $BQ\cap NE=F$, 则 $\angle NFQ$ 即为 AM 与 NE 所成的角, 在正方形 $BCQN$ 中, E 为 BC 中点, $NQ=1$, 由 $\triangle BEF\backsim\triangle NQF$, 易得 $FQ=\dfrac{2}{3}BQ=\dfrac{2\sqrt{2}}{3}$, $NF=\dfrac{2}{3}NE=\dfrac{\sqrt{5}}{3}$,

从而 $\cos\angle NFQ=\dfrac{NF^2+FQ^2-NQ^2}{2FN\cdot FQ}=\dfrac{\sqrt{10}}{10}$, 即为所求.

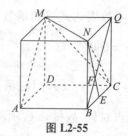

图 L2-55

小题模考基础卷(六)

答案部分

一、选择题

题号	1	2	3	4	5	6(理科)	6(文科)	7	8	9	10	11	12
答案	A	D	C	C	B	C	B	C	D	D	D	C	C

二、填空题

13. $\sqrt{7}$ 14. 1   15. $\dfrac{3}{4}$ 16. 3

解析部分

1.【解析】由 $B=\{x|2^x>1\}=\{x|x>0\}$，又 $A=\{x|x<2\}$，所以 $A\cap B=\{x|0<x<2\}$. 故选 A.

2.【解析】由 $(1+i)z=1-2i$，得 $z=\dfrac{1-2i}{1+i}=\dfrac{(1-2i)(1-i)}{2}=-\dfrac{1}{2}-\dfrac{3}{2}i$，则 $\bar{z}=-\dfrac{1}{2}+\dfrac{3}{2}i$，所以 $\bar{z}$ 的虚部为 $\dfrac{3}{2}$. 故选 D.

3.【解析】数列 $\{a_n\}$ 为等差数列，且 $a_2=4, a_4=2$，所以由 $a_2+a_4=2a_3$，得 $a_3=3$，所以 $S_5=\dfrac{(a_1+a_5)\times 5}{2}=\dfrac{2a_3}{2}\times 5=5a_3=5\times 3=15$. 故选 C.

4.【解析】$f\left(f\left(\dfrac{2018}{2017}\right)\right)=f\left(\log_2\dfrac{1}{2017}\right)=\left(\dfrac{1}{2}\right)^{\log_2\frac{1}{2017}}=2^{\log_2 2017}=2017$. 故选 C.

5.【解析】依题意 $a=\log_2 0.2<\log_2 1=0$，$b=2^{0.2}>2^0=1$，因为 $0<0.2^{0.3}<0.2^0=1$，所以 $c=0.2^{0.3}\in(0,1)$，所以 $a<c<b$. 故选 B.

6.(理科)【解析】$(1+x)^6$ 展开式中通项 $T_{r+1}=C_6^r x^r$，令 $r=2$ 可得，$T_3=C_6^2 x^2=15x^2$，即 $(1+x)^6$ 展开式中 x^2 项的系数为 15，所以在 $x(1+x)^6$ 的展开式中，含 x^3 项的系数为 15. 故选 C.

(文科)【解析】从标有数字 2,3,6,12 的卡片中随机地选出三张卡片，记录卡片上的数字，结果有如下 4 种：$\{2,3,6\}$,$\{2,3,12\}$,$\{2,6,12\}$,$\{3,6,12\}$. 满足其中两个数字的积等于第三个数字的结果有 2 种：$\{2,3,6\}$,$\{2,6,12\}$，从而所求概率 $P=\dfrac{2}{4}=\dfrac{1}{2}$. 故选 B.

7.【解析】构造一个棱长为 2 的正方体，在该正方体中构建题设所给的三个视图，就可以得到题设所对应的四棱锥 P-$ABCD$（如图 L2-56 所示）. 由图中的四棱锥 P-$ABCD$，则该四棱锥的表面积为
$S_{\text{四边形}ABCD}+S_{\triangle PAB}+S_{\triangle PAD}+S_{\triangle PCD}+S_{\triangle PBC}=$
$4\sqrt{2}+\dfrac{1}{2}\times 2\times 2+\dfrac{1}{2}\times 2\times 2+\dfrac{1}{2}\times 2\times 2+\dfrac{\sqrt{3}}{4}\times(2\sqrt{2})^2=4\sqrt{2}+2\sqrt{3}+6$. 故选 C.

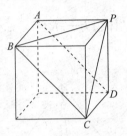

图 L2-56

8.【解析】模拟执行程序：

满足判断框内的条件，第 1 次执行循环体，$S=10-2^1=8, i=2$；

满足判断框内的条件，第 2 次执行循环体，$S=8-2^2=4, i=3$；

满足判断框内的条件，第 3 次执行循环体，$S=4-2^3=-4, i=4$；

满足判断框内的条件，第 4 次执行循环体，$S=-4-2^4=-20, i=5$.

此时，应该不满足判断框内的条件，退出循环，输出的 S 值为 -20，则条件框内应填写 $i<5$?. 故选 D.

9.【解析】由 $\tan\left(\alpha+\dfrac{\pi}{4}\right)=\dfrac{\tan\alpha+1}{1-\tan\alpha}=\dfrac{1}{2}$，得 $\tan\alpha=-\dfrac{1}{3}$，所以 $\dfrac{2\sin^2\alpha-\sin 2\alpha}{\cos\left(\alpha+\dfrac{\pi}{4}\right)}=\dfrac{2\sin^2\alpha-2\sin\alpha\cos\alpha}{\dfrac{\sqrt{2}}{2}(\cos\alpha-\sin\alpha)}=$

$\dfrac{2\sin\alpha(\sin\alpha-\cos\alpha)}{\dfrac{\sqrt{2}}{2}(\cos\alpha-\sin\alpha)}=-2\sqrt{2}\sin\alpha$，

又 $\tan\alpha=-\dfrac{1}{3}$，$-\dfrac{\pi}{2}<\alpha<0$，得 $\sin\alpha=-\dfrac{\sqrt{10}}{10}$，

因此原式 $=-2\sqrt{2}\times\left(-\dfrac{\sqrt{10}}{10}\right)=\dfrac{2\sqrt{5}}{5}$.

故选D.

10.【解析】如图L2-57所示,由O为球心,$OA=OB=OC=R$,O在底面ABC的射影为$\triangle ABC$的外心,

$AB=6$,$BC=2\sqrt{3}$,$AC=4\sqrt{3}$,

可得$\triangle ABC$是AC为斜边的直角三角形,

所以O在底面ABC的射影为斜边AC的中点M.

所以$V_{O-ABC}=\dfrac{1}{3}\cdot OM\cdot\dfrac{1}{2}AB\cdot BC=\dfrac{1}{6}OM\cdot 12\sqrt{3}=4\sqrt{3}$,解得$OM=2$,

$R^2=OM^2+AM^2=4+12=16$,即$R=4$,

所以球O的体积为$\dfrac{4}{3}\pi R^3=\dfrac{4}{3}\pi\times 64=\dfrac{256}{3}\pi$.

故选D.

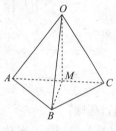

图 L2-57

11.【解析】如图L2-58所示,过双曲线的右焦点F作渐近线l_1的垂线,垂足为点M,交渐近线l_2于点N,由$2\overrightarrow{FM}=\overrightarrow{FN}$,得点$M$为$FN$的中点,又$FN\perp l_1$,因此$\triangle ONF$为等腰三角形,

所以$\angle NOM=\angle FOM$,又$\angle NOy=\angle MOy$,

所以$\angle MOF=2\angle MOy$,

则$\angle MOF=\dfrac{2}{3}\times 90°=60°$,

故双曲线渐近线方程为$y=\pm\sqrt{3}x$.

故选C.

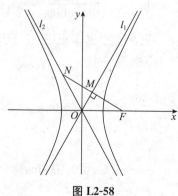

图 L2-58

12.【解析】解法一:因为$f(1-x)=f(x+1)$,所以$f(x)$的图像关于直线$x=1$对称,则$f(x)$的零点必在对称轴上,即$f(1)=3e^0-2a-a^2=0$,

即$a^2+2a-3=0$,得$a=1$或$a=-3$,

又$a<0$,所以$a=-3$.故选C.

解法二:在$f(x)=3e^{|x-1|}-a(2^{x-1}+2^{1-x})-a^2$中,令$x-1=x'$,原函数化为

$g(x')=3e^{|x'|}-a(2^{x'}+2^{-x'})-a^2$,

则$g(x')$为偶函数,故$g(x')$的零点为$x'=0$.

由$g(0)=0$得$3-2a-a^2=0$,

又$a<0$,则$a=-3$.故选C.

13.【解析】因为$\boldsymbol{a}$,$\boldsymbol{b}$均为单位向量,它们的夹角为$120°$,

所以$|\boldsymbol{a}+3\boldsymbol{b}|=\sqrt{(\boldsymbol{a}+3\boldsymbol{b})^2}=\sqrt{\boldsymbol{a}^2+6\boldsymbol{a}\cdot\boldsymbol{b}+9\boldsymbol{b}^2}=\sqrt{1+9+6\times\left(-\dfrac{1}{2}\right)}=\sqrt{7}$.

14.【解析】经验证,当$m\leqslant 0$时,可行域不满足"取得最大值2"的要求,因此$m>0$.由约束条件$\begin{cases}x+y\geqslant 0\\x-2y+2\geqslant 0\\mx-y\leqslant 0\end{cases}$,作出可行域如图L2-59中阴影部分所示.

联立$\begin{cases}x-2y+2=0\\mx-y=0\end{cases}$,得$A\left(\dfrac{2}{2m-1},\dfrac{2m}{2m-1}\right)$,

化目标函数$z=2x-y$为$y=2x-z$,

由图可知,当直线过点A时,直线在y轴的截距最小,z有最大值$\dfrac{4}{2m-1}-\dfrac{2m}{2m-1}=2$,

即$\dfrac{4-2m}{2m-1}=2$,解得$m=1$.

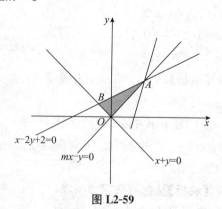

图 L2-59

15.【解析】由已知切点在切线上,所以$f(2)=3-2a$,切点处的导数为切线斜率,所以$f'(2)=-a$,

所以$f(2)\cdot f'(2)=a(2a-3)=2a^2-3a$.

这是一个开口向上的二次函数,最小值在 $a=\frac{3}{4}$ 取得.所以 $a=\frac{3}{4}$.

16.【解析】如图 L2-60 所示,过点 M 作 MM_1 垂直于准线 $l:x=-1$,垂足为 M_1,过点 A 作 AA_1 垂直于准线 $l:x=-1$,垂足为 A_1,

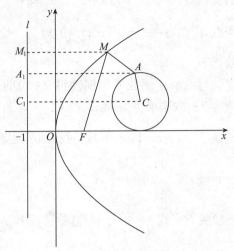

图 L2-60

依题意,由抛物线定义得 $|MF|=|MM_1|$,则 $|MF|+|MA|=|MM_1|+|MA|\geq |AM_1|\geq |AA_1|\geq |CC_1|-1=3$.

【评注】求圆锥曲线的最值一般用几何法与定义法结合或函数法.本题利用抛物线定义类比,将 $|MF|$ 转化为点 M 到准线 $l:x=-1$ 的距离是关键,在多次转化过程中,要注意取等号的条件是否同时满足.

小题模考基础卷(七)

答案部分

一、选择题

题号	1	2	3	4	5(理科)	5(文科)	6	7	8	9	10	11	12
答案	C	D	B	D	B	A	A	B	B	A	B	D	D

二、填空题

13. 7 14. 12 15. $\pm\frac{\sqrt{6}}{2}$ 16. 2550

解析部分

1.【解析】依题意,$A=\{1,2,3,4\}$,$B=\{x|x\geq 2$ 或 $x\leq -2\}$,则 $A\cap B=\{2,3,4\}$.故选 C.

2.【解析】由 $(z-1)i=-1+i$,得 $z=\frac{-1+i}{i}+1=$ 2+i,则 $|z|=\sqrt{1^2+2^2}=\sqrt{5}$.故选 D.

3.【解析】记每天走的路程里数为 $\{a_n\}$,由题意知 $\{a_n\}$ 是公比为 $\frac{1}{2}$ 的等比数列,则由 $S_6=378$,可得

$$S_6=\frac{a_1(1-q^6)}{1-q}=\frac{a_1\left(1-\left(\frac{1}{2}\right)^6\right)}{1-\frac{1}{2}}=378,$$

解得 $a_1=192$,$a_5=a_1q^4=192\times\left(\frac{1}{2}\right)^4=12$(里).

故选 B.

4.【解析】由 a,b 是空间中不同的直线,α,β 是不同的平面,知:

在 A 中,$a/\!/b$,$b\subset\alpha$,则 $a/\!/\alpha$ 或 $a\subset\alpha$,故 A 错误;

在 B 中,$a\subset\alpha$,$b\subset\beta$,$\alpha/\!/\beta$,则 a 与 b 平行或异面,故 B 错误;

在 C 中,$a\subset\alpha$,$b\subset\alpha$,$a/\!/\beta$,$b/\!/\beta$,则 α 与 β 相交或平行,故 C 错误;

在 D 中,$\alpha/\!/\beta$,$a\subset\alpha$,则由面面平行的性质定理得 $a/\!/\beta$,故 D 正确.故选 D.

5.(理科)【解析】某市国际马拉松邀请赛设置了全程马拉松、半程马拉松和迷你马拉松三个比赛项目,4 位长跑爱好者各自任选一个项目参加比赛,其基本事件总数 $n=3^4=81$.这 4 人中三个项目都有人参加包含的基本事件个数 $m=C_4^2 A_3^3=36$,故这 4 人中三个项目都有人参加的概率为 $P=\frac{m}{n}=\frac{36}{81}=\frac{4}{9}$.故选 B.

(文科)【解析】由题意得高一(一)班五人分别迟到 3,5,12,13,18 分钟.高一(二)班五人分别迟到 1,9,11,12,13 分钟.从中各选一人,共有如下可能:

(3,1),(3,9),(3,11),(3,12),(3,13),(5,1),(5,9),(5,11),(5,12),(5,13),(12,1),(12,9),(12,11),(12,12),(12,13),(13,1),(13,9),(13,11),(13,12),(13,13),(18,1),(18,9),(18,11),(18,12),(18,13),共有 25 种情况,其中二人迟到时间之和超过 20 分钟共有 12 种情况.所以迟到超过 20 分钟的概率为 $\frac{12}{25}$.故选 A.

6.【解析】当 $n=5$ 时,第 1 次循环,n 不满足第一判断框中的条件,$n=16$,$k=1$,n 不满足第二判断框中的条件;

第2次循环,n满足第一判断框中的条件,$n=8$,$k=2$,n不满足第二判断框中的条件;

第3次循环,n满足第一判断框中的条件,$n=4$,$k=3$,n不满足第二判断框中的条件;

第4次循环,n满足第一判断框中的条件,$n=2$,$k=4$,n不满足第二判断框中的条件;

第5次循环,n满足第一判断框中的条件,$n=1$,$k=5$,n满足第二判断框中的条件,退出循环,即输出的结果为$k=5$.故选A.

7.【解析】如图L2-61所示,据题意有
$$r^2=(\sqrt{5})^2+\left(\frac{p}{2}\right)^2 \quad ①$$
$A(\sqrt{r^2-(2\sqrt{2})^2},2\sqrt{2})$.

因为点A在抛物线$y^2=2px$上,

所以$(2\sqrt{2})^2=2p\cdot\sqrt{r^2-(2\sqrt{2})^2}$,

将①代入得$8=2p\cdot\sqrt{5+\frac{p^2}{4}-8}$,

解得$p=4$.

故选B.

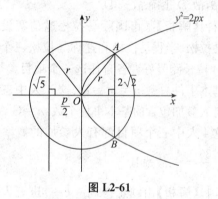

图L2-61

【评注】抛物线方程只含有一个待定参数p,故只需列一个含有p的方程即可求出,结合圆的垂径定理即可轻松解决.

8.【解析】如果甲说的是真话,则乙、丙都是真话,与在这三名同学中,只有一人说的是假话,相矛盾,如果甲说的是假话,乙、丙说的是真话,那乙就是满分.故选B.

9.【解析】构造函数$f(x)=\frac{\ln x}{x}$,求导可知$f'(x)=\frac{1-\ln x}{x^2}$,故$f(x)$在$(0,e)$单调递增,在$(e,+\infty)$上单调递减.

$a=\ln\sqrt{2}=\frac{\ln 2}{2}=f(2)$,$b=f(e^2)$,$c=f(e)$,

注意到$f(2)=\frac{\ln 2}{2}=\frac{\ln 4}{4}=f(4)$,

由单调性可知$f(e)>f(4)>f(e^2)\Rightarrow c>a>b$.

故选A.

10.【解析】由题意可知$x^2+x+a=1$有两个不相同的实数根,即函数$g(x)=x^2+x+a-1$有两个零点,所以$\Delta=1-4(a-1)>0$,解得$a<\frac{5}{4}$.

故选B.

11.【解析】由余弦函数的周期性得$f(x)$的一个周期为2π,故选项A正确;

函数$f(x)=\cos\left(x+\frac{\pi}{6}\right)$的对称轴满足条件$x+\frac{\pi}{6}=k\pi$,即$x=k\pi-\frac{\pi}{6}$,$k\in\mathbf{Z}$,所以$y=f(x)$的图像关于直线$x=-\frac{\pi}{6}$对称,故选项B正确;

$f\left(x+\frac{\pi}{3}\right)=\cos\left(x+\frac{\pi}{2}\right)=-\sin x$,$-\sin\pi=0$,

所以$f\left(x+\frac{\pi}{3}\right)$的一个零点为$\pi$,故选项C正确;

函数$f(x)=\cos\left(x+\frac{\pi}{6}\right)$在$\left(\frac{2\pi}{3},\frac{5\pi}{6}\right)$上单调递减,在$\left(\frac{5\pi}{6},\pi\right)$上单调递增,故选项D错误.

故选D.

12.【解析】利用双曲线的焦点到渐近线的距离为b可知,$S_{\triangle AFO}=\frac{1}{2}ab=1\Rightarrow ab=2$,又$e=\frac{c}{a}=\sqrt{5}$,

联立解得$a=1$,$b=2$.故选D.

13.【解析】根据题意$\boldsymbol{a}=(3,-2m)$,$\boldsymbol{b}=(m-1,2)$,$\boldsymbol{c}=(-2,1)$,则$\boldsymbol{a}-\boldsymbol{c}=(5,-2m-1)$,

若$(\boldsymbol{a}-\boldsymbol{c})\perp\boldsymbol{b}$,则有$(\boldsymbol{a}-\boldsymbol{c})\cdot\boldsymbol{b}=5\times(m-1)+(-2m-1)\times 2=0$.解得$m=7$.

14.【解析】如图L2-62所示,作出不等式对应的平面区域(阴影部分),由$z=2x+y$,得$y=-2x+z$,平移直线$y=-2x+z$经过点C时,直线$y=-2x+z$的截距最大,此时z最大.

由$\begin{cases}x-2y+4=0\\2x-y-4=0\end{cases}$,解得$\begin{cases}x=4\\y=4\end{cases}$,即$C(4,4)$.

故$z_{max}=2\times 4+4=4+8=12$.

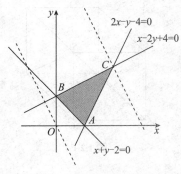

图 L2-62

15.【解析】直线 $x-y+m=0$ 与圆 $O: x^2+y^2=1$ 相交于 A,B 两点,且 $\triangle AOB$ 为正三角形,则 $\triangle AOB$ 的边长为 1,因此圆心 $O(0,0)$ 到直线 $x-y+m=0$ 的距离 $d=\dfrac{|m|}{\sqrt{2}}=\dfrac{\sqrt{3}}{2}$,解得 $m=\pm\dfrac{\sqrt{6}}{2}$.

16.【解析】由题意知 $a_{n+1}+(-1)^n a_n=n$,故 $a_2-a_1=1, a_3+a_2=2, a_4-a_3=3, a_5+a_4=4, a_6-a_5=5, a_7+a_6=6, a_8-a_7=7,\cdots$,

可得 $a_3+a_1=1=a_7+a_5=\cdots$,

所以 $a_1+a_3+\cdots+a_{99}=25$.

$a_4+a_2=2+3, a_8+a_6=6+7, a_{12}+a_{10}=10+11,\cdots$,

所以 $a_2+a_4+\cdots+a_{100}=5\times25+8\times\dfrac{25\times24}{2}=2525$.

则 $a_1+a_2+\cdots+a_{100}=2550$.

小题模考基础卷(八)

答案部分

一、选择题

题号	1	2	3	4	5	6	7	8	9	10	11	12
答案	D	C	A	D	D	B	B	B	C	C	D	D

二、填空题

13. 65 14. $\dfrac{6}{5}$ 15. 丁 16. $\sqrt{2}$

解析部分

1.【解析】依题意,$A=\{x|1<x<4\}, B=\{0,1,2,3\}$,则 $A\cap B=\{2,3\}$. 故选 D.

2.【解析】由 $(i+1)z=1-3i$,得 $z=\dfrac{1-3i}{1+i}=-1-2i$,所以 $\bar{z}=-1+2i$,所以 $\bar{z}$ 的虚部为 2. 故选 C.

3.【解析】解法一(直接坐标运算):由坐标运算可得:$\boldsymbol{a}+\boldsymbol{b}=(5,t-6), \boldsymbol{a}-\boldsymbol{b}=(1,t+6)$. 根据 $|\boldsymbol{a}+\boldsymbol{b}|=|\boldsymbol{a}-\boldsymbol{b}|$,可得 $\sqrt{5^2+(t-6)^2}=\sqrt{1^2+(t+6)^2}$,解得 $t=1$. 故选 A.

解法二(利用向量的几何意义):由 $|\boldsymbol{a}+\boldsymbol{b}|=|\boldsymbol{a}-\boldsymbol{b}|$ 可知,向量 $\boldsymbol{a},\boldsymbol{b}$ 构成的平行四边形的两条对角线长度相等,由对角线长度相等的平行四边形一定是矩形可知 $\boldsymbol{a}\perp\boldsymbol{b}$,故 $\boldsymbol{a}\cdot\boldsymbol{b}=0\Rightarrow3\times2+t\times(-6)=0\Rightarrow t=1$. 故选 A.

4.【解析】由图可以看出 2011—2017 年全国二手车交易量逐年上升,显然 A 项正确;

由于 $\dfrac{1240}{12}=\dfrac{310}{3}\approx103$,因此 B 项正确;

逐年比较,2012—2017 年的增长量分别为 112,53,73,22,97,201,小于 80 的有 3 个,因此 C 项正确;

由 2011—2017 年二手车交易量增长率的折线图知增长率与年份不成正相关关系,显然 D 项错误. 故选 D.

5.【解析】因为 $y=x^a$,当 $a>0$ 时,在第一象限,函数 $y=x^a$ 是增函数,且 $3>2$,所以 $3^{\frac{1}{2}}>2^{\frac{1}{2}}>1$,

由指数函数单调性 $2^{\frac{1}{2}}>2^{\frac{1}{3}}$,即 $a>b>1$,

$c=\log_3 2<\log_3 3=1$,

所以 $a>b>c$. 故选 D.

6.【解析】因为 $\alpha\in\left(\dfrac{\pi}{2},\pi\right), \sin(\pi-\alpha)=\sin\alpha=\dfrac{4}{5}$,

所以 $\cos\alpha=-\sqrt{1-\sin^2\alpha}=-\dfrac{3}{5}$.

故选 B.

7.【解析】联结 CF,取 BD 的中点 O,联结 A_1O,如图 L2-63 所示,

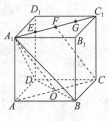

图 L2-63

在正方体 $ABCD-A_1B_1C_1D_1$ 中,

因为 $AA_1/\!/CC_1$,所以四边形 AA_1C_1C 为平行四边形,所以 $A_1C_1/\!/AC$ 且 $A_1C_1=AC$,

因为 $A_1F=\frac{1}{2}A_1C_1,OC=\frac{1}{2}AC$,

所以 $A_1F//OC$ 且 $A_1F=OC$,

所以四边形 A_1OCF 为平行四边形,

所以 $A_1O//CF$,

又 $A_1O\subset$ 平面 $A_1BD,CF\not\subset$ 平面 A_1BD,

所以 $CF//$ 平面 A_1BD.

故选 B.

8.【解析】由对称性,只考虑圆心到其中一条渐近线的距离即可.计算圆心(3,0)到渐近线 $y=\sqrt{\frac{2}{7}}x$ 的距离为 $d=\frac{|0-\sqrt{\frac{2}{7}}\cdot 3|}{\sqrt{1+\frac{2}{7}}}=\sqrt{2}$,由直线与圆相切可知 $r=d=\sqrt{2}$.故选 B.

9.【解析】函数的定义域为 $(-\infty,0)\cup(0,+\infty)$,且 $f(-x)=-f(x)$,函数为奇函数,排除 A;

又当 $x\to+\infty$ 时, $y\to+\infty$,排除 B;

当 $x>0$ 时, $f(x)=\frac{e^x}{2x}$, $f'(x)=\frac{2xe^x-2e^x}{4x^2}=\frac{e^x(x-1)}{2x^2}$.

可得 $x=1$ 为函数的极小值点,结合图像可知,函数 $f(x)=\frac{e^{|x|}}{2x}$ 的部分图像大致为选项 C.

故选 C.

10.【解析】当 $n=1$ 时, $a=\frac{15}{2},b=4$,满足进行循环的条件;

当 $n=2$ 时, $a=\frac{45}{4},b=8$,满足进行循环的条件;

当 $n=3$ 时, $a=\frac{135}{8},b=16$,满足进行循环的条件;

当 $n=4$ 时, $a=\frac{405}{16},b=32$,不满足进行循环的条件,因此,输出的 $n=4$.故选 C.

11.【解析】将这个三棱锥补形到一个长方体中,如图 L2-64 所示.

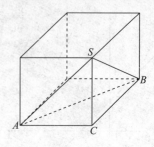

图 L2-64

由题意可知,外接球的半径满足 $4R^2=AC^2+BC^2+SC^2$,注意到 $AC^2+BC^2=AB^2$,

所以 $4R^2=AB^2+SC^2=6^2+8^2=100$,所以 $S=4\pi R^2=100\pi$.故选 D.

12.【解析】由题干可知 $g(-x)=-xf(-x-1)=x[-f(-x-1)]=xf(x+1-2)=xf(x-1)=g(x)$,所以函数 $g(x)$ 为偶函数.

因为函数 $g(x)$ 在 $(-\infty,0]$ 上单调递减,则函数 $g(x)$ 在 $(0,+\infty)$ 上单调递增,作出大致图像如图 L2-65 所示.

因为 $f(2)=2$,则 $g(x)>6$,即 $g(x)>3f(2)=g(3)$,

由函数的单调性与对称性可知 $x<-3$ 或 $x>3$.

故选 D.

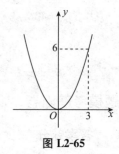

图 L2-65

13.【解析】由题意可知, $a_3^2=a_2a_6$,

所以 $(a_1+2d)^2=(a_1+d)(a_1+5d)$,

所以 $d^2+2a_1d=0$,又 $d\neq 0$,故 $d=-2a_1=10$,

所以 $a_8=a_1+7d=65$.

14.【解析】依题意,由余弦定理得 $\cos A=\frac{b^2+c^2-a^2}{2bc}=\frac{5^2+6^2-4^2}{2\times 5\times 6}=\frac{3}{4}$,

所以 $\frac{\sin 2A}{\sin B}=\frac{2\sin A\cos A}{\sin B}=\frac{2a}{b}\cos A=\frac{2\times 4}{5}\times\frac{3}{4}=\frac{6}{5}$.

15.【解析】如果说话正确的是甲,那么其他三个人的说话都是不对的,则由甲的话可知是丙做的,由丁的话可知是丁做的,矛盾;如果说话正确的是乙,同样道理会矛盾;如果说话正确的是丁,则由丙的话和乙的话可知矛盾;如果说话正确的是丙,不会产生矛盾,并且由丁的话可知是丁做的.故答案为丁.

16.【解析】依题意得焦点 F 的坐标为 $\left(\dfrac{a}{4},0\right)$,

设 M 在抛物线的准线上的射影为 K,如图 L2-66 所示,联结 MK,

由抛物线的定义知 $|MF|=|MK|$,

因为 $|FM|:|MN|=1:3$,

所以 $|KN|:|KM|=2\sqrt{2}:1$,

又 $k_{FN}=\dfrac{0-1}{\dfrac{a}{4}-0}=\dfrac{-4}{a}$,$k_{FN}=-\dfrac{|KN|}{|KM|}=-2\sqrt{2}$,

所以 $\dfrac{4}{a}=2\sqrt{2}$,解得 $a=\sqrt{2}$.

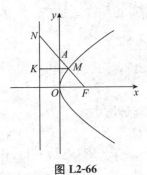

图 L2-66

小题模考基础卷(九)

答案部分

一、选择题

题号	1	2	3	4	5	6(理科)	6(文科)	7	8	9	10	11	12
答案	C	C	A	B	C	C	A	D	D	C	B	D	C

二、填空题

13. $\dfrac{1}{3}a-\dfrac{2}{3}b$ 14. 0   15. 1

16. $(x+1)^2+(y+8\sqrt{3})^2=196$

解析部分

1.【解析】集合 $A=\{x|-1<x<2\}=(-1,2)$.由于对数函数 $f(x)=\log_2 x$ 在定义域 $(0,+\infty)$ 上单调递增,且值域为 $\mathbf{R}$,因此集合 $B=\{x|\log_2 x>0\}=\{x|x>1\}=(1,+\infty)$.可得 $A\cap B=(1,2)$,$A\cup B=(-1,+\infty)$.故选 C.

2.【解析】由 $z=-3+2i$,知 $\bar z=-3-2i$,在复平面对应的点为 $(-3,-2)$,在第三象限.故选 C.

3.【解析】由 $a_3+a_4=18-a_8$,得 $a_3+a_4+a_8=a_2+a_5+a_8=18$,据等差中项的性质可得 $a_3+a_4+a_8=3a_5=18$,因此 $a_5=6$,$S_9=9a_5=54$.故选 A.

4.【解析】因为双曲线方程 $\dfrac{x^2}{9}-\dfrac{y^2}{b^2}=1(b>0)$,

所以 $a=3$,

因为双曲线渐近线方程为 $2x\pm 3y=0$,

所以 $b=2$.故选 B.

5.【解析】因为 $f(-x)=e^{-x}+e^x+|x|=f(x)$,所以 $f(x)$ 为偶函数,且当 $x>0$ 时,$f'(x)=e^x-e^{-x}+1>0$,所以 $f(x)$ 在 $(0,+\infty)$ 上是增函数,由 $f(2x-1)<f(3)$,得 $f(|2x-1|)<f(3)$,即 $|2x-1|<3$,得 $-1<x<2$.故选 C.

6.(理科)【解析】二项展开式的通项为

$T_{k+1}=C_5^k\cdot(2x)^{5-k}\cdot(\sqrt{x})^k=C_5^k\cdot 2^{5-k}\cdot x^{5-\frac{k}{2}}$.

令 $5-\dfrac{k}{2}=4$,得 $k=2$.

因此,二项展开式中 x^4 的系数为 $C_5^2\cdot 2^3=80$.故选 C.

(文科)【解析】假设甲猜对了,此时乙、丙均猜对了,所以假设不成立,甲猜错了;假设丙猜对了,则乙也猜对了,因此丙也猜错了,丙不会上场.乙猜对了,所以甲一定会上场.故选 A.

7.【解析】点 E,F 的位置如图 L2-67 所示,E,F 在圆柱侧面最短路径为其侧面展开图上 E,F 两点的直线距离,所以圆柱底面圆的 $\dfrac{1}{4}$ 弧长为 $\sqrt{(2\sqrt{2})^2-2^2}=2$,所以底面圆的周长为 $2\times 4=8$,设底面圆半径为 r,则 $8=2\pi r$,所以 $r=\dfrac{4}{\pi}$.

所以 $V_{圆柱}=\pi r^2\cdot h=\pi\cdot\left(\dfrac{4}{\pi}\right)^2\cdot 2=\dfrac{32}{\pi}$.故选 D.

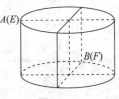

图 L2-67

8.【解析】$y=\dfrac{x^3}{3^x-1}$ 的定义域为 $(-\infty,0)\cup(0,$

$+\infty)$,排除 A;当 $x>0$ 时,$x^3>0$,$3^x-1>0$,故 $y>0$;当 $x<0$ 时,$x^3<0$,$3^x-1<0$,故 $y>0$,排除 B;当 x 趋向于 $+\infty$ 时,x^3 不如 3^x-1 增长的快,故所对应的 y 的值趋向于 0,排除 D.故选 C.

9.【解析】对于 A,α 内有无数条直线与 β 平行,则 α 与 β 相交或 $\alpha//\beta$,排除;

对于 B,α 内有两条相交直线与 β 平行,则 $\alpha//\beta$;

对于 C,α,β 平行于同一条直线,则 α 与 β 相交或 $\alpha//\beta$,排除;

对于 D,α,β 垂直于同一平面,则 α 与 β 相交或 $\alpha//\beta$,排除.故选 B.

10.【解析】设判断框中的横线位置应填 $S \geqslant S'$,

开始,$n=6$,$S=\frac{1}{2}\times 6\times \sin 60°=\frac{3\sqrt{3}}{2}=2.598$,不满足 $S \geqslant S'$,应继续循环,因此 $S'>2.598$;

$n=12$,$S=\frac{1}{2}\times 12\times \sin 30°=3$,此时不满足 $S \geqslant S'$,应继续循环,因此 $S'>3$;

$n=24$,$S=\frac{1}{2}\times 24\times \sin 15°=3.1056$,此时不满足 $S \geqslant S'$,应继续循环,因此 $S'>3.1056$;

$n=48$,$S=\frac{1}{2}\times 48\times \sin 7.5°=3.132$,此时满足 $S \geqslant S'$,退出循环,输出 $n=48$,

因此 $3.1056<S' \leqslant 3.132$.故选 D.

11.【解析】由 $f(x)=\sin(4x+\varphi)$,得 $f(x)_{\max}=1$,$f(x)_{\min}=-1$,且函数 $f(x)$ 的周期 $T=\frac{\pi}{2}$,

又 $f\left(-\frac{5\pi}{12}\right)-f\left(\frac{\pi}{3}\right)=-2$,因此 $f\left(-\frac{5\pi}{12}\right)=-1$,

$f\left(\frac{\pi}{3}\right)=1$,且 $\frac{\pi}{3}-\left(-\frac{5\pi}{12}\right)=\frac{3}{4}\pi=\frac{3}{2}T$,

如图 L2-68 所示,函数 $f(x)$ 的单调递减区间为 $\left[\frac{k\pi}{2}-\frac{\pi}{6},\frac{k\pi}{2}+\frac{\pi}{12}\right]$,$k\in \mathbf{Z}$.故选 B.

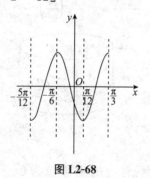

图 L2-68

12.【解析】函数的导数 $g'(x)=x^2-x+3$,$g''(x)=2x-1$,由 $g''(x_0)=0$ 得 $2x_0-1=0$,解得 $x_0=\frac{1}{2}$,

而 $g\left(\frac{1}{2}\right)=1$,故函数 $g(x)$ 关于点 $\left(\frac{1}{2},1\right)$ 对称.

由对称性知 $g(x)+g(1-x)=2$,

所以 $g(\sin^2 1°)+g(\sin^2 89°)=g(\sin^2 2°)+g(\sin^2 88°)=\cdots=g(\sin^2 44°)+g(\sin^2 46°)$,且 $g(\sin^2 45°)=g\left(\frac{1}{2}\right)=1$,

所以 $g(\sin^2 1°)+g(\sin^2 2°)+\cdots+g(\sin^2 89°)=2\times 44+1=89$.

故选 C.

13.【解析】因为 $\overrightarrow{DE}=\overrightarrow{DB}+\overrightarrow{BE}=\frac{2}{3}\overrightarrow{CB}+\frac{1}{3}\overrightarrow{BA}=\frac{2}{3}(\overrightarrow{AB}-\overrightarrow{AC})+\frac{1}{3}\overrightarrow{BA}=\frac{1}{3}\overrightarrow{AB}-\frac{2}{3}\overrightarrow{AC}=\frac{1}{3}\boldsymbol{a}-\frac{2}{3}\boldsymbol{b}$.

14.【解析】作出不等式组 $\begin{cases} y \leqslant x \\ x+y \leqslant 1 \\ y \geqslant -1 \end{cases}$ 所表示的可行域,如图 L2-69 所示,

直线 $y=-1$ 交直线 $x+y=1$ 于点 $A(2,-1)$,交直线 $y=x$ 于点 $B(-1,-1)$,作直线 $l:y=-2x+z$,则 z 为直线 l 在 y 轴上的截距,

当直线 l 经过可行域上 A 点时,直线 l 在 y 轴上的截距最大,此时 z 取最大值 M,即 $M=2\times 2+(-1)=3$;

当直线 l 经过可行域上 B 点时,直线 l 在 y 轴上的截距最小,此时 z 取最小值 m,即 $m=2\times(-1)+(-1)=-3$,因此 $M+m=0$.

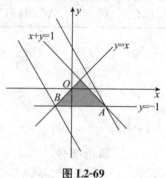

图 L2-69

15.【解析】函数 $f(x)=(x+a)\ln x$ 的导数为 $f'(x)=\ln x+\frac{x+a}{x}$,可得曲线 $y=f(x)$ 在点 $(1,f(1))$ 处的切线斜率为 $k=1+a$,

由切线与直线 $2x-y=0$ 平行,可得 $1+a=2$,解得 $a=1$.

16.【解析】由题干可知,抛物线的焦点为 $F(1,0)$,准线方程为 $x=-1$.设圆 C 的圆心为 $(-1,h)(h\neq 0)$,则圆 C 的半径为 $r=\sqrt{h^2+4}$,

因为直线 $x+\sqrt{3}y-3=0$ 与圆 C 相切,

所以圆心 C 到直线 $x+\sqrt{3}y-3=0$ 的距离 $d=r$,即 $\dfrac{|\sqrt{3}h-4|}{2}=\sqrt{h^2+4}$,

解得 $h=0$(舍)或 $h=-8\sqrt{3}$,

所以 $r=\sqrt{(-8\sqrt{3})^2+4}=14$.因此圆 C 的方程为 $(x+1)^2+(y+8\sqrt{3})^2=196$.

小题模考基础卷(十)

答案部分

一、选择题

题号	1	2	3	4	5	6	7	8	9	10	11	12
答案	A	B	B	C	D	A	D	D	C	B	A	D

二、填空题

13. $\dfrac{1}{5}$ 14. $\dfrac{121}{3}$ 15. 甲 16. $\dfrac{\sqrt{7}}{4}$

解析部分

1.【解析】因为 $A=\{1,3,9,27,81\}$,所以 $B=\{y|y=\log_3 x, x\in A\}=\{0,1,2,3,4\}$.

所以 $A\cap B=\{1,3\}$.故选 A.

2.【解析】$\left|\dfrac{z}{1+\mathrm{i}}\right|=\dfrac{|z|}{|1+\mathrm{i}|}=\dfrac{|z|}{\sqrt{2}}=2$,所以 $|z|=2\sqrt{2}$.故选 B.

3.【解析】A 选项,平均数是反映数据集中趋势的一项指标,故 A 不可以用来评估共享单车使用量稳定程度;

B 选项,标准差能反映一个数据集的离散程度,故 B 可以用来评估共享单车使用量稳定程度;

C 项,最大值是一组数据最大的量,故 C 不可以用来评估共享单车使用量稳定程度;

D 项,中位数将数据分成前半部分和后半部分,用来代表一组数据的"中等水平",故 D 不可以用来评估共享单车使用量稳定程度.

故选 B.

4.【解析】作出可行域如图 L2-70 中阴影部分,可知目标函数 $y=x+z$ 在点 $A(0,2)$ 处截距最大,即 $z_{\max}=2$.故选 C.

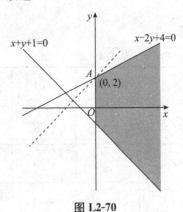

图 L2-70

5.【解析】还原该几何体的立体图如图 L2-71 所示,可知为一个半圆柱加一个四棱锥结构.其体积 $V=\dfrac{1}{2}\pi\times 1^2\times 4+\dfrac{1}{3}\times 2\times 4\times\sqrt{3}=2\pi+\dfrac{8\sqrt{3}}{3}$.

故选 D.

图 L2-71

6.【解析】因为 $\log_2 6\in(2,3)$,所以 $f(\log_2 6)=1-2^{\log_2 6-1}=-2$,

所以 $f(f(\log_2 6))=f(-2)=f(0)=f(2)=1-2^{2-1}=-1$.故选 A.

7.【解析】由题意可得 $3p-p=\left(\dfrac{p}{2}\right)^2$,解得 $p=8$.

故选 D.

8.【解析】$y'=a\mathrm{e}^x+\ln x+1$,

又函数 $y=a\mathrm{e}^x+x\ln x$ 在点 $(1,a\mathrm{e})$ 处的切线方程为 $y=2x+b$,可得 $a\mathrm{e}+0+1=2$,解得 $a=\mathrm{e}^{-1}$,

故切点为 $(1,1)$,可得 $1=2+b$,即 $b=-1$.

故选 D.

9.【解析】由 $|\boldsymbol{a}+\boldsymbol{b}|=|2\boldsymbol{a}-\boldsymbol{b}|$ 可得 $|\boldsymbol{a}|^2+2\boldsymbol{a}\cdot\boldsymbol{b}+|\boldsymbol{b}|^2=4|\boldsymbol{a}|^2-4\boldsymbol{a}\cdot\boldsymbol{b}+|\boldsymbol{b}|^2\Rightarrow 6\boldsymbol{a}\cdot\boldsymbol{b}=3|\boldsymbol{a}|^2\Rightarrow\boldsymbol{a}\cdot\boldsymbol{b}=\dfrac{1}{2}|\boldsymbol{a}|^2=\dfrac{1}{2}\times 5=\dfrac{5}{2}$,所以 $\boldsymbol{b}$ 在 $\boldsymbol{a}$

251

上的投影为 $\dfrac{\boldsymbol{b}\cdot\boldsymbol{a}}{|\boldsymbol{a}|}=\dfrac{\frac{5}{2}}{\sqrt{5}}=\dfrac{\sqrt{5}}{2}.$

故选 C.

10.【解析】

模拟执行程序,见下表

$\dfrac{30}{i}\in\mathbf{Z}$	$T=T+1$	$i=i+1$	$i\geqslant 6?$
$\dfrac{30}{1}\in\mathbf{Z}$ 是	$T=2$	$i=2$	$2\geqslant 6$ 否
$\dfrac{30}{2}\in\mathbf{Z}$ 是	$T=3$	$i=3$	$3\geqslant 6$ 否
$\dfrac{30}{3}\in\mathbf{Z}$ 是	$T=4$	$i=4$	$4\geqslant 6$ 否
$\dfrac{30}{4}\notin\mathbf{Z}$ 否		$i=5$	$5\geqslant 6$ 否
$\dfrac{30}{5}\in\mathbf{Z}$ 是	$T=5$	$i=6$	$6\geqslant 6$ 是
			输出 $T=5$

故选 B.

11.【解析】由 $f\left(\dfrac{\pi}{4}+x\right)=f\left(\dfrac{\pi}{4}-x\right)$ 可知 $f(x)$ 的

图像关于 $x=\dfrac{\pi}{4}$ 对称,

则有 $\omega\cdot\dfrac{\pi}{4}+\varphi=k\pi(k\in\mathbf{Z})$,

所以 $g\left(\dfrac{\pi}{4}\right)=\sqrt{2}\sin\left(\omega\cdot\dfrac{\pi}{4}+\varphi\right)-1=$

$\sqrt{2}\sin k\pi-1=-1.$

故选 A.

12.【解析】设 $AD=x,DC=y,PD=4,V_{P-ABCD}=\dfrac{1}{3}\cdot$

$xy\cdot 4=\dfrac{16}{3}\Rightarrow xy=4.$

由外接球的表面积 $S_{\text{表}}=4\pi\left(\dfrac{1}{2}\sqrt{x^2+y^2+4^2}\right)^2=$

$\pi(x^2+y^2+16)\geqslant\pi(2xy+16)=24\pi$(当且仅当

$x=y=2$ 时等号成立).

故选 D.

13.【解析】从 1,2,3,4,5 这 5 个数中,随机抽取 2 个

不同的数,列举可知基本事件总数 $n=10$,这 2

个数的和为 6 包含的基本事件有 (1,5),(2,4),

共 2 个,所以这 2 个数的和为 6 的概率是 $P=$

$\dfrac{2}{10}=\dfrac{1}{5}.$

14.【解析】在等比数列中,由 $a_4^2=a_6$,

得 $a_1^2q^6=a_1q^5>0.$

又 $a_1=\dfrac{1}{3}$,所以解得 $q=3$.

则 $S_5=\dfrac{a_1(1-q^5)}{1-q}=\dfrac{\frac{1}{3}(1-3^5)}{1-3}=\dfrac{121}{3}.$

15.【解析】若 A 同学猜测的甲第一正确,丙第三错
误,则必为甲第一,丙第二,乙第三,此时 B,C
满足题意;若 A 同学猜测的甲第一猜错,丙第三
猜对,则必为乙第一,甲第二,丙第三,则 B 同学
不合题意矛盾.故答案为甲.

16.【解析】由 $\sin A=2\sin B$,

及正弦定理,可得 $a=2b$,

因为 $c=\sqrt{2}$,且 $\cos C=\dfrac{3}{4}$,

所以由余弦定理 $c^2=a^2+b^2-2ab\cos C$,

可得 $2=a^2+b^2-2ab\cdot\dfrac{3}{4}=(2b)^2+b^2-2\cdot$

$(2b)\cdot b\cdot\dfrac{3}{4}$,解得 $b=1$,

则 $a=2b=2$,

又 $\sin C=\sqrt{1-\cos^2 C}=\sqrt{1-\left(\dfrac{3}{4}\right)^2}=\dfrac{\sqrt{7}}{4}$,

所以 $S_{\triangle ABC}=\dfrac{1}{2}ab\sin C=\dfrac{1}{2}\times 1\times 2\times\dfrac{\sqrt{7}}{4}=\dfrac{\sqrt{7}}{4}.$

二、小题模考提高卷

小题模考提高卷(一)

答案部分

一、选择题

题号	1	2	3	4	5	6	7	8	9	10	11	12
答案	B	D	A	C	B	B	D	C	A	D	D	C

二、填空题

13. $2\sqrt{5}$ 14.(理科)2 (文科)-1007 15. $\dfrac{32\pi}{3}$

16. $\sqrt{7}+1$

解析部分

1.【解析】依题意,有 $B=\{x|x\leqslant -1$ 或 $x\geqslant 2\}$,

$\complement_{\mathbf{R}}B=\{x|-1<x<2\}$,所以 $A\cap\complement_{\mathbf{R}}B=\{0,1\}.$

故选B.

2.【解析】因为复数 $z=\dfrac{1+ai}{1-i}=\dfrac{(1+ai)(1+i)}{2}=\dfrac{1-a}{2}+\dfrac{1+a}{2}i$ 为纯虚数,所以 $\dfrac{1-a}{2}=0$,且 $\dfrac{1+a}{2}\neq 0$,解得 $a=1$.故选D.

3.【解析】$f'(x)=\dfrac{1}{x}+2x-2$,$x>0$,

因为 $2x+\dfrac{1}{x}\geqslant 2\sqrt{2x\cdot\dfrac{1}{x}}=2\sqrt{2}$ $(x>0)$,当且仅当 $2x=\dfrac{1}{x}$,即 $x=\dfrac{\sqrt{2}}{2}$ 时取等号,即 $f'(x)\geqslant 2\sqrt{2}-2$,当斜率最小时,切线的斜倾角最小,而 $f(x)$ 在 $x=m$ 处切线的倾斜角最小,所以正数 m 的值为 $\dfrac{\sqrt{2}}{2}$.故选A.

4.【解析】由 $y\geqslant\sqrt{1-x^2}$,即 $x^2+y^2\geqslant 1$,且 $x,y\in[0,1]$,如图L2-72阴影部分所示,则 $y\geqslant\sqrt{1-x^2}$ 的概率为 $\dfrac{1-\dfrac{\pi}{4}}{1}=1-\dfrac{\pi}{4}$.故选C.

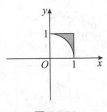

图 L2-72

5.【解析】因为数列 $1,a_1,a_2,9$ 是等差数列,所以 $a_1+a_2=1+9=10$.

因为 $1,b_1,b_2,b_3,9$ 是等比数列,所以 $b_2^2=1\times 9=9$,再由题意可得 $b_2=1\times q^2>0$(q 为等比数列的公比),所以 $b_2=3$,则 $\dfrac{b_2}{a_1+a_2}=\dfrac{3}{10}$.故选B.

6.【解析】不等式组 $\begin{cases}x+y-7\leqslant 0\\x-3y+1\leqslant 0\\3x-y-5\geqslant 0\end{cases}$ 表示的可行域如图L2-73所示,$z=2^{2x}\cdot 2^{-y}=2^{2x-y}$,将求 z 的最大值转化为求 $2x-y$ 的最大值,易得当过点 $A(5,2)$ 时,$2x-y$ 取最大值,即 $z_{max}=2^{2\times 5-2}=2^8=256$.故选B.

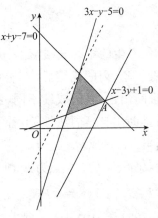

图 L2-73

7.【解析】还原三视图如图L2-74所示,△PAD 为等边三角形,$S_{\triangle PAD}=\dfrac{\sqrt{3}}{4}$,△PAB 为等腰直角三角形,$S_{\triangle PAB}=\dfrac{1}{2}$,同理 $S_{\triangle PCD}=\dfrac{1}{2}$,$S_{\triangle PBC}=\dfrac{1}{2}\times 1\times\sqrt{2-\left(\dfrac{1}{2}\right)^2}=\dfrac{\sqrt{7}}{4}$,所以 $S_{\triangle PBC}$ 最大.故选D.

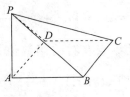

图 L2-74

8.【解析】$f(x)=2\cos x(\sin x+\cos x)=2\sin x\cos x+2\cos^2 x=\sin 2x+1+\cos 2x=\sqrt{2}\sin\left(2x+\dfrac{\pi}{4}\right)+1$,

所以 $f(x)$ 的最小正周期为 $\dfrac{2\pi}{2}=\pi$,选项A错误;

由 $f\left(-\dfrac{\pi}{8}\right)=\sqrt{2}\sin 0+1=1$,选项B错误;

由 $f\left(\dfrac{\pi}{8}\right)=\sqrt{2}\sin\dfrac{\pi}{2}+1=\sqrt{2}+1$,选项C正确;

$f(x)$ 的图像向左平移 $\dfrac{\pi}{4}$ 个单位长度后得到 $y=\sqrt{2}\cos\left(2x+\dfrac{\pi}{4}\right)+1$,不为偶函数,故选项D错误. 故选C.

9.【解析】依题意 $y=\ln x$,$x\geqslant 1$,其值域为 $y\geqslant 0$,只需要 $y=(1-2k)x+3k$ 在 $x<1$ 时,能取到小于0的所有实数,即 $\begin{cases}1-2k>0\\1-2k+3k\geqslant 0\end{cases}$,解得 $-1\leqslant k<$

$\frac{1}{2}$.故选A.

10.【解析】四位考生的竞赛成绩,有2位优秀,2位良好,甲看了乙、丙的成绩后,不能知道自己的成绩,可推断出乙、丙的成绩不同,乙看了丙的成绩后可推断出自己的成绩,丁看了甲的成绩后可推断出自己的成绩.故选D.

11.【解析】设双曲线C的右焦点为F_2,所以$|PF_1|-|PF_2|=2\sqrt{2}$,$|PF_1|=|PF_2|+2\sqrt{2}$,所以$|PF_1|+|PQ|=|PF_2|+2\sqrt{2}+|PQ|$,当点$P,Q,F_2$三点共线,且$P$在$F_2,Q$之间时,$|PF_2|+|PQ|$最小,最小值为点$F_2$到直线$l$的距离.直线$l$的方程为$y=\pm\frac{\sqrt{2}}{2}x$,$F_2(\sqrt{3},0)$,所以点$F_2$到直线$l$的距离$d=1$,所以$|PF_1|+|PQ|$的最小值为$2\sqrt{2}+1$.故选D.

12.【解析】函数$f(x)$在$(0,2)$上存在两个极值点等价于$f'(x)=a(x-1)e^x+\frac{1}{x}-\frac{1}{x^2}$在$(0,2)$上有2个零点且零点左右的函数值是异号的,令$f'(x)=0$,即$a(x-1)e^x+\frac{x-1}{x^2}=0$,$(x-1)\cdot\left(ae^x+\frac{1}{x^2}\right)=0$,解得$x=1$或$ae^x+\frac{1}{x^2}=0$,即$a=-\frac{1}{e^x x^2}$.

令$g(x)=e^x x^2(x\in(0,1)\cup(1,2))$,所以$g'(x)=(x^2+2x)e^x>0$,所以$g(x)$在$(0,2)$上是单调递增函数,所以$g(x)\in(0,e)\cup(e,4e^2)$,所以$a\in\left(-\infty,-\frac{1}{e}\right)\cup\left(-\frac{1}{e},-\frac{1}{4e^2}\right)$.故选C.

13.【解析】由$\boldsymbol{a}\parallel\boldsymbol{b}$,得$k=2$,所以$\boldsymbol{b}=(-1,2)$,所以$\boldsymbol{a}+3\boldsymbol{b}=(-2,4)$,所以$|\boldsymbol{a}+3\boldsymbol{b}|=\sqrt{4+16}=2\sqrt{5}$.

14.(理科)【解析】原式展开为$(1+x)^4-(-1)\cdot\frac{1}{x}\cdot(1+x)^4$,则$x^2$项的系数为$C_4^2-C_4^3=2$.

(文科)【解析】因为$a_{n+1}=(-1)^n(a_n+1)$,所以$a_{2n+2}=-a_{2n+1}-1$,$a_{2n+1}=a_{2n}+1$,$a_{2n}=a_{2n-1}-1$,所以$a_{2n+1}+a_{2n-1}=0$,$a_{2n+2}+a_{2n}=-2$,所以

$S_{2017}=a_1+(a_3+a_5)+\cdots+(a_{2015}+a_{2017})+$ $(a_2+a_4)+(a_6+a_8)+\cdots+(a_{2014}+a_{2016})=$ $1+0-2\times504=-1007$.

15.【解析】由题意,设点A到平面BCD的距离为h,DC的中点为E,由三棱锥的体积为$\sqrt{3}$,$BC=3,BD=\sqrt{3},\angle CBD=90°$,得$\frac{1}{3}\times\frac{1}{2}\times3\times\sqrt{3}h=\sqrt{3}$,所以$h=2$,所以球心$O$到平面$BCD$的距离$OE=1$,$E$为$DC$的中点,$\triangle BCD$外接圆的直径$DC=2\sqrt{3}$,

所以$OB=\sqrt{OE^2+EB^2}=\sqrt{1^2+\left(\frac{2\sqrt{3}}{2}\right)^2}=2$,

所以球O的体积为$\frac{32\pi}{3}$.

16.【解析】如图L2-75所示,建立平面直角坐标系xCy,依题意,$C(0,0),B(3,0),A(0,\sqrt{3})$,$|AC|=\sqrt{3}$,$\angle ADC=120°$,设$\triangle ACD$外接圆的半径为$r$,圆心为$O'$,

则$2r=\frac{AC}{\sin\angle ADC}=\frac{\sqrt{3}}{\sin 120°}=2$,即$r=1$,

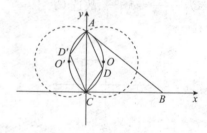

图L2-75

显然点D位于以O'为圆心半径为1的圆的劣弧$\overset{\frown}{AD'C}$上或以O为圆心半径为1的圆的劣弧$\overset{\frown}{AD'C}$上.

显然当点D位于AC左侧的劣弧$\overset{\frown}{AD'C}$上时,BD有最大值,即$|BD|_{\max}=|OB|+r$,

此时圆心O的横坐标为$r\sin 30°=\frac{1}{2}$,纵坐标为$\frac{\sqrt{3}}{2}$,圆O的方程为$\left(x-\frac{1}{2}\right)^2+\left(y-\frac{\sqrt{3}}{2}\right)^2=1$,

$|OB|=\sqrt{\left(\frac{1}{2}-3\right)^2+\left(\frac{\sqrt{3}}{2}-0\right)^2}=\sqrt{7}$,

所以$|BD|_{\max}=\sqrt{7}+1$.

所以BD的最大值为$\sqrt{7}+1$.

小题模考提高卷（二）

答案部分

一、选择题

题号	1	2	3	4	5	6	7	8	9	10	11	12
答案	A	D	D	B	C	A	B	C	A	B	C	B

二、填空题

13. $2x+y+1=0$ 14. 3   15. $\dfrac{5(\sqrt{6}+\sqrt{2})}{2}$ 16. 4

解析部分

1.【解析】$\dfrac{2-i}{1+i}=\dfrac{(2-i)(1-i)}{(1+i)(1-i)}=\dfrac{1-3i}{2}=\dfrac{1}{2}-\dfrac{3}{2}i$,在复平面内对应的点为 $\left(\dfrac{1}{2},-\dfrac{3}{2}\right)$,在第四象限.故选 A.

2.【解析】$B=\{x\in\mathbf{Z}|1<x<4\}=\{2,3\}$,$A\cup B=\{1,2,3\}$,所以 $\complement_U(A\cup B)=\{0,4,5\}$.故选 D.

3.【解析】$50\times(1.00+0.75+0.25)\times0.2=20$.故选 D.

4.【解析】设数列 $\{a_n\}$ 的首项为 a_1,公比为 q,由 $a_2a_5=2a_3$,得 $a_1q\cdot a_1q^4=2a_1q^2$,即 $a_1q^3=a_4=2$.又 $a_4+2a_7=2\times\dfrac{5}{4}$,所以 $a_7=\dfrac{1}{4}$,$q^3=\dfrac{a_7}{a_4}=\dfrac{1}{8}$,$q=\dfrac{1}{2}$,$a_1=\dfrac{a_4}{q^3}=16$,从而 $S_5=\dfrac{a_1(1-q^5)}{1-q}=\dfrac{16\left[1-\left(\dfrac{1}{2}\right)^5\right]}{1-\dfrac{1}{2}}=31$.故选 B.

5.【解析】由点 $(\sin2\alpha,\cos2\alpha)$ 在直线 $x-y-1=0$ 上,得 $\sin2\alpha-\cos2\alpha-1=0$,即 $\sin2\alpha=1+\cos2\alpha=2\cos^2\alpha$,亦即 $2\sin\alpha\cos\alpha=2\cos^2\alpha$,则 $2\cos\alpha(\sin\alpha-\cos\alpha)=0$,所以 $\cos\alpha=0$ 或 $\tan\alpha=1$,又 $\alpha\in\left(0,\dfrac{\pi}{2}\right)$,因此 $\tan\alpha=1$.故 $\dfrac{\sin\alpha+2\cos\alpha}{2\sin\alpha-\cos\alpha}=\dfrac{\tan\alpha+2}{2\tan\alpha-1}=\dfrac{1+2}{2-1}=3$.故选 C.

6.【解析】开始 $\to S=0,n=2\to n=3,M=\dfrac{4}{3},S=\log_2 4-\log_2 3 \xrightarrow{S\in\mathbf{Q}?\text{ 否}} n=4,M=\dfrac{5}{4},S=\log_2 5-\log_2 3 \xrightarrow{S\in\mathbf{Q}?\text{ 否}} n=5,M=\dfrac{6}{5},S=\log_2 6-\log_2 3=\log_2 2=1\xrightarrow{S\in\mathbf{Q}?\text{ 是}}$ 输出 $S=1\to$ 结束.故选 A.

7.【解析】在长方体中还原几何体,如图 L2-76 所示,该几何体为四棱锥 $P\text{-}ABCD$,$\triangle PAD$ 为等边三角形,四边形 $ABCD$ 为正方形,且平面 $PAD\perp$ 平面 $ABCD$,$AD=1$,设四棱锥 $P\text{-}ABCD$ 的外接球的球心为 O,半径为 R,则点 O 在底面 $ABCD$ 上的射影为底面 $ABCD$ 的中心 O_1,即对角线 AC 与 BD 的交点,同时,球心 O 在 $\triangle PAD$ 上的射影也为等边 $\triangle PAD$ 的中心 O_2,因此 $R^2=OO_1^2+O_1D^2=\left(\dfrac{\sqrt{3}}{2}\times\dfrac{1}{3}\right)^2+\left(\dfrac{\sqrt{2}}{2}\right)^2=\dfrac{7}{12}$,所以四棱锥 $P\text{-}ABCD$ 的外接球的表面积为 $4\pi R^2=\dfrac{7\pi}{3}$.故选 B.

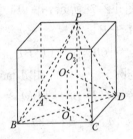

图 L2-76

8.【解析】若点 P 落在线段 AB 上,且 $\overrightarrow{BP}=\lambda\overrightarrow{BA}$ $(0\leqslant\lambda\leqslant1)$,则 $\overrightarrow{OP}=\overrightarrow{OB}+\overrightarrow{BP}=\overrightarrow{OB}+\lambda(\overrightarrow{OA}-\overrightarrow{OB})=\lambda\overrightarrow{OA}+(1-\lambda)\overrightarrow{OB}$,此时 $x=\lambda\geqslant0$,$y=1-\lambda\geqslant0$,且 $x+y=1$;若点 P 落在线段 MN 上,同理设 $\overrightarrow{MP}=k\overrightarrow{MN}$ $(0\leqslant k\leqslant1)$,可得 $\overrightarrow{OP}=k\overrightarrow{ON}+(1-k)\overrightarrow{OM}=2k\overrightarrow{OA}+2(1-k)\overrightarrow{OB}$,此时 $x+y=2$,$x\geqslant0$,$y\geqslant0$.若点 P 落在四边形 $ABNM$ 内(含边界),应有 $\begin{cases}1\leqslant x+y\leqslant2\\ x\geqslant0\\ y\geqslant0\end{cases}$,作出可行域如图 L2-77 所示.而 $\dfrac{x+y+2}{y+1}=\dfrac{x+1}{y+1}+1=\dfrac{1}{k}+1$(其中 $k=\dfrac{y+1}{x+1}$),k 可以看成点 $C(-1,-1)$ 与可行域内点连线的斜率,$k_{\min}=k_{CE}=\dfrac{1}{3}$,$k_{\max}=k_{CF}=3$,所以 $\dfrac{4}{3}\leqslant\dfrac{x+y+2}{y+1}\leqslant4$,从而 $\dfrac{1}{4}\leqslant\dfrac{y+1}{x+y+2}\leqslant\dfrac{3}{4}$.故选 C.

255

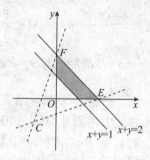

图 L2-77

【评注】本题也可以采取特殊值法,当点 P 分别与点 A,B,M,N 重合时,求出四组 x,y 的值,代入所求式,也可以得到取值范围.

9.【解析】金、木、水、火、土任取两类,共有:金木、金水、金火、金土、木水、木火、木土、水火、水土、火土 10 种可能,其中两类元素相生的有火木、火土、木水、水金、金土共 5 种可能,所以 2 类元素相生的概率为 $\dfrac{5}{10}=\dfrac{1}{2}$.故选 A.

10.【解析】如图 L2-78 所示,作 $OA \perp F_1M$ 于 A, $F_2B \perp F_1M$ 于 B,
因为 $|OF_1|=|OF_2|$,所以 $|BF_2|=2|OA|$.
因为 F_1M 与圆 $x^2+y^2=a^2$ 相切,$\tan\angle F_1MF_2=1$,
所以 $|OA|=a$,$|F_2B|=|BM|=2a$,
$|F_2M|=2\sqrt{2}a$,$|F_1B|=2b$,

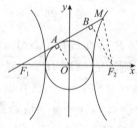

图 L2-78

由双曲线定义知,$|F_1M|-|F_2M|=2a+2b-2\sqrt{2}a=2a$,
所以 $b=\sqrt{2}a$,所以 $\dfrac{b}{a}=\sqrt{2}$,
所以双曲线的渐近线方程为 $y=\pm\sqrt{2}x$.故选 B.

11.【解析】由 $f(x)<f'(x)\tan x \left(0<x<\dfrac{\pi}{2}\right)$,
得 $f'(x)\sin x-f(x)\cos x>0$,
进而有 $\left(\dfrac{f(x)}{\sin x}\right)'=\dfrac{f'(x)\sin x-f(x)\cos x}{\sin^2 x}>0$,
所以函数 $g(x)=\dfrac{f(x)}{\sin x}$ 在 $\left(0,\dfrac{\pi}{2}\right)$ 上单调递增,

所以 $\dfrac{f\left(\dfrac{\pi}{6}\right)}{\sin\dfrac{\pi}{6}}<\dfrac{f\left(\dfrac{\pi}{4}\right)}{\sin\dfrac{\pi}{4}}<\dfrac{f(1)}{\sin 1}<\dfrac{f\left(\dfrac{\pi}{3}\right)}{\sin\dfrac{\pi}{3}}$,经变形,只有选项 C 正确.故选 C.

12.【解析】解法一(特殊位值法):如图 L2-79 所示,因为 $BD\perp$ 平面 ACC_1A_1,所以平面 $A_1BD\perp$ 平面 ACC_1A_1,交线为 A_1O,所以直线 CC_1 在平面 A_1BD 上的投影是直线 A_1O,从而直线 OP 与平面 A_1BD 所成的角 α 等于 $\angle A_1OP$ 或其补角.考虑极端情况,本题只要计算 $\cos\angle A_1OC$,$\cos\angle A_1OC_1$,利用余弦定理知 $\cos\angle A_1OC=-\dfrac{\sqrt{3}}{3}$,$\cos\angle A_1OC_1=\dfrac{1}{3}$,而当点 P 位于 CC_1 中点时,易知 $\alpha=90°$($OP \parallel C_1A$,而 $C_1A\perp$ 平面 A_1BD),故 $\sin\alpha$ 的最大值为 1,所以 $\sin\alpha\in\left[\dfrac{\sqrt{6}}{3},1\right]$.故选 B.

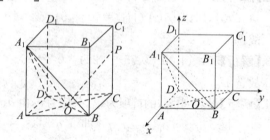

图 L2-79 　　　　图 L2-80

解法二(向量法):同解法一,直线 OP 与平面 A_1D 所成的角 α 等于 $\angle A_1OP$ 或其补角.
如图 L2-80 所示,以 D 为坐标原点,分别以 DA,DC,DD_1 所在的直线为 x 轴、y 轴、z 轴建立空间直角坐标系 $D-xyz$,设 $A_1(1,0,1)$,$O\left(\dfrac{1}{2},\dfrac{1}{2},0\right)$,$P(0,1,\lambda)(\lambda\in[0,1])$,所以 $\overrightarrow{OA_1}=\left(\dfrac{1}{2},-\dfrac{1}{2},1\right)$,$\overrightarrow{OP}=\left(-\dfrac{1}{2},\dfrac{1}{2},\lambda\right)$.

所以 $|\cos\angle A_1OP|=\dfrac{|\overrightarrow{OA_1}\cdot\overrightarrow{OP}|}{|\overrightarrow{OA_1}|\cdot|\overrightarrow{OP}|}=$

$\dfrac{\sqrt{6}}{3}\times\dfrac{\left|\lambda-\dfrac{1}{2}\right|}{\sqrt{\dfrac{1}{2}+\lambda^2}}=\dfrac{\sqrt{6}}{3}\times\sqrt{\dfrac{\left(\lambda-\dfrac{1}{2}\right)^2}{\lambda^2+\dfrac{1}{2}}}=$

$$\dfrac{\sqrt{6}}{3}\times\sqrt{1-\dfrac{1}{\lambda+\dfrac{1}{4}+\dfrac{\frac{9}{16}}{\lambda+\dfrac{1}{4}}-\dfrac{1}{2}}}\geqslant$$

$$\dfrac{\sqrt{6}}{3}\times\sqrt{1-\dfrac{1}{2\sqrt{\left(\lambda+\dfrac{1}{4}\right)\cdot\dfrac{\frac{9}{16}}{\lambda+\dfrac{1}{4}}}-\dfrac{1}{2}}}=0,当且$$

仅当 $\lambda+\dfrac{1}{4}=\dfrac{\frac{9}{16}}{\lambda+\dfrac{1}{4}}$,即 $\lambda=\dfrac{1}{2}$ 时等号成立.

另一方面,由双勾函数单调性,当 $\lambda=0$ 时,$(|\cos\angle A_1OP|)_{\max}=\dfrac{\sqrt{3}}{3}$,故 $|\cos\angle A_1OP|\in\left[0,\dfrac{\sqrt{3}}{3}\right]$,所以 $\sin\alpha\in\left[\dfrac{\sqrt{6}}{3},1\right]$.故选 B.

13.【解析】$f(-1)=\ln 1-3=-3$,$f'(x)=\dfrac{1}{x}+3(x<0)$,$f'(-1)=2$.因为 $f(x)$ 是偶函数,所以 $f(1)=f(-1)=-3$,$f'(1)=-f'(-1)=-2$,所以 $f(x)$ 在点 $(1,f(1))$ 处的切线方程为 $y-(-3)=-2(x-1)$,化简得 $2x+y+1=0$.

14.【解析】作出可行域,如图 L2-81 所示,$z=\dfrac{y-1}{x+1}$ 可以看作点 $C(-1,1)$ 与可行域内的点的连线的斜率,可知 $z_{\max}=k_{CA}=\dfrac{4-1}{0-(-1)}=3$.

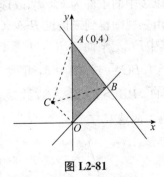

图 L2-81

15.【解析】由 $\sin A+\cos A=\dfrac{\sqrt{2}}{2}$,

得 $\sqrt{2}\sin\left(A+\dfrac{\pi}{4}\right)=\dfrac{\sqrt{2}}{2}$,所以 $\sin\left(A+\dfrac{\pi}{4}\right)=\dfrac{1}{2}$,

因为 $A\in(0,\pi)$,$A+\dfrac{\pi}{4}\in\left(\dfrac{\pi}{4},\dfrac{5\pi}{4}\right)$,

所以 $A+\dfrac{\pi}{4}=\dfrac{5\pi}{6}$,即 $A=\dfrac{5\pi}{6}-\dfrac{\pi}{4}=\dfrac{7\pi}{12}$.

$S_{\triangle ABC}=\dfrac{1}{2}|AB||AC|\sin A=\dfrac{1}{2}\times 4\times 5\times\sin\dfrac{7\pi}{12}=10\times\dfrac{\sqrt{6}+\sqrt{2}}{4}=\dfrac{5(\sqrt{6}+\sqrt{2})}{2}.$

16.【解析】由方程 $(x-1)\cdot\sin\pi x=1$,得 $\sin\pi x=\dfrac{1}{x-1}$,函数 $y=\dfrac{1}{x-1}$ 与函数 $y=\sin\pi x$ 的图像如图 L2-82 所示.在区间 $(-1,3)$ 上,函数 $y=\sin\pi x$ 与 $y=\dfrac{1}{x-1}$ 相交于 A,B,C,D 四点,且点 A 与点 D 关于点 $(1,0)$ 对称,点 B 与点 C 关于点 $(1,0)$ 对称,因此 $x_1+x_4=2$,$x_2+x_3=2$,所以 $x_1+x_2+x_3+x_4=4$.

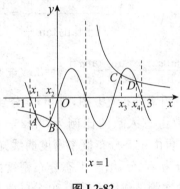

图 L2-82

小题模考提高卷(三)

答案部分

一、选择题

题号	1	2	3	4	5	6	7	8	9	10	11	12
答案	A	C	B	B	A	B	C	B	B	B	D	B

二、填空题

13. -9 14. $\dfrac{3}{4}$ 15. 60π 16. $\left(0,\dfrac{1}{e}\right)$

解析部分

1.【解析】由 $1\leqslant 2^x\leqslant 16$,即 $2^0\leqslant 2^x\leqslant 2^4$,得 $0\leqslant x\leqslant 4$,则 $A=\{x|0\leqslant x\leqslant 4\}$;

$\log_3(x^2-2x)>1$,即 $\log_3(x^2-2x)>\log_3 3$,可得 $x^2-2x>3$,解得 $x>3$ 或 $x<-1$,则 $B=\{x|x>3$ 或 $x<-1\}$.

画出数轴如图 L2-83 表示:

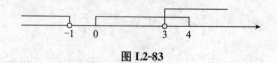

图 L2-83

所以 $A\cap B=(3,4]$. 故选 A.

2.【解析】解法一：首先计算分母，

由 $\overline{z}=1+2i,z\cdot\overline{z}=(1+2i)\cdot(1-2i)=5$,

则 $\dfrac{4i}{z\cdot\overline{z}-3}=\dfrac{4i}{2}=2i$. 故选 C.

解法二：根据 $z\cdot\overline{z}=|z|^2$ 为实数，从而 $z\cdot\overline{z}-3$ 也为实数，所以 $\dfrac{4i}{z\cdot\overline{z}-3}$ 是纯虚数，故排除选项 A 和 B，又 $|\overline{z}|^2=z\cdot\overline{z}>3$, 则 $z\cdot\overline{z}-3>0$, 则排除选项 D. 故选 C.

3.【解析】$\tan\left(\alpha-\dfrac{\pi}{4}\right)=\dfrac{\tan\alpha-\tan\dfrac{\pi}{4}}{1+\tan\alpha\tan\dfrac{\pi}{4}}=\dfrac{\tan\alpha-1}{\tan\alpha+1}=\dfrac{1}{2}$, 所以 $\dfrac{\sin\alpha+\cos\alpha}{\sin\alpha-\cos\alpha}=\dfrac{\tan\alpha+1}{\tan\alpha-1}=2$. 故选 B.

4.【解析】由频率分布直方图，可知 60 分到 80 分的学生人数占总人数的比例为 $(0.025+0.025)\times 10=0.5$, 再由正态分布概率密度曲线知，学生成绩平均分为 70 分，结合正态分布密度曲线的对称性知此次测试成绩不低于 80 分的学生人数为 $1200\times(1-0.5-0.025\times 10)=300$ 人. 故选 B.

5.【解析】以线段 A_1A_2 为直径的圆与直线 $bx-ay+2ab=0$ 相切，

故原点到直线的距离 $\dfrac{2ab}{\sqrt{a^2+b^2}}=a$, 化为 $a^2=3b^2$.

所以椭圆 C 的离心率 $e=\dfrac{c}{a}=\sqrt{1-\dfrac{b^2}{a^2}}=\dfrac{\sqrt{6}}{3}$.

故选 A.

6.【解析】$f(x)$ 的定义域为 $x^2-1>0$, 解得 $x\in(-\infty,-1)\cup(1,+\infty)$, 故排除选项 A,C；

$f(x)=\ln\dfrac{x^2+1}{x^2-1}=\ln(x^2+1)-\ln(x^2-1)$, 所以 $f'(x)=\dfrac{2x}{x^2+1}-\dfrac{2x}{x^2-1}=\dfrac{-4x}{(x^2+1)(x^2-1)}$,

当 $x\in(-\infty,-1)$ 时，$f'(x)>0$; 当 $x\in(1,+\infty)$ 时，$f'(x)<0$,

故 $f(x)$ 在 $(-\infty,-1)$ 上单调递增，在 $(1,+\infty)$ 上单调递减，排除选项 D. 故选 B.

7.【解析】由 $\overrightarrow{AP}=6\overrightarrow{PB}$, 可得 $\overrightarrow{OP}-\overrightarrow{OA}=6\overrightarrow{OB}-6\overrightarrow{OP}$, $\overrightarrow{OP}=\dfrac{1}{7}\overrightarrow{OA}+\dfrac{6}{7}\overrightarrow{OB}=\dfrac{1}{7}e_1+\dfrac{6}{7}e_2$. 故选 C.

8.【解析】$f(x)=\sin\left(\dfrac{1}{4}x+\dfrac{\pi}{6}\right)$ $\xrightarrow{\text{图像向右平移}\dfrac{8\pi}{3}\text{个单位长度}}$

$g(x)=\sin\left[\dfrac{1}{4}\left(x-\dfrac{8\pi}{3}\right)+\dfrac{\pi}{6}\right]=\sin\left(\dfrac{x}{4}-\dfrac{\pi}{2}\right)=-\cos\dfrac{x}{4}$.

函数 $g(x)=-\cos\dfrac{x}{4}$ 是偶函数，故选项 A 错误；

最小正周期 $T=\dfrac{2\pi}{\dfrac{1}{4}}=8\pi$, 故选项 C 错误；

$g(x)=-\cos\dfrac{x}{4}$ 在 $[0,4\pi]$ 上单调递增，故选项 B 正确；

将 $x=\pi$ 代入，$g(\pi)=-\cos\dfrac{\pi}{4}\neq\pm 1$, 故选项 D 错误.

故选 B.

9.【解析】按照框图模拟程序执行过程，由程序框图输入 $a=2$,

$S=0\times 2+2=2,k=1$, 不满足◇中的条件，继续循环；

输入 $a=3,S=2\times 2+3=7,k=2$, 不满足◇中的条件，继续循环；

输入 $a=5,S=7\times 2+5=19,k=3$, 满足◇中的条件，输出 $S=19$.

因此 $k=2$ 不满足◇中的条件，$k=3$ 满足◇中的条件，所以◇中的条件为 $k>n$?. 故选 B.

10.【解析】由三视图得到三棱锥 $P-ABC$ 如图 L2-84 所示，其中 $PC\perp$ 平面 ABC, $AC\perp BC$, 由 $PC=5,AC=3,BC=4,AB=5$, 可得 $PA=\sqrt{34}$, $PB=\sqrt{41}$, $PB>PA>AB$, 故最长的棱长为 $PB=\sqrt{41}$. 故选 C.

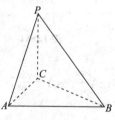

图 L2-84

11.【解析】由 $f\left(x+\dfrac{1}{2}\right)=f\left(x-\dfrac{1}{2}\right)$ 知，当 $x>\dfrac{1}{2}$

时,$f(x)$ 的周期为 1,所以 $f(6)=f(1)$.
又当 $-1\leqslant x\leqslant 1$ 时,$f(-x)=-f(x)$,
所以 $f(1)=-f(-1)$.
于是 $f(6)=f(1)=-f(-1)=-[(-1)^3-1]=2$.
故选 D.

12.【解析】不妨设 $C:y^2=2px(p>0)$,如图 L2-85 所示.

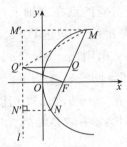

图 L2-85

由 $\overrightarrow{MF}=\lambda\overrightarrow{NF}(\lambda<0)$,知 MN 过点 F,
由 $\overrightarrow{OM}+\overrightarrow{ON}=2\overrightarrow{OQ}$,知 Q 为 MN 的中点.
作 $MM'\perp l$ 于 M',$NN'\perp l$ 于 N'.
由抛物线定义及平面几何知识,得
$|QQ'|=\dfrac{1}{2}(|MM'|+|NN'|)=\dfrac{1}{2}(|MF|+|NF|)=\dfrac{m+n}{2}$,
$|QF|=||QN|-|NF||=\left|\dfrac{m-n}{2}\right|$,
容易证明 $\triangle MM'Q'\cong\triangle MFQ'$,
所以 $\angle MFQ'=\angle MM'Q'=90°$,
所以 $|Q'F|=\sqrt{|QQ'|^2-|QF|^2}=\sqrt{\left(\dfrac{m+n}{2}\right)^2-\left(\dfrac{m-n}{2}\right)^2}=\sqrt{mn}$. 故选 B.

13.【解析】解法一:因为 $S_4+2S_2=S_3$,
所以 $S_4-S_3=-2S_2=a_4$,
即 $-2(a_1+a_2)=a_4$,
所以 $-2(2a_1+d)=a_1+3d$,
即 $5a_1+5d=0$,得 $d=-a_1=-1$,
所以 $S_6=6a_1+15d=6-15=-9$.
解法二:由等差数列的前 n 项和公式 $S_n=na_1+\dfrac{n(n-1)}{2}d$,
得 $S_4=4a_1+6d$,$S_2=2a_1+d$,$S_3=3a_1+3d$,
因为 $S_4+2S_2=S_3$,所以 $d=-a_1=-1$,
则 $S_6=6a_1+15d=-9$.

14.【解析】圆 $(x-5)^2+y^2=9$ 的圆心为 $(5,0)$,半径为 3.
圆心到直线 $y=kx$ 的距离为 $\dfrac{|5k|}{\sqrt{k^2+1}}$,
要使直线 $y=kx$ 与圆 $(x-5)^2+y^2=9$ 相交,
则 $\dfrac{|5k|}{\sqrt{k^2+1}}<3$,解得 $-\dfrac{3}{4}<k<\dfrac{3}{4}$.
所以在区间 $[-1,1]$ 上随机取一个数 k,使直线 $y=kx$ 与圆 $(x-5)^2+y^2=9$ 相交的概率为
$\dfrac{\frac{3}{4}+\frac{3}{4}}{1+1}=\dfrac{3}{4}$.

15.【解析】如图 L2-86 所示,取 BC 的中点 M,联结 AM,DM,则有 $AM\perp BC$,$DM\perp BC$.
设 $\triangle ABC$ 的外心为 O_1,$\triangle BCD$ 的外心为 O_2,过点 O_1 和 O_2 分别作平面 ABC 和平面 BCD 的垂线交于点 O,易知点 O 为棱锥 $A-BCD$ 的外接球球心.又 $\triangle ABC$ 和 $\triangle BCD$ 为等边三角形,且平面 $ABC\perp$ 平面 BCD,则有 $O_1M=O_2M=6\times\dfrac{\sqrt{3}}{2}\times\dfrac{1}{3}=\sqrt{3}$,$AO_1=6\times\dfrac{\sqrt{3}}{2}\times\dfrac{2}{3}=2\sqrt{3}$.
在 $Rt\triangle AO_1O$ 中,$OA=\sqrt{OO_1^2+AO_1^2}=\sqrt{15}=R$(球半径),所以该三棱锥外接球的表面积 $S=4\pi R^2=60\pi$.

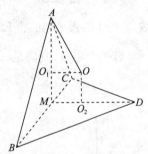

图 L2-86

16.【解析】令 $g(x)=\begin{cases}\dfrac{e^x}{x}+1,x<0\\ \dfrac{-\ln x}{x},x>0\end{cases}$,$y=-a$,

令 $y_1=\dfrac{e^x}{x}+1$,$x<0$,则 $y_1'=\dfrac{e^x(x-1)}{x^2}$.
当 $x<0$ 时,$y_1'<0$,函数 y_1 在 $(-\infty,0)$ 上单调递减,且 $\lim\limits_{x\to-\infty}\left(\dfrac{e^x}{x}+1\right)=1$,
$\lim\limits_{x\to0^-}\left(\dfrac{e^x}{x}+1\right)=-\infty$,函数 $y_1=\dfrac{e^x}{x}+1$,$x<0$ 的图像如图 L2-87 所示.

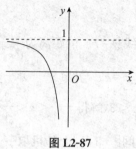

图 L2-87

令 $y_2=\dfrac{-\ln x}{x}, x>0, y_2'=-\dfrac{1-\ln x}{x^2}=\dfrac{\ln x-1}{x^2}$,

当 $0<x<\mathrm{e}$ 时,$y_2'<0$,函数 y_2 在 $(0,\mathrm{e})$ 上单调递减,

当 $x>\mathrm{e}$ 时,$y_2'>0$,函数 y_2 在 $(\mathrm{e},+\infty)$ 上单调递增.

且 $\lim\limits_{x\to 0^+}\left(\dfrac{-\ln x}{x}\right)=+\infty$,$\lim\limits_{x\to+\infty}\left(\dfrac{-\ln x}{x}\right)=0$,

函数 $y_2=\dfrac{-\ln x}{x},x>0$ 的图像如图 L2-88 所示.

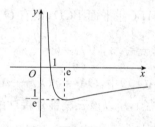

图 L2-88

因此函数 $g(x)$ 的图像如图 L2-89 所示,若 $g(x)=-a$ 有三个零点,则满足 $-\dfrac{1}{\mathrm{e}}<-a<0$,即 $0<a<\dfrac{1}{\mathrm{e}}$.

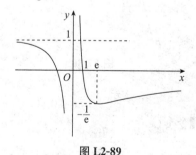

图 L2-89

小题模考提高卷(四)

答案部分

一、选择题

题号	1	2	3	4	5	6	7	8	9	10(理科)	10(文科)	11	12
答案	C	D	B	C	A	B	A	D	C	C		A	C	D

二、填空题

13. 1 14. $2\sqrt{3}$ 15. 6 16. $(\sqrt{6}-\sqrt{2},\sqrt{6}+\sqrt{2})$

解析部分

1.【解析】由于 $x^2+1\geqslant 1$,所以 $A=[0,+\infty)$,于是 $\complement_{\mathbf{R}}A=(-\infty,0)$.故选 C.

2.【解析】$z=2-2a\mathrm{i}+\mathrm{i}-a\mathrm{i}^2=(2+a)+(1-2a)\mathrm{i}$ 在复平面上对应的点在虚轴上,则 $2+a=0$ 且 $1-2a\neq 0$,得 $a=-2$.故选 D.

3.【解析】若 $ab<0$,则 $|a-b|=|a|+|b|\geqslant a+b$,所以"$ab<0$"$\Rightarrow$"$|a-b|\geqslant a+b$".
反之,若 $|a-b|\geqslant a+b$,则 $a<0$ 且 $b<0$ 或 $ab\leqslant 0$.
所以"$|a-b|\geqslant a+b$"是"$ab<0$"的必要不充分条件.故选 B.

4.【解析】从图中可得:甲型号手机在外观方面评分为 90,乙型号手机在外观方面评分为 85,故 A 正确;
甲型号手机在系统方面评分为 95,乙型号手机在系统方面评分也为 95,故 B 正确;
甲型号手机在性能方面评分为 85,乙型号手机在外观方面评分为 90,故 C 错误;
甲型号手机在拍照方面评分为 85,乙型号手机在拍照方观评分为 90,故 D 正确.
故选 C.

5.【解析】令 $x<0$,则 $-x>0$,$f(-x)=1-5^{-x}=-f(x)$.
因此 $f(x)$ 为奇函数,函数 $f(x)$ 的图像如图 L2-90 所示,易知函数 $f(x)$ 单调递增.故选 A.

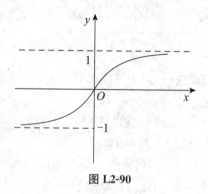

图 L2-90

6.【解析】$f(x)=2\sin\left(2x+\dfrac{\pi}{6}\right)-m,x\in\left[0,\dfrac{\pi}{2}\right]$,
$\dfrac{\pi}{6}\leqslant 2x+\dfrac{\pi}{6}\leqslant\dfrac{7\pi}{6}$,若 $f(x)=m$ 在 $\left[0,\dfrac{\pi}{2}\right]$ 上有两个解,则 $m\in\left[2\sin\dfrac{\pi}{6},2\right)$,即 $m\in[1,2)$.
故选 B.

7.【解析】设等差数列$\{a_n\}$的公差为d,等比数列$\{b_n\}$的公比为q,则$a_4=a_1+3d$,即$1=4+3d$,解得$d=-1$,所以$a_n=a_1+(n-1)d=4-(n-1)=5-n(n\in\mathbf{N}^*)$.

$b_4=b_1q^3$,得$q^3=\dfrac{1}{4}$,$b_n=b_1q^{n-1}=4\left(\dfrac{1}{4}\right)^{\frac{n-1}{3}}(n\in\mathbf{N}^*)$.

因此$a_2=3,b_2=4\times\left(\dfrac{1}{4}\right)^{\frac{1}{3}}=4^{\frac{2}{3}}<3=a_2$.

故选A.

8.【解析】在$\triangle ABC$中,由$\overrightarrow{AB}+\overrightarrow{AC}=2\overrightarrow{AO}$,得点$O$为$BC$边的中点,且$|\overrightarrow{OA}|=|\overrightarrow{OB}|=|\overrightarrow{OC}|$,故$\triangle ABC$为直角三角形,且$\angle BAC=90°$,$|\overrightarrow{OA}|=1$,$|\overrightarrow{AB}|=\sqrt{3}$,$|\overrightarrow{BC}|=2$,$|\overrightarrow{AC}|=1$,$\overrightarrow{CA}\cdot\overrightarrow{CB}=|\overrightarrow{CA}|^2=1$.故选D.

9.【解析】如图L2-91所示,三棱锥$A-B_1DC_1$,由$AD\perp$平面B_1DC_1,得$V_{A-B_1DC_1}=\dfrac{1}{3}S_{\triangle B_1DC_1}\cdot AD=\dfrac{1}{3}\times\dfrac{1}{2}\times 2\sqrt{3}\times\sqrt{3}=1$.故选C.

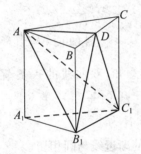

图 L2-91

10.(理科)【解析】易知$T_{r+1}=\mathrm{C}_5^r(x^2+x)^{5-r}y^r$.
令$r=2$,则$T_3=\mathrm{C}_5^2(x^2+x)^3y^2$,对于二项式$(x^2+x)^3$,由$T_{t+1}=\mathrm{C}_3^t(x^2)^{3-t}\cdot x^t=\mathrm{C}_3^tx^{6-t}$,
令$t=1$,所以x^5y^2的系数为$\mathrm{C}_5^2\mathrm{C}_3^1=30$.故选C.

(文科)【解析】设齐王的上、中、下三个等次的马分别为a,b,c,田忌的上、中、下三个等次的马分别为记为A,B,C,从双方的马匹中随机选一匹进行一场比赛的所有可能为$Aa,Ab,Ac,Ba,Bb,Bc,Ca,Cb,Cc$,其中田忌的马获胜的可能为$Ab,Ac,Bc$共三种,
则田忌获胜的概率为$\dfrac{3}{9}=\dfrac{1}{3}$.
故选A.

11.【解析】依题意,设$\triangle ABC$的外接圆的圆心为O',由几何性质可知,圆心O'是$\triangle ABC$三边中垂线的交点,故联立线段AC的中垂线$y=-2$与线段AB的中垂线$y=3x-5$,得$O'(1,-2)$,因此圆O'的半径$r=\sqrt{(1-1)^2+(3+2)^2}=5$,故圆$O'$的方程为$(x-1)^2+(y+2)^2=25$.
令$x=0$,得$(y+2)^2=24$,所以$y_1=2\sqrt{6}-2$,$y_2=-2\sqrt{6}-2$,则$|MN|=|y_1-y_2|=4\sqrt{6}$.
故选C.

【评注】此题也可通过$(x-a)^2+(y-b)^2=r^2$的一般方程,代入A,B,C三点坐标,解方程组求得$(x-1)^2+(y+2)^2=25$,进而求得$|MN|$.

12.【解析】若函数$f(x)$为理想函数,则$f(0)\geqslant 0$,同时满足$f(0)\geqslant 2f(0)$,得$f(0)\leqslant 0$,因此$f(0)=0$,故命题(1)正确.

对于命题(2),函数$f(x)=2^x-1$在$x\in[0,1]$上的值域为$[0,1]$,且$f(1)=1$.$f(x_1+x_2)=2^{x_1+x_2}-1$,$f(x_1)+f(x_2)=2^{x_1}+2^{x_2}-2$,
故$f(x_1+x_2)-f(x_1)-f(x_2)=2^{x_1+x_2}-1-2^{x_1}-2^{x_2}+2=2^{x_1+x_2}-2^{x_1}-2^{x_2}+1=2^{x_1}(2^{x_2}-1)-(2^{x_2}-1)=(2^{x_1}-1)(2^{x_2}-1)$.
又$x_1\geqslant 0,x_2\geqslant 0$,得$2^{x_1}-1\geqslant 0,2^{x_2}-1\geqslant 0$,因此$f(x_1+x_2)\geqslant f(x_1)+f(x_2)$,所以函数$f(x)$为理想函数,因此命题(2)正确.

对于命题(3),采用反证法证明,假设$f(x_0)\ne x_0$,则$f(x_0)>x_0$或$f(x_0)<x_0$.
①若$f(x_0)>x_0$时,由函数$f(x)$在$[0,1]$上非递减,得$f[f(x_0)]\geqslant f(x_0)>x_0$,与题设中$f[f(x_0)]=x_0$不符,故舍去;
②若$f(x_0)<x_0$时,同理可证$f[f(x_0)]\leqslant f(x_0)<x_0$,与题设中$f[f(x_0)]=x_0$不符,故舍去.故假设不成立,则$f(x_0)=x_0$,所以命题(3)是正确的.

综上可得,正确命题的个数有3个.故选D.

13.【解析】因为函数$y=axe^x$的图像在$x=0$处的切线与直线$y=-x$垂直,
所以函数$y=axe^x$的图像在$x=0$的切线斜率$k=1$.
又$f'(x)=ae^x+axe^x$,
所以$f'(0)=a=1$.

14.【解析】依题意,设双曲线方程为$\dfrac{y^2}{a^2}-\dfrac{x^2}{b^2}=$

$1(a>0,b>0)$, $y=\frac{a}{b}x=\frac{\sqrt{2}}{2}x$,

故 $b=\sqrt{2}a$, $a^2+b^2=3a^2=c^2=9$,

得 $a^2=3$, $a=\sqrt{3}$,

故双曲线的实轴长为 $2a=2\sqrt{3}$.

15.【解析】由题 $f(x)+f(-x)=2(1+|x|)$,

因为 $\lg 2=-\lg\frac{1}{2}$, $\lg 5=-\lg\frac{1}{5}$,

所以 $f(\lg 2)+f\left(\lg\frac{1}{2}\right)+f(\lg 5)+f\left(\lg\frac{1}{5}\right)=$
$2\times 2+2(\lg 2+\lg 5)=6$.

16.【解析】如图 L2-92 所示,作 $\triangle PBC$,使 $B=C=75°$, $BC=2$,作直线 AD 分别交线段 PB, PC 于 A, D 两点(不与端点重合),且使 $\angle BAD=75°$,则四边形 $ABCD$ 就是符合题意的四边形.过点 C 作 AD 的平行线交 PB 于点 Q.在 $\triangle PBC$ 中,可得 $BP=\sqrt{6}+\sqrt{2}$.

在 $\triangle QBC$ 中,可得 $BQ=\sqrt{6}-\sqrt{2}$.

所以 AB 的取值范围是 $(\sqrt{6}-\sqrt{2}, \sqrt{6}+\sqrt{2})$.

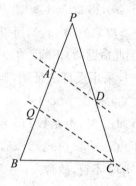

图 L2-92

小题模考提高卷（五）

答案部分

一、选择题

题号	1	2	3	4	5	6(理科)	6(文科)	7	8	9	10	11	12
答案	A	A	C	B	C	A	B	D	B	C	A	C	C

二、填空题

13. 3   14. $\frac{4}{3}$ 15. 2700   16. $\frac{\sqrt{3}}{4}$

解析部分

1.【解析】因为 $x^2-2x-3\geqslant 0$,即 $(x-3)(x+1)\geqslant 0$,所以 $A=\{x|x\geqslant 3 \text{ 或 } x\leqslant -1\}$.

又因为 $B=\{x|-2\leqslant x\leqslant 2\}$,所以 $A\cap B=[-2,-1]$.故选 A.

2.【解析】由 $z=\frac{i}{i-1}=\frac{i(-i-1)}{(i-1)(-i-1)}=\frac{1-i}{2}=\frac{1}{2}-\frac{i}{2}$.故选 A.

3.【解析】如题图所示,显然图中阴影区域为正三角形,且正六边形中心与正三角形中心重合,可记为 O,联结 OA, OC, OE,如图 L2-93 所示,则四边形 $AOEF$, $AOCB$, $COED$ 均为菱形,容易看出,正三角形面积占正六边形面积的一半,故所求概率为 $\frac{1}{2}$.故选 C.

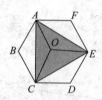

图 L2-93

4.【解析】由题意知,双曲线的一条渐近线方程为 $bx+ay=0$,圆 $(x+\sqrt{3})^2+y^2=1$ 的圆心为 $(-\sqrt{3},0)$,半径为 1.

因为双曲线的渐近线与圆相切,

所以 $\frac{|-\sqrt{3}b|}{\sqrt{b^2+a^2}}=1$,

所以 $a^2=2b^2$, $c=\sqrt{a^2+b^2}=\frac{\sqrt{6}}{2}a$,

所以离心率 $e=\frac{c}{a}=\frac{\sqrt{6}}{2}$.故选 B.

5.【解析】将 $P\left(\frac{\pi}{4},t\right)$ 代入原式得 $t=\cos\left(2\times\frac{\pi}{4}+\frac{\pi}{6}\right)=-\frac{1}{2}$,又因为 $t=\cos 2\left(\frac{\pi}{4}+m\right)=-\frac{1}{2}$,即 $\sin 2m=\frac{1}{2}$,所以 $2m=\frac{\pi}{6}+2k_1\pi$ 或 $\frac{5\pi}{6}+2k_2\pi$, k_1, $k_2\in \mathbf{Z}$.

又 $m>0$,所以 m 的最小值为 $\frac{\pi}{12}$.故选 C.

6.(理科)【解析】依题意,所有项的二项式系数之和为 $2^n=4096$, $n=12$, $T_{r+1}=C_{12}^{r}x^{\frac{12-r}{3}}\cdot\left(-\frac{1}{x}\right)^r$,

要求常数项,则令 $\frac{1}{3}(12-r)+(-1)r=0$,得 $r=3$,即常数项为 $(-1)^3 C_{12}^3 = -220$.故选 A.

(文科)【解析】由茎叶图可知,年龄不超过 55 岁的有 8 人,总人数为 24 人,因此若采用系统抽样方法抽出 6 名投资者,则其中年龄不超过 55 岁的人数应为 $6 \times \frac{8}{24} = 2$ 人.故选 B.

7.【解析】根据题意,由数列的项与前 n 项和关系得,$a_{n+1} = S_{n+1} - S_n$,

由已知得 $a_{n+1} = S_{n+1} - S_n = S_{n+1} \cdot S_n$,

由题意知,$S_n \neq 0$,则有 $\frac{1}{S_{n+1}} - \frac{1}{S_n} = -1$,

故数列 $\left\{\frac{1}{S_n}\right\}$ 是以 -1 为首项,-1 为公差的等差数列,则 $\frac{1}{S_n} = -1 - (n-1) = -n$,

所以 $S_n = -\frac{1}{n}$.

所以 $S_{2020} = -\frac{1}{2020}$.故选 D.

8.【解析】由题意知 $|FK| = p$.作 MN 垂直准线于点 N,由抛物线的定义知 $|MN| = p$.所以四边形 $MFKN$ 是正方形,所以 $\angle MKF = 45°$.故选 B.

9.【解析】取特殊值验证,当 $a=0$ 时,$f(x) = |x|$,满足选项 B;当 $a=1$ 时,$f(x) = |x| + \frac{1}{x^2}$,满足选项 A;当 $a=-1$ 时,$f(x) = |x| - \frac{1}{x^2}$,且当 $x>0$ 时,$|x| - \frac{1}{x^2} = 0$ 只有一个实数根 $x=1$,不满足选项 D.故选 C.

10.【解析】$AB=4$,$AD=3$,则 $AC=5$.又因为 $PA=\sqrt{5}$,$PC=2\sqrt{5}$,由勾股定理知 $\triangle PAC$ 为直角三角形,$PA \perp PC$,则点 P 在矩形 $ABCD$ 的外接圆上,又 BD 为外接圆的直径,所以 $PB \perp PD$,即 $\overrightarrow{PB} \cdot \overrightarrow{PD} = 0$.故选 A.

11.【解析】如图 L2-94(1)(2)(3)所示,蚂蚁最短爬行路线有 6 条,最短距离为 $\sqrt{5}a$(a 为正方体棱长).

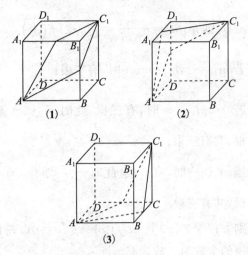

图 L2-94

三个图分别表示从面 ABB_1A_1 出发、从面 ADD_1A_1 出发、从面 $ABCD$ 出发.

最短爬行路线的正视图有如图 L2-95(1)(2)(3)(4)(5)所示的五种可能的情况:

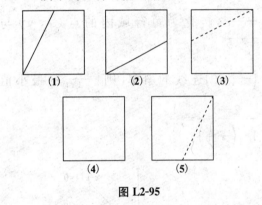

图 L2-95

故选 C.

12.【解析】$f'(x) = (2x-1)(x+2)e^x$,令 $f'(x) = 0$,得 $x = \frac{1}{2}$,或 $x = -2$,且 $f(-2) = \frac{9}{e^2}$,$f\left(\frac{1}{2}\right) = -\sqrt{e}$,则 $f(x)$ 的图像如图 L2-96 所示.

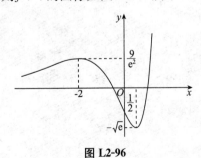

图 L2-96

令 $m = f(x)$,设 $[ef(x)]^2 + tf(x) - 9\sqrt{e} = (em)^2 + tm - 9\sqrt{e} = 0$ 的两根为 m_1, m_2(令 $m_1 >$

m_2),则 $m_1 m_2 = -\dfrac{9\sqrt{e}}{e^2} = f(-2)f\left(\dfrac{1}{2}\right)$.

若 $m_1 = \dfrac{9}{e^2}, m_2 = -\sqrt{e}$ 时,有三根;

若 $0 < m_1 < \dfrac{9}{e^2}$ 时,有三根,此时 $m_2 < -\sqrt{e}$,无根,共有三根;

当 $m_1 > \dfrac{9}{e^2}$ 时,有一根,此时 $-\sqrt{e} < m_2 < 0$,有两根,共有三根.

则方程 $[ef(x)]^2 + tf(x) - 9\sqrt{e} = 0 (t \in \mathbf{R})$ 的根的个数为 3.故选 C.

13.【解析】由 $\overrightarrow{OA} \perp \overrightarrow{AB}$,得 $\overrightarrow{OA} \cdot \overrightarrow{AB} = 0$,即 $\overrightarrow{OA} \cdot (\overrightarrow{OB} - \overrightarrow{OA}) = 0$,

因为 $|\overrightarrow{OA}| = \sqrt{3}$,所以 $\overrightarrow{OA} \cdot \overrightarrow{OB} = |\overrightarrow{OA}|^2 = 3$.

14.【解析】画出可行域如图 L2-97 所示,将 $\dfrac{2y}{2x+1} = \dfrac{y}{x+\frac{1}{2}}$,转化为可行域内的点 (x,y) 与点 $\left(-\dfrac{1}{2}, 0\right)$ 连线的斜率,则 $\dfrac{2y}{2x+1}$ 的最小值为 $\dfrac{2-0}{1-\left(-\frac{1}{2}\right)} = \dfrac{4}{3}$.

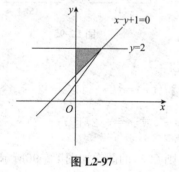

图 L2-97

15.【解析】设底面半径为 r(单位:尺),则 $2\pi r = 54$, $r = 9$. 又 $h = 18$,则该圆柱体的体积为 $V = Sh = \pi r^2 h = 4374$(立方尺),$4374 \div 1.62 = 2700$(斛).则该圆柱形容器能装米 2700 斛.

16.【解析】如图 L2-98 所示,在 $\triangle ABC$ 中,由正弦定理得 $\dfrac{a}{\sin \angle BAC} = 2R$, $\sin \angle BAC = \dfrac{\sqrt{3}}{2}$, $\angle BAC = 120°$. 因为 $BD = 2DC$,得 $BD = \dfrac{2\sqrt{3}}{3}$, $CD = \dfrac{\sqrt{3}}{3}$.

在 $\triangle ABD$ 中,由正弦定理得 $\dfrac{c}{\sin \angle ADB} = \dfrac{BD}{\sin \angle BAD} = \dfrac{\frac{2\sqrt{3}}{3}}{\sin 90°}$,所以 $\sin \angle ADB = \dfrac{\sqrt{3}}{2}c$.

同理在 $\triangle ACD$ 中,由正弦定理得 $\dfrac{b}{\sin \angle ADC} = \dfrac{CD}{\sin \angle DAC} = \dfrac{\frac{\sqrt{3}}{3}}{\sin 30°}$, $b = \dfrac{2}{\sqrt{3}} \sin \angle ADC = \dfrac{2}{\sqrt{3}} \sin \angle ADB = \dfrac{2}{\sqrt{3}} \cdot \dfrac{\sqrt{3}}{2}c = c$,

则 $B = C = 30°$,在 Rt$\triangle ABD$ 中,$\cos B = \dfrac{\sqrt{3}}{2}$,

知 $c = BD \cdot \cos B = \dfrac{2\sqrt{3}}{3} \cdot \dfrac{\sqrt{3}}{2} = 1$,

所以 $S_{\triangle ABC} = \dfrac{1}{2} \times 1 \times 1 \times \sin 120° = \dfrac{\sqrt{3}}{4}$.

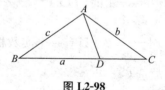

图 L2-98